本册撰稿：

李文才　王　旭

周　鼎

国家出版基金项目
NATIONAL PUBLICATION FOUNDATION

"十四五"时期国家重点出版物出版专项规划项目

扬州通史

《扬州通史》编纂委员会 编

王永平 总主编

隋唐五代卷 下

李文才 主编

广陵书社

第六章　隋唐五代的扬州城市空间

　　"淮左名都,竹西佳处",这是宋人姜夔词句中描写的扬州城。自吴王夫差筑邗城起,扬州城历经沧海桑田,在隋唐时期迎来了又一个高峰,成为一座具有全国影响力的大都市。繁华富足的扬州城引来四方之客,并赢得"扬一益二"的美誉。隋唐时代的扬州城是继西京长安和东都洛阳之后,筑城面积最大、经济文化最繁荣、战略地位最重要的地方性城市之一,其城市规模、形制布局、管理方式等在中国古代城市建设史和扬州城市变迁史上都具有鲜明的特点和极为重要的地位。

　　隋以前,扬州城经历了春秋吴邗城以及楚汉魏晋六朝广陵城时期,城址坐落于扬州北部的蜀冈之上。隋代,隋炀帝杨广继位之前长期驻扎扬州,继位之后又数次巡幸。大业年间更是营建规模宏大的江都宫以及多座行宫别院,使扬州一时获得了"陪都"的地位,政治地位大大提升。唐代在扬州设大都督府,督扬、和、滁、楚、舒、庐、寿七州。安史之乱后,扬州为淮南节度使府所在地。"节度使为军三万五千人,居中统制二处,一千里,三十八城,护天下饷道,为诸道府军事最重。然倚海堑江、淮,深津横冈,备守坚险,自艰难已来,未尝受兵。故命节度使,皆以道德儒学,来罢宰相,去登宰相。"[1]此时的扬州是江淮地区政治经济首府和东南重镇,随着社会经济发展,政治地位提升,城市人口膨胀,城区规模大大超过前代,在蜀冈之下形成繁荣的工商业区,并修建了罗城。唐德宗兴元元年(784),杜亚任淮南节度使时,扬州城内侨居市民及工商户等多侵占街衢河道以造宅,行旅因之拥塞,这是城市人口激增的表现。唐文宗大和八年(834)三月,扬州城区大火,烧毁民房千区。是年十月,

---

[1]〔唐〕杜牧著,陈允吉校点:《樊川文集》卷一〇《淮南监军使院厅壁记》,上海古籍出版社2009年版,第159页。

再遭大火,又烧毁民房数千区,也从侧面反映出扬州城区的住宅较为拥挤。五代杨吴时期的扬州是地方割据政权的都城。后晋天福二年(937)南唐取代杨吴,定都金陵(今南京),改年号为昇元,扬州为其东都,仍是重要的地方性城市。这一时期的扬州城,割据政权亦对其有修缮之举,但惜屡遭战火洗劫而沦为废墟。可以说,隋唐五代时期扬州城的建设,为宋扬州三城及明清扬州新、旧二城的发展奠定了坚实的基础。

第一节　隋唐五代扬州城概况

经过考古工作者对扬州唐城遗址的发掘和研究,目前对于隋唐五代时期扬州城的建筑情况已经有了较为明晰的了解,兹根据相关考古发掘资料及研究成果,略述隋唐五代时期扬州城的位置、建筑年代、城市建筑布局等情况。

一、扬州城的位置及修建年代

扬州蜀冈古代城址位于今江苏省扬州市市区北部蜀冈南缘,包括今扬州市蜀冈—瘦西湖风景名胜区管理委员会下辖的瘦西湖街道办事处的堡城村和综合村、平山乡的雷塘村和丁魏村,城圈夯土墙体保存现状较好,环绕城址外围的现代河塘与城壕关系密切。遗址的平面形状大致为四边形,城圈内面积约 2.6 平方千米,含城壕在内的面积约为 3.6 平方千米。由于蜀冈下扬州城的沿革中,较晚城圈在修建时借用较早城墙的现象较为多见,而蜀冈古代城址城圈的平面形状不规整,且城墙和水系的分布似有一定的规律,故推测不规整城圈的形成可能与不同时期的垣和城壕相关。[1]

春秋时代,吴王夫差所筑邗城应依邗沟而修,其目的是屯兵驻守,但由于没有留下太多的文献记载,且年代久远,考古证据亦不足,故具体位置难以确定。战国时期的楚广陵城以邗城为基础向西发展。西汉时期吴王刘濞

---

[1]　中国社会科学院考古研究所、南京博物院、扬州市文物考古研究所、洛阳市文物钻探管理办公室编著:《扬州蜀岗古代城址考古勘探报告》,科学出版社 2014 年版,第 5 页。

开运盐河,汉广陵或转而向东发展,城周达到"十四里半"。[1]实际上,无论是向西发展,还是向东发展,隋唐之前的扬州城始终位于地势较高的蜀冈之上,这一方面是为了防止江水侵袭,因为隋唐以前江水可以直达蜀冈之下,对地势较低的地区造成威胁。另一方面,城市居高临下,南眺长江,便于军事守备。及至隋唐时代,一个重要的变化是在蜀冈之下修筑了罗城。自魏晋时代开始,在蜀冈南缘淤积出大量的滩地,这些滩地为安史之乱后的南迁北人提供了生产生活空间,人口的大量增加使蜀冈之下出现了沿河而市、商业繁盛的罗城。

隋唐扬州宫城(子城)位于今城北郊 2 公里的蜀冈之上,该城修建的年代久远,吴王夫差所筑邗城、楚广陵城、汉吴王濞城,以及东晋、刘宋的广陵城皆位于此,城址历代未发生太大变化,"由春秋迄唐,虽递有兴废,而未尝易地"。城址的沿袭和叠加关系之所以明确,其一是据今人研究,隋唐两代扬州的子城周长约 6 公里,这个长度与《汉书·地理志》《后汉书·郡国志》所记广陵城"周十四里半"的数据基本相符。其二是主要得益于考古发掘。[2]以 1978 年冬季的一次发掘为例,南京博物院为配合城市工程的规划,在蜀冈上的古城遗址区试掘,同时对附近的古城垣、壕堑、古河道等遗迹做了一些调查。在北城墙东北角附近开了几条探沟,结果表明这段城墙除了近代扰乱层外,大约可以分为四个时期的堆积。第一期为压在最下面的黄褐色夯土层,虽然城内外地面上汉代绳纹瓦片几乎俯拾皆是,但此夯土层内却非常纯净,故其时代应早于汉,可能早至春秋战国时期,即夫差邗城的城墙。第二期为汉代堆积层,在探沟夯土层两侧,都包含有汉代绳纹瓦片的地层斜压在夯土层的下部之上。同时,在此层内还发现有一座汉代的瓮棺葬,为确定其年代提供了可靠的依据。第三期大约为东晋时期增筑的部分,主要依据是在两条探沟的城墙内壁发现了砖砌的护墙和砖铺的路面,所用的砖六面均有戳印的"北门"

---

[1]　汪勃:《扬州城遗址蜀冈上城垣城濠蠡测——基于 2011 年扬州唐子城—宋堡城考古调查勘探的结果》,扬州博物馆编:《江淮文化论丛(第二辑)》,文物出版社 2013 年版,第 43—62 页;汪勃:《扬州唐罗城形制与运河的关系——兼谈隋唐淮南运河过扬州唐罗城段位置》,《中国国家博物馆馆刊》2019 年第 2 期,第 6—19 页。

[2]　相关论述见曲英杰:《扬州古城考》,《中国史研究》2003 年第 2 期,第 55—69 页。

或"北门壁"的阴文砖铭,字体近乎篆隶。参照有关文献记载,可将其确定为东晋时桓温筑城时留下的遗迹。第四期为唐代堆积,主要依据是在探沟的北侧地层内含有大量的唐砖和少量的唐代青釉瓷片。其中有些砖相当完整,有的排列还较整齐。常见的规格为一种长 32.5 厘米、宽 15 厘米、厚 4.5 厘米的青灰色砖,一面往往印有绳纹,这种砖与 1977 年在扬州师范学院校园内(今扬州大学瘦西湖校区)发掘的唐代寺庙遗址中所出的唐砖几乎完全一致,证明唐代对这一段城墙曾进行过修缮。此外,在城内地面散布的残砖断瓦数量很多,主要以汉、唐两个时期的瓦片、陶瓷片等遗物为多,并发现少量六朝青瓷片和春秋战国时期的印纹硬陶片。在城内还发现过一些汉、唐时期的土井,群众还挖到过唐代的砖井,砖上往往有"西窑陈""西窑许"等文字的戳记。[1]以上证据皆可证明子城具有较强的延续性。不过,隋代的宫城也并不是完全继承了前代的形制。2012 年,考古工作者对唐子城东南隅新发现夯土城墙的东南拐角处进行发掘,没有发现早于隋代的夯土,这从侧面表明春秋战国乃至汉和六朝的广陵城的城垣未在此处。[2]

隋代对于扬州城的修筑始于何时、修筑了多少次已不可知,然而可以推测,至迟到大业元年(605)隋炀帝第一次巡游江都时,对于扬州城的修筑已经初具规模,至少宫城的形制已经较为完备。后随着巡幸规模不断扩大,城市经济发展及人口膨胀,对于城市的营建势必更为着力。可以说,隋代扬州城虽然仅是一座地方城市,但其规模并非一般城市可以比拟,考古学家就曾将隋扬州城归类为都城级城市之列。[3]隋炀帝杨广曾作《江都宫乐歌》云:"扬州旧处可淹留,台榭高明复好游。风亭芳树迎早夏,长皋麦陇送余秋。渌潭桂楫浮青雀,果下金鞍驾紫骝。绿筋素蚁流霞饮,长袖清歌乐戏州。"[4]从诗中所述可知,吸引隋炀帝南下的不仅仅是扬州自然风光,还包括扬州城内的

[1] 纪仲庆:《扬州古城址变迁初探》,《文物》1979 年第 9 期,第 43—56 页。

[2] 汪勃:《扬州城遗址蜀冈上城垣城濠蠡测——基于 2011 年扬州唐子城—宋堡城考古调查勘探的结果》,扬州博物馆编:《江淮文化论丛(第二辑)》,文物出版社 2013 年版,第 43—62 页。

[3] 宿白:《隋唐城址类型初探(提纲)》,北京大学考古系编:《纪念北京大学考古专业三十周年论文集(1952—1982)》,文物出版社 1990 年版,第 279—285 页。

[4] 〔宋〕郭茂倩编撰,聂世美、仓阳卿校点:《乐府诗集》卷七九(杨广)《江都宫乐歌》,上海古籍出版社 2016 年版,第 951—952 页。

"楼阁""台榭"等人工修建的休闲娱乐场所。隋代对于扬州城的营造应该一直持续到了隋末,2013 年在扬州西湖镇发现了两座隋末唐初的砖室墓,由于西侧 M1 中出土了一方墓志,上标有"隨故煬帝墓志"字样,故可知墓主为隋炀帝。M1 部分墓砖为斜面砖,尺寸为长 34.5 厘米、宽 18.4 厘米、厚 7.4 厘米。这种砖与蜀冈上城址西北角所发现的砌筑城墙的斜面砖相同,只是烧成温度较低,可能是烧制城砖的残次品。由此推测,蜀冈上城址西北角发掘的隋代城墙极有可能就是大业末年修筑的。[1]

唐代子城直接沿用了隋代的江都宫城,作为府衙所在地,唐代扬州大都督府、淮南道采访使和节度使均治于此。《新唐书·五行志》载:"光启初,扬州府署门屋自坏,故隋之行台门也,制度甚宏丽云。"[2]考古发掘也证实,有的地段有唐代修补城墙夯土的堆积,有的地段因隋代城墙保存较好,未发现修补迹象,例如子城西北角楼,墙体内侧隋代砌有厚约 80 厘米的包砖,外层包砖抹去一面,并经打磨光滑,墙体形成自然的斜面,较唐代以后的露龈造,显得更为壮观。[3]就扬州城的形制和规模来说,隋唐两代应无太大变化。《旧唐书·地理志》载:"扬州大都督府。隋江都郡。武德三年,杜伏威归国,于润州江宁县置扬州,以隋江都郡为兖州,置东南道行台……自后置淮南节度使,亲王为都督,领使;长史为节度副大使,知节度事。恒以此为治所。"[4]可见,早在唐高祖武德三年(620)就已经将隋江都宫改为东南道行台尚书令的治所,也就是兖州治所。不过,唐人所接手的扬州城在隋末战乱中已经因为战火的摧残而变得残破不堪。据北宋《太平寰宇记》载:"武德二年,贼帅李子通自海陵率众攻破州城,遂窃据之;三年,子通为杜伏威所破,未几伏威归化,于润州江宁县置扬州,以隋江都为南兖州,置东南道行台;六年,辅公祏窃号江南,驱拥江北诸州,毁撤宫殿,尽过江南,城遂荒废。"[5]可见初唐时期,隋代营建的

　　[1]　详见余国江:《六朝隋唐时期的扬州城与坊市》,《历史地理(第三十一辑)》,上海人民出版社 2015 年版,第 201—211 页。

　　[2]　〔宋〕欧阳修、宋祁:《新唐书》卷三四《五行一》,中华书局 1975 年版,第 884 页。

　　[3]　王勤金:《述论运河对唐代扬州城市建设的影响》,《南方文物》1992 年第 4 期,第 48 页。

　　[4]　〔后晋〕刘昫等:《旧唐书》卷四〇《地理三》,中华书局 1975 年版,第 1571—1572 页。

　　[5]　〔宋〕乐史撰,王文楚等点校:《太平寰宇记》卷一二三《淮南道一·扬州》,中华书局 2007 年版,第 2441—2442 页。

宫殿已经被辅公祏毁坏殆尽,故武德七年(624)唐朝彻底控制扬州以后,肯定对包括隋代宫城在内的城市建筑有所修缮。唐砖比隋砖要小,呈长方形,长30厘米、宽14.6—16厘米、厚4.5—5.5厘米,今考古学家在隋东城东南隅的夯土中发现了不早于晚唐的遗存,说明晚唐时期的唐子城在东南隅修缮时使用了隋东城东南隅城墙。[1]

　　唐代扬州罗城规模宏大,是地方官员不断营造的结果,但是有关唐代营建扬州城池的文献记录较少,明文记述的仅见两次。第一次是在唐德宗建中四年(783)十一月,是年发生“泾师之变”,唐德宗从长安外逃,淮南节度使陈少游“将兵讨李希烈,屯盱眙,闻朱泚作乱,归广陵,修堑垒,缮甲兵”[2]。“堑”即“堑壕”,“垒”即用砖石砌筑成的“堡垒”,“修堑垒”也就是修筑城墙,挖掘城壕。关于陈少游这次修缮城墙的细节,只在唐人笔记小说《乾馔子》中有所记述,大意如下:曾在淮南节度使府担任功曹之职的王恝,其家宅位于扬州庆云寺西,一日有一包姓女巫告诫他,要尽快将家宅卖掉,王恝依其言卖掉了房屋,得到十五万钱。女巫又让他在运河东面租房子作储藏之用,并让他购买大量竹子,编成能够装载五六斗货物的竹笼。“明年春,连帅陈少游议筑广陵城,取恝旧居,给以半价,又运土筑笼,每笼三十文,计资七八万,始于河东买宅。”[3]据此可知,陈少游修缮扬州城墙时,曾经拆除过靠近城墙的一些居民宅院,而且仅以半价补偿,尽管这种行为不免带有运用官府权力强买强索的色彩,但这也是因为当时处于战争时期不得已而采取的非常措施。陈少游修缮城池的原材料主要来自于城内外的民居,筑墙所用的夯土则是用竹笼进行运输。故事主人公王恝由于听从了女巫包九娘的建议,在前一年就将庆

---

　　[1]　汪勃:《扬州城遗址蜀冈上城垣城濠蠡测——基于2011年扬州唐子城—宋堡城考古调查勘探的结果》,扬州博物馆编:《江淮文化论丛(第二辑)》,文物出版社2013年版,第43—62页。

　　[2]　〔宋〕司马光著,〔元〕胡三省音注:《资治通鉴》卷二二九唐德宗建中四年(783)十一月,中华书局1956年版,第7378页。又唐赵元一《奉天录》卷二载:“时淮南节度陈少游领卒戍于盱眙。闻难,即日还广陵,深沟高垒,缮甲完守。”(夏婧点校,中华书局2014年版,第45页)赵元一在此书序言中明确:“亲睹枪枪,媸妍必记。”亲身经历了“奉天之难”,此书乃是感时而作。且是书仍称德宗为“上”“皇帝”,不称庙号、谥号,故当撰于德宗一朝。此书中所载陈少游“缮甲完守”就是当时人记当时事,是现存最早的关于扬州修城的记载。

　　[3]　〔宋〕李昉等编:《太平广记》卷三六三《妖怪五》“王恝”条引《乾馔子》,中华书局1961年版,第2883—2885页。

云寺旁的宅邸卖掉，且囤积了很多筑城运土所需的竹笼子，并以每笼三十文的价格卖给陈少游，这些措施使其财产不仅未受损失，反而有所增加。这次筑城是为了配合军事活动，目的是保护蜀冈以南已经形成的居民区和工商业区。不过限于当时的军政形势，似无大规模筑城的可能，文献中也只言"修"，因而可能只是对原有残垣的修补。扬州城考古发掘出土的中唐时期罗城砖，砖模上没有文字，也没有后盖上去的戳印，规格与后世扬州城砖相比显得较小，而与扬州唐代遗址、建筑、墓葬等各种建筑用砖基本相同，显示出匆忙建造的草率性，就是因为陈少游仓促筑城所致。[1]

第二次是晚唐僖宗乾符六年（879），时高骈自镇海节度使徙淮南节度副大使，为抵御黄巢、王仙芝乱军，巩固江淮，在扬州"缮完城垒，招募军旅，土客之军七万，乃传檄征天下兵，威望大振。朝廷深依赖之"[2]。高骈在赴任扬州之前已有丰富的筑城经验，乾符三年（876），高骈曾受命在成都筑城，这次筑城成绩突出，并受到朝廷嘉奖，唐僖宗下发《奖高骈筑成都罗城诏》[3]。高骈出镇淮南时，朝廷授予其"进位检校司徒、扬州大都督府长史、淮南节度副大使知节度事、兵马都统、盐铁转运使"的身份，使他能独揽大权，调集各方力量筑造城池。高骈在扬州的这次筑城，其规模应该大于建中四年（783）。新罗人崔致远当时在高骈幕府中任职，亲自参与了这次规模浩大的筑城活动，并撰写了《筑羊马城祭土地文》一文，从侧面记录了修城的若干细节："年月日具衔某，以兵戎未息，御备是勤，乃命修筑羊马城。……遂乃揣高卑，议远近，便令百堵皆作，终可三旬而成，征名于伏枥触楹，接势于长云断岸，不假龟行之迹，岂须龙见之期。众既叶心，事无费力。神其德惟博载，道实流谦，勿辞板筑之喧，勉致金汤之固。使云锹雷杵，远振欢声；乌堞隼墉，高标壮观。北吞淮月，南吸江烟，平欺铁瓮之名，迥压金瓯之记。"[4]羊马城又称羊马墙、羊马垣，是古

---

[1] 参见汪勃：《扬州城遗址唐宋城砖铭文内容之研究》，扬州博物馆编：《江淮文化论丛》，文物出版社 2011 年版，第 156—176 页。

[2] 〔后晋〕刘昫等：《旧唐书》卷一八二《高骈传》，中华书局 1975 年版，第 4704 页。

[3] 〔清〕董诰等编：《全唐文》卷八七（僖宗皇帝）《奖高骈筑成都罗城诏》，中华书局 1983 年版，第 910—911 页。

[4] 〔清〕陆心源编：《唐文拾遗》卷四一（崔致远）《筑羊马城祭土地文》，中华书局 1983 年版，第 10836 页。

时为防守御敌而在城外修筑的类似城圈的工事。当时尚有余力修筑羊马城，说明其城墙的修筑已经相当完备。考古材料也证明，唐代晚期罗城的用砌规格、砌砖技法等均与中唐罗城有所不同，城砖上的铭文内容除了有"罗城类"之外，还有楚州、江州、泰州、濠州、歙州、宣州、洪州、池州、抚州、海州等淮南道、江南道的州名，足见此期修筑扬州城动用的财力、人力之广，已突破了淮南道的权力范围。[1]

当然，这两次筑城活动绝非有唐一代的全部，陈少游所做的事是"修城"，而非"筑城"，说明在建中四年（783）以前，扬州罗城就已经存在。从考古发掘的情况看，唐代夯筑的城墙下叠压有4座唐墓，墓中出土了唐玄宗时期的"开元通宝"铜钱，由此可推知城墙始筑于盛唐时期。另据近年出土的《唐故裴公夫人韦氏墓志铭并序》载："夫人韦氏，其先京兆人也。……于天宝八载六月二十五日，奄终扬州江阳县集贤里私第……以九载十月六日，葬在城东嘉宁乡之平原。"志文中提到的"城东"当指罗城，据此可以推测"天宝九载（750）"以前扬州已筑有罗城，[2]比陈少游建中四年（783）修扬州城早了33年。[3]又《唐李颉墓志》记李颉宝应元年（762）"终于扬州旅舍，时年五十三，遂权窆于江阳县东郭之外"。中唐诗人李绅在《入扬州郭》诗序文中说："潮水旧通扬州郭内，大历以后，潮信不通。"[4]可证罗城的"郭"早在宝应元年（762）和大历年间就已经存在。[5]有城才有郭，说明扬州罗城应在唐肃宗、代宗朝以前就已经存在。关于隋代是否存在罗城，目前尚处于争论阶段，故墓志中出现的城东（罗城），有两种可能，其一是沿袭自隋代，其二是唐中前期新筑。但是无论怎样，扬州已筑罗城的年代应不晚于唐玄宗天宝九载（750）。

---

［1］汪勃:《扬州城遗址唐宋城砖铭文内容之研究》,扬州博物馆编:《江淮文化论丛》,文物出版社2011年版,第156—176页。

［2］参见任广、程召辉:《唐扬州城布局略论》,《洛阳考古》2013年第3期,第73页;中国社会科学院考古研究所、南京博物院、扬州市文物考古研究所编著:《扬州城:1987~1998年考古发掘报告》,文物出版社2010年版,第66—77、261页。

［3］中国社会科学院考古研究所、南京博物院、扬州市文物考古研究所编著:《扬州城:1987~1998年考古发掘报告》,文物出版社2010年版,第262页。

［4］〔清〕彭定求等编:《全唐诗》卷四八二(李绅)《入扬州郭》,中华书局1960年版,第5487页。

［5］吴炜:《扬州唐、五代人物墓志录文资料》,扬州博物馆油印本,1994年;李裕群:《隋唐时代的扬州城》,《考古》2003年第3期,第73页。

经过有唐一代的修筑,扬州城已拥有了相当大的规模。城内有一条长达十里的主干街道,此街道南北贯通,两旁是繁荣的商铺。今学者认为中唐以前扬州罗城沿用了隋江都罗城,南界范围应在今五亭桥、凤凰桥、漕河北岸东西一线;盛唐以来特别是中唐时期,隋唐罗城南部形成了新建城区。由于新建城区的形成一开始就依托河道的两岸,街市傍河,一街一河的格局成为新建城区的主要特色。唐德宗建中四年(783),陈少游构筑城防工事重点应就是构筑罗城南部新建城区东西南三面的城垣,使罗城南界拓展至渡江桥北部东西一线;唐末淮南节度使高骈给扬州罗城带来的变化主要是在城门及城墙转角部位,当然也不排除在重要的地段,夯土城垣变成了包砖城垣。[1]

唐末五代全国大乱,江淮地区战火连绵。"自光启末高骈失守之后,行密与毕师铎、秦彦、孙儒递相窥图,六七年中,兵戈竞起,八州之内,鞠为荒榛,圜幅数百里,人烟断绝。"[2]连年的战争不仅极大摧残了扬州的地方经济,扬州城也因此遭受了严重破坏,史言"江淮之间,广陵大镇,富甲天下。自师铎、秦彦之后,孙儒、行密继踵相攻,四五年间,连兵不息,庐舍焚荡,民户丧亡,广陵之雄富扫地矣"[3]。

扬州城作为当时江淮地区经济战略地位最重要的城市,受到战乱的波及最深,城池也多次遭受破坏。时人罗隐《江都》"淮王高宴动江都,曾忆狂生亦坐隅……惆怅晋阳星拆后,世间兵革地荒芜"[4],宋王观《扬州芍药谱》"维扬东南一都会也,自古号为繁盛。自唐末乱离,群雄据有,数经战焚,故遗基废迹,往往芜没而不可见"[5]及韦庄《杂感》"莫爱广陵台榭好,也曾芜没作荒城",《过扬州》"当年人未识兵戈,处处青楼夜夜歌。花发洞中春日永,月明衣上好风多。淮王去后无鸡犬,炀帝归来葬绮罗。二十四桥空寂寂,绿杨摧

[1] 顾风:《对扬州唐城论争的重新思考》,《扬州工业职业技术学院论丛》2018 年第 1 期,第 49—51 页。

[2] 〔宋〕薛居正等:《旧五代史》卷一三四《杨行密传》,中华书局 2015 年版,第 2075 页。

[3] 〔后晋〕刘昫等:《旧唐书》卷一八二《秦彦传》,中华书局 1975 年版,第 4716 页。

[4] 〔清〕彭定求等编:《全唐诗》卷六六三(罗隐)《江都》,中华书局 1960 年版,第 7599—7600 页。

[5] 〔宋〕王观:《扬州芍药谱》,中华书局 1985 年版,第 8 页。

折旧官河"[1]等诗文可以为证。其中子城逐渐被废弃,因此在此城墙上,发现有北宋墓葬。罗城也是多次毁建,如唐僖宗光启三年(887)秦彦、毕师铎攻陷扬州城时,有"攻罗城东南隅"以及"罗城西南隅守者焚战格以应师铎"的记述。[2]他们攻陷扬州后,更是纵兵劫掠,"宣军以所求未获,焚进奉两楼数十间,宝货悉为煨烬……自城陷,诸军大掠,昼夜不已"[3]。后庐州刺史杨行密前来解救被囚禁的高骈,攻扬州,秦彦死守,时逢大旱,城中缺粮严重,"重围半年,城中刍粮并尽,草根木实、市肆药物、皮囊革带,食之亦尽。外军掠人而卖,人五十千。死者十六七,纵存者鬼形鸟面,气息奄然"[4]。唐昭宗文德元年(888)孙儒攻占扬州城,自封为淮南节度使。次年秋,"焚扬州,引而西,传檄远近,号五十万,旌旗相属数百里,所过烧庐舍,杀老弱以给军"[5]。大顺二年(891)七月,"朱全忠遣使与杨行密约共攻孙儒。儒恃其兵强,欲先灭行密,后敌全忠,移牒藩镇,数行密、全忠之罪,且曰:'俟平宣、汴,当引兵入朝,除君侧之恶。'于是悉焚扬州庐舍,尽驱丁壮及妇女渡江,杀老弱以充食。行密将张训、李德诚潜入扬州,灭余火,得谷数十万斛以赈饥民"[6]。地方藩镇势力和割据政权之间相互征伐,攻城略地,对城池的破坏在所难免。如孙儒在占据扬州之后,不仅火烧扬州城,而且有"焚仓隳垒"之举。所谓"隳垒",也就是拆毁城池等军事设施,无怪乎韦庄有"二十四桥空寂寂,绿杨摧折旧官河"这样的描述。1990年考古工作者在发掘扬州文化宫遗址时,在晚唐、五代遗物层发掘出红烧土块和灰黑土夹瓦砾层,深1.5—2.1米、厚0.2—0.7米,这层土显然是被大火烧毁的建筑经平整后的堆积层。大片烧土层的出现,与五代末扬州城

---

[1]〔清〕彭定求等编:《全唐诗》卷六九七(韦庄)《杂感》《过扬州》,中华书局1960年版,第8023、8021页。

[2]〔宋〕司马光编著,〔元〕胡三省音注:《资治通鉴》卷二五七唐僖宗光启三年(887)四月,中华书局1956年版,第8353页。

[3]〔宋〕司马光编著,〔元〕胡三省音注:《资治通鉴》卷二五七唐僖宗光启三年(887)四月,中华书局1956年版,第8354—8355页。

[4]〔后晋〕刘昫等:《旧唐书》卷一八二《秦彦传》,中华书局1975年版,第4716页。

[5]〔宋〕欧阳修、宋祁:《新唐书》卷一八八《孙儒传》,中华书局1975年版,第5467—5468页。

[6]〔宋〕司马光编著,〔元〕胡三省音注:《资治通鉴》卷二五八唐昭宗大顺二年(891)七月,中华书局1956年版,第8417页。

遭大火烧毁的文献记载相吻合。[1]

不过扬州毕竟是战略要地,易手较为频繁,故无论是有远见的守城者,还是攻陷城池的胜利方,都会在安定时期着力修缮城池以求自保。如高骈主政淮南以后,即"缮完城垒"[2]。这些修缮的城垒中自然也包括扬州城。杨行密虽有"焚扬州"的恶劣行径,但亦有"复葺"之举,使扬州"稍成壮藩"[3]。在历次的攻防战争中,扬州城墙也发挥着实际的作用。如高骈被毕师铎所杀后,杨行密"缟军向城哭三日,攻其西门,(秦)彦及师铎奔于东塘,行密遂入扬州"[4]。既然是绕城而哭,说明城池是完备的。南唐保大年间扬州也曾有修筑城墙之举,"保大"年号有15年,相当于北方的后晋至后周末,史载乾祐元年(948)后汉讨伐河中节帅李守贞时,南唐应李氏之求出兵淮北,两政权关系趋于恶化,南唐或为了强化江北边防而筑城。[5]筑城之事见于五代北宋人撰著的笔记之中,如《江南余事》云:"苏洪规筑扬州城,古冢中得石铭,其文曰:'日为箭兮月为弓,射四时兮何曾穷。但见天将明月在,不觉人随流水空。南山石兮高穹窿,夫人墓兮在其中。猿啼鸟叫烟蒙蒙,千年万年松柏风。'"[6]相似的内容又见北宋人郑文宝(953—1013)所撰《南唐近事》《江表志》等文献[7],或曰"广陵理城隍",或曰"扬州版筑",故筑城之事当不误。此次修筑扬州城的主事之人为苏洪,他发掘古冢,当是取其棺板以夹筑夯土城墙,或者取墓砖用以砌筑城墙,这在古代修城时均十分常见。修城的具体时间推测在保大十三年(955)前后,理由是这一年南唐将领秦进崇在涟水有掘古冢修城之举,据《稽神录》"秦进

[1] 中国社会科学院考古研究所、南京博物院、扬州市文物考古研究所编著:《扬州城:1987~1998年考古发掘报告》,文物出版社2010年版,第135页。

[2] 〔后晋〕刘昫等:《旧唐书》卷一八二《高骈传》,中华书局1975年版,第4704页。

[3] 〔宋〕洪迈:《容斋随笔》卷九《唐扬州之盛》,上海古籍出版社1996年版,第122页。

[4] 〔宋〕欧阳修撰,〔宋〕徐无党注:《新五代史》卷六一《吴世家第一·杨行密》,中华书局2015年版,第842页。

[5] 〔宋〕司马光编著,〔元〕胡三省音注:《资治通鉴》卷二八八后汉高祖乾祐元年(948)十一月,中华书局1956年版,第9403—9404页。

[6] 〔宋〕佚名:《江南余载》卷下,朱易安、傅璇琮等主编:《全宋笔记》第1编第2册,大象出版社2003年版,第247页。

[7] 〔宋〕郑文宝:《南唐近事》,朱易安、傅璇琮等主编:《全宋笔记》第1编第2册,大象出版社2003年版,第229页;〔宋〕郑文宝:《江表志》卷中,朱易安、傅璇琮等主编:《全宋笔记》第1编第2册,大象出版社2003年版,第264页。

崇"条载:"周显德乙卯岁,伪涟水军使秦进崇修城。发一古冢,棺椁皆腐……其明年,周师伐吴,进崇死之。"[1]显然,无论是涟水城,还是扬州城,这一时期的修筑之举均与后周即将举兵南下的局势有关。[2]2007年,在扬州城南门遗址发掘时,曾出土"迎銮窑户"铭文砖。该砖应烧制自仪征的白沙窑,白沙窑因白沙镇而得名。杨吴顺义四年(924),"溥至白沙阅舟师,徐温来见,以白沙为迎銮镇",所以"迎銮窑"即原来的"白沙窑"。[3]毫无疑问,顺义四年(924)以后扬州城存在修筑之举,而且很可能就是苏洪的这一次修筑。[4]

南唐保大十五年(957),后周再次发动讨伐南唐东都(扬州)之战,南唐主李璟自知东都扬州不可守,便派人"焚扬州官府民居",同时"驱其人南渡江",避免城池、民众被对手所用。数日之后,"周兵至,城中余癃病十余人而已"[5],扬州城被再次彻底毁坏。考古工作者在对唐五代扬州罗城进行发掘时,发现罗城范围内普遍存在红烧土层,深3.2—3.9米,厚0.2—0.3米,从烧土层出土的瓷片看,其年代为晚唐至五代,即李璟焚扬州的痕迹。[6]也就是说,周世宗接手的扬州城是一片废墟。为了改变这种情况,周世宗"遣(韩)令坤率兵先入扬州,命权知军府事。扬州城为吴人所毁,诏发丁壮别筑新城,命令坤为修城都部署"[7]。鉴于唐代城池"西据蜀冈,北抱雷陂",大而难守的弊端,[8]以及当时扬州受战争影响,人烟稀少,城市居民大量逃逸的情况,故韩令坤所筑之新城面积较小,城周二十余里,仅位于唐罗城东南之一隅,也就是后世所

---

〔1〕〔宋〕徐铉撰,白化文点校:《稽神录》,中华书局1996年版,第132页。

〔2〕详见余国江:《南唐扬州筑城史事考述》,杜文玉主编:《唐史论丛(第三十一辑)》,三秦出版社2020年版,第312—318页。

〔3〕详见夏晶、刘勤、曹骏:《仪征晚唐五代时期砖瓦窑址的发现与扬州城筑城关系浅析》,中国考古学会等编:《扬州城考古学术研讨会论文集》,科学出版社2016年版,第232—242页。

〔4〕余国江:《南唐扬州筑城史事考述》,杜文玉主编:《唐史论丛(第三十一辑)》,三秦出版社2020年版,第312—318页。

〔5〕〔宋〕司马光编著,〔元〕胡三省音注:《资治通鉴》卷二九三后周世宗显德四年(957)十二月庚午,中华书局1956年版,第9575页。

〔6〕中国社会科学院考古研究所、南京博物院、扬州市文物考古研究所编著:《扬州城:1987~1998年考古发掘报告》,文物出版社2010年版,第238页。

〔7〕〔元〕脱脱等:《宋史》卷二五一《韩令坤传》,中华书局1977年版,第8832页。

〔8〕〔清〕顾祖禹撰,贺次君、施和金点校:《读史方舆纪要》卷二三《南直五·扬州府》,中华书局2005年版,第1114页。

说的"周小城"。后来宋人又在周小城的基础上兴修了宋大城。

　　总体来说,隋唐五代时期的扬州城表现出如下特征:其一,扬州城的修筑过程不似长安、洛阳两京,先制定完整的城市规划,然后依图建设,而是随着城市的自然发展而增修,因此扬州城的形态并没有预设的城市规划体系。隋唐以前,扬州城在蜀冈之上,后来随着蜀冈南缘商业的发展,人口大量聚集,城市空间扩展到蜀冈以下,城市依托运河发展出码头、商业区、作坊区和居民住宅区,而后出于军事防卫和城市管理的需要,才修建了罗城。罗城内的官河与南北大街呈北偏东斜行方向,与规整的罗城很不协调,这是因为这条运河自隋炀帝开通以后,于运河两岸逐渐形成一定规模的码头和街市,相传隋炀帝夜游宵市,并建有小市桥,可见在未营建罗城以前,蜀冈下的运河两岸已形成街道和市坊,经济已经相当繁荣。唐罗城的营建是以运河为中心围筑四周城墙,所以位于城内中心的运河河道与街道,自然成为北偏东4—5度的斜河与斜街,与南北向规整的长方形罗城形成不协调的平面布局。换言之,罗城是在街道、市场、居民区已经发展到一定程度而开始规划修筑的,是内部填满以后外部圈围的结果,是一种被动行为。[1]

　　不过,如果要说扬州完全不受长安、洛阳两京的影响也不符合实际,从规划和利用地形的情况分析,唐代扬州城的建设在一定程度上受到了东都洛阳城的影响。洛阳城"前直伊阙,后据邙山,左瀍右涧,洛水贯其中,以象河汉"[2],是非常理想的建城环境。洛阳城的皇城位于大城西北角的高亢地势上,既有利于军事防御,又可控制地势较低的大城;大城中的三市均傍临河道,有利于商业运输,繁荣经济。东都洛阳这种利用地形环境规划城市的做法,就被唐代扬州城所仿效。扬州唐城北靠蜀冈,南望长江,运河贯穿城中,也是非常理想的规划城市的地形。不同的是,蜀冈上已建有城址,只要依蜀冈上城址向南规划大的罗城即可。蜀冈上的城址成为官署衙门的居所,加强了统治者的防御,向南又可监控罗城。罗城内市场和主要大街皆傍临运河,城内外水路运输,四通八达,较之洛阳城更加畅通,突出了唐扬州城以经济街区为中

---

　　[1]　中国社会科学院考古研究所、南京博物院、扬州市文物考古研究所编著:《扬州城:1987~1998年考古发掘报告》,文物出版社 2010 年版,第 259 页。

　　[2]　〔宋〕欧阳修、宋祁:《新唐书》卷三八《地理志二》,中华书局 1975 年版,第 982 页。

心、水路运输为主干的南方城市特点。[1]

其二,扬州城的发展受到政治和军事形势的影响较大。安史之乱席卷大半个中国,但扬州却未受到太大影响,且战乱造成大量北人被迫南迁到江淮地区,间接为扬州带来了大量的劳动力。战乱之后,唐王朝所需财物十之八九仰仗于南方地区,扬州的交通区位优势愈加凸显出来,经济快速发展,城区面积也迅速扩大。扬州位于江淮之间,长江和大运河两大水系在此十字交汇,交通区位优越,这种优势在承平时代虽然可以大大推动其经济的发展,但在战争时期则会演变成劣势,容易成为各方势力争夺的焦点,隋末及唐末五代时期,扬州城屡遭焚毁即为明证。

其三,扬州城的发展受到地形和水系的影响较大,且其修筑有由高到低,由山丘向平原拓展的趋势。隋唐五代的扬州城作卧“凸”状,呈不规则形,这一方面是受到地形高差的影响。蜀冈不仅高出南部淤滩地三四十米,且其自身东、西亦存在高差。西墙受观音山限制,东墙受小茅山南北高冈地形影响,故围合成为一座不规则的曲尺形城址。另一方面是受到河流水系的影响。扬州城周边地区水网密布,城北有雷塘,城西“蜀冈诸山,西接庐、滁”,东南则“沟浍交贯”,这种自然地理状况,使城区向东、向南发展时,难以做到整齐划一。隋唐以前,扬州城在蜀冈之上,魏晋以来蜀冈以南淤积的大片滩地利用有限,这一情况到了隋唐时期彻底发生变化,蜀冈以南新淤的大片土地为扬州城的发展提供了充足的空间,所修筑的罗城也较子城面积大得多,城内的规划空间和发育也被包含运河在内的多条河道所影响。

其四,扬州城的等级较高、规模较大。隋江都宫为宫城性质,隋炀帝长期居住于此,通过相关考古材料分析,其建筑规格较高,一些城门的名称有模仿洛阳城的痕迹,正南门为一门三道,如京城之制。城墙包砖都采用特制的斜面砖,与西京长安、东都洛阳宫城墙结构相同。唐代的子城为官府衙署之地,等级也较高,如加上罗城,其规模是仅次于长安、洛阳两京的第三大城市,大大高于一般的地方性城市。五代时期,扬州受到战乱影响,发展速度放缓,但

　　[1] 中国社会科学院考古研究所、南京博物院、扬州市文物考古研究所编著:《扬州城:1987~1998年考古发掘报告》,文物出版社 2010 年版,第 258—259 页。

直至五代末年,扬州城的规模仍然较为宏大,是地方割据政权的都城。[1]

其五,隋唐五代的扬州城不仅继承了前代的遗产,而且对后世有着深远的影响。春秋时代,吴王夫差为北上中原争霸,修建了邗城作为戍军之所,后经过吴王刘濞的营建,达到了"城周十四里半"的规模,隋唐五代时期的扬州子城基本沿袭了前代的城址和城基。而这一时期新筑的罗城,则为宋扬州宝祐城、夹城和大城三城及明清扬州二城的修筑奠定了基础,如罗城的南门就一直从唐代延续到了清代。

二、扬州城的规模及四至范围

隋代扬州一度具有陪都的地位,隋炀帝曾派遣高级官员在汉广陵城的基础上营建江都城,前后持续十余年的时间,修建了一大批宫室、楼台和苑囿。据《资治通鉴》载,大业四年(608)"帝无日不治宫室,两京及江都,苑囿亭殿虽多,久而益厌,每游幸,左右顾瞩,无可意者,不知所适。乃备责天下山川之图,躬自历览,以求胜地可置宫苑者"[2]。其中规模最大的当属江都宫,据今考古勘探,江都宫略呈长方形,南北1400米,东西1300米,周长约5.1公里,面积达到1.8平方公里。在江都宫的东侧又有东城,面积较江都宫略小,呈不规则多边形,周长约4公里,面积1平方公里。除了江都宫外,在江都县北五里的长阜苑内,还修建了归雁、回流、九里等十座宫苑。为宴请群臣,又在江边(今扬州扬子津)修筑了临江宫(扬子宫),在蜀冈上新建了隋苑(上林苑)、长阜苑、萤苑、北宫(今茱萸湾)、迷楼等宫苑。

这些宫苑现在虽然难以找到遗迹,但通过《资治通鉴》等文献的记载,仍能略探其规模和形制,如描述江都宫:"宫中为百余房……(隋炀帝)退朝则幅巾短衣,策杖步游,遍历台馆,非夜不止,汲汲顾景,唯恐不足。"关于隋末"江都之变"的记载,也有涉及江都宫的内容:"是夕,元礼、裴虔通直阁下,专主殿内;唐奉义主闭城门,与虔通相知,诸门皆不下键。至三更,德戡于东城集兵得数万人,举火与城外相应。帝望见火,且闻外喧器,问何事。虔通对曰:

[1] 中国社会科学院考古研究所、南京博物院、扬州市文物考古研究所编著:《扬州城:1987~1998年考古发掘报告》,文物出版社2010年版,第259页。

[2] 〔宋〕司马光编著,〔元〕胡三省音注:《资治通鉴》卷一八一隋炀帝大业四年(608)三月乙丑,中华书局1956年版,第5639页。

'草坊失火,外人共救之耳。'时内外隔绝,帝以为然。(宇文)智及与孟秉于城外集千余人,劫候卫虎贲冯普乐布兵分守衢巷。燕王倓觉有变,夜,穿芳林门侧水窦而入,至玄武门……丙辰,天未明,德戡授虔通兵,以代诸门卫士。虔通自门将数百骑至成象殿,宿卫者传呼有贼,虔通乃还,闭诸门,独开东门,驱殿内宿卫者令出……千牛独孤开远,帅殿内兵数百人诣玄览门……德戡等引兵自玄武门入,帝闻乱,易服逃于西阁。虔通与元礼进兵排左阁,魏氏启之,遂入永巷。"[1]由这段文献可知,隋代的江都宫确有宫城和东城之分,时有"重城"之称。其中隋炀帝与萧后并"从姬千余人"及内侍官员、禁卫官兵悉在宫城居住,宫城存在明显的功能分区,各区之间墙门的起闭有严格的规定,夜间会上锁以隔绝内外。宫城四面应有门,其中北门为玄武门,玄武门之东为芳林门,另外还有玄览门。芳林门旁有水窦,大小可过人。水窦即水道,乃水之出入孔道。从东门出,可直通东城,东城位于宫城之东,故曰东城,与宫城之间有城垣相隔,当时随行的亲王、文武官员和骁果军等禁卫部队、扈从均居住于东城。

隋朝江都宫分为宫城和东城而有"重城"之称,还可以从唐诗的一些描述中加以推测,如杜牧诗"街垂千步柳,霞映两重城。天碧台阁丽,风凉歌管清"[2],李商隐诗"花明柳暗绕天愁,上尽重城更上楼"[3],高骈诗"小隐堪忘世上情,可能休梦入重城"[4]。或以为上述唐诗所描述的"重城"是指唐代子城内有两重城,或者是指蜀冈之上的子城和蜀冈之下的罗城,但也不能排除"重城"是指隋朝的江都宫城和东城,因为在另外一首记述隋末"江都之变"弑杀隋炀帝之事的诗云:"江都昔丧乱,阙下多构兵。豺虎恣吞噬,干戈日纵横。逆徒自外至,半夜开重城。膏血浸宫殿,刀枪倚檐楹。"[5]其中说到"半

[1]〔宋〕司马光编著,〔元〕胡三省音注:《资治通鉴》卷一八五唐高祖武德元年(618)三月,中华书局1956年版,第5775、5779—5780页。

[2]〔清〕彭定求等编:《全唐诗》卷五二二(杜牧)《扬州三首之三》,中华书局1960年版,第5963页。

[3]〔清〕彭定求等编:《全唐诗》卷五四〇(李商隐)《夕阳楼》,中华书局1960年版,第6188页。

[4]〔清〕彭定求等编:《全唐诗》卷五九八(高骈)《寄鄂杜李遂良处士》,中华书局1960年版,第6917页。

[5]〔清〕彭定求等编:《全唐诗》卷八六六(临淄县主)《与独孤穆冥会诗》,中华书局1960年版,第9798页。

夜开重城"，可以明确为江都的宫城和东城。因此，上述杜牧、李商隐、高骈诗中的"重城"指代隋代江都宫城和东城，是完全可能的。又，唐代一步约合今之 1.514 米，则杜牧所谓"千步"约 1500 米，与子城南北门之间的大街长度正相略同；"天碧台阁丽"中的"台阁"，两汉时指尚书台，其后亦泛指官府机构，隋唐时期蜀冈之上的城池为江都宫和官衙所在，正与诗中的"台阁"相合，所以，杜牧诗中所吟咏的应该是蜀冈上的隋故城遗址，而与唐代的罗城并无关系。

　　江都宫的城垣情况，目前尚未能确知，但考古工作者得到了一些相关的遗迹和线索。首先是与宫城墙垣相关的发掘，主要有两条夯土带。第一条是在堡城西路以南 250 米处，据小范围发掘，推测为不晚于隋末唐初的夯土遗迹，或与隋江都宫的南垣相关。且在附近的民宅下，分布着有规律的莲花纹柱基，或与江都宫城建筑遗址有关。[1]第二条是在蜀冈古城西城墙东约 550 米处，找到了方向 358° 的南北向夯土遗迹和铺砖面，发掘出来的部分南北长 2.35 米、东西宽 0.85 米，用砖宽 16 厘米、厚 4.5 厘米或宽 18 厘米、厚 7.5 厘米，部分砖面上有细绳纹。从铺砖面用砖规格、夯土内出土的瓦砾和瓷片来看，夯筑时代或不晚于隋末唐初。由于南北向夯土迹象和铺砖面遗迹基本与北城墙西段东部城门在南北一线上（门址稍偏西），蠡测其或与隋江都宫西垣或宫院隔墙相关。其次是东城墙垣的探寻发掘。相关的遗迹主要有两处，第一处是在蜀冈古城内东南隅发掘到了上、下两层夯土遗迹，上层的时代不早于晚唐；下层直接夯筑在生土之上，时代不早于隋。不早于晚唐的遗存，说明唐子城可能在东南隅修缮时使用了隋东城东南隅的城墙，而现知的蜀冈古城东南角明确有唐代夯土墙体。因此，蠡测由于前期城垣城壕的存在，特别是隋东城的残存，才形成了唐子城东、北、南三面或有双垣双濠，西面或为单垣（或亦有双濠）。第二处是在北垣。推测宫城北门玄武门若在"北门"以南，则东城北垣或即蜀冈古城北城墙东段。[2]

---

　　[1]　参见汪勃：《扬州城的沿革发展及其城市文化》，宋建、陈杰主编：《"城市与文明"学术研讨会论文集》，上海古籍出版社 2016 年版，第 522 页。

　　[2]　汪勃、王小迎：《隋江都宫形制布局的探寻和发掘》，《东南文化》2019 年第 4 期，第 74 页。

根据考古勘探结果及王学荣复原的隋代扬州城图[1]，结合相关文献材料，并与隋唐洛阳城、隋大兴城及唐长安城太极宫的形制布局进行对比，可推测隋代扬州蜀冈城址的区域划分及宫城的空间布局有如下两个特点：第一，整体形制布局与隋唐洛阳宫城和皇城近似，即整体在蜀冈之上，蜀冈隋城即为"江都宫"和皇城，中间为宫城，宫城东侧有东城，宫城西侧或有隔城。宫城和东城北侧有相当于圆璧城和含嘉仓城的部分，今在北城该区域内调查勘探时发现有大量的灰坑，尚不能确定其性质，是否与建筑物相关尚不知，或与含嘉仓城同样具有仓储性质。[2]宫城和东城以南为皇城。[3]第二，扬州宫城的形制布局与隋大兴城及唐长安城近似，中有成象殿，东为东宫，西或为相当于掖庭宫的区划。隋朝两京的设计者均为宇文恺，而隋炀帝下江都，沿线建筑也都是由宇文恺设计规划，洛阳有"东城"，隋江都宫"东城"的名称或与隋东都洛阳之"东城"有渊源，而洛阳城居高临下的布局和北依邙山要塞，南望伊阙，左瀍右涧，洛水贯穿其中的布局也十分相似，故宇文氏在修建江都宫时有可能糅合了两京的规划与布局。[4]

无论是宫城，还是东城，都带有皇家宫殿和行政衙署的意味，并非城市的全部。作为当时南方首屈一指的大都市，扬州城应还有大片的工商业区和居民区，否则普通民众无法生产生活。隋代时，隋炀帝命御史大夫张衡督役江都宫，江都郡丞王世充诬告他"频减顿具"，也就是屡次缩小行宫的规模，

---

[1]　参见汪勃：《扬州城的沿革发展及其城市文化》，宋建、陈杰主编：《"城市与文明"学术研讨会论文集》，上海古籍出版社 2016 年版，第 509—537 页。

[2]　汪勃：《扬州城遗址蜀冈上城垣城濠蠡测——基于 2011 年扬州唐子城—宋堡城考古调查勘探的结果》，扬州博物馆编：《江淮文化论丛（第二辑）》，文物出版社 2013 年版，第 43—62 页。

[3]　根据考古勘探，可知江都宫城确实存在，东城的存在也基本可以认定，皇城和隔城是否存在尚不清楚。若江都宫城的西北角确实就是现在唐子城的西北角，那么所谓的隔城也可能是宫城的西半部，且北城确实存在，但或无此名称。（汪勃：《扬州城的沿革发展及其城市文化》，宋建、陈杰主编：《"城市与文明"学术研讨会论文集》，上海古籍出版社 2016 年版，第 509—537 页。）

[4]　汪勃、王小迎：《隋江都宫形制布局的探寻和发掘》，《东南文化》2019 年第 4 期，第 72 页；汪勃：《扬州城的沿革发展及其城市文化》，宋建、陈杰主编：《城市与文明学术研讨会论文集》，上海古籍出版社 2016 年版，第 509—537 页；汪勃：《隋江都与隋炀帝墓砖》，冬冰主编：《流星王朝的遗辉："隋炀帝与扬州"国际学术研讨会论文集》，苏州大学出版社 2015 年版，第 11—23 页。

导致隋炀帝大怒,命"锁诣江都市,将斩之"[1],说明当时扬州城确实存在繁荣的商业区,并形成了市场。这个工商业区应在蜀冈以南的冲积平原上,一个较有力的证据是在蜀冈之下的扬州城内发现的唐代文化层底部,往往在黄沙生土面上出现六朝青瓷,这表明在隋代以前,蜀冈之下已经有人定居生活。隋代,扬州附近的长江北岸已经南移至扬子桥一线,这为其工商业区的发展提供了余地。不过拥有大片工商业区并不代表就修筑了罗城,目前关于"隋罗城"存在与否尚处于商榷阶段。[2]有些学者根据罗城城圈相关的考古发掘,认为当时的蜀冈之下可能已经有居民区或活动区,但应该没有修筑城墙。当然,也不能完全排除百姓居住的隋代罗城尚未被发现的可能。[3]也有学者认为,隋代扬州城未筑罗城,其证据是唐代两都,长安罗城正南门明德门为五门道,洛阳罗城正南门定鼎门为三门道,均为最高规格,自曹魏以来的都城规划中的中轴线思想到唐代已经相当成熟和普及,子城、罗城制度也十分完善,作为轴线端点的罗城南门在所有城门中地位相当高,规格亦有定制。如果隋炀帝建设江都宫时比制京师,模仿长安、洛阳,那么他在规划江都罗城时,为何未将南门建成一门三道结构?从礼制上来看,如果隋炀帝真的修建了罗城,那么,南门的规格低于东墙北门是讲不通的。另外,在扬州罗城北墙下所发现的隋唐初期墓葬,更直接地证明了隋唐初期罗城北墙下尚未开始修筑城墙,尽管"隋唐初期"是个相对模糊的时间概念,但如果

---

[1]〔宋〕司马光编著,〔元〕胡三省音注:《资治通鉴》卷一八一隋炀帝大业六年(610)三月癸亥,中华书局 1956 年版,第 5651 页。

[2] 汪勃:《隋江都与隋炀帝墓砖》,冬冰主编:《流星王朝的遗辉:"隋炀帝与扬州"国际学术研讨会论文集》,苏州大学出版社 2015 年版,第 11—23 页;汪勃:《扬州城的沿革发展及其城市文化》,宋建、陈杰主编:《"城市与文明"国际学术研讨会论文集》,上海古籍出版社 2016 年版,第509—537 页。

[3] 迄今为止,在蜀冈下城址四面城墙和城门的发掘中,如 YLG1—YLG7 和杨庄西门、铁佛寺东侧唐子城和唐罗城连结点等处的发掘中均未找到早于唐代的隋代遗存。城内遗址中也多为唐及其后的堆积,如 1975 年发掘的手工业作坊遗址的文化层,唐代文化层在现地表下 4—4.5 米,个别灰坑深至距地表 7 米,其下即为黄沙土;扬州城南门遗址的唐代地面也距现地表 2 米左右,城墙之下亦为黄沙土。因此,基本可以认为蜀冈下城墙始筑于唐。(详见汪勃:《隋江都与隋炀帝墓砖》,冬冰主编:《流星王朝的遗辉:"隋炀帝与扬州"国际学术研讨会论文集》,苏州大学出版社 2015 年版,第 11—23 页;汪勃:《扬州唐罗城形制与运河的关系——兼谈隋唐淮南运河过扬州唐罗城段位置》,《中国国家博物馆馆刊》2019 年第 2 期,第 6—19 页。)

隋代已经修筑了罗城,那么"隋唐初期"地面上理应保留有城墙残垣,然则,它又怎么可能叠压这一时期的墓葬呢?[1]有学者则从隋炀帝"制江都太守秩同京尹"以及建城的必要性、可能性并结合考古调查和发现,推测隋代扬州已建有罗城。其中最核心的依据是在蜀冈以下还保留有五六处古代城垣的遗迹。如观音山至五亭桥一线,与炮山河相临,边缘南北地域略高于城内,在观音山下残存一小土岗,从土岗和其南杨庄西侧的断坎暴露出的断面看,有层次之分,土层很紧,可能是夯筑的城垣遗迹,内含有少量青瓷碎片。再如自桑树脚(北端接东城南沿蜀冈陡坡)向南至市第二人民医院西南角(即漕河边),土岗宽100多米,北部高2米左右,南部高约3—4米。在土岗的北端桑树脚西侧一条淌水沟的断面上发现有层次,为黄沙土与黑沙土夹层,每层厚约12厘米;在土岗的南端,有一处断面,夯土层次清晰,土质较硬。根据这些城垣遗迹、夯土层以及出土文物位置、隋代古墓、古河道,进而推测江都罗城四至可能存在两种组合:其一是由观音山向南至五亭桥西偏北河道转折处一线为罗城西界;由五亭桥西偏北处向东沿瘦西湖北岸,经长春桥、凤凰桥至高桥附近一线为罗城南界;由观音山蜀冈南沿向东,经铁佛寺至扬州东风砖瓦厂(今瓦窑新村)为罗城北界;由扬州东风砖瓦厂(今瓦窑新村)向南,循古河道(俗称浊河)西岸经黄巾坝(今称黄金坝)至高桥附近为罗城东界。其二是西界不变;南界由五亭桥西偏北处沿瘦西湖北岸,经长春桥屈曲向东北方向至扬州市第二人民医院西南为止;北界由观音山蜀冈南沿向东至象鼻桥附近为止;东界由象鼻桥附近向南,经桑树脚至扬州市第二人民医院西南为止。虽然这两种组合都有可能,但以第一种组合的可能性更大一些。[2]另有学者据罗城西垣及东垣北段城门与子城南门同作一门三洞结构,北垣夯土下压有隋唐之际墓葬,隋末扬州东城已经出现郭下街巷等证据,也认为扬州罗城至迟在隋末已经筑成。[3]

隋炀帝在位期间,曾要求天下州县修筑城郭,大业十一年(615)下诏:

---

[1]　任广、程召辉:《唐扬州城布局略论》,《洛阳考古》2013年第3期,第73页。李裕群(《隋唐时代的扬州城》,《考古》2003年第3期,第69—76页)等学者也持相同的观点。

[2]　详见顾风:《隋江都罗城规模的蠡测》,《东南文化》1988年第6期,第110—116页。

[3]　详见曲英杰:《扬州古城考》,《中国史研究》2003年第2期,第67页。

"设险守国,著自前经,重门御暴,事彰往策,所以宅土宁邦,禁邪固本。而近代战争,居人散逸,田畴无伍,郛郭不修,遂使游惰实繁,寇攘未息。今天下平一,海内晏如,宜令人悉城居,田随近给,使强弱相容,力役兼济。"时"郡县乡邑,悉遣筑城,发男女,无少长,皆就役"。[1]郡县"悉遣筑城"的说法无疑是夸张的,且诏书下达之时,隋朝已经到了末期,地方官府并不可能很好地去执行中央政令,但仍然可以看出隋朝统治者提倡筑城,而扬州的政治地位又如此之高,且隋炀帝有久居之意,因此存在修筑罗城的可能性。另外一种可能的情况是,隋代扬州有罗城而无城郭,或城郭修筑规模较小,未能留下痕迹。不过,在扬州唐城考古钻探和试掘中,曾在蜀冈下铲探到有关道路和九曲池遗迹,并顺着江都宫西城墙(即迷楼故址的今观音山下)往南,探到了夯土城墙,并于今杨家庄村西路口铲探到西城门,发现西门为一门三道结构,这种"一门三道"的结构,正与隋代江都宫南门完全相同。因此,这很有可能是隋炀帝在蜀冈下修筑的最早扬州城遗迹。[2]又,宋人王象之《舆地纪胜》记述扬州二十四桥云:"二十四桥。(隋置,并以城门、坊、市为名。)"[3]而沈括在《梦溪笔谈》也记述,紧靠蜀冈之下的九曲桥、下马桥和作坊桥等,与隋炀帝修建的九曲池、江都宫门和其附近的"草坊""钱坊"等有关,因此这些也应该是隋代所置,由此推知隋代罗城应该紧靠在江都宫城的蜀冈下。当然,关于隋代扬州是否修筑有罗城,迄今仍然存在较大争议,相关分析或推论还需要更多的考古材料进行印证。

唐代扬州城的情况较之隋代要清晰得多,扬州城以蜀冈上、下分为子城(衙城、牙城)和罗城(大城),据清代地方志载,"(唐)故城西据蜀冈,北包雷陂,外有大城,中为子城,亦曰牙城"[4]。雷陂亦称雷塘,古时又有上雷塘和下雷

[1] 〔唐〕魏徵等:《隋书》卷四《炀帝下》、卷二二《五行上》,中华书局 1973 年版,第 88—89、636 页。

[2] 蒋忠义:《隋唐宋明扬州城的复原与研究》,中国社会科学院考古研究所编著:《中国考古学论丛——中国社会科学院考古研究所建所 40 年纪念》,科学出版社 1993 年版,第 445—462 页。

[3] 〔宋〕王象之编著,赵一生点校:《舆地纪胜》卷三七《扬州·风俗形胜》,浙江古籍出版社 2012 年版,第 1154 页。

[4] 〔清〕赵弘恩等监修,〔清〕黄之隽等编纂:《江南通志》卷三三《古迹·扬州府》,《景印文渊阁四库全书》第 508 册,台湾商务印书馆 1983 年版,第 97 页。

塘之分,水面时大时小,或湮或复,变化无常。子城是沿用隋代江都宫的旧址,乃是官府衙署所在地,居高临下,向南对罗城形成俯瞰之势,能够对全城进行有效的控御。罗城又称"大城",是当时居民、市街、商贾店肆、手工业作坊、寺庙、道观的所在地。

结合钻探和城墙解剖发掘,可知扬州子城平面呈不规则多边形,一般夯土城墙均高出地面。其中南城墙沿蜀冈边缘修筑,大致是西起观音山,向北偏东 70 度延伸 800 米后至梁家楼东,城墙向北折百余米,又东折 330 余米,经董庄南口,至铁佛寺东北,与城址东南角土墩相接,全长约 1960 米。这段城墙地面已无痕迹,地下还保存了近 4 米的夯土墙基。西城墙南起观音山,向北偏东 5 度笔直延伸,至西河湾村西北的子城西北角,全长约 1375 米。这段城墙至今还保存有高出地面 10 米的城垣,城垣有护城河。北城墙大致为东北西南走向,呈三折状。由城西北角起,向东偏北长约 700 米,折向尹家庄长约 600 米,又向东转折至江庄村北长约 900 米,全长约 2170 米。这段城墙尚存部分高出地面 5—6 米的夯土墙。东城墙有二段转折,南起铁佛寺东北 130 米土墩处,由此向北偏 5 度延伸 700 米,然后向西直折 200 米,又北折 700 米至江家山坎的土墩处,全长 1600 米。这段城墙保存较好,有高出地面 6 米以上的夯土城垣。周长在 7005—7105 米左右。子城的四角都设有角楼,用以军事守备。城垣为土筑,城门及城墙转角处有包砖,城外有城壕。城东城壕呈西南—东北方向,宽约 73.9 米;城壕西边在宋代已经塌毁,东边可见最早的地层是唐代淤积土。唐至北宋时期西城壕水位线高程或不高于河岸高程的 13.68 米,同期城外地面高程约为 14.10—15.30 米,唐代及其以前的城壕宽约 18.75 米。推测唐代北城壕东段的宽度窄于现代水塘的宽度 65.3 米,其北边缘已在现代水塘之内。[1]

扬州罗城位于蜀冈下平原,除北城墙有所曲折外,其余三墙都较为顺平。

---

[1] 详见李裕群:《隋唐时代的扬州城》,《考古》2003 年第 3 期,第 69—76 页;中国社会科学院考古研究所、南京博物院、扬州市文物考古研究所编著:《扬州城:1987~1998 年考古发掘报告》,文物出版社 2010 年版;汪勃:《扬州城的沿革发展及其城市文化》,宋建、陈杰主编:《"城市与文明"学术研讨会论文集》,上海古籍出版社 2016 年版,第 509—537 页;汪勃:《唐扬州城的范围和唐罗城的兴建》,《庆贺徐光冀先生八十华诞论文集》,科学出版社 2015 年版,第 509—518 页。

关于扬州罗城的规模,历史文献所留下的相关记载有五条:①唐文宗开成三年(838),日僧圆仁入唐求法巡礼,后撰《入唐求法巡礼行记》,其中记述了扬州罗城的规模,云:"扬府南北十一里,东西七里,周四十里。"[1]圆仁是初次来到扬州,对扬州城不太可能非常熟悉,故其所述扬州城规模很有可能是陪同人员的口述,或者查阅了相关资料。②北宋沈括《梦溪笔谈·补笔谈》载:"扬州在唐时最富盛,旧城南北十五里一百一十步,东西七里三十步,可纪者有二十四桥。"[2]根据沈括的叙述,扬州罗城周长应为四十四里三百步左右。沈括生活的年代距唐亡尚不久远,宋英宗治平元年(1064),沈括曾任扬州司理参军之职,晚年又在隔江相对的润州居住长达八年之久,因此他对扬州的情况应比较了解,其所记唐代扬州"旧城"的周长,具有较高的可信度。③宋张舜民《郴行录》载:"九曲、摘星皆前朝故迹。大率今之所谓扬州者,视故地东南一角,无虑四分之一尔。其唐室故地,皆榛莽也。"[3]张舜民的记述没有唐代扬州城规模的具体数字,只是说宋时扬州城规模大致相当于唐代扬州城的四分之一,唐代故城的很多地区当时已成荒芜之地。④高彦修《唐阙史》:"扬州,胜地也。每重城向夕,倡楼之上,常有绛纱灯万数,辉罗耀烈空中,九里三十步街中,珠翠填咽,邈若仙境。"[4]所说"九里三十步",与圆仁所说"扬府南北十一里"较为接近。⑤宋末元初扬州人盛如梓《庶斋老学丛谈》载:"今之扬州,秦为广陵,汉为广陵郡,扬州治所,或在历阳,或在寿春,或在建康,广陵皆非所统。隋开皇初,方改为扬州,其城即今宝祐城,周三十六里。"[5]盛如梓所云扬州"周三十六里",与沈括所记"四十四里三百步"有不小的差距,疑是宋末元初"宝祐城"的周长。

[1]〔日〕圆仁撰,顾承甫、何泉达点校:《入唐求法巡礼行记》卷一,上海古籍出版社1986年版,第13—14页。

[2]〔宋〕沈括:《梦溪笔谈·补笔谈》卷三,朱易安、傅璇琮等主编:《全宋笔记》第2编第3册,大象出版社2006年版,第247页。

[3]〔宋〕张舜民:《郴行录》,曾枣庄、刘琳主编:《全宋文》第83册,上海辞书出版社、安徽教育出版社2006年版,第327—328页。

[4]〔宋〕李昉等编:《太平广记》卷二七三《妇人四》"杜牧"条引《唐阙史》,中华书局1961年版,第2151页。

[5]〔元〕盛如梓:《庶斋老学丛谈》卷中上,《景印文渊阁四库全书》第866册,台湾商务印书馆1983年版,第529页。

　　上述文献资料中的③④,对于唐代扬州城规模的描写采用的是一种文学化和较为模糊的记述方式,自然不够精确,但仍具有一定的参考价值,如其中所说的"九里三十步",实际上很可能仅是唐代扬州罗城中最繁华的一条街道,而非城垣边长或周长,这一点与唐诗的相关记述可以相互印证,如张祜《纵游淮南》云:"十里长街市井连,月明桥上看神仙。"[1]杜牧《赠别二首》之一云:"春风十里扬州路,卷上珠帘总不如。"[2]其中的"十里长街""十里扬州路",与"九里三十步"极为接近,诗人创作中取"十"这个整数是很自然的,这较之"九里长街"或"九里三十步长街"更加合适。从将近十里长的南北大街,不难想象唐代扬州城之繁盛状况,扬州罗城规模之大由此可知。张舜民《郴行录》通过与宋代扬州城的规模进行比较,也展现了唐代扬州城区范围之广。

　　上述文献记载的唐代扬州城市规模的相关数据,也得到了扬州唐城考古勘探工作的证实。经过考古人员的努力,唐代扬州罗城的建筑布局与规模,已经相当清晰,罗城平面大致呈纵南北向长方形,外轮廓线周长约 14870—14970 米,面积约 13 平方千米。[3]扬州罗城四面城墙的走向和长度如下:东城墙北起东风砖瓦厂(东北城角),向南顺城濠河迹,经黄金坝,沿古运河西侧平行南下,过高桥(宋大城东北角)、便益门街(明新城东北角),通过东关街,顺北河下至康山街止,全长约 4345 米,城基宽约 10 米。其中城墙北段(高桥—黄金坝—东风砖瓦厂)一线夯土城基保存较好。西城墙北接观音山(子城西南角),向南笔直走向,经杨家庄、瘦西湖、双桥社区、扬州大学农学院至双桥毛巾厂止,全长约 4050 米。南城墙东起康山街,向西沿古运河北岸,即顺南河下,过埂子街南口到南通路,顺南通路西行,经大学路南口向西至双桥毛巾

---

　　[1]　〔清〕彭定求等编:《全唐诗》卷五一一(张祜)《纵游淮南》,中华书局 1960 年版,第 5846 页。

　　[2]　〔清〕彭定求等编:《全唐诗》卷五二三(杜牧)《赠别二首》,中华书局 1960 年版,第 5988 页。

　　[3]　扬州唐城是 20 世纪江苏考古界热门的学术课题,其中关注度最高的是唐城的四至范围。20 世纪 40 年代,日本早稻田大学教授安藤更生通过对扬州城的实地调查,并结合相关文献记载,绘制了"扬州城附近要图""扬州遗迹参考图",撰写了《唐宋时代扬州城的研究》一文,开启了扬州唐城考古研究之先河。后来,扬州博物馆朱江,扬州学者陈达祚,南京博物院罗宗真、尤振尧、纪仲庆、邹厚本等也加入了讨论,诸家各自坚持自己的学术观点,使论争长期存在。近年来,随着考古的发掘和调查,这场争论基本上可以画上句号了。

厂（原潘桥）止，全长约 3235 米。北城墙东起东风砖瓦厂（罗城东北角），向西约 1075 米后北折 50 米，再折向西北延伸约 257 米，与子城东南角相接，此段城墙的西段即为蜀冈上城址的南城墙，全长 1380 米。北城墙与东西南三面城墙有所不同，它是接蜀冈上城址的南城墙向东延展的，受地形影响，并不是笔直走向。如加上子城，扬州城外轮廓线四面城墙长度约为东 7325 米、南 3235 米、西 5425 米、北 2170 米，周长约 18055—18155 米。

　　唐代里程有大里和小里之分，大里约为 531 米，约相当于今 1.06 华里，小里约为 442.5 米，约相当于今 0.88 华里。可取二者的折中数字，即 1 里约 450 米，并以此数据对圆仁、沈括、盛如梓所记扬州城规模进行验证，圆仁"南北十一里，东西七里，周四十里"，11 里约 4950 米、7 里约 3150 米、周 40 里约 18000 米，这个数字与考古的数据非常接近。沈括"南北十五里一百一十步，东西七里三十步"，15 里约 6750 米，7 里约 3150 米，理想状况下，扬州城周长应为 19800 米，这个数字较考古数据略高，但仍在可接受的偏差范围内。当然，更有可能的是，圆仁所记"十一里"为开成三年（838）所见扬州城之南北长度，而沈括所记"十五里一百一十步"则为此后扩筑城区所达到的规模，开成三年后扬州城应该还有一个继续南拓的过程。由于子城与罗城南北相连，故推测扩筑部分当在罗城南部，而到今所发现的南垣及南门一线。圆仁与沈括所记之南北长度相差 4 里 110 步，约 1900 米。而依考古实测及复原图，自南垣南水门往北 230 米至利园桥，又约 300 米至太平桥，又约 300 米至通泗桥，又 350 米至顾家桥，又 350 米至开明桥，又 340 米至新桥，计约 1870 米，故圆仁所记扬州城之南垣当即在新桥一线，此桥称为新桥当是因为拓城之后新造。[1] 盛如梓所记"周三十六里"，换算成今约 16200 米，数据偏小，很有可能是唐末五代在修缮罗城时略有缩减所致，或仅计算了罗城新筑之前的规模。[2] 总之，文献所记数据与考古的城墙里程数大致可以对应上，唐代扬州罗城的周长是 18000 米左右。

　　唐末杨吴时期，扬州城的地位虽有所下降，但仍是地方割据政权的都

---

　　［1］　详见曲英杰：《扬州古城考》，《中国史研究》2003 年第 2 期，第 55—69 页。

　　［2］　参见汪勃：《唐扬州城的范围和唐罗城的兴建》，《庆贺徐光冀先生八十华诞论文集》，科学出版社 2015 年版，第 509—518 页。

城,为区域性的政治经济中心。史载"扬州城旧有大城,又有子城,亦曰牙城。杨行密据扬州,改牙城南门曰天兴"[1],可见杨吴时期罗城和子城的形制并没有发生大的变化。不过,一些小规模的修缮应该是存在的,洪迈在《容斋随笔》卷九《唐扬州之盛》曾记载,扬州"自毕师铎、孙儒之乱,荡为丘墟。杨行密复葺之,稍成壮藩,又毁于显德",表明杨行密占据扬州后有"复葺"之举。又,2006年在扬州动物之窗(铁佛寺以东)的唐罗城和唐子城联结点的考古发掘中,在很可能是子城东南角和罗城联结点的外拐角(东北)处,发现了"杨吴大砖",这种砖与唐代常见砖的规格明显不同,为长42厘米、宽24厘米、厚6厘米,该遗址附近的遗物的发掘也多与早期杨吴相关。又在唐罗城西门遗址发掘地层的第2层中出土的砖,规格为长42厘米、宽23厘米、厚5.8—6厘米,这充分说明杨吴政权确实曾经对子城和罗城进行过修缮。[2]

公元937年,南唐取代杨吴,并迁都金陵,扬州的政治地位尽管有所下降,但仍然被南唐作为陪都加以经营,称为东都。这一时期的扬州城规模仍然比较宏大,敦煌写本S.529(Ⅴ)号《诸山圣迹志》中保留了一段非常珍贵的史料:"赆(瞻)礼后,从此西南七百里至扬州,见(现)管廿八州,南北五千里,东西三千里。都城周围六十余里,四面十八门。南北一连,十字江水穿过。东西十桥,南北六桥。凡一桥上,并是市井。林园地宅连翼甍,战桅楼船窥黟渚。"[3]该志是五代时期敦煌名僧范海印游历各州郡寺院、名山圣迹的记录,具有较高的可信度。由文献所载可知,五代初期扬州城的规模依然较大,市井繁华,军政地位重要。所载"都城周围六十余里"的规模应该比较可信,理由之一,

[1]〔清〕顾祖禹撰,贺次君、施和金点校:《读史方舆纪要》卷二三《南直五·扬州府》"江都县"条引《城邑考》,中华书局2005年版,第1114页。

[2]参见汪勃:《扬州城遗址唐宋城时期用砖规格之研究——兼及城砖烧制特征和包砖墙修砌技法等》,扬州博物馆编:《江淮文化论丛(第二辑)》,文物出版社2013年版,第1—26页。

[3]中国社会科学院历史研究所、中国敦煌吐鲁番学会敦煌古文献编辑委员会、英国国家图书馆、伦敦大学亚非学院合编:《英藏敦煌文献(汉文佛经以外部份)》第2卷,四川人民出版社1990年版,第12页。S.529号文书正面是《定州开元寺归文牒》,其写作年代是后唐同光二年(924)。这就说明附着在《定州开元寺归文牒》背面的《诸山圣迹志》的抄写年代最早也是在五代后唐同光二年之后。又据文献中称扬州为"都城",可知描写的应该是同光二年(924)至后晋天福二年(936)间的扬州城。

范海印巡礼至扬州,所见扬州城是其亲身经历,而非道听途说;理由之二,在同一文书中,作者不只记录了扬州一城的情况,而是把其所经过的重要城市,如太原、幽州、定州、镇州、邺都、沧州、庐州、舒州、蕲州、黄州、鄂州、洪州、昇州、衡州、潭州、荆南、襄州、洛京等城市的城周以及佛教情况都记录了下来,因此,范海印所记情况基本可信。[1]另外,这个写本文书中所载扬州城周围六十余里的规模,也与唐代扬州子城加罗城的规模大致相当(除去子城南城墙重合的部分)。

南唐保大十五年(957),后周南伐,李璟"知东都必不守,遣使焚其官私庐舍,徙其民于江南",盛极一时的扬州城被焚毁,沦为废墟。南唐后主李煜《渡中江望石城泣下》云:"江南江北旧家乡,三十年来梦一场。吴苑宫闱今冷落,广陵台殿已荒凉。云笼远岫愁千片,雨打归舟泪万行。兄弟四人三百口,不堪闲坐细思量。"[2]虽然文学创作并非全为实景,但仍可知当时扬州城之荒芜。周世宗柴荣在废墟之上所筑之周小城,面积较唐五代鼎盛时期大为缩小。南宋洪咨夔《扬州重修城壕记》载:"后周显德中,韩令坤相攸东南隅,别城以厄治所,周二十里一百五十步,崇二十六尺,是为今州城。"[3]唐20里约今9000米,面积约7.6平方公里,这个规模较之前代大大缩小。

总体来说,隋唐五代时期扬州城的规模和形制表现出如下特征:

第一,由宫而城,先建宫城,后筑郭城。隋代是否筑有罗城目前尚不清楚,不过可以肯定的是,隋代的扬州城最初仅修筑了宫城(江都宫)。东城虽称"城",但为随行亲王、文武官员大臣和军队的居住区,亦为宫城性质。后随着扬州经济地位的提升,其商业区的面积不断扩大,罗城的格局也逐渐清晰了起来。罗城内部则分布着大量的手工业作坊、商铺、商业街等,其布局呈棋盘状,"城"的特点愈益凸显出来。

第二,遵循中国古代行政中心居高临下和坐北朝南的"相地"理论。中国古代的城市往往将府衙置于城内地势较高的地方,且大多面南治理,这一

[1] 陈双印:《五代时期的扬州城考》,《中国历史地理论丛》2005年第3辑,第101—108页。

[2] 〔清〕彭定求等编:《全唐诗》卷八(李璟)《渡中江望石城泣下》,中华书局1960年版,第72页。

[3] 〔宋〕洪咨夔:《平斋文集》卷九,《宋集珍本丛刊》第75册,线装书局2004年版,第54页。

方面是为了占据全城最佳的地势,便于居高控制;另一方面则是为了凸显封建统治者的权威和尊严。在扬州,无论是隋代的江都宫、东城,还是唐代的大都督府、淮南节度使府的所在地,都处于蜀冈的冈阜之上,位置固定,海拔高出地表 20—30 米。北据蜀冈,居高临下,南眺长江,控遏罗城。

第三,城市规模不断扩大。扬州在隋代和初唐时期虽有筑城之举,但规模不大,原有的城池较小,后随着城市人口的膨胀以及城市经济的发展,原有的面积便会逐渐不敷足用,随之会出现新的商业区和居民聚居区。隋代的江都宫和东城加起来仅约 2.8 平方千米,唐代子城的规模也没有超出这个范围,但罗城的面积却达到 13 平方千米,增加了 10 平方千米,使得扬州城一跃成为两京之外规模最大的城市。

第四,罗城的修筑以成熟街区的形成为前提。扬州城的修筑是先有子城,后筑罗城。这种发展特点与扬州商业经济的发展密切相关,罗城集中了大量的民居和商铺,其平面布局体现了以街市为中心的规划原则,这种先有街区后修筑城郭的渐进式发展模式,是商业性城市形成和发展的典型特点。

第五,由东西向发展转向南北向发展。隋代以前,扬州已建城,最早是春秋晚期吴王夫差所筑之邗城,为了运兵驻军的便利,应是依邗沟而修,位于蜀冈之东南部。至战国晚期,在此邗城之西又有楚筑广陵城。汉初吴王刘濞合二者为一城,成"周十四里半"之制,后建离宫于广陵城外东北处。晋宋时期扩筑,将离宫包裹在内。[1]后世的扬州城虽都是在楚广陵城城址上修筑,位置没有变化,不过仍可以看出隋以前扬州城址的变化限于东西向。到了隋唐时代,不再在子城的东西两侧发展,随着罗城的修筑,整座扬州城呈现出"吕"字形结构,上面的小"口"是子城,居西北方,下面的大"口"为罗城,居东南方。

第六,巧妙地利用微地形和水系。子城平面形状呈不规则状,这是因为南面的蜀冈断崖成为天然的城墙,西墙受观音山限制,东墙受小茅山西北高

---

[1]　曲英杰:《扬州古城考》,《中国史研究》2003 年第 2 期,第 55—69 页;汪勃:《扬州城遗址蜀冈上城垣城濠蠡测——基于 2011 年扬州唐子城—宋堡城考古调查勘探的结果》,扬州博物馆编:《江淮文化论丛(第二辑)》,文物出版社 2013 年版,第 43—62 页;汪勃:《扬州唐罗城形制与运河的关系——兼谈隋唐淮南运河过扬州唐罗城段位置》,《中国国家博物馆馆刊》2019 年第 2 期,第 6—19 页。

冈地形影响,北墙城濠外有一土岗,土岗之外有一条古河道沿北濠的东部与之平行。罗城整体上呈现南北长、东西窄的形状,且并非正东西—南北走向,而是西北—东南走向,主干街道也不居于罗城的中轴线上,而是自南而北向东倾斜了5度。这一方面是受到原有子城形制的限制,因为罗城北城墙利用了子城的南城墙,而子城的南城墙受蜀冈走向的影响,呈西南—东北走向,这影响到了罗城的走向。扬州的兴衰与运河相辅相成,而扬州城也是因河而市、因市而城,既是一座因运河而生的城池,也是一座因地制宜规划而成的城市。罗城的主干街道是依运河而发展起来,而运河并非在城市的中轴线上,故主干街道也就偏离了城市的中线,可以说,扬州唐罗城的形成与其周边水系的发展变化相辅相成。不过正是由于受到微地形和水系的影响,扬州城的发展打破了传统城市规划观念的影响,使其发展更为自由。

第七,扬州城不仅是南方城市的典型代表,还吸收了北方城市文化。罗城除了北城墙之外的城墙方向基本上呈正方向(因以北斗、南斗定方向,且有纬度的差异,略有偏角是必然的)、城内南北向道路略呈西南—东北方向有偏角、城内河道较多之外,总体平面形状近乎纵长方形、城内街道呈网格状而非放射状分布且东西向街道基本呈正方向,明显也具有北方型城市棋盘状格局的特点,这当与隋唐大运河所带来的北方文化关联甚深。[1]

第八,隋代以前,扬州城址均位于蜀冈之上,平面布局呈不规则曲尺形,但城内街道多呈东西、南北伸展。唐代罗城有意识地保持了四方规则的轮廓,但其内部街区结构服从于运河码头职能的需要,仓场、馆驿和市肆多濒城内官河两岸而设,依桥、道而延伸,住宅区和手工作坊区也是自官河向两翼拓展,形成开放式的街巷式格局。[2]

第二节　隋唐五代扬州的城市管理

隋唐五代时期的城市管理体制通常被称为"坊市制","坊"是居民住

---

[1]　汪勃:《扬州唐罗城形制与运河的关系——兼谈隋唐淮南运河过扬州唐罗城段位置》,《中国国家博物馆馆刊》2019年第2期,第10页。

[2]　朱芊静:《扬州城市空间营造研究》,武汉大学博士学位论文,2015年,第65页。

宅区,"市"是专门从事贸易的商业区,两者的性质类似于现代所谓的生活小区和商业区,只是市与坊是分开的,坊内不设店肆,市内不住家,坊、市之间设围墙阻隔。具体来说,其形态是居民生活区被划分为若干坊,且坊的四周建有坊墙,仅留坊门作为居民出入的通道。坊门按时启闭,"五更开坊门,黄昏闭门",实行较严格的宵禁制度,甚至连燃烛张灯都有详细规定,城市居民若违犯要受到处罚。坊门一旦关闭,街上即行人断绝,否则被视为"犯夜"。坊的管理者称为坊正,主管坊门钥匙、治安和赋税等坊内日常事务。

城市内的市场被严格限制在固定的区域内,市场四围建有市墙,与坊相分离,仅留市门给商人出入,且有兵卒把守。这一制度的核心理念是将城市中的居民生活和商业活动限制在一定的区域(主要是坊和市)内,实现时间和空间上的双重制约。[1]不过"坊市制"之严格只是隋及唐前期的情况,中唐以后,随着社会生产力的提高,城市商业经济发展和城市人口膨胀,"坊市制"逐渐松弛,并最终走向崩溃,表现在坊墙被拆除,坊与市的界限被打破,商业活动扩展到市以外甚至城墙以外的区域,沿街商铺、酒楼大量兴起,最初被严格执行的宵禁制度也趋于松弛,街市买卖昼夜不息等诸多方面。

一、扬州的坊制及其演变

魏晋南北朝时期,城市内的居民区已经被划分为若干坊。以北魏早期都城平城(今山西大同)为例,《南齐书・魏虏传》载:"什翼珪始都平城,尤逐水草,无城郭,木末始土著居处。佛狸破梁州、黄龙,徙其居民,大筑郭邑。截平城西为宫城,四角起楼,女墙,门不施屋,城又无堑……其郭城绕宫城南,悉筑为坊,坊开巷。坊大者容四五百家,小者六七十家。每(南)〔闭〕坊搜检,以备奸巧。"[2]可见除皇帝外,城市居民都居住于坊中,坊内有街巷。坊是一个相对封闭的城市基层管理区,这一制度出现于北方部族由游牧转向城居的时期绝非偶然,面对多民族杂居的城邑,少数民族统治者缺乏管理经验,而将城市划块分割管理无疑是较有效的方式之一,便于他们"闭坊搜检,以备奸巧"。

---

[1] 张春兰:《唐五代时期的城市管理制度》,杜文玉主编:《唐史论丛(第十一辑)》,三秦出版社2009年版,第120—128页。

[2]〔梁〕萧子显:《南齐书》卷五七《魏虏传》,中华书局1972年版,第984—985页。

隋初，扬州城内已设有坊。《太平寰宇记》载："隋开皇九年改为扬州，仍为总管。炀帝改为江都郡，移于坊内，于州置宫，号江都宫。"[1]可见在建江都宫之前，蜀冈上的扬州城已经有了坊的规划，只是后来随着江都宫的修建，这些坊或被包裹入宫城，或被拆除，坊民则被迫迁居宫外。隋代扬州城市建设，继承前代而有所发展，据《宋书》载，刘宋大明三年(459)，竟陵王刘诞据广陵城叛乱，宋孝武帝命沈庆之率兵讨伐，"于桑里置烽火三所"，"若克外城，举一烽；克内城，举两烽；禽诞，举三烽"，沈庆之率众攻城，"克其外城，乘胜而进，又克小城"。[2]可见早在南朝刘宋时期，扬州城就有"外城""内城(小城)"之分，不过当时内城(小城)和外城都建在蜀冈之上，内城(小城)应该就是官署区，外城为城市居民生活区，可能已经设有"坊"。据此可以推测，隋初扬州城中的"坊"应是沿袭自前代。

时至隋代，扬州还出现了"草坊"的名称，始见于《资治通鉴》对隋末江都叛乱的记载。隋炀帝对于唐奉义等人的叛乱，最初有所警觉，曾问随行的裴虔通，东城出现大片火光乃是何故，裴虔通欺骗说是东城的"草坊"失火。所谓"草坊"，论者解释为军队的草料场，据此推断位于宫城东面的城池，驻扎了数量可观的卫队。[3]不过，将"草坊"理解为草料场，基本上属于推测而并没有充足的证据。实际上，中国古代文献中的"坊"，多数时候更似城市管理单位，因此"草坊"很有可能是在宫城外自发形成的居民区。之所以作出这样的推断，主要是参照魏晋南北朝时期即已经出现的"草市"之例，《南齐书·鄱阳王宝夤传》载："宝夤逃亡三日，戎服诣草市尉，尉驰以启帝，帝迎宝夤入宫问之。"[4]同书《五行志》亦载："建武四年，王晏出至草市，马惊走，鼓步从车而归。"[5]又《景定建康志》卷一六《镇市》引佚名南朝《宫苑记》载：

［1］〔宋〕乐史撰，王文楚等点校：《太平寰宇记》卷一二三《淮南道一·扬州》，中华书局 2007 年版，第 2441 页。

［2］〔梁〕沈约：《宋书》卷七九《竟陵王诞传》，中华书局 1974 年版，第 2034—2036 页。

［3］顾风：《隋江都罗城规模的蠡测》，《东南文化》1988 年第 6 期，第 112 页。

［4］〔梁〕萧子显：《南齐书》卷五〇《明七王·鄱阳王宝夤传》，中华书局 1972 年版，第 865 页。

［5］〔梁〕萧子显：《南齐书》卷一九《五行志》，中华书局 1972 年版，第 386 页。

"南尉在草市北,湘宫寺前。"[1]其实不仅是都城,在一些经济较发达的地方性城市的外围地区也已经出现了草市,如《水经注》卷三二《肥水》载:"肥水左渎又西径石桥门北,亦曰草市门,外有石梁渡北洲。"[2]寿春城城门以草市为名,当是因为城外形成了草市。这一情况的出现应是城市经济外拓的结果,由于城门地区多是交通要道、人群往来频繁和商业繁荣之地,且无须缴纳入城交易的商税,故最容易形成市场。在汉语中,"草"本来就是相对于正式与官方含义[3],因此魏晋南北朝时期广泛出现的"草市",实与城内由官方批准正式设置的"市"相对,是一种民间自发形成的非正式或非官方的贸易市场。同理,"坊"也是在城内设置,由官方负责管理的正式居民区,因此"草坊"很有可能是指城外自发形成的居民区,这个居民区由于长期不受官府管理,故没有专门的名称,才被冠以"草"字。隋末"江都之变"之夜,司马德戡屯兵东城,拟举火与城外呼应,"孟秉、智及于城外得千余人,劫候卫武贲冯普乐,共布兵分捉郭下街巷"[4],《资治通鉴》中记"劫候卫虎贲冯普乐布兵分守衢巷",又载"难将作,江阳长张惠绍驰告裴蕴,与惠绍谋矫诏发郭下兵收化及等,扣门援帝"。[5]所谓"郭下"是相对于东城而言,由"街巷"一词可知,当时在东城城墙之外已经形成了繁荣的城下街巷,依托这些街巷而出现"坊"是完全合理的。

隋代扬州城已出现"坊",另一有力的证据是《隋书·裴矩传》中的记载,宇文化及弑杀隋炀帝后,次日"矩晨起将朝,至坊门,遇逆党数人,控矩马诣孟景所"[6]。裴矩准备上早朝,行至"坊门"的时候遇到叛乱者,并被带到孟景处。此处"坊门"自然是指裴矩所居住的里坊的大门,只不过不知是在东城

　　[1]〔宋〕马光祖修,〔宋〕周应合纂:《景定建康志》卷一六《疆域志二·镇市》,《宋元方志丛刊》第2册,中华书局1990年版,第1530页。

　　[2]〔北魏〕郦道元著,陈桥驿校证:《水经注校证》卷三二《肥水》,中华书局2007年版,第750页。

　　[3]　日本学者日野开三郎在论述草市之含义时,还举出日语中的"草相扑""草棒球"为相对于正规训练的业余相扑、业余棒球而言,从语义上证明草市的非正规性。(详见〔日〕日野开三郎:《唐代邸店的研究》,福冈印刷株式会社1968年版,第104页。)

　　[4]〔唐〕魏徵、令狐德棻:《隋书》卷八五《宇文化及传》,中华书局1973年版,第1890页。

　　[5]〔宋〕司马光编著,〔元〕胡三省音注:《资治通鉴》卷一八五高祖武德元年(618)三月,中华书局1956年版,第5779—5782页。

　　[6]〔唐〕魏徵、令狐德棻:《隋书》卷六七《裴矩传》,中华书局1973年版,第1583页。

还是城外。所居之坊设有坊门,坊门天明击鼓而开,日落击鼓而闭,夜间不得随便出入,说明坊的管理相当严格,即使是高官重臣也无特权随意开启坊门。又南宋王象之《舆地纪胜》记扬州"风俗形胜",述及"二十四桥",云:"二十四桥。(隋置,并以城门、坊、市为名。)"[1]参佐门附近有参佐桥,二十四桥中有太平桥、通泗桥,而唐代墓志中出现太平坊、通肆坊之名。由此可知,《舆地纪胜》所记之坊有相当高的可信度。又根据沈括《梦溪笔谈·补笔谈》中的记载,可知二十四桥都在蜀冈之下,如此,也可以推测隋代蜀冈之下已经设置了坊。[2]扬州出土的隋代石刻文献也可以提供佐证,据隋代扬州僧人志修塔铭云:"大隋大业八年岁次壬申六月丁丑朔十三日庚寅,上柱国岐州刺史正义公孙志修塔述……僧俗姓郑……大业五年挂锡广陵……至□年圆寂扬州江阳县道化坊九华禅院。"[3]由此可见,江阳县早在隋代即已设有道化坊,与唐代墓志中出现的道化坊或为同地,在今扬州市广陵区城东乡轴承厂、跃进桥一带。[4]

到了唐代,扬州城内外之坊的记载已经相当明确。贞观十八年(644)长使李藻奏割合渎渠以东九乡立江阳县,并在郭下,"与江都分理"。如此,则江都县和江阳县都是扬州的附郭县,故这些坊也就分属两县管理,其中合渎渠以西以北属江都县,合渎渠以东以南属江阳县。通过今存墓志、买地券和相关文献,可搜罗到一些坊名,如下表所示。

　[1]〔宋〕王象之编著,赵一生点校:《舆地纪胜》卷三七《扬州·风俗形胜》,浙江古籍出版社2012年版,第1154页。

　[2]　余国江:《六朝隋唐时期的扬州城与坊市》,《历史地理(第三十一辑)》,上海人民出版社2015年版,第201—211页。

　[3]　李文才疏证:《隋唐五代扬州地区石刻文献集成》,凤凰出版社2021年版,第2页。

　[4]　余国江:《里坊制研究中墓志资料的限度——读〈里坊制及相关问题研究〉书后》,《历史地理(第三十三辑)》,上海人民出版社2016年版,第378—379页。

表 6-1　　　　　　　唐代扬州所辖之坊一览表[1]

县	坊	县	坊
江都县	来凤坊	江阳县	布政坊
	驯翟坊		瑞芝坊
	尚义坊		通化坊
	赞贤坊		道化坊
	善膺坊		清平坊
	通闱坊		临湾坊
	雅俗坊		道仁坊
	布政坊		孝孺坊
	怀德坊		庆年坊
江阳县	弦歌坊		崇儒坊
	会义坊		文教坊
	太平坊		通肆坊
	仁风坊		延喜坊[2]

　　由上表可知,除少数几个坊以所在地命名外,绝大多数坊名都是以儒家思想为标准,蕴含了推行教化的美好含义。中国传统社会的儒家思想博大精深,主要包括"仁、义、礼、智、信、贤、孝、善、德"等内容,它们不仅是民众的伦理规范、礼俗制度,也是国家统治管理的指导方针。儒家思想所提倡的"忠孝节义"思想其实就是封建统治阶层所确立的"文化霸权",他们通过确立坊名这种看似合法化的行为,将儒家思想深入到基层社会的各个角落,以达到教化的目的。还可以注意到,这些坊有些与长安、洛阳的坊同名,如长安的布政坊、怀德坊、太平坊、通化坊、兴宁坊等,洛阳的仁风坊、永丰坊、道化坊等,故扬州的坊名很有可能是受到了两京的影响。[3]

　　墓志、买地券所记死者亡地和葬地,除了出现大量的坊名,还出现了大量

　　[1]　本表据余国江:《六朝隋唐时期的扬州城与坊市》〔《历史地理(第三十一辑)》,上海人民出版社 2015 年版,第 201—211 页》中《唐代扬州乡坊里村一览表》改制。

　　[2]　左凯文:《扬州新见唐代淮南节度使僚佐王厚墓志略考》,《扬州职业大学学报》2018 年第 1 期,第 16 页。

　　[3]　参见余国江:《六朝隋唐时期的扬州城与坊市》,《历史地理(第三十一辑)》,上海人民出版社 2015 年版,第 207 页。

的乡、里和村名。如扬州市三元新村住宅基建工地发现一座唐墓,并出土唐人墓志一方,墓主任玄曾任承务郎、左卫兵曹参军,于唐懿宗咸通九年(868)四月"终寿于扬州尚义里之私第。……以其年六月十日壬申葬于府城南隅来凤里之先茔"[1]。"隅"也就是角落、边缘之意,所以葬地"来凤里"应该位于扬州城内南部靠近城墙的地区。唐高祖武德七年(624),始定律令。"百户为里,五里为乡。四家为邻,五家为保。在邑居者为坊,在田野者为村。村坊邻里,递相督察。"[2]此时天下初定,人口流散,该制根据当时城、村各居的现实,推行村自村、城自城的土断之法,将户口在地化,限制人口无序流动,保证了国家对基层社会的掌控。据《通典》引"大唐令"载:"诸户以百户为里,五里为乡,四家为邻,五家为保。每里置正一人(原注:若山谷阻险,地远人稀之处,听随便量置)。掌按比户口,课植农桑,检察非违,催驱赋役。……(坊)置正一人,掌坊门管钥,督察奸非,并免其课役。在田野者为村,别置村正一人。其村满百家,增置一人,掌同坊正。其村居如(不)满十家者,隶入大村,不须别置村正。"[3]可见,在唐代官方政令文书中,乡村推行的是"乡—里(村)"制,城市推行的是坊制,乡村与城市之间有所差异。不过,在扬州地区的墓志铭中,坊与里混用却较为常见。如《臧暹墓志》载,长庆四年(824)终于"扬州江阳县会义里之私第",而《张吴氏墓志》载,大和四年(830)终于"江阳县会义坊之私宅";再如《颜永墓志》云,长庆四年(824)终于"扬州江阳县布政里之私第",而《王仁遇墓志》所记则是大和七年(833)"薨于江都府江阳县布政坊私第"。[4]从坊里同名的情况看,至少在唐代扬州人的认识中,城市之坊即为里,两者可以互称。

　　秦汉时代,不仅城墙之内的管理单位为里,而且在城郊地区也存在大量的里,城墙内的管理体系与城郊地区差别不大。到了魏晋时代,或许为了区别于乡村之"里",城市的"里"制逐渐向"里坊"制转变,里与坊在城市中同

　　[1]　李文才疏证:《隋唐五代扬州地区石刻文献集成》,凤凰出版社2021年版,第245页。

　　[2]　〔后晋〕刘昫等:《旧唐书》卷四八《食货上》,中华书局1975年版,第2088—2089页。

　　[3]　〔唐〕杜佑撰,王文锦、王永兴、刘俊文、徐庭云、谢方点校:《通典》卷三《食货三》"乡党"条,中华书局1988年版,第63—64页。

　　[4]　陈彝秋:《唐代扬州城坊乡里考略》,《扬州大学学报(人文社会科学版)》2000年第2期,第74—79页。

时使用,且有时可以通用,但表现出坊使用的频率逐渐增多的趋势。到了隋初,坊在很多城市中已经替代了里的功能,成为了城市主要的管理单位。不过,隋炀帝曾有复古改制之举,针对城市管理体系,颁布了"改坊为里"的政令。《隋书》载:"炀帝即位,多所改革。三年定令……京都诸坊改为里,皆省除里司,官以主其事。帝自三年定令之后,骤有制置,制置未久,随复改易。其余不可备知者,盖史之阙文云。"[1]这次改坊为里,是隋炀帝大业三年(607)定令的一部分,从这段史料所揭示的信息来看,"改坊为里"制度似乎施行时间不长。不过仍可以看出,迟至隋代,坊和里在性质上已经趋于一致,且"坊"制替代"里"制的过程仍没有完成。[2]到了唐代,虽然国家政令规定,在城市中实施"坊"制,"里"为乡村之制,里、坊分开,但地方在实际操作时往往"便宜行事"。一方面,由于"里"长期以来都是城市的管理体系,随着推行日久,已具有相对固定的统辖范围,故以"里"来记载自己的籍贯在城市居民的意识里已经"根深蒂固",并非一纸政令就可以轻易改变,特别是在非官方文书性质的墓志铭和买地券中,以里为坊的情况仍非常普遍。另一方面,"坊"制在全国推行时并非"一刀切",而是存在"再地化"的过程,具体到扬州,坊在城中推行时继承原有之里的管理范围,仅改名称的可能性很大。也就是说,里虽然不再是官方政令中的城市管理单位,但其长期以来形成的管理区域仍被坊所继承,关于里的记忆在城市居民的意识中也一时无法根除。

唐代扬州城之所以坊、里互称,还有一个原因值得关注。唐代扬州修筑的罗城面积相当广大,大约13平方千米,仅次于当时的长安、洛阳两京。又因为扬州罗城不似长安、洛阳是事先经过系统规划之后才开始建设,因此在修筑城墙之前,蜀冈以南其实就已经出现了大片的居住区和商业区,以至于在筑城者最初围圈城墙时,为了留下充足的发展空间,必然会将不少原属于乡村的土地圈入到城墙之内,这些乡村之地最初推行的是"乡—里(村)"制,而被圈入到城墙之内后,就变更为城市管理体系的"坊"。不过,这个转变过程相当缓慢,特别是一些城墙之内的地块由于位置不佳,交通不够便捷,商业发展相对滞后,人口稀少,因此乡、里的名称就被长期保存

---

[1]〔唐〕魏徵、令狐德棻:《隋书》卷二八《百官志下》,中华书局1973年版,第793—803页。

[2]　成一农:《里坊制及相关问题研究》,《中国史研究》2015年第3期,第118页。

了下来,甚至出现"乡—坊—里"这样的城乡混合编制。如唐文宗开成元年(836),李彦崇"卧疾终于扬州江阳县布政坊私第。即以其年七月卅日,迁葬于江阳县仁善乡弦歌坊千秋里□□(蜀冈)之侧□(修)茔,礼也"[1]。李彦崇埋葬地点为"江阳县仁善乡弦歌坊千秋里",这是"乡—坊—里"混合编制的直接证据,李彦崇墓志出土的仁善乡,位于今扬州东郊五台山一带,故该乡很可能横跨城墙内外。《唐故张君墓志》载,大业元年(605)张素德"移家扬州江□城东之育贤村居焉",贞观十六年(642)其子张行密死于"育贤村私第",葬于"育贤村西嘉禾乡之原"。[2]又据《唐故彭夫人墓志铭》载,唐宪宗元和五年(810)"殁于江阳县孝儒坊之私第……即以九月十二日窆于清宁乡嘉禾村"。[3]该墓志清光绪年间出土于扬州城南龙头关附近,亦在唐罗城之内。综上所述,可知唐代扬州罗城内"都市化"的进程并非均质,也不是全方位的,而是存在着区域差异,城内存在属于乡村的部分,坊与里的混用应受此影响。

唐代扬州城内保存着乡村的编制或遗留,与此相对应的情况则是城墙之外存在城市规划的单位,即不少"坊"分布在罗城城墙之外,例如临湾坊在今扬州市湾头镇一带,道化坊在今扬州市城东乡轴承厂、沙口村小东村、合成化工厂、跃进桥一带,来凤坊在双桥乡(今双桥社区)三元新村一带,驯翟坊在今双桥乡念泗桥一带。这些"坊",唐代时都位于罗城城墙之外,其中有一些在罗城修筑之前就已经存在,及至修筑罗城也未被包裹入城,从而成为城墙之外的"坊",最典型的如江阳县道化坊。据《大唐长生禅寺僧本智塔铭(并序)》云:"以乾元二年己亥四月十六日,归寂于扬州江阳县道化坊之长生禅寺。"[4]可知,至迟到唐肃宗乾元二年(759),道化坊即已存在,较陈少游筑城更早。也就是说,若扬州罗城的修筑是在中唐时期,那么,道化坊在之前就已经存在。而更多的城外之坊或许是城市经济空间外拓的表现,即随着商品经

---

[1] 吴钢主编,王京阳等点校:《全唐文补遗》第4辑,三秦出版社1997年版,第491页。

[2] 李文才疏证:《隋唐五代扬州地区石刻文献集成》,凤凰出版社2021年版,第9页。

[3] 〔民国〕钱祥保、桂邦杰等纂:《民国江都县续志》卷一五《金石考》,《中国地方志集成·江苏府县志辑》第67辑,凤凰出版社2008年版,第599页。

[4] 吴钢主编,王京阳等点校:《全唐文补遗》第4辑,三秦出版社1997年版,第289页。

济的发展和城市规模的扩大,城墙的修筑总是赶不上城市发展的速度,故而出现了很多城下街区,这些城下街区最初是游离于城市的管理体系之外,官府无法掌控其民户以及收取商税,后来随着官府管控力度的加强,就必定会设坊进行管理。城外之坊的出现,展现的是城墙对城乡分割意义的削弱,扬州自盛唐以后长期保持繁荣,"时四方无事,广陵为歌钟之地,富商大贾,动逾百数"[1]。十里长街,华馆相连,水廊江乡,帆樯如林,灯火连天,满耳笙歌,扬州城不仅是我国东南地区的人文荟萃之地,也是国内最大的对外贸易港口之一。相对开放和自由的商业氛围,使得城乡内外融为一体,为城外之坊的出现创造了条件。

城外之坊还表现出沿运河和驿道这些交通线分布的特点。扬州位于运河与长江的交汇处,又东临大海,为全国性的水陆交通枢纽,而唐代的商品流通主要是依靠舟楫之便,其次才是驿道车运。所以,扬州城外之坊多数设置在古运河畔和驿道的繁华地区。出扬州罗城的东廓门是北上两京和中原地区的运河,在运河的北岸有著名的禅智寺、月明桥、竹西亭等,南岸则有山光寺、长生寺等。唐人张祜诗句"十里长街市井连,月明桥上看神仙",即是这一带繁华景象的缩写。也正因如此,在运河的南岸分布有江阳县的弦歌坊、道化坊和临湾坊。经罗城向西出西水门,经大明寺桥可与双桥驿道相通,而在双桥驿道附近则设有江都县的驯翟坊。城南市河的西岸设有江都县的来风坊。从这些坊的空间分布情况可以看出,扬州城外之坊的设置,乃是以商业为主导,以运河为经脉的沿街设市,随市设坊的坊里体系。[2]

关于城内坊的数量、规模及形制,由于文献中没有明确的记载,故只能略作推测。通过考古勘探,发现唐代扬州罗城相对应的城门间有 3 条南北向和 4 条东西向的大街,且呈现纵横交错的格局。相邻的南北大街间距约 1000 米,其间又等距分布了两座桥,表明在相邻的南北大街间有两条平行的街道,故城市空间管理应是将城内分成若干棋盘式样的方格。考古学家曾把隋唐

[1] 〔宋〕李昉等编:《太平广记》卷二九〇《妖妄三》"吕用之"条引《妖乱志》,中华书局 1961 年版,第 2304—2305 页。

[2] 参见印志华:《从出土唐代墓志看扬州古代县、乡、里的设置》,《扬州博物馆建馆五十周年纪念文集(1952—1982)》(《东南文化》2001 年增刊),第 125—132 页。

城址分为京城、都城、大型州府城、中型州府城和县城五种类型,其中洛阳、太原、扬州等属于都城类,根据残存遗迹和文献记载,可以画出隋唐扬州城的基本轮廓,其中,坊的布局是整齐的边长约 0.5 公里的方形排列。[1]在此理论预设的基础上,可以复原出唐代扬州城图,[2]若以罗城南城墙(长约 3238 米)、罗城东部南北垂直方向的长度约 4323 米(东城墙长约 4345 米,西城墙长约4153 米;因东城墙略斜,东城墙长出西城墙的垂直长度约 170 米,故以西城墙长度 4153 米加上 170 米为 4323 米)计算,规划为东西 5 坊,南北 13 坊,暂不考虑街道、河道、城墙偏角等因素,则罗城 1 坊东西广约 648 米、南北长约332 米、面积约 0.215 平方公里。[3]不过,应该认识到,棋盘格的理论划分不能等同于罗城内坊的划分,在以北方城市作为参照对象时,应更多考虑到扬州的地方特色。从今出土的唐代墓志看,江都县与江阳县在罗城内的分界是:由黄金坝沿邗沟西至螺丝弯桥,向南经官河至罗城南水门,这条分界线以北、以西属江都县,以南、以东属江阳县。而官河是一条北偏东 4—5 度的斜河,紧邻市河即为同样斜向的南北主干道,与南北向较为规整的罗城城墙不相协调,这就使得罗城内一部分坊无法划分出标准长方形的坊界。罗隐《广陵春日忆池阳见寄》云"清流夹宅千家住"[4],故比较合理的情况应该是,城内的坊以官河确定所在县属,再以城内主要道路和水系划分坊界。总之,扬州城的坊,并不苛求形式上的方正规整,而更多地考虑了道路、水系等实际情况。[5]至于城外之坊,由于规划性不强,就更难说形制规整了,而很有可能和城内的情况类似,受到河道走向的影响,呈不规则形状。关于坊墙,由于考古发掘并未在罗城内发现两京盛行的封闭式坊墙、坊门、十字街等坊结构的痕迹,故推

[1]　宿白:《隋唐城址类型初探(提纲)》,北京大学考古系编:《纪念北京大学考古专业三十周年论文集(1952—1982)》,文物出版社 1990 年版,第 279—285 页。

[2]　中国社会科学院考古研究所、南京博物院、扬州市文物考古研究所编著:《扬州城:1987~1998年考古发掘报告》,文物出版社 2010 年版,第 59—65 页。

[3]　参见汪勃:《扬州唐罗城形制与运河的关系——兼谈隋唐淮南运河过扬州唐罗城段位置》,《中国国家博物馆馆刊》2019 年第 2 期,第 11—12 页。

[4]　〔清〕彭定求等编:《全唐诗》卷六五六(罗隐)《广陵春日忆池阳有寄》,中华书局 1960 年版,第 7543 页。

[5]　余国江:《六朝隋唐时期的扬州城与坊市》,《历史地理(第三十一辑)》,上海人民出版社2015 年版,第 208 页。

测扬州唐罗城的规划建设中没有坊墙。[1]罗城之外的坊,由于多是自发形成,也不太可能修筑坊墙。

与长安、洛阳两京相比,唐代扬州城的建设之所以表现出诸多"地方特色",原因有五。

其一,唐代扬州子城、罗城并非统一规划、一次建成,因此城内并没有事前规划好的功能分区。一般来说,一座城市的形成是有一个较为漫长的发展过程,加之城市规模具有自发性、成长性和渐进性的特征,因此城市布局在长期发展演变过程中很容易形成自己独有的特点。长安、洛阳两京作为全国性的行政中心,与一般地方城市不同,它们在建设之前必然有较为详细的规划,且要充分考虑对城市居民的控制,故城内实行严格的封闭式管理,如坊内居宅不能沿街开门,入夜关闭城门禁止住户出坊,严禁坊内的商业活动等。唐代扬州城相较于长安、洛阳两京来说,政治性相对较弱,严格市坊之制虽一定程度上便于管理,但同时也会限制其社会经济特别是商业经济的发展,这显然是地方统治者不愿看到的,因此在管理上自然不会像两京那样严苛。另外,唐代扬州的罗城是因"市"而成,在罗城修筑之前,运河两岸已经发展起了没有交易时间限制的商贸区,罗城修筑之后将这些商业区纳入城内,对这些已经存在的市场,即使有所改造也不会太大,简言之,先前就存在的基本是自然形成的"市",必然会影响到后来出现的"坊"的空间划分和坊墙的修筑。

其二,坊墙是一种少数人就可以有效维持治安的城市管理制度,与多种族居住、游牧民族成为统治者的社会政治形势有关,始于北魏都城平城外郭城的修筑,其目的是"令贵贱有检,无有逾制,端广衢路,通利沟渠,使寺署有别,四民异居","必令四民异居者,欲其定业而志专。业定则不伪,志专则不淫"[2],这一规划思路后来被隋唐长安城和洛阳城所继承,也就是说,修筑坊墙是由传统、政治等因素所决定,相较之下,扬州并不受这些因素的影响,或者说没有这方面的约束。东晋南朝建康城的情况与扬州类似,研究表明"六朝建康城确实曾经实施过里坊制度,但由于种种主客观因素的制约和影响,

---

[1]　如"七八·二"工程中,发掘了8500平方米的范围,但没有发现墙基、砖铺路面和建筑遗迹,这表明这一地区人口稀少,民居不多,也没有修筑坊墙。

[2]　〔北齐〕魏收:《魏书》卷六〇《韩显宗传》,中华书局1974年版,第1338—1339、1341页。

妨碍了这一制度的落实和完善,使其并未能真正起到中原里坊所起的作用,因而徒具里坊之名,未行里坊之实"[1]。扬州在六朝时期几乎一直处于南方政权的统治之下,历次筑城都由东晋、南朝官员主持,故唐代扬州城"有坊无墙"的情况应是一定程度上受到了南方历史传统的影响。

其三,修筑坊墙费时费力。坊墙的修筑并非易事,唐德宗建中四年(783)十一月,淮南节度使陈少游修缮扬州城墙,尚且需要拆毁民居以获取建筑材料,所用夯土则要用竹笼运送,耗费亦是巨资。坊墙的修筑,规模不在城墙之下,所费成本不低,即使是在长安、洛阳这样的政治中心,城内坊民较少、经济滞后的偏远坊区,其坊墙也是经常缺乏修缮。扬州罗城内各地块的开发程度差异较大,居民主要居住在市河、主干大街等交通便利处,城内存在大片的人烟稀少甚至无人居住的区域[2],在这样的区域修筑坊墙几乎不可能,也没有必要。而且从扬州罗城的城门、城内街道和河道等影响城内形制布局的因素来看,规整地划分出坊并修建坊墙,也是不太现实的。

其四,扬州城内道路虽然将罗城分割成若干方块,但城内水道纵横、桥梁众多,"园林多是宅,车马少于船"[3],难以形成较为封闭的管理空间。若按两京之制设立封闭式的坊墙,那么势必要人为地将河道切割成若干段,如此一来,在流经坊墙的河道口处就必须设置栅栏等封闭设施,否则坊墙就失去了意义。然而,一旦修筑了坊墙,又要相应地修建为数众多的"水门",以供舟船往来出入,从而使得城市管理、建设和维护的成本大大增加。从当时扬州的城市地位和功能来看,完全没有必要如此劳烦。

其五,自隋代大运河开通以后,扬州成为大运河江北段的起点,是连接江南运河、长江入海口的重要水运枢纽。入唐以后,随着江淮地区经济的发展,扬州成为东南地区商品的集散之地,再加上"江淮俗尚商贾"的风气,以及唐代国际经济文化交往的日益频繁,至唐代中期,扬州已经成为全国商品经济最发达的地区之一。唐代扬州城始终以商业城市的面貌呈现,也一直扮

---

[1] 卢海鸣:《六朝都城》,南京出版社 2002 年版,第 207 页。

[2] 详见朱超龙:《官河与唐代扬州城的形态格局》,《文物》2022 年第 4 期,第 71—79 页。

[3] 〔清〕彭定求等编:《全唐诗》卷四九八(姚合)《扬州春词三首》,中华书局 1960 年版,第5666 页。

演着东南地区商都的角色,远离关中和中原政治中心的地理位置以及商业性城市的特点,使唐代扬州具有强烈的突破条块分割、桎梏商品经济发展的里坊制度的内在动力,故有唐一代,扬州虽有里坊之名,却无里坊之实。利用城内主要道路和水系划分坊界,既节约了行政管理成本,又达到了分区管理的目的。[1]

总之,应该区分清楚作为居住单位性质的"坊"与规划有序、筑有坊墙的"坊"的差别。封闭的坊墙虽然方便了城市管理,但弊端也很明显,那就是不太适合甚至会严重阻碍城市经济的发展,唐文宗大和五年(831),长安"不合辄向街开门,各逐便宜,无所拘限","因循既久"之故而"约勒甚难"[2],就充分说明里坊空间的封闭性已经不合时宜。扬州城有坊而无坊墙,还充分展现了其商业城市的特性,与洛阳和长安这些政治军事职能强烈的都城相比,扬州城的发展一开始就表现出"反里坊制"的特色。扬州城独有的坊制无疑是当时南方城市的一种典型,而且代表着商业性城市的发展趋势。

到了五代时期,扬州城仍然沿袭了唐代的坊制,但也发生了一些变化。今出土的墓志和买地券中保留了一些坊名,包括道化坊、赞贤坊、崇德坊、布政坊、怀德坊、曜德坊[3],这些坊名大多都在唐代的出土文献中可以找到。不过,五代时期,受到战乱的影响,很多坊出现了"空心化"的情况,例如唐僖宗光启三年(887)四月,广陵兵乱,毕师铎纵兵大掠,"货财在扬州者,填委如山……悉为乱兵所掠,归于闾阎"。打败毕师铎的杨行密有过之而无不及,"纵兵击之,俘斩殆尽,积尸十里,沟渎皆满"[4]。致使其初定扬州之时,"远坊居人

---

[1] 以上原因的分析,综合了任广、程召辉《唐扬州城布局略论》(《洛阳考古》2013 年第 3 期,第 71—74 页)、余国江:《六朝隋唐时期的扬州城与坊市》〔《历史地理(第三十一辑)》,上海人民出版社 2015 年版,第 201—211 页〕、汪勃:《扬州唐罗城形制与运河的关系——兼谈隋唐淮南运河过扬州唐罗城段位置》(《中国国家博物馆馆刊》2019 年第 2 期,第 6—19 页)等文的观点。

[2] 〔宋〕王溥:《唐会要》卷八六《街巷》,中华书局 1960 年版,第 1576 页。

[3] 详见刘刚:《关于扬州五代墓葬的两个问题——以出土墓志、地券为中心》,中国考古学会等编:《扬州城考古学术研讨会论文集》,科学出版社 2016 年版,第 243—254 页。

[4] 〔宋〕司马光编著,〔元〕胡三省音注:《资治通鉴》卷二五七唐僖宗光启三年(887)四月,中华书局 1956 年版,第 8355、8362 页。

稀少,烟火不接。有康氏者,以佣赁为业,僦一室于太平坊空宅中"[1]。此处所言太平坊亦见于唐代墓志,唐末五代时期扬州城中出现"空宅"的情况,主要原因是连绵的战火,导致坊民大量流失。自然灾害的频繁发生也是影响坊巷发展的原因之一,例如唐僖宗光启三年(887),"扬州连岁饥,城中馁死者日数千人,坊市为之寥落,灾异数见"[2]。在这种情况下,想要维持原有掌控全城的整体性管理也就不大可能,也没有必要,因此唐末五代时期的扬州城市管理,官方大概主要将精力放在一些核心坊区的控制上,而对于较为偏僻的城乡近郊,则较为放松。

二、扬州的市制与市场

中国传统社会的经济基础是男耕女织的小农经济,因此历来推行重农抑商的基本国策。但另一方面,由士农工商组成的"四民"社会结构,又决定了不可能完全消除商业贸易活动,于是就允许官府可控的手工业与商业经济的存在,以作为小农经济的有效补充,满足社会各色人员的日常生活需要。因此传统社会的商业实为一种"有限商业活动",而这种"有限商业活动"的主要方式,就是推行"市"制,体现在城市管理模式上,就是"坊、市"分离之制。"市"是由官府划定的供人们进行商品交易的场所,官府既不想让工商业发展超出一定的度,也不会让工商业过度萎缩而影响到城市居民的生活水准。划定区域经营工商业的好处,一来可以维护市场经济秩序,同时有助于维持城市社会治安;二来通过市场能有效地收取租税。早在春秋战国时期即已出现"治市之法",对"市"有了若干规定,例如市场的广狭大小、市要有便于出入之门以利于百货财物的进出、市必居邑之中等。六朝时期对"市"的记载不甚周详,其用语有时指商店林立的一定区域,有时则指买卖者定时集合进行交易的场所。大体来看,隋唐以前,"市"皆置于都邑州县之中,或四里或两坊之地,并受到较为严密的管控。

隋唐五代时期,城市中的"市"在发展中有所变化。初唐时期,商品贸易

[1]〔宋〕李昉等编:《太平广记》卷四〇一《宝二》"康氏"条引《稽神录》,中华书局1961年版,第3226页。

[2]〔宋〕司马光编著,〔元〕胡三省音注:《资治通鉴》卷二五六唐僖宗光启三年(887)三月,中华书局1956年版,第8346页。

必须在都城及州县级治所设置的"市"中进行,市外不允许设立商品交易场所,且市的开放时间受到严格限制,这些不仅在《唐律》中有明确规定,而且朝廷还不时发布相关诏敕加以申明,如唐中宗景龙元年(707)十一月敕:"诸非州县之所,不得置市。其市当以午时击鼓二百下而众大会,日入前七刻击钲三百下散。其州县领务少处,不欲设钲鼓,听之。"[1]每"市"都设有"市令"一职,专司市门启闭和市场稽查,对不经市门而越市墙者进行处罚,如规定擅自"越官府廨垣及坊市垣篱者,杖七十。侵坏者,亦如之。(原注:从沟渎内出入者,与越罪同。越而未过,减一等。)疏议曰:……坊市者,谓京城及诸州、县等坊市。其廨院或垣或篱,辄越过者,各杖七十"[2]。"市令"必须按规定时间开关市门,不得随意擅自启闭,否则就与擅自越过市垣者同罪,即"若擅开闭者,各加越罪二等。即城主无故开闭者,与越罪同。未得开闭者,各减已开闭一等。(原注:余条未得开闭准此。)疏议曰……其坊正、市令非时开闭坊、市门者,亦同城主之法"[3]。这些都说明此时官府对"市"的控制和管理相当严格,这种制度是与当时城市商品经济不甚发达的现实情况相适应的。

严格的坊市分离管理制度,限制了商业活动的充分发展。不过,随着生产力的进一步发展,打破坊、市界限成为了可能,"市"终于因商品经济的发展而逐渐摆脱了时空限制,具体表现为城门和坊内已有手工业者和商人设店、摆摊售货,夜市大量出现,沿街设铺的情况变得越来越普遍,交易的地点和时间更加灵活等方面。中唐时期,即便是城市管理最为严格的京城长安,也出现了这种情况,据文献记载:"唐开元中,吴郡人入京应明经举。至京,因闲步坊曲……(随二少年)抵数坊,于东市一小曲内,有临路店数间,相与直入,舍宇甚整肃。"[4]这条材料说明在长安已经出现坊、市混杂的情况,这几间临路店铺的后面还有相当大的内宅,可供数十人活动,是典型的前店后宅模式。又,朝廷曾经下敕规定:"两京市诸行,自有正铺者,不得于铺前更造偏铺,各听用

[1]〔宋〕王溥:《唐会要》卷八六《市》,中华书局 1960 年版,第 1581 页。

[2]〔唐〕长孙无忌等撰,刘俊文点校:《唐律疏议》卷八《卫禁》,中华书局 1983 年版,第 170 页。

[3]〔唐〕长孙无忌等撰,刘俊文点校:《唐律疏议》卷八《卫禁》,中华书局 1983 年版,第 171—172 页。

[4]〔宋〕李昉等编:《太平广记》卷一九三《豪侠一》"车中女子"条引《原化记》,中华书局 1961 年版,第 1450 页。

寻常一样偏厢……令扰乱者杖八十。"[1]这条禁令的发布,恰恰说明当时长安市中店铺向街道寻求空间,扩建新店铺的情况已经较普遍,唯其如此朝廷才会下令禁止。[2]就在城市中坊、市界限渐渐被突破的同时,草市、墟市、野市、村市等,也如雨后春笋般地大量出现于城郊地区和水陆交通要冲。

扬州的市场,早在南朝时就已经相当繁荣。陈宣帝太建(569—582)初年,泉州人严恭携带五万钱前往扬州市物,在距离扬州数十里的江面上遇到一艘货船,船上装载了五十只鼋,准备到扬州的集市上去卖。此例说明当时已经有很多商人远道专程到扬州买卖货物。后来,严恭用五万钱买了这五十只鼋,鼋主大喜,故买卖双方都应获得了实惠。后严恭一家前往扬州定居,"其家转富,大起房廊"云云[3]。当时,米一斗才数百钱,五万钱的交易规模说明扬州市场上的商货交易量较大。实际上,在更早的萧梁时代,扬州城内就已经出现了固定的市场,如在广陵任南兖州刺史的吕僧珍,"从父兄子先以贩葱为业,僧珍至,乃弃业求州官。僧珍曰:'吾荷国重恩,无以报效,汝等自有常分,岂可妄求叨越。当速反葱肆耳。'"[4]吕僧珍原先的房子"在市北,前有督邮廨",乡人咸劝徙廨以益其宅,这说明南兖州(治扬州)治所设有市,而且与有关官府机构相邻,刺史之宅就在市北不远处。

到了隋朝,扬州的商业经济有了进一步发展,扬州下辖的江都县已设有"市"。御史大夫张衡受命督造江都宫时,江都郡丞王世充诬告他"频减顿具","帝于是发怒,锁衡诣江都市"[5]。很显然,"江都市"乃是官方性质的市场,即所谓的"官市"无疑。除"官市"外,在运河两岸还自发形成了商业市场,相传隋唐时代的小市桥即宵市桥,乃因隋炀帝时于此开设夜市而得名[6]。又《续高僧传》卷三十《唐扬州长乐寺释住力传》载:"至(大业)十四年,隋室丧乱,

[1]〔宋〕王溥:《唐会要》卷八六《市》,中华书局1960年版,第1581页。

[2]参见冯兵:《隋唐时期里坊制、坊市制与"市"的变迁》,《学习与实践》2016年第4期,第127页。

[3]〔唐〕释道世:《法苑珠林》卷二六《敬法篇·谤罪部》"陈扬州严恭"条引《冥报记》,四部丛刊景明万历本。

[4]〔唐〕李延寿:《南史》卷五六《吕僧珍传》,中华书局1975年版,第1396页。

[5]〔唐〕魏徵、令狐德棻:《隋书》卷五六《张衡传》,中华书局1973年版,第1393页。

[6]〔清〕赵弘恩等监修,〔清〕黄之隽等编纂:《江南通志》卷二六《舆地志》,《景印文渊阁四库全书》第507册,台湾商务印书馆1983年版,第755页。

道俗流亡,骸若菱朽,充诸衢市。"衢也就是街道,所谓"衢市"也就是沿街兴起的商业市场。到了唐代,扬州更是成为南北交通枢纽和物资、商货、人员的集散之地,史言扬州"地当冲要,多富商大贾,珠翠珍怪之产"[1]。安史之乱以后,扬州更是成为转运南方财税的必经之地,"八方称辐凑,五达如砥平""富商巨贾,动逾百数",其市场也空前繁荣起来。韦应物《广陵行》云:"雄藩镇楚郊,地势郁岩峣。双旌拥万戟,中有霍嫖姚。海云助兵气,宝货益军饶。……日宴方云罢,人逸马萧萧。忽如京洛间,游子风尘飘。"[2]扬州市场之繁华,货物之丰盈,商人在市场中来往忙碌,交易买卖热闹非凡,甚至使诗人文士在其街市中游逛,产生了仿佛身处长安、洛阳的错觉。

由于商品经济发达和商业高度繁荣,"广陵市"甚至成为一个专有名词经常出现在唐代的文献诗篇之中。如韦应物《感镜》云:"铸镜广陵市,菱花匣中发。"[3]《太平广记》卷四〇三"玉清三宝"条引《宣室志》云:"(韦弇)明年下第,东游至广陵,因以其宝集于广陵市。有胡人……遂以数千万为直而易之。弇由是建甲第,居广陵中为豪士。"[4]又同书卷四二一《任顼》引《宣室志》记,唐德宗建中年间,乐安人任顼得一粒径寸珠,"殆不可识,顼后特至广陵市,有胡人见之曰:'此真骊龙之宝也,而世人莫可得。'以数千万为价而市之"。[5]也是写士人得宝之后,到"广陵市"上售卖,并被胡商所识。诸如此类的故事还有很多,不必一一枚举。这些故事的出现,一方面说明"广陵市"确实是珍宝所出之地,聚集了全国最珍贵的商货,另一方面也表明只有广陵市的商人特别是胡商才有辨认宝物的眼光,其鉴宝能力要较他处商人高出一筹,商人的眼光与城市商业经济的发展水平息息相关。

由于扬州的商业经济发达繁荣,市场作为货物财富聚散之地,鱼龙混杂,

---

[1]〔后晋〕刘昫等:《旧唐书》卷八八《苏瓌传》,中华书局 1975 年版,第 2878 页。

[2]〔清〕彭定求等编:《全唐诗》卷一九四(韦应物)《广陵行》,中华书局 1960 年版,第 2001—2002 页。

[3]〔清〕彭定求等编:《全唐诗》卷一九一(韦应物)《感镜》,中华书局 1960 年版,第 1969 页。

[4]〔宋〕李昉等编:《太平广记》卷四〇三《宝四杂宝上》"玉清三宝"条引《宣室志》,中华书局 1961 年版,第 3250 页。

[5]〔宋〕李昉等编:《太平广记》卷四二一《龙四》"任顼"条引《宣室志》,中华书局 1961 年版,第 3430—3431 页。

人员流通量大,故扬州的市场中也出现不少欺行霸市等影响正常贸易的负面因素。如唐德宗贞元年间(785—805),有一僧人寓居扬州孝感寺,有神力,"自负其力,往往剽夺市中金钱衣物。市人皆惮其勇,莫敢拒"。[1]又如,天水人赵旭在扬州与嫦娥之女相恋,获赠珍宝奇丽之物无数,"后岁余,旭奴盗琉璃珠鬻于市,适值胡人,捧而礼之,酬价百万。奴惊不伏,胡人逼之而相击"。[2]两则故事中的僧人和胡人,大概就是今人所谓耍弄无赖手段在市场收取"保护费"的恶霸。对于这类敲诈勒索、扰乱正常市场交易的行为,官府也试图打击,如扬州人孟神爽,"禀性狼戾,执心鸩毒,巡市索物,应声即来,入邸须钱,随口而至",甚至连长史县令都束手无策,待他如上宾,"长史县令,高揖待之。丞尉判司,颔之而已",直到扬州刺史张潜到任,下令将其抓捕,才告一段落。[3]这一事迹被作为地方官的功绩记录下来,应是因为扬州市场上这类恶徒不少,而官府的管控力度有限。市场上的商人为了维护自身的利益,还会自发组织行会。该组织的性质介于官民之间,其首领被称为"行头",《周礼》云"肆长各掌其肆之政令",唐人贾公彦解释此条为:"肆长,谓行头,每肆则一人,亦是市中给徭役者。""此肆长,谓一肆立一长,使之检校一肆之事,若今行头者也。"行会组织对内保护入行商户的利益,维护市场秩序,对外与官府沟通联系,协调商户与官府的关系。唐代的扬州是否已经出现行会,史无明文记载。不过,有学者以茶业为例进行过推测,认为唐代长江下游地区为全国制茶业中心,扬州商业区内茶店家家相连,因此应当出现了茶行。茶业同行供奉陆羽为神,也有自己的共同崇拜。《唐国史补》卷下载:"江南有驿吏,以干事自任。……又一室,署云茶库,诸茗毕贮,复有一神。问曰:何?曰:陆鸿渐也。"在唐代,茶商贩茶"各以若干为一纲"组织贩运。茶纲的出现,说明在茶叶贩运中已出现了同行组织机构,据此可推知包括扬州在内的长江下

---

[1]〔宋〕李昉等编:《太平广记》卷九七《异僧十一》"广陵大师"条引《宣室志》,中华书局1961年版,第646—647页。

[2]〔宋〕李昉等编:《太平广记》卷六五《女仙十》"赵旭"条引《通幽记》,中华书局1961年版,第404—406页。

[3]〔宋〕李昉等编:《太平广记》卷二六三《无赖一》"孟神爽"条引《朝野佥载》,中华书局1961年版,第2056页。

游地区茶业中可能已出现了行会组织。[1]

唐代扬州罗城的中心设有南(大市)、北(小市)两市,皆位于官河的东岸,是当时最热闹繁荣的市肆。其中南市(大市)在开明桥附近,据明方志存《宋大城图》所绘,开明桥以东为众乐坊,路北有庆丰楼、东酒库等许多店铺,宋城大市设在开明桥东,故唐城这里也应为大市,市西临官河,水路交通极为方便,这条路东西向又可直通东西门。北市(小市)在小市桥附近,今考古工作者在小市桥以西考古钻探出一段5米宽的东西向道路,桥以东与今梅岭街相合,向东正对古运河外弧河道,亦是处于交通线路的十字路口。[2]

唐代扬州城内不仅有大市、小市,还有东市和西市,二者与大市、小市相同,都是官方性质的市场。首先看东市。《酉阳杂俎》卷四"物革"条载:"陈司徒在扬州时,东市塔影忽倒。"[3]陈司徒即陈少游。由于史料文献有限,扬州东市的形制及内部情况不甚明了,"东市塔影"表明东市内应该有塔楼之类的建筑物,塔楼建筑或许是为了瞭望管理市场之用。再看西市,唐德宗建中三年(782),前扬州府功曹王恝,被选调在他处后数月无音信。其妻子窦氏非常担忧,便召女巫包九娘占卜,女巫言:"娘子酬答何物?阿郎(王恝)归甚平安,今日在西市绢行举钱,共四人长行。"[4]明确记载扬州城内有西市。唐代扬州的罗城以官河为界分属江都、江阳两县,故推测东市位于江阳县,西市位于江都县。东市和西市又可称为江阳县市和江都县市,《唐故邓府君墓志铭》载,墓主于咸通六年(865)"殁于江都县市东北壁私第"[5],由"东北壁"的记载可知,江都县市是一个四周有市墙的市场。

扬州罗城内的大市、小市及东市、西市,都属官方性质的市场,但这并不是唐代城市市场发展的主流趋势。中唐以后,伴随着城市商品经济的发展、城市人口大量膨胀以及市场交易规模的扩大,那些原来限制城市商业发展的

---

[1] 陈勇:《唐代长江下游经济发展研究》,上海人民出版社2006年版,第268页。

[2] 参见蒋忠义:《隋唐宋明扬州城的复原与研究》,中国社会科学院考古研究所编著:《中国考古学论丛——中国社会科学院考古研究所建所40年纪念》,科学出版社1993年版,第457页。

[3] 〔唐〕段成式著,杜聪校点:《酉阳杂俎》卷四《物革》,齐鲁书社2007年版,第34页。

[4] 〔宋〕李昉等编:《太平广记》卷三六三《妖怪五》"王恝"条引《乾馔子》,中华书局1961年版,第2883—2885页。

[5] 李文才疏证:《隋唐五代扬州地区石刻文献集成》,凤凰出版社2008年版,第230页。

管理制度愈来愈不适应社会经济发展的需要而难以维持下去。扬州作为全国性的商业中心、财赋中心和交通枢纽,经济高度繁荣、商业活动频繁、手工业兴隆,特别是扬州的转运贸易特别兴盛,批发商经营的多是大宗货物,盐、茶、木材、陶瓷等商品要求有较大的货栈存放处,而原有的"市"已难以容纳。营业时间上的限制,又使工商业户错失了不少获利良机。总之,封闭式坊市布局愈来愈成为工商业发展的桎梏。在这种情况下,"市"制发生了变化,主要表现在四个方面:其一是突破空间限制,交易区域不仅扩展至整个城区,而且在城外交通通达之地还出现了大量的草市、墟市;其二是突破了时间上的限制,不再以"日中为市"为限,交易全天候进行,夜市也相当繁荣;其三是出现专业性的市场和"行";其四是市场活动丰富多彩。下文将进行分述。

（一）扬州市场的空间拓展

隋唐五代扬州市场的空间拓展,表现在如下几个方面:

1.坊中有市、市中有坊。隋唐以前,坊与市完全分开,但到了唐代,至少在扬州城内,坊与市的界限已经趋于模糊。所谓"坊中有市",是指在居民生活的坊内出现了大量的店铺和手工业作坊,如广陵豆仓官吴延瑫居于政胜寺之东南,"宅甚雄壮……其家陈设炳焕,如王公家……厅之西复有广厦,百工制作毕备"。[1]这里的"广厦"乃"百工制作"之所,很有可能是一家手工业作坊,该作坊依吴宅而建,无疑是设在居住区的坊内,说明当时扬州城内的坊中已经出现了不少手工业作坊。又,唐僖宗末年,扬州贫民杜可筠好饮酒,"每酒肆巡座求饮,亦不见醉",在他住处不远的地方"有乐生旗亭在街西,常许或阴雨往他所不及,即约诣此,率以为常",这里的"旗亭"应是一处小酒店,因为店内"有人将衣服换酒"。[2]这家酒店应位于居民区内,故杜可筠才能就近到此饮酒。坊中的市或店铺固然有些是新建,但更多的或许是由普通民居演变而成,也就是一些市井小民利用自家房屋充作店铺。考古工作者在扬州唐城南北主干大街的东侧(今文昌阁东南)发现一处唐代建筑遗址,地下叠压

[1]〔宋〕李昉等编:《太平广记》卷三一五《神二十五》"吴延瑫"条引《稽神录》,中华书局1961年版,第2491页。

[2]〔宋〕李昉等编:《太平广记》卷七九《方士四》"杜可筠"条引《桂苑丛谈》,中华书局1961年版,第502页。

着唐代早、中、晚三期的营建工程。早期是一个家庭手工业作坊,中期为面阔三间、进深两间的建筑,晚期是一个经营陶瓷的店肆或邸店。晚期建筑增辟了西门,该门正好面向唐代扬州最繁华的南北大街。[1]这说明由于工商业的发展,这几间民居在唐代后期已转变为商业用房,而为了便于货物买卖,还突破了坊制的禁限而临街开门。

所谓"市中有坊"是指州县的官市内有居民区,不再囿于商品交易之地的性质。如前引邓府君墓志铭,讲到邓君"殁于江都县市东北壁私第",说明其居住地在官市之内。又《唐故朱府君夫人范氏合祔墓铭》载,墓主朱叔和于长庆四年(824)"殁于扬州江都县市北之旅舍"[2]。"旅舍"作为来往商客的投宿之地,不可能限制进出时间,所以市的空间拓展与时间突破应该是同步的过程。

2. 沿街设市、沿河设市。前一种情况,如张祜《纵游淮南》云:"十里长街市井连,月明桥上看神仙。人生只合扬州死,禅智山光好墓田。"[3]"十里长街"是扬州城内通衢大街中最繁华的一段,沿官河发育。在这条街道两侧是各色各样的店铺,店铺背靠居民区,故而出现"市井连街"的繁华景象,很多城市居民既是市场上商人,又是市场上的消费者。开成三年(838)除夕之夜,日僧圆仁在扬州城内看到这样的情景:"暮际,道俗共烧纸钱,俗家后夜烧竹与爆,声道'万岁'。街店之内,百种饭食异常弥满。"[4]既然称之为"街店",说明这些酒店饭庄是沿街而开,与居民区杂处,超出了官府规定的官市之空间范围。"百种饭食"的景象,则说明街店的餐饮业相当繁荣,酒食种类众多。唐末,高骈为自己立生祠,并刻石自颂,差人采碑材于宣城,先是暂放于扬子县。吕用之为了讨好高骈,秘密将碑石移入城内,并令扬子县申府:昨夜碑石不知所

[1] 王勤金:《江苏扬州市文化宫唐代建筑基址发掘简报》,《考古》1994年第5期,第413、420页;诸祖煜:《唐代扬州坊市制度及其嬗变》,《东南文化》1999年第4期,第78页。

[2] 李文才疏证:《隋唐五代扬州地区石刻文献集成》,凤凰出版社2008年版,第121页。

[3] 〔清〕彭定求等编:《全唐诗》卷五一一(张祜)《纵游淮南》,中华书局1960年版,第5846页。

[4] 〔日〕圆仁撰,顾承甫、何泉达点校:《入唐求法巡礼行记》卷一,上海古籍出版社1986年版,第24—25页。

在。遂悬购之。至晚云"被神人移置街市"[1]。既然称之为"街市",说明市场确实是沿街分布。

后一种情况,如李洞《送韦太尉自坤维除广陵》云:"隔海城通舶,连河市响楼。"[2]生动地展现了远航而来的海船到扬州进行商业贸易的场景,这些船舶就近在河道码头停泊,故形成繁荣的沿河街市。杜荀鹤《送蜀客游维扬》:"夹岸画楼难惜醉,数桥明月不教眠。"[3]《诸山圣迹志》亦云:"东西十桥,南北六桥,凡一桥上,并是市井。"[4]这些桥梁跨河而建,不仅是舟船的停泊之处,还是河道两岸居民沟通的孔道,故很多商人和居民会直接在桥梁周边地区交易买卖。温庭筠的诗文《送淮阴孙令之官》就记载:"鱼盐桥上市,灯火雨中船。"天宝年间,新淦丞韦栗载丧北归,经过扬州,"泊河次。女将一婢持钱市镜,行人见其色甚艳,状如贵人家子,争欲求卖"。[5]行是指市场上的行会,"行人"持镜来到河岸边兜售,也说明沿河交易的情况较为普遍。实际上,在河网纵横的扬州城,街、市与河三条线是难以分割的整体,子城东城壕向南延伸的河道即官河,这条河道是唐罗城的中轴线,官河因其水运交通优势,在沿河地带形成繁华的街道,与街道伴生的则是居民区,所以河、街与市是三线一体的关系。

当然,三者的关系并非完全是"和谐"的,由于城市空间有限,而人口又不断增长,故会出现居民区和商业区侵占河道和街道的情况。特别是安史之乱后,大量人口南迁,工商业快速发展,扬州城区的居民迅速膨胀,对土地的需求量大增,遂出现了侵河和侵街的情况,导致街道拥挤、河道堵塞。如唐德宗兴元、贞元年间,淮南节度观察使杜亚之所以开拓疏浚漕河,乃是因为"官

---

[1] 〔宋〕李昉等编:《太平广记》卷二九〇《妖妄三》"诸葛殷"条引《妖乱志》,中华书局 1961 年版,第 2308 页。

[2] 〔清〕彭定求等编:《全唐诗》卷七二二(李洞)《送韦太尉自坤维除广陵》,中华书局 1960 年版,第 8291 页。

[3] 〔清〕彭定求等编:《全唐诗》卷六九二(杜荀鹤)《送蜀客游维扬》,中华书局 1960 年版,第 7972 页。

[4] 中国社会科学院历史研究所、中国敦煌吐鲁番学会敦煌古文献编辑委员会、英国国家图书馆、伦敦大学亚非学院合编:《英藏敦煌文献(汉文佛经以外部份)》第 2 卷,四川人民出版社 1990 年版,第 12 页。

[5] 〔宋〕李昉等编:《太平广记》卷三三四《鬼十九》"韦栗"条引《广异记》,中华书局 1961 年版,第 2651 页。

河填淤,漕挽堙塞,又侨寄衣冠及工商等多侵衢造宅,行旅拥弊"[1]。侨寄衣冠及工商业者为了便于货物的集散运输以及降低生活成本,多会傍水而居。还可以看到,杜亚对于侵占河道的商铺、住宅并没有下令拆除,只是疏浚河道以解决交通拥塞的问题,这其实是默认了侵街造屋的合法性。"侵衢造宅"不但见之于文献,而且也被考古工作有所证实。1993年在今扬州大东门街西部出口附近的基建工地,发现了地下的一个个唐代黄黏土碌墩,其中残留在西壁断面上的碌墩打破路土,侵入了一条南北向的道路。从地层叠压关系看,建筑基址压在挖排水沟堆放的沙土之上,显然晚于排水沟的始挖年代。唐代中期前后开挖排水沟时,挖沟的土尚可就近堆放,表明当时建筑尚不密集,可之后不久,竟要挤占主要大街营建房屋,这是侵街造屋的实证。[2]

3. 出现大量流动商铺。所谓"流动商铺"主要是指沿街叫卖的小商贩。在城内经营店铺需要购买房产或付出高额租金,这对于大多数小本经营的商人来说无疑是困难的,在这种情况下,就出现了很多走街串巷的"流动商铺"。如七十岁的广陵茶姥,每天早晨担茶到扬州城内的大街小巷叫卖,市人争相购买,"自旦至暮,而器中茶常如新熟,未尝减少"[3]。可以看出,茶姥的茶摊虽规模不大,但来此饮茶的客人却不少,且在城内已经小有名气,否则不会出现"市人争买"的情况。又有名为李客者,"尝披蓑戴笠,系一布囊,在城中卖杀鼠药,以一木鼠记"[4],这位卖灭鼠药的小商贩为了招揽生意,还特意制作了木鼠作为招牌,其卖药的方式也是"沿街叫卖",并没有固定的店铺。彭城人刘商,"入广陵,于城街逢一道士,方卖药,聚众极多。所卖药,人言颇有灵效。众中见商,目之相异,乃罢药,携手登楼,以酒为劝。……翌日,又于城街访之,道士仍卖药,见商愈喜,复挈上酒楼,剧谈劝醉,出一小药囊赠商"[5]。由此可

[1] 〔后晋〕刘昫等:《旧唐书》卷一四六《杜亚传》,中华书局1975年版,第3963页。

[2] 王勤金:《扬州大东门街基建工地唐代排水沟等遗迹的发现和初步研究》,《考古与文物》1995年第3期,第40—49页。

[3] 〔宋〕李昉等编:《太平广记》卷七〇《女仙十五》"茶姥"条引《墉城集仙录》,中华书局1961年版,第438—439页。

[4] 〔宋〕李昉等编:《太平广记》卷八五《异人五》"李客"条引《野人闲话》,中华书局1961年版,第553—554页。

[5] 〔宋〕李昉等编:《太平广记》卷四六《神仙四十六》"刘商"条引《续仙传》,中华书局1961年版,第289页。

知,这个道士的卖药之地并非在固定的店铺,很有可能是在街头巷尾摆摊卖药,具有很强的流动性。不同于一般商铺被动等待顾客上门,流动商铺能够主动去寻找目标买主,灵活机动,更适合一些中小型商贩。上文提到的新淦县丞韦栗乘船抵达扬州码头,刚上岸就有商贩前来兜售商品,可见他们是长期驻守于此,看重的是码头人流量大的区位优势。

4. 出现繁荣的城下街区。唐代宰相李绅《入扬州郭》云:"菊芳沙渚残花少,柳过秋风坠叶疏。堤绕门津喧井市,路交村陌混樵渔。"[1]描写了秋末扬州城外集市喧嚣,甚至略显杂乱的繁荣市场场景。樵夫、渔民在城郭地区进行交易买卖,为城市居民提供货品,同时购买生活所需品。可以看到,城郭地区虽是传统意义的村陌之地,但此时已与城内市场无异,这种"喧嚣"的井市,实际上就是扬州的城下街区。扬州城固然繁华,商货聚集,但城外民众入城贸易毕竟困难,这一方面是受到空间距离的影响,另一方面是入城买卖商货需要交税,故乡村民众为了换取必要的生活物资,很多会选择在城外交易,而城郊地区则是理想的交易之地。此外,由于城内土地紧张,居住环境拥挤,生活成本较高,故很多城市居民会选择在性价比较高的附郭地区居住,随之便会出现城下街区。这个街区内有市场、居民区、工商业区,与城内几乎无异,可以看成是城市经济空间"外溢"的结果。

5. 城外草市蓬勃发展。除了城下街区,在远离扬州城的地方还出现了很多市场,即俗称的草市。乡村居民为了换取必要的生活物资,一般会定时在交通便利处的草市进行交易,这些草市久之可能会进一步发展为市镇,成为乡村人口的聚集地。如仪真县的白沙市,距扬州城八十里,据《稽神录》载,有名为陶俊者,"守舟于广陵之江口,因至白沙市,避雨于酒肆,同立者甚众"[2]。白沙市酒店中避雨的人"同立者甚众",可见往来于白沙市的人很多。刘商《白沙宿窦常宅观妓》云:"扬子澄江映晚霞,柳条垂岸一千家。主人留客江边宿,

---

[1]〔清〕彭定求等编:《全唐诗》卷四八二(李绅)《入扬州郭》,中华书局 1960 年版,第 5487 页。

[2]〔宋〕李昉等编:《太平广记》卷二二〇《医三》"陶俊"条引《稽神录》,中华书局 1961 年版,第 1684 页。

十月繁霜见杏花。"[1]白沙市内居住着千余户人家,可说是人烟辐辏。这些城外市场与州县城市市场有所不同,它们大多是在水陆交通要道及江津河口等地随交易的频繁发生而自发兴起,是农工产品商品化和商品交换频繁发生的产物。中国古代的都市是政治中心、军事据点的结合体,其经济中心地位是后来才叠加上去的,而草市的形成则不借助政治军事力量,一开始就是作为经济据点而兴起,正是由于这一特性,其商品交易活动较少受到官制市规的限制和束缚,发展特别迅猛。

除白沙市外,较有名的草市还有瓜洲市。如《太平广记》中记载了这样一则故事,有杨副使者,其官署在润州的"金山之东",某岁"广陵瓜州市中,有人市果实甚急,或问所用。云:'吾长官明日上事。'"[2]说明瓜洲市中的商货种类多样,甚至引来对岸润州的人来购买。又同书卷三四一"郑琼罗"条载:"段文昌从弟某者。贞元末,自信安还洛,暮达瓜洲,宿于舟中。夜久弹琴,忽外有嗟叹声,止息即无。如此数四,乃缓轸还寝。梦一女年二十余,形悴衣败,前拜曰:'妾姓郑名琼罗,本居丹徒。父母早亡,依于婿嫂。嫂不幸又没,遂来杨子寻姨。夜至逆旅,市吏子王惟举乘醉将逼辱,妾知不免,因以领巾绞颈自杀。市吏子乃潜埋妾于鱼行西渠中。'"[3]从这条记载来看,瓜洲市中有"市吏"作为日常的管理者。瓜洲镇市靠近长江,是扬州重要的产鱼区,渔民捕鱼后将鱼卖与当地鱼行,最终运抵城内市场供给城市居民。

唐中期以后,随着商品经济的发展,各地逐渐打破了"诸非州县之所,不得置市"的规定。特别是在江淮流域,草市大量兴起,杜牧在《上李太尉论江贼书》中写道:"凡江淮草市,尽近水际,富室大户,多居其间。"[4]草市中居住有很多富室大户人家,白沙市、瓜洲市就属于这一类草市,这些濒水而兴的草

[1]〔清〕彭定求等编:《全唐诗》卷三〇四(刘商)《白沙宿窦常宅观妓》,中华书局 1960 年版,第 3462 页。

[2]〔宋〕李昉等编:《太平广记》卷三五五《鬼四十》"杨副使"条引《稽神录》,中华书局 1961 年版,第 2809 页。

[3]〔宋〕李昉等编:《太平广记》卷三四一《鬼二十六》"郑琼罗"条引《酉阳杂俎》,中华书局 1961 年版,第 2707—2708 页。

[4]〔唐〕杜牧著,陈允吉校点:《樊川文集》卷一一《上李太尉论江贼书》,上海古籍出版社 2009 年版,第 169 页。

市是对城市市场的有力补充。在白沙、瓜洲这些规模较大的草市之外，乡村中更多的是一些规模更小的墟市和店市，如唐文宗开成三年（838），日僧圆仁登陆后路经扬州海陵县如皋镇，在沿河茶店休息时，看到了"店家相连"的景象，这些"店家"都是依托水运交通发展起来，虽规模不大，但代表了乡村经济发展的一种趋势。这些草市、墟市、店市不同于城内市，有可能只是临时的买卖场所，稳定性不强，其存废与否，与官府的法令无关，也不需要经官府批准，但自由度很高。

（二）扬州市场在时间上的突破：以夜市为中心

隋唐以前的坊市制规定"日中为市"，《唐律疏议》中也有"鼓声绝，则禁人行；晓鼓声动，即听行"的条文规定，严禁商铺早晨和夜间营业，然而据前文所述广陵茶姥之事，她沿街卖茶可以从早晨持续到傍晚，这表明商品交易的时间已经不再受到严格限制。不仅如此，扬州城还兴起了夜市，李绅在赴任浙东观察使时途经扬州，目睹扬州夜市之繁华，写下《宿扬州》一诗云："江横渡阔烟波晚，潮过金陵落叶秋。嘹唳塞鸿经楚泽，浅深红树见扬州。夜桥灯火连星汉，水郭帆樯近斗牛。今日市朝风俗变，不须开口问迷楼。"[1]作者从城郊远眺城内，看到灯火通明直达银河，停泊在城外码头上的商船桅帆林立，与天上的繁星遥相呼应，感叹扬州城夜市的繁荣盛景不逊于隋炀帝之时。

唐诗中许多描述扬州夜市的文句，展现了更多的细节。如姚合《扬州春词三首》之三："江北烟光里，淮南胜事多。市鄽持烛入，邻里漾船过。"[2]闾丘晓《夜渡江》："舟人自相报，落日下芳潭。夜火连淮市，春风满客帆。"[3]扬州夜市灯火通明，娱乐不息，俨然是一座"不夜城"。夜市沿河分布，便于舟船到达，而来到夜市消费的客人有很多是外地来此经商的商人。王建《夜看扬州市》："夜市千灯照碧云，高楼红袖客纷纷。如今不似时平日，犹自笙歌彻晓闻。"[4]说明扬州夜市不仅有各色商品货物买卖，而且有相当多的娱乐场所，

---

[1]〔清〕彭定求等编:《全唐诗》卷四八一（李绅）《宿扬州》,中华书局1960年版,第5470页。

[2]〔清〕彭定求等编:《全唐诗》卷四九八（姚合）《扬州春词三首》,中华书局1960年版,第5666页。

[3]〔清〕彭定求等编:《全唐诗》卷一五八（闾丘晓）《夜渡江》,中华书局1960年版,第1613页。

[4]〔清〕彭定求等编:《全唐诗》卷三〇一（王建）《夜看扬州市》,中华书局1960年版,第3430页。

景象虽不似太平时日繁华,但仍是"笙歌彻晓闻",豪饮高歌、寻欢作乐者通宵达旦。张祜《庚子岁寓游扬州赠崔荆四十韵》:"小巷朝歌满,高楼夜吹凝。月明街廓路,星散市桥灯。"[1]表明不仅沿街高楼灯火通明,甚至一些狭衢小巷里也是热闹喧嚣,游客踏月玩赏,细乐悠扬,歌吹沸天,一派歌舞升平的场景。许浑《送沈卓少府任江都》:"三千宫女自涂地,十万人家如洞天。艳艳花枝官舍晚,重重云影寺墙连。"[2]陈羽《广陵秋夜对月即事》:"霜落寒空月上楼,月中歌吹满扬州。相看醉舞倡楼月,不觉隋家陵树秋。"[3]描写了入夜之后,家家户户点灯,夜如白昼的街市夜景。

在如此灯红酒绿的夜市中,各色顾客往来穿梭,不是仕宦名流,便是巨商大贾,时时笙歌,处处燕舞。其实无论是"高楼红袖",还是"艳艳花枝",都是在描写扬州的青楼妓院。高彦休《唐阙史》载:"扬州,胜地也。每重城向夕,倡楼之上,常有绛纱灯万数,辉罗耀烈空中。九里三十步街中,珠翠填咽,邈若仙境。牧常出没驰逐其间,无虚夕。"[4]著名诗人杜牧留恋其间,夜夜无息,尝有诗《遣怀》云:"落魄江南载酒行,楚腰肠断掌中轻。十年一觉扬州梦,占得青楼薄幸名。"[5]如果说这还是一种文学描述或小说野史的话,那么韦庄《过扬州》"当年人未识兵戈,处处青楼夜夜歌"[6]之句则直白地写出了扬州的青楼之盛,妓院倡家红袖邀招,令人销魂狭邪。商业繁荣则财富涌聚,财富涌聚则享乐之风盛行,风月情浓,扬州的狎妓风尚之盛、夜消费之兴是当时扬州城经济繁荣的一个侧影。

每到节日,夜市的盛况更超平常。以正月十五日上元节(元宵节)为例,唐人牛僧孺在《玄怪录》"开元明皇幸广陵"条中对扬州灯市的盛况有这样一段描述:

[1]　尹占华校注:《张祜诗集校注》卷十,巴蜀书社2007年版,第488页。

[2]　〔清〕彭定求等编:《全唐诗》卷五三五(许浑)《送沈卓少府任江都》,中华书局1960年版,第6109页。

[3]　〔清〕彭定求等编:《全唐诗》卷三四八(陈羽)《广陵秋夜对月即事》,中华书局1960年版,第3895页。

[4]　〔宋〕李昉等编:《太平广记》卷二七三《妇人四》"杜牧"条引《唐阙史》,中华书局1961年版,第2150—2151页。

[5]　吴在庆:《杜牧集系年校注·樊川外集》,中华书局2008年版,第1214页、

[6]　〔清〕彭定求等编:《全唐诗》卷六九七(韦庄)《过扬州》,中华书局1960年版,第8021页。

开元十八年（730）正月望夕，帝谓叶仙师曰：“四方之盛，陈于此夕，师知何处极丽？”对曰：“灯烛华丽，百戏陈设，士女争妍，粉黛相染，天下无逾于广陵矣。”帝曰：“何术可使吾一观之？”师曰：“待御皆可，何独陛下乎。”俄而虹桥起于殿前，板阁架虚，阑楯若画。师奏：“桥成，请行，但无回顾而已。”于是帝步而上之，太真及侍臣高力士、黄幡绰、乐官数十人从行，步步渐高，若造云中。俄顷之间，已到广陵矣。月色如昼，街陌绳直，寺观陈设之盛，灯火之光，照灼台殿。士女华丽，若行化焉，而皆仰望曰：“仙人现于五色云中。”乃蹈舞而拜，阗溢里巷。帝大悦焉，乃曰：“此真广陵也？”师曰：“请敕乐官奏《霓裳羽衣》一曲，后可验矣。”于是作乐云中。瞻听之人，纷纭相蹈。曲终，帝意将回，有顷之间，已到阙矣。帝极喜。[1]

这则传奇故事虽然充满了神话色彩，写的是唐玄宗从长安登桥到扬州观景的情节，但所见到的扬州之景却是实景，故事将扬州灯市描写得生动传神，使读者仿佛置身其间。盛唐时期的扬州是一个开放、时尚的国际化大都市，其华丽程度连长安、洛阳都比不上，灯市自然是“天下无比”。故事中描写笔直宽广的十里长街，华丽的灯烛，雕梁画栋的建筑，舞台上精彩纷呈的百戏，仕女们打扮得时髦靓丽、浓妆艳抹、争奇斗艳，寺庙中陈设之盛，都具有相当强的写实性，由此可以看出盛唐时扬州灯市之盛。即使比照两京，扬州的夜市也丝毫不逊色。

中唐时期，江淮地区虽遭战火，但繁盛仍不弱于盛唐。东起禅智寺明月桥，西至城西水门的东西向街道是当时扬州城内最繁华的商业街之一。唐文宗开成四年（839）正月十五日，日僧圆仁亲历了扬州上元节灯市的盛况，正月十五日夜晚，不仅东西街中民宅燃灯，而且开元寺、无量义等寺庙还会举办灯会活动，庙内张灯结彩，吸引城内外的居民百姓前来观灯，同时为寺院筹资。这一夜间的“狂欢”活动从正月十五开始至十七日结束，持续三天时间，参与

---

[1]〔唐〕牛僧孺撰，程毅中点校：《玄怪录》卷一〇“开元明皇幸广陵”条，中华书局 2006 年版，第 100 页。

者不分男女老少。[1] 总之,丰富多彩的夜市(灯市)既是扬州城市经济发展、工商业高度繁荣的表现,又为扬州城增添了许多迷人色彩。[2]

（三）出现专业市以及"行"

随着商业的发展,唐代扬州还出现了专业的"市"。所谓"专业市"是指专门交易买卖某一类商品的市场,其特点是交易量大、辐射面广、商品较单一。当时的扬州,"常节制淮南十一郡之地。自淮南之西,大江之东,南至五岭蜀汉,十一路百州之迁徙贸易之人,往还皆出其下"[3]。优越的交通条件使其成为全国商货的集散之地。茶、镜、药、渔、丝织品、木材等专业市场在这种背景下出现。如鲁郡人唐若山曾在润州任职,后来有人"于(淮南)鱼市中见若山鬻鱼于肆,混同常人。睨其吏而延之入陌巷中,萦回数百步,乃及华第"[4]。可见唐代扬州市场上有专门的鱼市。药市为唐代扬州最有代表性的专业市之一,这从诗僧皎然《买药歌送杨山人》一诗中可以知晓,诗云:"华阴少年何所希,欲饵丹砂化骨飞。江南药少淮南有,暂别胥门上京口。京口斜通江水流,斐回应上青山头。夜惊潮没鸬鹚堰,朝看日出芙蓉楼。摇荡春风乱帆影,片云无数是扬州。扬州喧喧卖药市,浮俗无由识仙子。河间姹女直千金,紫阳夫人服不死。吾于此道复何如,昨朝新得蓬莱书。"[5] 不仅明确提到扬州"药市",还展现出该市场之繁荣以及影响区域之广,关中、黄河下游地区和江南买不到的药材,在扬州的药市上都可以买到。实际上,扬州本地的药材产量并不大,其市场上的药材大多是来源于其他地方,"中转站"的性质比较明显。这些药材有的来自于荆益闽粤等国内地区,有些则是来自于西域、东南亚等海外地区。如鉴真东渡时,在市场上采购了很多香药,

[1]〔日〕圆仁撰,顾承甫、何泉达点校:《入唐求法巡礼行记》卷一,上海古籍出版社1986年版,第27页。

[2] 参见王永平:《燃灯、狂欢与外来风——兼论隋炀帝与元宵节俗及扬州灯市》,冬冰主编:《流星王朝的遗辉:"隋炀帝与扬州"国际学术研讨会论文集》,苏州大学出版社2015年版,第143—165页。

[3]〔宋〕沈括:《扬州重修平山堂记》,曾枣庄、刘琳主编:《全宋文》第77册,上海辞书出版社、安徽教育出版社2006年版,第329—330页。

[4]〔宋〕李昉等编:《太平广记》卷二七《神仙二十七》"唐若山"条引《仙传拾遗》,中华书局1961年版,第177页。

[5]〔清〕彭定求等编:《全唐诗》卷八二一(皎然)《买药歌送杨山人》,中华书局1960年版,第9260—9261页。

其中龙脑产于南洋群岛一带,苏方木与薰香产于印度及红海沿岸,其他诸如毕钵、呵黎勒和阿魏等香药多半产于西域与南洋等地,是由海外的客商带到扬州的。由于扬州药市十分兴盛,故活跃在此的药商特别多,如唐初大理廷评王敬伯与裴谌是好友,两人于贞观年间重逢,裴谌言:"吾与山中之友,市药于广陵。"[1]"世为商侩,往来广陵"的吕用之,尝"亡命九华山,事方士牛弘徽,得役鬼术,卖药广陵市"[2]。有大量的药商、药铺自然就有买药者,如扬州人冯俊,唐贞元初年在扬州城内以佣工为生,"多力而愚直,故易售。常遇一道士,于市买药,置一囊,重百余斤"[3]。这位道士一次就买药百余斤,说明市场上药材交易量非常大。

由于专业市的发展,又出现了专业的"行"。"行"为城市中同类商品集中进行贸易活动的场所,如金银行主要是打制售卖金银器的地方,花行是专门买卖花卉的地方,染行是专门印染交易布匹的地方。"行"一般在经济发达的城市才会出现,行内又置店、肆经营,有点类似于当代的专卖区。在扬州,同类商品集中在一个街区进行交易的"行"较多。如作为唐代全国最大的金银交易中心之一,扬州有金银行,日僧圆仁开成三年(838)十月十四日记,"砂金大二两于(扬州)市头,令交易。市头秤定一大两七钱,七钱准当大二分半,价九贯四百文"[4]。而"于市头,令交易",是指于市头商店以砂金易钱之意。而"市头秤定",大概是指在市头商店秤定砂金之意,其商店无疑就是金银铺。凡金银铺存在之处,即有同类商店并列其处,便形成金银行组织。又有药行,如前文所讲述的张、李二公,志趣相同,本一同修道,后李思放弃修道,入仕为官。天宝末年,两人在扬州再度相遇,张以一故席帽赠与李,并曰:"可持此诣药铺,问王老家,张三令持此取三百千贯钱。"后李持此帽去王家求钱,"王老令送帽问家人,审是张老帽否? 其女云:'前所缀绿线犹在。'李问张是何人,

[1]〔宋〕李昉等编:《太平广记》卷一七《神仙十七》"裴谌"条引《续玄怪录》,中华书局1961年版,第116—118页。

[2]〔宋〕欧阳修、宋祁:《新唐书》卷二二四下《高骈传》,中华书局1975年版,第6396页。

[3]〔宋〕李昉等编:《太平广记》卷二三《神仙二十三》"冯俊"条引《原仙记》,中华书局1961年版,第156—157页。

[4]〔日〕圆仁撰,顾承甫、何泉达点校:《入唐求法巡礼行记》卷一,上海古籍出版社1986年版,第16页。

王云,是五十年前来茯苓主顾,今有二千余贯钱在药行中。李领钱而回。"[1]明确提到领钱之处在"药行"。

(四)丰富多彩的市场活动

市场的本质职能是促成商品的交易和买卖,扬州作为当时全国经济最发达的城市之一,其市场上的商品交易活动相当兴盛,扬州的铜镜、毡帽、茶叶、宝珠等商品更是全国闻名。不过,扬州的市场活动并不限于实物商品的交易,如前文提到夜市中的青楼,乃是一种服务交易。权德舆《广陵诗》云:"广陵实佳丽,隋季此为京。……青楼旭日映,绿野春风晴。喷玉光照地,颦蛾价倾城。灯前互巧笑,陌上相逢迎。飘飘翠羽薄,掩映红襦明。兰麝远不散,管弦闲自清。曲士守文墨,达人随性情。茫茫竟同尽,冉冉将何营。且申今日欢,莫务身后名。肯学诸儒辈,书窗误一生。"[2]描写了扬州的狎妓之风盛行,文人士子留恋其间,以致耽误学业前程。扬州的刻书业也相当发达,甚至当时文坛领军者的诗文集也成为市场上争抢的抢手货,据元稹《白氏长庆集序》云:"予始与乐天同校秘书之名,多以诗章相赠答。……巴蜀江楚间泊长安中少年,递相仿效,竞作新词,自谓为'元和诗'。……然而二十年间,禁省、观寺、邮候墙壁之上无不书,王公妾妇、牛童马走之口无不道。至于缮写模勒,衒卖于市井,或持之以交酒茗者,处处皆是。(自注:扬、越间多作书模勒乐天及予杂诗,卖于市肆之中也。)其甚者,有至于盗窃名姓,苟求自售,杂乱间厕,无可奈何!……又鸡林贾人求市颇切,自云:'本国宰相每以百金换一篇。'"[3]讲到扬州、越州等城市中有人争相模仿元白诗文以出售获利,这一商业行为既是市场繁荣、精神文化消费进入城市市民生活的表现,又在一定程度上促进了通俗诗词文学在城市中的流行。

扬州市场中还有很多技艺表演活动,各色艺人通过表演歌舞、杂技、诽谐演戏、木偶傀儡戏等方式吸引观众,赚取钱财。扬州城内的傀儡戏表演十分

---

[1]〔宋〕李昉等编:《太平广记》卷二三《神仙二十三》"张李二公"条引《广异记》,中华书局1961年版,第158页。

[2]〔清〕彭定求等编:《全唐诗》卷三二八(权德舆)《广陵诗》,中华书局1960年版,第3670页。

[3]〔唐〕元稹撰,冀勤点校:《元稹集》卷五一《白氏长庆集序》,中华书局2015年版,第641—642页。

有名,各阶层、年龄、性别的人群均十分喜欢,如扬州大都督府长史、淮南节度使杜佑非常想去观看表演,但碍于节度使身份,不便到市井中去观看,一日召门客幕僚,闲话中说道:"我致政之后,必买一小驷八九千者,饱食讫而跨之,着一粗布襕衫,入市看盘铃傀儡,足矣。"[1]杜佑说希望自己在退休以后,于饱食之后,骑乘小马,身着粗布衣衫,专门到扬州市井中观看傀儡戏表演,便可了却平生心愿。从中可知,扬州的傀儡戏表演主要是面向市井小民,但其精彩程度甚至引得高官的兴趣。再如,"维扬有毕生,有常弄蛇千条,日戏于阛阓,遂大有资产,而建大第"[2]。以耍蛇为戏,居然能致富,还建起了大宅,这里的毕生很有可能是市场上的耍蛇艺人。还有一些表演本身不能赚钱,但却能招揽更多的生意,张籍《江南行》云:"娼楼两岸临水栅,夜唱竹枝留北客。"[3]娼妓在水栅处高歌,借此招揽更多的生意,而一些技艺高超的歌姬还会因能吟唱名篇而身价倍增。扬州市场上还有魔术(幻术)表演者,如有自称胡媚儿者,当地人称为"妓术丐乞者"。"一旦,(胡媚儿)怀中出一琉璃瓶子,可受半升。表里烘明,如不隔物,遂置于席上。初谓观者曰:'有人施与满此瓶子,则足矣。'瓶口刚如苇管大。有人与之百钱,投之,铮然有声,则见瓶间大如粟粒,众皆异之。复有人与之千钱,投之如前。又有与万钱者,亦如之。俄有好事人,与之十万二十万,皆如之。或有以马驴入之瓶中,见人马皆如蝇大,动行如故。须臾,有度支两税网,自扬子院,部轻货数十车至,驻观之。"[4]胡媚儿的琉璃瓶吸引观看者投钱其中,说明其"魔术表演"带有欺骗性质,不过既然市场允许这一行为的存在,说明官府对于各色表演持较为开放的态度。又如广陵人张定曾问道于茅山,学成后归家,为父母表演"青州大设"的幻术:"提一水瓶,可受二斗以来,空中无物,置于庭中,禹步绕三二匝,乃倾于庭院内,见人无数,皆长六七寸,官寮将吏,士女看人,喧阗满庭。即见无比设厅戏场,局筵队仗,音乐百戏,楼阁车棚,无不精审。如此宴设一日,父母与看之,至夕,复侧

[1]〔唐〕韦绚:《刘宾客嘉话录》,明顾氏文房小说本。

[2]〔宋〕李昉等编:《太平广记》卷四五八《蛇三》"邓甲"条引《传奇》,中华书局1961年版,第3745—3747页。

[3]〔清〕彭定求等编:《全唐诗》卷三八二(张籍)《江南行》,中华书局1960年版,第4288页。

[4]〔宋〕李昉等编:《太平广记》卷二八六《幻术三》"胡媚儿"条引《河东记》,中华书局1961年版,第2278—2279页。

瓶于庭,人物车马,千群万队,逦迤俱入瓶内。父母取瓶视之,亦复无一物。"[1]张定所行之幻术与胡媚儿的做法大同小异,只是从他幻化出的戏场、队仗、百戏、楼台等场景看,表演的性质更加浓厚。上述种种故事,正是扬州市场百景的真实写照。

综上所述,可知隋及唐初,官府试图加强对城市的控制和管理,最初在全国推行的是封闭式的市坊之制,包括市坊分开、按时开市、闭市和宵禁、门禁制度等。然而,中唐以后,随着社会生产力的发展、城市商品交换频繁发生、城市人口膨胀,市坊之制逐渐走向解体,出现了更加开放自由的街巷制。在以扬州为代表的南方地区,市坊制的解体或许更早一些。首先是在市场空间拓展方面,这一时期的扬州城内虽然还存在官市,但市与坊的界限变得模糊,出现市中有坊、坊中有市的情况,交易的区域突破官府的限制,向整个城区拓展,沿街设市与沿河设市已经较为普遍,同时还出现了大量流动的商铺,繁荣的城下街区以及城外草市也蓬勃发展了起来。其次是市场在时间上的突破,出现了"市鄽持烛入""月中歌吹满扬州"的情况。在夜市之中,不仅存在商品货物的买卖,还有相当多的娱乐场所,包括酒店、青楼和表演舞台等。在夜市的狂欢活动中,寺庙举办的灯会独具特色,举办之时成为城中男女老少的"狂欢"之日。再次是出现专业市以及"行"。专业市的出现是扬州商品经济发展以及经济辐射力较强的表现,在诸多的专业市中,药市最具代表性。扬州本地所产药材较少,但却是全国最大的药材集散地之一,关中、黄河下游地区和江南买不到的药材,在扬州的药市上都可以买到。这些药材有的来自于荆益闽粤等国内地区,有些则是来自于西域、东南亚等海外地区。行是城市中同类商品集中进行贸易活动的场所,一般在经济发达的城市中才会出现,类似于当代的商品专卖区,唐代扬州城内行的发展已经较为成熟。最后是丰富多彩的市场活动,这些活动不仅包括实物商品的交易和买卖,还包括诗文买卖、技艺表演等。

封闭型城市管理体制的瓦解与城市商业活动的自由是相互影响的关系。市坊制度的瓦解促进了城市交换经济的进一步发展,使得城市变得更加自由

---

[1]〔宋〕李昉等编:《太平广记》卷七四《道术四》"张定"条引《仙传拾遗》,中华书局1961年版,第464—465页。

开放,而商业活动的自由反过来又加剧了城市结构由封闭型转向开放型。可以说,由坊市制向街巷制的演变在我国城市发展史中具有里程碑式的意义,它为宋代城市经济的进一步发展奠定了基础,标志着中国古代城市已发展到了一个崭新的阶段。在众多的城市之中,扬州无疑具有典型性,唐代扬州罗城开放式的格局开创了城市打破里坊制的先河。可以说,唐代扬州城是我国古代文明巅峰期的地方城市,摆脱了中世纪封闭禁锢的城市制度的束缚,开创了近世之后开放式城市格局之先河,对唐代以后中国城市的发展产生了巨大的影响。唐代城中设有"市"的区域,而宋代以后则出现了较为开放的区域,如同今日之"市"。隋唐时期的扬州城还是当时重要的国际商业贸易中心,是宗教艺术等方面中外文化传播的中心之一。[1]

第三节　隋唐五代扬州城的空间结构及要素

隋唐五代时期的扬州城,城墙、城门、瓮城、护城河等城市构建齐整完备,城内有坊有市,民居、商铺连片分布。城郊地区的繁华不弱于城内,形成城下街区和城外之坊。街道、河道、巷陌、桥梁一应俱全,官邸、寺庙散布各处,园林、亭台、楼阁处处皆有,商铺、酒店、手工业作坊俯拾皆是。这些要素共同构成扬州城的空间结构。

一、宫殿、苑囿与宅园

扬州宫苑、园林的历史很久远。除汉代有江都王的宫苑外,谢安曾在城东七十里筑"芙蓉别墅"。南朝刘宋时期,徐湛之在这里任南兖州刺史,曾经在广陵城池所在的蜀冈上"营构亭馆,以极游宴之娱",还曾在城之东北隅建过"风亭、月观、吹台、琴室",在城南又"起万岁楼,以望钟山"。[2]继南朝之后,历隋唐宋元,扬州的宫苑、园林迭有兴起。[3]扬州曾作为隋炀帝的"陪都",

---

[1] 汪勃:《扬州城的沿革发展及其城市文化》,宋建、陈杰主编:《"城市与文明"学术研讨会论文集》,上海古籍出版社 2016 年版,第 528 页。

[2] 〔宋〕乐史撰,王文楚等点校:《太平寰宇记》卷一二三《淮南道一·扬州》,中华书局 2007 年版,第 2445 页。

[3] 详见朱江:《扬州古典园林浅谈》,《文物》1982 年第 11 期,第 57 页。

这时的扬州除了筑有江都宫、东城这两个具有皇家性质的宫殿、宫城外,还修建了很多供皇帝休闲娱乐的苑囿。唐代时,地方官员在子城内修建有"宫殿"性质的亭台楼阁。城市居民生活在蜀冈之下的罗城之内,由于商业繁荣,富商大贾云集,故造园之风盛行,而一般平民的居住条件则要差得多。

隋代,扬州作为隋炀帝的行宫,修建有大型宫殿。其中规模最大的当属江都宫,为隋炀帝杨广和皇后、嫔妃的居住之所。《舆地纪胜》载:"江都宫,炀帝于江都郡置宫,号江都宫。"[1]赵元楷曾拜江都郡丞,"兼领江都宫使",这一职务"制江都太守,秩同京尹",以州郡级长官兼任宫使,足见江都宫的规格较高。王充也曾任江都郡丞之职,"时帝数幸江都,充善候人主颜色,阿谀顺旨,每入言事,帝善之。又以郡丞领江都宫监,乃雕饰池台,阴奏远方珍物以媚于帝,由是益昵之"。[2]由此可知,江都宫内的楼台雕饰极其奢华,且宫内摆放着从全国各地和海外搜罗来的珍奇异宝。隋炀帝本人对新修的江都宫也相当满意,其乐府诗《江都宫乐歌》云:"扬州旧处可淹留,台榭高明复好游。风亭芳树迎早夏,长皋麦陇送余秋。渌潭桂楫浮青雀,果下金鞍驾紫骝。绿觞素蚁流霞饮,长袖清歌乐戏州。"[3]考古发掘也证明江都宫城的城砖较为精致,砌工技术十分考究,一侧为垂直面朝内,另一侧为斜面朝外,表面光滑。另还发现有精致的红色筒瓦以及大、小莲花柱础,这些都表明宫城的筑造技术较为高超,用料考究。

在《隋书》和《资治通鉴》等文献中,留下了一些江都宫城门、殿阁的名称。如成象殿、西阁等,据《隋书·裴虔通传》载:"与司马德戡同谋作乱,先开宫门,骑至成象殿,杀将军独孤盛,擒帝于西阁。"[4]此外,又有宫城、东城、玄武门、芳林门、草坊、朝堂、城门、宫门、左阁、寝殿、永巷、温室、西院、吴公台、流珠堂等名称。这些名称虽然不足以勾勒出江都宫的全貌,但仍可推测该宫殿群规模较大,功能健全,既有行政区,又有驻军区,还有生活区。不过考古工

---

[1]〔宋〕王象之编著,赵一生点校:《舆地纪胜》卷三七《扬州·古迹》,浙江古籍出版社2012年版,第1165页。

[2]〔唐〕魏徵、令狐德棻:《隋书》卷八五《王充传》,中华书局1973年版,第1895页。

[3]〔宋〕郭茂倩编撰,聂世美、仓阳卿校点:《乐府诗集》卷七九(杨广)《江都宫乐歌》,上海古籍出版社2016年版,第951—952页。

[4]〔唐〕魏徵、令狐德棻:《隋书》卷八五《裴虔通传》,中华书局1973年版,第1894页。

作者在蜀冈古城发掘中找到的隋代遗址甚少,隋代宫城城墙主要是在城圈的西北角,北城墙西段东部城门、北城墙东段西部城门、蜀冈南城门等三座城门遗址与隋江都宫相关,城内十字街西南隅的东西向道路、南北向和东西向夯土遗迹或与隋代道路相关。从蜀冈古城相关考古发掘结果来看,汉六朝广陵城、隋江都宫、唐子城的城圈或相同,城门多为修缮沿用,门道和城内道路也多有层叠现象,因此推测隋江都宫及东城当是基本沿袭之前广陵城的范围和主要道路网。[1]

除江都宫外,隋炀帝还下令在蜀冈上下修建了很多离宫苑囿,供自己休闲享乐。如在城外东北有显福宫,据《读史方舆纪要》载:"显福宫,在府东北,隋时城外离宫也。宇文化及等弑炀帝,夺江都舟楫,行至显福宫,虎贲郎将麦孟才等谋诛化及不克,即此。"[2]在城西南有九曲池,相传为隋炀帝奏乐之地。又城西北有新宫等。甚至在江都县北五里的长阜苑内,还建造了一个规模庞大的宫苑群,"依林傍涧,疎迥跨岊,随地形置(十宫)",曰:"归雁宫、回流宫、九里宫、松林宫、枫林宫、大雷宫、小雷宫、春草宫、九华宫、光汾宫。"[3]其中大雷宫、小雷宫或因建于雷陂附近而得名。又辟隋苑(上林苑、西苑)、长阜苑、萤苑、北宫(在今茱萸湾)等大批园囿,《万历江都县志》载:"隋苑,在县北九里大仪乡,一名上林苑,周围三里。"[4]足见这些园囿的规模不小。萤苑最初或名为景华宫,《隋书·炀帝纪》载:"上于景华宫征求萤火,得数斛,夜出游山,放之,光遍岩谷。"[5]乾隆《江南通志》卷三三亦载:"萤苑在甘泉县。隋大业末,帝幸江都,大索萤火数斛,夜出游山,放之,光遍岩谷,故名,唐杜牧之诗有'秋风放萤苑'之句。"[6]可见景华宫即萤苑。为了宴请群臣,隋炀帝又在江边(今属扬州扬子津)修筑临江宫(扬子宫)。《大业杂记》云:"又敕扬州总管府长

[1]　汪勃、王小迎:《隋江都宫形制布局的探寻和发掘》,《东南文化》2019年第4期,第71—82页。

[2]　〔清〕顾祖禹撰,贺次君、施和金点校点:《读史方舆纪要》卷二三《南直五·扬州府》,中华书局2005年版,第1125页。

[3]　〔宋〕李昉等:《太平御览》卷一七三引《寿春图经》,中华书局1960年版,第848页。

[4]　〔明〕张宁修,〔明〕陆君弼纂:《万历江都县志》卷一三《杂志·苑囿》,明万历二十七年(1599)刻本。

[5]　〔唐〕魏徵、令狐德棻:《隋书》卷四《炀帝下》,中华书局1973年版,第90页。

[6]　〔清〕赵弘恩等监修,〔清〕黄之隽等编纂:《江南通志》卷三三《古迹·扬州府》,《景印文渊阁四库全书》第508册,台湾商务印书馆1983年版,第109页。

史王弘大修江都宫。又于杨子造临江宫,内有凝晖殿及诸堂隍十余所。"[1]起驾临幸之时,盛况非凡,"羽旆龙旗,横街塞陌二十余里,晖翳云日,前代羽卫无盛斯时"[2]。临江宫西侧又有悬镜亭等观景亭,《太平寰宇记》载:"澄月亭、悬镜亭、春江亭,在县南二十七里扬子宫西,以上三亭,皆隋炀帝置。"[3]由此观之,当时扬州境内宫苑林立。[4]

迷楼在扬州众多的苑囿中最具典型性,且所存资料较为丰富,故可以该楼为例分析隋代扬州皇家苑囿的若干特点。迷楼在子城之西南角,它之所以被称为迷楼,据宋代《绀珠集》载,浙人项升献新宫图,"帝爱之,令如图营建扬州,既成,幸之,曰:'使真仙游此,亦自当迷。'乃名迷楼。帝赋诗,群臣皆和制。"[5]迷楼的记载并不见于隋代文献,倒是唐代的诗文中经常提到,如包何《同诸公寻李方直不遇》:"闻说到扬州,吹箫忆旧游。人来多不见,莫是上迷楼。"[6]白居易《隋堤柳》:"南幸江都恣佚游,应将此柳系龙舟。紫髯郎将护锦缆,青娥御史直迷楼。"[7]杜牧《扬州三首》:"炀帝雷塘土,迷藏有旧楼。谁家唱水调,明月满扬州。"[8]诗文虽然给出的历史信息非常有限,且迷楼大多与隋堤柳、汴河等相似,是咏叹炀帝旧事、讽古刺今的一种文学意象,但可以据此肯定迷楼是真实存在的苑囿。罗隐《迷楼赋》云:"慨余基之未平兮,曰迷楼而在斯。"[9]更是明言迷楼在唐懿宗咸通甲申年(864)还可以看得见遗迹,

[1]〔唐〕杜宝撰,辛德勇辑校:《大业杂记辑校》,中华书局2020年版,第206页。

[2]〔宋〕王象之编著,赵一生点校:《舆地纪胜》卷三七《扬州·古迹》,浙江古籍出版社2012年版,第1165页。

[3]〔宋〕乐史撰,王文楚等点校:《太平寰宇记》卷一二三《淮南道一·扬州》,中华书局2007年版,第2445页。

[4] 详见贾志刚:《隋代宫殿建筑消费考述》,权家玉主编:《中国中古史集刊(第一辑)》,商务印书馆2015年版,第377—410页。

[5]〔宋〕朱胜非:《绀珠集》卷九《迷楼》,《景印文渊阁四库全书》第872册,台湾商务印书馆1983年版,第448—449页。

[6]〔清〕彭定求等编:《全唐诗》卷二八〇(包何)《同诸公寻李方直不遇》,中华书局1960年版,第2172页。

[7]〔清〕彭定求等编:《全唐诗》卷四二七(白居易)《隋堤柳》,中华书局1960年版,第4708页。

[8]〔清〕彭定求等编:《全唐诗》卷五二二(杜牧)《扬州三首》,中华书局1960年版,第5963页。

[9] 周绍良主编:《全唐文新编》卷八九四(罗隐)《迷楼赋》,吉林文史出版社2000年版,第11182页。

作者在废址上凭吊怀古。

最早记载迷楼具体位置的文献,是北宋苏辙《扬州五咏》之四《摘星亭》,诗题下有自注"迷楼旧址"四字,成为现存坐实迷楼所在的最早最重要的证据。其后,南宋的《舆地纪胜》与《方舆胜览》中都有对迷楼的记载。《舆地纪胜》卷三七《淮南东路·扬州·风俗形胜》"迷楼九曲,珠帘十里"下注:"《新平山堂记》。又《广陵志》云:'炀帝时,浙人项升进新宫图,帝爱之,令扬州依图营建。既成,帝幸之,曰:'若使真仙游此,亦自当迷。'又《南部烟花录》云:'炀帝于扬州作迷楼。'今摘星楼基,即迷楼之旧址。"[1]同卷《景物上》"迷楼"条下注:"鲜于侁《广陵杂诗》序云:迷楼,炀帝所建,以内嫔嫱也,上有四帐。或云摘星楼。"[2]《方舆胜览》卷四四《淮东路·扬州·古迹》"迷楼九曲"下注:"《广陵志》:'扬州建新宫成,帝幸之,曰:若使真仙游此,亦自当迷。'"[3]其中所引《新平山堂记》和《广陵志》与《古今诗话》等大致相同,当亦本于《迷楼记》。"或云摘星楼",应是根据苏辙的诗注。到了明代,在摘星楼旧址上修筑了观音禅寺。《嘉靖惟扬志》卷三八《杂志·寺观》"观音禅寺"条:"在县西北七里大仪乡。元至元年间建。洪武二十年,僧惠整重建。一名功德山。古摘星亭故址。俗名观音阁。"卷七《公署志·遗迹》"摘星亭"条:"在城西北角。《旧志》云:'即迷楼旧址北。'后曰摘星亭,又曰摘星楼。"[4]由迷楼到摘星亭,再到观音禅寺,位置的沿袭可成为定论。

关于迷楼的形态和规模,多见于一些笔记小说和诗赋之中。如《南部烟花录》中有两处提到迷楼,一处叙述炀帝建造迷楼的缘起及迷楼内的各种陈设布置,一处叙炀帝迷楼题诗,记载较为简略。《迷楼记》以迷楼为名,叙述迷楼的种种则甚为详细,兹略引如下:"近侍高昌奏曰:'臣有友项升,浙人也。自言能构宫室。'帝翌日召而问之。项升曰:'臣乞先奏图本。'后数日进图。

[1]〔宋〕王象之编著,赵一生点校:《舆地纪胜》卷三七《扬州·风俗形胜》,浙江古籍出版社2012年版,第1154页。

[2]〔宋〕王象之编著,赵一生点校:《舆地纪胜》卷三七《扬州·景物上》,浙江古籍出版社2012年版,第1157页。

[3]〔宋〕祝穆撰、祝洙增订,施和金点校:《方舆胜览》卷四四《淮东路·扬州》,中华书局2003年版,第798页。

[4]〔明〕朱怀幹修,〔明〕盛仪纂:《嘉靖惟扬志》,明嘉靖二十一年(1542)刻本。

帝览大悦,即日诏有司,供具材木。凡役夫数万,经岁而成。……费用金玉,帑库为之一虚。……帝幸之,大喜,顾左右曰:'使真仙游其中,亦当自迷也。可目之曰迷楼。'"[1]又宋人李纲《迷楼赋》:"凌烟摘星,飞云宿雾,玉柱金楣,千门万户。复道连绵,洞房回互,翠华戾止,杳不知其何所。"[2]这些故事和文学想象所涉及的人、物、诗歌、建筑自然不可视为迷楼的历史真实面貌,但仍可从文字中感知到这些宫苑的规模和奢华。[3]

隋朝兴建的苑囿宫殿,多数毁于隋末战火,至唐代已经大多踪迹难觅,只留下一些文人骚客的怀古诗文。如李商隐《隋宫》:"紫泉宫殿锁烟霞,欲取芜城作帝家。玉玺不缘归日角,锦帆应是到天涯。于今腐草无萤火,终古垂杨有暮鸦。地下若逢陈后主,岂宜重问后庭花。"[4]诗句中的"萤火"即指萤苑,腐草、垂杨与暮鸦,一派萧瑟的景象,以此来讽刺隋炀帝的荒淫无道。刘长卿《茱萸湾北答崔载华问》:"荒凉野店绝,迢递人烟远。苍苍古木中,多是隋家苑。"[5]作者描写的是扬州城外道路两旁的景象,没有野店、人烟,只见古树,可见扬州的隋宫大部分已成荒野。

唐代子城继承了隋代的江都宫和东城,主体格局应没有太大的变化。乾符六年(879),子城府第中尚存"隋炀帝所造门屋数间,俗号中书门,最为宏壮"[6]。不过也有一些州郡长官为了私人享受,对官衙有所营造。比较典型的如争春馆,相传"扬州太守圃中有杏花数十畹,每至烂开,张大宴,一株令一倡倚其旁,立馆曰'争春'。开元中,宴罢夜阑,人或云花有叹声"[7]。争春馆虽然属于花圃性质,但以馆为名,应当建有可供人休息的馆室。又有玉钩亭,据《钦定大清一统志》卷六七记载:"在江都县西南,唐元和中李夷简镇淮南,于

[1] 李时人编校,何满子审定,詹绪左覆校:《全唐五代小说》卷六八(佚名)《迷楼记》,中华书局 2014 年版,第 2313—2314 页。

[2]〔宋〕李纲:《李纲全集》,岳麓书社 2004 年版,第 12 页。

[3] 本节关于迷楼的论述,主要参考余国江:《扬州历史考古探微》上编《迷楼:一个典故的流传及其周边》,花木兰文化事业有限公司 2019 年版,第 27—39 页。

[4]〔清〕彭定求等编:《全唐诗》卷五三九(李商隐)《隋宫》,中华书局 1960 年版,第 6161 页。

[5]〔清〕彭定求等编:《全唐诗》卷一四七(刘长卿)《茱萸湾北答崔载华问》,中华书局 1960 年版,第 1482 页。

[6]〔后晋〕刘昫等:《旧唐书》卷一八二《高骈传》,中华书局 1975 年版,第 4711 页。

[7] 佚名:《扬州事迹》,陶敏主编:《全唐五代笔记》第 4 册,三秦出版社 2012 年版,第 3444 页。

城之西南见新月如钩,因以名亭。"站在玉钩亭上,罗城之美景尽收眼底。窦巩《登玉钩亭奉献淮南李相公》云:"西南城上高高处,望月分明似玉钩。朱槛入云看鸟灭,绿杨如荠绕江流。定知有客嫌陈榻,从此无人上庾楼。今日卷帘天气好,不劳骑马看扬州。"[1]到了唐末五代时期,子城虽仍是官衙,但由于地方割据势力兴起,各地藩镇将领不受中央约束,纷纷营建自己的行署官邸。如高骈至扬州,除了修缮城墙外,生活也极其奢华,他笃信道教,"于府第别建道院,院有迎仙楼、延和阁,高八十尺,饰以珠玑金钿"[2],这些建筑属宫苑性质,当是为了满足高骈个人享乐之用。罗隐尝作《淮南高骈所造迎仙楼》云:"鸾音鹤信杳难回,凤驾龙车早晚来。仙境是谁知处所,人间空自造楼台。云侵朱槛应难到,虫网闲窗永不开。子细思量成底事,露凝风摆作尘埃。"[3]说明建造该楼耗资巨万,造价不菲,极尽奢华,《广陵妖乱志》描写该楼修造的过程,"其斤斧之声,昼夜不绝。费数万缗,半岁方就……是冬,又起延和阁于大厅之西,凡七间,高八丈,皆饰以珠玉,绮窗绣户,殆非人工"。[4]一定程度上展现了该楼的规模。杨行密进驻扬州后,在蜀冈子城内似乎也有建造宫殿之举。刘文淇《扬州水道记》引《方舆纪要》云:"杨行密宫在旧子城之内。"引《宝祐志》云:"堡城光孝院,即杨行密旧宅。"[5]既然称之为"杨行密宫",说明是在其统治时期营造,其性质在宫与宅之间。2006年,在扬州动物之窗(铁佛寺以东)建筑用地内发掘出的晚唐水井,为砖砌而成,用砖规格为长25.2厘米、宽12.5厘米、厚27厘米,大多有"官"字款;并出土有莲花纹瓦当和带有戳印"官","官白""官山"板瓦等建筑构件,考古工作者推测为唐光化年间光孝院的遗存。

与上述宫苑相比,这一时期扬州的私家园林亦负有盛名。罗隐《和淮南

[1]〔清〕彭定求等编:《全唐诗》卷二七一(窦巩)《登玉钩亭奉献淮南李相公》,中华书局1960年版,第3050页。

[2]〔后晋〕刘昫等:《旧唐书》卷一八二《高骈传》,中华书局1975年版,第4711页。

[3]〔清〕彭定求等编:《全唐诗》卷六五七(罗隐)《淮南高骈所造迎仙楼》,中华书局1960年版,第7551页。

[4]〔宋〕李昉等编:《太平广记》卷二九〇《妖妄三》"诸葛殷"条引《妖乱志》,中华书局1961年版,第2307页。

[5]〔清〕刘文淇著,赵昌智、赵阳点校:《扬州水道记》,广陵书社2011年版,第28页。

李司空同转运员外》:"层层高阁旧瀛洲,此地须征第一流。"[1]此处的"高阁"除了指寺塔、酒楼外,还指园林内的亭台楼阁。姚合《扬州春词三首》:"园林多是宅,车马少于船。""市鄽持烛入,邻里漾船过。""春风荡城郭,满耳是笙歌。"[2]勾画出了一幅城内住宅与园林融为一体,城中水道纵横,舟船多于车马,甚至邻里之间漾船可达的水城风貌。又五代范海印和尚在《诸山圣迹志》中载,扬州城"林园地宅连翼甍"[3]。

首先值得介绍的是郝氏园。唐代方干旅次扬州,即住在"郝氏林亭",其诗文这样描绘郝氏园:"举目纵然非我有,思量似在故山时。鹤盘远势投孤屿,蝉曳残声过别枝。凉月照窗倚枕倦,澄泉绕石泛觞迟。青云未得平行去,梦到江南身旅羁。"[4]提到园内有山、岛、泉、石等景物,当为一处典型的私家园林。其次就是《太平广记》与《续玄怪录》中提到的"樱桃园",据《续玄怪录》载,裴谌与王敬伯两人尝一同入山学道,后王敬伯先回尘世。贞观年间(627—649)年间王氏途经扬州,遇到"市药于广陵"的裴谌,受邀访裴氏的樱桃园,"有息肩之地,青园桥东,有数里樱桃园,园北车门,即吾宅也",王敬伯到访后,"初尚荒凉,移步愈佳,行数百步,方及大门,楼阁重复,花木鲜秀,似非人境。烟翠葱茏,景色妍媚,不可形状,香风飒来,神清气爽,飘飘然有凌云之意……遂揖以入,坐于中堂,窗户栋梁,饰以异宝,屏帐皆画云鹤"[5]。小说中的樱桃园虽是由仙人幻化出来的园林,但仍可据此窥探当时扬州园林的若干面貌,如园林面积可广达数里,建筑包含中堂和诸多景观性质的楼阁亭台,院内遍植花木、烟翠葱茏,屋内则雕梁画栋、饰以异宝。此外,在文献中留下名称

[1]〔清〕彭定求等编:《全唐诗》卷六五六(罗隐)《和淮南李司空同转运员外》,中华书局1960年版,第7541页。

[2]〔清〕彭定求等编:《全唐诗》卷四九八(姚合)《扬州春词三首》,中华书局1960年版,第5666页。

[3] 中国社会科学院历史研究所、中国敦煌吐鲁番学会敦煌古文献编辑委员会、英国国家图书馆、伦敦大学亚非学院合编:《英藏敦煌文献(汉文佛经以外部份)》第2卷,四川人民出版社1990年版,第12页。

[4]〔唐〕方干:《旅次洋州寓居郝氏林亭》,周振甫主编:《唐诗宋词元曲全集·全唐诗》第12册,黄山书社1999年版,第4836页。

[5]〔宋〕李昉等编:《太平广记》卷一七《神仙十七》"裴谌"条引《续玄怪录》,中华书局1961年版,第116—118页。

的园林还有席氏园,记录较简,仅提到在扬州城南门外,宋代改为庙寺。[1]近年来出土的《唐故太原王公墓志铭》记,中和五年(885),王厚"安殡于本县(江阳县)道化坊,陈存张益园林。即在隋苑南隅,楚城东墅。前指吴岫,后连蜀坡。坦平原野,蒙密松萝。"[2]按字面意思推测,葬地可能位于一处园林,这个园林属于一个名叫张益的人。皎然《送契上人游扬州》:"西陵古江口,远见东扬州。渌水不同泛,春山应独游。寻僧白岩寺,望月谢家楼。宿昔心期在,人寰非久留。"[3]这里的"谢家楼"不知位于扬州城内何处,单从楼名看,很有可能也是某处私家园林。

更多的园林则未能留下名字,如富商巨贾周师儒,"其居处花木楼榭之奇,为广陵甲第"[4]。又,广陵大贾万贞"多在于外,运易财宝,以为商",留其妻孟氏独自守家,孟氏倍感孤独,"独游于家园,四望而怨",可见万氏所居之宅规模很大,"家园"当即今人所谓后花园[5]。当时类似孟氏这样的"商人妇"在扬州非常多,王建《江南三台四首》之一云:"扬州桥边小妇,长干市里商人。三年不得消息,各自拜鬼求神。"[6]又,他的《宫中调笑》四之一云:"杨柳,杨柳,日暮白沙渡口,船头江水茫茫,商人少妇断肠。断肠,断肠,鹧鸪夜飞失伴。"[7]这些商人赚钱后多在家乡营建宅邸,以彰显身份。刘驾《贾客词》云:"贾客灯下起,犹言发已迟。高山有疾路,暗行终不疑。寇盗伏其路,猛兽来相追。金玉四散去,空囊委路岐。扬州有大宅,白骨无地归。少妇当此日,对镜弄花枝。"[8]商人在外地孤独已死,徒在扬州留下大宅和妻儿,写出了商人之

[1]　详见都铭:《扬州园林变迁研究:人群与风景》,同济大学出版社2014年版,第36页。

[2]　参见左凯文:《扬州新见唐代淮南节度使僚佐王厚墓志略考》,《扬州职业大学学报》2018年第1期,第15—19页。

[3]　〔清〕彭定求等编:《全唐诗》卷八一八(皎然)《送契上人游扬州》,中华书局1960年版,第9217页。

[4]　〔宋〕李昉等编:《太平广记》二九〇《妖妄三》"诸葛殷"条引《妖乱志》,中华书局1961年版,第2305页。

[5]　〔宋〕李昉等编:《太平广记》卷三四五《鬼三十》"孟氏"条引《潇湘录》,中华书局1961年版,第2735页。

[6]　〔清〕彭定求等编:《全唐诗》卷二六(王建)《江南三台四首》,中华书局1960年版,第363页。

[7]　〔清〕彭定求等编:《全唐诗》卷二八(王建)《宫中调笑》,中华书局1960年版,第408页。

[8]　〔清〕彭定求等编:《全唐诗》卷五八五(刘驾)《贾客词》,中华书局1960年版,第6785页。

妻寂寞和憔悴的相思之态,显得幽怨动人,这种感情与扬州城内的高门大宅形成了鲜明的对比。

由于城内地价高昂,生活成本较高,空间有限,建筑拥挤,道路狭窄,居民嘈杂,居住环境不佳,于是有些城市居民会选择在附郭地区建造别业。如李白《之广陵宿常二南郭幽居》云:"绿水接柴门,有如桃花源。忘忧或假草,满院罗丛萱。暝色湖上来,微雨飞南轩。故人宿茅宇,夕鸟栖杨园。……明朝广陵道,独忆此倾樽。"[1]李白来到扬州后暂住在常二位于南郭的别业。诗文中虽称宿于"茅宇",但实际上房子规模不小,有庭有院,园内绿水环绕,满院萱草茂盛,湖光返照,阴云飘来,微雨淅沥,傍晚飞鸟栖息在杨树枝上。作者勾勒出了一幅夏日水绿草丰,微雨飘窗,鸟宿枝头的"桃花源"景象。官至大理丞的李公,至广陵一处宅院,"门庭宏壮,傔从璀璨",其友张公招待他,"极备珍膳",同时还有女乐,"命诸杂伎女乐五人,悉持本乐"。[2]由以上两例可以看出,扬州私家园林主要的构成要素包括亭台楼阁、流水花木等,很好地将人文要素与自然要素有机地融合在了一起。

扬州的私家园林大多是由一些高官和富商大贾所建。所谓"人生只合扬州死",也就是说扬州在唐人的心目中就是"人间天堂","当是时,中国新去乱,士多避处江淮间"[3],这些士人有很多是从北方迁移而来的富裕和权势显赫之家。如汝南人周济川,与兄弟数人流寓到扬州,"有别墅在扬州之西"[4]。扬州因其繁华,甚至还吸引了不少江南士人定居于此,如李令,累任大邑,假秩至评事,因世道渐乱,身体渐衰,无复宦情,乃"筑室于广陵法云寺之西"[5],

---

[1]〔清〕彭定求等编:《全唐诗》卷一八一(李白)《之广陵宿常二南郭幽居》,中华书局1960年版,第1841页。

[2]〔宋〕李昉等编:《太平广记》卷二三《神仙二十三》"张李二公"条引《广异记》,中华书局1961年版,第158页。

[3]〔清〕董诰等编:《全唐文》卷五六六(韩愈)《考功员外卢君墓铭》,中华书局1983年版,第5731页。

[4]〔宋〕李昉等编:《太平广记》卷三四二《鬼二十七》"周济川"条引《祥异记》,中华书局1961年版,第2715页。

[5]〔宋〕李昉等编:《太平广记》卷二七八《梦三》"江南李令"条引《稽神录》,中华书局1961年版,第2215页。

作为其终老之计。又,江南通事舍人王慎辞,"有别墅在广陵城西"[1],常与亲朋好友在此宴游。"广陵为歌钟之地,富商大贾,动逾百数"[2],这些富裕的大商人拥有财富,但却无政治地位,故把更多的精力放在修宅造园上,如长安人杜子春富贵之后,在扬州"买良田百顷,郭中起甲第,要路置邸百余间,悉召孤孀,分居第中"[3]。广陵人冯俊初以佣工为生,后得人相助,获金颇多,于是"广置田园,为富民焉"[4]。落第士子韦弇,在蜀地获女仙所赠碧瑶杯、红蕤枕、紫玉函,后在广陵卖与胡商,"弇以大富,因筑室江都"[5]。《太平广记》"玉清三宝"条描写了同一件事,胡商"以数千万为直而易之",韦弇"由是建甲第,居广陵中为豪士"。[6]这些小说虽都有神话传说色彩,多有夸饰不实之处,但依然是以现实为依托,展现了扬州城私家园林的面貌。

　　除了私家园林外,一些寺庙也会营建园林,如上方禅智寺的芍药圃,位于禅智寺建筑外侧廊边,内有竹西亭、昆邱台等建筑物。禅智寺门中建大殿,左右庑序翼张,后为僧楼,左序通芍药圃,圃前有门,门内五楹。中为甬路,夹植槐榆。左接长廊,廊外有吕祖照面池,由池入圃,圃前有泉在石隙,志曰蜀井。《扬州画舫录》转引《绍熙志》云,五代时徐知训与其主杨隆演泛舟浊河,赏花禅智寺,可见此时禅智寺内有芍药可观,但其规模不及同时期的郡圃。天宁寺西园,又名"枝上村",在寺西偏,有晋树亭、弹指阁等,也同样是主体建筑群的附属。[7]植物景观是寺庙中重要的组成部分,不仅给人以感官上的愉悦享受,还能营造出一种清幽的禅意,可以为佛事活动提供舒适的环境。

[1]〔宋〕李昉等编:《太平广记》卷一四五《征应十一》"王慎辞"条引《稽神录》,中华书局1961年版,第1046页。

[2]〔宋〕李昉等编:《太平广记》卷二九〇《妖妄三》"吕用之"条引《妖乱志》,中华书局1961年版,第2304—2305页。

[3]〔宋〕李昉等编:《太平广记》卷一六《神仙十六》"杜子春"条引《续玄怪录》,中华书局1961年版,第110页。

[4]〔宋〕李昉等编:《太平广记》卷二三《神仙二十三》"冯俊"条引《原仙记》,中华书局1961年版,第156—157页。

[5]〔宋〕李昉等编:《太平广记》卷三三《神仙三十三》"韦弇"条引《神仙感遇传》,中华书局1961年版,第209—210页。

[6]〔宋〕李昉等编:《太平广记》卷四〇三《宝四》"玉清三宝"条引《宣室志》,中华书局1961年版,第3250页。

[7] 都铭:《扬州园林变迁研究:人群与风景》,同济大学出版社2014年版,第45页。

　　达官贵人、富商大贾可以买房置地、建造园林，但更多的普通民众则只能居住于狭小的房屋内，居住环境不佳，如卢仝《冬行三首》其二云："扬州屋舍贱，还债堪了不。此宅贮书籍，地湿忧蠹朽。"[1]所谓"屋舍贱"并非说房子不值钱，而是说售房所得不足以偿还债务，诗文的前句还说到"卖宅将还资，旧业苦不厚。债家征利心，饿虎血染口"。作者是一位落魄的文人，因向往东都洛阳的生活，"长年爱伊洛，决计卜长久。赊买里仁宅，水竹且小有"，故所谓"扬州屋舍贱"也可能是较洛阳的房价而言。他在扬州的旧宅里藏了不少书籍，但由于气候潮湿，大量书籍被虫蚁所蛀。作者描写的扬州旧宅虽带有感情色彩，但仍能说明当时扬州城普通民宅的居住环境不佳，至少是容易受潮，且虫蚁较多。又如，扬州城内有一染人，"居九曲池南，梦一白衣少年求寄居焉。答曰：'吾家隘陋，不足以容君也。'"[2]"吾家隘陋"虽可能只是染人的托词，但仍可以推测这应是当时扬州城内普通民居的基本情况。卢仝的诗文还透露出另一个重要信息，那就是扬州城的房子交易较为频繁，否则就不会存在卢仝卖屋还债的情况。又如前文所述女巫包九娘让王愬速卖庆云寺西之宅，得钱后再到河东买一宅，可获巨利。第二年陈少游以半价购买他已经卖掉的旧宅，并拆毁以修城。[3]这亦是一例。

　　扬州城普通民居的建筑材料、建筑面积等情况在文献中少有记载，只能通过一些考古成果略作推测。1990年6月至1991年4月，在扬州市工人文化宫发掘了一座唐代建筑基址，考古工作者推测是民居建筑。从建筑材料的遗存看，虽发现有砖、瓦两类，但砖主要见于台基包边和铺地，在地层中碎砖瓦砾数量有限，既和房屋台基的规模不相称，也和宋代及以后的地层中包含丰富的瓦砾堆积形成明显的差异，唐代扬州"有地惟栽竹"，推测这一现象可能与唐人建房造屋就地取材有一定关系。如前文所叙述"江淮州郡，火令最

---

　　[1]〔清〕彭定求等编：《全唐诗》卷三八八（卢仝）《冬行三首》，中华书局1960年版，第4380页。

　　[2]〔宋〕李昉等编：《太平广记》卷四六七《水族四》"染人"条引《稽神录》，中华书局1961年版，第3852页。

　　[3]〔宋〕李昉等编：《太平广记》卷三六三《妖怪五》"王愬"条引《乾𩣡子》，中华书局1961年版，第2884页。

严,犯者无赦。盖多竹屋,或不慎之,动则千百间立成煨烬"[1]。可见,扬州城内的民居多是以竹子为建筑材料,故容易发生火灾。根据遗迹现象和底层叠压关系,该基址大体上可以分为三期建筑。

第一期建筑遗存伴出的遗物中有宜兴窑直壁折腹平底碗、寿州窑的原胎深腹饼足黄釉碗,均具隋至唐初器物之特征,而不见后期遗物,说明该建筑遗存当为唐代早期。建筑仅残存部分南北纵向排列的 4 列砖墙基和东西横向排列的 3 列砖墙基,其中北面一道东西横向的砖墙基已被破坏无存。根据砖墙基之间的距离,该建筑基址的平面为长方形,东西长 11.8 米、南北宽 8.3 米(复原),面阔三间,进深两间,坐北朝南,方向为 184 度,为小型三开间民居建筑,其中当心间宽 4.6 米,两侧次间为 3.6 米。由于伴出有骨料、加工后的边角料、废品及磨制骨料的砺石,故推测该民居兼有家庭手工业作坊的性质。[2]这种民居兼作手工业作坊的情况在当时应较为常见,如张氏女曾向媒婆炫耀自己的财产,"室中三大厨,其高至屋","厅之西复有广厦,百工制作毕备"[3]。考虑到这座民居房址旁临罗城南北大街,又临近城内官河,地当交通要道,是早期迁居蜀冈以下滩涂地居民建造住宅的首选之地,故可以视作初唐时期扬州城普通民居的一个典型,即"面阔三间,进深两间"。

遗址的第二期是在第一期基础上改建而成。变化的部分主要有三:其一是加筑了台基。台基略作方形,南北长 12.9 米、东西阔 13.8 米,高出当时天井地面约 0.6 米,台基系就近取土夯筑而成,可分为 7 层,每层厚 8—12 厘米不等,四缘用长方形条砖包砌,以黄黏土灰浆黏合。这种黄黏土黏性较大,质细而坚实,产于扬州北郊的蜀冈,和当地的沙性土有着明显的区别,显然是为了增强柱基碌墩的承受力而特地从蜀冈搬运过来的。之所以要加筑台基,一方面是防止房基受潮,另一方面很有可能是因为住宅靠近河道,易受到河水的侵袭,以及蜀冈以下沙质土尚比较松软,房子容易下沉。其二是在原有两

---

[1] 〔宋〕李昉等编:《太平广记》卷二一九《医二》"高骈"条引《玉堂闲话》,中华书局 1961 年版,第 1679 页。

[2] 王勤金:《江苏扬州市文化宫唐代建筑基址发掘简报》,《考古》1994 年第 5 期,第 413—420 页。

[3] 〔宋〕李昉等编:《太平广记》卷三一五《神仙二十五》"吴延瑫"条引《稽神录》,中华书局 1961 年版,第 2491 页。

间的基础上,向北扩建了半间。扩建宅地可能是为了满足手工业作坊规模扩大的需求,也可能是居住者为了扩大自身生活空间。然扩大的规模仅是半间,这说明周边剩余的空地不多,无法让其随意展筑。罗隐《广陵春日忆池阳有寄》云:"清流夹宅千家住,会待闲乘一信潮。"[1]文宗大和八年(834)三月,扬州城区大火,烧毁民房千区。这一年十月,再次遭受大火,烧毁民房数千区。[2]都说明扬州城普通居民的生活空间相当拥挤。其三是在台基的西北侧圈砌了水井等其他建筑遗存。水井位于台基西北,距台基边约2.1米。按常理,该宅靠近河道,无论是生活用水,还是作坊用水,取水都非常方便,何必多此一举要挖一口水井呢?比较合理的解释是,当时河道的水质较差,而水井可以起到过滤泥沙以及净化水质的作用。

　　遗址的第三期是在第二期基础上重建。重建时扩大了台基,增建了前廊、散水,新辟了西门,形成面阔三间、进深两间、前后出廊的格局。可以看出,这一时期建筑的开放性更强,这可能是为了适应其向商业店铺性质的转变,基址内出有波斯陶、玻璃器、皮囊壶等,说明该建筑已经兼有商业用房——邸店、旅舍的作用,或为"波斯邸胡店",或为"胡商"寄居的客舍,至少房主和胡商应有着直接或间接的过往联系。[3]这种由于城市商业经济的发展,民居转向商业用房的情况,在沿河地区交通通达之地应该较为普遍。

　　就建造技术来说,已经达到了相当高的水准。扬州文化宫唐代中期至唐末五代的建筑基址中发现有较多的用砖遗迹,夯筑建筑台基四缘用长方形条砖包砌,以黄黏土灰浆黏合;砖铺地面多用条砖铺成人字形;天井地面的做法是以一层较薄的黄黏土垫实取平后铺砖,内心用条砖铺成人字形地面,边缘一顺一丁砖压边,用方砖对缝平铺;台基北部丁砖平铺宽30厘米的散水,其他三面丁砖外侧顺铺一砖成宽45厘米的散水;水井也是用条砖碰角圈砌;出土条形砖的规格为 36×18–5[4]、30×15–4,26×13–3,方砖规格为 32×32–5。

---

　　[1]〔清〕彭定求等编:《全唐诗》卷六五六(罗隐)《广陵春日忆池阳有寄》,中华书局1960年版,第7543页。

　　[2]〔宋〕欧阳修、宋祁:《新唐书》卷三四《五行志一》,中华书局1975年版,第886页。

　　[3] 王勤金:《江苏扬州市文化宫唐代建筑基址发掘简报》,《考古》1994年第5期,第420页。

　　[4] 本节中述及砖的规格较多,为记述简便,使用〔长×宽–厚〕的简略方式,由于记述砖规格所用长度单位均为厘米,故本节按上述简化方式叙及砖规格时均不再加"厘米"二字。

唐代早期房屋房前用规格为 32×15-5 的砖铺成"人"字形席纹地面；唐代晚期房屋夯土台基四周用规格为 31/32×15-4 的砖包边围砌,天井中心用规格为 32×15-4 的砖铺出"人"字形地面；室内均采用条砖铺成"人"字形席纹地面,西门口的方砖边长 30 厘米,天井院中全部为"人"字形席纹地面。汶河北路东侧的新华中学遗址中发现的唐、五代时期房址台基的西部有砖铺散水,错缝平铺,用砖规格为 31×15-4。[1]由这些考古成果可知,唐代的建筑材料在规格和烧制上没有太大的变化。

二、城墙、城门与城砖

隋唐五代时期的扬州城修筑有较完整的城墙,在城门以及角楼转角处等重点部位还存在包砖的情况,筑城技术较为高超,不同时期所用城砖各有特色,城墙之外还有护城河。

(一)城墙、遗存及考古情况

隋代在蜀冈之上有宫城、东城,其规模形制前文已经探讨。下面仅就城墙的宽、高以及遗存情况略作叙述。通过考古发掘,可知江都宫四面城垣为夯土城墙,城门、转角处为砖包。其中南、北、西三面城垣保存基本完整,大部分夯土城垣厚约 9 米,均高出地表。西城垣则高出地面 10 米左右,保存较好,东城垣尚未探明。城门内外表面包砖突出城垣,两侧与城垣相接,现城门已不存,但是留有自然阙口。四周城壕绕城而设,基本贯通。在宫城的西南、东北、西北的转角处都保存着很高的角楼基础。在宫城的西北转角处发现有江都宫城遗址,保存较好,很有隋代特色。夯土城垣外还保存着较为完好的外包砖墙体,包砌的砖墙厚 1 米,残高 2 米；墙体自然收分向上,包砖墙塔基下有六层铺砖作为基础,上有砖铺散水,散水面宽 36 厘米。[2]

东城城垣遗址的北、东两段保存较为完整,夯土城垣均高出地表,北墙、东墙遗址的宽度在 30—40 米之间,上窄底阔。北墙高度经过实测,以西端最低,高出现城内地表仅 1.93 米；东端最高距城内地表为 5.80 米。北墙和东墙相交呈直角,在城墙上转角处遗存圆形土墩,面积为东西 9 米、南北 10 米,高

---

[1]　汪勃:《扬州城遗址唐宋城时期用砖规格之研究——兼及城砖烧制特征和包砖墙修砌技法等》,扬州博物馆编:《江淮文化论丛(第二辑)》,第 5 页。

[2]　参见王虎华主编:《扬州城池变迁》,南京师范大学出版社 2014 年版,第 58—59 页。

出四周 1 米左右,估计是当时的角楼遗迹。北墙和东墙都有两个阙口,其中仅东墙中部的一个阙口,其外遗存半圆形土墩,可能属防御性的瓮城或羊马城一类建筑,应是原来的东门所在。1978 年,在北门附近发现过东晋修筑的包砖墙,砖的上、下面及四侧面均有"北门""北门壁""城门壁"等文字,隋代沿袭此门,说明当时的东城城门以及城墙转角处存在包砖的情况。[1]

　　唐代的扬州城包括子城和罗城,四周城垣为夯土所筑,厚度达 12 米,只在城门、转角处为砖包。其中子城沿袭自隋代宫城,保存比较完整,夯土城垣均高出地表,局部城垣保存高度约有 10 米,西城垣遗存尤为突出。子城城垣四周转角,还保留着很高的角楼基础。城门内外表面包砖突出城垣,两侧与城垣相接,现已不存,只是留有自然阙口。从现有的考古发掘看,可以蠡测晚唐时期唐子城东、北、南三面为双垣双濠,西面是单垣还是双垣尚不能确定。西城墙呈南北向一线,基本沿用了隋江都宫城西墙,只是在局部损坏的墙面上用唐代砖加以修补。可以堡城西路为界分为南北两端,北段已经较为明确,南段的性质可在楚广陵城探寻发掘中确认。北墙、东墙遗址的宽度约有 30—40 米,保存较为完整。其中东墙可分为南段、中段、北段三段,中段和北段尚需确认。在探寻最早扬州城的发掘中,在唐子城东墙中部东西向短墙上的发掘,当可同时证明唐子城东墙中部是否向西折,并可确认内外濠的时代。在探寻隋扬州城北墙东段是否叠压在唐子城东北角之下所做的发掘工作,亦可确认唐子城的东墙北段。唐子城东墙中间东西向短墙和东墙北段外侧地带,还有一条与唐子城东墙南段基本位于同一线上的南北向高地,该高地内外侧亦有水沟遗迹,其是否与唐代城墙有关,还需要发掘证明。北墙亦可分为西段、中段、东段三段,环绕其外的现代河塘与古代城壕关系密切。西段上有两条探沟的发掘资料,东段上也有七条探沟的发掘资料,这九条探沟已基本明确了唐子城北墙的所在。但是,北墙西段是否亦有内濠、北门外西南—东北走向的墙体以及北门的具体位置尚需确认。南墙亦可分为东段、中段和西段三部分,东段基本明确,局部尚有不明确之处。中段通过勘探表明,蜀冈南门处宋代墙体下有东西向的墙体,推测为唐子城南门两侧的墙体。西段墙体现

---

　　[1]　参见尤振尧:《扬州古城 1978 年调查发掘简报》,《文物》1979 年第 9 期,第 34—40 页。

存问题较多,在崔致远纪念馆附近的发掘中并未找到明确的唐代墙体,因此唐子城南墙西段状况如何尚需明确。另外,在崔致远纪念馆北墙附近,曾经找寻到夯土的迹象,而该位置恰与蜀冈南门主门道位置成东西一线。[1]

唐扬州罗城的城池格局至今保存基本完好,但罗城的夯土城垣已基本不存,只是部分夯土城墙和其他遗迹尚在地面以上,依稀可见。有几处残存在地面以上的夯土城垣遗存:在今铁佛寺向东,再斜向南穿过平山堂东路,经平山变电所、史可法北路折向东至原东风砖瓦厂,还保存着一段罗城北城垣夯土遗址,全长约 1070 米,高出地面约 2 米;罗城的西南角(今金林苑)处保存着一处城垣转角的夯土台基;罗城的西北角(今观音山下)还保存着一处西城夯土遗址,残长约 50 米,高出地面约 2 米。四周城壕水系也基本贯通。[2]罗城夯土墙没有子城坚硬,土质为黄灰色的砂性土,夯土松散,夯层较厚。[3]又根据 2006 年在平山堂东路北侧铁佛寺以东清理出的唐代罗城北墙夯土遗迹,推测唐罗城城墙墙体可能包含有两期,早期依照原始高岗地貌,平整夯筑加高,其时代最早为唐中期,后来可能在城墙内侧进行了补筑加宽,但两期城墙的准确时代和分期关系不明。城墙交界处东南的唐代城墙上有深达距现高岗地表 5 米的凹陷,宽度因被水沟破坏而无从得知,凹陷处均为宋代堆积,推测可能是唐罗城北墙西端水关遗址。2012 年,在唐子城东南隅新发现夯土城墙的东南拐角处进行发掘,结果基本证明了此处是夯土墙体的拐角,夯土组成可分为上下两层。从夯土中的包含物来看,上层夯土的夯筑时代不早于晚唐,下层夯土的夯筑时代不早于隋。结合两次发掘成果来看,可证明至少晚唐时期的唐子城确实曾有过两重城墙。[4]

五代时期的城墙情况,文献记载不详,今考古工作者发掘了西城墙南北长 60 余米,方向 5 度。城墙基宽 15 米、残高 0.3—2.8 米。城墙营造方法是:城墙下先铺垫一层厚 0.3 米的黄黏土,经夯实作为基础,其上用灰土、红烧土

[1] 汪勃:《扬州城遗址蜀冈上城垣城濠蠡测——基于 2011 年扬州唐子城—宋堡城考古调查勘探的结果》,扬州博物馆编:《江淮文化论丛(第二辑)》,文物出版社 2013 年版,第 43—62 页。

[2] 参见王虎华主编:《扬州城池变迁》,南京师范大学出版社 2014 年版,第 66 页。

[3] 曲英杰:《扬州古城考》,《中国史研究》2003 年第 2 期,第 64 页。

[4] 汪勃:《扬州城遗址蜀冈上城垣城濠蠡测——基于 2011 年扬州唐子城—宋堡城考古调查勘探的结果》,扬州博物馆编:《江淮文化论丛(第二辑)》,文物出版社 2013 年版,第 43—62 页。

渣和碎砖瓦砾层夯筑,每层夯土厚薄不均,灰土夯层厚 15—40 厘米,夯筑质量差,夯窝不明显;红烧土渣和碎砖瓦砾的夯层,厚 6—16 厘米。夯土城墙两侧用砖包砌,包砖城壁厚约 1 米,包砖城壁下有宽 1.5 米、深 0.3 米的墙基槽。槽内铺垫一层 16 厘米厚的黄黏土。同时,还发掘出两座马面,分置于城门的南北两侧,间距 32.2 米。北侧马面南北长 15.8 米、东西宽(凸出城墙)9.6 米;南侧马面南北长 15.4 米、东西宽 9.3 米。马面与城墙连为一体,应是同时修建的。北侧马面破坏严重,仅存基础部分,周边包砖已被后人挖完取走,但坑壁上仍保留有层层砖墙印痕。包砖基槽保存较好,槽宽 1.24 米、深 0.3 米。槽底用红烧土渣和碎砖瓦铺垫,夯打得很坚硬。南侧马面保存较好,除南侧城壁砖被破坏外,其余两面砖墙残高 0.6—1.7 米。马面营造方法与城墙同,如南侧马面墙体用灰土夹烧土和碎砖瓦夯筑,夯筑的墙体外表包砌城砖,以西壁砖墙保存较好,高近 2 米。[1]

(二)城砖及筑城技术

城砖是城墙的重要构件,并在很大程度上能展现当时的建筑水平和筑城技术。隋唐五代时代,扬州多次筑城,且在城门及拐角处包砖,每个时期所用的城砖各具特色。[2]在扬州城考古工作中,出土了不少城砖,对我们了解城墙的情况有所帮助。

1.隋代的城砖及筑城技术。隋代城墙的夯土墙体只在墙体两侧包砌有城砖。1987—1989 年,在唐子城西北角的发掘中找到了隋江都宫城圈的西北内拐角,发掘出了隋代砖城墙。城角东西宽 27 米,拐角呈 90 度直角形,残存的城壁砖高 3.15 米、厚 0.8 米。城墙包砖墙基槽内有填砖 6 层,最底下一层为平铺顺砖,其上平铺丁砖、交替填砌,至基槽口的外侧,用两行侧立顺砖砌出双线道,与基槽口平齐,然后再在基础砖上垒砌城墙。墙面以基槽外

[1]　中国社会科学院考古研究所、南京博物院、扬州市文物考古研究所编著:《扬州城:1987~1998 年考古发掘报告》,文物出版社 2010 年版,第 104 页。

[2]　本节关于城砖的论述主要来自于汪勃:《扬州城遗址唐宋时期用砖规格之研究——兼及城砖烧制特征和包砖墙修砌技法等》,扬州博物馆编:《江淮文化论丛(第二辑)》,文物出版社 2013 年版,第 1—26 页;汪勃:《扬州出土汉至初唐砖》,扬州博物馆编:《江淮文化论丛(第三辑)》,文物出版社 2014 年版,第 85—138 页;汪勃:《扬州城遗址唐宋城砖铭文内容之研究》,扬州博物馆编:《江淮文化论丛》,文物出版社 2011 年版,第 156—176 页。

侧口(即砌出的双线道)向内缩进 35 厘米起建城墙砖,城墙包砖墙厚 0.8 米。包砖墙使用的砖有两种规格,一种是用在城墙外表的面砖,为素面灰砖,砖土细腻,火候高,质硬,砖的一侧面(砖长面或宽面)在制砖坯时,都去掉一直角棱,使砖侧呈斜面,规格为 35×17-7,制砖坯时把砖的一侧边缘(长边或宽边)经抹削倒棱(抹去直角边,改为 80 度斜面)呈斜面砖,俗称"牛头砖";另一种为砌在面砖内侧的填砖,多为绳纹砖,规格为 36×18-8、35×16-5.5 或 35×14.5-4.5。在出土的城砖中,有少量模印或刻画的文字,如斜面砖上模印"伯齐九分",直书,反文,有的横列刻画"祀礼祷";有的砖在宽面上刻写"十""五十""六十""一百"等记数。城面皆用斜面砖,砌墙时斜面朝外,采用四顺砖加一丁砖平铺错缝砌,墙面厚 35 厘米;自下面上自然形成收分,每砌高 1 米,墙面内收 16 厘米,用黄泥砌墙,每层都用细腻的黄泥砌墙并灌浆,砖缝严密,城墙壁面非常平整,墙面似清水磨砖对缝状。这种斜面城砖和砌法与洛阳隋唐宫城城墙做法相同,而与唐宋时期砌法有异。填砖均用长方砖垒砌,平铺错缝顺砌,加少量丁砖,用黄泥垒墙,技法粗糙;外表的墙面砖与内侧的城砖不相互交叉衔接,呈两张皮状,故墙面砖易外鼓残毁脱落。

江都宫城西北拐角使用的是第一种城砖,即素面斜面砖,较为特殊,砖上铭文也与唐宋时期城砖迥异,这种砖在国防路南朝墓砖上亦可见到,应该是为修建江都宫城面专门烧制的;第二种砖上有绳纹,规格不甚统一,可能使用了前代砖。修砌技法方面,特别是面砖和填砖呈两张皮状的现象,应当是隋代的砌法。扬州城南门遗址中的中唐和晚唐时期城砖垒砌方法已明显不同,中唐使用的面砖和填砖几乎各自独立,而晚唐城墙面砖和填砖已呈相互咬合状。2013 年扬州蜀冈城址北城墙东段西端的发掘中,也出土有规格为〔? ×16-(4-6)〕的斜面砖。

2. 初唐的子城城砖及筑城技术。初唐时期唐子城用砖与中唐时期修罗城用砖近似,与当时一般建筑用砖相同。在扬州西湖街道办事处综合村一组北部现状为穿过城墙豁口处的唐代地层中,出土了较多的一面平面上有绳纹的砖,未见砖长完整者,规格为〔? ×13-3.5〕、〔? ×13.5-4〕、〔? ×14-(4,4.5)〕、〔? ×15.5-4.5〕、〔? ×16-(5,5.5)〕等。砖的厚度与宽度成正比例,即砖越宽则越厚。2013 年扬州蜀冈城址北城墙东段两端的发掘中,正有〔？ ×13-4〕、〔？ ×16-5〕的单面绳纹砖、26×13-3 的素面砖。单面绳纹砖与萧后墓同类砖较为接近,素面砖与中唐罗城砖中的较薄类型近似。

3. 唐代中期罗城城砖及筑城技术。扬州城南门遗址唐代中期罗城用砖的规格主要有:25.5×12.5-3、26×13-4、27.5×13.5-5、30×14-4.5。这种用砖规格,与唐子城东门和北墙城砖、唐代手工业作坊窑炉砌砖、文化宫遗址出土建筑用砖、大东门唐代水井井壁用砖属于同类。这类中唐罗城砖,砖模上没有文字,也没有后盖上去的戳印,规格与后世扬州城砖相比显得较小,而与扬州唐代遗址、建筑、墓葬等各种建筑用砖基本相同。究其原因,推测是由于时为扬州大都督府长史、淮南节度使的陈少游于建中四年(783)仓促筑城所使。[1]

与隋代相比,这一时期的城砖,较少有铭文,且收分较均匀,多在 1 厘米左右。砖与砖之间的黏合剂为黄土泥,未见有用白石灰膏做黏合剂的现象,但是偶然可见个别砖侧残存有白石灰浆的痕迹。每层砖依次平铺,基本不见顺丁结合的砌法,墙之间的连接方式为搭接而非晚唐及其以后所见的咬合。唐罗城 8 号城门位于唐罗城西墙南段,城墙和城门可分为早晚两期,其中早期门道两侧用砖砌有门洞壁,用砖规格为 30×15-4;砌法以平铺错缝,一顺一丁交替向上层层垒砌,用黄泥作黏合剂。[2]

4. 唐代晚期罗城城砖及筑城技术。晚唐罗城砖上铭文较多,基本表现为平面上截印阳文、端面或侧面上模印阳文,应该是为了修建或修缮扬州罗城而在扬州及附近地域专门烧制的。铭文主要分为五类:第一类是含有“罗城”铭文,如“罗城／江州范”“吴璠罗城砖”等;第二类是含有“官”字的铭文,如“官砖”“官徐”等;第三类是含有“贲”字的铭文,如“贲车”“虎贲”等;第四类是含有州名的铭文,如“和州”“江州西”“海州东三”“池州城砖”等;第五类是含有人名的铭文,如“郭进”“鲍逵砖”等。城砖规格多为 40×19-5,或 39.5×19.5-5.5,也有 38×19-5,或 39×19-5 的,还有一些虽略有不同但基本

---

[1] 汪勃:《扬州城遗址唐宋城砖铭文内容之研究》,扬州博物馆编:《江淮文化论丛》,文物出版社 2011 年版,第 156—176 页。

[2] 汪勃:《扬州城遗址唐宋城时期用砖规格之研究——兼及城砖烧制特征和包砖墙修砌技法等》,扬州博物馆编:《江淮文化论丛(第二辑)》,文物出版社 2013 年版,第 1—26 页。

接近的。[1]

晚唐城砖之间的黏合剂为纯净的黄黏土,未见有用白石灰膏做黏合剂的现象。这批晚唐时期专为修建罗城而烧制的扬州城砖,在规格上与其前的中唐扬州城砖及其后的杨吴乃至两宋的城砖明显不同,在烧造质地上多见有夹生的现象,修砌方法基本继承了可见于中唐罗城的平铺排列修砌的方法,但墙体之间开始出现了咬合的技法。唐宋城东门遗址主城门处发现有唐代砌砖,其性质应为城墙内外两侧的包砖,其与东门门址的关系尚不清楚。经局部解剖得知,包砖基槽底部铺垫纯净的黄黏土;包砖砌法有两种,一种面砖顺铺,内填两排丁砖,与面砖错缝;另一种面砖为一排丁砖,内填一排丁砖和一排顺砖,两种砌法隔层错缝使用,砌砖之间用黄黏土作黏合剂;砖灰黄色,面砖、填砖用砖规格无差别,仅砌法不同,但用砖规格不甚统一,砖规格多为35×17.5–6.5,其他还有少量规格为34.7×17.5–6以及34.7×17.3–6.3,还有长29厘米、宽度不等、厚4.3厘米的。这里的用砖规格与扬州城南门遗址有所不同,但砌法有近似之处,与中唐罗城用砖相比显得较大且厚,与典型的罗城南门晚唐城砖相比却显得较小却厚。[2]

5. 五代杨吴的城砖及筑城技术。五代杨吴时期的城砖长、宽尺寸较大,称为"杨吴大砖",规格为42/43×23/24–6。有些砖的端面或平面上有戳印阳文,戳印都有戳印边框,戳印边框为长12.5厘米、宽4厘米,在史可法西路北侧的教育学院宿舍大楼工地有发现,杨吴时期的房屋、墓葬、砖窑等遗址中都可见到这种大砖。砖之间的黏合剂为沙泥浆。南门遗址出土有"官"字的有篆、隶、楷三种字体,楷书字体较大,隶书字体较小。部分明确是唐罗城的"官砖",南宋时期含"官"字的城砖较容易确定,还有部分长18.5厘米左右的含"官"字的城砖目前尚难以明确定性。中唐、晚唐、北宋、南宋城砖的宽度基本是长度的一半左右,而杨吴时期的这种大砖的宽度超出长度的一半较多。这一时期,城砖上的铭文主要有两类:其一是具有特殊时代特征的城砖铭文"迎

[1] 汪勃:《扬州城遗址唐宋城砖铭文内容之研究》,扬州博物馆编:《江淮文化论丛》,文物出版社2011年版,第156—176页。

[2] 汪勃:《扬州城遗址唐宋城时期用砖规格之研究——兼及城砖烧制特征和包砖墙修砌技法等》,扬州博物馆编:《江淮文化论丛(第二辑)》,文物出版社2013年版,第1—26页。

銮",如"迎銮窑户徐";其二是含有"窑"的城砖铭文,如"东窑曹铎""西窑彭信""白沙窑陈全"。[1]

宋大城西门遗址中揭露出了五代时期的城墙、马面、城门和道路等遗迹,城墙包砖墙用砖有两种规格,大者 42×24-5.5,小者 39×19-5;马面用砖有三种,面砖规格为 41×23-5.5,填砖规格为 39.5×19-5/5.5,城门处用砖规格为 42×24-5.5;门口铺地砖 41.5×22-5.5;用黄黏土作黏合剂,砖的砌法为平铺错缝,一顺一丁。上述这些规格的砖中,长度超过 40 厘米的城砖均被用于表面,当为杨吴大砖,而小于 40 厘米的砖则多为填砖,当为晚唐至杨吴时期的城砖。宋大城北门遗址中的五代后周时期始建的主城门第 I 期门道边壁,是位于主城门区域的最东侧的单砖墙门道边壁,为顺砖平砌错缝的南北向单砖墙,砖之间用泥浆黏合,有的砖侧面附着有石灰浆,用砖规格为长 43 厘米、宽 23 厘米、厚 6—7 厘米。平面所见砌砖仅为单砖南北顺铺垒砌,砌砖立面平直而无收分,砌砖之间用泥浆作黏合剂。从周小城宋大城的形成过程来看,晚唐杨吴时期在此并无修建,因此这里当是继续使用了杨吴大砖。扬州城南门遗址中有属于五代时期的包砖墙,其中瓮城门道以东的瓮城墙南缘包砖墙用砖规格为 42×23-5.5,残存的八层包砖墙体收分仅 3 厘米,墙体外表的砌法与宋大城西门五代时期遗存同样使用一丁一顺的砌法,面砖整齐而填砖杂乱,黏合剂是沙泥浆而不是黄黏土泥浆;瓮城门道东西两侧包砖墙的用砖规格主要为 43×23-6,并有两顺一丁的砌法,黏合剂为黄黏土。[2]

总体来看,隋(唐)江都宫(子城)用砖规格较之唐砖要厚、大。中唐扬州罗城砖的规格较小,与墓葬、建筑的用砖规格没有较大的区别,用砖的长、宽比多略大于 2:1,少有略小于 2:1 的。晚唐扬州罗城砖的长、宽较大,厚度较中唐厚但较后世薄,晚唐及其后的城砖规格与同时期建筑、墓葬等用砖规格开始分化。五代杨吴时期,扬州用砖的长、宽、厚都较晚唐的稍大,城砖与建筑、墓葬、砖窑的用砖基本相同。唐子城主要用黄黏土夯筑而成,可能部分

[1] 汪勃:《扬州城遗址唐宋城砖铭文内容之研究》,扬州博物馆编:《江淮文化论丛》,文物出版社 2011 年版,第 156—176 页。

[2] 汪勃:《扬州城遗址唐宋城时期用砖规格之研究——兼及城砖烧制特征和包砖墙修砌技法等》,扬州博物馆编:《江淮文化论丛(第二辑)》,文物出版社 2013 年版,第 1—26 页。

重要位置在夯土墙体内外两侧用包砖墙加固。罗城未处于长江冲积层之上，所处之地下均为不适宜用于筑城的细沙土，加之江淮之间雨水较多，故而罗城虽非衙署区，却因战乱频仍而多次大修，在更多地点的夯土墙体内外两侧用包砖加固。

扬州城城垣包砖墙的砌砖技法，包含夯土城垣包砖墙之间搭接或咬合的结合方法、砌砖的丁顺和黏合剂等均呈现出不同的时代特征。中唐的包砖墙之间多为搭接，而晚唐则发展为咬合衔接；唐代的砌法较为简单，层层错缝较小，同层基本不错缝平铺；墙基砖的砌法基本为单放平铺平砌。砌砖的丁顺排列，从中唐的简单排列，到一顺一丁，技术趋于完善。包砖墙体的基础做法和收分，也因时代以及用砖和砌法的不同而各具特征。隋唐子城西北角城砖一侧倒棱形呈斜面，砌墙时斜面朝外，由底向上自然形成收分；墙基部分用砖铺砌有宽 36 厘米的散水，散水外边立砖砌有双线道；墙基下有六层基础砖。基础砖的做法及层数，与扬州城南门遗址包砖墙基近似。可见，唐代扬州城墙的包砖墙是在夯土墙体基槽上修砌数层砖做基础，然后在此砖基之上修砌收分包砖墙体，砖基外侧露在收分墙体之外；而且，砖基可能还是被埋在地面之下的，即可能有护坡夯土，这种做法与后期墙基的做法有所不同。扬州城南门遗址唐代中期、晚期的包砖墙体上的泄水槽，可能是因为同期的夯土墙体是用沙土堆筑而成，需要泄水之故。以上种种事例表明，隋唐五代时期，扬州的筑城技术在逐渐走向成熟。这些技术对后世的影响也是深远的，如通过扬州城南门遗址的发掘，可知中唐夯土墙体就已见隔层使用不同土质夯筑的现象，这种技法发展到北宋时期，开始演变为一层瓦砾一层黏土的隔层夯筑。顺丁之法，南宋时期二顺一丁、一顺二丁等多种砌法的结合可谓渐趋完善。[1]

（三）城门[2]

在中国古代城市的建设中，城门尤为关键，它是联系城市内外的出入口，

---

［1］　汪勃：《扬州城遗址唐宋城砖铭文内容之研究》，扬州博物馆编：《江淮文化论丛》，文物出版社 2011 年版，第 156—176 页。

［2］　本节关于城门的论述，主要参考汪勃：《扬州城的城门考古》，《大众考古》2015 年第 11 期，第 20—37 页；中国社会科学院考古研究所、南京博物院、扬州市文物考古研究所编著：《扬州城：1987~1998 年考古发掘报告》，文物出版社 2010 年版，第 51—59 页。

也是军事守备之关键。扬州城城门的修筑有着悠久的历史,且具有较强的沿袭性。蜀冈之上古代城址的城门多从战国时期一直沿用至南宋,[1]而蜀冈下城址的城门则多从唐代一直使用到清末。由于城门是军事防御和交通出行的关键之处,故其筑造技术在很大程度上代表了当时建筑的最高水平。

1. 隋代扬州的城门。隋代扬州蜀冈之上有江都宫和东城。东城之城门以及江都宫西门的名称失载。江都宫城的南门为江都门,江都门又称行台门,在南城墙中段中部,汉晋广陵城南城墙所过之处,亦是南朝广陵城、隋江都宫城、唐子城、宋代堡城和宝祐城南城墙上的城门,朝代的延续性较强。蜀冈南城门以南陡然低下,蜀冈古城南城墙呈西南—东北走向,江都兵变时屯于东城的叛军可从东城西进至江都门前,而江都门当在隋江都宫的中轴线上,因此推测江都门或当位于蜀冈南城门以北至成象殿宫院南门之间的中轴线上。据《说郛》卷一一○上记载:"(大业)二年正月,帝御成象殿,大会设庭燎于江都门朝诸侯。成象殿即江都正殿,殿南有成象门,门南即江都门。"蜀冈古城地面调查工作中,在南城门以北、堡城南路西侧发现有用隋唐时期莲花纹础石立于宅邸冲道路的东南角,据房主介绍其家在修建时地下曾发现较多成排石础。[2]考古工作者对蜀冈南城门遗迹进行了发掘,按照时代早晚,可以编号为第一至第六期遗存,在第二、三、四、五期遗存有门道、柱础坑、散水等遗迹,门道(L3)从上至下可分为A、B、C、D四层。其中第四期,即唐代的遗迹最为丰富,城门的规模最大,由L3B、基槽、加筑夯土、柱础坑、散水等构成。如其中L3B路面上有一层含有白石灰膏和黄黏土的薄层,南北长4.2米、东西宽2.3米,路面海拔19.5米,北端残存门槛石痕迹。从该门址遗迹之间的叠压关系,结合相关历史文献来看,第四期遗存当与隋江都宫的南城门相关;从既有考古发掘和勘探结果来看,该城门在隋唐时期很可能有三个门道。[3]

宫门北面有两个城门,其一是芳林门,"芳林"之名与"华林"有关,最早

[1]　汪勃、王睿、王小迎:《扬州蜀岗古城址的木构及其他遗存》,《中国文物报》2015年1月27日第004版。

[2]　参见汪勃、王小迎:《隋江都宫形制布局的探寻和发掘》,《东南文化》2019年第4期,第75页。

[3]　参见汪勃、王小迎:《隋江都宫形制布局的探寻和发掘》,《东南文化》2019年第4期,第74—75页。

称作"芳林",后因避讳齐王曹芳之"芳"字改称"华林",北周时期可能复称"芳林",唐宋时期又恢复了"芳林"的称谓。曹魏和北魏洛阳城芳(华)林园位于城北,东魏邺南城华林园也位于城北,而南朝建康城的华(芳)林园则位于城东偏北的位置。隋继北周而兴,隋大兴、唐长安城的芳林门位于玄武门之西的北城墙上,故隋江都宫城的"芳林门"位于北城墙上。其二是玄武门,其得名是因玄武象征北方。江都兵变时,据《资治通鉴》卷一八五载:"燕王俊觉有变,夜,穿芳林门侧水窦而入,至玄武门,诡奏曰:'臣猝中风,命悬俄顷,请得面辞。'裴虔通等不以闻,执囚之。"这说明隋江都宫城正北门为玄武门,玄武门附近有芳林门,芳林门侧有水窦。从该门址的位置和蜀冈古城内的河道分布情况来看,流经该门址西侧水窦的河道当从战国楚广陵城时期一直存续到宋宝祐城时期,至今仍然是堡城村向北排水的唯一水口,故江都城之芳林门位于北城墙西段上的可能性较高。

　　1978 年考古工作者在北城墙东段西部发现了模印有"北门""北城门""北门壁"的城砖,故蜀冈北城门的位置基本可以确定。2017 年通过对这一区域进行全面发掘,可知门址是一座由墩台、门墩、门道、马道等构成的汉—南宋时期的城门遗构,门道内叠压有三期道路,分别属于汉代、六朝时期、南宋时期。尽管在该城门的门道内并未发现有明确属于隋代的遗存,然而从门道废弃年代不晚于杨吴时期的情况来看,该城门在隋江都宫时期、唐子城时期依然使用。结合文献记载来看,该城门可能不是江都宫城的北门"玄武门",不过其当与隋江都宫中轴线北端的城门相关。[1]上述扬州蜀冈古代城址北城墙西段东部城门遗址中,包含有隋唐时期的城门遗迹,并且在陆城门西侧还发掘出水窦遗迹,因此基本可以判定该门址中的隋唐时期遗存当即隋江都事变文献记载中提到的芳林门。[2]

　　这一时期可能还有"玄览门",《资治通鉴》记,"千牛独孤开远,帅殿内兵数百人诣玄览门……德戡等引兵自玄武门入,帝闻乱,易服逃于西阁"[3]。

　　[1]　参见汪勃、王小迎:《隋江都宫形制布局的探寻和发掘》,《东南文化》2019 年第 4 期,第 75 页。
　　[2]　汪勃:《扬州城的城门考古》,《大众考古》2015 年第 11 期,第 26 页。
　　[3]　〔宋〕司马光编著,〔元〕胡三省音注:《资治通鉴》卷一八五高祖武德元年(618)三月己酉,中华书局 1956 年版,第 5780 页。

《〔嘉庆〕重修扬州府志》卷三一《古迹二》载："隋炀帝宫,在县北五里……其宫城东偏门曰芳林,又有元武、元览诸门,皆宫门也。"此处的"元"当为避清圣祖康熙名讳中的"玄"字,故原应为玄览门。隋唐两京未见有"元览门"或者"玄览门",仅《长安志》"唐大明宫图东内苑附"北墙上的东部有"元化门",若隋江都宫确有称作"元览"之宫门,或可由此蠡测其为北宫门东侧的宫门。该门的位置及更为细致的情况,目前尚不确定。

另外,今堡城西路通过蜀冈古城西城墙的豁口俗称"西华门",其名称或与京师八门之"西华门"相关;且有"西华门"则应当有"东华门",在今茅山公墓以南400余米处,有一明显豁口,应是东门。至今豁口处仍是进出城址的东门道,当地人称此处为"东华门"。经考古钻探,深约1米处发现路土。东门以南约20米处的城墙下,探出河道污泥,宽5米,可能是城墙下的水涵洞。[1]"西华门""东华门"应与宫城东、西两侧的宫门相关。隋江都宫西华门的位置,推测位于该豁口东侧堡城西路上的可能性较大。[2]

2.唐代扬州的城门。唐子城西城墙继续沿用隋江都宫城西墙,只在隋代城墙局部损坏的墙面上用砖加以修补。近年来的考古发掘结果表明,晚唐时期的唐子城或在东南隅修缮使用了隋东城东南隅城墙。唐子城的门址亦可见于上述扬州蜀冈古代城址北城墙西段东部城门遗址,另外还在蜀冈南门遗址南缘发掘清理出了晚唐时期出唐子城南门道路的南端。勘探结果表明,现知的唐子城南墙中段通过蜀冈南门处宋墙下还有东西向的较早期墙体,推测此即唐子城南门两侧的墙体。唐子城南门是子城南面的正门,唐代称为中书门,晚唐杨吴改称为天兴门。子城南门是通过二十四桥中的下马桥与罗城连接的城门,应该是唐代扬州城诸多城门中规格最高的一座城门,为一门三道,中间门道宽7米、两侧门道均宽5米,门洞之间有2.5米厚的夯土墙隔开,门洞长皆14米。门址两侧与城墙相接,城墙厚9米。门址内外两侧均突出城墙,内侧可能有马道设置。门脸包砖,门楼建在砖土的墩台上,门址周围有2米多厚的砖瓦堆积层。门洞内探出三层坚硬的路土,以中间门洞路土为例,

[1] 中国社会科学院考古研究所、南京博物院、扬州市文物考古研究所编著:《扬州城:1987~1998年考古发掘报告》,文物出版社2010年版,第12页。

[2] 参见汪勃、王小迎:《隋江都宫形制布局的探寻和发掘》,《东南文化》2019年第4期,第77页。

第一层路土距地表深 1.5 米,第二层路土距地表深 2 米,第三层路土距地表深 2.7—4 米,以第三层路土最坚硬,路土厚达 1.3 米,路土呈灰褐色,其中有一层路土内铺垫一层碎小石子,又铺一层黄土路面,非常坚硬。近底层的中心铺石,可能为石门坎构件。[1]蜀冈古代城址的勘探结果还表明,面向现在的西华门有道路遗迹,过北门处也有路土遗存,因此基本可以判明子城的西门和北门的位置。从现存地貌地势推测,东墙北段可能还有一座城门。东墙南段上勘探出的两个缺口,虽然因有淤土堆积而倾向于定性为水门或水关,但其宽度分别为 15 米和 19 米,作为水门似乎有些过宽了。

　　罗城的城门要较子城更多,可能有 12 或 13 座,另有若干座水门。东西两面城墙上各有 4 座,城门间距约有 1000 米,现已探明 7 座城门。北面城垣有一座城门,史称“参佐门”,其他各城门名称均失载。东城墙有一门可能叫“开化门”,最北的一座城门旁有水门,运河由此入城,水门现已无存。西城墙最北也有一座水门,浊河由此入城,水门位置在今观音山下,已无存。南面城墙上有 3 至 4 座城门,已探明 3 座,城门间距约有 600 米。在南通西路南门的西侧有一座水门,向南与城壕相接,向北通向城内官河。城门外均设有方形瓮城,瓮城外有月河环绕。罗城城门设置,打破了古代“面三门”的格局。罗城城垣四周环以深壕。[2]以上是罗城城门的概况,接下来按方位进行详细叙述。

　　首先看北墙上的城门。罗城位于子城以南,子城南墙隔开了罗城西半,故罗城北墙仅有东段,呈西北—东南走向,《旧唐书》卷一八二载光启三年(887)四月“吕用之由参佐门遁走”,故推测近子城东南角的罗城城门称为“参佐门”。考古勘探表明该城门可能为一门一道,门道宽约 6 米、长 12 米,或有包边砖墙,门道内有路土面,距地表深 0.3 米,路土厚 0.6 米。路面下有一层杂土,厚 0.6 米,杂土下即为黄沙生土。城门及城墙两侧均探到大量城砖,说明城壁是用砖垒砌的。从门道向南探出两条道路,东侧道路,向正南方向延伸,路面宽 6 米;西侧道路,向西南方向(顺槐扬公路西侧)延伸,路面宽 10 米,与北门外街相连。

[1] 蒋忠义:《扬州城考古工作简报》,《考古》1990 年第 1 期,第 39 页。
[2] 参见王虎华主编:《扬州城池变迁》,南京师范大学出版社 2014 年版,第 63 页。

　　子城只有1座南门,因其是衙城而不宜多开城门,故作坊桥之北的城墙上并不开门。参佐门之东与子城南墙最东端南门相对应的罗城北墙上是否还有1座北门,若以对称的布局而推测是有可能有的。另外,考古工作者在罗城北墙与子城南墙连接处外侧找到了杨吴时期修缮该处的迹象,确认在不早于中唐的夯土墙体之上,还有晚唐的遗存。在参佐门以西的罗城北墙上还有1个缺口,有水门或水关的迹象。

　　其次看东城墙上的城门。与北墙东端相连接的东墙上有4座城门、1座水门和1处过水类设施。考古发掘了今天化工技校东门、莱茵北苑东门和东关街首东门夯墙,勘探推测最南侧东门位于今天广陵路东端(原缺口大街与北河下街交叉处的西侧)。由于东墙南段被宋大城沿用,明清城东墙将唐宋城东墙包含在了城墙内侧,故而除了东关街首东门属于唐宋时期,其他三座城门的时代均为唐至杨吴时期。东关街首东门的考古发掘表明,该处的主城墙始建于唐代,发掘出的城门或为杨吴时期的修缮遗存,主城门东部时代较为明确,主要是北宋时期再建、南宋时期修缮过的城门,南宋时期加筑的瓮城。唐代的该城门遗址或在杨吴修缮时破坏,或在杨吴至宋代东门之南侧(该地段因被现代民居叠压而未能发掘)。莱茵北苑东门的主城门为单门洞,宽5米余。门道路面较为坚硬,路基采用灰土夹砂土夯筑而成,在路土上有一层较厚的木炭堆积痕迹。在主门道以东50米处有城壕和几组木桩,木桩可能为小型码头建筑的遗迹。北部化工技校内门址在学校东大门内40米,门址地势高于学校东大门地面5米,门址东距古运河60余米。这段夯土城基距地表深0.4—0.5米、宽8米,保有厚度1.4米。门址为一门三道形制,中间门道宽5米,两侧门道均宽4米,长皆8米。门道之间有2米厚的夯土隔墙。南侧门道及隔墙,压在学校内的水泥路面下。门道内探出两层路土,第1层路土距地表深0.8—0.9米,第2层路土深1.1米、厚0.2米。从门道向西探出1条东西大街,街宽7.5米,钻探出1000余米长,向西与杨家庄西门相对。化工技校东门北侧的水门,门址无存,但邗沟河迹仍在,河水出城部位遗留一座砖桥。东水门在文献中留下痕迹,如唐开成三年(838)日本和尚圆仁《入唐求法巡礼行记》中提到,他从运河乘船,自禅智寺桥,西行三里,到扬州东郭水门,沈括《梦溪笔谈·补笔谈》中有"河流东出,有参佐桥(今开元寺前),次东水门"[1]的记载。

再次看西墙上的城门。与东墙上的城门东西对应，西墙上亦当有4座城门。目前考古发掘了杨庄西门、德豪西门、农学院西门，而尚未发掘出来的双桥西门亦当曾经存在。杨庄西门为最北的西城门，距观音山约460米，其上限为唐代中期，下限至五代。城门为一门一道，门道宽5米，门道长约22米，夯土墙体外砌包砖墙，城门内口的南北两侧置有马道。城门口内侧有三次修筑，第一次城门口为平齐状，第二次城门口向外凸出墩台，第三次城墙加厚。城门外的护城河呈"凸"字状，向外凸出70余米，推测门外或有方形瓮城。瓮城以西还有一圈外凸的壕沟，范围较大，东西160余米、南北约180米，在壕沟内钻探出两块夯土台基，围绕壕沟内侧有夯筑城墙遗迹，外围壕沟可能是羊马城。杨庄西门以北有西水门，位于观音山以南约100米，现已无存，仅勘探出河道淤土带宽约10米，从地表往下全为黑灰色河泥，该位置顺蜀冈南缘向东仍为河床。西水门及其位置在《旧唐书·杜亚传》和梁肃《扬州牧杜公亚通爱敬陂水门记》、沈括《梦溪笔谈·补笔谈》中均有记载。贞元四年（788），节度使杜亚以扬州官河（漕运河）淤塞水浅，不能通舟，由蜀冈麓引勾城湖和爱敬陂水，截至城隅，作新水门，以益城内漕河水。新作的水门位置，沈括在《补笔谈》中记，位于蜀冈下的浊河，从西向东经茶园桥、大明桥，入西水门进入城内，向东经九曲桥、下马桥、作坊桥后，自驿桥北河流东出（相当邗沟河道）经参佐桥，出东水门，与城外古运河相汇。由西水门到东水门的浊河，流经罗城北部的蜀冈下，这点又与圆仁在《入唐求法巡礼行记》所云的北江一致，与考古勘探的西水门、东水门及浊河走向也完全相符。杨庄西门以南有德豪西门，位于今天念四路与白塔街交汇处的东北侧。发现的夯土城墙宽约11米，残存高度1.2米。因夯土城墙西侧为扰乱坑，已无法找到城墙外侧的包砖墙及其基槽，但其地层堆积为东高西低的坡状且夹杂残砖块，似不能排除有包砖墙的可能性。城墙西侧6.6米处有宽约18.5米的城壕遗存，其年代始于唐而废弃于南宋。西墙上与东关街首唐宋城东门相对应的位置上，有双桥西门。日本学者安藤更生在扬州做考古调查时，曾看到过该处呈

———————

[1]〔宋〕沈括:《梦溪笔谈·补笔谈》卷三，朱易安、傅璇琮等主编:《全宋笔记》第2编第3册，大象出版社2006年版，第247页。

豁口状。最南的西门位于今天扬州大学农学院西侧围墙下,故称之为农学院西门,废弃于五代末期。该城门为一门一道形制,门道宽 5 米、长 9 米。主门道内口南北两侧有马道,仅残存入口部分。早期城门和城墙起建在唐代文化层之上,路面上残存车辙间距 1.6 米。晚期城门是在早期城门基础上重建的,门道宽 4.3 米、长 10.6 米;门道南北两侧各遗存两个柱洞痕,原当有排叉柱;门道中腰砖砌门槛中间留有 15 厘米的缺口,可能是过车轮的通口。另外,勘探得知门外有方形瓮城,瓮城东西宽 147 米、南北长 168 米。瓮城门位于在瓮城西墙的南侧,瓮城门道宽 5 米、长 9 米。瓮城门与主城门之间有路土;瓮城外有城壕。

最后看南墙上的城门。罗城南墙上有 3 或 4 座城门,每座城门相距约 600 余米,位于现南门街南端的南门暂称之为南门街首南门,其东、西两侧各有 1 座南门,再东的徐凝门西侧或许还有 1 座南门。南门街首南门的发掘较为成熟,其中唐代中期遗迹:瓮城内外平面近于正方形,东南、西南转角处外圆内方。城内东西面阔 13.3 米,南北进深 11.8 米,夯土墙宽 5.5 米,内外均用砖包砌,砖墙厚 0.75 米,整体墙厚 7 米,砖墙用黄黏土黏合。主门道应偏于后期主门道西侧。这是扬州发现最早的瓮城遗址,这一遗址所在时代和筑城方式上都与陈少游所筑之城颇近,因此可以认为即是陈少游所筑之城的遗迹;唐代晚期遗迹:瓮城外形近似倒置的"凹"字形。瓮城东墙、西墙的南端分别凸出南墙 2 米,形似"双阙",实有马面的功能。瓮城内平面形状呈扁方形,东西面阔 33.3 米,南北进深 11.8 米。夯土墙宽 7 米,内外均用砖包砌,墙砖厚 1 米,整体墙厚 9 米,砖墙用黄黏土黏合。[1]南门街首南门的发掘结果表明该门及其瓮城始建于中唐,中唐时期的瓮城可能是弧角。晚唐时期的规模较中唐要大,且保存较为完好。杨吴和北宋初期继续使用并均有修缮,但在总体形制上并没有发生太大的变化。晚唐以后的主城门、瓮城门都有逐渐缩小变窄的趋势。这种变化,与唐之后扬州历史地位的变化相符,唐代扬州奠定了唐宋扬州城的基础,但唐代那种辉煌繁荣的景象已是后代所无。该城门主

---

[1] 王虎华主编:《扬州城池变迁》,南京师范大学出版社 2014 年版,第 188 页;中国社会科学院考古研究所、南京博物院、扬州市文物考古研究所、扬州唐城考古工作队:《江苏扬州城南门遗址发掘报告》,《考古学集刊》第 19 集,第 369—419 页。

城门的位置千余年基本未发生变动,这与南门位处汶河、古运河、明清护城河的交汇处有关。历史上的南门是一个水陆交通枢纽,南门遗址东部为包含主城墙和主城门、瓮城墙和瓮城门等在内的陆门遗址;遗址西部为横跨汶河之上的水门和水关遗址。南门街首南门东、西两侧的南墙上,分别与罗城北墙参佐门、子城南门相对应的位置处各有一座南门,门道均宽约 5 米。[1]在南门街首南门西侧约 40 米的水门,与明代南门水关位置大体一致。水门被压在民房建筑下,南侧还能看见官河出口,向南与城濠相汇,向北为官河。官河河道已被填平,为汶河路,继续向北穿过明城范围后,于北门外街西侧,仍保留着官河河迹。

总之,从目前所知文献记载,并结合考古发掘研究来看,扬州唐城的陆门和水门情况基本为:子城的四面各有 1 座陆门,北门西侧还有 1 座水陆城门,东墙南段或有两座水门,即子城共有 5 座陆门、3 处水门。罗城的西墙、东墙上各有 4 座陆门,南墙上有 3 或 4 座陆门(在徐凝门西侧是否有最东的南门尚不能确定),北墙上或只有参佐门,或在参佐门之东与徐凝门西侧南门对应的位置上还有 1 座陆门;罗城各墙上或分别各有 1 座水门(分别在南门街首南门之西、参佐门之西、杨庄西门之北、化工技校东门之北)合计 4 座水门,在最西南门之东有 1 个水涵洞,德豪西门之北、化工技校东门之北或许还各有 1 个水涵洞或水关。上述水门或水关、水涵洞,除了水涵洞和南门街首南门西侧的水门经发掘确认外,其余 5 处尚需确认,即罗城可能有 12—14 座陆门、7 处过水类设施。[2]城门形制有两种,东西城墙靠近子城的北侧城门均为一门三道,其余诸门为一门一道。[3]城门外有瓮城,城墙外有护城濠。

3. 五代时期扬州的城门。杨吴时期的扬州城只是在唐代扬州城的基础

---

[1] 汪勃:《扬州城的城门考古》,《大众考古》2015 年第 11 期,第 29—30 页。

[2] 扬州罗城有 13 门之说,为蒋忠义、李裕群两位根据勘探发掘结果加之推测而出。2010 年出版的《扬州城:1987~1998 年考古发掘报告》在述及罗城南墙上的城门时,只说有 3 座南门,这实际上是将 13 门之说修正为 12 门了。目前尚无充分证据能肯定或否定 13 门之说,但 13 门之说中在推论方法上有一个悖论,就是出于东西对称而推测东、西墙上各有 4 门,而不将之用于推测罗城南、北(不含子城南墙部分)墙上的城门。(汪勃:《扬州城的城门考古》,《大众考古》2015 年第 11 期,第 30 页。)

[3] 李裕群:《隋唐时代的扬州城》,《考古》2003 年第 3 期,第 71 页。

上有所修缮,规模并未扩大或缩小太多,故推测城门数应该变化不大。以发掘较为成熟的南门遗址为例,五代时主要是修缮改建了主门道两侧的凸出主城墙的部分,将瓮城门道以东的瓮城墙南缘包砖墙北移,并抬高了瓮城外地面,整体的形制并未发生较大的变化。[1]考古工作者也对五代西门做了部分发掘,该西门被压在北宋和南宋时期的西门下,因此未全面发掘,只在门口做了局部解剖发掘。五代西门门道长15米、宽5.7米,方向275度。在西门口局部发掘的剖面上,可清晰看到五代时期、北宋时期以及南宋时期的道路,上下叠压在一起。出城后的道路,可能是向西北斜行,因北宋早期砖铺露道叠压在它上面。城门处所用城砖较大,长42厘米、宽24厘米、厚5.5厘米。门口铺地砖长41.5厘米、宽22厘米、厚5.5厘米。在马面及城壁砖上,发现不少带有铭文,按内容有"官"字砖、"罗城砖"、地名砖和人名砖等。[2]

　　五代后梁到南唐时期敦煌范海印和尚瞻礼各地佛寺和名山胜迹,记载扬州城"都城周围六十余里,四面十八门,南北一连,十字江水穿过。东西十桥,南北六桥。凡一桥上,并是市井。林园地宅连翼甍,战棹楼船窥翳渚"。这是记载五代时期扬州城门最直接的材料。作者在行记开头写道:"退游江表,十有余秋。凡睹圣踪,并皆抄录。大唐佛道,圣俗之宜,一一广陈,列之于后。管窥之见,略记愚怀,将自观自纪录焉,敢闻于贤哲。"[3]说明他是亲身所历、亲眼所见,故"四面十八门"之说基本可信。所谓"南北一连,十字江水穿过",与流经扬州城内的河道及流经的路线有关,也就是与水门、水关及水涵洞等过水类设施相关。唐代官河构成"十"字的一纵,而构成"十"字一横的当是后来的漕河(现在西段为瘦西湖内东西向水道,中段为宋夹城南城壕,东段为漕河)。流经沈括所说的"北水门"的河道(浊河),原当为唐子城的南城壕,或从唐子城东南角北折,即使与唐罗城北墙外的城壕构成"一

　　[1]　中国社会科学院考古研究所、南京博物院、扬州市文物考古研究所、扬州唐城考古工作队:《江苏扬州城南门遗址发掘报告》,《考古学集刊》第19集,第387页。

　　[2]　中国社会科学院考古研究所、南京博物院、扬州市文物考古研究所编著:《扬州城:1987~1998年考古发掘报告》,文物出版社2010年版,第106页。

　　[3]　中国社会科学院历史研究所、中国敦煌吐鲁番学会敦煌古文献编辑委员会、英国国家图书馆、伦敦大学亚非学院合编:《英藏敦煌文献(汉文佛经以外部份)》第2卷,四川人民出版社1990年版,第10—12页。

横"，也未"穿过"城内，故推测当与"十字"无关。江水"穿过"城墙之处，即"十字"过墙处或共有4座水门。由此，关于扬州城"四面十八门"的记载，至少可解释为：一、唐罗城陆门和水门合计为"十八门"，而水关及水涵洞之类不计入内；二、扬州罗城南、北城墙上的陆门数量尚需确认，若南墙上只有3座陆门，而北墙上只有"唯一"的1座参佐门，则扬州罗城只有12座陆门；若南墙上有4座陆门，而北墙上只有参佐门1座陆门，则为13座陆门。加上子城的5座陆门，则共计17或18座陆门。故可以推测，杨吴扬州城之"四面十八门"，并非指罗城有十八门，而是说子城和罗城之陆门相加之和为"十八门"，这个数字不包括水门。

三、河道、桥梁与道路

城市的河道、桥梁与道路既是交通线路和交通节点，又是将整个城市凝结成统一整体的"毛细血管"。隋唐五代时期的扬州城，漕河贯穿其中，水道纵横、沟浍交贯，有"水郭"之称，姚合诗云"车马少于船""邻里漾船过"，描写了扬州作为"水上城市"的别样风光。街道沿河道发育，逐渐繁荣起来，街道与河流交汇之处建造有桥梁。桥梁不仅起到了消除河道两岸空间隔阂的作用，而且其本身就是市井街道的一部分，《诸山圣迹志》载诸桥"并是市井"[1]，可见很多市场是因桥梁而兴。总之，扬州城内的街道、河道与桥梁三者是密不可分的关系，共同构成扬州城的整体"骨架"。

（一）河道

扬州因河而市、因市而城，既是一座因运河而生的城池，也是一座因地制宜发展而成的城市，原本易受水患影响且泥泞不堪的冲积平原，经过长久的人工治理后形成了一个完整的水网体系。蜀冈古代城址与蜀冈下城址的水系，虽然最终合成同一个系统，但从局部来看，蜀冈上下城址因地势差异，各有自己的水系。

蜀冈上古代城址的水系，大致可以分为三个部分。扬州蜀冈古代城址内的城壕，主要是因地制宜，借助原有水道，加上人工筑城挖堑而成。城内水道

---

[1]　中国社会科学院历史研究所、中国敦煌吐鲁番学会敦煌古文献编辑委员会、英国国家图书馆、伦敦大学亚非学院合编：《英藏敦煌文献（汉文佛经以外部份）》第2卷，四川人民出版社1990年版，第10—12页。

可分为两部分：西半部分从西城壕穿西华门附近城墙入城，向北、东北，再向北，经北城墙东部出城，汇入城壕；东南部分流向东，穿城墙后注入东城壕。蜀冈城址的水道，最终经回民公墓东北的河道，流向北。考古发掘结果表明历史时期的水位线为：汉代前 13.4 米，汉唐至北宋低于 13.68 米，南宋 14.5 米。[1]

蜀冈下城址的城壕，从其线性来看，推测主要是人工筑城开挖而成，当然也可能利用了部分自然河道，特别是浊河、九曲池。罗城西城墙外（西）侧的宝带河为罗城西界；城内的格局与流经城内的保障河、汶河、邗沟、浊河等关系密切；城外西、南部有扬子津、欧阳埭、伊娄河等，城外东南和东部有七里港河、古运河、曲江以及流向湾头的河道等。[2]根据考古发现和考古钻探调查，唐罗城内水系，大体上有 3 条，其中纵贯南北 2 条，东西向 1 条。[3]

纵贯南北的河道有两条。西部一条，南起荷花池，北经瘦西湖，至蜀冈南缘，衙城南门遗址两侧，与浊河交汇。沈括《梦溪笔谈·补笔谈》所记"自衙门下马桥直南"的河道，"在今州城西门之外"[4]，就是指的这条河道，河道上有北三桥、中三桥、南三桥。其延伸线位于隋江都宫和东城（其范围即扬州蜀冈古代城址）中间之下向南的南北一线上。1978 年，扬州市人防建设工程中，曾于明城西缘发现一条南北走向的唐代早期河道遗迹，与明代旧城西濠、宋大城西濠紧邻。考古钻探过程中，在罗城西部，尚未发现新的南北流向的古河道遗迹。根据《嘉靖惟扬志》所附"宋江都县图"，宋大城和夹城西城墙为南北一直线，宋代筑城开濠，大体沿用了这条唐代河道，只是局部做了裁弯取直的工作，其南部位置是钻探发现的罗城南墙西部一门的东侧。河道的南段

---

[1] 参见汪勃：《扬州城遗址考古发掘与研究（1999~2015 年）》，中国考古学会等编：《扬州城考古学术研讨会论文集》，科学出版社 2016 年版，第 60 页。

[2] 参见汪勃：《扬州城遗址考古发掘与研究（1999~2015 年）》，中国考古学会等编：《扬州城考古学术研讨会论文集》，科学出版社 2016 年版，第 60 页。

[3] 本节关于罗城内河道的情况主要参见王勤金：《唐代扬州二十四桥桥址考古勘探调查与研究》（《南方文物》1995 年第 3 期，第 78—87 页）、蒋忠义：《唐代扬州河道与二十四桥考》（《汉唐与边疆考古研究》第一辑，科学出版社 1994 年版，第 162—168 页）、李裕群：《隋唐时代的扬州城》（《考古》2003 年第 3 期，第 69—76 页）等文。

[4] 〔宋〕沈括：《梦溪笔谈·补笔谈》卷三，朱易安、傅璇琮等主编：《全宋笔记》第 2 编第 3 册，大象出版社 2006 年版，第 247 页。

今称保障河(二道河),中段已拓宽为瘦西湖。这条河道方向约177度,近乎正南北方向,其南端过罗城南城墙处发现有砖木结构的水涵洞遗迹。[1]《资治通鉴》记载,唐僖宗光启三年(887)发生在这条河上的战事,为了解这条河道提供了若干细节。时毕师铎攻打扬州,从罗城西南隅攻入城中,守军吕用之率众千人,节节阻击毕师铎,"力战于三桥北",毕师铎的同盟军又从子城南门出兵夹击吕用之,吕败退,从参佐门出城北逃。从毕吕之战的地点看,是在罗城内西侧,即北、中、南三桥一线,最后双方力战于三桥北,这个地点应在子城之南,距罗城的参佐门最近,所以吕用之才会出参佐门北逃。罗城只有一座北门,这个门应就是参佐门。沈括《梦溪笔谈·补笔谈》中也记有参佐桥,桥在"驿桥北河流东出"的东西向邗沟上,桥北正对参佐门。从这些文献记载看,三桥北、子城南门、参佐门的相对位置是一致的,毕吕之战,毁坏了罗城西侧的一条南北主干街,所以修筑宋城时,截弃了罗城西南隅,这部分正好是沈括所记"自衙门下马桥直南,有北三桥、中三桥、南三桥,号'九桥',不通船……皆在今州城西门之外"[2]的地域。

中部一条,自汶河路南口水关,向北顺南门大街、北门街、宋大城北门、唐罗城北门,至铁佛寺东与子城濠连。这条河道沿用时间较长,唐、宋、明三代扬州城,皆以此河为中心,沈括《梦溪笔谈·补笔谈》对这条河道的记载最翔实,上有桥梁12座之多。[3]此河道在唐代时称为官河,宋明称市河,南宋崔与之守扬州时曾做过疏浚。据《嘉靖惟扬志》所附"宋江都县图""宋大城图",宋大城内的市河弯曲尚比较明显,而在明代"扬州府城隍图"中,汶河南北就比较端直了,与今之汶河路的走向基本一致,故可推测大体在宋、明时期沿用此河作为市河时,局部采取了裁弯取直。在明旧城之内的一段河道,20世纪50年代才填平,改称汶河路。在汶河路以北,这条河道至今还保留一部分,称为玉带河。需要说明的是,这条河流不仅与子城南缘的河道呈"十字交叉"

***

[1] 汪勃:《扬州唐罗城形制与运河的关系——兼谈隋唐淮南运河过扬州唐罗城段位置》,《中国国家博物馆馆刊》2019年第2期,第15页。

[2] 〔宋〕沈括:《梦溪笔谈·补笔谈》卷三,朱易安、傅璇琮等主编:《全宋笔记》第2编第3册,大象出版社2006年版,第247页。

[3] 〔宋〕沈括:《梦溪笔谈·补笔谈》卷三,朱易安、傅璇琮等主编:《全宋笔记》第2编第3册,大象出版社2006年版,第247页。

状,为罗城的中轴线,而且受到地转偏向力的影响,自南而北向东偏4—5度,是条斜河,与规整的罗城不太协调。

　　横贯罗城东西向的一条河道,[1]大体傍蜀冈南缘向东流,西起茶园桥、观音山下(即子城西南角),经九曲池、唐子城南门前,至作坊桥东(铁佛寺下),河转向南流与城内中心南北河道交汇。自驿桥北,河转向东流,经开元寺前的参佐桥,至黄金坝流出东水门,与城外运河相通。就目前所见地形看,此河西部与罗城西城壕并不通连,但经勘探调查,现公路以下原有一条东西向古河道经过罗城西墙,与西城壕相连。在郊区旅游学校北侧东西一线于地表下4米至4.95米深,均探出古河道遗迹,水道通过城墙的部分,应有水门设施,史载贞元四年(788)淮南节度使杜亚,因城内官河水浅,一遇旱期即滞船难行,于是“浚渠蜀冈、疏勾城湖、爱敬陂,起堤贯城,以通大舟”,“命新作西门所以通水庸”。从其“西循蜀冈之右,引陂趋城隅”的地望看,此处或即为杜亚新作水门之位置。在这条河道中段,有桑树脚冈地把河道分隔为东西两段,经在冈地钻探调查,冈地是后来堆积的,河道原是笔直相通的,直至铁佛寺东南,与上述纵贯罗城中部的河道交汇后,转向南约800米,至螺丝弯桥,再直线向东至黄金坝。今黄金坝至螺丝弯桥一段,在“宋江都县图”上,即标明为邗沟。世代相传,今当地农民仍以邗沟称之。从河名和位置上看,这条河道开凿的时间应该较早,《扬州水道记》注“山南曰‘阳’,邗沟在蜀冈之阳,故曰‘山阳渎’。《说文》:‘沟,渎也。’‘渎,水沟也。’二字互训,故邗沟亦名‘山阳渎’。”[2]圆仁记“(七月廿五日)未时,到禅智桥东侧停留,桥

　　[1] 王勤金:《唐代扬州二十四桥桥址考古勘探调查与研究》(《南方文物》1995年第3期,第78—87页)认为,横贯罗城中部还有一条河流,大体东起农配二厂向西经教育学院后身,小市桥、瘦西湖,西至廿四桥附近,今河道遗迹地表基本无存,在东西一线上,仅存一些断断续续的水塘和凹地。1986年,扬州教育学院兴建学生宿舍楼,扬州博物馆曾对其工程中发现的这一段河道作过清理,河道北岸发现有作东西排列的木桩,当为驳岸用桩,河道淤土中出土了较为丰富的唐瓷器残件(片)。1988年,在小市桥西扬槐公路东侧,兴建大楼时,在这一河道遗迹的南岸发现有晚唐五代铭文砖,“东窑××”“西窑××”砌成的河道码头或护坡。在扬槐公路西侧,瘦西湖公园新扩建的区域内,尚可见到一段废弃的古河道遗迹向西通往瘦西湖。这条河流在沈括的《梦溪笔谈·补笔谈》中未有提及,当是因为五代末韩令坤营建周小城时“塞河道、平丘阜、成街市”所废。不过这一观点未得到普遍的认同,有待进一步论证。

　　[2] 〔清〕刘文淇著,赵昌智、赵阳点校:《扬州水道记》卷一,广陵书社2011年版,第3页。

北头有禅智寺……自桥西行三里,有扬州府……江中充满大舫船,积芦舡、小船等不可胜计。申毕,行东郭水门。酉时到城北江停留……廿六日,晴时,下船,宿住于江南官店"[1]。所记之"北江"也就是指邗沟,因横贯罗城北部而得名,这条河道与官河十字交叉,故《诸山圣迹志》云:"十字江水穿过。"[2]

　　隋唐五代时期,扬州城内的河道表现出经常淤塞的特点。1978年上半年,在今市区石塔寺前发现了一条南北向宽约30米,河床深达4.7米的古河道。在此条河道向东不远处,即今文昌阁前又发现一条自南向北,宽约15米的古河道,在此河道之西30米处发现唐代沉船二艘。从淤土中发现的文物和层次关系,可以看出前一古河道用于初唐至中唐,至晚唐已全被淤塞填没;后一古河道用于唐代,唐末五代时淤塞,到宋又重新疏浚,继续使用,直到近代。[3]又《庶斋老学丛谈》载:"今扬州城乃后周显德五年,于故城东南隅改筑,周二十余里。大市东南角,俞生家穿井,犹有船版。路学采芹亭后开坑,得岸桩杪罗木。教授刘青溪取为器用。郡城因(革)〔草〕塞河道,平丘阜,成街市,理势然也。如开明桥之类,皆因旧徙置。"[4]都证明扬州城内的河道淤塞严重。这种淤塞自唐代时就开始出现,如纵贯罗城西部的一河,大概废于唐代晚期。五代时人徐铉《赠维扬故人》云:"楼台寂寞官河晚,人物稀疏驿路长。莫怪临风惆怅久,十年春色忆维扬。"[5]这首诗创作时,唐王朝已经覆亡,彼时的扬州经历兵火洗劫,繁华不再,市井萧条,城内河道也无人维护。

　　河道之所以出现淤塞的情况,原因之一是蜀冈之下的土地为新淤而成,乃土质疏松的沙质土。根据考古发掘资料,隋唐时期扬州城内运河的构筑方

　　[1]〔日〕圆仁撰,顾承甫、何泉达点校:《入唐求法巡礼行记》卷一,上海古籍出版社1986年版,第8页。

　　[2]中国社会科学院历史研究所、中国敦煌吐鲁番学会敦煌古文献编辑委员会、英国国家图书馆、伦敦大学亚非学院合编:《英藏敦煌文献(汉文佛经以外部份)》第2卷,四川人民出版社1990年版,第12页。

　　[3]罗宗真:《扬州唐代古河道等的发现和有关问题的探讨》,《文物》1980年第3期,第24页;印志华、徐良玉:《扬州"七八·二"工程工地唐代文化遗存清理记略》,《南京博物院集刊(3)》1981年。

　　[4]〔元〕盛如梓:《庶斋老学丛谈》卷中之上,《景印文渊阁四库全书》第866册,台湾商务印书馆1983年版,第529页。

　　[5]〔清〕彭定求等编:《全唐诗》卷七五三(徐铉)《赠维扬故人》,中华书局1960年版,第8566页。

法十分讲究,一般都以楠木板筑成驳岸,这主要就是便于船舶的停靠和防止河岸的坍塌。[1]原因之二是瓜洲的积涨并岸导致潮水不能直达城内,城内河道失去了稳定的水源补给。唐代诗人李绅《入扬州郭》诗序云:"潮水旧通扬州郭内,大历已后,潮信不通。李颀诗:'鸬鹚山头片雨晴,扬州郭里见潮生。'此可以验。"其诗句:"畏冲生客呼童仆,欲指潮痕问里闾。非为掩身羞白发,自缘多病喜肩舆。"[2]原因之三是城内建筑侵占河道,城市居民向河道倾倒垃圾。如兴元元年(784),刑部侍郎杜亚出为淮南节度使,驻扬州,贞元四年(788),由于"官河填淤,漕挽堙塞,又侨寄衣冠及工商等多侵衢造宅,行旅拥弊。亚乃开拓疏启,公私悦赖"[3]。杜亚疏拓的官河也就是漕河,由于城市居民"侵衢造宅",导致河道束狭,影响通航。然而杜亚仅仅是疏浚河道,没有从根本上解决城内河道水源不足的问题,故后来者又有"浚渠蜀冈,疏勾城湖、爱敬陂,起堤贯城,以通大舟""筑平津堰,以泄有余,防不足"[4]之举。勾城湖、爱敬陂等均是扬州附近的陂塘,在长江水不能引入扬州城的情况下,这些陂塘成为了城内河道的主要水源,但陂塘之水不及长江水稳定。是故杜亚虽然采取了疏浚拓宽河道等措施,但城内漕渠还是常常出现淤浅的情况,导致漕粮输不及期。四十年后,城内河道淤塞似乎已经变得无法挽回,导致漕船无法驶入,宝历二年(826),"城内官河水浅,遇旱即滞漕船",盐铁转运使王播"乃奏自城南闾门西七里港开河向东,屈曲取禅智寺桥通旧官河,开凿稍深,舟航易济,所开长一十九里"。这条新开的河道从南门向东,顺南护城河,至城之东南角北折,顺东城墙禅智寺,至黄金坝通古运河,这构成了扬州城外围的主要水道,也是扬州城对外交通的主要干道。[5]五代时期,江淮地区割据政权混战,扬州城几度易手,更无暇顾及城内外河道淤塞的情况。到了后周之时,韩令坤筑城,"塞河道,平丘阜,成街市……如开明桥之

---

[1] 李裕群:《隋唐时代的扬州城》,《考古》2003年第3期,第72页。

[2] 〔清〕彭定求等编:《全唐诗》卷四八二(李绅)《入扬州郭》,中华书局1960年版,第5487页。

[3] 〔后晋〕刘昫等:《旧唐书》卷一四六《杜亚传》,中华书局1975年版,第3963页。

[4] 〔宋〕欧阳修、宋祁:《新唐书》卷五三《食货志三》,中华书局1975年版,第1370页。

[5] 参见罗宗真:《扬州唐代古河道等的发现和有关问题的探讨》,《文物》1980年第3期,第21—28、33页。

类,皆因旧徙置"[1],这种情况一直到北宋时期才有所改观。

当然,上述三条河流只是扬州城内的主河道,扬州作为临江近河的城市,城内必定是河道纵横,水网密布。这一推论有很多考古方面的证据。

1978年在扬州石塔寺西侧人防工程建设中,发掘出两条南北流向的古河道。第一条河道残存桥桩三十三根,除护岸桩外,分为六排,每排四根,共有五孔,推测桥长约34米,桥面宽约7米,再从淤土范围看出河宽约31米,这就证明它是相当宽大的一条河道,足以通行大舟,应是城内漕运的主干线,目前所发现的残存部分,北距蜀冈仅六华里,很可能就是贞元四年(788)杜亚在扬州所疏浚的官河。后因宝历二年(826)王播另开新河,取道阊门外,城内官河逐渐荒芜,乃至废弃。在桥址东侧桥墩旁还发现一座唐代瓮棺葬,在河床东约300米处亦发现一座木桥遗址,桥为东西向,故河床南北流向,宽约30米,在桥桩两侧有两只残独木舟。在两道河床中出土有三彩马、三彩水盂、炉残片、漆器数十件,另有"开元通宝"四枚,出土最多的是陶、瓷器残片和几十件完整器物,可以辨认的窑口有长沙铜官窑、寿州窑、宜兴窑、越窑等。这些器物大都是日常生活用品,其中有少量陈设品和玩具。至于第二条河道,则比较狭窄,使用时间较长,其旁有木船出土,当时必可运输,交通来往,应是与主河道相通的一条支渠。[2]

1985年3月,扬州市史可法西路的教育学院内发现唐代遗迹。在唐代文化层内发现一条呈东西走向的古河道,露出长约80米,宽约10米,河床深约2.4米。河道南侧呈斜坡状,北侧尚未到河之边沿。该河道向西北注入今凤凰河,朝东则与运河相连接,如转向南折即与汉河路的两条古河道相连,是城市河道网络的一部分。在河道偏北处发现有粗木桩7根,质地楠木,木桩上粗下细,上段直径分别为15厘米至26厘米不等,残长50—60厘米。这些木桩基本上都位于距北壁6米至6.5米这一横线上,其木桩上端均朝南侧倾斜,

---

[1]　〔元〕盛如梓:《庶斋老学丛谈》卷中之上,《景印文渊阁四库全书》第866册,台湾商务印书馆1983年版,第529页。

[2]　参阅罗宗真:《扬州唐代古河道等的发现和有关问题的探讨》,《文物》1980年第3期,第21—28、33页;李廷先:《唐代扬州城区规模考辨》,《扬州师院学报(社会科学版)》1984年第3期,第105—109页。

木桩同河道水平面的夹角在 70 度至 75 度左右。推测这些木桩之间,在其上面原来应铺有木排,在唐代可能被用作停靠船舶的一种驳岸设施。并在该河道的东北侧发现扎有十分密集的小木桩近百根,用来防止沙土流失坍塌,是预防或加固驳岸的一种设施。[1]

2015 年 1 月至 2 月,扬州市文物考古研究所对古运河西侧的梅岭公馆建筑工地进行抢救性发掘,发现了唐代运河西沿,这条古运河一直使用到明清时期。梅岭公馆建筑区范围内的运河故道遗址位于扬州市区东北,其东靠高桥路,南倚马太巷,西临航道管理处宿舍、广播局宿舍、环卫处宿舍,北近漕河路。在现扬州古运河西岸约 50 米,漕河南岸约 500 米。经勘探,可知运河故道为东西走向,贯穿整个梅岭公馆建设区。故道地层堆积层次分明,由上到下:第一层为现代建筑基础;第二层为明清文化层;第三层为唐宋文化层;第四层为河湖相沉积层。由此可知,这条河道开挖于唐代。[2]

以上三条河道并非城内主河道,但仍是城市河道网络的重要组成部分,依托这些河道的勾连,扬州城才成为名实相符的水城。

(二)桥梁[3]

桥梁是维系城内交通往来的重要设施,它的分布状况直接关系到城市的建设布局。隋唐五代时期,扬州城内外的桥梁非常多,他们映空犹如连虹,落水与月争影,成为诗文中常见的物象。如李绅《宿扬州水馆》云:"舟依浅岸参差合,桥映晴虹上下连。轻楫过时摇水月,远灯繁处隔秋烟。"[4]杜荀鹤《送蜀客游维扬》:"青春花柳树临水,白日绮罗人上船。夹岸画楼难惜醉,数桥明月不教眠。"[5]在诗人眼中,桥梁似乎已经成为了扬州城的一种符号,并以丰富多彩的形象出现。如罗隐《炀帝陵》:"入郭登桥出郭船,红楼日日柳年年。

[1] 吴炜、周长源:《扬州教育学院内发现唐代遗迹和遗物》,《考古》1990 年第 4 期,第 338 页。

[2] 魏旭、张敏:《扬州梅岭公馆唐至明清运河故道发掘收获》,扬州博物馆编:《江淮文化论丛(第四辑)》,文物出版社 2017 年版,第 89—104 页。

[3] 本部分主要参考王勤金:《唐代扬州二十四桥桥址考古勘探调查与研究》(《南方文物》1995 年第 3 期,第 78—87 页)、罗宗真:《扬州唐代古河道等的发现和有关问题的探讨》(《文物》1980 年第 3 期,第 21—28、33 页)等文。

[4] 〔清〕彭定求等编:《全唐诗》卷四八二(李绅《宿扬州水馆》),中华书局 1960 年版,第 5488 页。

[5] 〔清〕彭定求等编:《全唐诗》卷六九二(杜荀鹤《送蜀客游维扬》),中华书局 1960 年版,第 7972 页。

君王忍把平陈业,只博雷塘数亩田。"[1]将桥作为同情隋炀帝的实物载体。李绅《宿扬州》:"夜桥灯火连星汉,水郭帆樯近斗牛。"[2]这是描写扬州的夜桥。施肩吾《戏赠李主簿》:"不知暗数春游处,偏忆扬州第几桥?"[3]这是以桥寄托对佳人的思念之情。

这一时期扬州到底有多少桥梁,文献中的记载都不够准确。张乔《寄维扬故人》云:"离别河边绾柳条,千山万水玉人遥。月明记得相寻处,城锁东风十五桥。"[4]记扬州有 15 桥。范海印在《诸山圣迹志》中记扬州"东西十桥,南北六桥"[5],记有 16 桥。而宋人沈括则记有 24 桥,数量最多,《梦溪笔谈·补笔谈》中载:

> 扬州在唐时最为富盛。……可纪者有二十四桥。最西浊河茶园桥,次东大明桥(今大明寺前),入西水门有九曲桥(今建隆寺前),次东正当帅牙南门有下马桥,又东作坊桥,桥东河转向南有洗马桥,次南桥(见在今州城北门外),又南阿师桥、周家桥(今此处为城北门)、小市桥(今存)、广济桥(今存)、新桥、开明桥(今存)、顾家桥、通泗桥(今存)、太平桥(今存)、利园桥。出南水门有万岁桥(今存)、青园桥,自驿桥北河流东出,有参佐桥(今开元寺前),次东水门(今有新桥,非古迹也),东北有山光桥(见在今山光寺前),又自衙门下马桥直南有北三桥、中三桥、南三桥,号"九桥",不通船,不在二十四桥之数,皆在今州城西门之外。[6]

沈括是北宋著名的科学家,他在宋英宗治平年间(1064—1067)曾为官

[1]〔清〕彭定求等编:《全唐诗》卷六五七(罗隐《炀帝陵》),中华书局 1960 年版,第 7553 页。

[2]〔清〕彭定求等编:《全唐诗》卷四八一(李绅《宿扬州》),中华书局 1960 年版,第 5470 页。

[3]〔清〕彭定求等编:《全唐诗》卷四九四(施肩吾《戏赠李主簿》),中华书局 1960 年版,第 5596 页。

[4]〔清〕彭定求等编:《全唐诗》卷六三九(张乔《寄维扬故人》),中华书局 1960 年版,第 7329 页。

[5] 中国社会科学院历史研究所、中国敦煌吐鲁番学会敦煌古文献编辑委员会、英国国家图书馆、伦敦大学亚非学院合编:《英藏敦煌文献(汉文佛经以外部份)》第 2 卷,四川人民出版社 1990 年版,第 12 页。

[6]〔宋〕沈括:《梦溪笔谈·补笔谈》卷三,朱易安、傅璇琮等主编:《全宋笔记》第 2 编第 3 册,大象出版社 2006 年版,第 247 页。

扬州,任司理参军,此外还写过《扬州重修平山堂记》《扬州九曲池新亭记》等有关扬州风物的文章,说明他对扬州的情况比较熟悉。这则关于唐代扬州二十四桥的文献,对桥的位置和地点以城门、街坊和大型建筑的方位均加以说明。虽然很多桥梁在北宋时已经废弃不用,但故迹仍在,并在很多文献材料中也留下了记录,故该段记载应该是可信的。南宋王象之《舆地纪胜》中"二十四桥"下注:"隋置,并以城门坊市为名。后韩令坤省筑州城,分布阡陌,别立桥梁,所谓二十四桥者,或存或废,不可得而考。"又引《广陵志》序云:"长淮之区,绵亘数千里,扬其都会也。迷楼九曲、凤池萤苑之名甲于前代,而十里珠帘,二十四桥风月之景,尤为东南佳丽。"[1]同样提到"二十四桥"之数。

唐代诗文中也多有对"二十四桥"的描写,如杜牧《寄扬州韩绰判官》云:"青山隐隐水迢迢,秋尽江南草木凋。二十四桥明月夜,玉人何处教吹箫。"[2]"二十四桥"是繁华扬州的建筑物象,作者回忆桥与月的场景,勾起了对友人的无限思念之情。可以说,"二十四桥"已成为了代表扬州城的一种意象,晚唐时期,扬州受到战乱的影响,城市破败。诗人韦庄《过扬州》云:"当年人未识兵戈,处处青楼夜夜歌。花发洞中春日永,月明衣上好风多。淮王去后无鸡犬,炀帝归来葬绮罗。二十四桥空寂寂,绿杨摧折旧官河。"[3]桥梁的建设和维护无疑也受到影响。现梳理桥梁情况如下:

1. 茶园桥。位于唐罗城西水门之外,疑因其地产茶而得名。唐时蜀冈产茶,崔致远《桂苑笔耕集》中有载。唐人刘伯刍记水之宜茶者凡七等,谓扬州大明寺水第五,张又新《煎茶水记》记其事。五代时,淮南杨溥还以新茶入贡。宋代在蜀冈设有制作贡茶之所,足见唐宋时期蜀冈出产好茶,然蜀冈东峰唐时已是衙城之域,蜀冈中峰有著名的大明寺,茶园之地很有可能在大明寺之西蜀冈丘陵一带。

[1] 〔宋〕王象之编著,赵一生点校:《舆地纪胜》卷三七《扬州·风俗形胜》,浙江古籍出版社2012年版,第1154页。

[2] 〔清〕彭定求等编:《全唐诗》卷五二三(杜牧)《寄扬州韩绰判官》,中华书局1960年版,第5982页。

[3] 〔清〕彭定求等编:《全唐诗》卷六九七(韦庄)《过扬州》,中华书局1960年版,第8021页。

2. 大明桥。位于唐罗城西水门之外,较之茶园桥更近城墙,因大明寺而得名。沈括自注在大明寺前。大明寺今仍存,寺枕蜀冈,为扬州著名的游览胜地。寺庙始建于南朝刘宋孝武帝大明年间,故名。隋代又称西寺,因位于江都宫城之西而名。北宋时复称大明寺,欧阳修任职扬州,并于寺之坤隅筑平山堂,南宋以后毁于兵火。明天顺间僧智沧于故址复建。清代曾改名法净寺,今仍称大明寺。既然古今寺址未变,大明桥的位置大体亦可据此而定。

3. 九曲桥。应距西水门不远,旧传隋炀帝宫苑有九曲池,乃奏乐之地。徐铉《稽神录》云:"广陵有染人,居九曲池南。"[1]九曲桥当因九曲池而得名。从考古钻探看,浊河入西水门向西有一片较宽的河迹,位于观音山下,应为九曲池部分遗迹。考古工作者在钻探勘察九曲桥桥址时,于遗址下深为3米左右,探出南北向道路一条。这是自西水门向东探出的第一条道路遗迹,桥和路必定是通联的,因而唐代九曲桥的位置可定。又在九曲桥后,沈括自注云:"今建隆寺前。"考之建隆寺,宋初为太祖行宫。建隆二年(961),以行宫为征战阵亡将士祈冥福,修建隆寺。南宋建炎中为金兵废。乾道年间,在原址上重建五龙庙(九龙庙)。该寺庙经过考古勘探,寺址规模较大,位于横贯罗城北部古河道的南岸。

4. 下马桥。位于衙城南门前。隋代时,杨广居于江都宫,文武百官至此下马,故而得名。唐罗隐《广陵妖乱志》载,光启二年(886)"(诸葛殷)狱具刑于下马桥南,杖至百余,绞而未绝,会师铎母自子城归家,经过法所,遂扶起避之,复苏于桥下"[2]。既云师铎母自子城回家,显然是家在罗城,因为子城为衙署所在,自子城到罗城,必然要通过衙城南门和下马桥。桥之南面今还探出一条南北向大道,与罗城南门相对,并与浊河交汇,桥梁横跨河道,在道路一线。宋代时下马桥改称长桥,是联系堡城与宋夹城之间的重要桥梁。2002年,为配合扬州市活水工程建设,扬州市文物考古队发掘并清理出长桥遗址。桥址发掘清理长度147米,宽度5米,发现木桩37排,每排木桩6—8根,打

---

[1]〔宋〕李昉等编:《太平广记》卷四六七《水族四》"染人"条引《稽神录》,中华书局1961年版,第3852页。

[2]〔宋〕李昉等编:《太平广记》卷二九〇《妖妄三》"诸葛殷"条引《妖乱志》,中华书局1961年版,第2306页。

入河道深约 4 米,为木构平桥结构。[1]

5. 作坊桥。位于下马桥之东,今铁佛寺前。考古钻探和试掘表明,子城东南有手工业作坊遗存。1984 年试掘,在铁佛寺西南探方内发现有炉灶、坩埚,附近曾先后出土过可用来铸造钱币和铜器的圆饼形大铜锭。在铁佛寺东北探方内,发现有烧砖窑址和停放砖坯的场地。1989 年底,又在附近清理了一座用"官"字铭文砖圈起的深达 11 米,井桶直径达 1.6 米的唐代手工业作坊用水水井。经铲探查找,于铁佛寺西南,桑树脚东侧,发现一条南北向古道路遗迹,与河道相交,应即作坊桥桥址。

6. 洗马桥。沈括云"桥东河转向南",转向之后,在纵贯罗城南北的河道上,沈括总共记载了 14 座桥,其中在宋州城北门之外有两座。偏北的一座为洗马桥,该桥之得名或与"洗马"之官名有关。在古河道两岸钻探排查桥址遗迹时,于河道东侧杨庄旧庄台护庄小河南地下勘探出宽约 5 米的古道路遗迹,呈东西走向,与古河道呈垂直方向,据此,大体可以推断洗马桥的位置。宋夹城北门外有木桩遗迹,木桩分布范围南北 47 米、东西 7 米,向北正对蜀冈南门遗址,当为平桥之下的木桩基础,其所处地点与沈括所记唐代下马桥位置相近。后来又在扬州市干休所西侧河道内发现有木桩基础,位处《梦溪笔谈·补笔谈》中所记洗马桥位置。[2]

7. 南桥(驿桥)。宋州城北门之外偏南的一桥,沈括记为"南桥"。"南桥"为一通名,不似桥名,按沈括行文之方式,跨衙城南缘河道之桥梁,表方位由西向东曰"次东""又东",下书桥名;由北而南,亦当为"次南""又南",则"次南桥"当为"次南某桥",但具体桥名失载。从所处地望看,地当古邗沟遗迹之南,据沈括下文"自驿桥北,河流东出"语,失载之桥应名为"驿桥"。从钻探情况看,应在探明的罗城北部贯通东西二城门的干道与河道相交处,即今友谊新村中部东侧。

8. 阿师桥。处于"南桥(驿桥)"与"周家桥"之间,疑即今螺丝弯桥。据《逸史》载:李、卢二生曾一起在太白山读书修道,后李生中途放弃,转而经商,

---

[1] 王虎华主编:《扬州城池变迁》,南京师范大学出版社 2014 年版,第 107 页。

[2] 汪勃:《扬州城遗址考古发掘与研究(1999~2015 年)》,中国考古学会等编:《扬州城考古学术研讨会论文集》,科学出版社 2016 年版,第 50 页。

由于经营桔子园失败,欠下官钱数万贯。他在扬州"阿使桥"遇到卢生,自述苦状。卢生给了他一把手杖,让他凭此信物到一波斯店去取钱还债。[1]

9. 周家桥。此桥的位置,沈括自注云:"今此处为城北门。"南宋扬州大城的前身为北宋之"州城",亦即五代末之"周小城"。城墙今虽不存,但四缘城壕遗迹仍然清晰可辨。今扬州市区老街道之南门大街、北门大街、北门外街、凤凰桥街,西临汶河(路),与"宋大城图""宋三城图"所示之方位吻合,其北门遗址在今凤凰桥略偏南处,亦经勘探调查所证实,则周家桥在今凤凰桥(即迎恩桥)之西小迎恩桥附近,应无疑义。

10. 小市桥。又名宵市桥,是宋大城内最北面的一座桥,北距宋州城城门遗址约 300 米,当梅岭路西口,今仍存明清砖石结构称"宵市桥"者。宵市桥南侧有一条横贯罗城东西的唐河,桥以西钻探出一段宽约 5 米作东西走向的大道,在路土之中还铲探出一枚唐开元通宝钱,按其走向直通宵市桥,故可判断今之宵市桥之位置,既是宋小市桥桥址,也是唐小市桥旧址。

11. 广济桥。在小市桥之南。据"宋大城图""宋三城图"所绘,宋代时该桥易名为"迎恩桥"。桥之易名与金兵南下,宋室南迁的史实相关。建炎元年(1127),高宗赵构以扬州州治为"行在","名州之正衙曰车驾巡幸驻跸之门",故改为"迎恩门",门东有大道直通"迎恩桥"。在小市桥之南约 450 米处,今长征路口有明清砖石结构的叶公桥,因桥西有明刑部侍郎叶相墓而得名。清人李斗考定即南宋迎恩桥位置所在。又,考古工作者曾在史公祠院内探出一段东西走向的古代大道遗存,当是横贯罗城东西大道之一段,与汶河这条唐代河道相交,位于汶河路北端,向月桥之南,说明唐时此处应有一桥。而叶公桥(迎恩桥)则位于小市桥和该桥址之中心位置偏南处,由此推测唐代的"广济桥"在今叶公桥略偏北处。[2]

12. 新桥。在广济桥之南,北宋时已毁而不存。考古工作者曾在叶公桥之南勘探到一桥址,疑即新桥所在地,大致在今堂子巷西段。

13. 开明桥。在"宋大城图"上此桥东西跨市河,置于东西中轴线上,位

---

[1] 〔宋〕李昉等编:《太平广记》卷一七《神仙十七》"卢李二生"条引《逸史》,中华书局 1961 年版,第 118—119 页。

[2] 今叶公桥是 1922 年 5 月由北而南移于此的,见金季良、李培芝《扬州市区的桥梁》,未刊本。

于城区中心位置,是贯通大城东门和西门之间主要东西干道的重要桥梁设施。宋代时,这条东西大道未废,故"明扬州府城隍图"上,开明桥偏于明城东西中轴线之北,在今四望亭附近,大东门街西。北宋王观《扬州芍药谱》云:"扬之人与西洛不异,无贵贱皆喜戴花,故开明桥之间,方春之月,拂旦有花市焉。"[1]可见开明桥附近形成了专门的花市。该桥今已不存,不过仍保留有开明桥的地名。

14. 顾家桥。北宋时已不存,但在1978年扬州市修建人防工程时已被发现,位于文昌楼之西附近的广陵区政府小花园内,系五跨之木构桥梁。从前述钻探判断的新桥位置,到文昌楼西侧发现的唐代木桥,开明桥位居其中,既可说明宋代开明桥桥址也是唐代开明桥位置,与日本学者安藤更生于抗日战争期间考察扬州唐城址时所判断的宋大城西门外双桥城门遗迹为唐罗城西门是一致的,也说明文昌楼西侧发现的唐代木桥遗迹,就是唐代顾家桥遗存。

这座桥的出土,为我们了解唐代扬州城的桥梁提供了若干细节。这次发现的唐代木桥桥桩,它的水下结构看到已露出和清理的三十三根桥桩,除护岸桩外,排成横长条形,共六排。每排四根,间距0.55—1.05米不等,其下端削尖,深埋泥沙之中。从桥桩的排列,测出此桥横跨河上,东西向,偏北约2度,估计桥面约宽7米,桥长与河道宽度同,约30米。它的高度和水上结构不明。桥分五孔,中孔两排桥桩间距8米,为主航道。其中一排桩,经清理发现在水下有护桩的竹篱设施,残高0.84米,可能是用以挡泥沙,以保持河道的畅通。余四孔桥桩在两侧,各为两排,间距4—5.2米不等。这些残桥桩,最深的东起第四排桩在地表下6.9米,最高残桥桩顶部距地表3.5米。桥桩的每排中间一根垂直,两侧向中心倾斜最大为10度。桥的两端,有伸入河道内的桥墩,用黄土筑成,桥墩下有护墩和护岸的木板,外立木桩加固,围成驳岸。此桥的六排桥桩,在中孔的两排,用圆形木桩做成,直径自20厘米至36厘米;在两侧的各排,用方形木桩做成,断面长宽自16×20厘米到20×46厘米。全部木桩残长自2米至5.5米不等。依此可以推测木桥的负荷和载重。

---

[1]〔宋〕王观:《扬州芍药谱》,中华书局1985年版,第2页。

从桥旁的河道地层堆积,看出河床深 4.7 米,平均地面下 3 米内为宋至清代扰乱层,有的地方 4—4.5 米为宋文化层,3—4.7 米为唐代填土淤积层,有的地方 4.5—6.5 米为唐文化层。6.5 米以下为黄沙生土层,无文化层。桥桩发现在第二层内,结合出土文物,证明此桥亦建于唐初,毁于晚唐。桥被毁后河道可能即被填实,完全废弃埋没。到宋代以后,在它的废址上营建了房屋和其他建筑。[1]对于这座木桥桥桩的发现和清理的经过,虽然还不能复原桥的原状,但仍有很高的价值,由此可以了解当时桥梁的材质、建造技术、结构及构件等信息。

15. 通泗桥。在顾家桥之南,后有通泗街,为东西横街,位在顾家桥与太平桥之间,说明唐代通泗桥后世在修建和重建时并未有多大挪位,大致在今通泗西街东口。

16. 太平桥。在通泗桥之南。北宋时尚存,南宋时,在"宋大城图"上还标有其名。据《嘉靖惟扬志》载,桥下有神医庙,祀汉末名医华佗,新中国成立前扬州实测的扬州新旧二城图,庙在桥西,即为其旧基,按勘探调查所见,此桥正当横贯罗城南部东西二城门大街上,位于甘泉路与汶河南路交会处。直至近代在扬州城实测地图上,其名仍被沿用,虽然明清时期扬州旧城之内桥梁,因城市发展的需要,代有所增,明有五桥,清有八桥,但老的桥名既相沿用,桥址亦大体未变。

17. 利园桥。北宋时已毁而不存,应在南水门遗迹与太平桥之间的中部位置,地当今新桥西街东口。

18. 万岁桥。在南水门外。李益《扬州送客》云:"南行直入鹧鸪群,万岁桥边一送君。"[2]

19. 青园桥。在南水门外。《续玄怪录》记,唐初王敬伯奉使淮南,船过高邮,遇到旧友裴谌,裴对王言:"青园桥东,有数里樱桃园。园北车门,即吾宅

---

[1] 罗宗真:《扬州唐代古河道等的发现和有关问题的探讨》,《文物》1980 年第 3 期,第 21—28、33 页;徐良玉:《扬州唐代木桥遗址清理简报》,《文物》1980 年第 3 期,第 17—18 页。

[2] 〔清〕彭定求等编:《全唐诗》卷二八三(李益《扬州送客》),中华书局 1960 年版,第 3227 页。

也。"[1]

20. 参佐桥。位于罗城北部,横贯东西的河道上,在洗马桥之东南,驿桥之东北。疑是因桥正对罗城北的参佐门而得名。沈括记参佐桥在开元寺前,据圆仁《入唐求法巡礼行记》载,既在衙城之南,"开元寺正北,有扬府",又在纵贯罗城中部河道之东"从开元寺西涉河,有无量义寺"。《太平广记》卷一五三"李藩"条引《逸史》云:"(李藩)遂往扬州,居于参佐桥……子城不敢入,请与城外置之。"[2]

21. 山光桥。在东水门之外。唐时扬州有山光寺,桥疑因寺名,据《资治通鉴》胡三省注文,桥在广陵城北。1978 年在罗城东北附近发现一座元代纪年墓,墓志载有墓主彦弼与其妻"合葬于山光佛刹之西"语,与沈括所记出东水门有山光桥,自注在"今山光寺前"地望,颇为吻合。[3]

结合钻探考察情况看,城内南北向贯穿罗城中部的河道上有十二座桥址,在东西向横贯罗城北部的河道上,西部有三座桥址,东部亦有三座桥址,加上西水门、南水门外两座和东水门外的一座,共二十一座。桥与桥之间的距离,东西一线:西水门约 500 米至九曲桥,约 450 米至下马桥,约 500 米至作坊桥,转而向南约 650 米至驿桥,再向西约 150 米至参佐桥,约 1000 米至东水门。南北一线:罗城北壁,河道拐弯向南,约 450 米至洗马桥,约 400 米至驿桥,约 300 米至阿师桥,约 300 米至周家桥,约 350 米至小市桥,约 350米至广济桥,约 350 米至新桥,约 300 米至开明桥,约 300 米至顾家桥,约 300米至通泗桥,约 300 米至太平桥,约 250 米至利园桥,约 250 米至南水门。[4]可以看出,桥梁的分布不仅密度高,而且比较有规律,东西一线间隔在 500 米左右居多(间隔 1000 米,中间或有桥缺载),南北一线在 350 米左右居多,这与扬州商业繁华、河网密布有着密切的关系。

北宋时期,扬州城的空间结构发生较大的变化,唐代的二十四桥或存或

---

[1] 〔宋〕李昉等编:《太平广记》卷一七《神仙十七》"裴谌"条引《续玄怪录》,中华书局 1961年版,第 116—118 页。

[2] 〔宋〕李昉等编:《太平广记》卷一五三《定数八》"李藩"条引《逸史》,中华书局 1961 年版,第 1099—1100 页。

[3] 张南:《扬州发现涉及山光寺位置的墓志》,《文物》1980 年第 5 期,第 94—95 页。

[4] 王勤金:《唐代扬州二十四桥桥址考古勘探调查与研究》,《南方文物》1995 年第 3 期,第 86 页。

废,沈括虽明确说"可纪者有二十四桥",但在具体记述桥名时,仅有二十一座。至于其余三桥为何,推测者颇多。其中之一或为禅智桥,园仁一行进入扬州城之前,二十五日"未时到禅智桥东侧停留,桥北头有禅智寺……自桥西行三里有扬州府"。[1]可见该桥应在扬州城东三里处。禅智桥又名月明桥,张祜《纵游淮南》云:"十里长街市井连,月明桥上看神仙。人生只合扬州死,禅智山光好墓田。"[2]相传这座桥是初唐时禅智寺住持演如大师捐资所建,桥成之时,恰逢西域僧人禅山从长安东游扬州,演如恭请禅山登桥观景,并请他为桥题名,禅山提笔时,一轮皎月爬上寺庙南楼的窗户,故而题名"明月桥"。另外两桥,根据各桥之间的相对距离并结合考古勘探推测,一座在作坊桥与下马桥之间,一座在参佐桥与山光桥之间,桥名均失载。

实际上,我们大可不必拘泥于二十四桥之数,这个数字很有可能只是当时主河道上的桥梁,并非扬州城桥梁的全部,沈括自己也记,自衙门下马桥直南有北三桥、中三桥、南三桥,号为"九桥",这些桥梁就不在二十四桥之列。况且随着河道的变化,或新开,或淤塞,桥梁的数目也是浮动变化的。

(三)道路

隋江都宫及东城基本沿袭了南北朝时期广陵城的范围及主要道路,城门和城内道路体系变化不太大。今在蜀冈上城址内钻探出两条大道,呈"十"字形交叉,遗址上有村名曰"测字街",应为"十字街"之转音,正好是东西、南北两条中轴线的交汇点。东西向道路东起东华门,西至西华门,长 1860 米,路宽 11 米;南北向道路南起董庄南门址,向北笔直至堡城北门外,长约 1400 米,路宽 10 米。交叉口路面宽 22 米。这两条路也是现今堡城内的主要道路,只不过东西路比现今的东西路少许偏南。钻探出的路土面,分三个不同深度,最下面的一层路土,距地表深 3—4 米,路土厚达 80 厘米,呈黄褐色,路面被踩踏得非常坚硬。最上面的一层路土,距地表深 1.2 米,厚 20 厘米。中间的一层路土,距地表深 2 米左右,厚 30—50 厘米。[3]又,考古工作者曾为了探

---

[1]〔日〕圆仁撰,顾承甫、何泉达点校:《入唐求法巡礼行记》卷一,上海古籍出版社 1986 年版,第 8 页。

[2]〔清〕彭定求等编:《全唐诗》卷五一一(张祜)《纵游淮南》,中华书局 1960 年版,第 5846 页。

[3] 蒋忠义:《扬州城考古工作简报》,《考古》1990 年第 1 期,第 36—38 页。

寻城址内的南北向隔墙,在雷塘路东侧偶然发现一处道路遗迹。该道路方向约 10°,残存呈西南—东北方向的 11 道车辙。路面上 6 道车辙宽 0.15—0.35 米、深 0.10—0.20 米,路面下 5 道车辙打破生土,推测其时代或不晚于宋代。从其直接叠压生土、路面下车辙打破生土的情况来看,推测其或与蜀冈古城内南北向的主干道相关。[1]

不过隋江都城内的道路显然不止这两条,考古工作者推测包含中轴线在内应该有 3 条南北向轴线,或亦有 3 条东西向轴线。如在十字街西南隅南北向道路,存厚 0.3—0.45 米,残存多道车辙,路面宽度当大于揭露出来的 7.5 米。揭露出来的路面时代为南宋时期,其向北的延长线与北城墙西段东部城门遗址中南宋晚期柱排、汉—唐门道东边壁的连线角度分别为 355°、357°,与宝祐城东城墙的偏角较为接近。又十字街西南隅东西向道路为叠压着的上、中、下三层道路。其中最下层为砖铺道路,方向 87°,揭露出来的部分西高东低倾斜约 5°。砖铺道路,宽 2.58 米,由路面和路牙组成。路面规整,宽 2.33 米,用边长 33 厘米、厚 7.5 厘米的素面方砖平铺而成,东西向七排砖,南北向砖缝错缝;路牙宽 0.125 米,用长 35 厘米、宽 18 厘米、厚 6 厘米的两排侧立条砖错缝砌成;砖之间的黏合剂均为黄黏土。素面方砖多已残碎,个别铺砖上似有文字。从地层关系、道路用砖和铺砌规整的情况来看,最下层铺砌的年代当在隋唐时期,其或与大型建筑附近的道路相关,抑或与江都门南侧的东西向道路相关。[2]另,在城墙外侧地面,用碎砖瓦砾夹黄黏土铺有一条宽 4 米的环城路,路面稍经夯打。[3]由此可知,隋代宫城及唐代子城内的道路规整宽阔,建有路牙,路面夯实紧密,铺有素面方砖。

罗城内的街道到底有多少条,目前并不十分清晰。不过根据常理推算,跨河而建的桥梁,其延伸段应该都是道路。沈括在东西河道上记有 4 座桥,

---

[1] 汪勃、王小迎:《隋江都宫形制布局的探寻和发掘》,《东南文化》2019 年第 4 期,第 75 页。

[2] 汪勃、王小迎:《隋江都宫形制布局的探寻和发掘》,《东南文化》2019 年第 4 期,第 78—79 页;汪勃、王睿、束家平等:《扬州蜀岗古代城址内三处道路遗迹发掘简报》,《中国国家博物馆馆刊》2018 年第 9 期,第 28 页。

[3] 中国社会科学院考古研究所、南京博物院、扬州市文物考古研究所编著:《扬州城:1987~1998 年考古发掘报告》,文物出版社 2010 年版,第 258 页。

在南北河道上记有 12 座桥,由桥数推测,罗城内至少有南北向街道 4 条,东西向街道 12 条。城内街道呈网格状而非放射状分布,且东西向街道基本呈正方向,南北向道路略呈西南—东北方向有偏角,这是由于扬州城建历史沿革较长,因地制宜进行城市建设的情况较多。南北向道路偏角的出现,当是受到河道及水流方向的影响。因为水流除了受地势地貌影响之外,还会受到引力的影响,而自然形成的河道多有偏角,由于不能改变流经城内的河道方向,故而因地势、地貌来规划城内街道就是在所难免的。[1]虽然存在偏角,但是街道应较为端直,没有中途转向的情况。《玄怪录》“开元明皇幸广陵”载:“俄顷之间,已到广陵矣。月色如昼,街陌绳直。”[2]该传奇故事证明了前面的推测。

　　罗城内的主干大街,均在相对应的城门之间。目前共勘探出 3 条南北向和 4 条东西向大街。南北向大街最东面的一条,北半段探出 2400 米长的街道路面,南段路仅探出很短的一段街道路土面。北段道路与罗城最北面的东西大街相交,这段路土面距地表深 0.8 米、厚 0.2 米、宽 6—8 米,路面下即为生土层。由马家庄向南、基本顺国庆北路(今史可法路)西侧 100 米处,向南到史公祠院内。街道进入宋代扬州城范围后,路土面距地表逐渐加深,并分上下两层路土面,上层路土面距地表深 1.1 米、厚 0.2 米;下层路土面距地表深 2 米、厚 0.3 米。南北向大街西面的一条,顺今大学路南口至北口,探出 1260 余米长的道路,路土面距地表深 1—2 米、宽 5 米,北段路面距地表较深。由子城南门向南探出长约 850 米的一段南北路,至童家套西与罗城最北面的东西主干路相交,由此向南被河道与瘦西湖隔断。

　　中间的道路是一条斜路,自北门起向南至螺丝弯桥后,继续向南偏西沿凤凰桥街、北门外街、汶河路,与南门连通,全长 4400 余米。路土面宽 5—10 米、路土面距地表深 0.4—2 米。这条路进入扬州老城区后,探出地下有叠压

---

　　[1]　汪勃:《扬州唐罗城形制与运河的关系——兼谈隋唐淮南运河过扬州唐罗城段位置》,《中国国家博物馆馆刊》2019 年第 2 期,第 6—19 页;印志华:《从出土唐代墓志看扬州古代县、乡、里的设置》,《扬州博物馆建馆五十周年纪念文集》(《东南文化》2001 年增刊),第 125—132 页。

　　[2]　〔唐〕牛僧孺撰,程毅中点校:《玄怪录》卷一〇 “开元明皇幸广陵” 条,中华书局 2006 年版,第 100 页。

在一起的三层路面,即隋唐、两宋和元明时代的路土面。通过发掘证实,这条斜路自隋唐始,即为古今扬州的中心南北街,地下埋藏着隋唐到明代的各种建筑遗迹和丰富的文化遗物。这条路是一条中心斜街,就是因为隋唐初期开凿的运河为北偏东斜行的,至中唐时运河已成为最繁忙的水陆运输线,运河两侧已形成一定规模的码头及商贸街区。建罗城时是以运河为中心规划城市,因此方整的罗城内,才会出现斜河斜街的现象,并成为以后扬州城的中心街道,如《嘉靖惟扬志》所绘《宋三城图》,就把宋大城南北主干中心街很形象地画成一条北偏东的斜街,街旁的市河也是斜行的,明代扬州城的中心街也是如此。这条南北斜街,与两侧平行而整齐的东西街道,形成不协调的布局,这也是扬州唐城街道的特殊性。[1]这条街道是唐代扬州最繁华的地段,有"十里长街"之称。考古工作者推测,这条主干大街,在隋代可能即已初步形成,在这条大街南段(今称汶河路)发掘的文化宫遗址和大东门街遗址,就发现有唐代早晚期房址的叠压以及早晚期水沟的打破关系。早期遗迹应是未建罗城时已有的街道和民居,晚期遗迹应是营建罗城后的建筑,这时建筑更加密集,规模扩大而讲究。唐代的这条中心河道与大街,直接影响到以后的城市规划,宋明扬州城皆把这条河作为城市市河,与河道平行的南北大街,均是宋明扬州城的中心南北大街。

上述三条南北主干街,它们的东西间距为600余米,按此距离推算,在罗城之东可能还有一条南北街,其位置当在今徐凝门之西,不过这里由于建筑密集,考古工作者无法钻探。

罗城东西主干街共探出4条。最北面的一条街,全长3010米,宽7—10米,在马家庄向东这段路,探出上下两层路土面,上层路土面距地表深0.9米、厚0.2米,下层路土面距地表深1.2米、厚0.3米,路北侧濒临邗沟、由马家庄向西的路,被南北向河渠打破。罗城最南面的东西主干街,全长3120米。这条街西段已经考古发掘,这段路有上下两层路土面,距地表深0.7—1米、宽5米。向东进入宋明扬州城范围后,基本沿甘泉路、小东门、左卫街和缺口大街。以上这一南一北的东西主干街,经实测,南北相距3000米。另外两条东西主

---

[1] 中国社会科学院考古研究所、南京博物院、扬州市文物考古研究所编著:《扬州城:1987~1998年考古发掘报告》,文物出版社2010年版,第59页。

干街,一条是横贯罗城中腰的主干大街。它西起双桥,向东经今西门街,跨过汶河路,顺大东门街、彩衣街、东关街至新古一巷北口,全长 3100 米。另外一条主干大街全长 3080 米。

东西向的街道,除最北面的一条,其余三条街都在今扬州市区内,和今日东西主干街基本重合,因此这些街道并未全部钻探,只在相应的梅岭街、西门街、大东门街、东关街等街道下,探到地下路土遗迹。[1]除了这 4 条大道外,另外东西向的大道间还探明小道 9 条,这些大小道上均设有桥,构成了纵横交叉的棋盘式道路格局。[2]

四、佛寺、道观与祠社

隋唐五代时期,扬州流行佛教、道教、伊斯兰教和种类多样的地方民间神灵。其中关于伊斯兰教,比较明确的是,当时扬州有大量伊斯兰教徒,但是否建有清真寺等宗教场所目前尚不太清楚,暂且搁置不论。而佛教、道教和民间信仰都依托相应的宗教场所而发展,故扬州城内建造了大量的佛寺、道观和民间祠社,成为民众进行宗教活动的集会场所。

（一）佛寺

扬州地区佛教的兴起可追溯到东汉末年,由北人南下带入。据《法苑珠林》卷四〇载,晋大兴中(318—321),“北人流播广陵,日有千数,有将舍利者,建立小寺立刹。舍利放光,至于刹峰,感动远近”。到隋朝,文帝倡佛于北方,而毁佛于江南。《续高僧传》卷一二《隋江都慧日道场释慧觉传》载:“隋朝克定江表,宪令惟新,一州之内,止置佛寺二所,数外伽蓝,皆从屏废。”到了杨广在扬州任总管之时,情况为之一变。他在江都设置了“四道场”,将南方名僧集中于此,在尊崇佛教的名义下,加强对东南宗教界的管理与控制。所谓“道场”,当时是指佛、道二教的寺庙与道观。江都之“四道场”包括慧日、法云二佛寺和玉清、金洞二玄坛,均在江都城内晋王府附近。“四道场”广泛招引天下名僧高道,尤以江南宗教人物为主,其经费主要由晋王府供给。《续高僧传》卷一一《唐京师延兴寺释吉藏传》载:“炀帝晋藩,置四

[1]　中国社会科学院考古研究所、南京博物院、扬州市文物考古研究所编著:《扬州城:1987~1998 年考古发掘报告》,文物出版社 2010 年版,第 59—60 页。

[2]　李裕群:《隋唐时代的扬州城》,《考古》2003 年第 3 期,第 71—72 页。

道场,国司供给,释、李两部,各尽搜扬。"《集古今佛道论衡》卷乙《隋两帝事宗佛理禀受归戒事》亦云:"昔居晋府,盛集英髦。慧日、法云,道场兴号;玉清、金洞,玄坛著名。四海搜扬,总归晋邸。四事供给,三业依凭。礼以家僧,不属州省。迄于终历,征访莫穷。"类似的记载很多,皆表明"四道场"实际隶属于晋王府,其代表人物成为晋王之"家僧"。详检《续高僧传》等佛典,可知当时南方名僧多被杨广网罗。杨广的一系列做法使扬州成为了隋代东南地区的佛教中心,较有名的寺院如慧日寺,"作牧邗江,初建慧日,盛搜异艺"。招智脱、洪哲、法澄、道庄、法论、智矩、吉藏、智云、慧觉、慧越、慧乘、法安、立身、法称等名僧到此。以慧觉为例,其先太原人,江右丧乱,迁居秣陵。"年八岁出家,精研法相。"炀帝为晋王时镇江都,于城内建慧日道场,赐书召之。这些高僧中,有欣然应召者,也有不愿赴江都者,如智颛(智者)大师,自开皇十一年(591)至十七年(597)间,杨广共给智颛写过四十多封信才打动他,不过他至江都是有条件的,即拒绝入住慧日寺,而暂住城外的禅众寺,不久又坚决要求返荆襄布道。[1]除了慧日寺、禅众寺外,这一时期扬州地区的佛寺还有兴圣寺、逮善寺、静乐寺、东安寺、安乐寺、象山寺、救生教寺、长乐寺等。[2]

迨至唐代,扬州佛教又有了新的发展,城内外兴建有大量的佛寺,是当时佛教最活跃的地区之一。据学者统计,沿袭前代者九所,唐代时新修建的约六十余所。圆仁在《入唐求法巡礼行记》中记"扬府里僧尼四十九门",所言不虚。据现存文献,扬州寺庙有名称者,就有十余座之多,如大明寺、既济寺、开元寺、法云寺、龙兴寺、崇福寺、延先寺、禅智寺、山光寺、梵寺、白塔寺、无量义寺、灵居寺、古木兰寺、大云寺(长乐寺)、长生禅寺、华林寺等。可试举其中较有代表性的寺院如下:[3]

大明寺。最早建于南朝宋孝武帝大明年间,故名。后因在江都宫之西,

---

[1]　参见王永平、张朝富:《隋炀帝的文化旨趣与江左佛、道文化的北传》,《江海学刊》2004年第5期,第138—144页。

[2]　李廷先:《唐代扬州史考》,江苏古籍出版社2002年版,第491—492页。

[3]　参见龚国强:《唐扬州佛寺刍议》,中国考古学会等编:《扬州城考古学术研讨会论文集》,科学出版社2016年版,第156—174页。

又名西寺。隋仁寿元年（601），文帝为庆祝自己六十岁寿辰，在寺内建造了一座九级栖灵塔，极为壮观，故又名栖灵寺。唐代鉴真和尚曾在此寺传戒讲律，也是在这里接受东渡赴日弘法的邀请。天宝元年（742），日本学问僧荣睿和普照等一行七人从长安到达扬州，挂单于既济寺。"时，大和上在扬州大明寺为众（僧）讲律，荣睿、普照师至大明寺，顶礼大和上足下，具述本意曰：'佛法东流至日本国，虽有其法，而无传法人。'本国昔有圣德太子曰：'二百年后，圣教兴于日本。'今钟此运，愿和上东游兴化。"[1]武宗会昌灭佛时，该寺似乎免于灾祸。《太平广记》中记载了这样一则故事，唐武宗末，"拆寺之前一年，有淮南词客刘隐之薄游明州。梦中如泛海，见塔东渡海。时见门僧怀信居塔三层，凭栏与隐之言曰：'暂送塔过东海，旬日而还。'数日，隐之归扬州，即访怀信。信曰：'记海上相见时否？'隐之了然省记。数夕后，天火焚塔俱尽，白雨如泻，旁有草堂，一无所损"[2]。从"怀信送塔东渡""白雨浇灭天火"的记述看，栖灵寺似乎没有被拆除。

由于塔高九层，且位处蜀冈之上，故显得十分高峻，《太平广记》赞"扬州西灵塔，中国之尤峻峙者"，这反映出当时扬州佛教建筑水平非常高。《宋高僧传》卷一九《唐扬州西灵塔寺怀信传》记，西灵寺塔"制度校胡太后永宁塔少分耳"[3]，永宁塔乃是洛阳城内最宏伟高大的皇家寺院之一，为北魏胡太后下令所建，建成后胡太后亲率百官登塔，将西灵塔与其进行比较，足见西灵塔之雄伟富丽。由于登临此处可以眺望整个扬州，故成为当时扬州城一处绝佳的观景地，李白、高适、刘长卿、白居易、刘禹锡等著名诗人均到此游览过，并有诗文传世。如李白《秋日登扬州西灵塔》："宝塔凌苍苍，登攀览四荒。顶高元气合，标出海云长。万象分空界，三天接画梁。水摇金刹影，日动火珠光。鸟拂琼帘度，霞连绣栱张。目随征路断，心逐去帆扬。露浴梧

［1］〔日〕真人元开著，汪向荣校注：《唐大和上东征传》，中华书局2000年版，第40页。

［2］〔宋〕李昉等编：《太平广记》卷九八《异僧十二》"怀信"条引《独异志》，中华书局1961年版，第654页。

［3］〔宋〕赞宁撰，范祥雍点校：《宋高僧传》卷一九《唐扬州西灵塔寺怀信传》，中华书局1987年版，第488页。

楸白,霜催橘柚黄。玉毫如可见,于此照迷方。"[1]高适《登广陵栖灵寺塔》:"淮南富登临,兹塔信奇最。直上造云族,凭虚纳天籁。迥然碧海西,独立飞鸟外。始知高兴尽,适与赏心会。连山黯吴门,乔木吞楚塞。城池满窗下,物象归掌内。远思驻江帆,暮时结春霭。轩车疑蠢动,造化资大块。何必了无身,然后知所退。"[2]指出淮南有众多高塔,而他独爱此座,描写的景色气象宏阔、巍然大气。

开元寺。位于罗城参佐桥之北,在隋以前称为长乐寺。南朝陈僧人释住力初为泰皇寺寺主,"值江表沦亡,僧徒乖散,乃负锡游方,访求胜地。行至江都,乃于长乐寺而止心焉。隋开皇十三年,建塔五层,金盘景辉,峨然挺秀,远近式瞻"[3],说明隋代该寺的规模就十分宏大。隋末唐初,邑屋焚毁,但殿阁房廊得免煨烬,后又复建。曾有智业和尚在寺内念诵法华经文,并在开元年间改名为开元寺。日本留学僧圆仁到达扬州后,先住官店,后被安排住在开元寺,记"今此开元寺,江阳县管内也……从开元寺正北有扬府"[4]。刘长卿有《冬夜宿扬州开元寺烈公房送李侍御之江东》、卢纶有《同王员外雨后登开元寺南楼因寄西岩警上人》、罗隐有《广陵开元寺阁上作》诗文,均对开元寺有所描写。

龙兴寺。原名中兴寺,中宗神龙元年(705)改名。《宋高僧传》卷一四载,江都人释法慎少出家,从瑶台成律师受具戒。依太原寺东塔,体解律文,绝其所疑。诸寺众请纲领,乃默然而东归。还扬都,时"朝廷之士衔命往还,路出维扬,终岁百数,不践门阈,以为大羞"[5],意思是说,朝廷官员中,每年因公奉使经过扬州的不下百人,他们如果不去拜谒法慎法师,将"以为大羞",

[1]〔清〕彭定求等编:《全唐诗》卷一八〇(李白)《秋日登扬州西灵塔》,中华书局1960年版,第1835页。

[2]〔清〕彭定求等编:《全唐诗》卷二一二(高适)《登广陵栖灵寺塔》,中华书局1960年版,第2204页。

[3]〔唐〕道宣撰,郭绍林点校:《续高僧传》卷三〇《唐扬州长乐寺释住力传》,中华书局2014年版,第1213页。

[4]〔日〕圆仁撰,顾承甫、何泉达点校:《入唐求法巡礼行记》卷一,上海古籍出版社1986年版,第13—14页。

[5]〔宋〕赞宁撰,范祥雍点校:《宋高僧传》卷一四《唐扬州龙兴寺法慎传》,中华书局1987年版,第346—348页。

这些人包括很多高官,如"太子太保陆象先、吏部尚书毕构、少府监陆余庆、吏部尚书崔日用、秘书监贺知章、礼部尚书裴宽、中书侍郎严挺之、河南尹崔希逸、太尉房琯、中书侍郎平章事崔涣、礼部尚书李澄、词人汜水尉王昌龄等,所共瞻奉,愿同洒扫"。[1]法慎后圆寂于龙兴寺别院。圆仁记"鉴真和尚本住龙兴寺",可见鉴真和尚也一度住在此寺。鉴真五次东渡失败,数次返回扬州,也都住在龙兴寺。天宝十二载(753),他终于从龙兴寺出发东渡成功。鉴真二十六岁自洛阳返回扬州传经,到五十六岁第一次东渡前,期间虽有巡回传经和其他活动,但常住龙兴寺的时间,前后约有二十九年之久,这是他成为律宗高僧讲经传戒的重要时期。[2]扬州师范学院(今扬州大学瘦西湖校区)内发现的建筑遗存的发掘结果表明,该遗存始筑于中唐,晚唐重修,宋代重建,可能与龙兴寺有关。[3]

法云寺。法云寺门前的两棵桧树是著名的名胜古迹,引得文人墨客游览。刘禹锡《谢寺双桧》云:"双桧苍然古貌奇,含烟吐雾郁参差。晚依禅客当金殿,初对将军映画旗。龙象界中成宝盖,鸳鸯瓦上出高枝。长明灯是前朝焰,曾照青青年少时。"并在小序中载:"扬州法云寺,谢镇西宅,古桧存焉。"[4]这里的"谢"是指东晋宰相谢安,法云寺为其故宅。相传该宅曾安置其姑母,后姑母出家为尼,名为法云,故名。寺内所栽两株古树常引起文人的无限遐想,他们作诗表达对这位名相的崇敬之情,如张祜《扬州法云寺双桧》云:"谢家双植本图荣,树老人因地变更。朱顶鹤知深盖偃,白眉僧见小枝生。高临月殿秋云影,静入风檐夜雨声。纵使百年为上寿,绿阴终借暂时行。"[5]又有温庭筠《法云寺双桧》、方壶居士《题法云寺双桧》等著名诗篇,均展现了古寺的历史变迁及双桧的古态奇貌。

---

[1]〔清〕董诰等编:《全唐文》卷三二〇(李华)《扬州龙兴寺经律院和尚碑》,中华书局 1983 年版,第 3244—3246 页。

[2]罗宗真:《唐代扬州龙兴寺试考》,南京博物院编:《罗宗真文集·历史文化卷》,文物出版社 2013 年版,第 167—171 页。

[3]汪勃:《扬州城遗址唐宋城时期用砖规格之研究——兼及城砖烧制特征和包砖墙修砌技法等》,扬州博物馆编:《江淮文化论丛(第二辑)》,文物出版社 2013 年版,第 5 页。

[4]〔清〕彭定求等编:《全唐诗》卷三五九(刘禹锡)《谢寺双桧》,中华书局 1960 年版,第 4051 页。

[5]〔清〕彭定求等编:《全唐诗》卷五一一(张祜)《扬州法云寺双桧》,中华书局 1960 年版,第 5827—5828 页。

禅智寺。原名上方寺,又名竹西寺,相传曾是隋炀帝行宫。圆仁乘船入扬州城经过,"未时到禅智桥东侧停留,桥北头有禅智寺……自桥西行三里,有扬州府"[1],可见禅智寺在扬州城东三里,大概位于今扬州北郊城北乡黄金村与三星村交界处。杜牧的名篇《题扬州禅智寺》云:"雨过一蝉噪,飘萧松桂秋。青苔满阶砌,白鸟故迟留。暮霭生深树,斜阳下小楼。谁知竹西路,歌吹是扬州。"[2]至今被人们所吟诵。在诗文中,作者用了"蝉噪""飘萧""青苔""暮霭""深树""斜阳"等意象,呈现了黄昏秋雨后佛寺的寂静。禅智寺拥有独特的交通和区位优势,是进出扬州城的重要通道,且周边景色优美幽静,故长期以来是地方官员和文人墨客游览和吟唱的地方。与处于喧嚣闹市的大明寺等寺庙不同,禅智寺更给人一种幽静安宁之感。崔峒《宿禅智寺上方演大师院》:"石林高几许,金刹在中峰。白日空山梵,清霜后夜钟。竹窗回翠壁,苔径入寒松。幸接无生法,疑心怯所从。"[3]又赵嘏《和杜侍郎题禅智寺南楼》:"楼畔花枝拂槛红,露天香动满帘风。谁知野寺遗钿处,尽在相如春思中。"[4]均显出寺庙净土的纯美。

惠照寺。该寺见于五代王定保《唐摭言》卷七王播《木兰院诗》《宋高僧传》卷一一《唐扬州慧照寺崇演传》等文献。寺本晋代遗刹,名蒙因显庆禅院。刘宋元嘉十七年(440)改为慧照寺(又作惠照寺、高公寺),唐先天二年(713)为安国寺,乾元年中(758—760)改名为木兰院,开成三年(838),得古佛舍利于木兰院,建石塔藏之,易名石塔寺,亦名甘泉寺。唐开成年间,原扬州慧照寺更名石塔寺,移慧照寺旧额于甘泉山建寺,故又名慧照寺。宋咸淳四年(1268)重修。今位于扬州文昌路中心绿岛上的石塔,是唐代木兰院遗物,有

[1]〔日〕圆仁撰,顾承甫、何泉达点校:《入唐求法巡礼行记》卷一,上海古籍出版社1986年版,第8页。

[2]〔清〕彭定求等编:《全唐诗》卷五二二(杜牧)《题扬州禅智寺》,中华书局1960年版,第5964页。

[3]〔清〕彭定求等编:《全唐诗》卷二九四(崔峒)《宿禅智寺上方演大师院》,中华书局1960年版,第3343页。

[4]〔清〕彭定求等编:《全唐诗》卷五五〇(赵嘏)《和杜侍郎题禅智寺南楼》,中华书局1960年版,第6376页。

学者认为是宋代绍定年间由甘泉老山移置于此。[1]1980 年在扬州师范学院（今扬州大学瘦西湖校区）考古发掘工地,出土有《大唐扬州惠照寺新修佛殿志》刻石残碑,碑文有"惠照寺在扬外城内,当扬之理所,午未"一语,末署"开成元年九月十□日","理所"即治所,时人为避高宗李治名讳,称之为"理",证实残碑出土之地即唐惠照寺遗址。[2]又在同一地区采集到石刻菩萨像一座,断为两截,长 0.85 米、宽 0.2 米,头部不存。其衣褶璎珞雕刻雄劲有力。同地还发现有莲花瓣和兽面纹瓦当、方砖等遗物。1976 年这里又出土了一件比较完整的满刻着一部《佛顶尊胜陀罗尼经》序言和经文的石经幢,幢身全长 1.14 米、宽 0.3 米,上面明确的纪年是"咸通十四年(873)"。每面七行,每行字数不等,在七十字左右,序文共九百零六字。同时还出土石造像残件和建筑遗物等。[3]

　　唐代扬州佛寺大多为中晚唐时期修建。此时,佛教宗派林立,除了法相宗、天台宗、华严宗、三论宗、律宗、净土宗、禅宗外。密宗也传入并兴盛起来。佛寺按照规模可分为大寺、中寺和小寺三类。大寺如大云寺、开元寺、龙兴寺这样的州寺,有国家统一的赐额,给名分,规模大、多院落(圆仁曰"诸寺堂里并诸院")、影响大、功能全,寺僧可达百余人,官方活动多在此类寺院举行,国内名僧、外国僧人多集中于此。如开元寺有几重院落,"高阁并二挟楼,妙尽奇工",寺阁内设有栴檀香木瑞像并二菩萨,寺内曾有三纲老僧 30 余人(有三纲、监寺僧、上座僧、寺主、都师即维那、库司令等)、僧众 300 人。初唐时,邑屋虽焚,但殿阁房廊得免,至晚唐时寺院达到全盛状况,仅从圆仁的《入唐求法巡礼行记》记载中,即见有大门、东西两门、东北西厢、堂中门、东塔、第三廊、殿前两砌桥、观音院、嵩山院(隋炀帝书额)、瑞像阁、迦毗罗(神堂)、堂后大殿、讲堂、食堂、寺库等建筑。供奉的佛像则有栴檀释迦像四躯、新作三尺白檀释迦佛像、妙见菩萨像、普贤像、文殊像、四王像、四十二圣贤

[1]　参见龚国强:《唐扬州佛寺刍议》,中国考古学会等编:《扬州城考古学术研讨会论文集》,科学出版社 2016 年版,第 156—174 页。

[2]　王勤金、李久海:《扬州发现的唐惠照寺残碑》,《文博通讯》1981 年第 1 期。

[3]　南京博物院、扬州博物馆、扬州师范学院发掘工作组:《扬州唐城遗址 1975 年考古工作简报》,《文物》1977 年第 9 期,第 30 页;罗宗真:《扬州唐代寺庙遗址的发现和发掘》,《文物》1980 年第 3 期,第 28 页。

塑像、伽陵频伽鸟像等,当时管理寺院的僧人广义为僧正,也是兼管一州之寺的最高僧官。又如龙兴寺,唐代文献中提到该寺内殿宇台阁院落甚多,规模宏大,如琉璃殿、法华院、观音院、东塔院、经律院、普贤回风堂、中门等,寺内还有很多当时著名画师绘制的佛事壁画,如与圆仁同来的日本画师,即于琉璃殿南廊壁描摹"南岳、天台两大师像",寺内还有淮南节度使杜佑的写真像和赞文石刻。唐扬州的大多数佛寺当属中型寺院,这类佛寺无论是建筑规模还是身份等级都要明显低于州寺、大寺,其中可能包括各县的官寺。中寺大抵都至少有两处院落,如慧照寺有禅林院、木兰院、佛室、经讲室、僧室,佛殿轩敞,三门两廊。隆兴寺有经律院,禅智寺有上方演大师院。小寺大概就是简单的一殿一院佛寺,或有单独的佛院、佛堂等,有的可能直接是舍民宅而成。[1]

　　唐末五代时期,受到战乱的影响,一些佛寺被废弃,但保留的仍然不少,如决定寺、大明寺(大云寺)、山光寺、法云寺、禅智寺、正(政)胜寺、孝先寺等。这一时期,扬州地方长官中笃信佛教的不在少数,这在一定程度上有利于保护佛寺,如田神功奉命率军至扬州,"大掠百姓商人资产,郡内比屋发掘略遍,商胡波斯被杀者数千人",但在家中"或时疾病,公辄累月不茹薰,家中礼忏不绝",并造佛寺供僧侣修功德事,这展现出他较强的崇佛思想。城市普通居民中信佛者也大有人在,一些考古材料可以证明。1997年3月,扬州市城东路邮电职工宿舍基建工地发现一座五代墓葬,在扬州古运河之东500米,属扬州城唐、五代墓群分布区。墓中出土随葬品金佛像1件,这尊佛像制作相当细致,工艺精湛,为墓主人生前供奉之物,可以连缀在织物上。[2]

　　这一时期的寺庙除了作为宗教活动场所外,还经常作为军队屯驻之地、宴饮场所和羁押军政人物之地,这实际上打破了宗教空间与军事活动之间的界限。第一种情况,如大明寺,高骈被其部下毕师铎包围于扬州城中时,毕师铎即曾于大明寺安营扎寨。后来,毕师铎拥秦彦坐镇扬州,时为庐州刺史的杨行密包围扬州,也曾屯驻于大明寺。第二种情况,如山光寺,杨吴时

———————————

　　[1] 参见龚国强:《唐扬州佛寺刍议》,中国考古学会等编:《扬州城考古学术研讨会论文集》,科学出版社2016年版,第156—174页。

　　[2] 李则斌:《扬州城东路出土五代金佛像》,《文物》1999年第2期,第80页。

期,权臣徐温之子徐知训辅政杨氏于扬州时,与从润州入觐的徐温养子徐知诰,即后来的南唐先主李昪会饮于山光寺,并欲加害之,幸有徐温另一亲子徐知谏的提醒才使徐知诰逃脱。第三种情况,如法云寺,杨行密攻克扬州后,曾安置高骈旧将于法云寺,不过最终加害之。又如,孙儒攻克扬州,击败杨行密之后,其部将李琼也曾屯兵于法云寺。[1]

　　总体来看,隋唐五代时期,扬州的佛寺表现出如下特征:第一,佛寺中佛事活动比较活跃。除了讲经传法这些常规活动外,还有诸寺堂并院开展的各种节日庆贺及募缘等佛事活动。[2]日僧圆仁于唐文宗开成年间入唐求法巡礼期间,住在扬州开元寺,目睹了寺院中的许多佛事活动,如:淮南节度府主持了开元寺修缮瑞像阁的募款活动,时任扬州大都督府长史的李德裕亲自主持,有波斯侨民捐钱一千贯,婆国侨民捐钱二百贯;扬州府在佛寺中的设斋、念经和行香礼佛的佛事仪轨,具体包括参加人员、设斋仪式,邀请僧人的规则、僧人施舍多寡等细节;僧俗同贺冬至节、过春节、元宵节燃灯。至于国忌之日的佛事活动,圆仁也有较为详细的记述:"从舍五十贯钱于此开元寺设斋,供五百僧。早朝,寺众僧集此当寺,列坐东北西厢里。辰时,相公及将军入寺……阵兵前后,左右咸卫,州府诸司皆随其后……礼佛毕,即当堂东西两门,各有数十僧列立,各擎作莲花并碧幡。有一僧打磬,唱……毕,即相公、将军起立取香器,州官皆随后,取香盏,分配东西各行。相公东向去,持花幡僧等引前,同声作梵……此顷,东西梵音,交响绝妙……有一老宿圆乘和尚,读咒愿毕,唱礼师唱为天龙八部等颂……相公诸司共立礼佛……相公等引军至堂后大殿里吃饭。五百众僧于廊下吃饭……于是日,相公别出钱,差勾当于两寺,令涌汤,浴诸寺众僧,三日为期。"[3]

　　第二,佛寺承担着中外文化交流的职责,与朝鲜和日本等东亚地区的佛教有着密切的关系。如隋炀帝杨广设置的慧日道场,三论宗的创始人吉藏

　　[1]　参见胡耀飞:《扬州城信仰空间与杨吴政治》,王双怀、王宏海主编:《西安唐代历史文化研究》,陕西人民出版社2018年版,第516—537页。

　　[2]　参见龚国强:《唐扬州佛寺刍议》,中国考古学会等编:《扬州城考古学术研讨会论文集》,科学出版社2016年版,第156—174页。

　　[3]　〔日〕圆仁撰,顾承甫、何泉达点校:《入唐求法巡礼行记》卷一,上海古籍出版社1986年版,第23—24页。

即在此著《三论玄义》,吉藏弟子高丽僧慧灌到日本飞鸟元兴寺弘宣三论,故日本第一个佛教宗派——三论宗即来源于此。又如,唐代扬州有东渡日本弘扬佛法的鉴真和尚所居之龙兴寺,以及日本求法僧圆仁在扬州时所居的开元寺(即隋之长乐寺),都是扬州著名的佛寺和中外佛教文化交流的历史见证物。[1]

第三,扬州的佛寺对全国有较大的影响力。如在龙兴寺圆寂的法慎,弟子遍布全国,他圆寂之时,"缁素弟子,北距泗沂,南逾岭徼,望哭者千族,会葬者万人。其上首曰会稽昙一,闽僧怀一,南康崇睿,晋陵义宣,钱塘谭山寺惠鸾,洛京法瑜,崇元,鹤林寺法励、法海,维扬惠凝、明幽、灵祐、灵一等"。[2]再如鉴真的弟子中,"超群拔萃,为世师范者,即有:扬州崇福寺僧祥彦、润州天响寺僧道金、西京安国寺僧璇光、润州栖霞寺僧希瑜、扬州白塔寺僧法进、润州栖霞寺僧乾印、汴州相国寺僧神邕、润州三昧寺僧法藏、江州大林寺僧志恩、洛州福先寺僧灵祐、扬州既济寺僧明烈、西京安国寺僧明债、越州道树寺僧璇真、扬州兴云寺僧惠琼、天台山国清寺僧法云等三十五人。并为翘楚,各在一方,弘法于世,导化群生"。其弟子,遍布大江南北。东渡之时,相随弟子有:"扬州白塔寺僧法进、泉州超功寺僧昙静、台州开元寺僧思托、扬州兴云寺僧义静、衢州灵耀寺僧法载、窦州开元寺僧法成等一十四人,藤州通善寺尼智首等三人,扬州优婆塞潘仙童、胡国人安如宝、昆仑国人军法力、瞻波国人善听,都二十四人。"[3]这些僧人广泛的分布区域展现了扬州佛寺的影响力。

第四,佛寺往往是扬州的名胜之地。佛寺作为扬州城的重要景观,成为达官贵人和文人墨客竞相游览之地。如蜀冈高地之上,一东一西分布着禅智寺和大明寺,两座寺院不仅幽静景美,适于拜佛修心,同时也是凭高览胜的绝佳之所。其中栖灵塔,塔高九层,耸入云霄,且处于扬州最高处的蜀冈之巅,因而显得高大雄伟,成为登塔远眺、俯瞰东南形胜的绝佳之处,著名诗人

[1] 李裕群:《隋唐时代的扬州城》,《考古》2003年第3期,第75页。

[2] 〔宋〕赞宁撰,范祥雍点校:《宋高僧传》卷一四《唐扬州龙兴寺法慎传》,中华书局1987年版,第346—348页。

[3] 〔日〕真人元开著,汪向荣校注:《唐大和上东征传》,中华书局2000年版,第82—83、85页。

李白、高适、刘长卿、蒋涣、白居易、刘禹锡等均曾到此游览,面对繁华市井、郁葱古树、滔滔江水、壮阔运河,整个城内及郊外的景物,尽收眼底,诗人们不禁触景生情,文思勃发,尽付绝句之中,留下了不少千古诵咏的不朽诗作。禅智寺,位处城东的蜀冈之上,清阮享《广陵名胜图记》称"天日晴朗,遥睇江南诸山,如在襟带间"。此地与西边的大明寺相比,有其独特的幽静特色和完全不同的感受,适合抒发个人情怀。刘长卿在《禅智寺上方怀演和尚寺即和尚所创》一诗中,感慨"平生江海意,惟共白鸥同"[1]。张祜面对"远景窗中岫,孤烟竹里村",产生出"凭高聊一望,乡思隔吴门"[2]的长安失意以及来到淮南的漂泊之感。

　　第五,除了宗教职能外,佛寺还负担着很多世俗职能,表现出与世俗生活相映成趣的特点。首先,僧人常以寺院为场所,结交达官贵人、文人墨客为友,积极组织各种僧社、法社等聚会活动,与世俗人员一起吟诗作赋、品茗饮茶、观景清谈,可讨论佛法,也可畅谈天下事。如长庆末年,前福建知县权长孺因犯事流贬,后遇恩赦,恢复做官资格,在广陵滞留数日,"临行,群公饮饯于禅智精舍"。[3]南方寺庙的独具特色,自然风光优美,清丽幽静,成为文人雅士、地方官员游玩会友的理想选择。其次,作为士人的寄居之地。唐中后期,社会动荡、官学衰败,士子在寺院读书备考似乎形成了一种风气,很多士子因家境贫寒,无力去官学读书,于是寄居于寺庙,以青灯古佛为伴。[4]寺庙本着慈悲之心,会为他们提供食宿。如宰相王播年少时孤贫,"尝客扬州惠照寺木兰院,随僧斋食,后厌怠,乃斋罢而后击钟。后二纪,播自重位,出镇是邦,因访旧游,向之题名,皆以碧纱罩其诗。播继以二绝句曰:'三十年前此院游,木兰花发院新修。如今再到经行处,树老无花僧白头。''上堂未了各西东,惭愧阇黎饭后钟。三十年来尘扑面,如今始得碧纱

[1]〔清〕彭定求等编:《全唐诗》卷一四九(刘长卿)《禅智寺上方怀演和尚寺即和尚所创》,中华书局1960年版,第1541页。

[2]〔清〕彭定求等编:《全唐诗》卷五一〇(张祜)《禅智寺》,中华书局1960年版,第5824页。

[3]〔宋〕李昉等编:《太平广记》卷二〇一《才名》"权长孺"条引《乾馔子》,中华书局1961年版,第1517页。

[4] 严耕望:《唐人读书山林寺院之风尚——兼论书院制度之起源》,香港《民主评论》1954年第5卷第23期;李弘祺:《朱熹、书院与私人讲学的传统》,《江西教育科研》1988年第2期。

笼'"。[1]王播"饭后钟"的故事在后世流传甚广,如苏轼《石塔寺》云:"饥眼眩东西,诗肠忘早晏。虽知灯是火,不悟钟非饭。山僧异漂母,但可供一莞。何为二十年,记忆作此训。斋厨养若人,无益只贻患。乃知饭后钟,阇黎盖具眼。"[2]认为木兰寺的僧人并非没有慈悲之心,而是以此来激励他努力学习。有类似经历者还有吕温与薛大信,"始以孝弟余力,皆学于广陵之灵岩寺,云卷其身,讨论数岁"[3]。王绍宗,扬州江都人,"家贫,常佣力写佛经以自给……寓居寺中,以清净自守,垂三十年"[4]。再次,作为客舍官宅方便旅人仕宦居住。《唐故朝议郎行扬州大都督府法曹参军京兆韦府君墓志文》载:"府君讳署,字公致,其先京兆杜陵人也。……以长庆元年八月十三日暴降气疾,奄弃背于扬州法云寺之官舍。"[5]可见法云寺内有官舍。官舍一般指官宅,为异地仕宦官员提供暂住之地。佛寺为发扬慈悲为怀的教义,还经常收容接纳商旅行客,如《宣室志》之"周生"条中说唐大和年间,有洞庭山周生者,前往洛谷途中,"途次广陵,舍佛寺中"[6],即临时寄宿在佛寺内。《太平广记》卷二五六"青龙寺客"条引《桂苑丛谈》载,"唐乾符末,有客寓止广陵开元寺。因文会话云:顷在京寄青龙寺日"[7]。诗人刘长卿在开元寺留宿后,还写下诗作《冬夜宿扬州开元寺烈公房送李侍御之江东》。又《酉阳杂俎》所载之"王生",永泰初"住在扬州孝感寺北"。如此等等,例子不胜枚举。最后,佛寺在节日庆典中扮演着重要的角色。如圆仁记正月十五日夜,"寺里燃灯,供养佛,兼祭奠祖师影,俗人亦尔。……诸寺堂里并诸院皆

[1]〔宋〕李昉等编:《太平广记》卷一九九《文章二》"王播"条引《唐摭言》,中华书局1961年版,第1494—1495页。

[2]〔宋〕苏轼著,傅成、穆俦标点:《苏轼全集》,上海古籍出版社2000年版,第435页。

[3]〔清〕董诰等编:《全唐文》卷六二八(吕温)《送薛大信归临晋序》,中华书局1983年版,第6334页。

[4]〔后晋〕刘昫等:《旧唐书》卷一八九下《王绍宗传》,中华书局1975年版,第4963—4964页。

[5]周绍良主编:《全唐文新编》卷七三〇(韦式己)《唐故朝议郎行扬州大都督府法曹参军京兆韦府君墓志文》,吉林文史出版社2000年版,第8466页。

[6]〔宋〕李昉等编:《太平广记》卷七五《道术五》"周生"条引《宣室志》,中华书局1961年版,第472页。

[7]〔宋〕李昉等编:《太平广记》卷二五六《嘲诮四》"青龙寺客"条引《桂苑丛谈》,中华书局1961年版,第1998页。

竞燃灯,有来赴者,必舍钱去。无量义寺设匙灯、竹灯,计此千灯"。这个灯会要持续三日,吸引了大量扬州城内外的居民到寺庙观灯。又《玄怪录》"开元明皇幸广陵"条记"(广陵)寺观陈设之盛,灯火之光,照灼台殿"[1]。扬州街坊里巷男女士庶们入夜进寺,除了观灯欢庆外,还会向寺庙施舍钱财,为家人和自己祈祷长寿平安。这种融合了庆节作乐、施财向善的观灯活动,不仅体现了城市民众在公共性节庆活动中的宗教情怀,而且是寺庙在节日中扮演着重要角色的体现,尤其是对于长期困于家庭生活的女性来说,寺庙灯会是在日常之外的"狂欢"。

第六,扬州佛寺并不排斥其他宗教,表现出较强的包容性。如《桂苑丛谈》中讲述了这样一则故事,护军李全皋罢官后,寓居在开元寺中。一日,有一小校向他介绍了一个道人,这名道士"云能通炉火之事,全皋乃延而礼之",该道人自称能为黄白之事:"唯某颇能得之,可求一铁鼎,容五六升以上者,黄金二十余两为母,日给水银药物,火候足而换之,莫穷岁月,终而复始。"李全皋欣喜异常,"顾囊有金带一条,可及其数,以付道人",后道人遁去,"不得已,启炉视之",其金全无。[2]很显然,这个道士是一个江湖骗子,不过由此事件可知,李全皋寓居于开元寺,却可以邀请道士到居所见面,而且能够在寺内"炼金",这说明开元寺并不排斥这样的"异教"行为。

(二)道观

早在东汉末年,扬州地区即有道教活动,据《女仙传》载:"东陵圣母,广陵海陵人也。适杜氏,师刘纲学道。……圣母理疾救人,或有所诣,杜恚之愈甚,讼之官,云圣母奸妖,不理家务。官收圣母付狱,顷之,已从狱窗中飞去,众望见之,转高入云中,留所着履一双在窗下,于是远近立庙祠之。"[3]圣母飞升,仅留下着履一双,这是道教的"尸解术"。她死后,远近为之立庙,说明扬州此时已经建有不少道观。东晋以来,道教在江东地区继续发展,扬州离道

---

[1]〔唐〕牛僧孺撰,程毅中点校:《玄怪录》卷一〇"开元明皇幸广陵"条,中华书局2006年版,第100页。

[2]〔宋〕李昉等编:《太平广记》卷二三八《诡诈》"李全皋"条引《桂苑丛谈》,中华书局1961年版,第1839—1840页。

[3]〔宋〕李昉等编:《太平广记》卷六〇《女仙五》"东陵圣母"条引《女仙传》,中华书局1961年版,第374页。

教发源地之一茅山仅一江之隔,应受其影响较大。隋唐五代时期,道教与朝廷上层关系密切,非常注重吸纳上层信众。

隋炀帝杨广坐镇扬州期间,在崇佛的同时亦倡扬道教,并在扬州修建了不少道观,江都四道场中便有玉清、金洞二玄坛,延请有名的道士主之。《隋书·隐逸传》载:"徐则,东海郯人也……晋王将请受道法,则辞以时日不便。其后夕中,命侍者取香火,如平常朝礼之仪。至于五更而死,支体柔弱如生,停留数旬,颜色无变……是时自江都至于天台,在道多见则徒步,云得放还。至其旧居,取经书道法分遗弟子,仍令净扫一房,曰:'若有客至,宜延之于此。'然后跨石梁而去,不知所之。须臾,尸枢至,方知其灵化。时年八十二。"[1]杨广邀请徐则到扬州授道,必然有规模不小的道观。徐则作为当世名道,最后在扬州"尸解",说明在杨广的努力下,扬州成为了南方一个重要的道教中心。这一时期较为著名的道观有玉清玄坛,尝以王远知为坛主。据《旧唐书·隐逸传》载:道士王远知,琅邪人,少聪敏,博览群书,初入茅山,师事陶弘景,传其道法。陈主闻其名,召入重阳殿,令讲论道法,甚为欣赏。隋炀帝为晋王镇扬州,使王子相、柳顾言相次召之,远知乃来谒见,起玉清玄坛,邀远知主之。[2]王远知师从茅山派创始人陶弘景,深受陈、隋、唐三朝君主的尊崇,在扬州修道期间,信徒广布,影响甚大。

到了唐代,由于统治者大力推崇道教,道教在扬州获得了快速发展,有不少道士受到了统治阶级的高度重视。如江都人李含光,据诸史载:"先生姓李氏,讳含光,广陵江都人。……父孝威,博学好古,雅修彭聃之道,与天台司马练师子微为方外之交。……年十八,志求道妙,遂师事同邑李先生,游艺数年。神龙初,以清行度为道士,居龙兴观。"[3]《全唐文》卷九二七收有李含光表奏十三通,其中第十一通云:"去载十二月二十五日,中使唉庭瑶及臣弟子唐若倩等至,伏奉恩敕劳问。臣蒙赐绢百匹,行道道士赐绢二百匹,又奉圣旨,以本命紫纹七十匹,五方纹缯各二十匹,银五百两,令臣依《河图

[1]〔唐〕魏徵、令狐德棻:《隋书》卷七七《徐则传》,中华书局1973年版,第1758—1759页。

[2]〔后晋〕刘昫等:《旧唐书》卷一九二《王知远传》,中华书局1975年版,第5125页。

[3]〔清〕董诰等编:《全唐文》卷三四〇(颜真卿)《有唐茅山玄靖先生广陵李君碑铭》,中华书局1983年版,第3445页。

内篇》奉修斋谢并余功德。巨爰以去载十二月晦及今载元正之日,先于广陵郡大唐广业大龙兴观,谨修岁节吉斋,以助履新之庆。"[1]所提到的龙兴观为当时扬州最大的道观之一,连皇帝都赏赐银两布匹给李含光,足见道观和观主的地位都很高。

　　紫极宫也是这一时期扬州较有影响力的道观之一。紫极宫起源于唐玄宗时期,开元二十九年(741),始"制两京、诸州各置玄元皇帝庙并崇玄学,置生徒"。[2]天宝二年(743),"改西京玄元庙为太清宫,东京为太微宫,天下诸郡为紫极宫"。[3]扬州作为东南大州,自然也有紫极宫,如《稽神录》记述有一则扬州紫极宫道士在当地积极救人的故事,该道士对广陵木工说"吾在紫极宫,有事可访吾也"[4],并传授其一则药方。又如,广陵染人在厨房中得一只白鳖,广尺余,双目如金,"其人送诣紫极宫道士李栖一所。置之水中,则色如金而目如丹,出水则白如故。栖一不能测,复送池中,遂不复见"[5]。普通民众得到异物,会送到紫极宫去鉴定,也证明紫极宫在扬州人心目中的地位较高。唐玄宗死后,紫极宫逐渐成为祭祀唐玄宗的场所。至唐末天下大乱,由于南方地区与长安、洛阳之间道路不太通畅,紫极宫的官方身份更是成为了唐王朝在地方上的政治象征。如唐昭宗天复二年(902)十月,"李俨至扬州,杨行密始建制敕院,每有封拜,辄以告(李)俨,于紫极宫玄宗像前陈制书,再拜然后下"[6]。此时李俨代表唐昭宗奉使扬州,欲借紫极宫的象征意义对抗杨行密。而杨行密自己也十分信奉道教,史载"吴太祖霸江淮间,闻师道名迹,冀其道德,护于军庶,继发召止,及广陵建玄元宫以居之"[7]。杨行密

---

　　[1]〔清〕董诰等编:《全唐文》卷九二七(李含光)《表奏十三通之十一》,中华书局1983年版,第9662页。

　　[2]〔后晋〕刘昫等:《旧唐书》卷九《玄宗下》,中华书局1975年版,第213页。

　　[3]〔后晋〕刘昫等:《旧唐书》卷九《玄宗下》,中华书局1975年版,第216页。

　　[4]〔宋〕李昉等编:《太平广记》卷二二〇《医三》"广陵木工"条引《稽神录》,中华书局1961年版,第1685页。

　　[5]〔宋〕李昉等编:《太平广记》卷四六七《水族四》"染人"条引《稽神录》,中华书局1961年版,第3852页。

　　[6]〔宋〕司马光编著,〔元〕胡三省音注:《资治通鉴》卷二六三唐昭宗天复二年(902)十月,中华书局1956年版,第8584页。

　　[7]〔宋〕张君房:《云笈七签》卷一一三下《聂师道传》,四部丛刊景明正统道藏本。

与聂师道的交往,是杨吴政权重视道教之风的源头。据今人统计,唐五代扬州所建道教宫观共有 15 所,其中唐后期建造的唐昌观和迎仙楼两所均为高骈主政时期修建。[1]

（三）民间祠庙

佛道之外的民间祠祀种类繁多,是中国民众信仰的一大特色,扬州地区也是如此,时有"扬州人性轻扬,而尚鬼好祀""扬州人多患山妖木怪之所荧惑"等说法。扬州作为当时全国首屈一指的大城市,自然有城隍庙。如玉山县主簿朱拯赴选至扬州,梦入官署,见一紫衣正坐,旁一绿衣,紫衣起揖向朱拯求十千钱,朱拯应允,"顷之,补安福令。既至,谒城隍神。庙宇神像皆如梦中。其神座后屋漏梁坏。拯叹曰:'十千岂非此耶？' 即以私财葺之,费如数"[2]。朱拯所梦紫衣、绿衣两人正如《通幽记》所载:"有鬼王,衣紫衣,决罪福,判官数十人。"[3]可见此处紫衣者是冥间鬼王,决判人间罪福,但在人间则以城隍的身份出现。故事中出现的城隍虽不是扬州之神,但是朱拯选赴扬州之时所遇,颇也反映了城隍信仰的管辖范围通过冥间鬼王对地域的突破。[4]北宋人郑文宝(953—1013)所撰《南唐近事》《江表志》等文献则有"广陵理城隍"的明确记载。[5]

除城隍庙外,扬州最盛行的当属后土信仰。后土信仰源于先民对土地和自然的崇拜,唐代时后土神逐渐人格化,演化出"后土夫人"的形象,《避暑录话》卷下载:"唐人至有为后土夫人传者,今所在多有为后土夫人祠,而扬州尤盛。"[6]罗隐有《后土庙》诗云:"四海兵戈尚未宁,始于云外学仪形。九天

---

[1]　周能俊:《唐代道教地理分布》,南京大学博士学位论文,2013 年,第 75—76 页。

[2]　〔宋〕李昉等编:《太平广记》卷二八一《梦六》"朱拯"条引《稽神录》,中华书局 1961 年版,第 2241 页。

[3]　〔宋〕李昉等编:《太平广记》卷三七九《再生五》"王抡"条引《通幽记》,中华书局 1961 年版,第 3018—3019 页。

[4]　参见胡耀飞:《扬州城信仰空间与杨吴政治》,王双怀、王宏海主编:《西安唐代历史文化研究》,陕西人民出版社 2018 年版,第 516—537 页。

[5]　〔宋〕郑文宝撰,张剑光整理:《南唐近事》,朱易安、傅璇琮等主编:《全宋笔记》第 1 编第 2 册,大象出版社 2003 年版,第 229 页。

[6]　〔宋〕叶梦得:《避暑录话》卷下,朱易安、傅璇琮等主编:《全宋笔记》第 2 编第 10 册,大象出版社 2006 年版,第 295 页。

玄女犹无圣,后土夫人岂有灵。一带好云侵鬓绿,两层危岫拂眉青。韦郎年少知何在,端坐思量太白经。"[1]这是一首对高骈的讽刺诗,其源头是高骈受吕用之蛊惑,对后土庙极其重视,据《广陵妖乱志》记载:"用之忽云:'后土夫人灵仇,遣使就某借兵马,并李筌所撰《太白阴经》。'骈遽下两县,率百姓苇席数千领,画作甲马之状,遣用之于庙庭烧之。又以五彩笺写《太白阴经》十道,置于神座之侧。又于夫人帐中,塑一绿衣年少,谓之韦郎。"又吕用之党人江阳县尉薛某,告诉高骈:"夜来因巡警,至后土庙前,见无限阴兵。其中一人云:'为我告高王,夫人使我将兵数百万于此界游弈,幸王无虑他寇之侵轶也。'言毕而没。"吕用之"又以木刻一大人足,长三尺五寸,时久雨初霁,夜印于后土庙殿后柏林中,及江阳县前,其迹如较力之状,明日,用之谓骈曰,夜来有神人斗于夫人庙中,用之夜遣阴兵逐之,已过江矣"。[2]后土庙作为地方祠社,本是农业社会民众祈求"穰穰丰年四时荣"的对象,但在唐末乱世却承担起了地方强势政治的宣示功能。[3]高骈竟甘愿为其驱策,并深信后土夫人将派百万阴兵护他周全。

在一些神话传说中,后土神似乎有相当大的神力,《稽神录》中有这样一则故事,广陵孔目吏欧阳某者,其家妻小遇乱,失其父母,一日有老父诣门,被其妻拒之门外,老人讼之后土神,翌日"暴风雨从南方来,有震霆入欧阳氏之居,牵其妻至中庭,击杀之。大水平地数尺,邻里皆震荡不自持。后数日,欧阳之人至后土庙,神座前得一书,即老父讼女文也"。[4]很显然,后土庙主持了这场"正义"的审判,按照儒家孝道的标准对不孝顺的欧阳氏之妻进行了处罚,这是在官方"公诉"之外的"私力",普通民众因忌惮神灵的惩罚而信仰之。后土神的"神力"远不止于此,《太平广记》卷二七八"崔万安"条载,江南司农少卿崔万安,分务广陵,常病苦于脾泄,"其家人祷于后土祠。是夕,万

---

[1]〔清〕彭定求等编:《全唐诗》卷六五六(罗隐)《后土庙》,中华书局1960年版,第7541页。

[2]〔宋〕李昉等编:《太平广记》卷二九〇《妖妄三》"诸葛殷"条引《妖乱志》,中华书局1961年版,第2307—2309页。

[3] 参见胡耀飞:《扬州城信仰空间与杨吴政治》,王双怀、王宏海主编:《西安唐代历史文化研究》,陕西人民出版社2018年版,第516—537页。

[4]〔宋〕李昉等编:《太平广记》卷三九五《雷三》"欧阳氏"条引《稽神录》,中华书局1961年版,第3159页。

安梦一妇人……谓万安曰：'此疾可治，今以一方相与。可取青木香、肉豆蔻等分，枣肉为丸，米饮下二十丸。'又云：'此药太热，疾平即止。'如其言服之，遂愈。"[1] 在这则故事中，后土神亲自托梦授方，解人疾苦，更显其神异。又有一广陵木工，因病，手足皆拳缩，不能复执斤斧，扶踊行乞。一日在后土庙前，遇到一道士，问其疾，因与药数丸治病，并约定第二天还在后土庙相见。次日，木工果"觉手足甚轻，因下床，趋走如故，即驰诣后土庙前。久之，乃见道士倚杖而立，再拜陈谢"。随后道士又传授其药方，让他救人疾苦。[2] 木工行乞到后土庙，可能是为了向后土神祈祷自己的病能够治愈，恰好在庙前遇到道士治愈其疾，故此故事应是想表达意外之余，还有后土神显灵之功。后土庙在扬州城内的位置，据司马光《资治通鉴·唐纪七十》载："用之微时，依止江阳后土庙。"胡三省注曰："后土庙，今扬州城东南隅蕃釐观是也。"[3] 即今扬州的琼花观。

　　与此类似的祠社，还有高骈本人的生祠。《广陵妖乱志》中记载：诏于广陵立骈生祠，并刻石颂。差州人采碑石于宣城，及至杨子院，用之一夜遣人密以健牸五十牵至州南，凿垣架濠，移入城内。及明，栅缉如故。因令扬子县申府：昨夜碑石不知所在，遂悬购之。至晚，云"被神人移置街市"。骈大惊，乃于其傍立一大木柱，上以金书云："不因人力，自然而至。"即令两都出兵仗鼓乐，迎入碧筠亭，至三桥拥闹之处，故埋石以碍之，伪云"人牛拽不动"。骈乃朱篆数字，帖于碑上，须臾去石乃行。观者互相谓曰："碑动也！"识者恶之。[4] 看来高骈为自己立生祠颇费了一番周折。生祠之立自然是为了让地方民众有信仰祷祀自己的地方，有往自己脸上贴金的目的，但这也是高骈宣示自己地方政治统辖力的一种方式，反映了唐末乱世地方势力的离心倾向。除了为

---

[1]〔宋〕李昉等编：《太平广记》卷二七八《梦三》"崔万安"条引《稽神录》，中华书局1961年版，第2214—2215页。

[2]〔宋〕李昉等编：《太平广记》卷二二〇《医三》"广陵木工"条引《稽神录》，中华书局1961年版，第1684—1685页。

[3]〔宋〕司马光编著，〔元〕胡三省音注：《资治通鉴》卷二五四僖宗中和二年（882）正月，中华书局1956年版，第8266页。

[4]〔宋〕李昉等编：《太平广记》卷二九〇《妖妄三》"诸葛殷"条引《妖乱志》，中华书局1961年版，第2308页。

自己立祠,还有为他人立祠者,如徐温为朱瑾立祠。《新五代史·朱瑾传》载:"瑾名重江淮,人畏之,其死也,尸之广陵北门,路人私共瘗之。是时,民多病疟,皆取其墓上土,以水服之,云病辄愈,更益新土,渐成高坟。徐温等恶之,发其尸,投于雷公塘。后温病,梦瑾挽弓射之。温惧,网其骨,葬塘侧,立祠其上。"[1]朱瑾是北方南下的武将,曾受杨行密的重用,通过他死后尸体的经历,颇能反映出扬州人对于朱瑾之敬重,甚至使得徐温亦有悔意,重葬其骨,并予以立祠。[2]

五、排水设施、水涵洞与水井

扬州位于江淮之间,雨水较多,降水也比较集中,故城市拥有较先进的排水设施。排水沟是城市建设最为重要的基础设施之一,与城内居民的日常生活和生产活动关系密切。20世纪90年代,在扬州市农业资源开发局基建工程施工时发掘出了唐代排水沟等遗迹,排水沟作东西向,上口宽1.9—2.1米,底宽1.75米,深约1.5米,两旁设有桫木板驳岸,木板厚约3厘米,每块宽约70厘米,上下各一块,用木桩固定于沟边。木桩为楠木,沟底以上两侧仅见朽烂后的桩孔,但打入沙土的部分多有保存。根据桩孔及其地下部分可以复原桩的长度一般在2.2—2.5米,也就是说排水沟深1.5米,大桩打进沟底则有0.7—1米深左右,比较牢固。木桩分圆桩、半圆桩及方桩三种,直径一般在20厘米左右,桩头砍削成尖头,便于打进底层沙土中。桩与桩之间的间隔一般约1.5米,也有间隔近2米的。在驳岸板的端头必打一桩,因而在板的接头处则两桩相距仅30厘米左右。沟内填满了瓦砾和部分红烧土,清理时内出有唐代铜钱、白瓷、青瓷、黄釉瓷、彩瓷、三彩器残片等,其中完整器甚少,且为粗瓷。未见唐以后的器物。

不过这条排水沟后来废弃了,废弃的年代主要依据沟内所填满的建筑垃圾判断,这些遗物的时代具有断代意义的主要有三类:一是铜钱,可辨识者均为开元通宝;二是建筑材料,包括莲瓣瓦当碎片以及筒瓦和板瓦;三是陶瓷

---

[1]　〔宋〕欧阳修撰,〔宋〕徐无党注:《新五代史》卷四二《朱瑾传》,中华书局2015年版,第516页。

[2]　参见胡耀飞:《扬州城信仰空间与杨吴政治》,王双怀、王宏海主编:《西安唐代历史文化研究》,陕西人民出版社2018年版,第516—537页。

残器(片)。总体上看,所出陶瓷器的时代有早、中、晚之分,属于早期的如隋末唐初造型的竹节状颈瓶、盘口鸡首壶等,但数量较少,不过仍能证明这条排水沟可能在隋代就已经挖掘。属于唐代中、晚期的有寿州窑、越窑、长沙窑的日用瓷,和巩县窑的三彩器,未见有唐以后的遗物混杂其内,可见此排水沟于唐末即被废弃。至于废弃的原因,或与唐代末年遭受的兵火洗劫有关。自光启三年(887),秦彦攻破扬州后,繁华富裕的扬州,遂成为杨行密、孙儒、毕师铎等军阀攻取劫夺的对象,战争连年不断,待杨行密在淮南站住脚建立杨吴地方政权时,经济才逐步复苏,排水沟内的建筑垃圾推测可能是杨吴重建扬州城时填没的。[1]

水涵洞的作用是排放城内生活污水及雨水,为不可缺少的城建设施。1993年扬州大学路南口西侧建综合大楼时发现了在南城墙上的水涵洞,为我们了解这一城建设施提供了宝贵的信息。水涵洞修建在夯土城墙基下,呈长条隧道形,为正南北方向,涵洞券顶应暴露在唐代的地面以上。涵洞宽1.8米、高2.2米(复原)、南北残长12米。从涵洞与城墙的关系看,两者应同时规划,从南门往西的一段城墙,要经过一处河塘,有意把低于地面以下的涵洞安置在河塘中,既减少挖土工作量,又不阻断河塘流水,只需加固涵洞基础。因此涵洞基础下填有很厚的碎砖瓦与塘泥的混杂土,较软的部位夯打木桩,洞壁下铺垫厚木板,在此基础上建筑水涵洞。涵洞壁用青色长方形砖(砖长26厘米、宽14厘米、厚3.5厘米)垒砌,壁厚0.54米。洞壁砖采用平铺错缝砌,即用两排丁砖平铺一层,其上层改用两顺一丁砌,层层垒砌,用黄土泥砌墙,砖缝宽约0.5厘米。洞壁高1.3米。距涵洞底0.5米高的洞壁中腰,平铺一层木板,木板架在两侧洞壁上,每块木板皆长约350厘米、宽40—50厘米、厚30厘米,木板之间有20多厘米的空隙。涵洞顶用砖券砌,为一券一伏,里券用条砖直立砌,外券用条砖横立砌,券顶厚0.44米、内半径0.9米。涵洞内有两层木栅栏,南北间隔2.4米,木栅栏下有木地栿,地栿长280—320厘米、宽34厘米、厚28厘米。地栿压在洞壁下,地栿上面均凿有菱形方卯眼7个,卯眼边

[1]　王勤金:《扬州大东门街基建工地唐代排水沟等遗迹的发现和初步研究》,《考古与文物》1995年第3期,第48页;王勤金:《扬州市区发现唐代大体量木构排水沟》,《扬州史志》1993年第3、4期。

长9厘米、深8厘米。卯眼间距约10厘米,只有西端的两个卯眼间隔20厘米。北侧地栿西端上多凿一菱形卯眼,或因计算错位所致,两个卯眼紧连在一起。菱形卯眼内插装有木栅棍,木栅棍已朽无,推测木栅棍应为长方形条木,向上穿过中腰木板,上端与券顶齐。位于南边木栅栏的东西洞壁下,皆平铺一块木板,东壁下木板长434厘米,西壁下的木板长204厘米,皆宽60厘米、厚18厘米,木板压在木栅栏的地栿上。涵洞外壁填放许多大石块和炉渣块以加固墙体,同时也起城墙夯土基础作用,涵洞建好后,其上夯筑城墙。涵洞向北的城内,可以找到一条明沟与涵洞相连,向南通往城外护城河。为了防止匪盗由涵洞出入,涵洞内设置双层木栅栏,洞壁中腰设置木板,留有空隙以便导水,但偷人者不能直立行走,种种障碍很难通过。另外,在洞的南端墙壁上,残留一砖槽,宽15厘米,槽底距洞底21厘米,在必要时可能有闸板放入,槽底与洞底留有20厘米空隙,既可防人进入,又可控制城外水量回流。这种砖木结构的水涵洞,在我国还是首次发现,也是唐代扬州城很有特色的一个设施。[1]

扬州城内还存在大量的水井。如1985年3月,在扬州市史可法西路的教育学院内发掘出两口唐代砖井,两口井都为圆形,距地表深3.6—4米左右。一口井残深0.9米,直径0.78米;另一口井残深1米,直径0.80米。井砖规格均长26厘米、宽13厘米、厚3.5厘米,井的砌法都用单砖上下交错竖砌而成。根据井内出有少量唐代瓷片和莲瓣纹瓦当等,推断两口井为唐代中晚期的遗存。[2]又1990年在子城与罗城连接处的铁佛寺发现唐代砖井,小口,小底,井腹大,纵剖面似梭柱形,井穴内自下而上围砌灰砖。井壁用砖有两种,近井底2.3米的一段,使用长26厘米、宽13厘米、厚2.8厘米的小砖围砌井壁,井腹壁以上使用长35厘米、宽17厘米、厚5厘米的大砖围砌。砖的砌法不同,井底壁先用9块小砖,平铺碰角围砌四层,其上改用竖立砖围砌九层,再上用平铺砖碰角围砌一层,之上又用竖立砖围砌八层,然后又改用平铺砖碰角围砌三层,在上面与井腹壁衔接。从井底向上围砌时,逐层外扩,错缝叠压,

[1]　中国社会科学院考古研究所、南京博物院、扬州市文物考古研究所编著:《扬州城:1987~1998年考古发掘报告》,文物出版社2010年版,第86页。

[2]　吴炜、周长源:《扬州教育学院内发现唐代遗迹和遗物》,《考古》1990年第4期,第338页。

至井腹壁时,直径达 1.6 米。井腹壁改用大砖垒砌,采用平铺碰角围砌,层层错缝,向上笔直砌至 8 米(距井底)时,开始层层内收,至 9 米时,井筒直径收为 1.5 米,再上井壁残缺。[1]由此可知当时凿井的技术水平相当高。古代社会,缺乏先进的水质净化系统,加之受到卫生环境限制,水质净化主要通过地下水流经土层自然过滤澄清而成。这种水质净化方式减少了烦杂净化程序。由此,便捷、易取、水质良好,清洁性高的井水,成为城市用水重要来源。挖井取水是为城市供水问题化解方式之一。[2]扬州城虽然滨江邻河,取水便利,但由于城内空间拥挤,河道壅塞,故水质不佳,需要凿井汲水。

隋唐五代时期的扬州城,不仅是江淮地区的首府和全国性的经济中心、文化中心,而且是当时重要的国际商业贸易中心和宗教艺术等方面中外文化传播的中心之一。唐代的扬州城也是我国古代文明巅峰期的地方城市,具有较高的历史地位和较高的艺术和科学价值,其子城是中国古代子城制度的重要实证,唐罗城的城市格局开创了城市打破里坊制的先河,摆脱了中世纪封闭禁锢的城市制度的束缚,对唐代以后中国城市的发展产生了巨大的影响。[3]

隋代扬州城一度作为全国性的政治中心,其地位比肩长安与洛阳两都。唐代的扬州城因其经济文化的繁盛,作为中国古代文明巅峰期的地方城市成为东亚地区中古时期的一个国际大都会。思想文化的传播、技术与人(工匠)的交流,是物质文化得以迅速发展的关键因素。安史之乱造成的北人南迁,给扬州带来了城市与社会发展所必需的劳动力、技术和人口以及文化思想等多种必备条件,从唐武德到天宝,扬州人口急剧增加了近 5 倍,其原因当与扬州的交通便利不可分离,而长江北岸线的南移不但给人口增加所带来的资源需求提供了必需的土地和空间,而且促成了伊娄河、七里港河等多

[1] 中国社会科学院考古研究所、南京博物院、扬州市文物考古研究所编著:《扬州城:1987~1998年考古发掘报告》,文物出版社 2010 年版,第 32~33 页。

[2] 冯兵:《隋唐五代时期城市供水系统初探》,《贵州社会科学》2016 年第 5 期,第 70 页。

[3] 汪勃:《扬州城遗址考古发掘与研究(1999~2015 年)》,中国考古学会等编:《扬州城考古学术研讨会论文集》,科学出版社 2016 年版,第 62—63 页。

条运河的开凿。[1]这一时期,城市的工程建设、城市规模、形制布局、城市管理体系、城市市场发展等,在中国古代城市建设史和扬州城市变迁史上都具有鲜明的特点和重要的地位,当时在全国都处于领先地位。五代杨吴时期的扬州是地方割据政权的都城,后晋天福二年(937)南唐取代杨吴,于昇元元年(937)定都金陵(今南京),扬州为其东都,仍是重要的地方性城市。

---

[1] 参见汪勃:《扬州城与运河和海上丝绸之路》,华德荣、陈亚平、仲玉龙主编:《一路扬帆一路歌:扬州大运河与海上丝绸之路专题论文集》,东南大学出版社 2019 年版,第 161 页。

第七章　隋唐五代扬州的运河、陆路交通与近海航运

　　交通对于商货流通、物资集散、人员往来、信息传播、政令布达等起着重要的作用,是促进社会经济发展的重要条件。在古代社会,一个地区或一座城市经济发展水平的高低往往与其交通条件,尤其是水运交通条件的优劣直接相关,几乎所有的经济大都会都邻近江河湖海。隋唐五代时期,全国性的水陆交通网络已经形成,其中又尤以大运河和长江两条水运动脉最为重要。南北向的大运河由不同的河段组成,自南到北分别是江南运河、邗沟、通济渠(汴渠)和永济渠,河道之间相互连缀,且与自然河流贯通,沟通了钱塘江、长江、淮河、黄河和海河五大水系。东西向的长江亦多支流,较大者有雅砻江、岷江、嘉陵江、乌江、沅江、湘江、汉水、赣江等,经过人为治理,船舶航行亦可畅通无阻。四通八达的水运体系,再配以陆路交通和近海航运,使得隋唐五代时期的交通条件大大优于前代。

　　扬州作为隋唐五代时期江淮地区的中心城市,地理位置十分优越,坐落于长江三角洲的中心地带,南接吴越平原,北邻中原大地。就其交通地位来说,扬州地处大运河与长江两条水运大动脉的交汇点,境内河网纵横、水道密布、驿路贯通、海运便利,自古以来就是水陆交通要道,为南北要冲之地。刘宋鲍照《芜城赋》指出:"泲池平原,南驰苍梧涨海,北走紫塞雁门。柂以漕渠,轴以昆岗。重江复关之陬,四会五达之庄。当昔全盛之时,车挂辐,人驾肩。廛闬扑地,歌吹沸天,孳货盐田,铲利铜山,才力雄富,士马精妍。"[1]说明早在六朝时代,扬州就已经是四方辐辏的通都大邑。优越的交通区位条件为扬州的经济发展提供了良好的条件,全国各地的物产集中于此,大运河与长江流

――――――――――

[1]〔南朝梁〕萧统编,〔唐〕李善注:《文选》卷一一(鲍照)《芜城赋》,上海古籍出版社1986年版,第503页。

经的广大地区都成为其经济腹地,往来商旅不绝于路。

隋唐五代时期,扬州的交通区位优势愈益凸显出来,成为江淮地区乃至全国的交通枢纽。它依傍邗沟,上承通济渠(汴渠),往西可抵长安、洛阳两京,向北续接永济渠可到清河、幽州等地,过长江接江南运河可到达富庶的润、常、苏、杭、湖等州,溯长江而上可至巴蜀、荆楚、江西等地,通过湘江、赣水等长江支流又可与珠江水系相连。时人也毫不吝啬文字对其优越的交通区位条件进行描述,如杜牧说:"扬州大郡,为天下通衢。"[1]陆贽称:"(扬州)淮海奥区,一方都会,兼水陆漕挽之利。"[2]意在说明扬州与漕运的关系。又权德舆《广陵诗》:"广陵实佳丽,隋季此为京。八方称辐凑,五达如砥平。"[3]柳誓《奉和晚日杨子江应教诗》:"大江都会所,长洲有旧名。西流控岷蜀,东泛迩蓬瀛。"[4]可以说,是优越的水陆交通条件和发达的商业贸易网络造就了扬州的繁荣,使其成为全国首屈一指的经济都会,并赢得了"扬一益二"的美名。

第一节　扬州与大运河

隋统一全国,结束了魏晋南北朝长期分裂割据的混乱局面。隋文帝和隋炀帝为了进一步巩固对南方地区的统治,沟通南北经济文化,发展江淮漕运,从开皇四年(584)至大业六年(610)前后共花费20余年的时间,在充分利用前代运河和天然河流的基础上,开凿通济渠、永济渠,疏通邗沟、江南运河,终于贯通了以洛阳为中心,西到长安,北抵河北涿郡,南达浙江杭州,沟通海河、黄河、淮河、长江、钱塘江五大水系的大运河。唐代继承隋代遗产,继续完善了大运河的水运体系,充分发挥了运河运力。穿梭于江南、江淮与两京之间的运粮漕船,巨商大贾的弘舸巨舰在这条河道上往来不绝,为"贞观之治"和

[1]〔唐〕杜牧著,陈允吉校点:《樊川文集》卷一六《上宰相求湖州第二启》,上海古籍出版社2009年版,第245页。

[2]〔唐〕陆贽著,刘泽民点校:《陆贽集》卷九《杜亚淮南节度使制》,浙江古籍出版社2013年版,第78页。

[3]〔清〕彭定求等编:《全唐诗》卷三二八(权德舆)《广陵诗》,中华书局1960年版,第3669—3670页。

[4]逯钦立辑校:《先秦汉魏晋南北朝诗·隋诗》卷五,中华书局1983年版,第2689页。

"开元盛世"的出现奠定了基础。安史之乱以后,北方传统漕粮区被藩镇占据,使整个国家更加依赖南方的漕粮和物资,大运河更是成为了维系唐王朝的交通命脉。五代十国时期,大运河被沿线诸多地方割据势力分割,但其局域性的水运作用仍不可忽视。

大运河作为我国古代劳动人民创造的最伟大的水利工程之一,对于促进南北经济文化的交流融合,巩固统一的多民族国家作出了不可磨灭的贡献,是中华民族宝贵的文化遗产。对于沿线的城市来说,大运河带来了大量的商货物资、商机及移民,促进了扬州、杭州、苏州、常州等大型经济都市的繁荣。在运河诸多河段之中,邗沟是最为关键的一段,它贯通江淮,是连接长安、洛阳两大政治中心与江南经济区的桥梁。在邗沟沿线,扬州无疑又是战略地位和经济地位最重要的城市,它与运河可以说是伴生发展的关系。毫不夸张地说,历史上扬州的兴衰与大运河休戚相关,大运河奠定了扬州的重要地位,并支撑起了扬州的繁华。

一、邗沟的开凿、疏浚及维护

邗沟,又称渠水、中渎水、山阳渎、韩江、邗溟沟、合渎渠、淮扬运河、里运河,是沟通长江与淮河两大水系的主要河道,这条运河开凿的历史可以追溯到春秋战国时期。春秋末年,以今苏州为政治中心的吴国逐渐崛起,吴王夫差为了北上与齐、晋两国争夺霸权,利用江淮之间的武广、樊梁、陆阳、博芝、射阳等天然湖泊开凿而成,主要用于运送士兵和粮食。这条运河北起末口,南到江都,全长300余里,于鲁哀公九年(前486)秋天开凿完成。之所以命名为邗沟,是因为夫差在开凿这条运河的同时,在入长江口处修筑了一座以邗为名的城邑,邗城西北角临江,沟水由此北绕城郭一周,于城东南的今铁佛寺前屈曲向东至今螺丝弯桥,再由湾头北上,水随城名,故称为邗沟。[1]不过,由于最初开凿邗沟主要是军事目的,故春秋战国时期这条运河的利用率有限。

秦汉魏晋时代,对于邗沟屡有修缮,河道也多次变动。夫差开凿的邗沟,利用了博芝、射阳、樊梁等天然大湖,这固然可以省去人工开挖河道之劳,节约了不少成本,但却不得不绕行很多的路程,加之这些天然湖泊面积广阔,风

---

[1] 陈达祚、朱江:《邗城遗址与邗沟流经区域文化遗存的发现》,《文物》1973年第12期,第45页。

高浪急之时,船舶在湖上航行很容易倾翻遇险。至东汉顺帝永和年间(136—141),陈敏对邗沟北段的运道裁弯取直,由樊梁湖北开凿一段水道直接通入津湖,更由津湖凿入白马湖中,然后再至夹邪,与由射阳湖北出的运道会合。后来魏文帝南征北归,就路经津湖。因湖水稍尽,船行不易,本拟弃舟烧船,赖蒋济多方设法,才得以安全入淮,所以蒋济在所撰的《三州论》中就特别称道陈敏的功绩。[1]汉献帝建安二年(197),广陵太守陈登因"淮湖纡远,水陆异路,山阳不通"[2],加之射阳等湖泊风涛太大,经常损坏船只,于是从樊梁湖北口,穿渠至津湖(即界首湖,在今宝应县治南),再从津湖北凿渠百里通白马湖(在今宝应县西北),直至山阳末口入淮。经过陈敏、陈登等人大规模的开凿,形成了一条比较端直的新运道,史称"邗沟西道",其线路较之吴王夫差的故道要便利得多,与今天的里运河大体一致。[3]

东晋时期,为了加强对江淮地区的控制,改善南北水运交通条件,统治者也多次对邗沟进行整治,其中最主要的有三次。一是在穆帝永和年间(345—356)改建引江水口。邗沟引江水口原来在江都故城南,至东晋永和年间,"江都水断,其水上承欧阳埭,引江入埭,六十里至广陵城"[4]。这次修建欧阳埭(在今江苏仪征市境内)是因为濒江沙洲淤涨,江势南趋,造成引水口堙塞,江水难以顺利引入,严重影响到邗沟南段河道的水量。二是开凿新河道。兴宁年间(363—365),"复以津湖多风,又自湖之南口,沿东岸二十里,穿渠入北口"。这项工程是在津湖东岸开渠 20 里,以避开津湖的风浪之险,"自后行者不复由湖"[5]。三是在邗沟南段建造了多处堰埭,使自然河道逐步沟渠化。如东晋太元十年(385),谢安在今邵伯镇附近修建了召伯埭,在召伯埭南面 20 里建有秦梁埭,北面 30 里有统梁埭。邗沟南段已完全由人工控制。[6]自东晋

[1] 史念海:《史念海全集》第 1 卷《中国的运河》,人民出版社 2013 年版,第 345 页。

[2] 〔北魏〕郦道元著,陈桥驿校证:《水经注校证》卷三〇《淮水》,中华书局 2007 年版,第 714 页。

[3] 郭黎安:《里运河变迁的历史过程》,《历史地理(第五辑)》,上海人民出版社 1987 年版,第 76—85 页。

[4] 〔北魏〕郦道元著,陈桥驿校证:《水经注校证》卷三〇《淮水》,中华书局 2007 年版,第 713—714 页。

[5] 〔北魏〕郦道元著,陈桥驿校证:《水经注校证》卷三〇《淮水》,中华书局 2007 年版,第 714 页。

[6] 参见许辉:《江苏境内唐宋运河的变迁及其历史作用》,范金民、胡阿祥主编:《江南社会经济研究·六朝隋唐卷》,中国农业出版社 2006 年版,第 430—431 页。

永和、兴宁以后，邗沟长期保持畅通。尽管由陈至隋，历年未久，邗沟可能有局部阻塞，但全流仍当如故。[1]不过这一时期邗沟及扬州的交通条件存在缺陷，扬州北方是楚州，楚州是数川交汇之地，淮、泗、汴、蔡、颍、涡等河流都直接或间接经过楚州。借着汴、蔡的交通，直达中原宋、汴等州，成为中原江淮间运输的命脉。但这些河流只通到楚州，并没到达扬州，这一缺陷使江南的"血液"不能畅顺地流通到中原与关中。[2]

隋代是我国运河发展史上一个极为重要的时期，其开凿的运河里程之长、规模之大、历时之久、成效之显著，创下了中国人工运河空前的纪录。隋之前的运河大多只是地方性、区域性的，尚处于草创和初步发展时期，而隋代则集隋以前所有人工运河之大成，开创了运河发展的新局面。开皇七年（587）夏四月，隋文帝杨坚动工兴役，"于扬州开山阳渎，以通漕运"[3]，使扬州真正成为了南北水路交通的咽喉。这是对邗沟旧道的一次全面整修和疏浚，这条运河南起江都县扬子津（在今扬州城南），北至山阳（今淮安市东），东南经射阳湖接邗沟故道，全长约300里，河道宽约40步，其开凿使长江与淮河之间的水运交通更加畅通。新开河道较之吴王夫差的故道要偏西一些，且较之前代里程更短，河道更为端直宽广。一般认为，隋文帝开凿山阳渎是为了方便运送兵粮，为伐陈作准备，事实上确实如此。河道凿成之后的第二年（588）冬十月，隋文帝即命晋王杨广、秦王杨俊、清河郡公杨素，以及荆州刺史刘仁恩、宜阳郡公王世积、新义郡公韩擒虎、襄邑县公贺若弼、落丛郡公燕荣，领兵五十一万八千人，八路南下伐陈。这八支大军中，杨广出六合县，贺若弼出吴州，皆是利用山阳渎运兵输粮。不过也有经济方面的考虑，一个有力的间接证据是，开皇四年（584），隋文帝命令宇文恺开凿广通渠[4]，引渭水自大兴城（唐万年县）东至潼关300余里，从潼关入黄河，以通漕运。隋初，社会趋于安定，粮食产量稳步增长，急需发展交通运输业，水运作为最便捷且廉价的交通运输方式便受到了重视。广通渠的开通，使"转运通利，关内赖之"。由广通

［1］史念海：《史念海全集》第1卷《中国的运河》，人民出版社2013年版，第385页。

［2］武仙卿：《隋唐时代扬州的轮廓》，《食货》1937年第5卷，第8页。

［3］〔唐〕魏徵、令狐德棻：《隋书》卷一《高祖纪》，中华书局1973年版，第25页。

［4］后因避隋炀帝讳改称永通渠，唐代称为漕渠。

渠之例推测,开通邗沟应有攫取江淮财赋的目的。不过这次工程为求速成,工期较短,施工也比较草率,所以不少河段很快淤废。

隋炀帝即位后,继承其父文帝的遗产,更大规模地疏浚开凿运河,"引河通于淮海,自是天下利于转输"[1]。大业元年(605),他一纸令下,征调淮南十余万民众,"自山阳至杨子入江。渠广四十步,渠旁皆筑御道,树以柳;自长安至江都,置离宫四十余所"。[2]这次工程主要是对河道进行疏浚,同时加深拓宽、裁弯取直,并在运河沿岸遍植柳树。之所以种植柳树,除了满足隋炀帝观赏沿途美景的需求外,更重要的是柳树根系发达,有较强的固土能力,栽种于运河两岸有利于护堤,防止河堤坍塌、河道淤塞。刘禹锡《杨柳枝》云:"扬子江头烟景迷,隋家宫树拂金堤。"[3]古人常以"金堤"来形容堤坝之坚固,诗人将柳树与金堤对应,虽有反讽的意味,但也能说明柳树确有固堤的效果。运河杨柳还常成为后世诗人抒发情感的自然物象,如刘禹锡《杨柳枝》:"炀帝行宫汴水滨,数株残柳不胜春。昨来风起花如雪,飞入宫墙不见人。"[4]隋炀帝第三次南巡时,身死扬州,徒留数株残柳随风飘荡,是故诗人才有如此感叹。又李商隐《隋宫》:"紫泉宫殿锁烟霞,欲取芜城作帝家。玉玺不缘归日角,锦帆应是到天涯。于今腐草无萤火,终古垂杨有暮鸦。地下若逢陈后主,岂宜重问后庭花?"[5]行宫破败不堪,只剩下残柳在风中摇曳,看不出一丝昔日美好的景色,批判之意显于文字。隋炀帝除了着力开凿南北向运河干流外,还疏通了运河支流,如在扬州境内的东西向运盐河,圆仁在此河段上航行,记云:"掘沟宽二丈余,直流无曲,是即隋炀帝所掘矣。"[6]

隋炀帝这次的运河开凿工程,三月开工,八月即告竣工,仅用时五个月,速度如此之快,一方面是因为这次疏浚工程基本上沿用了隋文帝时期的河道

---

[1]〔唐〕杜佑撰,王文锦、王永兴、刘俊文、徐庭云、谢方点校:《通典》卷一〇《食货十》,中华书局1988年版,第220页。

[2]〔宋〕司马光编著,〔元〕胡三省音注:《资治通鉴》卷一八〇隋炀帝大业元年(605)三月,中华书局1956年版,第5618—5619页。

[3]〔清〕彭定求等编:《全唐诗》卷二八(刘禹锡)《杨柳枝》,中华书局1960年版,第398页。

[4]〔清〕彭定求等编:《全唐诗》卷二八(刘禹锡)《杨柳枝》,中华书局1960年版,第398页。

[5]〔清〕彭定求等编:《全唐诗》卷五三九(李商隐)《隋宫》,中华书局1960年版,第6161页。

[6]〔日〕圆仁撰,顾承甫、何泉达点校:《入唐求法巡礼行记》卷一,上海古籍出版社1986年版,第6页。

和吴邗沟故道[1]，另一方面是经过隋文帝时代的发展，开凿运河的政治、人力、物资、技术等条件已经比较成熟。开凿大运河是一项浩大的工程，人力、财力和科学技术水平需要达到一定要求。在人力条件方面，隋朝开凿的南北大运河，全长达 2700 多千米，工程量浩大，没有充足的劳动力根本无法完成。受益于隋文帝时代的休养生息政策，到了炀帝时期，全国的人口已经大大恢复，加之强有力的中央王朝建立，国家有能力调动充足的劳动力进行大规模的工程建设。在财力方面，隋朝建立后充分调动百姓发展农业、手工业的积极性，经过 20 余年的努力，社会财富快速积累，国家的经济实力也逐渐雄厚起来。在科学技术水平方面，大运河地跨东西南北，所经之处地理水文环境复杂。而隋代的科技水平已经能够较好地解决修筑桥梁、堤台、河道等复杂的工程问题，如著名工匠李春主持修建的赵州桥，就在桥梁工程力学上取得了突破。[2]

隋炀帝开凿大运河的原因，传统观点认为是他留恋扬州美景，一些民间传说和小说戏曲甚至认为隋炀帝开凿运河下江都是为了观赏琼花。毫无疑问，隋炀帝对扬州确实怀有很深的感情，他曾长期任扬州总管，镇守江都，直到开皇二十年（600）被立为太子才离开，尝作《春江花月夜》云："暮江平不动，春花满正开。流波将月去，潮水带星来。"[3]描写了扬州江海交汇的美景。另还创作了《江都宫乐歌》《早渡淮诗》《迷楼歌》《泛龙舟》《幸江都作》《四时白纻歌·江都夏》等很多与扬州相关的著名诗篇。在即位以后十余年时间（604—617）里，隋炀帝更是三次南下江都，并最后身亡于此，这无不表现出他对扬州的眷恋和重视，是故"留恋扬州美景"之说有一定的合理性。

隋炀帝南下江都，第一次是在大业元年（605），历时八个月。其盛况在《资治通鉴》中有详细的记载，云："（大业元年）八月，壬寅，上行幸江都，发显

---

[1] 隋炀帝所开邗沟，一说与隋文帝所开为同一条运河，如清代学者刘文淇在《扬州水道记》中说："大业所开邗沟，系就开皇山阳渎又开广之。"今人朱偰也认为，山阳渎大体上是沿用了吴邗沟故道，他在《中国运河史料选辑》中说："《通鉴》则于通济渠外，又言开邗沟，实则邗沟即山阳渎，早已在开皇七年开通，疑《通鉴》有误。"另一说则认为隋文、炀二帝开凿的是两条不同的路线。如顾炎武《天下郡国利病书》和武同举《淮系大事年表·水道编》认为，邗沟与山阳渎是两条不同路线，并指出大业时所开邗沟，"为后世运道直径之始"。以上参见邵金凯：《隋炀帝开凿大运河述论》，《淮阴师范学院学报（哲学社会科学版）》2008 年第 4 期，第 516 页。

[2] 钟军、朱昌春、蔡亮：《隋唐运河故道地名考》，中国社会出版社 2018 年版，第 8 页。

[3] 逯钦立辑校：《先秦汉魏晋南北朝诗·隋诗》卷三，中华书局 1983 年版，第 2663 页。

仁宫,王弘遣龙舟奉迎。乙巳,上御小朱航,自漕渠出洛口,御龙舟。龙舟四重,高四十五尺,长二百丈。上重有正殿、内殿、东西朝堂,中二重有百二十房,皆饰以金玉,下重内侍处之。皇后乘翔螭舟,制度差小,而装饰无异。别有浮景九艘,三重,皆水殿也。"[1]除自乘之龙舟外,还有漾彩、朱鸟、苍螭、白虎、玄武、飞羽、五楼、道场等名目繁多的船只数千艘,供后宫、王公、公主、百官、僧尼、道士、蕃客等随行人员乘坐,并载内外百司供奉之物。所用挽船之士八万余人,挽"漾彩"以上者九千余人,谓之"殿脚",皆以锦彩为袍。这支庞大的"游玩"队伍,俨然是一座移动的宫殿群,他们在扬州住了近半年时间,直到第二年春东京洛阳建成才离开。第二次是在大业六年(610)三月,历时约一年,据史载"夏四月丁未,宴江淮已南父老,颁赐各有差。……(六月)甲寅,制江都太守秩同京尹"。[2]将江都太守的行政级别提升到与西京长安和东都洛阳同等的地位,确立了其"陪都"的地位。次年(611),"二月己未,上升钓台,临扬子津,大宴百僚,颁赐各有差"[3]。单从宴请人数看,这次巡幸的规模相当大,群臣随行。第三次是在大业十二年(616),直到大业十四年(618)三月身亡,历时一年八个月。这一时期,北方中原地区兴起大规模的吏民反抗运动,隋炀帝以"我梦江都好"为理由,乘船到扬州避乱,并最终在扬州身亡。可以看出,隋炀帝的三次巡幸,在扬州驻停的时间越来越长,对扬州的重视程度越来越高。隋炀帝每一次巡幸江都,都是极尽奢华铺张,给江淮百姓带来了沉重负担,但不可否认的是,其巡幸行为以及对江都的着力建设,在一定程度上起到了提高扬州政治地位的作用。也正是由于他的多次巡幸,大运河才不至于如隋文帝时期那样很快淤废,这在客观上保证了大运河的畅通。

　　不过,若将隋炀帝开凿大运河的根本原因归结为他对扬州的眷恋并不合适,因为如果真是如此的话,运河修到扬州即可,为何还要费力去疏通江南运河,又为何要耗费百万之力去开凿永济渠呢? 更深层次的原因当在于巩固全国统一局面,推进南北经济、社会、文化交流。唐人许棠《汴河十二韵》云:"昔

　　[1]〔宋〕司马光编著,〔元〕胡三省音注:《资治通鉴》卷一八〇隋炀帝大业元年(605)八月,中华书局1956年版,第5620—5621页。

　　[2]〔唐〕魏徵、令狐德棻:《隋书》卷三《炀帝纪上》,中华书局1973年版,第75页。

　　[3]〔唐〕魏徵、令狐德棻:《隋书》卷三《炀帝纪上》,中华书局1973年版,第75页。

年开汴水,元应别有由。或兼通楚塞,宁独为扬州。"[1]明确指出隋炀帝开凿大运河是"别有由",即打破南北交通的隔绝,企图通过运河连接东南的漕粮区以及控制南方广阔的地域,而绝非"独为扬州"。实际上,隋炀帝在即位初期的一系列工程措施即能证明他开通运河确实是为了"通楚塞",在开凿运河之前三个月,官府还有一项重大的工程举措,那就是营建东京洛阳。《隋书》卷三《炀帝纪》载:"(大业元年,605)三月丁未,诏尚书令杨素、纳言杨达、将作大匠宇文恺营建东京。"[2]这次工程为求速成,每月征发丁男达到二百万人,并徙豫州及全国数万家富商大贾以充实洛阳。营建东京洛阳的原因,据当时颁布的诏书所述,乃是因为大兴城偏居西隅,无法对东部和南方的广大地区进行有效管理控制,即"听采舆颂,谋及庶民,故能审政刑之得失。是知昧旦思治,欲使幽枉必达,彝伦有章。而牧宰任称朝委,苟为微幸以求考课,虚立殿最,不存治实,纲纪于是弗理,冤屈所以莫申。关河重阻,无由自达。朕故建立东京,躬亲存问。今将巡历淮海,观省风俗,眷求谠言,徒繁词翰,而乡校之内,阙尔无闻。惕然夕惕,用忘兴寝。其民下有知州县官人政治苛刻,侵害百姓,背公徇私,不便于民者,宜听诣朝堂封奏,庶乎四聪以达,天下无冤"。[3]由此可知,隋炀帝已经注意到,国家的政治经济中心存在东移南迁的趋势。关中虽然是传统的全国政治中心,但自东汉末年以后,屡遭战乱,衰败难兴。整个北方地区也是战火频仍,农田水利失修,人口大量迁移,社会经济遭受严重破坏。关中平原虽然仍称富庶,但地狭人稠,不足以供国都之需,常常出现皇帝带领官吏百姓到洛阳就食的情况,如开皇四年(584)关中遭遇大旱,杨坚只得带领大批官吏和军卒到洛阳去。

与之形成鲜明对比的是,南方社会经济得到快速发展,改变了过去"火耕水耨""饭稻羹鱼""地广人稀"的落后状态。西晋永嘉年间(307—313),出现了著名的"永嘉南渡",南方大片未被开垦的沃壤吸引了大量北方流民定居于此。刘宋大臣何尚之称:"荆、扬二州,户口半天下,江左以来,扬州根本……"又萧梁沈约论曰:"江左以来,树根本于扬越,任推毂于荆楚……民户

---

[1]〔清〕彭定求等编:《全唐诗》卷六〇四(许棠)《汴河十二韵》,中华书局1960年版,第6990页。

[2]〔唐〕魏徵、令狐德棻:《隋书》卷三《炀帝纪上》,中华书局1973年版,第63页。

[3]〔唐〕魏徵、令狐德棻:《隋书》卷三《炀帝纪上》,中华书局1973年版,第63页。

境域,过半于天下。"[1]至隋初,"宣城、毗陵、吴郡、会稽、余杭、东阳……然数郡川泽沃衍,有海陆之饶,珍异所聚,故商旅并凑"[2]。据相关研究,自4世纪初的永嘉年间到5世纪中叶的南朝宋元嘉年间(424—453),北人南迁有四次高潮,其中江苏接收的北方移民最多,约26万,苏北地区则以扬州和淮阴两地为主。[3]永嘉南迁的余波一直持续到隋唐时期,以扬州地区为例,贞观十三年(639)为23199户,94347口。天宝十一载(752),户数增至77105,增幅约为232.4%;口数为467857,增幅约为395.9%。[4]安史之乱后,人口南迁的趋势有增无减,"是时中国新去乱,士多避处江淮间""衣冠士庶归顺于灵武郡者,继于道路,家口亦多避地于江淮"。[5]这些北方移民不仅是优质的劳动力,而且还带来了中原地区先进的农作生产技术,大大促进了江淮地区的开发,时有"荆城跨南楚之富,扬部有全吴之沃,鱼盐杞梓之利,充牣八方,丝绵布帛之饶,覆衣天下"[6]的说法。在这种背景下,隋炀帝意识到只有开凿运河,疏通中原通向江南的水道,才能使南方财赋源源不断地运抵长安、洛阳两京,解决粮食及其他物资的供应问题。

　　加强对江南地区的控制,维护国家统一,也是开凿运河的重要原因之一。隋统一全国后,局势并不稳定,江南的吴郡、会稽等地是旧陈的核心地区,这一带的豪族在全国统一以后还掀起过大规模的武装反隋斗争,正如《资治通鉴》所述:"陈之故境,大抵皆反。大者有众数万,小者数千,共相影响。"[7]隋文帝就曾调集水陆大军,由杨素任统帅前往平叛,前后历时两年,才将各地叛乱镇压下去。反隋斗争被镇压以后,这一地区遂成为隋王朝主要的监控对象。面对严峻的政治形势,加强对江南地区的控制,开凿一条自中原通向江南地

[1]〔南朝梁〕沈约:《宋书》卷六六《何尚之传》,中华书局1974年版,第1738—1739页。

[2]〔唐〕魏徵、令狐德棻:《隋书》卷三一《地理志下》,中华书局1973年版,第887页。

[3]葛剑雄、曹树基、吴松弟:《简明中国移民史》,福建人民出版社1993年版,第147—149页。

[4]〔后晋〕刘昫等:《旧唐书》卷四〇《地理志三》,中华书局1975年版,第1572页;〔宋〕欧阳修、宋祁:《新唐书》卷四一《地理志五》,中华书局1975年版,第1051页。

[5]〔清〕董诰等编:《全唐文》卷五六六(韩愈)《考功员外卢君墓铭》,中华书局1983年版,第5731页;〔唐〕姚汝能撰,曾贻芬点校:《安禄山事迹》卷下,中华书局2006年版,第107页。

[6]〔南朝梁〕沈约:《宋书》卷五四《沈昙庆传》,中华书局1974年版,第1540页。

[7]〔宋〕司马光编著,〔元〕胡三省音注:《资治通鉴》卷一七七隋文帝开皇十年(590)十一月,中华书局1956年版,第5530页。

区的运河便成了维系国家统治的迫切需要。隋炀帝在开江南运河的前一年，曾问给事郎蔡征："自古天子有巡狩之礼；而江东诸帝多傅脂粉，坐深宫，不与百姓相见，此何理也？"蔡征回答："此其所以不能长世。"[1]这说明隋炀帝开通运河，周游各地，并非单纯是为了个人游乐，而主要是想遵循"天子有巡守之礼"的古训，履行帝国天子的职责，加强对全国的控制，而不愿效尤南朝亡国之君。尽管他也未能长世，但这个主观动机的政治意义却不容忽略。[2]

总而言之，隋炀帝留恋扬州美景和满足其个人需求并不是他开凿运河的主因，根本原因在于整个国家对于南方财赋的依赖性增强，以及隋统一全国后，社会、政治、经济、文化发展的客观需求。诚如论者所指出："隋代的开凿运河绝不是偶然的事，它实是时代必然的产物；因为在当日伴着新兴的大一统帝国而生的客观形势之下，有开辟这一条沟通南北的运河之必要。"[3]只可惜隋朝享国短促，工程浩大的运河虽然完工，却没有有效利用。

后人对于隋炀帝开凿运河的评价可谓毁誉参半。有持否定观点者，如陈子昂认为隋炀帝"凿渠决河，自伊、洛属之扬州，疲生人之力，泄天地之藏，中国之难起，故身死人手，宗庙为墟。逆元气之理也"[4]，看到了开凿运河劳民伤财、虚耗国力的一面。类似的诗句不在少数，如罗邺《汴河》："炀帝开河鬼亦悲，生民不独力空疲。至今呜咽东流水，似向清平怨昔时。"[5]胡曾《汴水》："千里长河一旦开，亡隋波浪九天来。锦帆未落干戈起，惆怅龙舟更不回。"[6]后一首诗更是将隋朝灭亡的原因直接归结为开凿大运河。不过也有持肯定观点者，如许棠《汴河十二韵》："昔年开汴水，元应别有由。或兼通楚塞，宁独为扬州。……所思千里便，岂计万方忧？首甚资功济，终难弭宴游。"[7]在批判隋炀帝暴虐的同时，又深刻地认识到了开通大运河对于沟通南北的重大

---

[1] 〔宋〕司马光编著，〔元〕胡三省音注：《资治通鉴》卷一八一隋炀帝大业五年（609）六月，中华书局1956年版，第5644页。

[2] 张学锋：《隋炀帝对扬州的经营及江都陪都地位的确立》，赵昌智主编：《扬州文化研究论丛（第四辑）》，广陵书社2009年版，第85—96页。

[3] 全汉昇：《唐宋帝国与运河》，商务印书馆1946年版，第13页。

[4] 〔宋〕欧阳修、宋祁：《新唐书》卷一○七《陈子昂传》，中华书局1975年版，第4069页。

[5] 〔清〕彭定求等编：《全唐诗》卷六五四（罗邺）《汴河》，中华书局1960年版，第7522页。

[6] 〔清〕彭定求等编：《全唐诗》卷六四七（胡曾）《汴水》，中华书局1960年版，第7425页。

[7] 〔清〕彭定求等编：《全唐诗》卷六○四（许棠）《汴河十二韵》，中华书局1960年版，第6990页。

意义和深远影响。又如鲍溶《隋帝陵下》："长夜应怜桀何罪,告成合笑禹无功。伤心近似骊山路,陵树无根秋草中。"[1]在感叹世事变迁的同时,更是将隋炀帝开凿运河的功绩与大禹治水相提并论。著名诗人皮日休在《汴河怀古二首》中也说过类似的话:"万艘龙舸绿丝间,载到扬州尽不还。应是天教开汴水,一千余里地无山。""尽道隋亡为此河,至今千里赖通波。若无水殿龙舟事,共禹论功不较多。"[2]他在此批驳了将隋亡归结为开凿大运河的说法,认为运河其实给国家带来了生命和活力。皮日休又有《汴河铭》云:"夫垂后以德者,当时逸而后时美。垂后以功者,当时劳而后时利。……则隋之疏淇汴凿太行,在隋之民不胜其害也,在唐之民不胜其利也。今自九河外,复有淇、汴,北通涿郡之渔商,南运江都之转输,其为利也博哉! 不劳一夫之荷畚,一卒之凿险,而先功巍巍,得非天假暴隋,成我大利哉! "[3]也表达了类似的观点。

　　唐人之所以对大运河存在大量正面的评价,是因为隋代大运河的水道和益处都被唐朝"收去",翻开了我国漕运史和交通史上光辉灿烂的一页。《元和郡县图志》卷五《河南府》载,运河全线贯通之后,"自扬、益、湘南至交、广、闽中等州,公家运漕,私行商旅,舳舻相继。隋氏作之虽劳,后代实受其利焉"[4]。唐尽收隋以前的全部渠道,并对运渠加以修整,同时又新开了很多渠道,大大完善了水运网络,使之更适应于社会经济发展的需要。李敬方《汴河直进船》云:"汴水通淮利最多,生人为害亦相和。东南四十三州地,取尽脂膏是此河。"[5]可见东南物资大多是通过大运河向北运往两京。总之,对于隋炀帝开凿大运河要客观公正地评价,既要看到为开凿大运河而施加在人民身上的苛役重赋,同时又要认识到大运河开通后对社会经济及水运交通的重要作用。

---

[1]〔清〕彭定求等编:《全唐诗》卷四八六(鲍溶)《隋帝陵下》,中华书局1960年版,第5518页。

[2]〔清〕彭定求等编:《全唐诗》卷六一五(皮日休)《汴河怀古二首》,中华书局1960年版,第7099页。

[3] 周绍良主编:《全唐文新编》卷七九七(皮日休)《汴河铭》,吉林文史出版社2000年版,第9678页。

[4]〔唐〕李吉甫撰,贺次君点校:《元和郡县图志》卷五《河南道一·河南府》"河阴县·汴渠"条,中华书局1983年版,第137页。

[5]〔清〕彭定求等编:《全唐诗》卷五〇八(李敬方)《汴河直进船》,中华书局1960年版,第5776页。

邗沟虽在大运河诸河段之中长度最短,但在唐代漕运系统中却是最关键的一环。宋人吕祖谦指出:"唐时漕运大率三节,江淮是一节,河南是一节,陕西到长安是一节……然而三处惟是江淮最切。何故?皆自江淮发足。"[1]邗沟贯通江、淮,南隔长江与江南道相望。北隔淮河与通济渠相接,沟通了黄河中下游传统经济区,向西北延伸与洛阳、长安两京连接。长江以南所有的地区,甚至海外地区的粮食物资向北输送,经由邗沟都是最便捷的水运通道。在邗沟段运河沿线的城市中,扬州的地位最为突出,东南八道的赋税盐铁和漕粮都要集中到扬州装船、编队,再统一运往北方。

不过邗沟的通航条件在唐代却存在阶段性变化。总体来说,唐开元以前的通航情况较好,唐人梁肃在《通爱敬陂水门记》中指出:"当开元以前,京江岸于扬子,海潮内于邗沟,过茱萸湾,北至邵伯堰,汤汤涣涣,无隘滞之患。"[2]茱萸湾即今扬州湾头镇,邵伯堰在今扬州邵伯镇,相传是东晋太元十年(385)谢安所筑。"汤汤涣涣"形容运河水量之大,这里的"海潮"并非指海水,而是受到海水顶托而沿河道上循的江水。由于有源源不断的江水补给,故邗沟南部河道的水量较为充足,航运通畅。然而,唐玄宗开元(713—741)以后,情况发生了变化,由于润扬段长江河道南徙,长江三角洲向东推移,长江江面趋于束狭,造成"海潮"对扬州的影响减弱,邗沟水源不足,河道浅涩,江南漕船二月到达扬州斗门后,要滞留到四月才能由淮入汴。开元年间,扬子桥以南已难以行船,漕船自京口渡江后不得不绕道瓜步(今江苏仪征东)溯旧官河入扬子斗门北上,迂回60余里,致使漕船多被风涛所损。到了唐代宗大历(766—779)以后,情况变得更为糟糕,离长江不太远的扬州城也已经不通潮信。李绅《入扬州郭》诗序云:"潮水旧通扬州郭内,大历已后,潮信不通。李顾诗:'鸬鹚山头片雨晴,扬州郭里见潮生。'此可以验。"其诗曰:"菊芳沙渚残花少,柳过秋风坠叶疏。堤绕门津喧井市,路交村陌混樵渔。畏冲生客呼童仆,欲指潮痕问里闾。"[3]这一时期,瓜洲与北岸相连,更加剧了邗沟获取江水的困难以及漕船

[1]〔宋〕吕祖谦:《历代制度详说》卷四《漕运》,《景印文渊阁四库全书》第923册,台湾商务印书馆1986年版,第936—937页。

[2]〔清〕董诰等编:《全唐文》卷五一九(梁肃)《通爱敬陂水门记》,中华书局1983年版,第5274页。

[3]〔清〕彭定求等编:《全唐诗》卷四八二(李绅)《入扬州郭》,中华书局1960年版,第5487页。

商舟通航的不便。为了确保运道畅通,唐王朝曾多次组织人力修浚邗沟,见于文献记载的总共有八次。

第一次:汴渠与邗沟不直接相通,邗沟入淮口在楚州,汴渠入淮口在泗州。漕船在泗州与楚州之间航行要经过淮河150里的自然河道,风涛浪急、险滩重重,危及漕船,时有"长淮之险"之说。如大业六年(610),王充为讨好隋炀帝,进言"江淮良家有美女,并愿备后庭,无由自进",炀帝令以船送东京,"于淮、泗中沉船溺之者,前后十数"。[1]当时描写"长淮之险"的诗句相当多,如白居易《渡淮》云:"淮水东南阔,无风渡亦难。"[2]为了避开此段天然河道,改善漕运条件,唐睿宗太极元年(712),朝廷命魏景清利用泗州盱眙县(今属江苏)的一条直河,引淮水至黄土冈,以直通扬州。《新唐书·地理志》泗州"盱眙县"条载:"有直河,太极元年,敕使魏景清引淮水至黄土冈,以通扬州。"[3]又《太平寰宇记·泗州》"盱眙县"条载:"新开直河,在(盱眙)县北六十步县郭内。其淮河决开,至黄土冈。太极元年敕使魏景清奏开淮水,向扬州。"[4]《天下郡国利病书》载黄土冈在清江浦北。[5]这条新航道是利用泗州盱眙县北洪泽湖西岸的一条河流,被称为直河,其线路大致是从盱眙东北30里的龟山蛇浦口经宝应、天长,至六合瓜步入江。

第二次:《新唐书》卷五三《食货志》载:"初,扬州疏太子港、陈登塘,凡三十四陂,以益漕河,辄复埋塞。"[6]这次疏浚工程当发生在唐玄宗开元(713—741)以前。太子港的情况不是很清楚,但陈登塘相传为魏广陵太守陈登所开,百姓爱而敬之,故又名陈公塘、爱敬陂。该塘周回九十余里,陂水散为三十六汊,灌溉田地千余顷,历两晋南北朝而不衰,最初仅为一农田灌溉工程,唐代时逐渐演变成了通漕济运工程。五代末宋初扬州人徐铉《寒食宿陈

---

[1]〔唐〕魏徵、令狐德棻:《隋书》卷八五《王充传》,中华书局1973年版,第1896页。

[2]〔清〕彭定求等编:《全唐诗》卷四四七(白居易)《渡淮》,中华书局1960年版,第5019页。

[3]〔宋〕欧阳修、宋祁:《新唐书》卷三八《地理志二》,中华书局1975年版,第991页。

[4]〔宋〕乐史撰,王文楚等点校:《太平寰宇记》卷一六《泗州·盱眙县》,中华书局2007年版,第318页。

[5]顾炎武撰,顾宏义、严佐之、严文儒校点:《天下郡国利病书·淮南备录·淮南水利考》,《顾炎武全集》第13册,上海古籍出版社2011年版,第1051页。

[6]〔宋〕欧阳修、宋祁:《新唐书》卷五三《食货志三》,中华书局1975年版,第1370页。

公塘上》描写陈登塘云："垂杨界官道,茅屋倚高坡。月下春塘水,风中牧竖歌。折花闲立久,对酒远情多。今夜孤亭梦,悠扬奈尔何。"[1]可见直到宋代,该塘仍在发挥作用。

第三次:开凿伊娄河,筑造伊娄埭。扬州附近邗沟入江水口,自东晋穆帝永和年间(345—356)改移仪征欧阳埭引水后长期保持稳定,不过这个引水口距广陵境约六十里,绕道过远。开元二十六年(738),润州(今江苏镇江)刺史兼江南东道采访处置使齐浣注意到这一问题。为了缩短漕船过江的路程,避免舟船在江中航行遭受漂损风涛之患,在今扬子津与瓜洲镇之间开凿了一条新漕河,"乃移其漕路,于京口塘下直渡江二十里,又开伊娄河二十五里,即达扬子县。自是免漂损之灾,岁减脚钱数十万。又立伊娄埭,官收其课,迄今利济焉"[2]。京口为润州治所丹徒县的旧称,其津渡位于今镇江市西北三里,唐时为蒜山渡,亦名京口港。《唐会要》"漕运"条亦载:"(齐浣)开伊娄河,二十五里即达扬子县,无风水灾,又减租脚钱,岁收利百亿。"[3]又《舆地纪胜》记述扬州景物,亦云:"伊娄河,即扬子镇以南至江运河也。开元二十六年,润州刺史齐浣所开,自隋以前扬子镇尚临江。炀帝开邗沟至扬子即入江,未有此河也。至唐时江滨始积沙至二十五里,故穿此河。李白有诗。"[4]这条新开凿的河道穿瓜洲而过,沟通了扬子津与长江,大大缩短了润州与扬州之间漕运的距离,每年漕船浮江而至,天南海北的商贾往返频繁,瓜洲也因之成为长江北岸一处重要的运口。

润州刺史治丹徒县,在长江以南,但齐浣所开的伊娄河却位于长江以北。这应是因为本来长江在扬、润之间的江面非常宽阔,北岸可直达扬州城下。江中的瓜洲最初在河道偏南的地方沉积,被划定为润州管辖。后随着江水向南摆动,瓜洲以北的水道逐渐淤塞成陆,并与北岸相连。瓜洲虽然成陆,但其行政归属没有来得及变更,故齐浣才能跨江异地开河。对于齐浣的功绩,李

---

[1]〔清〕彭定求等编:《全唐诗》卷七五一(徐铉)《寒食宿陈公塘上》,中华书局1960年版,第8549页。

[2]〔后晋〕刘昫等:《旧唐书》卷一九〇《齐浣传》,中华书局1975年版,第5038页。

[3]〔宋〕王溥:《唐会要》卷八七"漕运"条,中华书局1955年版,第1597页。

[4]〔宋〕王象之编著,赵一生点校:《舆地纪胜》卷三七《扬州·景物下》,浙江古籍出版社2012年版,第1164页。

白在《题瓜州新河钱族叔舍人贲》一诗中称赞道:"齐公凿新河,万古流不绝。丰功利生人,天地同朽灭。两桥对双阁,芳树有行列。爱此如甘棠,谁云敢攀折。吴关倚此固,天险自兹设。海水落斗门,湖平见沙汭。"[1]诗文中提到的两桥、双阁、斗门,应都是新开伊娄河上的水利设施,控制水源以利航运。不过可能由于开凿时间过短,且新成陆的沙洲地质条件不够稳定,最初开凿的伊娄河寿命不到22年,到了唐肃宗上元元年(760)已经淤塞。江南漕船过江后,只得卸船装车,陆运至扬子桥,才能再上漕船北运,费时费力。至代宗大历年间刘晏主持江淮漕运,对该河有再次疏通开凿之举。

伊娄河的作用虽大,但缺陷也很明显。一方面,伊娄河的水源,主要依靠潮水接济,但在新成沙洲上开凿的运河,河道容易坍塌填塞,且河道高出江面,不利引水。河口处设斗门和埭坝,一定程度上可以缓解水量不足的问题,但河道抬升的趋势却不可逆转。另一方面,伊娄河的开凿并不能改变扬子津以北河段距江悬远的事实。随着瓜洲并岸,扬州段运河失去了稳定的补给水源,运河水量不足的问题愈发严重。唐玄宗开元以后,扬州运河"江派南徙,波不及远,河流浸恶,日淤月填。若岁不雨,则鞠为泥涂。舟楫陆沉,困于牛车。积臭含败,人中其气,为疾为瘵"[2],此后,扬州段运河往往借沿路诸陂塘水补给,常恐浅涩。唐末五代时期,江淮地区战乱不断,地方官府无暇维护水道,导致伊娄河兴废无常。周世宗显德五年(958),后周浚汴口,导河流达于淮,"于是江、淮舟楫始通",胡三省注云:"此即唐时运路也。自江、淮割据,运漕不通,水路湮塞。"[3]所谓"水路湮塞"应也包括瓜洲段的伊娄河。又,《唐会要》记伊娄河"迄今用之"[4],说明伊娄河在五代某些时段又发挥着作用,表现出"兴废无常"或"局部通航"的特征。

第四次:唐肃宗乾元二年(759),颜真卿作《与蔡明远帖二首》云:"明远

[1]〔清〕彭定求等编:《全唐诗》卷一八四(李白)《题瓜州新河钱族叔舍人贲》,中华书局1960年版,第1874页。

[2]〔清〕董诰等编:《全唐文》卷五一九(梁肃)《通爱敬陂水门记》,中华书局1983年版,第5274—5275页。

[3]〔宋〕司马光编著,〔元〕胡三省音注:《资治通鉴》卷二九四后周世宗显德五年(958)三月,中华书局1956年版,第9582页。

[4]〔宋〕王溥:《唐会要》卷八七"漕运"条,中华书局1955年版,第1597页。

与夏镇不远数千里,冒涉江湖,连舸而来,不惩暑刻,竟达命于秦淮之上,又随我于邗沟之东,追攀不疲,以至邵伯南埭,始终之际,良有可称。"[1]这里提到,蔡明远与夏镇二人随同颜真卿行至邵伯南埭。埭为河道中的滚水坝,高出水面以拦水。邵伯有南埭,必有北埭,这说明乾元初年邵伯埭已经扩建为南、北两埭,之所以扩建,当是为了增强埭坝的蓄水能力,沈括就指出"淮南漕渠,筑埭以畜水,不知始于何时。旧传召伯埭谢公所为"[2],两埭之间形成一个相对封闭的水域,可以更有效地防止河水流失。此信写于乾元二年(759),则这次修筑工程必在此之前。

第五次:据武同举《淮系年表·唐及五季》所载,唐德宗兴元元年(784)筑邵伯埭堤[3],这里的"堤"不同于"埭",是指河道两岸的堤坝,其主要作用也是防止河水外泄,保持河道水量。唐代邗沟沿线,邵伯地区的水利工程最多,这主要是受其地形地势的影响。《读史方舆纪要》引旧志云:"自邵伯埭以南地势皆高印,冈阜连亘,几数百里,淮之不能合于江也,势也。"[4]也就是说,邗沟一线大致可以邵伯为界,南高北低,这种地形造成邗沟段运河的水文存在南北差异。唐宪宗元和三年(808)十月,李翱受岭南尚书公之命,于次年(809)正月沿水路南下,记录了由洛阳至广州行经河道的情况,其中邗沟段的水文情况为:"自淮阴至邵伯,三百有五十里逆流。自邵伯至江九十里,自润州至杭州八百里,渠有高下,水皆不流。"[5]淮阴至邵伯段运河,水往北流,是因为此段河道高于淮河,水易北泄。邵伯至长江段90里"水皆不流",则是因为南部有三四十米高蜀冈的阻隔,水文状况与北段完全不同。由此可见,邵伯乃是邗沟段运河上的一处关节点。

第六次:唐德宗兴元、贞元年间,淮南节度观察使杜亚上奏:"扬州官河填

---

[1]〔清〕董诰等编:《全唐文》卷三三七(颜真卿)《与蔡明远帖二首》,中华书局1983年版,第3413页。

[2]〔宋〕沈括撰,胡道静校注:《新校正梦溪笔谈》卷一二《官政二》,中华书局1957年版,第131页。

[3] 武同举撰绘:《淮系年表》,民国十七年(1928)影印本。

[4]〔清〕顾祖禹撰,贺次君、施和金点校:《读史方舆纪要》卷二三《南直五·扬州府》,中华书局2005年版,第1117页。

[5]〔唐〕李翱:《李文公集》卷一八《来南录》,《景印文渊阁四库全书》第1078册,台湾商务印书馆1983年版,第190页。

淤,漕挽堙塞,又侨寄衣冠及工商等多侵衢造宅,行旅拥弊。"[1]由于扬州城区快速膨胀,人口大量增长,城内土地稀缺,导致出现侵河的现象。民居、商铺多依河而建,侵占河道,出现漕船不能直航入扬州城的情况。这一情况得到了考古方面的印证。1978年上半年,考古工作者在今扬州市区石塔寺前发现了一条由南向北,宽约30米的古河道,于其东不远处的文昌阁前又发现一条自南向北宽约15米的古河道。从河道的淤土中发现的文物和层次关系,可以看出前一古河道用于初唐至中唐,到了晚唐时期已经全部被淤塞填没;后一古河道也用于唐代,但到了唐末五代时也已经淤塞,到了宋又重新疏浚,继续使用,直到近代。[2]为了保证航道畅通,杜亚在唐德宗贞元四年(788)"治漕渠,引湖陂,筑防庸,入之渠中,以通大舟,夹堤高印,田因得溉灌。疏启道衢,彻壅通埋,人皆悦赖"。具体的措施是,"自江都西循蜀冈之右,引陂趋城隅以通漕,溉夹陂田"[3],不仅打通了漕路,还灌溉了周边农田。

此外,杜亚还有疏浚爱敬陂、句(勾)城湖,修爱敬陂水门等工程举措,这同样有利于漕运。当时扬州地区湖泊众多,但"方圆百里,支辅四集,盈而不流",杜亚疏导水道,使河溪之水都注入爱敬陂,再通过闸口调节水量,将余水排入运河,使运河之水变浊为清,激浅为深,"然后漕挽以兴,商旅以通,自北自南,泰然欢康"[4]。《新唐书·食货志》载杜亚的功绩云:"淮南节度使杜亚乃浚渠蜀冈,疏句城湖、爱敬陂,起堤贯城,以通大舟。"[5]可见疏浚陂塘主要的作用是通舟利漕。

第七次:唐宪宗元和三年(808),淮南节度使李吉甫针对"河益庳,水下走淮,夏则舟不得前"的现状,筑平津堰,"以泄有余,防不足"[6],这一工程措施的效果非常显著,自此之后"漕流遂通"。由于淮河水位较邗沟低,运河之

[1]〔后晋〕刘昫等:《旧唐书》卷一四六《杜亚传》,中华书局1975年版,第3963页。

[2]罗宗真:《扬州唐代古河道等的发现和有关问题的探讨》,《文物》1980年第3期,第24页。

[3]〔宋〕欧阳修、宋祁:《新唐书》卷一七二《杜亚传》、卷四一《地理志五》,中华书局1975年版,第5207、1052页。

[4]〔清〕董诰等编:《全唐文》卷五一九(梁肃)《通爱敬陂水门记》,中华书局1983年版,第5274页。

[5]〔宋〕欧阳修、宋祁:《新唐书》卷五三《食货志三》,中华书局1975年版,第1370页。

[6]〔宋〕欧阳修、宋祁:《新唐书》卷五三《食货志三》,中华书局1975年版,第1370页。

水容易泄入淮河,故修筑此堰。按照《读史方舆纪要》的记载,李吉甫早在唐德宗兴元元年(784),就已经在邵伯湖地区筑堤护田,名为平津堰,[1]所以元和三年的这次修建,很有可能是在原有工程的基础上"相继修筑"。同时,李吉甫还在高邮湖附近加高渠岸,修筑了富人、固本二塘,不仅保证了山阳渎的水源,而且灌溉万余顷农田。[2]

第八次:据《旧唐书·王播传》载,唐敬宗宝历二年(826),盐铁转运使王播因扬州城内官河水浅,遇到降水较少的年份或干旱季节,往往滞留漕船,不能按期将漕粮转运到洛阳,于是"自城南阊门西七里港开河向东,屈曲取禅智寺桥通旧官河,开凿稍深,舟航易济,所开长一十九里,其工役料度,不破省钱,当使方圆自备",自此"漕运不阻,后政赖之",[3]可见工程效果十分显著。这一措施不仅使河道变宽,而且降低了运河河床的地势,便于引江水济运。

表 7-1　　　　　　　唐代扬州兴修水利工程表[4]

工程名	兴建年代	修建者	作用	资料出处
引雷塘水,筑勾城塘[5]	贞观十八年(644)	扬州大都督府长史李袭誉	灌溉农田八百余顷	《新唐书·地理志》
直河	太极元年(712)	魏景清	引淮水至黄土冈,以通扬州	《新唐书·地理志》

---

　　[1]〔清〕顾祖禹撰,贺次君、施和金点校:《读史方舆纪要》卷二三《南直五·扬州府》,中华书局2005年版,第1122页。

　　[2]〔宋〕欧阳修、宋祁:《新唐书》卷五三《食货志三》、卷一四六《李吉甫传》,中华书局1975年版,第1370、4740页。

　　[3]〔后晋〕刘昫等:《旧唐书》卷一六四《王播传》,中华书局1975年版,第4277页。

　　[4]唐代淮南地区兴修的水利工程,颜亚玉《唐中后期淮南农业经济的发展》(《中国社会经济史研究》1984年第4期,第73页)、李天石《唐代江苏地区农业经济发展述论》[《南京师大学报(社会科学版)》1991年第3期,第45页]、陈勇《唐代长江下游经济发展研究》(上海人民出版社2006年版,第64—65页)、朱祖德《唐代淮南地区农业发展析论》(《史学汇刊》第三十二期,2013年,第57—83页)等文均做过统计,内容基本相似,不过存在一些错误,本表是在前人统计基础上的补充和完善。

　　[5]《新唐书》卷四一《地理志五》载:"(江都)东十一里有雷塘,贞观十八年,长史李袭誉引渠,又筑勾城塘,以溉田八百顷。"《旧唐书》卷五九《李袭誉传》载:"袭誉乃引雷陂水,又筑勾城塘,溉田八百余顷,百姓获其利。"前人多将引雷塘水与筑勾城塘统计为两次不同的水利工程,今参《淮系年表》所记,记作一次。

续表 7-1

工程名	兴建年代	修建者	作用	资料出处
开伊娄河,立伊娄埭	开元二十五年（737）	润州刺史齐浣	通漕路	《旧唐书·齐浣传》
扩建邵伯埭	乾元二年（759）以前	不详	航运	《全唐文》卷三三七（颜真卿）《与蔡明远帖二首》
邵伯埭堤	兴元元年（784）	不详	航运	《淮系年表·唐及五季》
引雷陂水以广灌溉	贞元中（785—804）	淮南节度使杜佑	斥海濒弃地为田,积米至五十万斛	《新唐书·杜佑传》
疏太子港、陈登塘等三十四陂	不详	不详	益漕河,辄复堙塞	《新唐书·食货志》
引陂塘水,置爱敬陂（陈公塘）水门	贞元四年（788）	淮南节度使杜亚	通漕运,溉夹陂田	《新唐书·地理志》
七里港渠	宝历二年（826）	盐铁转运使王播	引渠注官河,以便漕运	
富人塘	元和三年至六年（808—811）	淮南节度使李吉甫	灌溉农田万顷	《新唐书·李吉甫传》
固本塘				
平津堰			泄有余,防不足,以通漕	《新唐书·食货志》

　　除了上述工程措施外,对于运河的管理也逐渐完备了起来。唐宪宗元和三年（808）六月,地方官府从转运使之奏请,"罢江淮私堰埭二十二"[1]。这些私人堰埭应有相当一部分位于扬州。唐文宗开成三年（838）七月二十日卯时,日本僧人圆仁一行人到达赤岸村,记:"暂行,有堰,掘开坚壕,发去进堰,有如皋院。"[2]他们在赤岸村见到的堰应就是一处私堰,否则圆仁一行断不敢私自开掘。七月份正值盛夏,这些堰应是沿线农民为了农田灌溉而私修,由于

---

[1]　〔后晋〕刘昫等:《旧唐书》卷一四《宪宗纪上》,中华书局1975年版,第426页。

[2]　〔日〕圆仁撰,顾承甫、何泉达点校:《入唐求法巡礼行记》卷一,上海古籍出版社1986年版,第6页。

阻碍行船,属官府规定的罢毁之列。官府罢私堰埭以及圆仁一行掘堰壕航船还表明,当农业灌溉与航运出现冲突时,以航船为先。漕运关系到国家的生死存亡,而农田灌溉则只涉及局部利益,因而在用水上,漕运要优先于农田灌溉。[1]

　　为了保证运河用水,农田灌溉类水利工程还有逐渐转变为通漕济运类工程的趋势。江淮地区屯田灌溉的历史早已有之,魏晋时期尤甚,是时淮南地区兴修的水利工程大多是为农业灌溉服务。如东汉献帝建安五年至建安十三年(200—208),曹操以刘馥为扬州刺史,"广屯田,兴治芍陂及(茹)〔茄〕陂、七门、吴塘诸竭以溉稻田,官民有畜"。[2]在淮南东部,曹魏大将邓艾对屯田的贡献尤大,他主持兴修了石鳖塘、白水陂等灌溉工程。到了隋唐时期,这些水利工程仍然存在,但却出现了需要济运通漕的新情况。换言之,原来仅用于灌溉的陂塘之水,要分出一部分用于通漕济运,这导致一些水利工程的性质发生了变化。最典型当属陈公塘,魏晋时期为屯田而开,但到了唐代,变成了"益漕河"性质的水利工程。类似的情况还有勾(句)城塘,唐太宗贞观十八年(644)扬州大都督府长史李袭誉引雷塘水、筑勾城塘尚是为了灌溉农田,但到了唐德宗贞元四年(788)杜亚当政时已经完全演变成了通漕济运类工程。总之,大运河已经成为了唐王朝赖以生存的生命线,为了保障其畅通,朝廷对于其治理修缮是卓有成效的。

　　五代时期,运河各段被割据政权占据,难以做到全线贯通,系统的维护和疏浚更是难以做到,邗沟自然也是如此。胡三省在《资治通鉴》注文中指出:"自江、淮割据,运漕不通,水路湮塞。"唯周世宗出于军事目的,对运河有所修缮。后周显德二年(955),周世宗欲兴兵征伐南唐,于是着手疏浚邗沟。为了保持邗沟水量,显德五年(958)在邗沟入淮处修筑了北神堰,不过由于该堰过于狭窄,淮河中的大船无法顺利进入运河。后发现楚州西北边有一条鹳水,

---

　　[1] 根据唐代的《水部式》所记,当出现用水矛盾时,要首先满足通航的需要,随后才是灌溉,最后是水磨、水碾。(详见张俊峰、行龙:《公共秩序的形成与变迁:对唐宋以来山西泉域社会的历史考察》,《人类社会经济行为对环境的影响和作用》,三秦出版社2007年版,第202—203页)这一顺序很可能是基于北方用水经验而作出的规定,但对于同样"缺水"的淮南东部地区来说同样适用。

　　[2] 〔晋〕陈寿撰,〔南朝宋〕裴松之注:《三国志》卷一五《魏书·刘馥传》,中华书局1959年版,第463页。

故发动楚州民夫疏浚，十天即告完成，使其成为邗沟与淮水间临时性纽带。修成之后，巨舰自淮河由运河南下，直达长江，最终平定了淮南。[1]

二、邗沟扬州段重要的航运站点及交通枢纽

扬州境内的运河长达百余里，除了南北向的主干线路之外，还存在运盐河、白沙水、石梁溪等很多支线，这些支线有的是自然河流，有的是人工河流，共同构织起扬州地区庞大的水运网络。运河沿线的航运节点和交通枢纽，除了经济最发达的扬州城外，还有一些县城、军镇、草市、津渡、驿站，甚至埭、闸、堰等水利工程，它们因运河而生，因运河而盛，是运河水网的重要组成部分。下面略作梳理。

1. 扬子津（扬子镇）。扬子津，又名扬子桥、扬子渡，在今扬州市南约 15 里处。在瓜洲积涨并岸之前，曾长期是长江北岸重要的江滨要津，历史上很多著名的事件均发生于此。如隋文帝开皇十年（590），杨素率水师自此渡江击朱莫问于京口，平晋陵顾世兴、无锡叶略。隋炀帝大业七年（611），隋炀帝升钓台，临扬子津，大宴百僚，寻置临江宫（亦名扬子宫）于此。

唐玄宗开元（713—741）以前，受到潮信的影响，扬子津的通航情况较好。盛唐诗人祖咏《泊扬子津》云："才入维扬郡，乡关此路遥。林藏初过雨，风退欲归潮。江火明沙岸，云帆碍浦桥。客衣今日薄，寒气近来饶。"[2]可见扬子津确实是一处重要的渡口，乃官商船舶必经之地以及文人墨客迎来送往的停泊之处，又由"江火明沙岸"一句可知，当时已有不少人定居于此。为了保证漕运通畅，在扬子津的渠口处还设置了两个斗门（水门），以时启闭，以节水量，以利舟航。唐《水部式》载："扬州扬子津斗门二所，宜于所管三府兵及轻疾内量差分番守当，随须开闭。"[3]"扬子津斗门"是我国有据可考最早的船闸，所谓斗门（水门）其实就是闸门。[4]由于设置了两个斗门，故应为"复式船闸"的雏形，这是运河工程史上一项先进技术。其原理与现代船闸相同，是

[1]〔宋〕司马光编著，〔元〕胡三省音注：《资治通鉴》卷二九四后周世宗显德五年（958）正月，中华书局 1956 年版，第 9577—9578 页。

[2]〔清〕彭定求等编：《全唐诗》卷一三一（祖咏）《泊扬子津》，中华书局 1960 年版，第 1335 页。

[3] 罗振玉：《鸣沙石室佚书正续编》，北京图书馆出版社 2004 年版，第 253 页。

[4] 郑连第：《唐宋船闸初探》，《水利学报》1981 年第 2 期，第 66 页。

在河道落差较大的河段修建两道闸门,两闸之间为闸道(闸室)。当船由下游向上游行驶,进入闸道后,即关闭下游水闸,同时打开上游水闸,待闸内水位与上游水位齐平后,行船即可向上游行驶。如果是由上游向下游行驶,即待船进入闸道后,关闭上游水闸,同时打开下游水闸,等到闸内水位与下游水位齐平,行船即可向下游行驶。这种方式既能保证来往船只不会因为河道落差太大而无法航行,又能防止河水走泄。唐玄宗开元十八年(730),宣州刺史裴耀卿在奏疏中提到"以岁二月至扬州入斗门,四月已后,始渡淮入汴,常苦水浅"[1],此时瓜洲尚未并岸,故所述斗门很可能就是指扬子津的两个斗门。

唐玄宗开元以后,因为江中沙洲的阻隔,扬子津的航运地位有所下降,很多舟船不得不绕行瓜洲趋白沙北行。齐浣开伊娄河自此南达瓜洲渡口,扬子津地位虽已不如唐前期,但仍是往来要津。卢纶在《泊扬子江岸》中说:"山映南徐暮,千帆入古津。鱼惊出浦火,月照渡江人。"[2]又白居易《三月三日被禊洛滨》云:"转岸回船尾,临流簇马蹄。闹翻扬子渡,踏破魏王堤。"[3]孟浩然也作有《宿扬子津寄润州长山刘隐士》《扬子津望京口》等诗,这些诗句都表明扬子津商旅渡者极众,热闹非凡。津渡处还设有馆驿,供来往商人旅客停驻歇脚,如孟浩然《渡扬子江》云:"桂楫中流望,京江两畔明。林开扬子驿,山出润州城。"[4]扬子津的重要性不仅体现在它是运河航运节点,还因为它是一处重要的沿江港口。刘禹锡将离夔州刺史任,作《别夔州官吏》云:"三年楚国巴城守,一去扬州扬子津。"[5]展现了扬子津与巴蜀地区便捷的水运交通。到了五代时期,很多诗句仍能展现扬子津的交通地位,如徐铉《柳枝辞》十二首之一云:"暂别扬州十度春,不知光景属何人。一帆归客千条柳,肠断东风扬子津。"[6]

---

[1]〔宋〕欧阳修、宋祁:《新唐书》卷五三《食货志三》,中华书局 1975 年版,第 1366 页。

[2]〔清〕彭定求等编:《全唐诗》卷二七九(卢纶)《泊扬子江岸》,中华书局 1960 年版,第 3177 页。

[3]〔清〕彭定求等编:《全唐诗》卷四五六(白居易)《三月三日被禊洛滨》,中华书局 1960 年版,第 5178 页。

[4]〔清〕彭定求等编:《全唐诗》卷一六〇(孟浩然)《渡扬子江》,中华书局 1960 年版,第 1654—1655 页。

[5]〔清〕彭定求等编:《全唐诗》卷三六一(刘禹锡)《别夔州官吏》,中华书局 1960 年版,第 4082 页。

[6]〔清〕彭定求等编:《全唐诗》卷七五二(徐铉)《柳枝辞》,中华书局 1960 年版,第 8565 页。

　　唐初在扬州设置有军事性质的扬子镇,唐高宗永淳元年(682)升格为扬子县,即扬子津地域,镇、县位于南北军道之冲要,亦为东西江运、南北渠运之枢纽。唐朝中叶,盐铁漕运为长安军政命脉所系,故置扬子盐铁巡院于扬子县,东南诸道盐场皆受其管辖。巡院后或兼江淮以南两税使。唐末,巡院或置巡官,专营东南福广海运。刘晏主运时,又在扬子县设造船厂,足见扬子镇和扬子县不仅是水运交通要道,而且是江淮地区造船中心之一,对于整个唐王朝来说非常重要。

　　2. 瓜洲。瓜洲即今扬州市邗江区瓜洲镇[1],是由扬州、镇江之间长江中沙洲堆积而成,自唐代以后逐渐成为长江下游北岸和大运河上重要的交通枢纽。历代文人墨客行经此地,留下了很多名诗名篇。如白居易《长相思》:"汴水流,泗水流,流到瓜洲古渡头,吴山点点愁。"[2]张祜《瓜洲闻晓角》:"寒耿稀星照碧霄,月楼吹角夜江遥。五更人起烟霜静,一曲残声遍落潮。"《题金陵渡》:"金陵津渡小山楼,一宿行人自可愁。潮落夜江斜月里,两三星火是瓜洲。"[3]李绅《宿瓜州》:"烟昏水郭津亭晚,回望金陵若动摇。冲浦回风翻宿浪,照沙低月敛残潮。"[4]高蟾《瓜洲夜泊》云:"偶为芳草无情客,况是青山有事身。一夕瓜洲渡头宿,天风吹尽广陵尘。"[5]刘长卿《瓜洲道中送李端公南渡后归扬州道中寄》:"片帆何处去,匹马独归迟。惆怅江南北,青山欲暮时。"[6]由这些诗句可以看到各色人群的身影。由于瓜洲渡口的性质,离别、启程、思乡、惆怅等情感在诗文中随处可见,如《唐国史补》载,李牟秋夜在瓜洲吹笛,

　　[1]　古今之瓜洲并不能完全等同。瓜洲自初成后,其面积似乎就在不断扩大。但至明清之际,上游世业洲逐渐形成,江水主流绕过世业洲而南,折向东北,遂对瓜洲江岸不断冲蚀,至光绪年间"全城皆沦于大江",今天的瓜洲是清末以来重新发展起来的。

　　[2]　〔清〕彭定求等编:《全唐诗》卷八九〇(白居易)《长相思》,中华书局1960年版,第10057页。

　　[3]　〔清〕彭定求等编:《全唐诗》卷五一一(张祜)《瓜洲闻晓角》、卷五一一(张祜)《题金陵渡》,中华书局1960年版,第5837、5846页。

　　[4]　〔清〕彭定求等编:《全唐诗》卷四八二(李绅)《宿瓜州》,中华书局1960年版,第5487页。

　　[5]　〔清〕彭定求等编:《全唐诗》卷六六八(高蟾)《瓜洲夜泊》,中华书局1960年版,第7647—7648页。

　　[6]　〔清〕彭定求等编:《全唐诗》卷一四七(刘长卿)《瓜洲道中送李端公南渡后归扬州道中寄》,中华书局1960年版,第1480页。

笛声悲凉,导致"舟人贾客,皆有怨叹悲泣之声"[1],笛声凄婉哀怨,勾起了这些漂泊于瓜洲异乡贾客的思乡之情,情真意切。西汉以前,长江主泓靠近南岸,北面江岸迅速积涨。西汉以后长江主泓北移,北面江岸受到江水冲刷,逐渐崩塌,江中泥沙又逐渐在南岸堆积下来,大约到了唐代初年,南岸润州(今镇江市)附近江面开始大量地积沙。由于沙洲的形成并非一朝一夕,故瓜洲初生于何时不得详知。不过至开元末年,瓜洲逐渐扩大至周回数十里,阻塞了京口、扬子之间的水运交通,往来船舶只有绕瓜洲而行才能到达对岸。唐玄宗开元二十六年(738)齐浣开伊娄河,南北横穿沙洲,大大缩短了航程,官府在此置埭,收过埭船税,最终奠定了瓜洲在南北水运交通中的咽喉地位。[2]

关于瓜洲之得名,一般认为是因其形如瓜。[3]此说有误,瓜洲之名应与上游的瓜步山相关。唐玄宗开元十四年(726),"润州大风自东北,海涛没瓜步"[4]。此事在《旧唐书》中被记为"没瓜步洲"[5],又同书《永王璘传》中也将"瓜洲"称之为"瓜步洲"[6]。《〔嘉定〕镇江志》云:"案今扬州西南二十里有瓜洲,土人云其洲为瓜步也。"[7]这都说明早期"瓜步洲""瓜步"名异实同,而"瓜洲"是"瓜步洲"的简称。又《旧唐书·玄宗纪》中记,齐浣开伊娄河于"扬州南瓜洲浦"[8],浦意为水边或河流入海的地方,按南朝梁任昉所述,"水际谓

[1]〔唐〕李肇:《唐国史补》卷下,《景印文渊阁四库全书》第1035册,台湾商务印书馆1983年版,第446页。

[2] 邹逸麟:《瓜洲小史》,罗卫东、范今朝主编:《庆贺陈桥驿先生九十华诞学术论文集》,浙江大学出版社2014年版,第106—111页。

[3] 按"形如瓜"的说法起源甚早,如金人元好问就持此说(〔金〕元好问编,〔元〕郝天挺注:《唐诗鼓吹》卷三《同温丹徒登万岁楼》,《景印文渊阁四库全书》第1365册,台湾商务印书馆1983年版,第422页)。此外,除"形如瓜"的说法外,亦有认为瓜洲得名于其境内"瓜"字形河道的(《〔嘉庆〕瓜洲志》卷一《疆域》引《五志》,《扬州文库》第1辑第38册,广陵书社2015年版,第124页),但唐代已有瓜洲之名,而此时瓜洲只有伊娄河一河穿洲而过,并无河道三支的情况。漕河于瓜洲境内分为三支,是明代的情况,以此得名的说法显然是后人附会。

[4]〔宋〕欧阳修、宋祁:《新唐书》卷三六《五行志三》,中华书局1975年版,第931页。

[5]〔后晋〕刘昫等:《旧唐书》卷三七《五行志》,中华书局1975年版,第1358页。

[6]〔后晋〕刘昫等:《旧唐书》卷一〇七《永王璘传》,中华书局1975年版,第3265页。

[7]〔宋〕史弥坚修,卢宪纂:《〔嘉定〕镇江志》卷六《地理》,《宋元方志丛刊》第3册,中华书局1990年版,第2368页。

[8]〔后晋〕刘昫等:《旧唐书》卷九《玄宗纪下》,中华书局1975年版,第210页。

之步",又吴、楚间谓"浦"为"步",语而讹也,[1] 则"瓜洲浦"即为"瓜洲步"。瓜步,在今南京六合区,境有瓜埠山。鲍照《瓜步山楬文》云:"鲍子辞吴客楚,指究归扬,道出关津,升高问途。……瓜步山者,亦江中眇小山也。"[2] 南北朝时,建康为南朝首都,瓜步是南北要津,北魏太平真君十一年(450),拓跋焘即陈兵于此以窥建康。[3] 对于瓜洲与瓜步的关系,邹逸麟提出过两种推论:一是原在六合附近江面出现积沙,名瓜步江沙或瓜步沙,以后逐渐下移至京口、扬州间江面;二是瓜步江名延伸至扬子、京口间,因而将积沙冠以"瓜步"之名。[4] 不过,今天瓜埠山与瓜洲的距离约百里,沙洲的下移与江名的延伸都比较牵强。故比较合理的情况应该是,由于瓜步山阻隔江水,瓜步下游一线,水流放缓,泥沙逐渐淤积,这一江域内于是形成了一个庞大的沙洲群。这些沙洲有大有小,呈串珠状散布于江流之中,并一直延伸到镇、扬间的江面。

根据《旧唐书》的记载,齐浣在瓜洲开伊娄河时,官衔是润州刺史,此时瓜洲尚未并岸,"遥隶润州,故浣得以改置漕路"[5]。江中沙洲属于新生土地,其归属最初并无定数,瓜洲初成之时,很有可能位于江中靠南的位置,故遥隶润州。这种遥隶的情况一直持续到唐代宗时期(763—779),时任扬州刺史、淮南节度观察使张延赏以"边江之瓜洲,舟航凑会,而悬属江南",故"奏请以江为界"[6]。自此以后,瓜洲由润州改属扬州,结束了跨江遥隶的历史。唐德宗兴元元年(784),右丞元琇判度支,时关辅地区出现旱灾,急需江淮租米以济京师,元琇条奏韩滉"督运江南米至扬子,凡一十八里,扬子以北,皆元琇主之"[7]。扬子即扬子县,高宗永淳元年(682)析江都县置,治扬子镇

[1] 〔梁〕任昉:《述异记》卷下,《景印文渊阁四库全书》第 1047 册,台湾商务印书馆 1983 年版,第 627 页。

[2] 〔南朝宋〕鲍照:《鲍明远集》卷一〇,《景印文渊阁四库全书》第 1063 册,台湾商务印书馆 1983 年版,第 608 页。

[3] 〔北齐〕魏收:《魏书》卷四下《世祖纪下》,中华书局 1974 年版,第 105 页。

[4] 邹逸麟:《瓜洲小史》,罗卫东、范今朝主编:《庆贺陈桥驿先生九十华诞学术论文集》,浙江大学出版社 2014 年版,第 106—111 页。

[5] 〔宋〕史弥坚修,卢宪纂:《〔嘉定〕镇江志》卷六《地理》,《宋元方志丛刊》第 3 册,中华书局 1990 年版,第 2368 页。

[6] 〔后晋〕刘昫等:《旧唐书》卷一二九《张延赏传》,中华书局 1975 年版,第 3607 页。

[7] 〔后晋〕刘昫等:《旧唐书》卷一二九《韩滉传》,中华书局 1975 年版,第 3601 页。

（今扬州邗江区八里镇扬子桥）。[1]十八里是当时润扬之间的江面宽度[2]，乃瓜洲并岸之后江道狭束的结果。扬子县距润州仅十八里，说明瓜洲此时已属扬州扬子县管辖。瓜洲的并岸，大大缩短了润扬之间长江的宽度。沙洲出现之前，江面阔至四十余里，魏黄初年间魏文帝曹丕伐吴，欲渡江，登广陵蜀冈远眺长江，见长江波涛汹涌，叹曰："嗟乎，固天所以限南北也！"瓜洲并岸后江面仅阔二十余里，至元和年间，仅剩下十八里。对于漕运来说，江面束狭是有利的，因为长江江面风大浪急，江南漕船横渡常有倾覆之患，而江面宽度缩短一半无疑大大减少这一风险。瓜洲并向北岸后，代替扬子津成为了南北交通的咽喉。唐代在此也设置有驿站，刘长卿有诗名《瓜洲驿重送梁郎中赴吉州》《瓜洲驿奉饯张侍御公拜膳部郎中却复宪台充贺兰大夫留后使之岭南时侍卿先在淮南幕府》，往来"舟航凑合"，为当时南北水运的重要码头。扬州为唐代第一大商业都会，瓜洲可以说是其南大门和最重要的港口码头。[3]

关于瓜洲并北岸的时间，目前存在分歧。有学者认为最晚不会迟于唐玄宗开元二十五年（737），理由是该年齐浣开伊娄河。[4]不过开凿运河与瓜洲并岸不可等同，齐浣所开之伊娄河长二十五里，[5]为使航程缩短，这条运河必定端直。关于镇扬河段沙洲的形成过程以及两岸距离之变化，北宋蔡居厚有如此描述："润州大江本与今杨子桥为对（干）〔岸〕，而瓜洲乃江中一洲耳，故潮水悉通杨州城中。……今瓜洲既与杨子桥相连，自杨子距江尚三十里，瓜洲以闸为限，则不惟潮不至扬州，亦自不至扬子矣。山川形势，固有时迁易。"[6]按蔡居厚语，瓜洲并岸之后，扬子津与江岸的距离是三十里。也就是说，伊娄河开凿之时，瓜洲与北岸尚有五里宽的夹江。故瓜洲并岸并不会早于开元

[1]〔后晋〕刘昫等：《旧唐书》卷四〇《地理志三》，中华书局1975年版，第1572页；〔宋〕欧阳修、宋祁：《新唐书》卷四一《地理志五》，中华书局1975年版，第1052页。

[2]〔唐〕李吉甫撰，贺次君点校：《元和郡县图志》卷二五《江南道一·润州》，中华书局2013年版，第591页。

[3] 详见邹逸麟：《瓜洲小史》，罗卫东、范今朝主编：《庆贺陈桥驿先生九十华诞学术论文集》，浙江大学出版社2014年版，第106—111页。

[4] 韩茂莉：《唐宋之际扬州经济兴衰的地理背景》，《中国历史研究论丛》1987年第1期。

[5]〔后晋〕刘昫等：《旧唐书》卷一九〇《齐浣传》，中华书局1975年版，第5038页。

[6]〔宋〕胡仔：《渔隐丛话前集》卷二四引《蔡宽夫诗话》，《景印文渊阁四库全书》第1480册，台湾商务印书馆1983年版，第178页。

二十五年(737),前说有误。另有论者认为并岸应在代宗时(763—779),依据是此时瓜洲政区隶属变动[1],但瓜洲改隶扬州与其并岸亦不可等同,只可以作为其并岸的下限。综合来看,将瓜洲并岸的时间定在唐玄宗天宝(742—756)前后较为合适。

3. 白沙镇(迎銮镇)。白沙镇在扬州城西南八十里。唐代扬州沟通长江的渠道主要有三条,其中最西一条由州城向西南约六十里至白沙,濒临大江处有白沙洲(今仪征市东南江滨),据诸史载:"先时,郡米数万石输扬州,轴舻相继,出巢湖,入大江。岁为风波,沉溺者半。乃于湖东北岸橐皋里,作廥廪三十九间,州东二邑人米输于此。由申港出新妇江至白沙。人不劳,水无害。"[2]可见,白沙不仅是邗沟南端的重要口岸,还可由此趋东北通巢肥运河,是江淮东部水运通道与江淮西部水运通道的交汇处。巢肥运河是大运河开凿之前,沟通江淮的主要水道,说明白沙的交通地位在大运河时代之前就已经奠定。白沙还是扬州到建康的必经之地,如唐武宗会昌年间(841—846),进士颜濬下第后"游广陵,遂之建业,赁舟,抵白沙,同载有青衣……及抵白沙,各迁舟航"[3]。大运河贯通之后,白沙的交通地位愈加重要,如崔致远就指出说:"眷彼古津,实为要路。是成镇务,乃在江堰,既居使府之要冲,宜假公才而管辖。况兼场货,可赡军须。"[4]白沙之名为唐代文献所常见,且至唐末五代已经设镇,宋人陆游的游记《入蜀记》载:"晚至真州,泊鉴远亭。州本唐扬州扬子县之白沙镇。"[5]由此可知,白沙镇不但东有漕渠通往扬州城,亦可陆行向北经天长直达泗州,还可向西取滁河水,下濡须水,入巢湖后取淝水、颍水,经庐、寿、颍、陈诸州北至汴洛,是大运河一条十分重要的辅线。

白沙为交通冲要,故设置有驿馆。贯休《避寇白沙驿作》云:"避乱无深浅,

[1] 详见邹逸麟:《瓜洲小史》,罗卫东、范今朝主编:《庆贺陈桥驿先生九十华诞学术论文集》,浙江大学出版社 2014 年版,第 106—111 页。

[2] 〔清〕董诰等编:《全唐文》卷六一二(陈鸿)《庐州同食馆记》,中华书局 1983 年版,第 6181 页。

[3] 〔宋〕陈元靓:《岁时广记》卷三〇《会鬼妃》,清十万卷楼丛书本。

[4] 〔清〕陆心源:《唐文拾遗》卷四〇(崔致远)《张雄充白沙镇将》,中华书局 1983 年版,第 10828 页。

[5] 〔宋〕陆游:《入蜀记》卷二,中华书局 1985 年版,第 11 页。

苍黄古驿东。"[1]又徐铉有诗名为《将过江题白沙馆》[2]。大历年间（766—779）刘晏主盐铁转运，在全国运网要冲之地置盐铁巡院十三所，江淮地区的白沙镇与扬子县各居其一，均因两地为江南漕船入邗沟的入口处。唐末，扬子津淤塞日甚，潮水不通，漕渠通江的水口南移至瓜洲，北去扬州50余里，甚为不便，不如白沙居上游江潮入渠为易，故白沙在南北漕渠商运中的地位渐居扬子、瓜洲之上，并且形成了繁盛的市场，市镇居民众多。刘商《白沙宿窦常宅观妓》云："扬子澄江映晚霞，柳条垂岸一千家。主人留客江边宿，十月繁霜见杏花。"[3]江边有千户人家，即使有夸大之嫌，但必定也是人烟辐辏之地。五代时期，杨吴定都扬州，而徐温及其义子李氏居金陵，遥执国政；及南唐建国，以金陵为西都，并改金陵为昇州，仍以扬州为东都，故这一时期扬州与昇州之间的联系较之扬州与润州之间更为密切。在杨吴统治期间，吴主还曾驾临白沙，观楼船，徐温自金陵朝觐，遂改白沙镇为迎銮镇。[4]

4. 瓜步。白沙之西四十余里有瓜步山，在今南京六合区东南20里，东临大江，为滁水入江水口。瓜步山为南朝沿江军事要塞，后江沙堆积于此，故此段江面津渡方便。由于江潮至此始衰，故水势较为平缓，唐代扬州商旅多有从此过江者。诗文中也常有对瓜步的描写，如刘长卿《更被奏留淮南送从弟罢使江东》："又作淮南客，还悲木叶声。寒潮落瓜步，秋色上芜城。王事何时尽，沧洲羡尔行。青山将绿水，惆怅不胜情。"[5]朱长文《春眺扬州西上岗寄徐员外》："芜城西眺极苍流，漠漠春烟间曙楼。瓜步早潮吞建业，蒜山晴雪照扬州。"[6]唐玄宗开元年间（713—741），江淮间人走崤函，以合肥、寿春为中路。

［1］〔清〕彭定求等编：《全唐诗》卷八三一（贯休）《避寇白沙驿作》，中华书局1960年版，第9372页。

［2］〔清〕彭定求等编：《全唐诗》卷七五一（徐铉）《将过江题白沙馆》，中华书局1960年版，第8550页。

［3］〔清〕彭定求等编：《全唐诗》卷三〇四（刘商）《白沙宿窦常宅观妓》，中华书局1960年版，第3462页。

［4］详见严耕望：《唐代扬州南通大江三渠道》，林庆彰、刘楚华总策划，翟志成：《景印香港新亚研究所〈新亚学报〉》第17卷，万卷楼图书股份有限公司2017年版，第195—247页。

［5］〔清〕彭定求等编：《全唐诗》卷一四七（刘长卿）《更被奏留淮南送从弟罢使江东》，中华书局1960年版，第1501页。

［6］〔清〕彭定求等编：《全唐诗》卷二七二（朱长文）《春眺扬州西上岗寄徐员外》，中华书局1960年版，第3064页。

唐代宗大历（766—779）末年,淮西镇反叛,这条道路可能废弃。唐宪宗元和年间（806—820）,裴度主持平定淮西镇,擒吴元济,这条道路重新通畅,从长安、洛阳二京可以直抵合肥、寿春,沿水路直至白沙、瓜步,扬州与二京之间的水路通道全面恢复。

5. 长芦。瓜步山之西又有长芦,在今南京市六合区南 25 里江滨处,早在南朝时期,长芦即为一处重要的军事要塞,唐朝时则为江津渡口。李白《送当涂赵少府赴长芦》云:"我来扬都市,送客回轻舸。因夸楚太子,便睹广陵涛。……维舟至长芦,目送烟云高。"[1]由扬州乘坐轻舟送赵炎至长芦,赵炎由此渡江到长江南岸的当涂县任职,说明扬州城与长芦之间有河道相通,此河亦是大运河的一条重要支线。

6. 茱萸湾。在今扬州市东北约 10 里处湾头镇,又称湾口、东塘,因湾口有茱萸村而得名。扬州通江渠道的东支为茱萸沟,自州东北十里茱萸湾引合渎水（山阳渎）东经茱萸埭、张纲沟、岱石湖,向东通海陵县海陵仓,这条河道是吴王刘濞所开之运盐河,隋唐时代继续沿用。日本僧人圆仁入唐巡礼,自大江口北岸登陆,循水道西航至扬州,走的就是这条支线。刘长卿《送子婿崔真甫李穆往扬州四首》云:"渡口发梅花,山中动泉脉。芜城春草生,君作扬州客。""半逻莺满树,新年人独还。落花逐流水,共到茱萸湾。"[2]可见在刘长卿的认识里,到了茱萸湾便到了扬州,茱萸湾已成为扬州一处重要的地理标识。又,初唐诗人卢照邻《五悲·悲昔游》云:"忽忆扬州扬子津,遥思蜀道蜀桥人。鸳鸯渚兮罗绮月,茱萸湾兮杨柳春。烟波森森带平沙,阁栈连延狭复斜。"[3]这是扬州与蜀地水运交通的生动写照,而扬州地区的茱萸湾与扬子津均作为航运节点出现在词赋之中。由于茱萸湾是一处重要的入江通道,承担着引江水济运的重任,故还设置有闸口。据《资治通鉴》载,后周显德三年（956）韩令坤奏:"败扬州兵万余人于湾头堰。"胡三省注引《九域志》云:"扬州江都县

[1]〔清〕彭定求等编:《全唐诗》卷一七五（李白）《送当涂赵少府赴长芦》,中华书局 1960 年版,第 1789—1790 页。

[2]〔清〕彭定求等编:《全唐诗》卷一四七（刘长卿）《送子婿崔真甫李穆往扬州四首》,中华书局 1960 年版,第 1481 页。

[3] 万光治主编:《历代词赋总汇·唐代卷》第 2 册,湖南文艺出版社 2014 年版,第 1223 页。

有湾头镇，在今扬州城北十五里。"[1]

　　7.邵伯埭。邵伯即今扬州市江都区邵伯镇。邵伯早期的历史可以追溯到东晋谢安筑埭之事，《晋书·谢安传》载："及至新城，筑埭于城北，后人追思之，名为召伯埭。"[2]相传谢安筑埭而后人名曰"召伯埭"，乃是将谢安比作西周时期的召（邵）伯。召伯原名姬奭，曾辅佐周文王灭商，跟随周公东征平乱，是文、成二王的肱股之臣。后世文献大多沿用此说，如《太平寰宇记》"广陵县"条载："（邵伯埭）盖安新筑，即后人追思安德，比于邵伯，因以立名。"[3]邵伯镇又被称为甘棠镇，亦传与召伯有关，《诗经·甘棠》载："蔽芾甘棠，勿剪勿伐，召伯所芨。蔽芾甘棠，勿剪勿败，召伯所憩。蔽芾甘棠，勿剪勿拜，召伯所说。""甘棠"篇是颂扬召伯南巡时不占民房，而在甘棠树下搭棚听讼决狱的行为。[4]《晋书·谢安传》载："安方欲混一文轨，上疏求自北征……及镇新城，尽室而行，造泛海之装，欲须经略粗定，自江道还东。雅志未就，遂遇疾笃。"[5]可见谢安向有北伐之志，出镇广陵后仍积极备战，如筑新城垒、"造泛海之装"等，而修建邵伯埭也应是他备战的措施之一。所谓"埭"，实际上是河道上的滚水坝，由土石材料或草土材料做成，横截河渠，可起到蓄水、提高河道水位、减缓河水流速的效果。自魏晋时代开始，邗沟就一直存在水量不足的问题，

---

　　[1]〔宋〕司马光编著，〔元〕胡三省音注：《资治通鉴》卷二九三后周世宗显德三年（956）四月，中华书局1956年版，第9554页。

　　[2]〔唐〕房玄龄等：《晋书》卷七九《谢安传》，中华书局1974年版，第2077页。

　　[3]〔宋〕乐史撰，王文楚等点校：《太平寰宇记》卷一二三《淮南道一·扬州》，中华书局2007年版，第2447页。

　　[4]谢安筑邵伯埭之目的，文献中的记载存在较大差异，大体上有防洪、灌溉和蓄水通航三种说法。不过可以注意到，明中期以前的记载多为蓄水通航和灌溉，明中期以后的记载则多为防洪，这是因为邵伯段运河的水环境存在历时性变化。大体来说，明中期以前患水少，故水利工程以蓄水为主；明中期以后患水多，故水利工程以防洪为主。嘉靖二十五年（1546），夺淮之水"合五为一"，黄河改由泗水一股入淮，使淮河及其支流出水不畅，在苏北地区肆意漫流。邵伯、高邮、宝应等地由于地势低洼，汇聚大量淮河之水，由此导致湖面扩大、湖床垫高，危及运河航道。古人在"回忆"邵伯埭功能时多会受到自己所处时代运河水文环境的影响，把现实需求当作"历史记忆"，而并非邵伯埭最初修建之目的。

　　[5]〔唐〕房玄龄等：《晋书》卷七九《谢安传》，中华书局1974年版，第2075—2076页。

故在很多河道落差大的地方修建有这种埭坝。[1]唐代,邵伯埭又有扩建之举,分为南北二堰。埭的修建,虽然利于节水航运,但弊端是舟船过埭需先卸下货物,人力牵挽船过堰后,再将货物装上,费时费力。不过这也间接使邵伯成为了航运的一处重要站点。南唐诗人徐铉《邵伯埭下寄高邮陈郎中》云:"河湾水浅翘愁鹭,柳岸风微噪暮蝉。欲识酒醒魂断处,谢公祠畔客亭前。"[2]说明五代时期邵伯埭仍在发挥着重要的作用。[3]

8.露筋驿。在今扬州市江都区与高邮市交界处的露筋村。日僧圆仁沿运河北行,(开成四年,839)二月二十二日记:"辰时,(由江阳县回船堰)发……暂行到常白堰常白桥下停留,暮际且发,入夜暗行。亥时,到路巾驿,宿住。"[4]回船堰今已不可考。江阳县为扬州的附郭县,管城内东部和郊外地区,故可以推断二十二日这段路程的初始点应是扬州城。圆仁白天由江阳县行至邵伯,傍晚时再由邵伯出发,夜行至露筋驿住宿。常白堰也就是邵伯堰,路巾驿即露筋驿,都是字异而音近。唐人段成式《酉阳杂俎·续集》卷四《贬误》载:"相传江淮间有驿,俗呼露筋。尝有人醉止其处,一夕,白鸟(蚊)〔咕〕嘬,血滴筋露而死。据江德藻《聘北道记》云:'自邵伯埭三十六里至鹿筋,梁先有逻。此处足白鸟,故老云,有鹿过此,一夕为蚊所食,至晓见筋,因以为名。'"[5]故事所据之《聘北道记》(原名《聘北道里记》或《北征道理记》)被认为是记载露筋传说最早的文献。南北朝中后期,南北政权频繁通使,留下了不少交聘朝觐的记录,《聘北道里记》即是南朝使臣江德藻在天嘉四年(563)出使北齐时所作[6]。隋唐时代,江淮地区的邮驿基本上是沿水运线路设置,在

---

［1］王旭:《邵伯早期历史考辩二则》,赵昌智主编:《扬州文化研究论丛(第二十三辑)》,广陵书社 2019 年版,第 133—138 页。

［2］〔清〕彭定求等编:《全唐诗》卷七五四(徐铉)《邵伯埭下寄高邮陈郎中》,中华书局 1960 年版,第 8574 页。

［3］王旭、陈航杰:《水情、工程与市镇:论唐宋时代的邵伯》,《浙江师范大学学报(社会科学版)》2020 年第 1 期,第 64—71 页。

［4］〔日〕圆仁撰,顾承甫、何泉达点校:《入唐求法巡礼行记》卷一,上海古籍出版社 1986 年版,第 32 页。

［5］〔唐〕段成式著,杜聪校点:《酉阳杂俎·续集》卷四《贬误》,齐鲁书社 2007 年版,第 175 页。

［6］〔唐〕姚思廉:《陈书》卷三四《江德藻传》,中华书局 1972 年版,第 456—457 页。《陈书》中记为《北征道理记》,且校勘记中认为天嘉四年为天嘉二年之误。

运河沿线设置了不少水驿,露筋驿应为其中之一。

9.扬州水馆。馆是驿站的一种形式,为地方接待往来驿使及官员而设置的宾馆,所谓"三十里置一驿(其非通途大路则曰馆)"[1]。李绅《宿扬州水馆》云:"舟依浅岸参差合,桥映晴虹上下连。轻楫过时摇水月,远灯繁处隔秋烟。却思海峤还凄叹,近涉江涛更凛然。闲凭栏干指星汉,尚疑轩盖在楼船。"[2]该诗前一首诗名为《入扬州郭》,再结合诗文描写的情景判断,扬州水馆应在扬州城南不远处。圆仁一行在唐文宗开成三年(838)七月二十六日也曾"宿住于江南官店,两僧各居别房"[3],这里的"官店"疑即扬州水馆。

10.龙舟堰。在扬子桥(扬子津)附近。宋太祖开宝九年(976)春正月,忠懿王钱俶觐见,"太祖皇帝因王入觐,敕遣供奉官张福贵、淮南转运使刘德言开古河一道,自瓜洲口至润州江口达龙舟堰,以待王舟楫,其堰遂名曰'大通堰'"[4]。说明龙舟堰在宋代以前已有之。《舆地纪胜》引《十道志》云:"魏文帝临江试龙舟,因以名堰。"[5]堰是蓄水的小型水利工程,横亘于河道之上,使河道可以分段蓄水,保证河流水量,但弊端是舟船过堰需先卸下货物,人力牵挽船过堰后,再将货物重新装运,费时费力,成本耗费巨大,"其重载者,皆卸粮而过,舟坏粮失,率常有之,纲卒傍缘为奸,多所侵盗"[6]。宋真宗天禧三年(1019),由于"粮载烦于剥卸,民力罢于牵挽,官私船舰,由此速坏",为均水势,贾宗毁龙舟、新兴、茱萸三堰[7]。

11.平津堰。《新唐书》卷一四六《李吉甫传》载:"漕渠庳下,不能居水,(李

[1] 〔唐〕杜佑撰,王文锦、王永兴、刘俊文、徐庭云、谢方点校:《通典》卷三三《职官十五·乡官》中华书局1988年版,第924页。

[2] 〔清〕彭定求等编:《全唐诗》卷四八二(李绅)《宿扬州水馆》,中华书局1960年版,第5488页。

[3] 〔日〕圆仁撰,顾承甫、何泉达点校:《入唐求法巡礼行记》卷一,上海古籍出版社1986年版,第8页。

[4] 《吴越备史·补遗》,《景印文渊阁四库全书》第464册,台湾商务印书馆1983年版,第579页。类似的记载又见吴任臣《十国春秋》卷八二《吴越六·忠懿王世家下》,《景印文渊阁四库全书》第466册,台湾商务印书馆1983年版,第100页。

[5] 〔宋〕王象之编著,赵一生点校:《舆地纪胜》卷三七《扬州·景物下》引,浙江古籍出版社2012年版,第1162页。

[6] 〔宋〕李焘:《续资治通鉴长编》卷二五宋太宗雍熙元年二月壬午,中华书局2004年版,第573—574页。

[7] 〔元〕脱脱等:《宋史》卷九六《河渠志六》,中华书局1977年版,第2380页。

吉甫)乃筑堤阕以防不足,泄有余,名曰平津堰。"[1]堰埭的设置虽有利于节水,但弊端是阻碍舟船直航,商货需要在此卸载再装运,不过,这一劣势反而推动了商业聚落的发育,因为很多商人为求便利,会选择在水利工程处直接交易,免去多次装卸之劳。

12. 掘港。唐文宗开成三年(838),日本僧人圆仁随遣唐使藤原常嗣来到中国求法巡礼,在中国待了9年余。所撰《入唐求法巡礼行记》第一卷前半部分,记录了他从日本出发,渡海到达长江口,并由江北内河水路行经扬州的一段旅程,记载了大运河及其支线上的很多站点,小到村落、乡,中至市镇,大到州、县治所。

开成三年(838)七月二日未时,圆仁一行在扬州海陵县白潮镇桑田乡东梁丰村登陆,次日丑时,"潮生,知路之船引前而赴掘港庭。巳时,到白湖口,逆流极湍",这里的"庭"应作"亭",乃是煎盐之所。掘港(今如东县掘港镇)在如皋县东南一百三十里,乃运盐河之东端,也是运河支线上一处重要站点。掘港有延海村,在东梁丰村十八里,村里有寺,名为国清寺,"大使等为憩漂劳,于此宿住"[2]。2017年10月,南通市和如东县文化行政部门委托南京大学组织考古队对掘港国清寺遗址进行考古发掘,出土了大量的唐代文物,如唐代江井、莲花纹柱基等,印证了唐代掘港的繁荣。

13. 郭补村。开成三年七月十八日申时,圆仁一行到达郭补村停宿,记:"入夜多蚊,痛如针刺,极以艰辛。通夜打鼓,其国之风,有防援人,为护官物,至夜打鼓。"[3]对于蚊子的描写说明当时运河沿线的生态环境还较为原始,经常出现舟船行驶几十里而"绝无人家"的情况。蚊子多生于湖沼之地,"盖蚊乃水虫所化,泽国故应尔"[4],当代的生活经验也证明池沼草泽之地的蚊虫往往较多。唐代时江淮流域湖泊众多、河网密布,很多地方尚人口稀少,这种环境非常有利于蚊虫滋生。南宋周密《齐东野语》记:"渡淮蚊蚋尤盛,高邮露

[1]〔宋〕欧阳修、宋祁:《新唐书》卷一四六《李吉甫传》,中华书局1975年版,第4740—4741页。

[2]〔日〕圆仁撰,顾承甫、何泉达点校:《入唐求法巡礼行记》卷一,上海古籍出版社1986年版,第4—5页。

[3]〔日〕圆仁撰,顾承甫、何泉达点校:《入唐求法巡礼行记》卷一,上海古籍出版社1986年版,第6页。

[4]〔宋〕周密撰,黄益元校点:《齐东野语》卷一〇《多蚊》,上海古籍出版社2012年版,第99页。

筋庙是也。"又引孙升《谈圃》云："泰州西洋多蚊,使者按行,以艾烟薰之,方少退。有一厅吏醉仆,为蚊所嘬而死。"[1]

14. 赤岸村。七月二十日卯时,圆仁一行到达赤岸村。由于河道中设有堰坝,阻挡舟船航行,故"掘开坚壕,发去进堰,有如皋院"[2]。

15. 如皋镇。七月二十日午时,圆仁一行到达如皋镇。在离镇半里之处,看到的景象是:"水路北岸杨柳相连。未时到如皋,茶店暂停,掘沟北岸,店家相连。"[3]如皋镇内有如皋院、茶店等,运河岸边店家相连,市场相当繁盛,当是一处重要的航运站点。

16. 延海村。七月二十一日申终,圆仁一行到延海乡延海村停宿。见到的景象是:"蚊蜩甚多,辛苦罔极。半夜发行。盐官船积盐,或三四船,或四五船,双结续编,不绝数十里,相随而行。乍见难记,甚为大奇。"[4]描写了运盐船的场景。

17. 西池寺南江桥。七月二十三日辰时,圆仁一行继续前行,见到九级土塔,乃西池寺,为七所官寺之一。行进不久,到达海陵县南江桥,"县令等迎来西池寺南江桥前。大使、判官、录事等下船就陆,到寺里宿住,县司等奉钱"[5]。

18. 宜陵馆。七月二十四日申时,圆仁一行到达宜陵馆,"此是侍供往还官客之人处……诸船于此馆前停宿。两僧下船看问病者,登时归船……自海陵县去宜陵馆五十里余,去州六十五里"[6]。

19. 禅智桥。七月二十五日未时,圆仁一行到禅智桥东侧停留,桥北头有

[1]〔宋〕周密撰,黄益元校点:《齐东野语》卷一〇《多蚊》,上海古籍出版社2012年版,第99页。

[2]〔日〕圆仁撰,顾承甫、何泉达点校:《入唐求法巡礼行记》卷一,上海古籍出版社1986年版,第6页。

[3]〔日〕圆仁撰,顾承甫、何泉达点校:《入唐求法巡礼行记》卷一,上海古籍出版社1986年版,第6页。

[4]〔日〕圆仁撰,顾承甫、何泉达点校:《入唐求法巡礼行记》卷一,上海古籍出版社1986年版,第7页。

[5]〔日〕圆仁撰,顾承甫、何泉达点校:《入唐求法巡礼行记》卷一,上海古籍出版社1986年版,第7—8页。

[6]〔日〕圆仁撰,顾承甫、何泉达点校:《入唐求法巡礼行记》卷一,上海古籍出版社1986年版,第8页。

禅智寺。[1]

20. 回船堰。圆仁一行到达扬州后,在扬州待了半年余,于唐文宗开成四年(839)二月沿运河继续北行。二十一日,夜宿江阳县回船堰。[2]

21. 高邮县城。二月二十三日辰时,行至高邮县暂驻,"北去楚州宝应县界五十五里,南去江阳县界卅三里。出扬州东廊水门,从禅智寺东向北而行"[3]。秦朝时在高邮就设置了邮传,称高邮亭,可见此地自古以来就是一处重要的交通要站。

22. 宝应县行贺桥。二月二十三日戌时,"过宝应县管内行贺桥,暂行即停,丑时发行"[4]。

23. 白田市。二月二十四日卯时,"到宝应县白田市,市桥南边有法花院"[5]。随着社会生产力和商品经济的发展,唐代江淮地区自发出现了大量的草市,杜牧在《上李太尉论江贼书》中写道:"凡江淮草市,尽近水际,富室大户,多居其间。"[6]指出江淮草市的两大特点:濒临水路与商贾云集。圆仁一行停驻的白田市就是位于大运河畔的一个草市。由于是交通节点,且商货云集,来往文人墨客过此停驻,留下了不少诗句。如李嘉祐《白田西忆楚州使君弟》:"山阳郭里无潮,野水自向新桥。鱼网平铺荷叶,鹭鸶闲步稻苗。秣陵归人惆怅,楚地连山寂寥。却忆士龙宾阁,清琴绿竹萧萧。"[7]李白《白田马上闻莺》:"黄鹂啄紫椹,五月鸣桑枝。我行不记日,误作阳春时。蚕老客未归,白

---

[1] 〔日〕圆仁撰,顾承甫、何泉达点校:《入唐求法巡礼行记》卷一,上海古籍出版社 1986 年版,第 8 页。

[2] 〔日〕圆仁撰,顾承甫、何泉达点校:《入唐求法巡礼行记》卷一,上海古籍出版社 1986 年版,第 32 页。

[3] 〔日〕圆仁撰,顾承甫、何泉达点校:《入唐求法巡礼行记》卷一,上海古籍出版社 1986 年版,第 32 页。

[4] 〔日〕圆仁撰,顾承甫、何泉达点校:《入唐求法巡礼行记》卷一,上海古籍出版社 1986 年版,第 32 页。

[5] 〔日〕圆仁撰,顾承甫、何泉达点校:《入唐求法巡礼行记》卷一,上海古籍出版社 1986 年版,第 33 页。

[6] 〔唐〕杜牧著,陈允吉校点:《樊川文集》卷一一《上李太尉论江贼书》,上海古籍出版社 2009 年版,第 169 页。

[7] 〔清〕彭定求等编:《全唐诗》卷二〇七(李嘉祐)《白田西忆楚州使君弟》,中华书局 1960 年版,第 2167 页。

田已缲丝。驱马又前去,扪心空自悲。"[1]又《赠徐安宜》:"白田见楚老,歌咏徐安宜。制锦不择地,操刀良在兹。清风动百里,惠化闻京师。浮人若云归,耕种满郊岐。川光净麦陇,日色明桑枝。"[2]

24. 宝应县(安乐馆)。二月二十四日辰时,"到宝应县停驻,近侧有安乐馆"[3]。这里的安乐馆应是宝应县境内的一处水陆驿馆。韦应物《将发楚州经宝应县访李二忽于州馆相遇月夜书事因简李宝应》云:"孤舟欲夜发,只为访情人。此地忽相遇,留连意更新。停杯嗟别久,对月言家贫。一问临邛令,如何待上宾。"[4]所述正是这处驿馆。

以上所考邗沟扬州段的航运节点及交通枢纽,虽非全部,但能展现出概略性的图景。大体来说,它们可以分为五类:其一是政区单位,最大的当然是扬州城,其次是高邮、宝应县城,再次为扬子、白沙、如皋等镇,最后为郭补、赤岸等村落。其二是官府设置的驿馆,如瓜洲驿、扬州水馆、露筋驿、安乐馆。其三是水利工程设施或桥梁,如邵伯埭、回船堰、平津堰、行贺桥等。其四是自发形成的草市,如白田市。其五是河口、沙洲等自然分界点,如扬子津、白沙镇长期以来是运河入长江处。当然,这五种分类并非孤立,而是彼此交叉,如一般情况下,水利工程常设在自然分界点处,并极易发展成为市镇。

三、邗沟对隋唐王朝的意义与作用

运河的开凿具有明确的政治、经济、军事和文化目的,而运河开通之后也确实促进了社会经济的发展,沟通了不同地域的文化。诚为论者所指出:"运河之于唐宋帝国,着实像动脉之于身体那样,它的畅通与滞塞,在在都足以影响到国运的兴隆和衰替。……当运河能够充分发挥它的连系南北的作用的时候,这个帝国便要随着构成分子凝结的坚固而势力雄厚,国运兴隆;反之,

---

[1]〔清〕彭定求等编:《全唐诗》卷一八四(李白)《白田马上闻莺》,中华书局 1960 年版,第 1877—1878 页。

[2]〔清〕彭定求等编:《全唐诗》卷一六八(李白)《赠徐安宜》,中华书局 1960 年版,第 1731—1732 页。

[3]〔日〕圆仁撰,顾承甫、何泉达点校:《入唐求法巡礼行记》卷一,上海古籍出版社 1986 年版,第 33 页。

[4]〔清〕彭定求等编:《全唐诗》卷一九○(韦应物)《将发楚州经宝应县访李二忽于州馆相遇月夜书事因简李宝应》,中华书局 1960 年版,第 1955 页。

如果运河因受到阻碍而不能充分发挥,或甚至完全不能发挥它的作用,这个帝国便随着构成分子的离心力的加强而势力薄弱,国运衰微。……运河自隋代开凿后,与唐宋帝国势运的盛衰消长,着实是非常密切的。"[1]这充分肯定了大运河对于唐宋两个统一王朝的意义。

邗沟虽然在大运河诸河段之中最短,不过三百余里,但在隋唐两代发达的水运交通系统中却是最为关键的一环。邗沟贯通江、淮,南隔长江与江南道相望,从润州到杭州达八百余里的江南运河,贯通了富庶的三吴之地。北隔淮河与通济渠相接,连接了黄河中下游传统经济区,向西北延伸与洛阳、长安两都连接。中国北方沟通南方地区最便利的路径,无疑是沿汴水以达泗州,再顺淮河入邗沟以达长江这条线路。而长江以南所有地区,甚至东南亚、西亚等海外地区的人员、粮食、物资要向北输送,邗沟都是最便捷的水运通道。诚为论者所概述:"(隋炀)帝又发淮南民十余万开邗沟至扬子入江。大业六年(610),敕穿江南河,自京口至余杭,八百余里。唐开元时,齐浣复开伊娄河,自京口直达扬子。于是江、淮、河三水交通,漕转东南,以给西北,安、史乱后,唐室遂倚此道为命脉矣。"[2]具体来说,邗沟对隋唐王朝的意义及其作用可以细分为五个方面:

(一)维护国家统一

中国古代社会,陆路交通并不十分便利,而且效率较低,相较而言,水运则是高效快捷的交通运输方式。自大运河修通以后,便成为沟通南北的一条运输捷径,历代封建王朝都极力控制运河,以便运兵输粮,巩固统治。可以说,谁掌握了运河,谁便掌握了交通命脉,小者控制局部,可以割据称王。大者掌控全局,可以统治南北。[3]隋唐两代是中国历史上第二轮大统一时期,与秦汉第一轮大统一不同的是,隋唐虽都定都于长安,国家的政治中心仍在黄河流域,但全国的经济中心已从黄河流域转移到了长江流域,形成了所谓"今天下

---

[1] 全汉昇:《唐宋帝国与运河》,商务印书馆1946年版,第13、125—126页。
[2] 吕思勉:《隋唐五代史·文明卷》,华中科技大学出版社2016年版,第196页。
[3] 朱偰:《大运河的变迁》,江苏人民出版社2017年版,第69—72页。

以江淮为国命"[1]的局面。这就出现了一个如何将南移的经济中心与北方的政治中心联系起来,以维持国家统一的问题。

经济中心的南移与漕运制度的完善存在一个长期发展的历史过程。东汉至南北朝时期,北方战乱不断,阻碍了经济的发展,使其逐渐丧失了经济中心的地位。相形之下,长江以南的广大地区,自六朝以后,除了一些局部战争外,长期处于相对和平安定的环境之中,社会经济持续上升,经过隋唐两朝的开发,社会经济又有了长足的发展,人口也大幅度增加。隋炀帝时江南诸郡尚不过 121895 户,而到了唐玄宗天宝年间,却猛增到 69 万余户,人口达到 473 万。[2]在这种情况下,国家的经济中心和政治中心便出现了分离的情况。安史之乱爆发之后,这种分离的趋向愈加明显,黄河流域大部分地区都受到战争的骚扰和破坏,人口锐减,田园荒芜,农业萎缩不振。以东都洛阳所在的河南府为例,原为全国人口最稠密的地区之一,但到了唐宪宗元和年间(806—820),却仅剩下一万八千户,人口损失达到七分之六。其他地方的情况也就可以略知其大概了。而长江流域远离干戈骚乱,且接收了大量北方移民,户口显著增加,逐渐成为全国的经济中心。如苏州在唐玄宗开元时仅有六万余户,唐宪宗元和时已经增加到十万余户。这些南迁的人口,不仅是优质的劳动力,还带来了北方先进的农业耕作技术,促进了农业和其他产业经济的发展。[3]不过如果任由这种分离趋势持续发展的话,会出现两种可能:其一是为了继续保证首都的首位度,将北方的政治中心迁到南方,这虽在一定程度上有利于巩固政治中心的地位,但势必会削弱王朝对北方地区的控制,隋炀帝的失败就是一例,由于经常巡幸南方,且有意将扬州打造成副都,成为引起北方群雄并起的原因之一;其二是由于南方有较强的经济实力,脱离北方的统治,另立政权。无论是出现哪种情况,国家都将会陷入分崩离析的境地。幸而大运河将东南富庶之区与北方国都连接了起来,能够让南方的粮食和物资源源不

---

[1] 〔清〕董诰等编:《全唐文》卷七五三(杜牧)《上宰相求杭州启》,中华书局 1983 年版,第 7806 页。

[2] 许辉:《江苏境内唐宋运河的变迁及其历史作用》,范金民、胡阿祥主编:《江南社会经济研究·六朝隋唐卷》,中国农业出版社 2006 年版,第 435—436 页。

[3] 史念海:《史念海全集》第 1 卷《中国的运河》,人民出版社 2013 年版,第 408 页。

断地供应北方都城,维护了国家统一。

邗沟作为大运河上最关键的一段,其作用主要体现在两个方面:其一是转运物资。通济渠仅止于淮水,并没有到达东南的富庶核心区,而江南运河止于长江,与北方行政中心相距甚远,只有邗沟真正做到了沟通南北。其二是农业灌溉。邗沟不仅是作为交通线路而存在,还具有农田灌溉的功能,如李袭誉引雷塘水筑勾城塘灌溉农田八百余顷,杜亚置爱敬陂也可"溉夹陂田",李吉甫所筑富人塘、固本塘可以灌溉农田万顷。隋唐时期,江淮之间的淮南地区发展迅速,成为可与江南匹敌的经济区,有较强的粮食产出能力。如唐玄宗年间,安禄山、史思明发动叛乱后,一度想率军南下占领江淮地区,就是为了抢夺淮南的粮仓,幸而河南节度副使张巡、睢阳太守许远死守睢阳城,阻遏了叛军南下之势,才保住了江淮经济腹地。

安史之乱后,唐朝逐渐走向衰败,但仍然支撑了近一个半世纪,其中一个不容忽视的原因是运河基本保持畅通。为了维护好这条连接政治中心与经济区的"生命线",让南方的漕粮能够源源不断地转运到长安和洛阳,唐王朝也是费尽心力。当时山东、汴州的藩镇不时阻碍运河航运,朝廷唯恐漕粮运送受阻,便不惜一切代价同这些方镇节度使展开斗争。如唐宪宗元和十年(815),淮西节度使吴元济起兵叛唐,兵连两淮一带,唐朝官府调动全国的兵力,打了三年的仗,才最终攻下蔡州,消灭了吴元济的残余势力,恢复了运河粮道和淮南谷仓。为了确保运河畅通,官府还对运河沿线的政区进调整,如早在元和四年(809),唐朝便将徐州、泗州划出一部分设立宿州,因为此地"南临汴河,有埇桥为舳舻之会,运漕所历,防虞是资"。正是由于唐王朝不惜一切代价保证漕运生命线,有效地连接起了政治中心与经济区,才使其获得了充足的财赋支持,并依恃江淮的物资力量,先后平定了西川、江东等地区的叛乱,刘辟、李锜、李师道等反叛方镇授首,迫魏博镇的田弘正归顺,成德王承宗献地求降,因而保住了唐朝免遭灭亡,延续了其统治。总之,南方的经济发展,实赖漕运得以继续维持。大运河的畅通,漕运的顺畅,又是唐朝维持统治的关键。[1]

---

[1] 李治亭:《中国漕运史》,台湾文津出版社 1997 年版,第 137 页。

（二）加强南北经济的交流

大运河全线贯通之后，大大加强了南北经济交流，促进了农工商业的发展，节省了人力物力，"可使官及私家，方舟巨舫，晨昏漕运，沿溯不停，旬日之功，堪省亿万"[1]"北通涿郡之渔商，南运江都之转输，其利也博哉！"[2]可见，调运南方物资到北方，是大运河主要的功能之一。其中既有官方行为，主要是指转运南方粮食和贡品到洛阳、长安；也有民间贸易，主要是指运送江南地区的土特产到北方，包括橘、茶等商品。这些商货在活跃经济市场的同时，也提升了北方民众的生活品质，促进了南北经济的交流。漕粮自无须多言，这里仅就土贡和商货略述一二。

1. 土贡。土贡虽然主要是供给统治阶层，并不流入市场，但仍是南北经济交流的一种表现。《元和郡县图志》《文献通考》《通典·食货典》《唐六典》等文献记载了各地土贡物产，重合度颇高。仅就《新唐书·地理志》中的记载，可枚举几例，如湖州吴兴郡，土贡：御服、乌眼绫、折皂布、绵绸、布、纻、糯米、黄栀、紫笋茶、木瓜、杭子、乳柑、蜜、金沙泉；广州南海郡，土贡：银、藤簟、竹席、荔枝、鼊皮、鳖甲、蚺蛇胆、石斛、沉香、甲香、詹糖香；福州长乐郡，土贡：蕉布、海蛤、文扇、茶、橄榄；温州永嘉郡，土贡：布、柑、橘、蔗、蛟革。布帛、粮米、金银等贡品可不受时间限制，运输时间可长可短，但木瓜、乳柑、荔枝、海蛤、橘等物产必须速运，否则易坏，如果不是依托大运河便捷的水运，想要将这些南方物产快速运到北方，肯定难以办到。

2. 商货。长安二年（702），凤阁舍人崔融上《谏税关市疏》云："且如天下诸津，舟航所聚，旁通蜀汉，前指闽越，七泽十薮，三江五湖，控引河洛，兼包淮海，宏舸巨舰，千轴万艘，交贸往还，昧旦永日。"[3]这就说明大运河实现了南北商业交通及货物流通。以贩运数量巨大的橘子为例，所谓"橘生淮南则为橘，生于淮北则为枳"，中原地区自然生长的橘子质量不佳，这给南方商人提供了商机。大历十三年（778），刘晏任尚书左仆射，他对全国的商货价格很清楚，

---

[1]　〔唐〕魏徵、令狐德棻：《隋书》卷二四《食货志》，中华书局1973年版，第684页。

[2]　周绍良主编：《全唐文新编》卷七九七（皮日休）《汴河铭》，吉林文史出版社2000年版，第9678页。

[3]　〔清〕董诰等编：《全唐文》卷二一九（崔融）《谏税关市疏》，中华书局1983年版，第2213页。

故提前购买了大量"江淮茶、橘",并贩卖到北方,因而获得巨利。《新唐书》卷一四九《刘晏传》载:"自江淮茗橘珍甘,常与本道分贡,竞欲先至,虽封山断道,以禁前发,晏厚资致之,常冠诸府,由是媚怨益多。"[1]这里提到刘晏"厚资致之",证明了其私下购买江淮茶、橘贩运到北方的事实。大历十四年(779)五月,唐德宗即位,次月,"诏山南枇杷、江南柑橘,岁一贡以供宗庙,余贡皆停"[2]。也就是下诏停止山南枇杷和江南柑橘大批量上贡,仅余少量以供宗庙祭祀之用。刘晏或许是事先知晓了这一决定,才大量收购江淮茗橘,以图赚取暴利。又薛戎在任浙东观察使时,所辖州内有"触酒禁者罪当死,橘未贡先鬻者死"的规定,薛戎觉得规定不妥,遂"弛其禁"[3],使江南地区所产的柑橘能够及时卖出。而据《新唐书·地理志》中记载,在浙东观察使所辖的州郡之中,苏州吴郡、杭州余杭郡、越州会稽郡、温州永嘉郡均有柑橘产出,且多作为贡品。在这种背景下,薛戎放宽橘子销售的条件,这为其大规模北运提供了可能。

正所谓"荣泽名区,长洲奥壤,土宜虽异,川路攸通。故使贾客相趋,乘时射利,商人递委,从有之无"[4],除了大量的南方商货北运外,当然还存在北货南运的情况。《全唐文》卷九八五《对梨橘判》载:"郑州刘元礼载梨向苏州,苏人宏执信载橘来郑州,行至徐城,水流急,两船相冲,俱破。梨及橘并流,梨散接得半,橘薄盛总不失。元礼执信索陪,执信不伏。"分析这条判词的起因,可知苏州人宏执信贩运到北方的是橘子,郑州人刘元礼卖往苏州的商货是梨。仅此一例,就可证明商业性的北货南运是存在的。判词还对双方运输商货以及事情起因描述道:"大谷元光,言移汴北。江陵朱实,欲渡淮南。于是鼓帆侵星,俱辞故国,扣船忘夕,并届徐城。双鹢争飞,双帆不背。异虚舟而见触,均断舰之相逢,遂使桡逐兰摧。""鼓帆侵星""扣船忘夕"形容运河上商货流通速度很快,舟船日夜兼程,不舍昼夜,而两船之所以相撞,不仅是因为

---

[1]〔宋〕欧阳修、宋祁:《新唐书》卷一四九《刘晏传》,中华书局 1975 年版,第 4796 页。

[2]〔后晋〕刘昫等:《旧唐书》卷一二《德宗纪上》,中华书局 1975 年版,第 320 页。

[3]〔宋〕欧阳修、宋祁:《新唐书》卷一六四《薛戎传》,中华书局 1975 年版,第 5047 页。

[4]〔清〕董诰等编:《全唐文》卷九八五(佚名)《对梨橘判》,中华书局 1983 年版,第 10189—10190 页。

河道狭窄,还由于双方都想争取时间,将易坏的水果快速地运到目的地,故互不相让而酿成事故。

在南北经济交流之中,扬州无疑是最大的商货集散地之一。有很多例子可以证明,如据唐人赵璘《因话录》载,有一名叫卢仲元的士人,曾受人之托,"持金鬻于扬州。时遇金贵,两获八千,复市南货入洛"[1]。卢仲元之所以远从洛阳到扬州卖金,显然是因为此地商业繁荣,金价较高,更容易卖出,获利更丰。当时扬州市场上聚集了大量的南北商货,所以卢仲元又用卖金所得之钱购买商货贩运到洛阳,仅此一趟,就赚了不少钱。由于商业繁荣,扬州城内的富商大贾不计其数,如有名为杜子春者,"以孤孀多寓淮南,遂转资扬州,买良田百顷,郭中起甲第,要路置邸百余间,悉召孤孀,分居第中"[2]。所谓"邸"就是指邸店,为古代兼具货栈、商店、客舍性质的处所。扬州是当时南北商货的集散中心,还有很多考古材料可以证明。以较具代表性的瓷器为例,扬州市文物考古研究所在配合扬州城市建设工程的考古发掘中,曾出土一批唐代巩县窑白瓷、彩瓷和青花瓷器,"扬州出土的这批唐代巩县窑白瓷和彩瓷,按地层年代来分,它主要出土于唐代中期偏晚地层中,与之伴出的有越窑、宜兴窑、洪州窑、寿州窑、邢窑、定窑、长沙窑的唐代各类窑口瓷片以及波斯陶等,其中,巩县窑各类陶瓷片仅次宜兴窑和长沙窑"[3]。在扬州市区范围内出土的巩义窑完整陶瓷器中,不仅有唐三彩武士俑、生肖俑、贴花兽纹三足炉、贴花三足炉、盂、鹰首壶,还有白釉蓝彩盖罐、黄釉绞胎枕、白釉碗、白釉净瓶、青花瓷盘、青花瓷碗和青花瓷执壶等,几乎包括了巩义窑生产的所有品种。[4]这些出土瓷器,有的来自于扬州以南的长沙、宜兴等地,有的来自于扬州以北的寿州、巩县,它们均先运送到扬州,然后分销到全国其他地区或海外。

---

　[1]〔唐〕赵璘撰,黎泽潮校笺:《〈因话录〉校笺》,合肥工业大学出版社2013年版,第58页。

　[2]〔宋〕李昉等编:《太平广记》卷一六《神仙十六》"杜子春"条引《续玄怪录》,中华书局1961年版,第110页。

　[3] 李久海、王小迎:《论扬州出土的巩县窑白瓷和彩瓷》,中国古陶瓷学会编:《中国古陶瓷研究(第十五辑)》,紫禁城出版社2009年版,第295—314页。

　[4] 孙新民:《试述隋唐大运河与南方陶瓷器的交流》,冬冰主编:《流星王朝的遗辉:"隋炀帝与扬州"国际学术研讨会论文集》,苏州大学出版社2015年版,第77页。

（三）促进南北文化的交融

大运河绵长而广阔，流经了不同的文化区，连接着关陇文化、燕赵文化、齐鲁文化、淮海文化、荆楚文化和吴越文化等多个区域文化。在大运河全线贯通之前，这些文化区之间存在着很大的封闭性，彼此之间的交流受到限制，而运河的全线贯通则大大加速了各文化区之间的交流与融合，并在很大程度上促进了统一的多民族国家的形成与发展。邗沟与其他河段相比，一大特色是它恰好处于南方与北方的交接地带，淮河和长江是传统观念上南、北方的分界线，故江淮之间的这片区域兼具南北文化的特性，也是最能融合南北文化的区域之一。

文化的要素很多，难以做到面面俱到，这里以饮茶之风为例进行说明。唐人贵茶之风有一个南风北渐的过程，由于大运河是唐代茶商的主要贩运线路，故是茶商通过大运河将茶叶贸易这一物质行为与饮茶风俗向北流传这一文化现象有机地结合了起来。早在魏晋时期，南人饮茶已成风俗，扬州也不例外，但在同一时期，茶在北方却不太受欢迎，多数北人不习惯饮茶，甚至以饮茶为耻。《洛阳伽蓝记》卷三中记载了这样一则故事，南齐琅琊人王肃初到北方时，不食羊肉及酪浆等物，常饭鲫鱼羹，渴即饮茶，每次饮茶可饮一斗，被北魏士人讥笑为"漏卮""酪奴"。唯北魏给事中刘缟仰慕王肃之风，专习茗饮。彭城王嘲讽刘缟说："卿不慕王侯八珍，好苍头水厄，海上有逐臭之夫，里内有学颦之妇，以卿言之，即是也。"[1]讥讽之意，溢于言表。自此之后，朝贵宴会，虽设茗饮，北方人皆耻不复食，惟江表之民远来降者好之。所谓"漏卮""酪奴""水厄"都为嗜茶者的诨名，均非雅称，北人不好茶饮，由此可见。不过这种耻于饮茶的风气，到了唐代已经发生变化，至中唐时期饮茶已成为北方普遍性的饮食风尚，又言"饶州浮梁茶，今关西、山东间阎村落皆吃之，累日不食犹得，不得一日无茶也。其于济人，百倍于蜀茶，然味不长于蜀茶。蕲州茶、鄂州茶、至德茶，已上三处出处者并方斤厚片，自陈、蔡已北，幽、并已南人皆尚之"，可见饮茶在北方已成为一件很家常的事。饮茶之人多而广，甚至已成"比屋之饮"之势，"自梁、宋、幽、并间，人皆尚之，赋税所入，商贾所赍，数千里

---

[1]〔北魏〕杨衒之撰，范祥雍校注：《洛阳伽蓝记校注》卷三《城南》，上海古籍出版社2011年版，第148页。

不绝于道路"。[1]毫无疑问,大运河的全线贯通是促使北方饮茶风气渐起的重要因素。唐时,由于产茶之地多在江淮、巴蜀、两湖等南方地区,茶商大多从这些地方购茶,经运河北上,贩运四方。封演《封氏闻见记》卷六《饮茶》载:"南人好饮之,北人初不多饮。开元中,泰山灵岩寺有降魔师大兴禅教,学禅务于不寐,又不夕食,皆许其饮茶。人自怀挟,到处煮饮。从此转相仿效,遂成风俗。自邹、齐、沧、棣,渐至京邑,城市多开店铺煎茶卖之,不问道俗,投钱取饮。其茶自江、淮而来,舟车相继,所在山积,色额甚多。"[2]可见从江淮地区运送到黄河流域的茶叶数量庞大、种类甚多,且饮茶之风在北方已经普遍流行。扬州则是南方茶叶最大的集散之地,每年二、三月茶熟之际,"四远商人,皆将锦绣缯缬,金钗银钏,入山交易。妇人稚子,尽衣华服,吏见不问,人见不惊"[3]。总之,北人对茶叶的需求为茶商提供了商机,而当茶商将茶叶沿着运河由南向北大量转运时,饮茶之风也随之传入北方,两者是相互影响的关系。[4]

得益于邗沟和江南运河的水运交通区位优势,扬州成为了当时南北文化交融的中心之地,北方文化以此地作为跳板传播到南方,南方文化也以此地为中转站传播到北方。值得一提的是,贯通大运河的隋炀帝杨广便是对糅合南北文化于扬州和传播南北文化有突出贡献的人物,杨广喜好江左文化,长期受到南朝文化的熏染,在任扬州总管、镇守江都期间,大力招揽江南文士,与文化僧人交游,组织他们系统地整理江左文化典籍,并进行文学艺术创作和学术研究。这些江左文士及其作品后来多流入北方,从而推动了江南文风与学风的北传。由于杨广在晋王府邸大力召集江左士族文人,形成了一个多达百余人组成的藩邸学士群体,他与诸多南方诗人唱和甚为密切,向他们学习南朝的文学技艺,并组织他们编纂典籍,其内容涉及经史、杂艺及术数等各个方面,对南朝文化进行系统的整理和总结。江都撤藩之后,杨广将这些南

[1]〔唐〕杨晔:《膳夫经手录》,《续修四库全书》子部第 1115 册,上海古籍出版社 2002 年版,第 524—525 页。

[2]〔唐〕封演撰,赵贞信校注:《封氏闻见记校注》卷六,中华书局 2005 年版,第 51 页。

[3]〔唐〕杜牧著,陈允吉校点:《樊川文集》卷一一《上李太尉论江贼书》,上海古籍出版社 2009 年版,第 168 页。

[4] 李菁:《大运河——唐代饮茶之风的北渐之路》,《中国社会经济史研究》2003 年第 3 期,第 49—54 页。

方文士及文献皆带到北方,极大地推动了南学北输的进程。[1]杨广以平复、稳定江南为目标,围绕南方文士成功地开展了一系列卓有成效的工作,除了推动南北文化的交融外,还最终实现了"易动难安"江南新土的平稳过渡,为新时期统一的多民族国家的形成、发展及唐代盛世的到来和扬州的勃兴奠定了坚实的社会基础。[2]除了隋炀帝这个喜好南方文化的皇帝外,推动南北文化交融者还包括商旅、文人、士子、官员、移民等各阶层群体。总之,邗沟的开凿、大运河的贯通大大促进了南北文化的交流,使北人与南人之间的交往更加频繁,风俗习惯、生活方式、文化艺术也互相影响,相互交融。

邗沟的开凿对南北文化的另一大影响是起到平衡南北的作用。在大运河尚未全线贯通之前,我国南北方文化的发展是不平衡的,北方文化超过南方文化。西汉初年,邗沟对于江都的发展曾起到了一些作用,促使江都一度成为东南文化的一个重要中心,刘宋时代的鲍照作《芜城赋》,描写江都繁华,江都确曾盛极一时,但这只是局部的文化繁荣,整体上南方的文化仍较为落后。然大运河贯通之后,南北朝对峙200多年来的行政界限被消除,阻碍文化交融的交通因素也大大改善,再经过唐王朝200多年政治上比较安定、生产上比较发达的局面,沿着大运河往东南去,经济逐步开发,文化也逐渐发展起来。除了扬州外,南京经过六朝时期的发展,已经成为了长江流域的一个文化中心;苏州从唐朝后期起,已经成为了人文荟萃之地,晚唐时期,苏州出现了像陆龟蒙、皮日休等一流的文学家,嘉兴出现了像陆贽等一流的政治家;在工艺品方面,苏州的刺绣,绍兴的瓷窑(越窑),在全国首屈一指。当然,从整体上看,宋以前南方的文化还是赶不上北方,但两者的差距正在逐步缩小。中国文化中心的由北向南转移,大体上是沿着运河的西北—东南方向前进。首先是由以黄河流域为中心而迁移到江淮之间,再以江淮之间为过渡而移向长江以南。其中大运河的开通虽不是唯一的原因,但却是其中决定性的因素

---

[1]　参见王永平:《隋炀帝之文化趣味与江左文风、学风之北渐》,《学习与探索》2005年第2期,第115—121页。

[2]　马春林:《杨广总管扬州与南方文化名士抚慰》,冬冰主编:《流星王朝的遗辉:"隋炀帝与扬州"国际学术研讨会论文集》,苏州大学出版社2015年版,第228—243页。

之一。[1]

（四）推动了南方特别是江苏地区经济的发展

中国古代黄河流域开发较早，生产技术比较先进，人口密集，文化发达，而南方的江淮地区，则经济较为落后，人口稀少，经济远不及北方。不过自"永嘉南渡"以后，南方的经济开始有所起色，呈现出渐兴的势头。到了隋统一全国，南方终于获得了与北方同步发展的机会。入唐以后，漕食于江淮逐渐成为关系国家命脉的关键之事，而如果没有大运河，也就无法实现大规模的南粮北运。

对于南方地区来说，北方漕粮的需求直接刺激了其农业经济的发展。一方面，国家需要足够多的粮食和物资来维持帝国正常的运转，为此急需进一步发展农业生产，而南方则有大片未被开发的土地；另一方面，朝廷对南方经济给予了充分的重视，以积极有效的措施来推动这一地区农业的发展。特别是在安史之乱以后，中原经济再次遭到重创，传统的黄河中下游产粮区难以保证都城的需求。南方却没有受到战争蹂躏，唐朝政府的税收和漕运不得不倚重于南方。唐代宗宝应二年（763），刘晏在写给元载的信中指出："潭、衡、桂阳必多积谷，关辅汲汲，只缘兵粮。漕引潇、湘、洞庭，万里几日，沧波挂席，西指长安。三秦之人，待此而饱；六军之众，待此而强。天子无侧席之忧，都人见泛舟之役。四方旅拒者可以破胆，三河流离者于兹请命。"[2]这段文字强调潭州、衡州、桂阳等两湖地区的产粮之多，而这些粮食能顺利运到北方的前提是运河畅通无阻。宰相权德舆也指出："江、淮田一善熟，则旁资数道，故天下大计，仰于东南。"[3]总之，在北方经济凋敝的情况下，南方经济却日渐昌盛，雄于全国，是故才有"唐全得江淮财用，以济中兴"的说法。[4]

当时朝堂上的君臣和许多有识之士也都已经意识到国家的命运系于南方，故全力经营，努力发展这一地区的农业，对江苏地区尤为重视。南方农业以水利为命脉，为了促进粮食生产，地方官员普遍整治水渠，兴修水利，筑造

---

[1] 朱偰：《大运河的变迁》，江苏人民出版社2017年版，第77—80页。

[2]〔后晋〕刘昫等：《旧唐书》卷一二三《刘晏传》，中华书局1975年版，第3512页。

[3]〔宋〕欧阳修、宋祁：《新唐书》卷一六五《权德舆传》，中华书局1975年版，第5076页。

[4] 李治亭：《中国漕运史》，台湾文津出版社1997年版，第136页。

堤塘,修缮陂塘,使很多荒废的土地被开垦为肥田沃壤。如扬州爱敬陂,既通漕运,又"溉夹陂田","化硗薄为膏腴者不知几千万亩"。[1]常州的孟渎也是在通漕运的同时"沃壤四千余顷"[2]。楚州修筑常丰堰后,"收常十倍他岁"[3]。又有白水塘,长庆年间(821—824),发青、徐、扬三州的民夫整修,另开凿徐州泾、青州泾、大府泾、竹子泾、棠梨泾用于农田灌溉。[4]泗州汴淮交汇处官田诸渠"仰泽河流,言其水温而泥多,肥比泾水"[5],故田地丰饶。泗州雷陂修筑后"积米至五十万斛,列营三十区"。[6]除了这些官府支持兴修的大规模灌溉工程外,还有众多私人兴修的堤堰陂塘。如苏州、常熟等地,"强家大族,畴接壤制,动涉千顷,年登万箱"[7]。润州练塘幅员四十里,"其傍大族强家,泄流为田,专利上腴,亩收倍钟,富剧淫衍"[8]。可以说,江苏土地的开发和粮食的生产与邗沟、江南运河的开凿相辅相成。

邗沟在影响扬州农业的同时,也促进了当地手工业的发展。大运河的贯通,不仅可以为以扬州为中心的江苏地区提供丰富的手工业原料和广阔的商业市场,而且由于农业的发展,为工商业的繁荣奠定了良好的基础。以煮盐业为例,扬、楚二州海盐资源丰富,煮盐业素称发达。唐初,政府规定:"负海州岁免租为盐二万斛以输司农。青、楚、海、沧、棣、杭、苏等州,以盐价市轻货,亦输司农。"[9]可见当时就有大量的海盐从江苏运往中原地区。许棠《送李员外知扬子州留务》云:"几程回送骑,中路见迎船。冶例开山铸,民多酌海

---

[1]〔清〕董诰等编:《全唐文》卷五一九(梁肃)《通爱敬陂水门记》,中华书局1983年版,第5274页。

[2]〔宋〕马端临:《文献通考》卷六《田赋考六·水利田》,中华书局2011年版,第143页。

[3]〔宋〕王应麟:《玉海》卷二三《地理》"唐常丰堰"条,广陵书社2003年版,第470页。

[4]〔宋〕欧阳修、宋祁:《新唐书》卷四一《地理志五》,中华书局1975年版,第1052页。

[5]周绍良:《全唐文新编》卷七三六(沈亚之)《淮南都梁山仓记》,吉林文史出版社2000年版,第8550页。

[6]〔宋〕欧阳修、宋祁:《新唐书》卷一六六《杜佑传》,中华书局1975年版,第5088页。

[7]〔清〕董诰等编:《全唐文》卷七一三(刘允文)《苏州新开常熟塘碑铭》,中华书局1983年版,第7324页。

[8]〔清〕董诰等编:《全唐文》卷三一四(李华)《润州丹阳县复练塘颂》,中华书局1983年版,第3193页。

[9]〔宋〕欧阳修、宋祁:《新唐书》卷五四《食货志四》,中华书局1975年版,第1377页。

煎。"[1]扬州境内的海陵监为当时全国生产量最大的盐监,年产量达到六十万石,贾至曾指出:"鱼盐之殷,舳舻之富,海陵所入也。"[2]安史之乱后,盐铁之利在国家财政收入中占据重要地位,而当时"盐铁重务,根本在于江淮"[3]。刘晏为盐铁转运使时,"吴、越、扬、楚盐廪至数千,积盐二万余石"[4],产盐量之大,可见一斑。某一年京师的盐价暴涨,"诏取三万斛以赡关中,(刘晏)自扬州四旬至都,人以为神"[5]。当时南方沿海地区所产的海盐都要先集中于扬州,然后再转运到其他地方。圆仁一行在海陵登陆后,乘船自延海村前往扬州,"半夜发行,盐官船积盐,或三四船,或四五船,双结续编,不绝数十里,相随而行。乍见难记,甚为大奇"[6],其产量之多,运输之盛,可以概见。又记如皋镇用水牛牵引盐官船之事,亦可证海陵县一带运载海盐的船舶往来络绎不绝,所言"不绝数十里"不虚。由于煮盐业发达,盐商活动也相当频繁。如长庆元年(821)三月,盐使王播奏请:"扬州、白沙两处纳榷场,请依旧为院。""诸道盐院粜盐付商人,请每斗加五十,通旧三百文价。"[7]可见扬州和白沙是两处重要的海盐交易场所,一些诗文也描写了扬州盐商的活动,如白居易《盐商妇》云:"本是扬州小家女,嫁得西江大商客。……婿作盐商十五年,不属州县属天子。每年盐利入官时,少入官家多入私。官家利薄私家厚,盐铁尚书远不知。"[8]由于贩盐可以牟取暴利,故盐商众多,这些盐商的存在反过来又刺激了扬州盐业的发展。[9]

---

[1]〔清〕彭定求等编:《全唐诗》卷六〇三(许棠)《送李员外知扬子州留务》,中华书局1960年版,第6964页。

[2]〔宋〕李昉等编:《文苑英华》卷七二〇(贾至)《送蒋十九丈奏事毕正拜殿中归淮南幕府序》,中华书局1966年版,第3728页。

[3]〔清〕董诰等编:《全唐文》卷七五一(杜牧)《上盐铁裴侍郎书》,中华书局1983年版,第7784页。

[4]〔宋〕欧阳修、宋祁:《新唐书》卷五四《食货志四》,中华书局1975年版,第1378页。

[5]〔宋〕欧阳修、宋祁:《新唐书》卷一四九《刘晏传》,中华书局1975年版,第4796页。

[6]〔日〕圆仁撰,顾承甫、何泉达点校:《入唐求法巡礼行记》卷一,上海古籍出版社1986年版,第7页。

[7]〔后晋〕刘昫等:《旧唐书》卷四八《食货志上》,中华书局1975年版,第2109页。

[8]〔清〕彭定求等编:《全唐诗》四二七(白居易)《盐商妇》,中华书局1960年版,第4706—4707页。

[9] 周东平:《唐代淮南地区工商业的发展和繁荣》,《中国社会经济史研究》1986年第3期,第15—25页。

（五）孕育出全国第一的经济都会——扬州

经通济渠通往东南地区的大运河无疑是当时全国水运交通的主干线,这不仅是因为它贯通了东南最富裕的地区,而且还是全国各地至长安的通衢。这条水道如此通达,催生出了相当多的经济都会,如汴、宋、徐、楚、润、幽等州。[1]与诸地相较,扬州的地位尤为突出。

自吴王夫差开邗沟筑邗城起,就奠定了扬州作为“运河城市”的底蕴,不过隋代以前,扬州尚只能算作是区域性的政治经济中心,其真正的繁荣是始自大运河的全线贯通。隋唐时期的扬州,不仅是江淮地区水陆交通的中心,还是南方财赋向关中、中原转送的枢纽,江南地区的公私船只,江西、两湖、两广地区的物资聚集到扬州,再通过运河北上,输送到北方各地;北方及江淮地区的物资、土特产品也要通过扬州,转输到江南各地。这种集散转运贸易使扬州的农业、手工业及商业等方面快速发展,商贾如织,人物荟萃,一跃成为全国最繁荣的经济都市,时有“东南扬为大,刀布金玉积如阜”[2]之说。唐末新罗人崔致远在代高骈所奏的《请巡幸江淮表》中,盛赞当时富庶的扬州地区是“扬都粤壤,桂苑名区”,亦展现了扬州经济之繁荣。崔致远所言实无过誉之处,以其中较具代表性的手工业为例,扬州的铜镜、铸钱、丝织品、金银器、制盐业、玉石雕刻、造船等均在全国享有盛誉。仅《新唐书·地理志》中开列的扬州贡品,就有24种之多。据日本僧人元开所撰《唐大和上东征传》载,大宝二年(743),鉴真第一次从扬州出发东渡,随行的一批手工业者中就有玉作人、画师、雕檀、刻镂、铸写、绣师、修文、镌碑等共85人。[3]从这一“工手”名单中,不难看出扬州的手工业人才齐全,分工细密,这自然离不开大运河的功劳。

大运河全线贯通以后,扬州的地位不断提升。就政治地位来说,扬州逐渐成为了仅次于长安和洛阳的第三大政治中心。隋炀帝三下江都,对这座南朝地域性城市的发展和繁荣起到了不可低估的催化、刺激和推动作用,使其

［1］　史念海:《隋唐时期运河和长江的水上交通及其沿岸的都会》,《中国历史地理论丛》1994年第4期,第1—33页。

［2］　〔宋〕欧阳修、宋祁:《新唐书》卷一八九《田頵传》,中华书局1975年版,第5477页。

［3］　〔日〕真人元开著,汪向荣校注:《唐大和上东征传》,中华书局2000年版,第51页。

真正拥有了"陪都"的地位。到了唐代,掌握全国经济命脉的盐铁转运使曾一度驻扎于此,安史之乱后,扬州更是成为了东南八道的首府。就经济文化地位来说,自隋炀帝时期开始,扬州不仅吸引着百官大臣、文人骚客,同时也招揽了一大批富商大贾、工匠艺人云集于此,他们在扬州为官、治学、经商、献艺,给扬州的城市生活和商品经济注入了新的活力,大大推动了扬州向繁荣昌盛之路的迈进。[1]此时的扬州已经成为了全国首屈一指的经济大都会,时人称"扬一益二",就是指扬州为全国排名第一的经济都会,益州(治今四川成都)紧随其后,排名第二。若是拿战国秦汉时期的情况来比较,扬州的位置与"天下之中"的定陶相似。若与现在的情形做比较,唐代的扬州就和今天的上海一样。[2]

　　"扬一益二"是唐宋时期的俗语,这一说法并不是一开始就广泛流传,而是存在一个不断清晰明确的演变过程。[3]隋文帝开皇十五年(595),"天下惟有四总管,并、扬、益、荆,以晋、秦、蜀三王及(韦)世康为之,当时以为荣"。[4]隋在扬、益等地设置总管府,显然是出于政治军事的需要,仅从排序上看,扬州的地位已在益州之上,但在并州之下。经过隋炀帝及唐初君主的着力经营,到了唐中期,扬州和成都两地的经济优势逐渐显现了出来。建中三年(782)判度支赵赞上言云:"请为两都、江陵、成都、扬、汴、苏、洪等州署常平轻重本钱,上至百万贯,下至十万贯,收贮斛斗匹段丝麻,候贵则下价出卖,贱则加估收籴,权轻重以利民。"[5]奏疏中提到的城市,都是当时全国最重要的经济中心。两都、江陵排在成都和扬州之前,说明此时"扬一益二"的说法还未真正产生。成书于唐宪宗元和八年(813)的《元和郡县图志》记,扬州"与成都号为天下繁侈,故称扬、益"[6],这里强调的是扬、益两州已超过

---

[1] 参见朱喆:《扬州古代工艺美术研究》,苏州大学博士学位论文,2013年,第45—46页。

[2] 史念海:《史念海全集》第1卷《中国的运河》,人民出版社2013年版,第393页。

[3] 关于"扬一益二"说法的演变,参见朱祖德《唐代扬州的商业贸易》(《史学汇刊》第三十期,2012年,第57—101页)、谢元鲁《论"扬一益二"》[史念海:《唐史论丛(第三辑)》,陕西人民出版社1987年版,第231—273页]等文。

[4] 〔宋〕司马光编著,〔元〕胡三省音注:《资治通鉴》卷一七八隋文帝开皇十五年(595)十月戊子条,中华书局1956年版,第5549页。

[5] 〔后晋〕刘昫等:《旧唐书》卷一二《德宗纪上》,中华书局1975年版,第334页。

[6] 缪荃孙校辑,贺次君点校:《元和郡县图志·阙卷逸文》卷二,中华书局1983年版,第1071页。

了其他名都雄郡,有旗鼓相当之势,"扬益"说法的雏形已经形成。大约在同一时期,武元衡在《奉酬淮南中书相公见寄》诗序中指出:"时号扬、益,俱为重藩,左右皇都。"[1]文中提到的武元衡是宪宗元和初年的宰相,"中书相公"系指李吉甫,他在元和三年至五年间(808—810)由同平章事调任淮南节度使,并兼中书侍郎平章事,故此诗应作于宪宗初年。由此推断,当时已有类似的说法流传,不过此时人们只把"扬益"看成是天下数一数二的名镇,两州尚没有明确的排序。

更为明确的记载出现于唐宣宗大中九年(855)卢求《成都记序》文中,云:"大凡今之推名镇,为天下第一者,曰扬、益。以扬为首,盖声势也。人物繁盛,悉皆土著,江山之秀,罗锦之丽,管弦歌舞之多,伎巧百工之富,其人勇且让,其地腴以善。熟较其要妙,扬不足以侔其半。"[2]卢求为唐敬宗宝历初年进士,单从序文的后面一句看,作者似乎对扬、益两州的排名有不同的认识,他认为益州应该排在扬州之前,扬州不足益州之半,但这只是站在益州的立场作出的判断,带有较强的主观偏向性,并不会影响到扬州排名第一、益州次之的普遍性看法。当时所谓"名镇为天下第一者,曰扬、益,以扬为首"的说法,稍加引申即为"扬一益二"。可以说,此时"扬一益二"的说法虽然没有明确提出,但观念已经形成。当然,对于扬州"第一"的排名,应该全方位地理解,不能仅局限于经济地位,还应该包括政治、文化等诸多方面,是一个综合性排名。

《全唐诗》卷八七七《盐铁谚》云:"唐世盐铁转运使在扬州,尽管利权,商贾如织。天下之盛,扬为首而蜀次之,故谚曰:'扬一益二。'"[3]此诗创作时间不详,但文中出现"唐世"一词,说明并非唐代出现,但又被清人收入《全唐诗》之中,故很有可能是五代末宋初时期的作品。不过,既然是谚语,自然已经流传了相当长的一段时间,这更加证明"扬一益二"已经成为共识。到了宋代,"扬一益二"的说法已经完全被接受。北宋王观在向皇帝上的《扬

---

[1]〔清〕彭定求等编:《全唐诗》卷三一七(武元衡)《奉酬淮南中书相公见寄(并序)》,中华书局1960年版,第3564页。

[2]〔清〕董诰等编:《全唐文》卷七四四(卢求)《成都记序》,中华书局1983年版,第7702页。

[3]〔清〕彭定求等编:《全唐诗》卷八七七(佚名)《盐铁谚》,中华书局1960年版,第9937页。

州赋》序言中指出:"扬州古都会也,枕江臂淮,与益部号为天下繁盛,故有唐以来,节镇首称扬、益焉。"[1]《资治通鉴》载:"先是,扬州富庶甲天下,时人称'扬一益二'。及经秦、毕、孙、杨兵火之余,江、淮之间,东西千里扫地尽矣。"[2]又较司马光稍早的韩琦,在庆历七年(1047)《扬州厅壁题名记》一文中也说:"故有唐藩镇之盛,惟扬、益二州,号天下繁侈。"[3]很显然,这些文字都流露出一种怀念唐代扬州繁荣和惋惜今世衰败的意味,其着眼点是唐宋两代经济发展程度的高差。宋人洪迈则在《容斋随笔》卷九"唐扬州之盛"条中对"扬一益二"的说法进行了较为全面的梳理:"唐世盐铁转运使在扬州,尽斡利权,判官多至数十人,商贾如织。故谚称'扬一益二',谓天下之盛,扬为一而蜀次之也。杜牧之有'春风十里珠帘'之句。张祜诗云:'十里长街市井连,月明桥上看神仙。人生只合扬州死,禅智山光好墓田。'王建诗云:'夜市千灯照碧云,高楼红袖客纷纷。如今不似时平日,犹自笙歌彻晓闻。'徐凝诗云:'天下三分明月夜,二分无赖是扬州。'其盛可知矣。自毕师铎、孙儒之乱,荡为丘墟。杨行密复葺之,稍成壮藩,又毁于显德。本朝承平百七十年,尚不能及唐之什一,今日真可酸鼻也!"[4]洪迈不仅引用大量的诗句描写了唐代扬州的繁盛,而且指出掌握财政、经营漕运的盐铁转运使在扬州设置了办事官署,往来于此进行贸易的商贾也像织布穿梭一样络绎不绝,并以北宋的情况与唐代相比较,最后又惋惜于旧日繁华逝于五代战乱。洪迈是南宋人,经历了宋金之战、宋廷南迁等重要军事政治事件,少不了国家江河日下之伤感,故这段话或许有追忆往昔繁荣的意味,不过仍由此可见唐时扬州全国排名第一经济都会的地位。

---

[1]〔宋〕王象之编著,赵一生点校:《舆地纪胜》卷三七《扬州·风俗形胜》引,浙江古籍出版社2012年版,第1153页。

[2]〔宋〕司马光编著,〔元〕胡三省音注:《资治通鉴》卷二五九唐昭宗景福元年(892),中华书局1956年版,第8430—8431页。

[3]〔宋〕韩琦:《庆历建帅守厅壁题名记》,《嘉靖惟扬志》卷三三《诗文志》,明嘉靖二十一年(1542)刻本。

[4]〔宋〕洪迈:《容斋随笔》卷九"唐扬州之盛"条,上海古籍出版社1996年版,第122页。

第二节　扬州与长江航运

长江是我国第一大河流,世界第三长河流,干流长 6000 余公里,支流多达数百条,辐辏南北,流经青、藏、滇、川、渝、鄂、湘、赣、皖、苏、沪等省市,自古以来就是东西水运交通干线,素有"黄金水道"之称。仅就隋唐时期的情况来说,长江的干、支流流经陇右道、山南东道、山南西道、剑南道、江南东道、江南西道、淮南道、河南道、河北道、岭南道等道的部分地区,流域极广。隋文帝统一全国后,消除了魏晋以来南北长期对立的状态,为大规模、长距离的长江航运奠定了政治社会基础。永嘉之乱后,长江流域的人户大量增加,土地大规模开发,商品经济快速发展,为长江航运的繁荣奠定了坚实的经济基础。不断提高的造船技术和航运经验的积累,又为水运交通提供了技术上的支持。隋炀帝开通大运河后,不仅促进了南北商货物产的流通,更是激活了东西向长江的航运,使长江内河航运进入了一个崭新的时期,全国的水运交通网络也因之真正凝结成为了一个整体。唐代时,长江航运进一步发展,大臣崔融曾说:"且如天下诸津,舟航所聚,旁通蜀汉,前指闽越,七泽十数,三江五湖,控引河洛,兼包淮海,宏舸巨舰,千轴万艘,交贸往还,昧旦永日。"[1]一幅全国水运交通的图景跃然纸上。这一时期,内河航运网络,以江淮地区为中心,南自闽越,西达蜀汉,北向河洛,将珠江、长江、淮河、黄河等大江大河都贯通了起来。在这张庞大的水网中,长江水系的航运无疑占据关键地位。长江中上游地区的财赋大多要通过长江顺流而下至扬州中转,然后入邗沟北运两京,因此在长江航道上,"运漕商旅,往来不绝"[2]。杜牧所谓"长江五千里,来往百万人"[3],便是形容当时长江航运之盛。崔季卿《晴江秋望》云:"八月长江万里晴,千帆一道带风轻。"[4]一派风轻云淡的美妙江景。五代时期,由于长

---

[1]〔清〕董诰等编:《全唐文》卷二一九(崔融)《谏税关市疏》,中华书局 1983 年版,第 2213 页。

[2]〔唐〕杜佑撰,王文锦、王永兴、刘俊文、徐庭云、谢方点校:《通典》卷一七七《州郡七》,中华书局 1988 年版,第 4657 页。

[3]〔唐〕杜牧著,陈允吉校点:《樊川文集》卷一一《上李太尉论江贼书》,上海古籍出版社 2009 年版,第 170 页。

[4]〔清〕彭定求等编:《全唐诗》卷二九五(崔季卿)《晴江秋望》,中华书局 1960 年版,第 3354 页。

江流域被杨吴、南唐、马楚、荆南及前、后蜀等割据政权所占据,影响到长距离的航运活动。一方面割据政权大多采取保境安民的政策,重视辖区内农工商业的发展,因而所占据地区之内的航运事业尚能保持相当高的发展水平;另一方面,各政权之间又设置了较多的屏障,使长江的运力不能完全发挥出来。

扬州位于长江入海口,又是长江与大运河交汇的要冲之地,具有襟江、遏河和控海的水运交通区位优势。通过长江航运,扬州沟通了全国大部分地区,整个长江及其支流流经地区都成为了其经济腹地。有论者对唐代长江及扬州长江航运有这样的评述:"通驿之水至少两万里以上。陆驿赖通使命,而大量货运端赖水道。李肇云'天下货利,舟楫居多'是也。今就唐时实情论之,水运之盛,大江第一,运河次之,黄河又次之,淮、汉、赣、湘及粤江又次之。……则峡江险急亦行大舟。而荆、扬、洪、鄂诸州,每失火,焚船常数千艘,大江水运之盛可知。唐自中叶以后,农林工矿诸产品皆南盛而北衰,南方为产区,北方为销区。自岷、峨以东,淮、汉以南至岭外,皆因大江会聚扬州,由运河转运北方,其运输量之宏大可知。"[1]一言以蔽之,扬州的发展与长江航运的畅通息息相关。

长江沿岸各地经由扬州向北运输的货物,最西可达益州。益州与长安之间本有驿道沟通,如石牛道、陈仓道、褒斜道、米仓道等,但陆运艰险,费用较高,故由长安前往巴蜀的人,很多不愿翻越秦巴山地,而是走渭水进入黄河,再沿大运河到达扬州,转而走长江航线。唐末,韦庄入蜀就是绕道运河,其所作《秦妇吟》一诗,即描述了战乱之时秦中的一位妇人经运河前往巴蜀,一路上颠沛流离的苦状。虽然颠沛流离,但她始终没有中途改道。[2]又《太平广记》中记载有这样一则故事,唐宪宗元和年间,有呼延冀者,授忠州(今重庆忠县)司户参军,携妻赴任,在泗水(治今临淮镇)遇盗夺其财物[3]。呼延冀由泗水到忠州,显然也是走大运河—长江一线,而扬州则是绕不过去的站点。由此可

---

[1] 严耕望:《严耕望史学论文集·唐代人文地理》,上海古籍出版社2009年版,第1442—1443页。

[2] 周振甫:《唐诗宋词元曲全集·全唐诗》第13册,黄山书社1999年版,第5199—5200页。

[3] 〔宋〕李昉等编:《太平广记》卷三四四《鬼二十九》"呼延冀"条引《潇湘录》,中华书局1961年版,第2726—2727页。

知,长江之于隋唐帝国、扬州之于长江航运的非凡意义。

一、扬州长江航运地位确立的原因

扬州长江航运地位的确立与当时社会经济的各个方面息息相关。南北向大运河的全线贯通对于东西向长江航运的意义无疑是巨大的,如众所知,受到地形地貌的影响,我国的大江大河多是由西向东流,故隋以前大宗物产货物的贩运主要是东西向的,如川蜀之货运到扬州即止,想要贩运到黄河、珠江流域是困难的。不过自大运河全线贯通之后,情况发生了较大的变化,整个国家的交通网络从单线条转向立体化,即所谓"天下利于转输"[1],长江沿线地区的物产可以顺畅地转运到全国各地。除此之外,前代长江航运事业的发展、灵渠的修复与大庾岭的开通、航运知识的积累和航运技术的进步、长江沿线地区经济的发展、长江航道的治理及管理等因素对于促进长江航运事业的发展及巩固扬州"长江之尾"的水运交通地位均起到了重要作用。

(一)前代长江航运事业的发展

隋唐五代时期长江航运事业的繁盛,离不开前代奠定的基础。长江航运有着悠久的历史,先秦时代,就存在短距离的航运,先民们驾乘着独木舟和木筏在江中航行捕捞。春秋战国时期,长江航道常被大规模地用于军事战争,如楚康王十年(前550)楚国利用本国日益壮大的航运力量,在所辖流域中首建水师,由此开启了军航的先河。此后吴、越、巴、蜀等国也相继建造了战船舟师,于是军事性航运便成为了古代长江航运的重要组成部分。[2]如公元前506年吴国为进兵楚国,吴王阖闾命伍子胥开凿了一条胥溪,自今苏州穿太湖西经宜兴、溧阳、东坝、高淳、白臼江至芜湖入江,形成了一条东连太湖,西通长江的航道。单锷《吴中水利书·伍堰水利》载:"自春秋时吴王阖闾用伍子胥之谋伐楚,始创此河,以为漕运,春冬载二百石舟。而东则通太湖,西则入长江。"[3]当时吴、楚两国相互征伐,长江之上水师的战争与军事运输频繁。战

---

[1]〔唐〕杜佑撰,王文锦、王永兴、刘俊文、徐庭云、谢方点校:《通典》卷一〇《食货十》,中华书局1988年版,第220页。

[2]　罗传栋主编:《长江航运史(古代部分)》,人民交通出版社1991年版,第7页。

[3]〔宋〕单锷:《吴中水利书》"伍堰水利"条,《景印文渊阁四库全书》第576册,台湾商务印书馆1983年版,第11页。

国时代,张仪曾威胁楚王:"秦西有巴蜀,大船积粟,起于汶山,浮江已下,至楚三千余里。舫船载卒,一舫载五十人与三月之食,下水而浮,一日行三百余里,里数虽多,然而不费牛马之力,不至十日而距扞关。"[1]张仪的游说词虽有吹嘘的意味,但也在一定程度上反映了古人浮江而下的航运经验。到了秦汉时期,随着江南地区的开发以及国家统一,长江的航运事业冲破了地域的囿限迅速发展。汉人扬雄《蜀王本纪》载:"蜀王有鹦武舟。秦为太白船万艘,欲以攻楚。秦为舳舻万艘,欲以攻楚。"[2]公元前138年至公元前112年,汉武帝多次派遣楼船军自长江流域各地出发,平息了吕嘉、东越的叛乱和分裂。这一时期,也开辟了不少新的交通线路,如秦代开通沟通岭南的灵渠,汉武帝时开通通往巴蜀的褒斜道,东汉时开汴渠,这些水陆交通线路的开发,都在一定程度上促进了长江航运事业的发展。

魏晋以降,孙吴、东晋、刘宋、萧齐、萧梁、陈朝六朝定都于建康(今南京市),大大加快了长江中下游地区的开发进程,建康及其周边地区的政治、军事、经济地位不断提高。长江的航运交通,物资运输以及军事活动也逐渐增多,如三国时孙吴占据江东,以长江为防线,建立起一支庞大的水上舰队,频繁往来于长江中下游地区,舰船之大,有上下五层,可容纳数以千计的士兵。在长江上游地区,蜀汉定都于益州(今成都市),推动了巴蜀地区的开发。再如西晋灭蜀后,司马炎委派王濬任益州刺史,在四川造大船为灭吴做准备,这些大船方一百二十步,可以容纳两千余人,"以木为城,起楼橹,开四出门,其上皆得驰马来往……舟楫之盛,自古未有"[3]。至太康元年(280),王濬率水军八万浮江东下,直取建康。唐人刘禹锡《西塞山怀古》云:"西晋楼船下益州,金陵王气黯然收。千寻铁锁沉江底,一片降幡出石头。"[4]又东晋末年,孙恩、卢循义军的战船也转战于长江中下游沿岸的九江、建康、江陵等地,拥有

---

[1]〔汉〕司马迁撰,〔宋〕裴骃集解,〔唐〕司马贞索隐,〔唐〕张守节正义:《史记》卷七〇《张仪列传》,中华书局1982年版,第2290页。

[2]〔汉〕扬雄著,张震泽校注:《扬雄集校注》,上海古籍出版社1993年版,第254页。

[3]〔唐〕房玄龄等:《晋书》卷四二《王濬传》,中华书局1974年版,第1208页。

[4]〔清〕彭定求等编:《全唐诗》卷三五九(刘禹锡)《西塞山怀古》,中华书局1960年版,第4058页。

"戎卒十万,舳舻千计"[1]的规模。除了军事活动外,这一时期长江流域的漕运活动和商业贸易也相当频繁。如江州刺史刘胤"大殖财货,商贩百万",当时有人批评道:"朝廷空罄,百官无禄,惟资江州运漕。而胤商旅继路,以私废公。"[2]东晋贺循也指出:"江道万里,通涉五州,朝贡商旅之所来往也。"[3]以上事例都说明,长江航运存在一个不断发展的进程,隋唐时代长江航运事业的兴盛离不开前代奠定的基础。

（二）修复灵渠及开通大庾岭

唐玄宗开元年间(713—741),姚崇《兖州都督于知微碑》云:"惟扬奥区……地总淮海,路兼岭蜀。"[4]这里的"岭蜀"也就是指岭南和巴蜀地区。巴蜀地区通过长江航道可以直达江淮,而沟通岭南则是得益于湖南水运(湘江)和江西水运(赣江)的发展,这两条线路都经由长江中下游航道与运河连接。唐懿宗咸通三年(862)五月,"南蛮陷交趾,征诸道兵赴岭南,诏湖南水运自湘江入澪渠,并江西水运,以馈行营诸军"[5]。这次调兵到岭南就是走的这两条航道,而其喉结之处分别是灵渠和大庾岭。

首先看灵渠。灵渠位于今广西桂林市兴安县境内,是沟通长江支流——湘江与珠江支流——漓江的一条重要人工河道。相传秦朝为加强对岭南地区的控制,命史禄凿渠以通舟楫。东汉建武时因军事需要进行过疏浚,后因"年代浸远,堤防尽坏,江流且溃,渠道遂浅,潺潺然不绝如带,以至舳舻经过,皆同累荡,虽篙工楫师,骈臂束立,瞪眙而已",航运能力大大减弱。隋唐时期,随着南方经济的发展,对于水运交通运输的需求增强,加以国家需要加强对西南地区的控制,灵渠被多次浚修。如唐敬宗宝历初年,给事中使李渤,"重为疏引,仍增旧迹,以利行舟。遂铧其堤,以扼旁流,斗其门以级直注,且使溯沿不复稽涩",可惜由于"主役吏不能协公心,尚或杂束筱为偃,间散木为门",

[1]〔唐〕房玄龄等:《晋书》卷一〇〇《孙恩传》《卢循传》,中华书局 1974 年版,第 2631—2635页。

[2]〔唐〕房玄龄等:《晋书》卷八一《刘胤传》,中华书局 1974 年版,第 2114 页。

[3]〔唐〕房玄龄等:《晋书》卷六八《贺循传》,中华书局 1974 年版,第 1827 页。

[4]〔清〕董诰等编:《全唐文》卷二〇六(姚崇)《兖州都督于知微碑》,中华书局 1983 年版,第2087 页。

[5]〔宋〕王溥:《唐会要》卷八七,中华书局 1955 年版,第 1599 页。

导致工程"不历多年,又闻湮圮"。唐懿宗咸通九年(868),桂州刺史鱼孟威再次加以修浚,增置斗门,并改筑石堤。[1]《新唐书·地理志》中也记载了这次修缮的一些细节:"以石为铧堤,亘四十里,植大木为斗门,至十八重,乃通巨舟。"总计用工五万三千余,费钱五百三十余万。[2]重修之后的灵渠,"防厄既定,渠遂汹涌,虽百斛大舸,一夫可涉。由是科徭顿悉,来往无滞,不使复有胥怨者"[3]。灵渠的修复沟通了长江与珠江两大水系,使岭南的船舶经由漓江、湘江可顺利进入长江,至扬州后可与运河连接。扬州的船只也可经由长江进入湘水,过灵渠到达广西,经桂州(今广西桂林)继续往南,经昭州、梧州,再接郁水(珠江支流——西江),到达唐代最大的国际贸易港口之一——广州。由广州出发,则可与大食(阿拉伯)、波斯、南洋诸国进行商业贸易。由广州溯郁水而上,还可至邕州(今广西南宁),由邕州有路可通安南都护府(交州)。如此,全国的水、陆交通干线形成了紧密的网络。

　　再看大庾岭。大庾岭是横亘于江西和广东之间的一条山脉,山脉整体上呈东北—西南走向,阻隔了长江水系和珠江水系之间的联系,对南北交通造成了极大的不便。隋以前虽对大庾岭道路有所开发,但效果并不显著,"初,岭东废路,人苦峻极。行径夤缘,数里重林之表;飞梁嶻嵲,千丈层崖之半。颠跻用惕渐绝其元,故以载则曾不容轨,以运则负之以背"。唐玄宗开元四年(716)冬,张九龄认识到五岭不开,阻碍人员商货流通,难以沟通南北,遂重修大庾岭。修成之后的效果确实相当显著,"坦坦而方五轨,阗阗而走四通,转输以之化劳,高深为之失险。于是乎镂耳贯胸之类,殊琛绝赆之人,有宿有息,如京如坻",这是强调道路开通对于加强地区统治的意义。又"海外诸国日以通商,齿革羽毛之殷,鱼盐蜃蛤之利,上足以备府库之用,下足以赡江淮之求",则强调了道路开通对南北物资流通的意义。[4]自此之后,长江沟通岭南

　　[1]〔清〕董诰等编:《全唐文》卷八〇四(鱼孟威)《桂州重修灵渠记》,中华书局1983年版,第8453—8454页。

　　[2]〔宋〕欧阳修、宋祁:《新唐书》卷四三上《地理志七上》,中华书局1975年版,第1105—1106页。

　　[3]〔清〕董诰等编:《全唐文》卷八〇四(鱼孟威)《桂州重修灵渠记》,中华书局1983年版,第8454页。

　　[4]〔清〕董诰等编:《全唐文》卷二九一(张九龄)《开大庾岭路记》,中华书局1983年版,第2950页。

的东线也贯通,由长江经江州、彭蠡湖、洪州,再入赣江,经大庾岭,南接浈水(今北江),可抵达广州。唐宪宗元和四年(809),李翱行经这条线路,记:"(四月)辛丑,至洪州。遇岭南使,游徐孺亭,看荷(华)〔花〕。五月壬子,至吉州。壬戌,至虔州。己丑,与韩泰安平渡江,游灵应山居。辛未,上大庾岭。明日,至浈昌。癸酉,上灵屯西岭,见韶石。甲戌,宿灵鹫山居。六月乙亥朔,至韶州。丙子,至始兴公室。戊寅,入东荫山,看大竹笋如婴儿,过浈阳峡。己卯,宿清远峡山。癸未,至广州。"[1]由此可知,翻越大庾岭后,还可以折而向东,到达潮州。韩愈被贬至潮州(今属广东),赴任走的就是这条道路。广州是唐代对外贸易的最大港口,这里也是最早设置市舶使管理对外贸易的城市,外国商人和货物可由广州北上经江西大庾岭,沿赣江入长江,至扬州,再沿运河沟通黄河水系,到达洛阳、长安两京和其他北方地区。

（三）航运知识的积累和航运技术的进步

以对长江水文水情的观察和认知为例,长江从四川宜宾到湖北宜昌段被称为川江,由于要经过险峻的三峡地区,故航运的发展较为滞后。《元和郡县图志》卷三〇"涪州"条云:"涪州去黔府三百里,输纳往返,不逾一旬。去江陵一千七百余里,途经三峡,风波没溺,颇极艰危。"足见航运之艰险。不过到了隋唐时期,川江段的航运水平有了显著提高,经过长期的探索和实践,人们已经掌握了河道水情变化的规律及安全过峡的本领。三峡航段中又尤以瞿塘峡最为艰险,四、五月份则是最危险的季节,故古有"五月卜峡,死而不吊"的说法。李白《长干行》诗中记"十六君远行,瞿塘滟滪堆。五月不可触,猿鸣天上哀……早晚下三巴,预将书报家。相迎不道远,直至长风沙"[2],又《荆州乐》中有"白帝城边足风波,瞿塘五月谁敢过?"[3]的疑问。乾宁年间(894—897),朝官李峣携家人自蜀沿江到江陵,时正值夏潦,峡涨湍险,水势正恶,因不听郡牧"水势正恶,且望少驻,以图利涉"的劝告,坚持乘舟东下,俄而舟覆,

---

　　〔1〕〔唐〕李翱:《李文公集》卷一八《来南录》,《景印文渊阁四库全书》第1078册,台湾商务印书馆1983年版,第190页。

　　〔2〕〔清〕彭定求等编:《全唐诗》卷二六(李白)《长干行》,中华书局1960年版,第359页。

　　〔3〕〔清〕彭定求等编:《全唐诗》卷二六(李白)《荆州乐》,中华书局1960年版,第358页。

导致全家溺亡。[1]李白诗文中提到的滟滪堆乃是瞿塘峡口的一大奇观,仡立于江心,砥柱中流,秋冬枯水时节,显露于江心,长约 30 米,高约 40 米,当夏季江水暴涨之时,水流湍急,隐匿江中,横截江流,舟船过此极易触礁。不过人们在长期的航行实践中,已经注意到滟滪堆的水文特点,并总结出"滟滪大如马,瞿塘不可下;滟滪大如牛,瞿塘不可留;滟滪大如幞,瞿塘不可触"[2]的航运经验。在杜甫的《滟滪堆》中亦有"巨积水中央,江寒出水长。沉牛答云雨,如马戒舟航。天意存倾覆,神功接混茫。干戈连解缆,行止忆垂堂"[3]之语。由此可知,时人对川江航道的水情已经相当熟悉。

正是由于航运知识的积累,即便是进入危险的汛期,也有不少舟船安全过峡的例子,如唐宪宗时,杜邠"自西川除江陵,五月下峡,官舟千艘,不损一只",这一成就被认为是"自古未之有也"之事[4]。以前的不可渡之情况,到了唐代变得可行,这种变化正说明这一时期航运知识的积累已经非常丰富。由于航运险滩的水情被摸清,故公私船舶商旅经川江航运出入巴蜀往来不绝,如唐懿宗咸通年间,有姓尔朱者,"家于巫峡,每岁贾于荆、益、瞿塘之墟"[5]。又张祜《送蜀客》云:"楚客去岷江,西南指天末。平生不达意,万里船一发。行行三峡夜,十二峰顶月。"[6]描写了行旅之人由成都出发,沿水路经渝州夜航三峡的情景。李白取峡路出入,也留下"朝辞白帝彩云间,千里江陵一日还。两岸猿声啼不住,轻舟已过万重山"[7]的千古绝句,虽然按常理推断,这样的航行速度在当时难以做到,诗句有相当大的夸张成分,但借此形容船速之快则

[1]〔宋〕孙光宪:《北梦琐言》卷七《李学士赋谶》,朱易安、傅璇琮等主编:《全宋笔记》第一编第一册,大象出版社 2003 年版,第 89 页。

[2]〔唐〕李肇:《唐国史补》卷下,《景印文渊阁四库全书》第 1035 册,台湾商务印书馆 1983 年版,第 449 页。

[3]〔清〕彭定求等编:《全唐诗》卷二二九(杜甫)《滟滪堆》,中华书局 1960 年版,第 2505 页。

[4]〔唐〕李肇:《唐国史补》卷下,《景印文渊阁四库全书》第 1035 册,台湾商务印书馆 1983 年版,第 449 页。

[5]〔宋〕李昉等编:《太平广记》卷三一二《神二十二》"尔朱氏" 条引《南楚新闻》,中华书局 1961 年版,第 2469 页。

[6]〔清〕彭定求等编:《全唐诗》卷五一〇(张祜)《送蜀客》,中华书局 1960 年版,第 5794—5795 页。

[7]〔清〕彭定求等编:《全唐诗》卷一八一(李白)《早发白帝城》,中华书局 1960 年版,第 1844 页。

十分形象生动。

　　对于潮汐和季风的利用也体现了这一时期航运技术的进步。唐人李肇记："凡东南郡邑，无不通水，故天下货利，舟楫居多。转运使岁运米二百万石输关中，皆自通济渠入河而至也。……扬子、钱塘二江者，则乘两潮发棹，舟船之盛，尽于江西。编蒲为帆，大者或数十幅，自白沙溯流而上，常待东北风，谓之潮信。七月、八月有上信，三月有鸟信，五月麦信。"[1]这里的"两潮"指的是一天两次的潮汐活动。受到月球引力的影响，海潮水推动江水向前，船只利用潮汐之力行船可以大大节省劳力，长江下游的航船利用潮信之水甚至可以一直航行到江西地区。在隋唐诗文中，也有不少对长江中下游地区潮汛的描写。如杨广《泛龙舟》："舳舻千里泛归舟，言旋旧镇下扬州。借问扬州在何处，淮南江北海西头。"[2]又孙逖《扬子江楼》："驿道青枫外，人烟绿屿间。晚来潮正满，数处落帆还。"[3]我国长江下游地区是亚热带季风性气候，夏季受海陆气温差异的影响，吹东南风，冬季受来自西伯利亚的寒风影响，吹西北风。所谓上信、鸟信、麦信应是人们对不同时期季风的称呼，时人之所以区别这些信风，自然是为了掌握风向以利于舟船航行。

　　这一时期还出现了一批专门从事航运活动的舟师水手。《唐国史补》卷下载："大历、贞元间，有俞大娘航船最大，居者养生、送死、嫁娶悉在其间。开巷为圃，操驾之工数百，南至江西，北至淮南，岁一往来，其利甚溥，此则不啻载万也。"[4]所谓的"操驾之工"也就是大商人俞大娘雇佣的水手，他们以航船为生计，往来于江西、淮南等地，一个船队的人员可达数百，足见船队规模之大。同卷又载："江淮篙工不能入黄河。蜀之三峡、河之三门、南越之恶溪、南

---

　　[1]〔唐〕李肇：《唐国史补》卷下，《景印文渊阁四库全书》第1035册，台湾商务印书馆1983年版，第448—449页。

　　[2]〔宋〕郭茂倩编撰，聂世美、仓阳卿校点：《乐府诗集》卷四七（隋炀帝）《泛龙舟》，上海古籍出版社2016年版，第602页。

　　[3]〔清〕彭定求等编：《全唐诗》卷一一八（孙逖）《扬子江楼》，中华书局1960年版，第1192—1193页。

　　[4]〔唐〕李肇：《唐国史补》卷下，《景印文渊阁四库全书》第1035册，台湾商务印书馆1983年版，第449页。

康之赣石,皆险绝之所,自有本处人为篙工。"[1]"南康之赣石"也就是赣江上游的险滩,"三峡""三门""恶溪"即江河中险要的地段,舟船航行于此常有搁浅倾覆之患,由于当地人比较熟悉河道水情,故舟船过此多雇佣当地人为篙工。这些船工在长期的航运实践中积累了相当丰富的经验,保证了舟船顺利航行。乐山位于大渡河、青衣江和岷江的交汇处,水势凶险,舟船往往视为畏途。凌云寺海通法师在凌云山栖鸾峰临江山壁上凿造出一尊佛像,寄望神灵镇压水害。佛像高 71 米,头与山等齐,脚托水际。远远望去,"山似一尊佛,佛是一座山"。"神灵镇水"自然没有效果,但船工却利用这尊大佛探索出这一带的水情规律,谚语云:"水淹大佛脚,行船切莫过。"当河水淹没大佛的脚时,水势汹涌,行船危险,佛像成为了特殊的航运坐标。[2]

（四）长江沿线地区经济的发展

航运发展虽然可以促进商业繁荣,但商业并非一个独立部门,它的繁荣还有赖于农业和手工业的发展。扬州作为"长江之尾",长江流域的经济发展情况与扬州的地位直接相关。隋唐以前,长江航运事业的发展之所以受到限制,根本原因是当时全国的经济重心在以黄河流域为中心的北方地区,淮河及长江流经的广大南方地区,经济尚未充分发展起来,"楚越之地,地广人稀,饭稻羹鱼,或火耕而水耨,果隋嬴蛤,不待贾而足……无冻饿之人,亦无千金之家"[3]。可见无论是农业,还是工商业都较为落后。魏晋南北朝时期,北方长期战乱,而南方地区则相对安定,国家的经济重心逐渐南移。到了隋唐时代,南方地区得到进一步开发,经济快速发展,国家的经济重心也逐渐转移到了长江流域,这直接推动了长江航运事业的发展。

以最具代表性的巴蜀地区为例。战国时期李冰父子修筑都江堰后,成都平原的经济快速发展,素有"天府之国"之称。隋唐时期,巴蜀地区的经济开发展现出新的局面。在水利建设方面,据《新唐书·地理志》载,至少修建有

---

[1]〔唐〕李肇:《唐国史补》卷下,《景印文渊阁四库全书》第1035册,台湾商务印书馆1983年版,第448页。

[2] 罗传栋:《长江航运史（古代部分）》,人民交通出版社1991年版,第161—162页。

[3]〔汉〕司马迁撰,〔宋〕裴骃集解,〔唐〕司马贞索隐,〔唐〕张守节正义:《史记》卷一二九《货殖列传》,中华书局1982年版,第3270页。

近 20 处水利灌溉工程,修筑的堰堤有万岁池、官源渠堤、导江小堰、侍郎堰、百丈堰、雒县堤堰、汉阳堰、茫江堰、云门堰、折脚堰、洛水堰、杨村堰,新开的灌溉水渠有新源水、通(远)济渠、利人渠、青神渠等,新开的陂塘有百枝池、广济陂等。开拓了两处新的灌溉区,即新津—彭山—青神灌溉区和汉绵剑灌溉区。[1]在水稻种植业方面,耕种面积不断扩大,不少河川山谷地带都开辟成了稻田,资州出现“稻畦残水入秋池”[2]的景象,在褒城至利州的道路两旁可以见到“水种新插秧,山田正烧畬”[3],阆州更是出现了“芰荷入异县,粳稻共比屋”[4]的农田风光。在农业生产技术方面,育秧移栽技术已经普及,一年两熟制得以推广,推行稻麦轮作复种的地方也相当多,培育出红莲稻、稷秠稻等优质水稻品种。由于农业的发展,粮食不仅能够做到自给,还能向外输送供应其他地区,如唐高祖武德二年(619),太府少卿李袭誉运剑南之米以实京师。除了粮食作物外,农副产品的种类也相当丰富,成都的麻,雅州、彭州的茶叶,梓州、眉州的柑,僰道县的荔枝,成都、梓州的蔗糖,维州、茂州的当归等中药材,都是当时畅销全国的名品。《太平寰宇记》卷七二“益州”条引唐《十道志》云:“巴、蜀土地肥美,有江水沃野,山林竹木蔬食果实之饶,橘柚之园。郊野之富,号为近蜀。丹青文采,家有盐泉之井,户有橘柚之园,纸维十色,竹有九种。”[5]井盐、橘柚、山林竹木等是巴蜀地区代表性的农副产品。

　　手工业方面的进步也十分显著,最突出的是纺织、造纸、印刷三个行业,瓷器、漆器、矿冶、金属品制造、造船、食品加工等手工业部门也均有较大的发展。以纺织业为例,其品种之丰、产量之大、质量之高,在全国都首屈一指,正所谓“蜀土富饶,丝帛所产,民织作冰纨绮绣等物,号为冠天下”“蜀织衣被天下”。《隋书·地理志》记载蜀人的织造技术“绫锦雕镂之妙,殆侔于上国”,

[1] 郭声波:《四川历史农业地理》,四川人民出版社 1993 年版,第 49 页。

[2] 〔清〕彭定求等编:《全唐诗》卷三三二(羊士谔)《寄裴校书》,中华书局 1960 年版,第 3712 页。

[3] 〔清〕彭定求等编:《全唐诗》卷一九八(岑参)《与鲜于庶子自梓州成都少尹自褒城同行至利州道中作》,中华书局 1960 年版,第 2044 页。

[4] 〔清〕彭定求等编:《全唐诗》卷二二〇(杜甫)《南池(在阆中县东南,即彭道将鱼池)》,中华书局 1960 年版,第 2323—2324 页。

[5] 〔宋〕乐史撰,王文楚等点校:《太平寰宇记》卷七二《剑南西道一·益州》,中华书局 2007 年版,第 1462 页。

并非虚言。贞观年间,窦师纶做益州大行台兼任检校工造时,又创造性地织造出了"天马""游麟""对雉""斗羊"等 10 多种花样,使蜀地的织锦业向前迈进了一大步。另,碧罗笼裙、五色背子、无缝锦被、轻容等珍品也都受到时人追捧。当时益州出产单丝罗、高杼衫缎,彭州出产交梭罗,蜀州产白罗,汉州产交梭罗、弥牟布、双纰、衫缎等物,邛州产丝布,简州产绵、绸,梓州、遂州产樗蒲绫、绢、丝布等物,绵州产双纰、对凤、两窠、独窠、白绸、绯红等。根据《唐六典》《新唐书·地理志》及《元和郡县图志》等书的记载,唐代蜀地的丝织品有 36 种,充贡者多达 24 种;麻织品 18 种,充贡者 15 种。[1]

（五）长江航道的治理及管理

对长江航道的治理主要分为主航道和支航道两个方面。就主航道的治理而言,如三峡地区的新滩,自东汉永元十二年（100）崩塌后,两岸乱石丛生,巨石横亘江心,每到丰水季节,舟船过此常有倾覆之患。直到后晋天福八年（943）,才由荆南秭归县令陈起发动当地丁民,凿石整治,以减滩势,大大改善了新滩一带的航运条件。又安庆至拦江矶河段也较为凶险,覆舟之事时有发生,南唐发运使周湛兴工,在安庆至枞阳之间开凿了一条新河,直线沟通了黄溢拦江矶一段直角大弯的两端,不仅使舟船避开了曲江的覆舟之患,还大大缩短了航程。

就支线航道而言,如唐玄宗开元二十三年（735）,益州长史章仇兼琼利用隋代蜀王杨秀开凿的渠道故沟开挖了一条新源水,沟通了温江与成都,又开辟了西山到成都的竹木运输航路。唐宣宗李忱时,白敏中治蜀五年,甚有功劳,其一是领导当地民众开凿了一条穿城而过的人工运河,引岷江水自城西至城东与府河相通,唐代称为"禁河"。乾符二年（875）,唐僖宗任用高骈为剑南西川节度使,高骈在任期间,不仅修城墙、筑罗城,还挖糜枣堰,使岷江环城而流,大大增强了岷江的航运能力。嘉陵江上游,急流冲刷岩石而下,经常集成石滩,阻塞航道。柳宗元在《兴州江运记》中记叙舟船运粮的艰难情形云:"兴州之西为戎居,岁备亭障,实以精卒,以道之险隘……负重而上,若蹈利刃。盛秋水潦,穷冬雨雪,深泥积水,相辅为害……若是者,绵三百里

---

[1]　参见姚乐野:《汉唐间巴蜀地区开发研究》,四川大学博士学位论文,2004 年,第 99—100 页。

而余。"[1]元和年间（806—820），山南西道节度使严砺对嘉陵江上游航道进行了一次较大规模的疏浚。自兴州（今陕西略阳县）至长举县（今甘肃徽县境内）以西，"焚巨石，沃醯以碎之，通漕以馈成州戍兵"[2]，疏通航道二百余里，大大改善了嘉陵江的航运条件。古代赣江也并非所有的河段都是坦途，上游的虔州一带的江中，滩埂阻航道。唐德宗贞元六年（790），虔州刺史路应组织州民，疏浚州城附近的河道，"凿败滩石，以平赣梗"[3]，大大改善了赣江水道的通航条件。[4]

　　除了疏浚河道外，还新开挖了很多人工运河和水港，大大细化了水运网络。如在和州开挖韦游沟，长15里，由乌江浦港通长江，可供境内舟船进出。又开巢湖申港，使当地漕船及各类运输船只可聚散于申港，由申港入"新妇江"，转通长江。[5]在徽州祁门县，有一条通往鄱阳湖口江州的水道，外地的粮食、盐等货物由这条路线运入，山区的木材、茶叶、漆、纸等货物通过这条路线运出，是徽州与外界沟通的重要交通线。不过，其阊门溪段异常艰险，"奔流激注，巨石硉矹，腾沸汹涌，瀺灂圆折，凡六七十里，舟航胜载，不计轻重，篙工楫师，不计勇弱，其或济者，若星驰矢逝，脱或蹉跌，必溺湾旋中，俄顷没迹矣"。太守清和崔公，"自请以俸钱及茶羡利充市木石之用，因召土客、商人、船户接助。夫使咸适其愿，无差役之患，无箕敛之弊，公悦而从之。自咸通元年夏六月修，至三年春二月毕。穴盘石为柱础，叠巨木为横梁，其高一丈六尺，长四十丈，阔二十尺"。阊门溪经过整治后，"不独贾客巨艘，居民业舟，往复无阻"，而且"自春徂秋，亦足以劝六乡之人业于茗者，专勤是谋，衣食之源，不虑不忧"。可见治理甚有成绩。[6]

　　随着长江航运事业的发展，官府对水运管理的机制也逐步健全了起来。

　　[1]〔唐〕柳宗元著，易新鼎点校：《柳宗元集》，中国书店2000年版，第377—378页。
　　[2]〔宋〕欧阳修、宋祁：《新唐书》卷四〇《地理志四》，中华书局1975年版，第1035页。
　　[3]〔清〕董诰等编：《全唐文》卷五六二（韩愈）《银青光禄大夫守左散骑常侍致仕上柱国襄阳郡王平阳路公神道碑铭》，中华书局1983年版，第5692页。
　　[4]罗传栋：《长江航运史（古代部分）》，人民交通出版社1991年版，第163页。
　　[5]周怀宇：《唐代皖江水运与商业贸易》，《安徽师大学报》1992年第2期，第229页。
　　[6]〔清〕董诰等编：《全唐文》卷八〇二（张途）《祁门县新修阊门溪记》，中华书局1983年版，第8430—8432页。

为了确保长江航道的安全,官府专门设置了"游弋"巡航队,往来巡逻,保护江上船只不受盗贼劫掠,同时负责查看长江水道的各种异常情况。唐武宗会昌年间(841—846),杜牧上书给宰相李德裕,指出"今长江连海,群盗如麻,骤雨绝弦,不可寻逐,无关可闭,无要可防""劫杀商旅,婴孩不留""沉舟灭迹者,即莫知其数",导致"自上元至宣、池地界,商旅绝行"。为了加强对长江中下游航道的控制和管理,保护航行舟船安全,政府在江西、淮南、浙西等地挑选善"解弓弩又谙江路者"组成游弋船队,每一百人置一位游奕将,由"清白强干稍有见会者充"。又造五十艘游奕船,将一百名士卒分为两队,轮班巡查航道,缉捕盗贼。各道的分工也十分明确:"淮南游奕至池州界首,浙西游奕至宣州界首,江西游奕至鄂州界首。"各自的责任是:"常须每月一度,至界首交牌,各知界内平安,申报本使。其下番人便于沿江要害处置营,不得抽归使下。"可见航道巡查的管理制度相当严密。这些措施大大提高了长江航道的安全性,保障了长江航运的繁荣。按照杜牧的说法,打击江贼,可去三害,收三利:"人不冤死,去一害也;乡间获安,无追逮证验之苦,去二害也;每擒一私茶贼,皆称买卖停泊,恣口点染,盐铁监院追扰平人,搜求财货,今私茶尽黜,去三害也。商旅通流,万货不乏,获一利也;乡间安堵,狴犴空虚,获二利也;榷茶之饶,尽入公室,获三利也。"故江西观察使裴谊收降贼帅陈璠,"署以军中职名,委以江湖之任……自后廉察,悉皆委任。至今陈璠每出彭蠡湖口,领徒东下,商船百数,随璠行止"。[1]由此可知,加强长江航道管理的效果相当显著。[2]

二、扬州长江航运的类型

我国古代航运交通的发展,大多始于军事运输,航道开发与大规模远距离的航运,也多是从运兵输粮的军事活动开始。不过这种情况到了隋唐时代发生了较大的变化,随着商品经济的发展以及漕运活动的兴起,商业性质的运输逐渐占据主流。《元和郡县图志》记述隋唐时期全国水运交通格局时指出:"炀帝巡幸,乘龙舟而往江都。自扬、益、湘南至交、广、闽中等州,公家运

　　[1]〔唐〕杜牧著,陈允吉校点:《樊川文集》卷一一《上李太尉论江贼书》,上海古籍出版社2009年版,第168—171页。

　　[2]　参见刘小生:《唐代江南西道水路安全问题研究》,江西师范大学硕士学位论文,2007年。

漕,私行商旅,舳舻相继。"[1]所谓"公家运漕,私行商旅",也就是指当时航行在全国河网上的船只应该包括漕运、商运和客运三大类,长江航运自然也不外如是。

（一）漕运

隋唐五代时期,长江流域的粮食生产能力已经超过了北方的黄河流域。初唐的陈子昂指出:"蜀为西南一都会,国之宝府,又人富粟多,浮江而下,可济中国。"[2]足见上游巴蜀地区之富庶。杜佑也曾言:"江、湖、黔中、岭南、蜀、汉之粟可方舟而下,由白沙趣东关,历颍、蔡,涉汴抵东都。"[3]说明长江中游地区也同样是漕粮重要的供给区。大和三年(829)九月诏称:"以河南、河北诸道,频年水旱,重以兵役,而徐、汴管内遭水潦。如闻江淮诸郡,所在丰稔,困于甚贱,不免伤农。……闻如河南通商旅之后,淮南诸郡米价渐起,展转连接之处,直至江西、湖南、荆襄已来,并须约勒。"[4]由此看来黄河中下游地区出现灾荒,也需要江西、湖南、荆襄等长江中游地区供粮。在长江下游的太湖流域,情况也大致相似,"扬州在九州之地最广,全吴在扬州之城最大,嘉禾在全吴之壤最腴,故嘉禾一穰,江淮为之康,嘉禾一歉,江淮为之俭"[5]可见有唐一代,粮食征集的重点地区逐步从黄河流域转移到了长江流域。

长江流域的供粮区基本涵盖了流经的所有地区。《通典》卷一七七"河南府·河阴县"条载:"名通济渠,西通河洛,南达江淮,炀帝巡幸,每泛舟而往江都焉。其交、广、荆、益、扬、越等州,运漕商旅,往来不绝。"[6]可见无论是较远的交州、广州,还是稍近的荆州、益州、越州,都要经过长江航道把漕粮运送到扬州,再经由邗沟、汴河运送到北方,刘晏就曾规定"江南之运积扬州"[7]。

［1］〔唐〕李吉甫撰,贺次君点校:《元和郡县图志》卷五《河南道一·河南府》"河阴县·汴渠"条,中华书局 1983 年版,第 137 页。

［2］〔宋〕欧阳修、宋祁:《新唐书》卷一〇七《陈子昂传》,中华书局 1975 年版,第 4074 页。

［3］〔宋〕欧阳修、宋祁:《新唐书》卷五三《食货志三》,中华书局 1975 年版,第 1369 页。

［4］〔北宋〕王钦若等编:《册府元龟》卷五〇二《邦计部·平粜》,中华书局 1960 年版,第 6015 页。

［5］〔清〕董诰等编:《全唐文》卷四三〇(李翰)《苏州嘉兴屯田纪绩颂(并序)》,中华书局 1983 年版,第 4375 页。

［6］〔唐〕杜佑撰,王文锦、王永兴、刘俊文、徐庭云、谢方点校:《通典》卷一七七《州郡七》,中华书局 1988 年版,第 4657 页。

［7］〔宋〕欧阳修、宋祁:《新唐书》卷五三《食货志三》,中华书局 1975 年版,第 1368 页。

而宣州刺史裴耀卿与唐玄宗对话,之所以说:"江南户口多,而无征防之役。然送租、庸、调物,以岁二月至扬州入斗门,四月已后,始渡淮入汴,常苦水浅。"[1]这也是因为宣州的漕粮要经长江运送到扬州。又,皇甫湜撰文称:"庐陵户余二万,有地三百余里,骈山贯江,扼岭之冲……土沃多稼,散粒荆扬。"[2]荆、扬两州都不是缺粮区,故吉州庐陵县的稻米运到这两个地区显然是充作漕粮。从荆州出发可以沿汉水将粮食运送到关中,从扬州出发则是走大运河一线。而后一条线路无疑是主线,即"潭衡桂阳,必多积谷……潇湘洞庭,万里几日,沧波挂席,西指长安"[3]。说明这些来自两湖地区的漕船皆是顺江东下,然后通过运河漕路北运长安。

在正常年份,长江沿线地区的漕粮是由西向东运送,到达扬州后,再转而向北。但在安史之乱期间,由于中原战乱,大运河被叛乱者阻隔,导致漕船不得不另走其他线路,"江、淮奏请贡献之蜀、之灵武者,皆自襄阳取上津路抵扶风,道路无壅"[4],这是经过上津县,经由汉水北运,越过秦岭到达扶风县。唐肃宗乾元元年(758),江淮租庸使第五琦提出:"请以江、淮租庸市轻货,溯江、汉而上,至洋州,令汉中王瑀陆运至扶风以助军。"[5]这也是计划利用长江航道,将江南和江淮的货物西运,再溯汉水经襄阳、汉中、扶风进入关中。这条临时转运线路的开通,使江淮财赋和军需物资能够通过水运更快地抵达关中平原。后来,遇到运河受阻的情况,汉江河道还不时发挥作用。如唐德宗建中四年(783),"李希烈攻逼汴、郑,江、淮路绝,朝贡皆自宣、饶、荆、襄趣武关"[6]。这条"备选"的运道使地方财赋能够快速、有效地调转,实现了国家财政顺利调拨。"三江五湖,贡输红粒,云帆桂楫,输纳帝乡,军志曰:'先声后实,

[1]〔宋〕欧阳修、宋祁:《新唐书》卷五三《食货志三》,中华书局1975年版,第1366页。

[2]〔清〕董诰等编:《全唐文》卷六八六(皇甫湜)《吉州庐陵县令厅壁记》,中华书局1983年版,第7027页。

[3]〔清〕董诰等编:《全唐文》卷三七〇(刘晏)《遗元载书》,中华书局1983年版,第3762页。

[4]〔宋〕司马光编著,〔元〕胡三省音注:《资治通鉴》卷二一八唐肃宗至德元载(756),中华书局1956年版,第6995页。

[5]〔宋〕司马光编著,〔元〕胡三省音注:《资治通鉴》卷二一九唐肃宗至德元载(756)十月,中华书局1956年版,第7001页。

[6]〔宋〕司马光编著,〔元〕胡三省音注:《资治通鉴》卷二二九唐德宗建中四年(783)十一月,中华书局1956年版,第7379页。

可以震耀夏夷。'"[1]总之,在国家的非常时期,长江漕运要分为东、西两段,以鄂州为界,州以西地区不变,州以东地区的漕粮则是逆流而上。

在政府组织的漕运活动中,除了大宗的粮食运输外,还有各地上供的土贡品和军需用品。相关的记载非常多,如《新唐书·食货志》载:"先是扬州租、调以钱,岭南以米,安南以丝,益州以罗、绸、绫、绢供春彩。因诏江南亦以布代租。"[2]《册府元龟》卷四八五"济军"条载:"元锡为宣州观察使,长庆元年进助军绫绢一万匹,弓箭器械共五万二千事。"[3]《旧唐书·杨贵妃传》:"扬、益、岭表刺史,必求良工,造作奇器异服,以奉贵妃献贺。"[4]这些物资中较为著名者,包括益州的丝织品、春酒、糖,豫章(今江西南昌)的瓷器、酒器、茶釜、茶铛、茶碗,宣城(今属安徽)的空青石、纸笔、黄连,始安(今广西桂林)的蕉葛、蚺蛇胆、翡翠等。安史之乱后,洪(今江西南昌)、宣(今安徽宣城)二州的军器、绢匹,都被作为常年上贡和特贡物资,东运扬州,通过运河转达关中。唐代宗时,刘晏在扬州造船,"调巴、蜀、襄、汉麻枲竹筱为绹挽舟"[5],襄是指襄水,汉是指汉江,均在长江北岸,襄、汉连用代指江汉平原这片区域。麻枲、竹筱等均是用于制造漕船的材料,故属政府征调的漕运物资之列。

(二)商运

长江流域的经济开发,加快了流域之内农业与手工业的分工,采矿、冶炼、制铜、造船、伐木、纺织、制盐、造纸、制瓷、制陶等行业的分工日趋明细,并形成了若干优势生产区,各区之间商品的交换贸易也日益频繁起来。唐宪宗元和十二年(817)《李夷简淮南节度同平章事制》载:"言念淮海,斯为奥区,走商贾之货财,引舟车之漕挽。"[6]又沈括《扬州重修平山堂记》云:"扬州常节制淮南十一郡之地,自淮南之西,大江之东,南至五岭、蜀汉,十一路百州之

[1]〔后晋〕刘昫等:《旧唐书》卷一二三《刘晏传》,中华书局1975年版,第3512—3513页。

[2]〔宋〕欧阳修、宋祁:《新唐书》卷五一《食货志一》,中华书局1975年版,第1345页。

[3]〔北宋〕王钦若等编:《册府元龟》卷四八五《邦计部·济军》,中华书局1960年版,第5798页。

[4]〔后晋〕刘昫等:《旧唐书》卷五一《玄宗杨贵妃传》,中华书局1975年版,第2179页。

[5]〔宋〕欧阳修、宋祁:《新唐书》卷五三《食货志三》,中华书局1975年版,第1368页。

[6]〔宋〕宋敏求编:《唐大诏令集》卷五三《李夷简淮南节度同平章事制》,中华书局2008年版,第280页。

迁徙贸易之人，往还皆出其下。舟车南北，日夜灌输京师者，居天下十之七。"[1]
所述虽然是宋代的情况，但这种交通区位优势却在唐代就已经确立，所谓"迁
徙贸易之人"也就是指那些南来北往的商贾。

长江流域比较著名的商品，包括益州的丝绸织锦、蜀麻，洪州的茶具与长
沙等地的陶瓷，扬州的铜镜、锦袍、海盐，越州等地的铜器，杭州、信州、宜州的
名纸，江西的木材，剑南、江南的丝织品以及饶州浮梁的茶叶等。不过在诸多
商货之中，仍以粮食为大宗。如长江中游地区的湖南、江西诸州郡"出米至多，
丰熟之时，价亦极贱"[2]，为官府筹粮的重点区域。唐文宗大和三年（829），由
于河南地方官吏将从江、淮运来的粮食价格压得太低，米商不愿前往淮南、山
东、河南贩粮，致使徐、泗等地遭灾乏粮，于是官府在九月下敕："河东、河北诸
道，频年水旱，重以兵革，农耕多废，粒食未丰。……江、淮诸郡，所在丰稔，困
于甚贱。……商旅不通，米价悬异，致令水旱之处种食无资。"并派遣御史赴
河南巡察，了解到"米商不行"的原因是各地政策存在差异，于是即行除禁，
"河南通商旅之后，淮南诸郡，米价渐起，展转连接诸处，直至江西、湖南、荆襄
已来"。[3]由此可见，两湖、江西地区的粮食运输是否畅通与江淮粮价的平稳
直接相关。在长江沿线，江州应也是一处重要的粮食集散地。据诸史载："浔
阳古郡也，地方千里，江涵九脉，缗钱粟帛，动盈万数，加以四方士庶，旦夕环
至，驾车乘舟，叠榖联檣。"[4]说明每年来自全国各地的商人来到这里购买粮食
等商货。以上诸多事例表明，唐代长江流域粮食贩运业相当繁盛。荆门至夏
口四百里的水路也是长江航线中至关重要的一段，来往于此道的各色人等如
织如流，据符载云："士民工商，连檣如云，必将沿于斯、溯于斯……输其缗钱、
鱼盐、丹、漆、羽毛。"[5]土洑镇背山面江，上控荆衡，下走扬越，可谓唐代长江商

---

[1]　曾枣庄、刘琳主编：《全宋文》第77册，上海辞书出版社、安徽教育出版社2006年版，第329
页。

[2]　〔宋〕宋敏求编：《唐大诏令集》卷七二《乾符二年南郊赦》，中华书局2008年版，第403页。

[3]　〔宋〕宋敏求编：《唐大诏令集》卷一一一《令御史巡定诸道米价敕》，中华书局2008年版，
第580页。

[4]　〔清〕董诰等编：《全唐文》六八九（符载）《江州录事参军厅壁记》，中华书局1983年版，第
7057页。

[5]　〔清〕董诰等编：《全唐文》六八九（符载）《土洑镇保宁记》，中华书局1983年版，第7063页。

运的一个缩影。诗人李端在荆门看到的景象是："船门相对多商估，葛服龙钟篷下语。"[1]

　　大量的诗文也展现了这一时期长江航运的便捷与繁荣，如杜甫《三韵三篇》："荡荡万斛船，影若扬白虹。起樯必椎牛，挂席集众功。"[2]《白盐山》："白榜千家邑，清秋万估船。"[3]两诗都是形容商船规模之巨，运送商货量之大。又《夔州歌十绝句》之一云："蜀麻吴盐自古通，万斛之舟行若风。"[4]该诗描写了益州的纺织品与江浙地区的食盐互通有无，"行若风"表明商货的流通速度很快，其中提到的"万斛之舟"是一种长60余米，载重达500吨的大货船。刘禹锡《洞庭秋月行》："山城苍苍夜寂寂，水月逶迤绕城白。荡桨巴童歌竹枝，连樯估客吹羌笛。"[5]这表明洞庭湖地区有很多到巴蜀地区经商的商人。张籍《贾客乐》："金陵向西贾客多，船中生长乐风波。欲发移船近江口，船头祭神各浇酒。停杯共说远行期，入蜀经蛮远别离。金多众中为上客，夜夜算缗眠独迟。秋江初月猩猩语，孤帆夜发潇湘渚。水工持楫防暗滩，直过山边及前侣。年年逐利西复东，姓名不在县籍中。农夫税多长辛苦，弃业长为贩宝翁。"[6]这首诗提供了相当多的信息：诗文开头生动地描绘了金陵商人乘船经商前举行祭神仪式以及与亲人举杯话别的情景。"金多"在众客之中为"上客"，说明这些商人中既有资本雄厚的大商人，也有仅能养家糊口的小商贩。为求速运，商贩常常还要夜间航行，即"孤帆夜发潇湘渚"。虽然唐代对三峡航道有所整治，但暗滩险礁仍然十分危险，需要"水工持楫"小心航行，防止舟船触礁沉没。"年年逐利"说明这些来往于长江东西两端的商人长期从事此项事业，所以连县籍中都没有他们的名字。这些远航商人长期在外经商，不仅要忍受相

［1］〔清〕彭定求等编：《全唐诗》卷二八四（李端）《荆门歌送兄赴夔州》，中华书局1960年版，第3240—3241页。

［2］〔清〕彭定求等编：《全唐诗》卷二二一（杜甫）《三韵三篇》，中华书局1960年版，第2333页。

［3］〔清〕彭定求等编：《全唐诗》卷二二九（杜甫）《白盐山》，中华书局1960年版，第2504—2505页。

［4］〔清〕彭定求等编：《全唐诗》卷二二九（杜甫）《夔州歌十绝句》，中华书局1960年版，第2508页。

［5］〔清〕彭定求等编：《全唐诗》卷三五六（刘禹锡）《洞庭秋月行》，中华书局1960年版，第3995—3996页。

［6］〔清〕彭定求等编：《全唐诗》卷二一（张籍）《贾客乐》，中华书局1960年版，第273页。

思离别之苦,甚至还有生命危险,但还是乐于去从事这项事业,这是因为务农要缴纳较重的农业税,而经商则不需要。弃农从商在当时甚至还成为了一种社会风气。杜甫《最能行》云:"峡中丈夫绝轻死,少在公门多在水。富豪有钱驾大舸,贫穷取给行舴子。小儿学问止论语,大儿结束随商旅。鼓帆侧柂入波涛,撇漩捎濆无险阻。朝发白帝暮江陵,顷来目击信有征。瞿塘漫天虎须怒,归州长年行最能。此乡之人气量窄,误竞南风疏北客。若道土无英俊才,何得山有屈原宅?"[1]杜甫在这首诗中严厉批评了当时重商轻学、重末轻本的社会风气,这固然是受传统农本思想的影响,但其中反映出的弃文从商,希望通过经商赚取财富的时代风气却是真实存在的,某种意义上也反映了商业经营对传统农业观念的冲击。

繁荣的长江商运孕育出了很多商贾,如江州九江人元初,年已七十,还经常驾舟贩运薪柴于市中鬻售,有一次晚归北岸,大风浪起,同涉者皆死,唯他幸存,风浪将他的船漂回南岸,见"群舟泊者,悉是大商"[2]。无论是元初自己,还是他在江南岸边见到的停泊者,多数都是操船于长江沿岸经商的商人。在这些商人群体中,一些大商贾尤其值得关注,如前文提到的俞大娘,操驾大船往来于江西、淮南之间,获利甚巨。船员养生、送死、嫁娶悉在船上完成,船上可开巷为圃,俨然成为了一个小型聚落社会。又有江州浔阳尼姑妙寂,出家之前,丈夫是任华,任氏与其父叶升都是浔阳大贾,两人经商"往复长沙、广陵间"[3]。尽管这些商人能够赚取巨利,但航运的生活相当艰辛,一如诗人刘驾在《贾客词》中所述:"贾客灯下起,犹言发已迟。高山有疾路,暗行终不疑。寇盗伏其路,猛兽来相追。金玉四散去,空囊委路歧。扬州有大宅,白骨无地归。少妇当此日,对镜弄花枝。"[4]这首诗中描写的行商是以扬州商人为对象,他们在经商途中会遇到盗寇劫掠,猛兽伏击,还要忍受暗夜独行的孤寂,虽拥有巨财大宅,但难以与家中的妻儿团聚,最后客死外乡,妻儿却全然不知。

---

[1]〔清〕彭定求等编:《全唐诗》卷二二一(杜甫)《最能行》,中华书局1960年版,第2335页。

[2]〔宋〕李昉等编:《太平广记》卷一〇八《报应七》"元初"条引《报应记》,中华书局1961年版,第735页。

[3]〔宋〕李昉等编:《太平广记》卷一二八《报应二十七》"尼妙寂"条引《续幽怪录》,中华书局1961年版,第906—908页。

[4]〔清〕彭定求等编:《全唐诗》卷二一(刘驾)《贾客词》,中华书局1960年版,第274页。

　　由于长江流域外出经商者颇多，以致出现了"商人妇"这一特殊的群体。如李白《长干行二首》云："妾发初覆额，折花门前剧。郎骑竹马来，绕床弄青梅。同居长干里，两小无嫌猜。十四为君妇，羞颜尚不开。……十六君远行，瞿塘滟滪堆。五月不可触，猿鸣天上哀。门前迟行迹，一一生绿苔。苔深不能扫，落叶秋风早。八月蝴蝶来，双飞西园草。感此伤妾心，坐愁红颜老。早晚下三巴，预将书报家。相迎不道远，直至长风沙。""忆妾深闺里，烟尘不曾识。嫁与长干人，沙头候风色。五月南风兴，思君下巴陵。八月西风起，想君发扬子。去来悲如何，见少别离多。湘潭几日到，妾梦越风波。昨夜狂风度，吹折江头树。淼淼暗无边，行人在何处？北客真王公，朱衣满江中。日暮来投宿，数朝不肯东。好乘浮云骢，佳期兰渚东。鸳鸯绿浦上，翡翠锦屏中。自怜十五余，颜色桃花红。那作商人妇，愁水复愁风。"[1]诗歌写出了商妇们常年忍受孤独、寂寞和无尽相思之苦的无奈和辛酸。类似描写商妇孤独生活和寂寞心境的诗句还有很多，如张潮《长干行》云："婿贫如珠玉，婿富如埃尘。贫时不忘旧，富贵多宠新。妾本富家女，与君为偶匹。惠好一何深，中门不曾出。妾有绣衣裳，葳蕤金缕光。念君贫且贱，易此从远方。远方三千里，发去悔不已。日暮情更来，空望去时水。孟夏麦始秀，江上多南风。商贾归欲尽，君今尚巴东。巴东有巫山，窈窕神女颜。常恐游此山，果然不知还。"[2]崔国辅《小长干曲》："月暗送湖风，相寻路不通。菱歌唱不辍，知在此塘中。"[3]据《景定建康志》卷一六《坊里》载，"长干里"位于江宁城内，[4]故两诗应是以金陵的"商人妇"为创作原型。从诗句中"巴陵""巴东""巫山""瞿塘""滟滪堆""湘潭"等地名看，思妇的丈夫都是在长江流域从事商业活动的商人，他们长年在外地经商，独留妻子在家中。从文化区的角度考虑，"长干里"不应限定在某一个地方，而应是指代整个长江下游地区，其中自然也包括商业最发达的扬州。如王建《江南三台四首》便直接以扬州的"商妇"为写作对象，云："扬州

---

　　[1]〔清〕彭定求等编：《全唐诗》卷二六（李白）《长干行二首》，中华书局1960年版，第359页。
　　[2]〔清〕彭定求等编：《全唐诗》卷二六（张潮）《长干行》，中华书局1960年版，第360页。
　　[3]〔清〕彭定求等编：《全唐诗》卷二六（崔国辅）《小长干曲》，中华书局1960年版，第360页。
　　[4]〔宋〕马光祖修，〔宋〕周应合纂：《景定建康志》卷一六《疆域志二·坊里》，《宋元方志丛刊》第2册，中华书局1990年版，第1534—1535页。

桥边少妇,长干市里商人。二年不得消息,各自拜鬼求神。"青草湖边草色,飞猿岭上猿声。万里湘江客到,有风有雨人行。""树头花落花开,道上人去人来。朝愁暮愁即老,百年几度三台。""闻身强健且为,头白齿落难追。准拟百年千岁,能得几许多时。"[1]扬州贾人到两湖地区经商,逾年不归,家中的妻子独守空闺,不得不求助鬼神以获得精神上的安慰。又《宫中调笑》云:"杨柳,杨柳,日暮白沙渡口,船头江水茫茫,商人少妇断肠。肠断,肠断,鹧鸪夜飞失伴。"[2]大量商人在外经商,留下妻子在家寂寞守候。在《太平广记》中还讲述了这样一位商人妇,孟氏本为寿春娼妓,后嫁于扬州大商万贞为妻,"维扬万贞者,大商也,多在于外,运易财宝,以为商"。万贞常年在外经商,"去家已数载矣"。孟氏守家业,"独游于家园",四望而怨。一日遇上一美少年,"容貌甚秀美,逾垣而入",两人遂私之,"挈归己舍,凡逾年,而夫自外至,孟氏忧且泣"。[3]这则故事并非一定真实,但一定程度上反映出扬州商人久在外地,无暇顾家,致使妻子偷情的现实情况。商人妇的闺怨历来是诗人笔下的题材,但在扬州这样一个水路交通通达的大都市,显然更有典型意义。

隋唐五代时期,长江航运贸易中的商品,表现出种类多样、数量庞大的特点。这一时期长江商路上流通的商品,很多是与人们日常生活相关的手工业产品和农副业产品,如食盐、茶叶、木材、粮食等。其中最具代表性的是蜀麻与吴盐的互通贸易,展现出了长江上游与下游两大经济区域的紧密关系。分段运输也是这一时期长江商业航运的特点之一,无论是下游地区输往上游的商品,还是上游地区运到下游的货物,都是先运送到中游的荆南、江西等地,然后再转运到更远的地方。杜甫《客居》云:"客居所居堂,前江后山根。……蜀麻久不来,吴盐拥荆门。……舟子候利涉,亦凭节制尊。"[4]可见"荆门"这个地方是蜀麻与吴盐的集散交易之地。也就是说,长江航道被自然和行政区域划分为川江、荆江、扬子江等若干段,不同的区段之间很少直航,而是以区

---

[1]〔清〕彭定求等编:《全唐诗》卷二六(王建)《江南三台四首》,中华书局1960年版,第363页。

[2]〔清〕彭定求等编:《全唐诗》卷二八(王建)《宫中调笑》,中华书局1960年版,第408页。

[3]〔宋〕李昉等编:《太平广记》卷三四五《鬼三十》"孟氏"条引《潇湘录》,中华书局1961年版,第2735—2736页。

[4]〔清〕彭定求等编:《全唐诗》卷二二一(杜甫)《客居》,中华书局1960年版,第2331页。

段内的航运为主,这样"接力式"的航运既提高了效率,节省了航运时间和成本投入,又避免了一些舟船因不熟悉其他河段的水情而造成损毁。

（三）客运

隋唐时期,随着社会经济的发展以及官员派任制度的变化,官府差旅、官员调任、士人宦游、民众游览的情况逐渐增多,长江干支流上的旅客运输业务日趋兴旺。如戴叔伦《广陵送赵主簿自蜀归绛州宁觐》云:"将归汾水上,远自锦城来。已泛西江尽,仍随北雁回。暮云征马速,晓月故关开。渐向庭闱近,留君醉一杯。"[1]由于舟行平稳远胜鞍马劳顿,故诗文中提到的赵主簿由四川归山西绛州,并没有直接向北经长安而回,而是沿长江而下到达扬州后经运河北上。孔德绍《送蔡君知入蜀二首》云:"金陵已去国,铜梁忽背飞。失路远相送,他乡何日归。""灵关九折险,蜀道二星遥。乘槎若有便,希泛广陵潮。"[2]诗歌描写了作者在扬州送别友人乘船逆流而上入蜀的情景。卢僎《稍秋晓坐阁遇舟东下扬州即事寄上族父江阳令》:"虎啸山城晚,猿鸣江树秋。红林架落照,青峡送归流。归流赴淮海,征帆下扬州。族父江阳令,盛业继前修。"[3]则描写了卢僎在川蜀地区遇到了乘舟前往扬州江阳县赴任的族父。白居易《江州赴忠州至江陵已来舟中示舍弟五十韵》:"箅箄州乘送,艅艎驿船迎。共载皆妻子,同游即弟兄。"[4]说明沿江地区设置了不少水路驿站以供来往舟船商旅停泊休憩。

隋唐时代,游览之风盛行,其中又尤以文人士子占据主流。如杜甫在唐代宗年间曾"扁舟三峡",沿江经嘉州、戎州、泸州、渝州走峡路游览。大量的官员赴任、流寓、贬斥,也多经由长江航道,如唐穆宗长庆四年(824),刘禹锡"自夔州转历阳,浮岷江,观洞庭,历夏口,涉浔阳而东"[5]。唐懿宗咸通十三年

　[1]〔清〕彭定求等编:《全唐诗》卷二七三(戴叔伦)《广陵送赵主簿自蜀归绛州宁觐》,中华书局1960年版,第3074页。

　[2]〔清〕彭定求等编:《全唐诗》卷七三三(孔德绍)《送蔡君知入蜀二首》,中华书局1960年版,第8381页。

　[3]〔清〕彭定求等编:《全唐诗》卷九九(卢僎)《稍秋晓坐阁遇舟东下扬州即事寄上族父江阳令》,中华书局1960年版,第1070页。

　[4]〔清〕彭定求等编:《全唐诗》卷四四〇(白居易)《江州赴忠州至江陵已来舟中示舍弟五十韵》,中华书局1960年版,第4912—4913页。

　[5]〔唐〕刘禹锡著,瞿蜕园校点:《刘禹锡全集》,上海古籍出版社1999年版,第312页。

（872），萧遘被贬为播州司马，"途经三峡，维舟月夜赋诗自悼。……过峡州，经白帝祠，即所睹之神人也"。[1]类似的例子不胜枚举。历代文人墨客往来于长江航道，还留下了很多著名的江行诗，关涉到扬州的也颇多，如刘禹锡将离夔州刺史任，作《别夔州官吏》："三年楚国巴城守，一去扬州扬子津。青帐联延喧驿步，白头俯伛到江滨。巫山暮色常含雨，峡水秋来不恐人。惟有九歌词数首，里中留与赛蛮神。"[2]刘长卿《瓜洲驿重送梁郎中赴吉州》："渺渺云山去几重，依依独听广陵钟。明朝借问南来客，五马双旌何处逢。"[3]李白《横江词》："海潮南去过浔阳，牛渚由来险马当。横江欲渡风波恶，一水牵愁万里长。""横江西望阻西秦，汉水东连扬子津。"[4]

长江航道上常见的客运形式有四种：官船运送、搭乘便船、包雇民船和商船载客，兹分述如下：[5]

1. 官船运送。这种形式仅限于朝廷官吏及公干人员的流动，属于官办客运性质。唐代中下层官员的任命方式由上级长官"自行辟属"变成吏部统一除授，三至四年一迁，在这种情况下，地方官员就存在频繁的调动迁任。朝廷和各州、县官员外出巡察、迁升、调任或贬流，都可根据他们的官位等级，按规定带随行数人及家属，并可调乘一定数量的船只。所调乘的舟船，有些是专门派调，有些是由驿站提供，如唐宪宗元和十四年（819），白居易由浔阳（今江西九江）迁官为忠州（今重庆忠县）刺史，乘坐官船赴任，恰与元稹出峡乘坐的官船在夷陵（今湖北宜昌）相遇。后白居易舟停泊巴东，写下诗文《入峡次巴东》："不知远郡何时到？犹喜全家此去同。万里王程三峡外，百年生计一舟中。巫山暮足沾花雨，陇水春多逆浪风。两岸红旌数声鼓，使君艛艓上巴

　　[1]〔后晋〕刘昫等：《旧唐书》卷一七九《萧遘传》，中华书局1975年版，第4645页。

　　[2]〔清〕彭定求等编：《全唐诗》卷三六一（刘禹锡）《别夔州官吏》，中华书局1960年版，第4082页。

　　[3]〔清〕彭定求等编：《全唐诗》卷一五〇（刘长卿）《瓜洲驿重送梁郎中赴吉州》，中华书局1960年版，第1559页。

　　[4]〔清〕彭定求等编：《全唐诗》卷一六六（李白）《横江词》，中华书局1960年版，第1720页。

　　[5] 本部分参见罗传栋主编：《长江航运史（古代部分）》，人民交通出版社1991年版，第177—179页。

东。"[1]留下了唐代刺史一类官员调任时所乘坐官船的资料。"艛艓"是当时长江上航行的一种中等大小的船只,"全家此去同"则说明他是带着家属一同赴任。唐德宗贞元十九年(803)韩愈第一次贬官为县令,后改徙江陵法曹参军,唐宪宗元和十四年(819)再次贬官到潮州,屡次贬调都是乘坐官船迁任。唐武宗时,李德裕镇守扬州,监军使杨钦义西行,他派遣官船送离。由诸多事例可知,官船运送是客运中较为常见的一种形式。

2.搭乘便船。许多大型的载货商船,往往可以随带亲友或旅客以付资或免费附舟同行,这种情形在唐代长江水运交通中较为常见。如戴叔伦《南宾送蔡侍御游蜀》云:"巴江秋欲尽,远别更凄然。月照高唐峡,人随贾客船。积云藏嶮路,流水促行年。不料相逢日,空悲尊酒前。"[2]所谓的"人随贾客船"就是指搭乘商船。相关的事例很多,如唐高祖武德四年(621),玄奘私自与商人结伴"泛舟三峡,沿江而到荆州天皇寺"。[3]太宗贞观年间,监察御史肖翼受皇命到越州(治今浙江绍兴)向僧人辨才索取王羲之的兰亭书帖真迹,"遂改冠微服至洛阳,随商人船下至越州"[4]。唐玄宗天宝年间,尚书裴宽罢官乘船溯流西上,在江岸泊舟时,见到岸上坐着一位衣衫褴褛之人,与其交谈后大奇此人之学识,便举一船钱财相赠,那人拒不受恩,只求带他随船同行,这种情况也属于搭顺风船。[5]唐宪宗元和三年(808)十月,李翱受岭南尚书公之请任幕僚,于次年正月沿水路南下,记:"四年正月己丑,自旌善弟以妻子上船于漕……明日,及故洛东,吊孟东野,遂以东野行。潩川以妻疾,自漕口先归。"[6]这是属于搭乘漕运便船。由此看来,商船、漕船搭乘旅客的情况在长江水运

[1]〔清〕彭定求等编:《全唐诗》卷四四〇(白居易)《入峡次巴东》,中华书局1960年版,第4913—4914页。

[2]〔清〕彭定求等编:《全唐诗》卷二七三(戴叔伦)《南宾送蔡侍御游蜀》,中华书局1960年版,第3090页。

[3]张星烺编注,朱杰勤校订:《中西交通史料汇编》,中华书局2003年版,第2083页。

[4]周绍良主编:《全唐文新编》卷三〇一(何延之)《兰亭始末记》,吉林文史出版社2000年版,第3424页。

[5]〔宋〕李昉等编:《太平广记》卷一六九《知人一》"裴宽"条引《幽闲鼓吹》,中华书局1961年版,第1238页。

[6]〔唐〕李翱:《李文公集》卷一八《来南录》,《景印文渊阁四库全书》第1078册,台湾商务印书馆1983年版,第189页。

交通中比较常见。

3. 包雇民船。唐代称这种方式为"买舟",为唐代长江水上客运的一种重要形式。卢仝《冬行》云:"老母妻子一挥手,涕下便作千里行。""赁载得估舟,估杂非吾偶。……扬州屋舍贱,还债堪了不。"[1]窦群《自京将赴黔南》云:"风雨荆州二月天,问人初雇峡中船。西南一望云和水,犹道黔南有四千。"[2]以上诗句都提到租赁舟船。相关的事例颇多,如唐玄宗开元年间,王昌龄从吴中包雇舟船西行,在彭泽马当一带遭遇风浪。[3]天宝年间,清河崔生在长安中榜得官后,携妻子、奴婢数人及数十万钱财赴江西太和县任职,以"佣价极廉"的价格包赁了吉州孙某运货至京师的回空船舶,航行途中,崔氏财产被孙某谋夺,家人遇害。[4]唐德宗贞元年间,湘潭县尉郑德璘每年都到江夏探望亲友,多次租赁一位老船家的舟船。[5]唐穆宗长庆年间,河阳从事樊宗仁客游江夏,有一次包船从鄂渚航往江陵途中,备受船家王升的欺侮。[6]同一时期,秀才裴航到江夏游览,友人崔相国赠与钱币 20 万,于是他"佣巨舟载于湘汉"回到京师。[7]不过由于包雇民船费用昂贵,仅限于社会的中上阶层,故这种方式并不是长江水上客运的主流。

4. 商船载客。这是伴随着人们的出行需求,而出现的一种专门将旅客运送到目的地,并收取一定数额船钱的客运形式。载客船户大多在沿江的城市、市镇码头招徕乘客,这些舟船有些是根据旅客的需要确定航向,有些则是拥有固定的航线。如唐玄宗天宝年间,长沙尉派遣一名叫成珪的人押运造桥的

[1]〔清〕彭定求等编:《全唐诗》卷三八八(卢仝)《冬行》,中华书局 1960 年版,第 4380 页。

[2]〔清〕彭定求等编:《全唐诗》卷二七一(窦群)《自京将赴黔南》,中华书局 1960 年版,第 3043 页。

[3]〔宋〕李昉等编:《太平广记》卷三〇〇《神十》"王昌龄"条引《博异志》,中华书局 1961 年版,第 2385—2386 页。

[4]〔宋〕李昉等编:《太平广记》卷一二一《报应二十》"崔尉子"条引《原化记》,中华书局 1961 年版,第 856—857 页。

[5]〔宋〕李昉等编:《太平广记》卷一五二《定数七》"郑德璘"条引《德璘传》,中华书局 1961 年版,第 1089—1091 页。

[6]〔宋〕李昉等编:《太平广记》卷七八《方士三》"白皎"条引《异闻集》,中华书局 1961 年版,中华书局 1961 年版,第 494—495 页。

[7]〔宋〕李昉等编:《太平广记》卷五〇《神仙五十》"裴航"条引《传奇》,中华书局 1961 年版,第 313—315 页。

木材去河南,经过扬州附近江面时不幸漂沉,成珪遂被诬陷为盗卖之罪,无辜受枷,由陆路押到江宁后,搭专航长沙的客船押回长沙。[1]

三、扬州的长江航线

隋唐时期扬州的长江航运事业得到快速发展,正所谓"长江五千里,来往百万人"[2]。以扬州为起点,过江向南可到润、常、苏、湖、杭等州,溯干流而上,可达建康、滁州、江州、鄂州、岳州、荆州、夔州、忠州、渝州、益州等经济都会。支流流经地区也可畅通无阻,入鄱阳湖、赣水可通洪州,入洞庭湖、湘江可达潭州,沿汉水而上可通襄州。此外,嘉陵江、岷江、涪陵江等支流沿线也都有不少的城市可通扬州。在扬州的长江航线中,比较重要的有如下四条:

（一）扬州—巴蜀航线

这条航线通过长江干流与岷江连接起了"天下之盛"的扬、益两州,是长江水运中货运品种最多、运输量最大、商人队伍最庞大、水程最长的一条航线。早在隋代时,长江中下游的城市就与巴蜀地区联系紧密,如隋文帝开皇二十年(600),吴兴人柳归舜"自江南抵巴陵,大风吹至君山下,因维舟登岸,寻小径,不觉行四五里"。[3]到了唐代,这条航线更为繁忙。晚唐诗人杜荀鹤《送蜀客游维扬》比较了西川与维扬两地的景色:"见说西川景物繁,维扬景物胜西川。青春花柳树临水,白日绮罗人上船。夹岸画楼难惜醉,数桥明月不教眠。送君懒问君回日,才子风流正少年。"[4]这里的"景物"不仅是指自然景物,还包括社会、经济、文化等诸多方面,作者通过比较"西川"与"维扬"两地的景色风貌,认为好友到达扬州后一定会"乐不思蜀"而不知归期。此诗不仅展现了扬州的繁华盛景,还反映出扬州与巴蜀地区水运交通的便利。类似展现扬州与巴蜀交通之便的诗文非常多,如元稹《苍溪县寄扬州

[1]〔宋〕李昉等编:《太平广记》卷一一一《报应十》"成珪"条引《卓异记》,中华书局1961年版,第768—769页。

[2]〔唐〕杜牧著,陈允吉校点:《樊川文集》卷一一《上李太尉论江贼书》,上海古籍出版社2009年版,第170页。

[3]〔宋〕李昉等编:《太平广记》卷一八《神仙十八》"柳归舜"条引《续玄怪录》,中华书局1961年版,第122页。

[4]〔清〕彭定求等编:《全唐诗》卷六九二(杜荀鹤)《送蜀客游维扬》,中华书局1960年版,第7972页。

兄弟》:"苍溪县下嘉陵水,入峡穿江到海流。凭仗鲤鱼将远信,雁回时节到扬州。"[1]苍溪县位于今四川省广元市,亦是蜀、扬水运便利之例。再者,如张谓《扬州雨中张十七宅观妓》:"夜色带寒烟,灯花拂更然。……不知巫峡雨,何事海西边?"[2]这里的"海西边"指代扬州。周贺《广陵道逢方干》:"野客行无定,全家在浦东。……旧里千山隔,归舟百计同。"[3]作者从蜀地来到扬州,但此时所想的只是尽快归家。杜牧《中丞业深韬略志在功名再奉长句一篇兼有谕劝》:"樯似邓林江拍天,越香巴锦万千千。滕王阁上柘枝鼓,徐孺亭西铁轴船。"[4]岑参《万里桥》云:"成都与维扬,相去万里地。沧江东流疾,帆去如鸟翅。楚客过此桥,东看尽垂泪。"[5]可见,在长江这条黄金航道上,扬州与益州分居东西两端,虽相距甚远,但舟船往来之速可如鸟翅。

扬州和益州在唐中后期逐渐成长为全国举足轻重的城市,究其原因,除了所属地区经济的发展以及自身各方面的有利条件外,两地之间物产的互通有无也应是至关重要的原因。川蜀之地的漕粮商货顺江源源而下,舟船行至扬州再转入运河,而集中于扬州的商货也可以溯江而上,供应巴蜀所需。具体来说,长江上游的巴蜀地区受到地形地貌的限制,陆路交通不便,但可以依托长江航道与沿线各地互通有无。杜甫有很多相关诗句,如《柴门》:"风烟渺吴蜀,舟楫通盐麻。"[6]《绝句四首》其三:"窗含西岭千秋雪,门泊东吴万里船。"[7]《秋风二首》:"秋风淅淅吹巫山,上牢下牢修水关。吴樯楚柁牵百丈,暖向成都寒未还。"[8]又卢纶《送何召下第后归蜀》:"水程通海货,

[1] 〔清〕彭定求等编:《全唐诗》卷四一四(元稹)《苍溪县寄扬州兄弟》,中华书局1960年版,第4585页。

[2] 〔清〕彭定求等编:《全唐诗》卷一九七(张谓)《扬州雨中张十七宅观妓》,中华书局1960年版,第2019页。

[3] 〔清〕彭定求等编:《全唐诗》卷五〇三(周贺)《广陵道逢方干》,中华书局1960年版,第5720页。

[4] 〔清〕彭定求等编:《全唐诗》卷五二四(杜牧)《中丞业深韬略志在功名再奉长句一篇兼有谕劝》,中华书局1960年版,第5991页。

[5] 〔清〕彭定求等编:《全唐诗》卷一九八(岑参)《万里桥》,中华书局1960年版,第2044页。

[6] 〔清〕彭定求等编:《全唐诗》卷二二一(杜甫)《柴门》,中华书局1960年版,第2336页。

[7] 〔清〕彭定求等编:《全唐诗》卷二二八(杜甫)《绝句四首》,中华书局1960年版,第2487页。

[8] 〔清〕彭定求等编:《全唐诗》卷二二二(杜甫)《秋风二首》,中华书局1960年版,第2363页。

地利杂吴风。一别金门远,何人复荐雄。"[1]这些诗文正是这条航线上商货往来频繁的真实写照。由益州贩运到扬州的货物包括精美的蜀锦、布帛、黄白麻纸、木材、药材、粮食、茶叶等各种土特产品。杜牧《扬州三首》之二云:"金络擎雕去,鸾环拾翠来。蜀船红锦重,越橐水沉堆。处处皆华表,淮王奈却回。"[2]形容扬州港口上停满了装载着从蜀地运送来的华丽红锦和优质沉香木的商船,"去""来"两个动词形容货物运送速度之快,"重""沉""堆"形容商货数量之多。除蜀锦之外,又有大量的瓷器,据扬州唐城考古发掘可知,四川邛崃窑烧制的彩釉器大量贩运到扬州,并且很可能还从扬州远销到国外。[3]到了五代时期,南唐徐知谔镇润州时,"有蜀估持凤头至,自言得之徼外蛮夷,状如雄鸡,广五寸,朱冠金喙,文彩焕烂如生,冠上正平,可用为枕,人咸异之"。[4]据上下文推测,"凤头"应是西南边疆的一种珍禽,四川商人携这种珍禽到润州贩卖,说明即使是在割据时期,川蜀地区的土特产品仍能贩运到长江下游地区。而由扬州驶往益州的船只则装载着海盐、海外香药、琉璃珠、宝石、象牙、犀角等名贵货物。《太平广记》卷六五中记载了这样一则故事:天水人赵旭,家居广陵,独葺幽居,有二奴侍侧,遇一青衣仙神女子,"为旭致珍宝奇丽之物",赵旭奴遂盗琉璃珠鬻于广陵市,一胡商愿出百万之价买此琉璃珠,奴惊愕不卖,"胡人逼之而相击",两人为官所捕,侍奴遂一五一十交代了赵旭之事,导致赵旭不得不与神女子分离。大历初年,赵旭"犹在淮泗,或有人于益州见之,短小美容范,多在市肆商货。故时人莫得辨也"。[5]从后来有人看到他在益州市肆中贩卖商货的情况看,赵旭很有可能是一位入蜀经商的扬州商人。

　　值得一提的是,扬州—巴蜀航线上的胡商群体。唐代对于域外商人采取

---

[1]〔清〕彭定求等编:《全唐诗》卷二八〇(卢纶)《送何召下第后归蜀》,中华书局 1960 年版,第 3182 页。

[2]〔清〕彭定求等编:《全唐诗》卷五二二(杜牧)《扬州三首》,中华书局 1960 年版,第 5963 页。

[3]　南京博物院、扬州博物馆、扬州师范学院发掘工作组:《扬州唐城遗址 1975 年考古工作简报》,《文物》1977 年第 9 期,第 27 页。

[4]〔元〕脱因修,〔元〕俞希鲁纂:《〔至顺〕镇江志》卷二〇《杂录·暴风裂帐》,《宋元方志丛刊》第 3 册,中华书局 1990 年版,第 2877 页。

[5]〔宋〕李昉等编:《太平广记》卷六五《女仙十》"赵旭"条引《通幽记》,中华书局 1961 年版,第 404—406 页。

较为宽松的管理政策,且对本国少数民族持开放包容的态度,故当时在长安、洛阳、广州、扬州等大都会中居住着大量的胡人。杜甫在夔州时写下《解闷》:"商胡离别下扬州,忆上西陵故驿楼。为问淮南米贵贱,老夫乘兴欲东游。"[1]诗人看到胡商经过夔州东下扬州,竟然也想跟着同去,足见扬州的吸引力之大。又《滟滪》:"滟滪既没孤根深,西来水多愁太阴。江天漠漠鸟双去,风雨时时龙一吟。舟人渔子歌回首,估客胡商泪满襟。寄语舟航恶年少,休翻盐井横黄金。"[2]提醒胡商过瞿塘峡时要注意安全。开元年间,士子韦弇赴长安考进士未中,于是独自游览蜀中,遇女仙,赠以碧瑶杯、红蕤枕、紫玉函,他带着这三样宝贝回到长安,但并未急于出手。第二年,他科考再次落第,于是东游广陵,一位胡商拜访韦弇,访求这些宝物,出而示之。胡人拜而言曰:"此玉清真人之宝,千万年人无见者,信天下之奇货矣。"于是胡商用数十万金购买之,韦弇因此成为了一方豪富,并在扬州盖了大房子。[3]故事虽然荒诞不经,但"玉清三宝"是在蜀地发现,最后在扬州被胡商所购却是事实,展现了扬州与巴蜀之间的经济联系,以及胡商在其中所起到的桥梁作用。可以说,作为商贾中特殊的群体,胡商对于长江流域的经济发展、文化交流都起到了举足轻重的作用。

需要补充的是,益州和扬州并不是长江商货所能到达的两个终点地区,从某种意义上看,两州也只是商货的集散之地,以两地为集散点,商货还可以流通到更远的地区。如常鲁出使西蕃,在帐篷中煮茶,蕃人问曰:"何为者?"鲁公曰:"涤烦疗浊,所谓茶也。"蕃人曰:"我此亦有。"命取以出,指曰:"此寿州者,此顾渚者,此蕲门者。"[4]顾渚也就是湖州顾渚山,寿州即今安徽寿县,蕲门即今湖北蕲春县,蕃人所饮的这些茶不可能是从原产地直接购买,而有可能是就近从成都市场上获得。也就是说,寿州、顾渚等地的茶极有可能是先从扬州贩运到成都,蕃人再从成都市场上购得。而巴蜀地区的土特产品,

---

[1]〔清〕彭定求等编:《全唐诗》卷二三〇(杜甫)《解闷十二首》之二,中华书局1960年版,第2517页。

[2]〔清〕彭定求等编:《全唐诗》卷二二九(杜甫)《滟滪》,中华书局1960年版,第2505页。

[3]〔宋〕李昉等编:《太平广记》卷三三《神仙三十三》"韦弇"条引《神仙感遇传》,中华书局1961年版,第209—210页。

[4]〔宋〕李昉等:《太平御览》卷八六七《饮食部·茗》引,中华书局1960年版,第3843页。

经过长江航道运到扬州后,向北通过大运河可以输送到黄河流域,向南过江则可运到吴越地区,甚至可以与东海、南海航线相接,远销到东南亚和南亚诸国,乃至更远的海外地区。

（二）扬州—两湖航线

唐人权德舆曾叙述扬州的交通区位条件:"控荆、衡以沿泛,通夷越之货贿,四会五达,此为咽颐。"[1]这里的荆、衡大致是指今两湖地区。杨晔《膳夫经手录》载,蕲州茶、鄂州茶、至德茶"自陈蔡已北,幽并已南,人皆尚之。其济生收藏榷税,又倍于浮梁矣"[2],这些茶叶之所以会出现在陈州、蔡州、幽州等地,自然要通过长江航道先转运到扬州,然后再从扬州通过运河向北方运输。这条航线在唐诗中也有描述,如刘长卿《留辞》:"南楚迢迢通汉口,西江森森去扬州。春风已遣归心促,纵复芳菲不可留。"[3]刘眘虚《暮秋扬子江寄孟浩然》:"寒笛对京口,故人在襄阳。咏思劳今夕,江汉遥相望。"[4]可见无论是商运,还是客运,扬州与两湖之间的航线都是畅通的。两湖地区的范围很广,扬州与其中的鄂州、江陵、长沙等城市的往来均非常密切。

扬州与鄂州（江夏）。鄂州位于汉水与长江的交汇处,被称为"荆吴两江之口",往返于湖南、巴蜀与江淮的船舶多要以鄂州为中顿,"士民工商,连樯如云,必将沿于斯,溯于斯。……输其缯钱、鱼盐、丹漆、羽毛"[5]。唐玄宗开元二十二年(734)李白赠江夏太守韦良宰的诗文中描写鄂州的航运景象:"江带峨眉雪,川横三峡流。万舸此中来,连帆过扬州。"[6]足见鄂州与扬州的水运联系相当紧密。又《黄鹤楼送孟浩然之广陵》:"故人西辞黄鹤楼,烟花

[1] 〔清〕董诰等编:《全唐文》卷四九六(权德舆)《大唐银青光禄大夫检校司徒同中书门下平章事太清宫及度支诸道盐铁转运等使崇文馆大学士上柱国岐国公杜公淮南遗爱碑铭并序》,中华书局 1983 年版,第 5055 页。

[2] 〔唐〕杨晔:《膳夫经手录》,《续修四库全书》子部第 1115 册,上海古籍出版社 2002 年版,第 524 页。

[3] 〔清〕彭定求等编:《全唐诗》卷一五一(刘长卿)《留辞》,中华书局 1960 年版,第 1581 页。

[4] 〔清〕彭定求等编:《全唐诗》卷二五六(刘眘虚)《暮秋扬子江寄孟浩然》,中华书局 1960 年版,第 2868 页。

[5] 〔清〕董诰等编:《全唐文》卷六八九(符载)《土洑镇保宁记》,中华书局 1983 年版,第 7063 页。

[6] 〔清〕彭定求等编:《全唐诗》卷一七〇(李白)《经乱离后天恩流夜郎忆旧游书怀赠江夏韦太守良宰》,中华书局 1960 年版,第 1752 页。

三月下扬州。孤帆远影碧空尽,唯见长江天际流。"[1]此诗更是传颂至今,描写了作者目送好友孟浩然从武昌赴扬州的场景。诗文中指出送别的时间是在农历三月,并添加了"烟花"二字,这不仅因为三月份是扬州的花季,琼花盛开,杨柳初生,还由于扬州的经济文化之繁荣配得上"烟花繁盛"的描述。在烟花三月这样美妙的时节送别友人东去广陵,离别之情又是如此不舍,以致好友的行舟都飘远了,唯有离情仍像长江水一样悠悠不断。又《江夏行》:"忆昔娇小姿,春心亦自持。为言嫁夫婿,得免长相思。谁知嫁商贾,令人却愁苦。自从为夫妻,何曾在乡土?去年下扬州,相送黄鹤楼。眼看帆去远,心逐江水流。只言期一载,谁谓历三秋。使妾肠欲断,恨君情悠悠。东家西舍同时发,北去南来不逾月。未知行李游何方,作个音书能断绝。适来往南浦,欲问西江船。正见当垆女,红妆二八年。一种为人妻,独自多悲凄。对镜便垂泪,逢人只欲啼。不如轻薄儿,且暮长相随。悔作商人妇,青春长离别。如今正好同欢乐,君去容华谁得知?"[2]该诗从商人妇的视角描写了江夏(今湖北武汉)商人往来扬州的情形。嫁与商人的女子要忍受常年的相思之苦,本来与丈夫约定一年就回家团聚,但过了三年依然没有音讯,丈夫去往何处、何处归来都不得知晓,只能对镜垂泪,向他人倾诉衷肠。安史之乱时,大运河被阻隔,江淮赋税大部分要由鄂州溯汉江而上再转陆运输送到长安,并一度"总东南贡赋",其地为荆吴江汉之冲要的交通优势不言而喻。韩偓《过汉口》描写当时鄂州船埠的繁华景象云:"年年春浪来巫峡,日日残阳过沔州。居杂商徒偏富庶,地多词客自风流。联翩半世腾腾过,不在渔船即酒楼。"[3]

扬州与江陵(荆州州治)。江陵处于南北东西水道纵横交错的"十字路口",颜真卿在谢表中称荆州乃"荆南巨镇,江汉上游,右控巴蜀,左联吴越,南通五岭,北走上都"[4]。时人贾至也指出:"荆州上游,襄阳冲要,北据汉沔,

---

[1]〔清〕彭定求等编:《全唐诗》卷一七四(李白)《黄鹤楼送孟浩然之广陵》,中华书局1960年版,第1785页。

[2]〔清〕彭定求等编:《全唐诗》卷一六七(李白)《江夏行》,中华书局1960年版,第1727页。

[3]〔清〕彭定求等编:《全唐诗》卷六八二(韩偓)《过汉口》,中华书局1960年版,第7818页。

[4]〔清〕董诰等编:《全唐文》卷三三六(颜真卿)《谢荆南节度使表》,中华书局1983年版,第3405页。

利尽南海,连缀吴蜀,非才勿居。"[1]刘禹锡《自江陵沿流道中》云:"三千三百西江水,自古如今要路津。月夜歌谣有渔父,风天气色属商人。"[2]当时以江陵为中心形成了四条重要的水上航线:江陵—益州线,江陵—长沙线,江陵—襄阳线,江陵—鄂州、扬州线[3]。正是得益于优越的水运交通条件,才使江陵成为长江中游地区广泛承纳各路商货以及本地商人贾贩的一个重要集散中心。如有一位名叫郭七郎的商人,"其家资产甚殷,乃楚城富民之首。江淮河朔间,悉有贾客仗其货买易往来者"[4]。由此可知,郭七郎的资产相当雄厚,业务范围远达江淮河朔。江陵与扬州的水运交通自然也相当便利,齐己《荆渚逢禅友》云:"泽国相逢话一宵,云山偶别隔前朝。社思匡岳无宗炳,诗忆扬州有鲍昭。"[5]由于长江各段河道的水情差异很大,由江淮到巴蜀,或巴蜀到江淮,通常都要在此换船。杜甫《江陵望幸》云:"雄都元壮丽,望幸欻威神。地利西通蜀,天文北照秦。风烟含越鸟,舟楫控吴人。"[6]仅用数语就将江陵得天独厚的交通区位优势概括无遗。安史之乱时,江汉漕运地位上升,江陵也一度成为江淮租赋运抵长安的集结和转运之地,时有"江淮租赋,山积于江陵"[7]之说。

扬州与湖南地区之间的交通往来也非常频繁,如唐德宗建中二年(781),"江淮讹言有厉鬼自湖南来,或曰毛鬼,或曰毛人"[8],尽管这只是流

---

[1] 〔清〕董诰等编:《全唐文》卷三六七(贾至)《授窦绍山南东道防御使等制》,中华书局1983年版,第3730页。

[2] 〔清〕彭定求等编:《全唐诗》卷三六一(刘禹锡)《自江陵沿流道中》,中华书局1960年版,第4082页。

[3] 李文澜:《湖北通史·隋唐五代卷》,华中师范大学出版社1999年版,第292页。

[4] 〔宋〕李昉等编:《太平广记》卷四九九《杂录七》"郭使君"条引《南楚新闻》,中华书局1961年版,第4097页。

[5] 〔清〕彭定求等编:《全唐诗》卷八四六(齐己)《荆渚逢禅友》,中华书局1960年版,第9570页。

[6] 〔清〕彭定求等编:《全唐诗》卷二三二(杜甫)《江陵望幸》,中华书局1960年版,第2560页。

[7] 〔后晋〕刘昫等:《旧唐书》卷一〇七《永王璘传》,中华书局1975年版,第3264页。

[8] 〔宋〕李昉等编:《太平广记》卷三三九《鬼二十四》"刘参"条引《通幽记》,中华书局1961年版,第2690页。

传民间的谣言,却是江淮地区与湖南沟通的有力例证。[1]郑谷《淮上与友人别》云:"扬子江头杨柳春,杨花愁杀渡江人。数声风笛离亭晚,君向潇湘我向秦。"[2]作者与友人在扬州分别,一沿运河北上入关中,一溯江而上西行前往湖南,可见扬州与这一地区的水运交通相当便利。朱放《杨子津送人》云:"今朝杨子津,忽见五溪人。老病无余事,丹砂乞五斤。"[3]五溪的地域,相当于今湖南省西部的怀化、邵阳地区,贵州铜仁、黔东南州,重庆秀山一带,这个地区一直是丹砂的主要产地,朱放在扬州扬子津见到的"五溪人"应是从事丹砂贸易的商人。水部员外郎杜涉,"尝见江淮市人,桃核扇量米,止容一升,言于九嶷山溪中得"[4]。九嶷山在今湖南南部永州一带,属湘江流域,"市人"之所以有桃核扇,显然是因为他曾到九嶷山地区做过生意。又,唐德宗贞元年间,湘潭县尉郑德璘有一次乘船到江夏去探亲,在黄鹤楼下江边码头遇见大盐商韦生,相识后两舟同行抵达湘潭,这位韦生就是往来于扬州、长沙之间的盐商。[5]除了文献记载外,相当多的考古材料也能证明扬州与湖南之间存在紧密的商业联系,截至1993年,据考古发掘显示,扬州是国内出土长沙窑器物和标本最多的城市,其数量超过了地域邻近的寿州窑、宜兴涧众窑和越窑产品。1975年,南京博物院、扬州博物馆、扬州师范学院联合发掘

---

[1]　扬州人张若虚创作的《春江花月夜》中有"斜月沉沉藏海雾,碣石潇湘无限路"一句,一般认为,碣石和潇湘并非实体,代指地域上的天南地北。然而,盛唐时期的疆域,东及大海,西到咸海,西北到巴尔喀什湖以东及以南地区,北达贝加尔湖,东北至黑龙江以北、外兴安岭一带,南及南海,包括今越南北部和中国海南岛及所属南海诸岛,大大超过碣石和潇湘的地理范畴,所以"天南地北"之说较为勉强。该句后接"不知乘月几人归"一句,所以"碣石潇湘"的主体应该是在外经商的游子,即诗文中的"扁舟子",碣石之所以有名是因为秦始皇、汉武帝等几位著名的皇帝曾巡行至此,汉末权臣曹操又留下了"东临碣石,以观沧海"这样的名句,《尔雅·释名》:"碣石者,碣然而立在海旁也。"又《说文解字》:"碣,特立之石也,东海有碣石山。"故碣石往往与海岸联系在一起,放在诗句中暗指扬州的近海交通优势,而潇湘则是指扬州长江航运优势。潇即潇水,湘即湘江,湘江流到零陵县西与潇水汇合,潇、湘二水都是长江南岸的主要支流,从行政区划的角度看,当泛指今湖南地区。

[2]　〔清〕彭定求等编:《全唐诗》卷六七五(郑谷)《淮上与友人别》,中华书局1960年版,第7731页。

[3]　〔清〕彭定求等编:《全唐诗》卷三一五(朱放)《杨子津送人》,中华书局1960年版,第3541页。

[4]　〔宋〕李昉等编:《太平广记》卷四〇五《宝六》"江淮市人桃核"条引《集异记》,中华书局1961年版,第3270页。

[5]　〔宋〕李昉等编:《太平广记》卷一五二《定数七》"郑德璘"条引《德璘传》,中华书局1961年版,第1089—1091页。

了一处唐代手工业作坊遗址,以出土数量可观的瓷片标本为一大收获,其中出自长沙的窑器胎骨颗粒较粗,色调亦灰色偏黄,施青釉,光素无纹者亦有之,如碗、钵、盂等器多见,其工艺虽不及同时出土的越窑,但也相当精美,在罐壶中以模塑贴花、模印贴花以及饰以褐、绿不同色彩的大小斑块,也有用褐绿双彩作写意图案的。[1]

(三)扬州—江西航线

唐人独孤及曾说:"豫章郡,左九江而右洞庭……由是越人、吴人、荆人、徐人,以其孥行,络绎荐至大江之涯。于是乎宏舸巨鹢,舳接舻隘。"[2]在"豫章"聚集的越人、吴人都来自于长江下游地区,如崔颢《长干曲四首》云:"君家定何处?妾住在横塘。停舟暂借问,或恐是同乡。""家临九江水,去来九江侧。同是长干人,生小不相识。""下渚多风浪,莲舟渐觉稀。那能不相待,独自逆潮归。""三江潮水急,五湖风浪涌。由来花性轻,莫畏莲舟重。"[3]"长干"代指整个长江中下游地区,诗文中的九江即今江西九江市。又孟浩然《广陵别薛八》云:"士有不得志,栖栖吴楚间。广陵相遇罢,彭蠡泛舟还。樯出江中树,波连海上山。风帆明日远,何处更追攀。"[4]李颀《送刘昱》:"八月寒芦花,秋江浪头白。北风吹五两,谁是浔阳客。鸬鹚山头微雨晴,扬州郭里暮潮生。行人夜宿金陵渚,试听沙边有雁声。"[5]这些诗句均展现了扬州与江西之间的客运情况。

唐玄宗开元四年(716),张九龄开凿拓宽大庾岭山道以后,扬州至洪州的货运航线变得更为繁忙。海内外的贩夫商卒和官方船只经由这条航线运输茶叶、药材、瓷器、木材、铜、铁和珠宝等货物,扬州至江西的航道上帆影重重,蔚为壮观。如鄱阳人吕用之本为茶商之子,据《新唐书·高骈传》载:"世为

---

[1] 顾风:《唐代扬州与长沙窑兴衰关系新探》,《东南文化》1993年第5期,第179—180页;王勤金、李久海:《扬州出土的唐宋青瓷》,《江西文物》1991年第4期,第92页。

[2] 〔清〕董诰等编:《全唐文》卷三八九(独孤及)《豫章冠盖盛集记》,中华书局1983年版,第3952页。

[3] 〔清〕彭定求等编:《全唐诗》卷二六(崔颢)《长干曲四首》,中华书局1960年版,第359页。

[4] 〔清〕彭定求等编:《全唐诗》卷一六〇(孟浩然)《广陵别薛八》,中华书局1960年版,第1642页。

[5] 〔清〕彭定求等编:《全唐诗》卷一三三(李颀)《送刘昱》,中华书局1960年版,第1356页。

商侩,往来广陵,得诸贾之欢。既孤,依舅家,盗私其室,亡命九华山,事方士牛弘徽,得役鬼术,卖药广陵市。"[1]又《广陵妖乱志》载,豫章民周迪"货利于广陵,其妻偕焉",不料遇毕师铎之乱,不能往,为免俱死,而鬻其妻于屠民。[2]豫章出产优质名贵的木材,也常由贩运商大量采伐,浮运至扬州,再转运到其他地区,以供应官私营作、器具制造之用,如唐玄宗天宝时期,杨溥经常从豫章地区的山林向扬州贩运木材[3]。很显然,杨溥是活跃在这条航线上的木材商人,他利用各地之间的供需差异,低价购入高价卖出,以此谋取商利。又如唐德宗贞元初年,广陵人冯俊以佣工资生,曾受雇于一道士,负药从扬州至浔阳,所雇之船自扬州直驶入"南湖庐山下星子湾",道士故弄玄虚,对操舟的船夫说:"知汝是浔阳人,要当时至,以此便相假。"[4]实际上,这名道士并不是有什么预知的神通,而是经常乘坐舟船往来于扬州与江州之间,故推测船夫是浔阳人。唐肃宗乾元年间,唐朝官军克复两京,粮饷不足,于是计划向商旅百姓贷财产的五分之一,以补时用,时监察御史康云间为江淮度支,派录事参军李惟燕到洪州筹措,"有一僧人,请率百万,乃于腋下取一小瓶……有波斯胡人见之,如其价以市之而去",后这位波斯商人携宝物"至扬州"。[5]这同样展现了洪州与扬州之间的贸易往来。

白居易《盐商妇》中讲到扬州某小家女,因嫁与江西的大盐商,"多金帛,不事田农与蚕绩。南北东西不失家,风水为乡船作宅",从此过上了奢华的生活,"绿鬟富去金钗多,皓腕肥来银钏窄。前呼苍头后叱婢……何况江头鱼米贱,红鲙黄橙香稻饭。饱食浓妆倚柂楼,两朵红腮花欲绽……终朝美饭食,终岁好衣裳。好衣美食有来处,亦须惭愧桑弘羊"。盐商四处奔走,虽然辛劳,但获利甚多,他从事盐业生意十五年,"不属州县属天子,每年盐利入官时,少

---

[1]〔宋〕欧阳修、宋祁:《新唐书》卷二二四下《高骈传》,中华书局1975年版,第6396页。

[2]〔唐〕罗隐著,潘慧惠校注:《罗隐集校注》,浙江古籍出版社1995年版,第545页。

[3]〔宋〕李昉等编:《太平广记》卷三三一《鬼十六》"杨溥"条引《纪闻》,中华书局1961年版,第2632页。

[4]〔宋〕李昉等编:《太平广记》卷二三《神仙二十三》"冯俊"条引《原仙记》,中华书局1961年版,第156—157页。

[5]〔宋〕李昉等编:《太平广记》卷四〇三《宝四》"紫䖀羯"条引《广异记》,中华书局1961年版,第3251—3252页。

入官家多入私。官家利薄私家厚,盐铁尚书远不知。"[1]这些大商人出入繁华的扬州城,娶扬州倡女为外妇,乃平常之事。刘禹锡《夜闻商人船中筝》云:"大艑高帆一百尺,新声促柱十三弦。扬州市里商人女,来占江西明月天。"[2]商人之女随船到江西经商,在高大的商船上弹奏乐曲,尽显风采。还可以找到一些更生动的故事,如《广异记》记载了一则关于扬州铜镜的志怪故事:有名为韦栗者,唐玄宗天宝时为江西新淦县丞,"有少女十余岁。将之官,行上扬州,女向栗,欲市一漆背金花镜"。栗曰:"我上官艰辛,焉得此物? 待至官与汝求之。"岁余女死,"栗亦不记宿事。秩满,载丧北归,至扬州,泊河次。女将一婢持钱市镜,行人见其色甚艳,状如贵人家子,争欲求卖"。[3]前文讲到,扬州的铜镜全国闻名,在这则故事中,连江西的少女都想得到,可见扬州与江西的经济联系相当紧密,且其父韦栗也是经由这条航道赴任。在这条航线上,商人俞大娘可算得上是佼佼者,当时俗语云:"水不载万。"言大船不过八九千石。但俞大娘的航船却突破了这个载重量,其"航船最大,居者养生送死嫁娶悉在其间。开巷为圃,操驾之工数百。南至江西,北至淮南,岁一往来,其利甚大"。[4]这位俞大娘不仅是这条航线上最富有的商贾之一,还是流域内的大航运家,她雇佣的船工多达数百人,船员的婚丧嫁娶都可在船上完成,仿佛就是一个流动的水上社会,这一特殊"水上组织"正是当时长江商业和航运业发展的产物。

（四）扬州至建康、润州等江南地区的航线

与扬州隔江相望的是建康和润州,船舶过江之后沿着江南运河继续南行,又可达苏州、杭州、越州等地。扬州与建康之间的交通素来通畅,两地之间的人员往来、商贸活动十分频繁。如徐铉《稽神录》载,扬州有一个经营家具业的商人,其商品是在扬州制作成成品之后,再通过水路运往建康进行销售,而且所用船只是大型"巨舟",为了避倾翻之险,遇江风大起,常在瓜步山

[1]〔唐〕白居易撰,顾学颉校点:《白居易集》卷四《盐商妇》,中华书局 1979 年版,第 84 页。

[2]〔清〕彭定求等编:《全唐诗》卷三六五(刘禹锡)《夜闻商人船中筝》,中华书局 1960 年版,第 4128 页。

[3]〔宋〕李昉等编:《太平广记》卷三三四《鬼十九》"韦栗"条引《广异记》,中华书局 1961 年版,第 2651 页。

[4]〔宋〕王谠撰,周勋初校证:《唐语林校证》卷八《补遗》,中华书局 1987 年版,第 727 页。

下停泊,待到风平浪静后再出发前行。[1]再如唐武宗会昌年间,士人颜濬落第后到扬州游历,后来又从扬州前往建康,其选择的出行方式是租赁一艘小船,先到白沙镇,再过江到建康,即"赁小舟,抵白沙"[2]。白沙镇在今仪征市人民政府驻地真州镇西南方向,唐人从白沙镇再到建康,只需乘坐小船即可。唐诗中也有很多有关扬州与建康之间水路交通的描写,如李绅有一次途经金陵到扬州寻宿,看到美丽的扬州夜景,写下《宿扬州》一诗:"江横渡阔烟波晚,潮过金陵落叶秋。嘹唳塞鸿经楚泽,浅深红树见扬州。夜桥灯火连星汉,水郭帆樯近斗牛。今日市朝风俗变,不须开口问迷楼。"[3]由李绅的诗中可知,金陵与扬州之间,即便是在夜间仍然可以航行,"夜桥灯火连星汉,水郭帆樯近斗牛"之句即可为证。

扬州与润州隔江相对,两地的水运交通亦非常便利,整个江南的物产漕粮运送到北方,都要经过润州,再过江运到扬州。齐己《金山寺》云:"鱼龙光照像,风浪影摇灯。槛外扬州树,船通建业僧。"[4]可见在唐人的空间感知中,两地的距离不远。唐德宗贞元年间,王屋山灵都观道士肖洞玄从浙东乘船抵达扬州,在陵亭埭处泊舟,看到的景象是:"舳舻万艘,隘于河次,堰开争路,上下众船,相轧者移时,舟人尽力挤之。见一人船顿,蹙其右臂且折,观者为之寒栗,其人颜色不变,亦无呻吟之声。"[5]由于舟船争过堰埭,导致撑船者臂膀折断,足见渡船之繁忙。过润州向南,可到达富庶的太湖流域。唐玄宗开元十四年(726),李白由扬州出发游越中,写下《别储邕之剡中》:"借问剡中道,东南指越乡。舟从广陵去,水入会稽长。"[6]储邕到剡中,乘船进入会稽,乃是

[1]〔宋〕李昉等编:《太平广记》卷三五五《鬼四十》"广陵贾人"条引《稽神录》,中华书局1961年版,第2810—2811页。

[2]〔宋〕李昉等编:《太平广记》卷三五〇《鬼三十五》"颜濬"条引《传奇》,中华书局1961年版,第2771页。

[3]〔清〕彭定求等编:《全唐诗》卷四八一(李绅)《宿扬州》,中华书局1960年版,第5470页。

[4]〔清〕彭定求等编:《全唐诗》卷八三九(齐己)《金山寺》,中华书局1960年版,第9465页。

[5]〔宋〕李昉等编:《太平广记》卷四四《神仙四十四》"萧洞玄"条引《河东记》,中华书局1961年版,第277页。

[6]〔清〕彭定求等编:《全唐诗》卷一七四(李白)《别储邕之剡中》,中华书局1960年版,第1783页。

从广陵出发。卢仝《扬州送伯龄过江》云："不忍六尺躯,遂作东南行。"[1]伯龄远行东南,同样是以扬州为始发地。句容县佐史得一物"状如麻鞋底","令小吏持往杨州卖之,冀有识者。诫之,若有买者,但高举其价,看至几钱。其人至杨州,四五日,有胡求买"。[2]句容为润州下辖之县,从句容到扬州,也只需乘船过江即可。

第三节　扬州与隋唐五代时期的漕运

漕运作为中国古代极为重要的政治经济活动,历朝历代莫不予以高度重视,自隋代大运河全线贯通之后,历代王朝更是将漕运视作最重要的国家事务之一。司马贞《史记索隐》注《史记·平准书》文中讲"水运曰漕",也就是通过水运将从全国各地征收的税粮以及上贡的物资,输往京师或边地军镇,借此维护对全国的统治。这项水运活动由国家直接经营,处于中央政权的直接管控之下,可谓中国大一统政治格局和皇权专制国家建立的产物。漕运的含义包括:(1)漕运是封建社会中央政权通过水道强制性转运官粮等物质的一种形式;(2)漕运主要运往京师,以满足京城皇室、官兵及百姓的用粮需要;(3)漕运与封建社会的政治、经济、军事、文化、社会生活等各个领域有密切联系,具有广泛的社会功能。[3]可以说,漕运将社会经济的诸多方面凝结在一起,与中国漫长的皇权专制社会同步盛衰。

江淮地区漕运的历史非常悠久,西汉时贾谊就曾上书汉文帝:"天子都长安,而以淮南东道为奉地,锢道数千,不轻输致,郡或乃越诸侯,而远调均发征,至无状也。"[4]这篇奏疏的主旨虽是反对皇帝从远的地方调运粮食到关中,认为这是秦朝旧法,其恶果是"一钱之赋,数十钱之费",效率低下,但也从侧面反映出秦汉时代确实存在从淮南地区运粮到关中的情况。据《汉书·诸侯

---

[1]〔清〕彭定求等编:《全唐诗》卷三八八(卢仝)《扬州送伯龄过江》,中华书局1960年版,第4381页。

[2]〔宋〕李昉等编:《太平广记》卷二二〇《医三》"句容佐史"条引《广异记》,中华书局1961年版,第1688—1689页。

[3]吴琦:《漕运与中国古代社会》,华中师范大学出版社1999年版,第4页。

[4]〔汉〕贾谊:《贾谊集》,上海人民出版社1976年版,第205页。

王表》载,淮南"北界淮濒,略庐、衡",高帝五年(前202)属英布为淮南国,十一年(前196)属少子刘长,文帝七年(前173)属汉为九江郡,故贾谊奏疏中的淮南东道大致相当于今天安徽北部和江苏北部的部分地区。淮南诸县离关中路途遥远,中间又隔以众多的诸侯国,虽运量少而耗费大,但皇帝还要坚持这么做,很可能是因为地方供粮具有象征意义,是中央政府巩固对淮南地区统治的一种政治手段,类似于当时边疆地区向中原王朝上贡土特产品,虽数量少,但政治意义大。广陵作为淮南地区的首府,政治经济地位突出,自然也要向中央供粮。

东汉时期,政府对江淮漕运亦相当重视。北魏郦道元《水经注》引"洛阳桥右柱铭"云:"阳嘉四年乙酉壬申,诏书以城下漕渠,东通河、济,南引江、淮,方贡委输,所由而至,使中谒者魏郡清渊马宪监作石桥梁柱。"[1]阳嘉(132—135)为汉顺帝年号,说明东汉时从江淮地区运粮到洛阳已经成为定制。三国时期,魏、吴都在江淮之间投入大量兵力,相互攻伐以攫取地盘,为了保证军队所需,两国都努力兴修水利,发展屯田和漕运。西晋进入短暂统一时期,大规模的漕运再次兴起,这一时期漕运的发展离不开广陵相陈敏的贡献,他在三国陈登开凿的邗沟西道的基础上进一步改造运河水道,沟通了樊梁湖北口至津湖的通道,使大量漕运南方米谷北上成为可能。魏晋时期的广陵是淮南农业区的核心地带,又是江淮间水陆交通之中心,战略地位大大提升,这与陈敏的努力经营密不可分。西晋以后,国家再度陷入分裂的局面,南北漕运暂告中断。经过隋唐两朝的努力,贯通南北的大运河终于得以畅通无阻,国家的漕运事业也由此再度兴盛起来。这一时期漕运对于整个国家的意义,《册府元龟》中有相当精辟的概括:"若乃京师,大众之所聚,万旅百官之仰给,邦畿之赋,岂足充用?逮于奉辞伐叛,调兵乘鄣,或约赍以深入,或赢粮而景从,曷尝不漕引而致羡储,飞挽而资宿饱?乃有穿渠凿河,乘便利之势;创法立制,极机巧之思。斯皆贤者之心术,古人之能事。"[2]可以说,漕运是否畅通足以影响到国家的盛衰兴亡。

---

[1]〔北魏〕郦道元著,陈桥驿校证:《水经注校证》卷一六《谷水》,中华书局2007年版,第396页。

[2]〔北宋〕王钦若等编:《册府元龟》卷四九八《邦计部·漕运》,中华书局1960年版,第5959页。

扬州与漕运的关系,一言以蔽之,"江南之运积扬州"[1]。这里的"江南"并非今天狭义的江南,而是包括整个长江以南的广大地区,最远可达五岭。敦煌出土的《唐开元二十五年水部式残卷》云:"桂、广二府铸钱及岭南诸州庸调并和市折租等,递至扬州,讫令扬州差纲部领送都,应须运脚,于所送物内取充。"[2]可见漕运运送的物资除了粮食外,还包括布匹绫绢、铜钱和军需物资等。

首先看布匹绫绢。唐中前期,南方运送到北方的漕粮虽有定额,但在一些年份,当关中丰收或关东漕粮供应充足时,则无须南方供应漕粮,普遍采用的折中方式是以纳布代替纳粮。如唐玄宗开元二十五年(737)定令:"其江南诸州租,并回造纳布。"[3]布匹较之粮食更为轻便,更能节省水力。这些布匹绫绢除了供统治者自己使用外,还被大量用于赏赐军士。如唐肃宗至德元载(756)安抚北方将士的敕书载:"敕朔方将士等。……顷者出井陉,收赵地,还破同罗逋虏,复入河东故郡,累有功绩,王室赖之。……已令江淮转运布帛,到日议赏非遥。"[4]又唐德宗兴元元年(784)五月,"盐铁判官万年王绍以江、淮缯帛来至,上命先给将士,然后御衫"。[5]贞元十二年(796)六月,越州刺史皇甫政奏:"贞元十年进绫縠一千七百匹,至汴州,值兵逆叛,物皆散失,请新来客户续补前数。"[6]在吐鲁番哈拉和卓附近阿斯塔那出土的唐代税布上,有文字曰:"婺州信安县显德乡梅山里祝伯亮租布一端,光宅元年十一月日。""婺州兰溪县瑞山乡从善里姚群庸调布一端,神龙二年八月日。"[7]这些税布显然是政府赏赐,且全部是由南方供应。南方的布帛也常被作为军需物资运送到北方,如安史之乱爆发之初,清河郡使者李华前去向河北道采访处置使颜真卿请援时说:

[1]〔宋〕欧阳修、宋祁:《新唐书》卷五三《食货志三》,中华书局1975年版,第1368页。

[2]　周绍良主编:《全唐文新编》卷九〇二,吉林文史出版社2000年版,第11807页。

[3]〔唐〕杜佑撰,王文锦、王永兴、刘俊文、徐庭云、谢方点校:《通典》卷六《食货六·赋税下》,中华书局1996年版,第107页。

[4]〔宋〕宋敏求编:《唐大诏令集》卷一一五《慰喻朔方将士敕》,中华书局2008年版,第602页。

[5]〔宋〕司马光编著,〔元〕胡三省音注:《资治通鉴》卷二三一唐德宗兴元元年(784)五月,中华书局1956年版,第7428页。

[6]〔宋〕王溥:《唐会要》卷八五,中华书局1955年版,第1565—1566页。

[7]　参见张晓东:《五代时期的漕运与北方边防》,《内蒙古社会科学(汉文版)》2007年第4期,第57页。

"国家旧制,江淮郡租布贮于清河,以备北军费用,为日久矣。相传为天下北库。今所贮者,有江东布三百余万匹,河北租调绢七十余万。"[1]清河乃是大运河永济渠段重镇,从江淮转运而来的布帛都贮藏于此,被誉为"天下北库"。

再看铜钱。唐中后期,关中地区经常出现钱荒,故需要从南方调运铜钱以平抑钱价。如贞元二年(786),右丞元琇"以京师钱重货轻",乃于江东监院"收获见钱四十余万贯,令转送入关"。时韩滉为浙江东西节度兼江淮转运使,与元琇素有积怨,故诬奏云:"运千钱至京师,费钱至万,于国有害。"请求罢运铜钱。为此唐德宗亲自过问此事,元琇上奏曰:"一千之重,约与一斗米均。自江南水路至京,一千之所运,费三百耳,岂至万乎?"皇帝认可了他的说法,于是遣中使赍手诏令运钱。[2]再如唐宪宗元和十二年(817)正月,唐廷要对淮西、淄青等地用兵,急需钱粮。第二年(818),王播奏钱谷转运之弊云:"军兴之时,财用是切。顷者刘晏领使,皆自按置租庸,至于州县否臧,钱谷利病之物,虚实皆得而知。今臣守务在城,不得自往。"请令转运副使程异出巡江淮,整顿州府上供钱谷之事。唐宪宗听从了王播的建议,派遣程异到江淮调度财税。是年闰五月,程异至江淮,"得钱一百八十五万贯以进"。[3]说明当时从南方调运铜钱到关中已经成为了定制。

最后看军需物资。唐中后期,北方战乱不断,中央政府既要守边御敌,又要与藩镇对峙,需要供养的军队数量非常庞大。这些军队的军需物资大多要从南方转运,如唐穆宗长庆元年(821)元锡任宣州观察使,"进助军绫绢一万匹,弓箭、器械共五万二千事"。[4]李德裕《赐王元达诏书》亦云:"材干筋革,出自江淮。"[5]当时在南方地区还设置了很多生产军需物资的作坊,唐代宗年间《停扬、洪、宣三州作坊诏》云:"淮南数州,秋夏无雨。扬、洪、宣等三州作坊,往以军兴,是资戎器。既属时岁大歉,虑乎人不宁居,征夫役工,损费尤甚。

---

[1]〔清〕董诰等编:《全唐文》卷五一四(殷亮)《颜鲁公行状》,中华书局1983年版,第5226页。

[2]〔后晋〕刘昫等:《旧唐书》卷一二九《韩滉传》,中华书局1975年版,第3601—3602页。

[3]〔后晋〕刘昫等:《旧唐书》卷四九《食货志下》,中华书局1975年版,第2121页。

[4]〔北宋〕王钦若等编:《册府元龟》卷四八五《邦计部·济军》,中华书局1960年版,第5798页。

[5]〔清〕董诰等编:《全唐文》卷六九九(李德裕)《赐王元达诏书》,中华书局1983年版,第7175页。

务从省约,以息疲人,亦宜并停。"[1]可见扬、洪、宣三州的军械作坊规模不小,需要征调大量役工,所耗费用亦是甚巨。三州军需作坊的这一次停工乃是因为淮南数州遭受自然灾害,导致粮食歉收,这并非常态,在正常年份,这些军械作坊仍要开工生产。

不过漕运的主体仍是漕粮,江淮地区漕粮的运输是随着政治、经济、军事形势的变化而变化,大体上可以分为三个阶段:第一个阶段是隋及唐前期"漕事简"时期,这一时期所运漕粮不多,且大多来自于黄河中下游地区,江淮漕粮的主导地位尚未完全凸显出来;第二个阶段是唐高宗及武后时期,这一时期由于中央用度剧增,关中地区自然灾害频繁发生,募兵制取代府兵制,中央官僚体系膨胀等原因,江淮漕运事业蓬勃发展起来;第三个阶段是安史之乱后,漕粮供应处于不稳定期,时多时少。不过此时由于中央政府失去了传统的黄河中下游"供粮地",藩镇割据之地"郡邑官吏,皆自署置,户版不籍丁天府,税赋不入于朝廷,虽曰藩臣,实无臣节"[2],故忠于中央政府的江淮地区就成为了维系"国命"之所在。时人权德舆《论江淮水灾上疏》云:"江东诸州,业在田亩,每一岁善熟,则旁资数道。……然赋取所资,漕挽所出,军国大计,仰于江淮。"[3]扬州控扼江淮粮道,又一度是盐铁转运使的长驻之地,与整个国家的命运紧紧联系在一起。

一、隋及唐中前期的漕运与扬州

《隋书·食货志》载:"开皇三年,朝廷以京师仓廪尚虚,议为水旱之备,于是诏于蒲、陕、虢、熊、伊、洛、郑、怀、邵、卫、汴、许、汝等水次十三州,置募运米丁。又于卫州置黎阳仓,洛州置河阳仓,陕州置常平仓,华州置广通仓,转相灌注。漕关东及汾、晋之粟,以给京师。又遣仓部侍郎韦瓒,向蒲、陕以东,募人能于洛阳运米四十石,经砥柱之险,达于常平者,免其征戍。"[4]也就是利用黄河、卫河、洛河、渭河等自然河道运粮以充实关中,这里的关东是沿用汉代

---

[1]〔清〕董诰等编:《全唐文》卷四七(代宗皇帝)《停扬、洪、宣三州作坊诏》,中华书局1983年版,第519页。

[2]〔后晋〕刘昫等:《旧唐书》卷一四一《田承嗣传》,中华书局1975年版,第3838页。

[3]〔清〕董诰等编:《全唐文》卷四八六(权德舆)《论江淮水灾上疏》,中华书局1983年版,第4962页。

[4]〔唐〕魏徵、令狐德棻:《隋书》卷二四《食货志》,中华书局1973年版,第683页。

的说法,大体上是指函谷关或崤山以东的广大地区,主体是黄河中下游流域。这片区域开发较早,农业发达,是传统的产粮区,从这里向关中运粮,路途不算太远。且当时天下初定,关中人口不多,对于粮食的需求量不大,故就近从关东运粮即可,无须远距离从南方调粮。隋文帝开皇五年(585)五月,工部尚书、襄阳县公长孙平奏曰:"去年亢阳,关内不熟,陛下哀愍黎元,甚于赤子。运山东之粟,置常平之官,开发仓廪,普加赈赐。"[1]可见当关中遇到饥荒时,首先考虑的是从山东地区运粮,而非南方地区。

隋炀帝全线凿通大运河之后,天下利于转输,南方粮食大量运到北方才成为可能。大业末年,天下大乱,政府组织的漕运难以为继,倒是一些私人的运粮活动较为活跃。如冯翊下邽人鱼俱罗在会稽郡镇压刘元进等地方叛乱,时鱼俱罗诸子"并在京、洛,又见天下渐乱,终恐道路隔绝。于时东都饥馑,谷食踊贵,俱罗遣家仆将船米至东都粜之,益市财货,潜迎诸子"。[2]这虽是鱼俱罗私自从江南运米到洛阳卖出以获取商利,并非官方行为,但亦能说明当时存在南粮北运的情况。

唐都长安,当时关中虽仍号称沃野,有"陆海"和"天府之国"之称,但是由于人口快速增长,而可耕种的土地不能满足需求,故农业所出不足以供应京师,导致百姓衣食难周。《新唐书·食货志》云:"关中号称沃野,然其土地狭,所出不足以给京师,备水旱,故常转漕东南之粟。"[3]不过转运的漕粮数存在阶段性变化,唐初从南方调拨漕粮到长安,最早的记载见于武德年间,《册府元龟》卷四九八《邦计部·漕运》,云:"八月,扬州都督李靖运江淮之米,以实洛阳。"[4]当时北方战乱不断,"山东河北,千里无烟",农业生产遭到严重破坏,影响到两京粮食的供应。而南方则相对安定,李靖平定江南叛乱后,驻扎于扬州,借助该地优越的水运交通区位优势,调拨江淮漕粮到洛阳,解除了东

---

[1]〔唐〕魏徵、令狐德棻:《隋书》卷二四《食货志》,中华书局1973年版,第684页。

[2]〔唐〕魏徵、令狐德棻:《隋书》卷六四《鱼俱罗传》,中华书局1973年版,第1518页。

[3]〔宋〕欧阳修、宋祁:《新唐书》卷五三《食货志三》,中华书局1975年版,第1365页。

[4]〔北宋〕王钦若等编:《册府元龟》卷四九八《邦计部·漕运》,中华书局1960年版,第5966页。此处的"八月"应为"八年"之误,据两《唐书》李靖传记所载,武德七年(624)李靖攻破丹阳,剿灭辅公祏反叛后,任扬州大都督府长史。第二年(625)七月,突厥犯边,又率江淮兵士北上抵御,后再也不见李靖在江淮任职的记载。

都之困。不过囿于材料限制,当时从江淮转输漕粮的规模不得而知。[1]

李靖转运江淮漕粮或许还只能算作是一种战时的非常举措,并没有形成定制,但却为后来更大规模的漕运奠定了基础。《旧唐书·食货志》记裴耀卿所奏云:"昔贞观、永徽之际,禄廪未广,每岁转运,不过二十万石便足。"[2]可见唐太宗、高宗两朝,运送到关中的粮食虽然不算太多,但每年输送二十万石已经成为定制。隋末唐初受到战争的影响,关中人口急剧下降,用度有限,粮食基本能够做到自给,加之君民注意节俭,中央官员人数不多,府兵都是自备粮食,朝廷官府组织较为简单,故无须从外地大规模调运粮食。不过,自江淮地区漕运粮食以济北方的情况仍然存在,据《乙速孤神庆碑》记载,唐太宗贞观十年(636)乙速孤神庆任游击将军,驻守永丰仓,"(永丰仓)佳兵七萃,左带皇畿,敖庾千箱,傍临陕服,正垒壁其斯重,赡海陵其已陋,聿兼其任,隆寄存焉"[3]。碑文提到的永丰仓即广通仓,隋文帝开皇三年(583)置,在华州华阴县东北三十五里渭河口,外地漕粮运入关中大都要在此储存转运,海陵即海陵县,隋唐时期属扬州,是南方漕粮的重要储存地之一。[4]"赡海陵其已陋",清楚地表明当时已有江淮地区的漕粮运入关中,扬州的漕运转输地位也初见端倪。

唐高宗至玄宗朝是唐代漕粮事业的鼎盛时期,史载"自高宗已后,岁益增多,而功利繁兴,民亦罹其弊矣"。[5]唐玄宗开元初年,河南尹李杰始任水陆发运使,每年冬季起运漕粮八十万石,后增至一百万石,在洛阳含嘉仓至陕州太原仓之间设置八个递场,每个相距四十里,每递用车八百乘,需耗时两个月。漕粮数虽较唐初增加了四五倍,但仍不能满足关中需求,"其后渐加"。[6]李杰所任之水陆发运使是漕运专官,为常设官员,在此之前,漕运事

[1] 参见张荣强:《初唐时期的江淮漕运》,《中国社会科学院研究生院学报》2005年第1期,第113页。

[2] 〔后晋〕刘昫等:《旧唐书》卷四九《食货志下》,中华书局1975年版,第2115页。

[3] 〔清〕王昶辑:《金石萃编》卷六一《乙速孤神庆碑》,中国书店1985年版。

[4] 参见张荣强:《初唐时期的江淮漕运》,《中国社会科学院研究生院学报》2005年第1期,第113页。

[5] 〔宋〕欧阳修、宋祁:《新唐书》卷五三《食货志三》,中华书局1975年版,第1365页。

[6] 〔唐〕杜佑撰,王文锦、王永兴、刘俊文、徐庭云、谢方点校:《通典》卷一〇《食货十·漕运》,中华书局1988年版,第224页。

务多是由户部尚书之下的度支或水部郎中负责,事完即罢,属临时差遣性质,由所差官员的变化以及官员的固定化也可知政府越来越重视漕运。唐玄宗开元二十一年(733),朝廷又特设立江淮转运使一职,"拜(裴)耀卿为黄门侍郎、同中书门下平章事,兼江淮都转运使"。裴耀卿到任后,设河阴仓,令江南漕舟到达黄河口后不再前行,输粟于仓而回,又以郑州刺史崔希逸、河南少尹萧炅为副使,益漕晋、绛、魏、濮、邢、贝、济、博之租输诸仓,转而入渭。三年时间里,总共运送漕粮达到七百万石。平均算下来,每年大概转运二百三十余万石漕粮,较之开元初年又增加了一倍多。但这种快速发展的情况并没有持续多久,由于裴耀卿罢相,漕粮北运变得艰难,每年运到京师的米粮才一百万石。唐玄宗开元二十五年(737)罢北运,任命崔希逸为河南陕运使,时岁运米才一百八十万石,后由于太仓积粟有余,每年又减漕粮十万石。比较裴耀卿和崔希逸时期的漕粮数,可知当时由南方运到京师的漕粮每年约为五十万石,这些漕粮自然都要经由扬州转输,其地位由此得以稳步提升。不过仅运一百余万石的情况并没有持续很久,到了天宝年间,北运的漕粮再度上升到二百五十万石[1]。

总体来看,唐高宗至玄宗期间,漕粮数呈现出不断增长的趋势。这固然是得益于裴耀卿等人的努力经营,南方土地开发加快,供粮能力增强等有利因素,但还应该结合当时全国的政治军事形势进行分析。可总结出如下六点原因:

第一,关中地区人口大增,土地开发殆尽。长安作为京畿地区的"关中",政治、军事、战略地位自不待言,正因如此,长安及京畿周围驻扎着数量庞大的军队以拱卫政权、维护统治。同时,长安作为当时的国际化大都市,既存在数量庞大的贵族、地主等特权阶级,也居住着从外地来此经商、学习和旅行之士,人口近百万,"今畿内数州,实惟邦本,地狭人稠,耕植不博,菽粟虽贱,储蓄未多"。[2]仪凤四年(679),唐高宗行幸洛阳,在前一年(678)十月颁布的

---

[1]〔宋〕欧阳修、宋祁:《新唐书》卷五三《食货志三》,中华书局 1975 年版,第 1366—1367 页;〔唐〕杜佑撰,王文锦、王永兴、刘俊文、徐庭云、谢方点校:《通典》卷一〇《食货十·漕运》,中华书局 1988 年版,第 224 页。

[2]〔后晋〕刘昫等:《旧唐书》卷七八《高季辅传》,中华书局 1975 年版,第 2701 页。

《幸东都诏》中称:"咸京天府,地狭人繁。百役所归,五方胥萃。虽获登秋之积,犹亏济岁之资。"[1]也就是说,这一年关中的粮食虽然丰收,但由于人口太多,依然不能满足需求,皇帝不得不带领群臣移跸洛阳。据今学者研究,武德中至天宝元年(742)120年左右的时间里,关中人口快速增长,年平均增长率高于10‰。[2]人口的增加势必会带来土地的开发,如唐玄宗开元十八年(730),"以京兆府、岐、同、华、邠、坊州隙地陂泽可垦者,复给京官职田"。[3]给京城官员配备的职田只能从隙地和陂泽中获得,说明当时关中土地的开发已经相当深入,留下的荒地、闲地已经不太多。另一个不应被忽视的趋势是,不合理的开发导致关中土地生产能力下降。例如关中有秦开的郑国渠和汉开的白渠,最初能灌溉农田四万余顷,然而由于富商大贾多求私利,私自设置水磨和堰坝用水取水,导致河道拥塞、水量不足,到了唐初永徽年间,两渠仅能灌溉一万顷左右的土地,至大历年间更是减至六千二百余顷,每亩所产的粮食也减少一石余,这表明土地质量和灌溉条件严重下降。[4]

第二,募兵制取代府兵制。府兵制最大的特点是兵农合一,府兵战时从军打仗,平时则是耕种土地的农民,仅在农隙时军事训练。遇有战事,则自备武器、马匹和粮饷出征,唐太宗贞观十年(636)的规定是:"麦饭九斗,米二斗,皆自备。"[5]由于这些士兵不需要政府提供衣粮等物,故唐初关中驻军虽众,但政府的经费开支和粮食供应的压力并不大。然而自高宗、武后时起,府兵制逐渐崩坏。唐玄宗开元十一年(723),唐廷采纳张说的提议,改府兵制为募兵制,名为旷骑。如此一来,兵制由兵农合一变为兵农分离,军队的给养全部都要由政府负担,这自然增加了政府的经费开支和粮食供应量,故每年的漕运量势必大增。宋人吕祖谦曾论述唐代兵制变化与漕运关系云:"唐太宗以前,府兵之制未坏。有征行便出兵,兵不征行,各自归散于田野,未尽仰给大农,

[1]〔宋〕宋敏求编:《唐大诏令集》卷七九《幸东都诏》,中华书局2008年版,第450—451页。

[2]薛平拴:《隋唐五代时期关中地区人口的兴衰演变》,杜文玉主编:《唐史论丛(第十八辑)》,陕西师范大学出版总社有限公司2014年版,第101—128页。

[3]〔宋〕欧阳修、宋祁:《新唐书》卷五五《食货志五》,中华书局1975年版,第1395页。

[4]〔唐〕杜佑撰,王文锦、王永兴、刘俊文、徐庭云、谢方点校:《通典》卷一七四《州郡四》,中华书局1988年版,第4563页。

[5]〔宋〕欧阳修、宋祁:《新唐书》卷五〇《兵志》,中华书局1975年版,第1325页。

所以唐高祖、太宗运粟于关中不过十万。后来明皇府兵之法渐坏,兵渐渐多,所以漕粟自此多。……唐中、睿以后,府兵之法坏,聚兵既多,所以漕运不得不详。大抵这两事常相为消长,兵与漕运常相关。所谓宗庙社稷之类,十分不费一分,所费广者全在用兵,所谓漕运全视兵多少。"[1]可见,募兵制取代府兵制确实是导致漕粮需求大增的重要原因之一。

第三,关中地区的自然环境趋于恶化,经常出现粮食歉收的情况。唐代是我国历史上一个相对温暖湿润的时期,一般情况下,温暖湿润的气候总是与自然灾害较少相关联,但这种关联性存在区域差异。仅就关中地区来说,唐代的自然灾害频率之高、危害程度之大超过此前任何朝代,这应与其长期不合理的土地开发直接相关。以危害最大的旱灾为例,唐代290年的时间内,关中地区共发生旱灾112年次,平均2.589年发生一次。[2]如唐高宗咸亨元年(670),"七月甲戌,以雍、华、蒲、同四州旱,遣使虑囚,减中御诸厩马。……八月庚戌,以谷贵禁酒……丙寅,以旱避正殿,减膳。……闰(九)月癸卯,皇后以旱请避位。……是岁大饥"[3]。又唐德宗贞元二年(786)春,"诏以民饥,御膳之费减半,宫人月共粮米都一千五百石,飞龙马减半料"[4]。由于发生了严重的灾害和饥荒,宫廷采取了减少宫中马匹、禁酒等措施,皇帝皇后也有减少膳食、避殿等行为。但上述这些措施只具有象征意义,实际作用有限,真正能解决问题的还是要从南方转运更多的漕粮。如唐高宗咸亨元年,全国四十余州遭受干旱和霜虫灾害,百姓饥乏,关中尤甚,乃"诏令任往诸州逐食,仍转江南租米以赈给之"。[5]类似的记载史不绝书。除旱灾外,水灾、冰雹、蝗灾、风灾、霜冻等自然灾害也频繁发生,这在很大程度上影响到了关中自身的供粮能力。其实不仅是关中,北方其他地区遇到灾荒,也多要转运江淮粮食以赈济。如唐玄宗开元十五年(727)秋,六十三州大水,十七州霜旱,河北出现饥

---

[1]〔宋〕吕祖谦:《历代制度详说》卷四《漕运》,《景印文渊阁四库全书》第923册,台湾商务印书馆1983年版,第936页。

[2] 参见潘明娟:《唐代关中旱灾及其影响初探》,《干旱区资源与环境》2013年第9期,第55页。

[3]〔宋〕欧阳修、宋祁:《新唐书》卷三《高宗纪》,中华书局1975年版,第68—69页。

[4]〔后晋〕刘昫等:《旧唐书》卷一二《德宗纪上》,中华书局1975年版,第352页。

[5]〔后晋〕刘昫等:《旧唐书》卷五《高宗纪下》,中华书局1975年版,第95页。

荒,乃"转江淮之南租米百万石以赈给之"。[1]开元十六年(728),"顷者水灾,
荐及河朔,思无不至,忧彼元元。发仓廪,漕江淮以赈之"[2]。

　　第四,中央官僚体系膨胀,食禄者增多,用度渐广。武德、贞观年间,大省
内官,诸事草创,内外文武官员才643人,官僚人数少,用度从简,粮食消耗不
多。而到了永徽以后,官纪紊乱,选人渐多。唐高宗显庆二年(657),黄门侍
郎刘祥道就上疏曰:"今之选司取士,伤多且滥,每年入流,数过一千四百,伤
多也。杂色入流,不加铨简,是伤滥也。"[3]如唐高宗永徽五年(654)吏部取
1430人,六年(655)取1018人,显庆元年(656)取1450人。当时内外朝一品
以下、九品以上的文武官员,达到了13465人。较之唐初,官员数增加了近20
倍。[4]武后、中宗、睿宗时期,官员增加的趋势仍在继续。到了唐玄宗年间,已
经增至17686人。[5]官员虽只占总人口数的一小部分,但他们生活奢侈,用度
较广,所耗费的粮食远高于普通民众。中宗景龙年间,右御史台中丞卢怀慎上
疏力陈时政得失三篇,其中第二篇指出:"臣窃见京诸司员外官,所在委积,多
者数余十倍,近古以来未之有也。官不必备,此则有余,人代天工,多不厘务。
广有除拜,无所裨益,俸禄之费,岁巨亿万,空竭府藏而已,岂致理之基哉!"大
量的冗官冗员,增加了政府的财政开支,导致府藏空竭,仓库空虚,民力凋敝,
"河、渭漕挽,西给京师,公私损耗,不可胜纪"。[6]《唐六典》卷一九《司农寺》
记载开元时粮食的消耗情况:"凡天下租税及折造转运于京、都,皆阅而纳之。
每岁自都转米一百万石以禄百官及供诸司。"[7]司农寺专管国库的粮食收支,
如果以每年漕运220万石计算,百官及诸司所耗就要占到将近一半之数。

　　第五,奢侈之风盛行。唐初的统治者,惩隋亡之弊,尚能爱惜民力,与民
休息。但到了高宗、武后时期,社会秩序趋于稳定,经济发展,国家也富裕了

　　[1]〔后晋〕刘昫等:《旧唐书》卷八《玄宗纪上》,中华书局1975年版,第191页。
　　[2]〔宋〕宋敏求编:《唐大诏令集》卷一〇四《处分朝集使敕五道》,中华书局2008年版,第529页。
　　[3]〔清〕董诰等编:《全唐文》卷一六二(刘祥道)《陈铨选六事疏》,中华书局1983年版,第
1654页。
　　[4]〔唐〕杜佑撰,王文锦、王永兴、刘俊文、徐庭云、谢方点校:《通典》卷一九《职官一》、一七《选
举五》,中华书局1988年版,第471、403—404页。
　　[5]详见潘镛:《隋唐时期的运河和漕运》,三秦出版社1987年版,第77页。
　　[6]〔后晋〕刘昫等:《旧唐书》卷九八《卢怀慎传》,中华书局1975年版,第3066页。
　　[7]〔唐〕李林甫等撰,陈仲夫点校:《唐六典》卷一九《司农寺》,中华书局1992年版,第525页。

起来,奢侈之风逐渐抬头,这种变化在关中地区表现得尤为突出。《新唐书·食货志》载:"天子骄于佚乐而用不知节,大抵用物之数,常过其所入。于是钱谷之臣,始事朘刻。"[1]民以食为天,这一时期关中的富裕之家,都极尽口腹之欲,追求奢豪的生活。如玄宗朝礼部侍郎韦陟,对膳食非常讲究,"其于馔羞,尤为精洁,仍以鸟羽择米。每食毕,视厨中所委弃,不啻万钱之直"[2]。又,宰相李德裕,"每食一杯羹,其费约三万,为杂以珠玉宝贝,雄黄朱砂,煎汁为之,过三煎则弃其相"[3]。上有所好,下必效之,从统治阶级的生活方式可以看出,当时关中地区的奢侈之风相当盛行,漕运自然不足其所费。除了饮食之外,大兴土木也会造成"粮食危机",如龙朔三年(663)征调陇、雍、同、岐等15州民户,修蓬莱宫;垂拱四年(688)建明堂,日役万人,采木江岭,数年之间,所费以万亿计,府藏为之耗竭;中宗所建金银、玉真两观,用钱百余万贯。修建宫殿寺庙除了要消耗大量的木材和钱物外,还会征调数以万计的工人,消耗的粮食量也十分惊人。[4]

第六,频繁的军事战争。唐中前期,周边的吐蕃、突厥、党项、契丹等少数民族逐渐兴盛起来,与唐王朝多有军事冲突。为了加强边防力量,防范少数民族政权入侵,唐王朝长期维持着数量庞大的军队。唐玄宗开元十年(722)之前,缘边镇兵多达六十余万人[5]。与少数民族政权的战争也时有发生,如万岁通天元年(696)五月,奚、契丹发动叛乱,唐王朝派兵镇压,而这些军队的粮草大多需要由南方供应。陈子昂《上军国机要事》云:"即日江南、淮南诸州租船数千艘已至巩、洛,计有百余万斛。"这批漕粮被"勒往幽州,纳充军粮"[6]。幽州的治所在今北京市,漕粮可通过永济渠运抵。杜甫在《昔游》和

[1]〔宋〕欧阳修、宋祁:《新唐书》卷五一《食货志一》,中华书局1975年版,第1346页。

[2]〔唐〕段成式著,杜聪校点:《酉阳杂俎·续集》卷三《支诺皋下》,齐鲁书社2007年版,第166页。

[3]〔宋〕李昉等编:《太平广记》卷二三七《奢侈二》"李德裕"条引《独异志》,中华书局1961年版,第1824页。

[4]参见张荣强:《初唐时期的江淮漕运》,《中国社会科学院研究生院学报》2005年第1期,第114页。

[5]〔后晋〕刘昫等:《旧唐书》卷九七《张说传》,中华书局1975年版,第3053页。

[6]〔清〕董诰等编:《全唐文》卷二一一(陈子昂)《上军国机要事》,中华书局1983年版,第2136页。

《后出塞五首》之四中也有"幽燕盛用武,供给亦劳哉。吴门转粟帛,泛海陵蓬莱"[1]"渔阳豪侠地,击鼓吹笙竽。云帆转辽海,粳稻来东吴"[2]等说法。又在《复愁十二首》之九中抒发了希望和平、不再增兵的期许:"任转江淮粟,休添苑囿兵。由来貔虎士,不满凤凰城。"[3]而从江南、淮南等南方诸州运送到北方的漕粮,先要集中到扬州的海陵仓,然后北运。卢藏用就指出:"精甲百万,以临蓟门,运海陵之仓,驰陇山之马,积南方之甲,发西山之雄,倾天下以事一隅。"[4]也就是说,驻扎在幽州的士兵虽众,但马匹都来自于陇山一带,盔甲铸造于南方,粮食则来自于扬州的海陵仓。

由于关中粮食紧缺,中央官僚集团对于江淮漕粮的依赖性增强,还出现了皇帝频繁带领群臣到洛阳就食的情况。这是因为漕粮经过水路运抵洛阳后,还要经过八百余里才可以到达长安,其中陕州(今河南三门峡市陕州区)境内三百里的运途最为艰难。黄河自潼关以东,流经中条山与崤山之间,河水夹持于两山之间,水势异常凶险。至三门峡,河水又被河道中的两个大石岛分开,形成三股,故称"三门",水势尤为湍急,水下又有很多暗礁,形成漩涡,稍有不慎,就会碰礁沉没。漕船过此,"其失尝十七八",大抵运一斛粮,所得不过八斗。唐初,为了避开三门砥柱之险,由洛阳向长安运送漕粮多走陆路,用车马驮运虽能免于航运艰险,但费时费力费钱。时人也试图改善此段河道的运输条件,如唐高宗显庆元年(656),采纳苑西监褚朗的建议,派六千名士兵开凿三门山,但这次尝试最终以失败而告终。后将作大匠杨务廉又在三门山上开凿栈道,以便拉纤之用,但纤夫多因断绳坠崖而死。又唐玄宗开元二十九年(741),陕州太守李齐物尝试另开人工运河以避三门险滩,"凿砥柱为门以通漕,开其山颠为挽路,烧石沃醯而凿之",被称为开元新河。[5]不过由于"弃石入河,激水益湍怒,舟不能入新门,候其水涨,以人挽舟而上",加之河水夹杂泥沙太多,淤积严重,没过几年便无法航行。天宝中,"以三门

[1] 〔清〕彭定求等编:《全唐诗》卷二二二(杜甫)《昔游》,中华书局1960年版,第2358页。

[2] 〔清〕彭定求等编:《全唐诗》卷二一八(杜甫)《后出塞五首》,中华书局1960年版,第2293页。

[3] 〔清〕彭定求等编:《全唐诗》卷二三〇(杜甫)《复愁十二首》,中华书局1960年版,第2519页。

[4] 〔宋〕李昉等编:《文苑英华》卷七九三(卢藏用)《陈子昂别传》,中华书局1966年版,第4191页。

[5] 〔宋〕欧阳修、宋祁:《新唐书》卷五三《食货志三》,中华书局1975年版,第1367页。

河道险厄,漕转艰阻。乃令旁北山,凿石为月河,以避湍急,名曰天宝河","其河东西径直,长五里余,阔四五丈,深二丈三丈至五六丈,皆凿坚石",短时间内收到了"岁省运夫五十余万,又无覆溺淹滞之患"的效果。[1]总之,终唐一代始终没有较好地解决洛阳到长安这段粮道的问题。

洛阳在长安之东,据天下之中,"控以三河,固以四塞,水陆通,贡赋等",有"河朔之饶,食江淮之利,九年之储已积,四方之赋攸均"[2]的区位优势,较之长安更易获取漕粮。武后长安二年(702),杨齐哲上疏云:"神都帑藏储粟,积年充实,淮海漕运,日夕流衍。地当六合之中,人悦四方之会。陛下居之,国无横费,长安府库及仓,庶事空缺,皆借洛京转输。"[3]这里的"六合之中"也就是指洛阳。当关中发生饥荒或粮食无以为继时,皇帝会带领群臣行幸洛阳,如贞观十一年(637)二月唐太宗幸洛阳宫,十八年(644)冬十月再次幸洛阳宫[4],这两次行幸都是为了应对关中粮食危机而不得不采取的被迫之举。行幸次数最多的皇帝当属唐高宗,前后共有七次之多,住在洛阳的时间几乎占据了他在位时间的一半,被戏称为"逐粮天子",在唐高宗七次行幸洛阳的活动中,有四次是在正月离开长安,其余三次也都是在正月前后出发,这显然是因为冬季关中无粮可食。杨炯《唐上骑都尉高君神道碑》载:"铜桡铁舳,苍鹰白鹤之船;竹箭桃花,贝阙龙堂之水。引红粟于淮海,泛归舟于秦晋。"[5]"桡"是指桨或楫,"舳"是指首尾衔接的大船,故"铜桡铁舳"是形容当时漕船数量之多、运量之大,一艘接着一艘。"苍鹰"与"白鹤"则是形容船速非常快,"竹箭"和"桃花"都是稻米的品种,"淮海"大体上是指淮河以南的广大地区。这段文字描写的是关内、河东诸州在洛阳输纳粟米后空船返回的情景,背景是咸亨二年(671)正月唐高宗行幸东都,直到四年(673)十月才车驾返还长

[1]〔宋〕李昉等编:《太平广记》卷三九八《石》"古铁铧"条引《开天传信记》,中华书局1961年版,第3187页。

[2]〔清〕董诰等编:《全唐文》卷二四○(宋之问)《为东都僧等请留驾表》,中华书局1983年版,第2431—2432页。

[3]〔清〕董诰等编:《全唐文》卷二六○(杨齐哲)《谏幸西京疏》,中华书局1983年版,第2635—2636页。

[4]〔后晋〕刘昫等:《旧唐书》卷三《太宗纪下》,中华书局1975年版,第47、56页。

[5]〔清〕董诰等编:《全唐文》卷二九四(杨炯)《唐上骑都尉高君神道碑》,中华书局1983年版,第1960页。

安。这次就食洛阳的时间既然长达 22 个月，足见当时北方君臣对江淮漕粮相当依赖。

武后执政时期，长安与洛阳的政治地位反转。光宅元年（684）九月武则天改东都为神都，在她执政的二十余年时间里，除大足元年（701）十月至长安三年（703）十月两年时间居住在长安外，其余时间都住在洛阳。武则天定都于洛阳，虽有政治方面的考量，但便于获取江淮漕粮也是重要的原因之一。神龙元年（705）正月唐中宗复辟，为了摆脱武后政治的影响，将神都改回东都，并将中央政府机构迁回长安，此后直至唐睿宗时代的十八年时间里，皇帝再也没有行幸过洛阳，这显然是在有意削弱武后统治的影响，维护李氏王朝的统治权，不过由此造成的困难是显而易见的。唐中宗景龙三年（709）九月，"关中饥，米斗百钱。运山东、江、淮谷输京师，牛死什八九"，当时很多大臣请车驾复幸东都，但遭到唐中宗的斥责。[1]可见回迁长安以后，漕运的压力大增，时人所谓"江左困转输，国匮于上，人穷于下"的说法是符合实际情况的。唐玄宗继位后，迫于形势，又屡次行幸洛阳，在最初执政的二十五年里，待在洛阳的时间长达九年余，占执政时间的三分之一以上，这依然是为了"逐粮"。

唐玄宗开元二十四年（736）至安史之乱爆发这段时间，唐玄宗之所以能够长期驻跸在长安，无须就食于洛阳，主要是得益于宰相裴耀卿对漕运的改革。玄宗朝以前，漕运采取的是长运法，自江淮装载物资的漕船北上，常因各段河道水情不同而滞留，如江南租、庸、调物资，每年二月已运抵扬州入斗门，但常苦水浅不得航行，四月以后才能渡淮入汴。停滞日多，得行日少。[2]江淮都转运使裴耀卿看到其中的弊端，遂推行转般法，也就是沿运道分段运输，转输接力，最后运送到目的地的方法。开元二十二年（734）裴耀卿在河阴县置河阴仓（在汴口石门西），在河清县置柏崖仓，在三门峡之东置集津仓，在三门峡之西置三门仓（一说盐仓），采用分段运输的方法，[3]漕船只需航行某

[1]〔宋〕司马光编著，〔元〕胡三省音注：《资治通鉴》卷二〇九唐中宗景龙三年（709），中华书局 1956 年版，第 6639 页。

[2]〔宋〕欧阳修、宋祁：《新唐书》卷五三《食货志三》，中华书局 1975 年版，第 1366 页。

[3]〔宋〕欧阳修、宋祁：《新唐书》卷五三《食货志三》，中华书局 1975 年版，第 1366 页。

一段较短的路线,无须停留即可返回,这在很大程度上避免了船只在河中遇浅滞留的不足,大大节省了运输时间,提高了运输的效率。同时,由于所雇船工只需在自己熟悉的航道中操船航行,他们了解当地水情,也相应地减少了事故发生的概率。裴耀卿又借鉴褚朗凿山为梁的办法,"于三门旁侧凿山路十八里以陆运,以避底柱之险",皆输河阴漕粮。[1]陕郡太守、水陆转运使韦坚的贡献同样不容忽视,他为了提高漕运效率,循隋代关中漕渠的旧迹,在渭水之南开凿了一条与渭水平行的漕渠,这条河道西起长安宫城北的禁苑,东至华阴县永丰仓附近与渭水汇合。如此,永丰仓和三门仓储存的粮食就可以通过水路径直运到长安。通过这些有效的措施,每年仅从山东地区便可漕粟四百万石,为有唐一代的最高峰。据《旧唐书·食货志》载:"又有韦坚,规宇文融、杨慎矜之迹,乃请于江淮转运租米,取州县义仓粟,转市轻货,差富户押船,若迟留损坏,皆征船户。关中漕渠,凿广运潭以挽山东之粟,岁四百万石。"[2]这样的局面一直维持到了天宝末年安禄山叛乱之时。

除了粮食外,这一时期南方的土特产品和商货也多经由大运河运抵关中。唐玄宗天宝年间韦坚主持漕运,将江淮义仓中多余的粟米变卖为较轻便的土特产和手工业品,让富户负责北运,以充实关中物资。后来杨国忠更是把变造之法推广到全国各州县仓库、丁租、地税,用以购买轻货,"是时州县殷富,仓库积粟帛,动以万计。杨钊奏请所在粜变为轻货,及征丁租地税皆变布帛输京师"。[3]安史之乱以后,第五琦也"请以江、淮租庸市轻货,溯江、汉而上至洋川"[4],可见江淮地区已经成为政府购买物资的主要来源地。其后随着两税法的推行,政府在江淮地区用两税、盐铁的收入购买轻货运往长安已成常规之举,"自初定两税,货重钱轻,乃计钱而输绫绢"[5]。这也成为租庸调制

　[1]〔宋〕司马光编著,〔元〕胡三省音注:《资治通鉴》卷二一三唐玄宗开元二十一年(733),中华书局1956年版,第6803页。

　[2]〔后晋〕刘昫等:《旧唐书》卷四八《食货志上》,中华书局1975年版,第2086页。

　[3]〔宋〕司马光编著,〔元〕胡三省音注:《资治通鉴》卷二一六唐玄宗天宝八载(749)二月,中华书局1956年版,第6893页。

　[4]〔宋〕司马光编著,〔元〕胡三省音注:《资治通鉴》卷二一九唐肃宗至德元载(756)十月,中华书局1956年版,第7001页。

　[5]〔宋〕欧阳修、宋祁:《新唐书》卷五二《食货志二》,中华书局1975年版,第1353页。

崩溃之后,唐朝政府应对财政危机的一个重要举措。政府购买的轻货除了用于自身消费及赏赐之外,还经常充当和籴资金。代宗《命诸道入钱备和籴诏》载:"边谷未实,戎备犹虚,因其天时,思致丰积,将设平籴,以之馈军。然以中都所供,内府不足。粗充常入之数,岂齐倍余之收。……每道据合配防秋人数多少,都计钱数,市轻货送纳上都左藏库,贮以纳充别敕和籴用。"[1]市易轻货不仅可以减轻水运压力,还能促进南方商业贸易的发展,加强南北经济交流。至于为何要将余粮变卖为土特产,主要是因为连年稳定的漕运使得关中的积粮已经较多,暂时无须从南方调粮。如唐玄宗天宝十四载(755),唐廷下诏停运江淮漕粮:"所运粮储,本资国用。太仓今既余羡,江淮转输艰劳,务在从宜,何必旧数? 其来载水陆运入京,宜并停。"[2]唐制规定,在京师设置太仓,诸州县各有正仓,又有常平仓和义仓,以平抑粮价和备水旱灾害。天宝年间,国家长期升平,各地的仓廪经年积累,已经相当富足,故韦坚才能取州县义仓粟米转市轻货。

这些土特商货集中于京东汴、宋之后,用三二百只小斛底船运到长安望春楼下的广运潭,船上以署牌表之,并在牌上注明来源地及土特产名。据《旧唐书》卷一〇五《韦坚传》所载,可列如下表:

表 7-2

来源地	土特产
广陵郡	锦、镜、铜器、海味
丹阳郡	京口绫衫段
晋陵郡	折造官端绫绣
会稽郡	铜器、罗、吴绫、绛纱
南海郡	玳瑁、真珠、象牙、沉香
豫章郡	名瓷、酒器、茶釜、茶铛、茶碗
宣城郡	空青石、纸、笔、黄连
始安郡	蕉葛、蚺蛇胆、翡翠
吴郡	三破糯米、方文绫

[1]〔清〕董诰等编:《全唐文》卷四七(代宗皇帝)《命诸道入钱备和籴诏》,中华书局1983年版,第519—520页。

[2]〔北宋〕王钦若等编:《册府元龟》卷四九八《邦计部·漕运》,中华书局1960年版,第5968页。

上表所列只是较有代表性的地方和土特产,实际运送土特产到长安的地方多达"数十郡",《旧唐书》中并未一一记载。为了夸耀自己的能力和政绩,韦坚还在广运潭上举办了一场大规模的物产"展览会",其盛况,据史文载:"连樯弥亘数里,观者山积。京城百姓多不识驿马船樯竿,人人骇视。坚跪上诸郡轻货,又上百牙盘食,府县进奏,教坊出乐迭奏。"[1]这次"展览会"也大大博得了唐玄宗的欢心,下诏赐潭名为"广运潭"。

　　这次运输展销活动虽不能算作常例,但有两个问题值得关注:其一是漕船上陈列的货物大多都来自于江淮、江南地区,即韦坚用江淮义仓中的租米转卖所得。操船船工的装束为大笠子、宽袖衫、芒屦,皆"如吴、楚之制",亦可证当时江淮、江南地区是关中重要的物资供应地,经济中心与政治中心紧密的联系共同维系着庞大的唐帝国,而扬州则是连接这两个中心的关键"铆钉"。其二是扬州的地位相当重要。在诸郡的排列中,广陵郡排在诸郡之首,船上装载着自产之锦、镜、铜器、海味等土特产品。其中又尤以铜器最值得关注,先是人间戏唱歌词云:"得宝弘农野,弘农得宝耶!潭里船车闹,扬州铜器多。三郎当殿坐,看唱《得宝歌》。"[2]这里的"潭"就是指望春楼下的广运潭,韦坚组织这次"展览会"之前,陕县县尉崔成甫翻出此词,广集两县民众,命妇女颂唱。崔成甫又亲自作歌词十首,于第一船作号头唱之,和者妇人一百人。头船起引领作用,号头中以扬州铜器为词,绝非偶然。这一方面自然是扬州自身经济实力使然,另一方面是因为无论是江南、江西,还是两广、川蜀地区的商货都要在扬州集中,展现了扬州无与伦比的交通区位优势和经济地位。各地的土特产品除了上贡朝廷供统治者享用外,还作为商品贩运到全国各地,展现了扬州作为南北商货集散中心的地位。唐玄宗开元十八年(730),政府确定扬、益、幽、潞、荆、秦、夏、汴、澧、广、桂、安十二个州为要州[3],十二州中以扬州居首,足见其地位要高出其他诸州。综上所述,高宗与玄宗时期,大运河对于整个国家的贡献,比过去任何时候都要大。盛唐气象的形成,"开元之治"的出现,离不开漕运的贡献,更离不开扬州的贡献。

　　[1]〔后晋〕刘昫等:《旧唐书》卷一〇五《韦坚传》,中华书局1975年版,第3223页。

　　[2]〔后晋〕刘昫等:《旧唐书》卷一〇五《韦坚传》,中华书局1975年版,第3223页。

　　[3]〔宋〕王溥:《唐会要》卷二四,中华书局1955年版,第460页。

二、安史之乱后的漕运与刘晏改革

唐中前期的江淮漕运主要是为了满足国家发展的需要,而安史之乱后的江淮漕运则直接关系到唐王朝的生死存亡。王夫之《读通鉴论》云:"自唐以上,财赋所自出,皆取之豫、兖、冀、雍而已足,未尝求足于江、淮也。恃江、淮以为资,自第五琦始。当其时,贼据幽、冀,陷两都,山东虽未尽失,而隔绝不通,蜀赋既寡,又限以剑门栈道之险,所可资以赡军者唯江、淮。"[1]唐玄宗天宝十四载(755)安史之乱爆发,不久河北、河南、关中等地相继失陷,中原地区陷入战乱,唐玄宗南逃川蜀,肃宗于灵武即位,指挥各道兵马及民众抗击叛军。以此事件为标志,唐王朝由盛转衰,国家陷入动荡期,漕运亦受到影响。安史之乱后的漕运量,可据相关文献列表如下:

表 7-3

时　　间	运量(石/斛)	文献来源
广德二年(764)	110万	《新唐书》卷五三《食货志三》
贞元十五年(799)	40万	《旧唐书》卷一三《德宗纪下》
元和初	40万	《旧唐书》卷四九《食货志下》
元和中	20万	《新唐书》卷五三《食货志三》
大中五年(851)	40万	《旧唐书》卷四九《食货志下》

由上表可知,安史之乱以后,漕粮数呈现下降的趋势,盛唐时期动辄一两百万石的情况再难出现。然而需要明确的是,漕粮数虽然下降,但唐王朝对于江淮漕粮的依赖性较之安史之乱前却有增无减。萧颖士在安史之乱爆发以后,曾游说山南节度使源洧云:"官兵守潼关,财用急,必待江、淮转饷乃足……"后来又给宰相崔圆上书云:"今兵食所资在东南,但楚、越重山复江,自古中原扰,则盗先起,宜时遣王以捍镇江淮。"[2]这是因为战乱之时北方黄河流域成为主战场,赤地千里,民不聊生,社会经济遭到严重破坏。叛乱被平定后,藩镇势力坐大,北方地区依然军祸频仍。与此同时,南方却相对安定,农业快速发展,整个国家所需多取自江南和江淮地区。天宝十五载(756)第五琦入川觐见唐玄宗,说道:"方今之急在兵,兵之强弱在赋,赋之所出,江淮

---

[1]〔清〕王夫之:《船山遗书》第五卷《读通鉴论》,北京出版社1999年版,第3195—3196页。

[2]〔宋〕欧阳修、宋祁:《新唐书》卷二〇二《萧颖士传》,中华书局1975年版,第5769页。

居多。"[1]为此,他毛遂自荐,前往江淮筹集平叛的军需粮饷。唐宪宗在所颁布的《上尊号赦文》中更是强调:"天宝已后,戎事方殷,两河宿兵,户赋不入,军国费用,取资江淮。"[2]杜牧也说:"今天下以江淮为国命。"[3]这里的"江淮"大致是指当时的东南八道,也就是浙江东(治今浙江绍兴)、浙江西(治今江苏镇江)、宣歙(治今安徽宣城)、淮南(治今江苏扬州)、江西(治今江西南昌)、鄂岳(治今湖北武汉)、福建(治今福建福州)、湖南(治今湖南长沙),大致包括今天的浙江、江西、福建三省,淮水以南的江苏和安徽两省大部分,湖南的绝大部分,湖北省东部等地区在内的长江中下游地区。史学家曾指出:"唐代自安史乱后,长安政权之得以继续维持,除文化势力外,仅恃东南八道财赋之供给,至黄巢之乱,既将此东南区域之经济几全加破坏,复断绝汴路、运河之交通,而奉长安文化为中心、仰东南财赋以存立之政治集团,遂不得不土崩瓦解。大唐帝国之形式及实质,均于是告终矣。"[4]扬州作为东南八道的首府,其重要性不言自明。

这一时期,粮食仍是北方最急需之物,支撑着整个唐王朝的运转。唐德宗时,长安粮食紧缺,浙江东西节度使韩滉多次运粮到关中解京师之困。如唐德宗建中三年(782),在浙江东、西两道买粮600万石运送到关中,组织镇兵武装纲运,100多艘米船首尾相连,一时间"淮、汴之间,楼船万计"。兴元元年(784),"关中兵荒,米斗值钱五百。及滉米至,减五之四"。又唐德宗贞元二年(786)正月,诏浙江东、西道运米七十五万石,再以两税折纳米一百万石,江西、湖南、鄂岳、福建、岭南等道运米一百二十万石,由韩滉运其中的一百万石至东渭桥,以供给京师,其余粮食运往河北供应军队。然而,这一年三月"关中仓廪竭",几乎要酿成兵变,"禁军或自脱巾呼于道曰:'拘吾于军而不给粮,吾罪人也!'"唐德宗为此甚为忧虑。后幸而韩滉运米三万斛至关中才解了燃眉之急,米至时李泌急奏之,德宗闻,欣喜若狂,顾不得皇帝的威严排场,亲

[1] 〔后晋〕刘昫等:《旧唐书》卷一二三《第五琦传》,中华书局1975年版,第3517页。

[2] 〔清〕董诰等编:《全唐文》卷六三(宪宗皇帝)《上尊号赦文》,中华书局1983年版,第677页。

[3] 〔清〕董诰等编:《全唐文》卷七五三(杜牧)《上宰相求杭州启》,中华书局1983年版,第7806页。

[4] 陈寅恪:《唐代政治史述论稿》上篇《统治阶级之氏族及其升降》,生活·读书·新知三联书店2001年版,第204页。

自跑到东宫对太子说:"米已至陕,吾父子得生矣!"当时宫中无酒,命取坊市中的酒庆祝危机解除。神策六军的军士"皆呼万岁"[1]。这段记载非常生动地描绘了漕粮不至所引起的都城危机以及唐德宗期盼漕粮速至的心情,也表明唐中后期国家对南方漕粮较之盛唐时期更加依赖,否则不会出现区区三万斛粮食就能解兵变之困的情况。

漕粮年运量为何会在安史之乱后,特别是唐代宗广德(763—764)以后大幅度下降,目前并没有形成统一的认识。论者认为是因为当时关中地区的农业生产颇有成就,所以唐朝中央减少了对漕粮的需求,然而据《旧唐书·德宗纪》载,唐德宗贞元十五年(799)三月,"令江淮岁运米二百万石。虽有是命,然岁运不过四十万石"[2]。这二百万石之数十分接近天宝年间的漕运量,说明唐朝中央并没有减少对漕粮的需求,而且安史之乱后关中人口急剧下降,土地大面积荒芜,水利设施建设也没有太大的成绩,故关中农业生产发展的说法有欠妥当。[3]或认为是北方人口锐减,漕粮的需求量减少所致。当时北方人口减少确实是事实,安史之乱以后至唐末,关中地区人口的演变大致可分成两个阶段。第一阶段是肃宗至德元载(756)到德宗贞元元年(785)30年间,关中地区人口(尤其是在籍人口)剧烈下降。第二阶段是785年以后至唐末,关中地区的人口则趋于稳定,甚至人口一度缓慢地恢复和增长。[4]若此,唐德宗贞元十五年(799)令江淮运米二百万石到关中就无法解释,而且当时战乱四起,漕粮要大量供给军队,人口虽减而需求更增。《旧唐书·食货志》载:"自兵兴已来,凶荒相属,京师米斛万钱,官厨无兼时之食,百姓在畿甸者,拔谷揉穗,以供禁军。"[5]实际上,漕运量的减少是当时社会政治、经济状况急剧变化的必然结果,可总结原因如下:

[1]〔宋〕司马光编著,〔元〕胡三省音注:《资治通鉴》卷二三二唐德宗贞元二年(786)三月,中华书局1956年版,第7469页。

[2]〔后晋〕刘昫等:《旧唐书》卷一三《德宗纪下》,中华书局1975年版,第390页。

[3] 参见王朝中:《唐代安史乱后漕粮年运量骤降原因初探》,《中国社会经济史研究》1984年第3期,第74页。

[4] 薛平拴:《隋唐五代时期关中地区人口的兴衰演变》,杜文玉主编:《唐史论丛(第十八辑)》,陕西师范大学出版总社有限公司2014年版,第113页。

[5]〔后晋〕刘昫等:《旧唐书》卷四九《食货志下》,中华书局1975年版,第2118页。

　　第一,唐王朝失去了对黄河中下游地区大片领土的控制权。盛唐时期,南方的漕粮虽然呈不断增长的趋势,但黄河中下游地区作为传统的供粮地,其地位仍不容忽视。裴耀卿在三年之内能够运米七百万石到关中,原因之一就是提高了晋、绛、魏、濮、邢、贝、博、济诸州的供粮数。这些州都位于黄河中下游流域,其中晋、绛两州的治所在今山西西南部的临汾和新绛两县市,魏、邢、贝的治所分别为河北南部的大名、邢台和清河三县市,濮州治所在今山东鄄城,博、济两州的治所在今山东的聊城和茌平两县市。安史之乱后,黄河中下游地区的河北道全部、河南道大部和河东道一部分被藩镇所占,这些藩镇“擅署吏,以赋税自私,不朝献于廷”“不申户口,纳赋税”[1],全面掌握了割据地区的军政财赋等大权,甚至“当其盛时,蔡附齐连,内裂河南地,为合纵以抗天子”。[2]唐宪宗元和二年(807),全国共有四十八个方镇,二百九十五个州府,一千四百五十三个县,其中凤翔、鄜坊、邠宁等十五道七十一州不向中央申报户口,国家的赋税全部来自于宣歙、淮南、江西等八道四十九州,税户数较之天宝年间减少了四分之三,[3]这势必会影响到关中地区漕粮的供应。对于唐代漕粮运量的前后变化及其原因,宋人也有清醒的认识,如吴曾指出:“唐居长安,所运米数,天宝中,二百五十万石。大中中,一百四十万七千八百八十六石。盖唐自大中以后,诸侯跋扈,四方之米渐不至故耳。”[4]

　　第二,受到战争的影响,运河不能完全发挥沟通南北的作用。唐玄宗天宝十四载(755),安禄山于渔阳起兵,不久南下攻陷洛阳、长安两京,唐玄宗避地四川,以致“东都、河南并陷贼,漕运路绝”[5]。后唐廷虽借回纥之兵收复洛阳,漕运复通,但到了唐肃宗乾元二年(759),史思明军再次攻陷洛阳,再次影响到漕运。上元元年(760),史朝义分兵宋州(今河南商丘),淮南漕运遂告阻

　　[1]〔宋〕司马光编著,〔元〕胡三省音注:《资治通鉴》卷二三七唐宪宗元和二年(807),中华书局1956年版,第7647页。

　　[2]〔宋〕欧阳修、宋祁:《新唐书》卷二一〇《田承嗣传》,中华书局1975年版,第5921页。

　　[3]〔宋〕司马光编著,〔元〕胡三省音注:《资治通鉴》卷二三七唐宪宗元和二年(807),中华书局1956年版,第7647页。

　　[4]〔宋〕吴曾:《能改斋漫录》卷一三《记事·唐宋运漕米数》,上海师范大学古籍整理研究所编:《全宋笔记》第5编第4册,大象出版社2012年版,第120页。

　　[5]〔后晋〕刘昫等:《旧唐书》卷一三八《韦伦传》,中华书局1975年版,第3781页。

绝。安史之乱平定以后,情况也不容乐观,漕运水路经常因兵变而中断。如宣武军治所汴州(今河南开封)是漕粮由淮河转向黄河的重要枢纽,却经常发生兵乱,据诸史载,唐德宗贞元八年(792)刘玄佐薨,宣武军牙兵拥立其子刘士宁,但不久之后刘士宁被李万荣驱逐;贞元十年(794),韩惟清等作乱;贞元十二年(796),李万荣死,其子乃举兵作乱,董晋控制汴州,邓惟恭又复谋划作乱;贞元十四年(798),董晋死后,汴兵再次作乱。[1]在短短六年时间里,仅汴州一地就发生了五次大规模的叛乱,每当兵乱之时,漕粮运路几乎断绝。又如唐懿宗咸通九年(868)七月,庞勋在桂州(治今广西桂林)起兵反抗朝廷,自湘水入长江,进而控制徐州,随后攻下泗州,占据淮口,阻断漕路。后又与唐军在濠州、宋州、徐州等地争夺地盘,这些争夺战争,皆是汴河流经地区,漕运势必会受到影响。唐僖宗乾符二年(875),濮州人王仙芝聚众起兵,黄巢应之,中原大乱。乾符六年(879),高骈由浙西节度使调至扬州任淮南节度使后,拥兵自重,惟事搜刮财物,坐观事变。类似的记载,史不绝书。总之,自安史之乱以后,局域性的战乱使运河屡屡被阻,严重影响到江淮漕运。

安史之乱后,漕运时常受阻,为此唐政府不得不开辟新的运粮道,以解燃眉之急。这条新线路溯长江而上,入汉水,抵襄州(今湖北襄阳)、洋(今陕西洋县)、梁(今陕西汉中),再由陆运转输入扶风(今陕西宝鸡)、商州(今陕西商洛)等地,最后运到长安。对于这条运粮通道,论者云:"唐世,关中、中原南通江淮、岭南有东西两大交通干线。东线取汴河水路至扬州,西线取邓襄陆路至荆、鄂。襄阳当西线陆路与汉水水运之交会处,得西通汉中,尤为枢纽。安史乱后,中原多故,汴河运输往往受阻,江淮物资输贡上都,更集中于江汉一道,于是襄阳在交通上之地位益重。……然此时物资集中于襄阳后,因军事情势关系,不一定取道南阳武关运送上都,而往往向西北取道上津,称为上津路。上津路北通商州,西通洋(今洋县)梁(汉中,今汉中市南郑区)。"[2]不过汉水并不是一条安全经济的运道,并不能完全取代大运河,史言"汴水堙

---

[1]〔宋〕司马光编著,〔元〕胡三省音注:《资治通鉴》卷二三五唐德宗贞元十六年(800),中华书局1956年版,第7586页。

[2]严耕望:《唐代交通图考》第三卷《秦岭仇池区》,台湾商务印书馆、学生书局、三民书局1985年版,第801页。

废,漕运者自江、汉抵梁、洋,迂险劳费"[1],说明汉水虽然可以转运漕粮,但远不如大运河经济便利,不仅路途艰险、路程长,而且耗费巨甚、运量少。这一方面是因为这条航道存在诸多缺陷,包括舟船多要逆流而上,河道泥沙淤积、水位较低,不能做到全线直航;另一方面,汉水流域虽远离中原战场,较少被叛军阻断,但也绝不是完全安全的航道。如唐肃宗时襄州裨将康楚元、张嘉延聚众叛乱,啸聚万余人,自称"东楚义王"。襄州刺史王政弃城遁走,张嘉延攻陷江陵城,由此导致"汉、沔馈运阻绝,朝廷旰食"[2]。关于这条新运道的重要性及其弊端,《新唐书·萧颖士传》中有载,略云:"(山南)节度使源洧辟掌书记。贼别校攻南阳,洧惧,欲退保江陵,颖士说曰:'官兵守潼关,财用急,必待江、淮转饷乃足,饷道由汉、沔,则襄阳乃今天下喉襟,一日不守,则大事去矣。且列郡数十,人百万,训兵攘寇,社稷之功也。贼方专崤、陕,公何遽轻土地,欲取笑天下乎?'洧乃按甲不出。亦会禄山死,贼解去。"[3]这条文献充分说明,汉水一线的航道在战时确实重要,但也非常容易遭受攻击,正是由于这一缺陷,才导致这条航道运量有限,远逊于大运河,所运漕粮难以满足关中需求。

唐德宗时,有一项开辟新运道的计划与扬州有关,但最终未行而罢。新开运河计划由宰相杜佑提出来,他注意到汴河经常阻遏不通,而汉水航道又缺乏效率,于是试图恢复古代鸿沟系统中的狼汤渠运道,利用皖中发达的河网,建立新的沟通江淮水运的河道体系。唐玄宗开元年间,人们就在巢湖东北申港处出新妇江至白沙再到扬州,这段水路被认为是"人不劳,水无害"的坦途,不过由于大运河的存在,这条水路长期不受重视,以致荒废。杜佑认识到这条古航道的价值,他的计划是由汴州南行,出浚仪县十里,入琵琶沟,绝蔡河至陈州(治今河南周口市淮阳区)入颍水,由颍水入淮水;复由寿州(治今安徽寿县)入淝水,再凿开淝水上源的鸡鸣冈而入巢湖;由巢湖可直趋白沙(今江苏仪征)入长江。由汴州到陈州这一段,隋代开通济渠后才废去不用,

———————————

[1]〔宋〕司马光编著,〔元〕胡三省音注:《资治通鉴》卷二二三唐代宗广德二年(764),中华书局1956年版,第7164页。

[2]〔后晋〕刘昫等:《旧唐书》卷一三八《韦伦传》,中华书局1975年版,第3781页。

[3]〔宋〕欧阳修、宋祁:《新唐书》卷二〇二《萧颖士传》,中华书局1975年版,第5769页。

沿岸又多平原地带,疏浚起来不是很困难,最费力的当属鸡鸣冈这四十多里,需要水陆转换。[1]但或许是因为重开新渠费钱费力,国家无力承担,抑或是新计划提出不久后,叛乱者内部崩溃,汴河又恢复了畅通,这一计划最终作罢。其实无论是邗沟运道,还是临时性的汉水运道,抑或是"胎死腹中"的巢淝运道,都离不开扬州。也就是说,无论政局如何变化,扬州作为南方漕粮物资集散转运中心的地位始终未变。

第三,战乱之后大运河疏于维护,导致河道淤塞。大运河是一项非常"精密"的水运工程体系,需要精心维护,然而由于战乱影响,唐朝政府往往无暇顾及,导致很多河段淤塞废弃而难以通航,如唐代宗朝,刘晏任转运、盐铁使,曾上书宰相元载,指出:"所可疑者,函、陕凋残,东周尤甚。过宜阳、熊耳,至武牢、成皋,五百里中,编户千余而已。居无尺椽,人无烟爨,萧条凄惨,兽游鬼哭。牛必赢角,舆必说辕,栈车挽漕,亦不易求。今于无人之境,兴此劳人之运,固难就矣,其病一也。河、汴有初,不修则毁淀,故每年正月发近县丁男,塞长茭,决沮淤。清明桃花已后,远水自然安流……顷因寇难,总不掏拓,泽灭水,岸石崩,役夫需于沙,津吏旋于泞,千里洄上,罔水舟行。"[2]大意为,政府虽有心疏通运河,但由于运河沿岸的居民大量逃亡,致使无民力可调。唐文宗大和(827—835)初年,运河堵塞的情况进一步加剧,其时"岁旱河涸,掊沙而进,米多耗,抵死甚众"[3]。

第四,漕运官员贪赃枉法。《旧唐书·裴休传》载:"自大和已来重臣领使者,岁漕江、淮米不过四十万石,能至渭河仓者十不三四。漕吏狡蠹,败溺百端。官舟沉溺者岁七十余只。缘河奸吏,大紊刘晏之法。洎(裴)休领使,分命僚佐深按其弊。因是所过地里,悉令县令兼董漕事,能者奖之。自江津达渭口,以四十万之佣,岁计缗钱二十八万贯,悉使归诸漕吏,巡院无得侵牟。举新法凡十条,奏行之……初休典使三岁,漕米至渭、河仓者一百二十万斛,更无沉舟之弊。"[4]唐文宗大和以后,漕运事务皆由朝廷重臣兼领,因为这直接

[1]　史念海:《史念海全集》第一卷《中国的运河》,人民出版社2013年版,第410页。

[2]　〔后晋〕刘昫等:《旧唐书》卷一二三《刘晏传》,中华书局1975年版,第3513页。

[3]　〔宋〕欧阳修、宋祁:《新唐书》卷五三《食货志三》,中华书局1975年版,第1371页。

[4]　〔后晋〕刘昫等:《旧唐书》卷一七七《裴休传》,中华书局1975年版,第4593—4594页。

关乎中央财政能否维持下去,然而却无法减少"漕吏狡蠹"造成的漕粮损失。大和年间,每年从江淮地区漕运的粮食虽有四十万石,但最后能够顺利运到渭水、黄河沿岸仓库者却不及十分之三四,造成这个状况的主要原因之一就是"缘河奸吏,大紊刘晏之法",即漕吏从中渔利。裴休受命领盐铁转运使,对漕运进行了一些改革,也取得了一定的成绩,每年运抵黄、渭仓库的粮食达到一百二十万斛,沉船的情况也较少发生。不过,裴休的改革并没持续下去,在他卸任之后,"漕吏狡蠹""缘河奸吏"的弊端再次凸显了出来。

第五,漕船质量低劣,且数量严重不足。刘晏主持漕运期间,对于漕运船只提出高质量要求,因此建造的漕船坚固耐用。但刘晏被杀以后,情况发生变化,史言"其后五十年,有司果减其半。及咸通中,有司计费以给之,无复羡余,船益脆薄易坏,漕运遂废矣"[1]。可见,由于官府减少了造船经费的投入,导致漕船质量下降,从而直接影响到漕船的运输载重能力。

针对漕运的种种弊端,唐王朝也试图进行改革,有些改革措施在短期内还取得了一些成效,其中贡献最大的当属刘晏,他的改革不仅利于漕运,还在很大程度上提升了扬州的地位。作为一位杰出的理财家,刘晏对漕运的改革有一整套从理论到实践的全局性规划,他认为当时漕运不通的原因主要有四:第一,函、陕、洛阳等地凋残,自宜阳(今属河南)、熊耳(今宜阳县西),到武牢(今河南汜水镇)、成皋(今汜水镇)的五百里之地,因长期战乱,居民大量逃亡,编户仅剩千余人,劳动力极度缺乏;第二,受到流寇和战争的影响,运河无法及时得到维护和疏浚;第三,洛阳以西,东垣(今河南新安)、底柱、渑池(今河南渑池)、二陵(今河南洛宁)、北河五六百里运处"戍卒久绝,县吏空拳",遇到奸邪之徒,无力弹压,漕船的航行无法得到安全保证;第四,自淮阴(今江苏淮安)到蒲坂(今山西永济)三千里的运河线上,不服中央管束的精将悍卒屯戍相望,他们往往以衣食不足为由,私自扣押漕船,掠夺漕粮。[2]可以说,刘晏对原因的分析切中时弊。

不过刘晏仅叙弊端还不足以打动统治者,随后他又向宰相元载陈述了改

---

[1] 〔宋〕司马光编著,〔元〕胡三省音注:《资治通鉴》卷二二六唐德宗建中元年(780),中华书局 1956 年版,第 7287 页。

[2] 〔后晋〕刘昫等:《旧唐书》卷一二三《刘晏传》,中华书局 1975 年版,第 3513 页。

革漕运的四利：第一，京师粮食长期匮乏，若每年从南方运送二三十万石粮食到关中，则可减轻三辅百姓的徭赋负担，解长安之困，即所谓"顿减徭赋，歌舞皇泽"；第二，漕粮运送到洛阳后，可以召集流民、安定民心，恢复村落邑廛，改变"东都残毁，百无一存"的局面；第三，在边地镇守的将领和侵犯边境的少数民族，如听闻南方的漕粮能够源源不断地运送到关中，长安粮食充足，可以起到稳固军心以及震慑侵犯者的效果，即所谓"先声后实，可以震耀夷夏"；第四，运河航道的畅通，对于全国的商运网络来说至关重要，使得"商贾往来，百货杂集，航海梯山，圣神辉光，渐近贞观、永徽之盛"。[1]

刘晏的改革计划最终得到统治者的支持，漕运之事遂一决于刘晏。广德二年（764），废勾当度支使，以刘晏专领东都、河南、淮西、江南东西转运、租庸、铸钱、盐铁，转输至上都，度支所领诸道租庸观察使，全面负责漕运事务。他的改革从实地调查开始，为了获得第一手的数据和信息，刘晏奔走于运河地区，沿途"按行"察看，"涉荥郊、浚泽，遥瞻淮甸，步步探讨"，有时乘舟，"浮于淮、泗，达于汴，入于河"，有时陆行，每到一处，"出入农里，止舍乡亭"，察看"利病之由"，然后制定详密的疏浚计划与措施。他甚至还亲自参与疏浚活动，"见一水不通，愿荷锸而先往"。[2]经过大量的实地调查，刘晏对漕运进行了大刀阔斧的改革，措施如下：

其一是调动兵丁，发动沿线居民，疏浚汴河，以免河道淤塞阻碍航运。

其二是改用雇佣的方式运输漕粮，"始以盐利为漕佣"，也就是把国家专卖食盐所获之利转让给运输漕粮的商人，政府仅"补纲吏督之"，即行使督察之权。这一措施不仅大大减轻了政府的负担，达到了"不发丁男，不劳郡县"[3]的目的，还在很大程度上改变了当时运河沿线地区经济不振、劳力锐减的状况，因为商货通则物产流，物产流则人烟聚。同时，还规避了以往州县派大户督运，剥削富民的弊端。

其三是为了保证航运安全，将漕船及其人员有序编排组织起来，以武

---

[1]〔后晋〕刘昫等：《旧唐书》卷一二三《刘晏传》，中华书局 1975 年版，第 3512—3513 页。

[2] 参见周怀宇：《论隋唐开发淮河流域交通的国策》，《安徽大学学报（哲学社会科学版）》1999 第 5 期，第 20 页。

[3]〔后晋〕刘昫等：《旧唐书》卷四九《食货志下》，中华书局 1975 年版，第 2117 页。

职官吏护送漕粮。《新唐书》卷五三《食货志》云:"扬州距河阴,斗米费钱百二十,晏为歇艎支江船二千艘,每船受千斛,十船为纲,每纲三百人,篙工五十,自扬州遣将部送至河阴,上三门,号'上门填阙船'。米斗减钱九十。"同时又在沿河两岸驿站派驻兵士,"每两驿置防援三百人",就近分拨良田,令其耕种,专务捉拿盗贼,维护运河沿线的治安。[1]

其四是继承并改进裴耀卿的分段运输法,实行"分段组纲"的纲运法。按裴耀卿之法,江南和江淮的漕船要一直向北驶往河阴,在河阴仓卸载后,再折返南回。但是江南运河、邗沟和汴河的水情存在很大的差异,这种分段运输法虽取得了一些效果,但并不能完全节省水力。刘晏将长途运输改为短途运输,将河道划分得更细,根据长江、邗沟、汴河、黄河、渭水不同河段的水情水力,各随所宜,规定江船不入汴,汴船不入河,河船不入渭。江南之运都积于扬州,汴河之运积于河阴,河船之运积于渭口,渭船之运最后入太仓。[2]

其五是打造优质的漕船。所谓以"江、汴、河、渭水力不同,各随便宜造运船",也就是根据不同河道的实际情况,打造相应的漕船。如在汴河上航行的内河漕船是"歇艎支江船",共计二千艘,每艘可载重一千斛,配备篙工 50 人,而在黄河三门险滩上航行的船只则是"上门填阙船"。这些船只是依据不同河段的水情有针对性地建造,大小、构件、吃水、载重各有不同。为了保证漕船的质量,刘晏可谓是煞费苦心,用料之精,远超前代。如牵船用的绳索,乃是"调巴、蜀、襄、汉麻枲竹筊为绚挽舟",这些材料非常坚韧,船夫拉纤不会出现因绳断而"扑杀数十人"的情况。

其六是训练漕卒。不同的河道配备恰当的船只,自然也需要更熟悉当地水情的水手和船工。刘晏注意到这一问题,并着手有针对性地训练漕卒,他们经过长期严格训练后,"人人习河险",保证了漕船的安全。

其七是设置寻奏院。寻奏院的作用是及时掌握各地的经济信息,"常以厚直募善走者,置递相望,觇报四方物价。虽远方,不数日皆达使司,食货轻

---

[1]〔清〕董诰等编:《全唐文》卷四六(代宗皇帝)《缘汴河置防援诏》,中华书局 1983 年版,第513 页。

[2]〔宋〕欧阳修、宋祁:《新唐书》卷五三《食货志三》,中华书局 1975 年版,第 1368 页。

重之权,悉制在掌握,国家获利而天下无甚贵甚贱之忧"[1]。也就是根据各地的农业丰歉和物价情况,在丰收的地方多征粮食,在歉收的地方少征粮食,发挥漕运官平衡物价、稳定经济的职责。

其八是创设奖励制度。凡"十运无失,授优劳,官其人",对于那些随船护送的将领,如果护送十次都无闪失,则加官进爵。然而刘晏的奖励措施虽然优厚,但也意味着军将的责任更大,致使"数运之后,无不斑白者"。[2]

总体来看,刘晏的漕运改革措施相当全面,也很有效果,这一定程度上改变了安史之乱后漕运长期不振的局面,南方漕粮物资得以源源不断地运往关中,多时有一百一十万石,少时也有四五十万石左右。从运量上看,虽远不及裴耀卿时期,但对于维系政权起到了至关重要的作用。由于改革得当,运价也大大降低,"轻货自扬子至汴州,每驮费钱二千二百,减九百,岁省十余万缗",而且"岁转粟百一十万石,无升斗溺者"。[3]司马光评价刘晏的功绩云:"晏为人勤力,事无闲剧,必于一日中决之,不使留宿,后来言财利者皆莫能及之。"[4]可谓中肯。

扬州曾一度作为唐代最重要的理财官员——盐铁转运使的驻地,刘晏改革的措施都是在此颁布和完成,这在客观上起到了提高扬州地位的作用。其改革措施中也有多项与扬州直接相关,如前述第四项"分段组纲"法,规定长江以南的船只不用再航行到河阴卸粮,只需运送到扬州即可返回,换言之,刘晏的漕运改革大大强化了扬州作为当时整个南方漕粮集中之地的地位。他又在扬州的扬子县(治今扬州市南郊扬子桥附近)设置了十个造船场,"差专知官十人"[5],每艘船给钱千缗,保证了漕船的质量。不过当时朝臣对漕船高昂的造价颇多非议,认为所用费用实不及半,虚费太多,但是刘晏坚持认为应

[1]〔宋〕司马光编著,〔元〕胡三省音注:《资治通鉴》卷二二六唐德宗建中元年(780),中华书局 1956 年版,第 7285 页。

[2]〔宋〕司马光编著,〔元〕胡三省音注:《资治通鉴》卷二二六唐德宗建中元年(780),中华书局 1956 年版,第 7287 页。

[3]〔宋〕欧阳修、宋祁:《新唐书》卷五三《食货志三》,中华书局 1975 年版,第 1368 页。

[4]〔宋〕司马光编著,〔元〕胡三省音注:《资治通鉴》卷二二六唐德宗建中元年(780),中华书局 1956 年版,第 7287 页。

[5]〔宋〕李焘:《续资治通鉴长编》卷四七五宋哲宗元祐七年(1092)七月庚戌,中华书局 1995 年版,第 11325 页。

从长远考虑,不应斤斤计较建造的费用,"论大计者固不可惜小费,凡事必为永久之虑。今始置船场,执事者至多,当先使之私用无窘,则官物坚牢矣。若遽与之屑屑校计锱铢,安能久行乎! 异日必有患吾所给多而减之者;减半以下犹可也,过此则不能运矣"。[1]此后五十年,扬州的造船厂一直是按照刘晏确定的标准造船,不仅保证了漕船质量,同时也奠定了扬州作为全国造船中心的地位。

经过刘晏的不懈努力,运河漕运再次出现了生机,漕运量逐年增加。广德二年(764)以后很长的一段时间,每年运往关中的粮食大抵在40至110万石之间。这个数字虽然比开元、天宝全盛时期少了不少,但却缓解了安史之乱后漕运中衰的状况,使江淮地区的粮食得以源源不断地运往关中。对于挽救安史之乱造成的危局,维护唐王朝的统治,以及改善关中人民的生活,都起到了重要的作用。然而在社会极度动荡时期的改革,总是难以持久。建中元年(780),刘晏被宰相杨炎诬陷致死,同时罢免盐铁转运使,复归度支使,凡江淮漕米,由库部郎中崔河图主之。刘晏的死引起一系列连锁反应,一是使原本已经畅通的漕运通道再度陷入混乱。建中二年(781)淄青节度使李正己、魏博节度使田悦,因刘晏死非其罪,深感疑惧,起兵反叛。李正己遣兵扼徐州埇桥、涡口,截断粮道,梁崇义阻兵襄阳、邓州,对抗中央政府,运路皆绝,人心震恐。江淮进奉漕船千余艘,泊涡口不能过。于是唐德宗以和州刺史张万福为濠州刺史,使其驰援涡口,通粮道。张万福素有威名,受命之后,驰至涡口,立马岸上,令发进奉船,淄青兵马倚岸睥睨不敢动,诸道漕船才得以继续北行。[2]二是江淮漕粮之数再次下降。《旧唐书·食货志》载:"旧制,每岁运江淮米五十万斛,至河阴留十万,四十万送渭仓。晏殁,久不登其数,惟(李)巽秉使三载,无升斗之阙焉。"[3]甚至连每年五十万石之数都难以保证。

唐文宗大和(827—835)以后,漕运大坏。《旧唐书》卷一七七《裴休传》

***

[1]〔宋〕司马光编著,〔元〕胡三省音注:《资治通鉴》卷二二六唐德宗建中元年(780),中华书局1956年版,第7287页。

[2]〔后晋〕刘昫等:《旧唐书》卷一五二《张万福传》,中华书局1975年版,第4076页。

[3]〔后晋〕刘昫等:《旧唐书》卷四九《食货志下》,中华书局1975年版,第2120页。

载：“自大和已来重臣领使者，岁漕江淮米不过四十万石，能至渭河仓者十不三四。漕吏狡蠹，败溺百端。官舟沉溺者岁七十余只。缘河奸吏，大紊刘晏之法。”[1]可见朝廷虽然仍重视漕运，以重臣任转运使，但这些人较之刘晏还是逊色很多，从南方运送到北方的漕粮下降到四十万石，且多被沿线奸吏截留。懿宗时，漕运量进一步下降，“时国家兵役屡兴，漕挽已绝，故自淮汴至于河潼之交，百敖皆剡，人无所仰视之者”。[2]至于为何会出现每年沉溺官舟七十余艘的情况，则是因为漕船质量下降。咸通年间，每艘漕船的造价仅及刘晏主政时期的一半，用料不精，导致“船益脆薄易坏，漕运遂废矣”。[3]到了唐末，割据政权出于政治、军事考虑，大肆破坏运道的情况屡见不鲜。如大顺二年（891）八月，朱温部将丁会急攻宿州，刺史张筠坚守其壁，“会乃率众于州东筑堰，壅汴水以浸其城”。[4]又乾宁四年（897），朱温所属庞师古部进攻淮南，扎营于清口污下之地，杨行密部朱瑾拥塞淮水灌之，“汴军大败，斩师古及将士首万余级，余众皆溃”。[5]占据江淮地区的杨行密与毕师铎、秦彦等军阀混战，以水为兵，江淮的漕运也随之断绝，“王业于是荡然”。以上诸多因素交织在一起，导致大运河难以充分发挥运输漕粮的作用。

三、五代时期的漕运与扬州

乾符二年（875）爆发的王仙芝、黄巢之乱，波及大半个中国，之后唐王朝的统治陷入分崩离析的境地，各地战乱不断，藩镇军阀割据地方，漕运不仅失去了其维护国家统一的作用，甚至还被大肆破坏为战争服务，表现在割据政权决河阻敌、夹河为梁等方面。天祐四年（907），朱温灭唐称帝，改国号为梁，史称后梁，中国历史正式进入五代十国时期。论者认为，这一时期，北方五胡相继，南方则有数朝更迭，各政权混战征伐不已，尤以北方为甚，因而对于开

［1］〔后晋〕刘昫等：《旧唐书》卷一七七《裴休传》，中华书局1975年版，第4593页。

［2］〔清〕董诰等编：《全唐文》卷八〇七（司空图）《太原王公同州修堰记》，中华书局1983年版，第8491页。

［3］〔宋〕司马光编著，〔元〕胡三省音注：《资治通鉴》卷二二六唐德宗建中元年（780），中华书局1956年版，第7287页。

［4］〔宋〕薛居正等：《旧五代史》卷一《太祖纪一》，中华书局2015年版，第14页。

［5］〔宋〕司马光编著，〔元〕胡三省音注：《资治通鉴》卷二六一唐昭宗乾宁四年（897）十一月，中华书局1956年版，第8510页。

新漕及发展漕运并无明显建树。不过为了军事斗争的需要,运粮饷也是必不可少的,漕运仍然具有利用价值。[1]这种认识无疑是正确的。

大体来说,这一时期北方的漕运系统,由于军阀混战和自然灾害的破坏,已经变得支离破碎,难以做到全线贯通。汴河埇桥以东段化为沼泽,几乎不能航行,汴淮交通几近中断。《资治通鉴》卷二九二后周世宗显德二年(955)十一月条云:"汴水自唐末溃决,自埇桥东南,悉为污泽。"[2]各地藩镇军阀也多截断贡道,扣留纲运,相互攻战,导致"东西千里,扫地尽矣"。同书卷二六三天复二年(902)六月引都知兵马使徐温语云:"运路久不行,葭苇堙塞。请用小艇,庶几易通。"[3]当时杨行密发兵征讨朱全忠,军吏欲以巨舰运粮,徐温指出其中的困难。这一时期,黄河也经常由于人为和自然因素而泛滥,影响到永济渠南端入河口一段的航道,不过永济渠与河北漕运网仍基本保持完整,黄河下游在没有灾害的时候也还可以支持一定量的军事交通。如后梁时,镇魏博的军阀罗绍威帮助朱全忠攻幽燕,"飞挽馈运,自邺至长芦五百里,叠迹重轨,不绝于路"。[4]又后唐庄宗同光二年(924),令郓州差兵二千,自黎阳开河,以通漕运。[5]后晋时,开济州(今山东济宁)金乡莱水,西受汴水,北抵济水,南通徐、沛等等。类似这种军事用途的漕运活动在当时不在少数。五代中,惟后周较重视运河水利,因其建都开封,地处黄河之滨,有汴河之利,故以汴河为漕运枢纽,使漕运有所发展。[6]

淮河以南的邗沟和江南段运河在五代时维持状况较好,尚能航行,杨吴和南唐政权割据江淮一带,还利用运河输送漕粮。正如论者所言"漕运衰落,而江南航运业依然繁荣"。[7]南方诸国建都也都选择在漕运交通便利的军事要地,比如杨行密集团在唐末即利用邗沟漕路运送军粮,以扬州为中心建立杨

[1] 参见李治亭:《中国漕运史》,台湾文津出版社1997年版,第118页。

[2] 〔宋〕司马光编著,〔元〕胡三省音注:《资治通鉴》卷二九二后周世宗显德二年(955)十一月,中华书局1956年版,第9532页。

[3] 〔宋〕司马光编著,〔元〕胡三省音注:《资治通鉴》卷二六三唐昭宗天复二年(902)六月,中华书局1956年版,第8577页。

[4] 〔宋〕薛居正等:《旧五代史》卷一四《罗绍威传》,中华书局2015年版,第216页。

[5] 〔北宋〕王钦若等编:《册府元龟》卷四九八《邦计部·漕运》,中华书局1960年版,第5972页。

[6] 参见李治亭:《中国漕运史》,台湾文津出版社1997年版,第118页。

[7] 郑学檬:《中国古代经济重心南移和唐宋江南经济研究》,岳麓书社2003年版,第135页。

吴政权。南唐的当权者在定都金陵的同时控制着扬州,因为虽然金陵是江南水路交通枢纽,但扬州仍是淮南漕运和军事战略要地,敌人一旦沿汴渡淮,将直取金陵,形势就会很不利。可以说,扬州在割据时代之所以依然能保持其区域政治中心的地位,与邗沟的水运交通作用密不可分。以扬州向南通江的伊娄河为例,五代时期该河一度被废弃,开宝九年(976)春正月,忠懿王钱俶觐见,"太祖皇帝因王入觐,敕遣供奉官张福贵、淮南转运使刘德言开古河一道,自瓜洲口至润州江口达龙舟堰,以待王舟楫,其堰遂名曰'大通堰'"。[1]类似的记载又见吴任臣《十国春秋》卷八二《吴越六·忠懿王世家下》。其中"龙舟堰"位于扬子桥(扬子津)南,故可知北宋初年这条新开的河道为唐代伊娄河故道,这也从侧面证明该河在五代时期一度被废弃。不过在《唐会要》卷八七《转运盐铁总叙》中却又记载伊娄河"迄今用之",[2]所以伊娄河在五代时期应该是时有兴废,依然在发挥水运作用,其他河段的情况应大致类似。

第四节 扬州的陆路交通及近海航运

隋唐五代时期扬州的交通地位,为人所熟知者,莫过于位于大运河与长江交汇处。然则,扬州不仅是当时全国内陆水路交通中心,其陆路交通与近海航运亦十分发达。

一、扬州的陆路交通

在中国古代,水运交通比陆运交通更经济省力,只要水力可胜,一苇之航就能随水道到达所经之处。但是,陆运交通的地位仍不容忽视,这一方面是因为我国的地形地貌复杂多样,并非所有地方都适合发展水运,比如河流的中上游地区大多穿行于崇山峻岭之中,河道落差大,这就不太适合舟船航行;另一方面是很多地方没有河流,或河流的季节性变化明显,这种情况多出现在北方地区。唐德宗时期宰相贾耽曾指出"入四夷之路与关戍走集"最重要的七条交通线:"一曰营州入安东道,二曰登州海行入高丽渤海道,三曰夏州塞外通大同云中道,四曰中受降城入回鹘道,五曰安西入西域道,六曰安南通

---

[1]《吴越备史·补遗》,《景印文渊阁四库全书》第464册,台湾商务印书馆1983年版,第579页。
[2]〔宋〕王溥:《唐会要》卷八七,中华书局1955年版,第1597页。

天竺道,七曰广州通海夷道。"[1]可以看到,通往大同、云中、回鹘、西域等地的道路均非水路,而是陆路。实际上,隋唐时期的陆路交通相当繁荣,杜佑曾记述唐玄宗开元年间以长安、洛阳为中心的驿道商业,云:"东至宋、汴,西至岐州,夹路列店肆待客,酒馔丰溢,每店皆有驴赁客乘,倏忽数十里,谓之驿驴。南诣荆、襄,北至太原、范阳,西至蜀川、凉府,皆有店肆以供商旅,远适数千里,不持寸刃。"[2]在江淮地区,交通虽以水路为主,但陆路交通也相当发达,成为水运重要的补充,如唐宣宗大中五年(851)七月的一道敕文中就指出:"如闻江淮之间,多有水陆两路。近日乘券牒使命等,或使头陆路,则随从船行,或使头乘舟,则随从登陆。"[3]这表明江淮之间的交通,水陆两路并存是较为普遍的情况。

号称"天下通衢"的扬州,不仅是全国的水运交通枢纽,也是陆路交通咽喉。这些陆路交通,大体上沿循着重要的水路而展开,因此通过陆路通道,同样可以北达两京,南通吴越湘广,西到荆襄,形成了水陆并行的交通网络。诗人韦应物《寄卢庚》云"广陵多车马,日夕自游盘"[4],这里的"车马"自然是指陆路交通。据学者考证,以扬州为中心的陆路交通线路(驿路)主要有三条:(1)扬州至上都长安的驿路:从扬州出发北行250里至楚州,220里至泗州,420里至宿州,330里至汴州。然后由汴州西行140里至郑州,280里至东都,435里至虢州,130里至潼关,120里至华州,180里至上都长安。(2)扬州至两浙的驿路:扬州南行70里至润州,170里至常州,190里至苏州,370里至杭州,130里至越州,275里至明州。自杭州西北行315里至睦州,160里至婺州,260里至处州,270里至温州。又自睦州西行280里至衢州,700里至建州,600里至福州,370里至泉州。(3)扬州至广州的驿路:扬州西行经信州、洪州,折而南循赣江,经吉州、虔州,越大庾岭,过韶州,至广州。驿路原本是传递军事情报的通道,但是随着社会经济的发展,商品流通范围

[1]〔宋〕欧阳修、宋祁:《新唐书》卷四三下《地理志七下》,中华书局1975年版,第1146页。

[2]〔唐〕杜佑撰,王文锦、王永兴、刘俊文、徐庭云、谢方点校:《通典》卷七《食货七》,中华书局1988年版,第152页。

[3]李希泌主编,毛华轩等编:《唐大诏令集补编》卷二九《禁一道券牒水陆两路祇供敕》,上海古籍出版社2003年版,第1353页。

[4]〔清〕彭定求等编:《全唐诗》卷一八七(韦应物)《寄卢庚》,中华书局1960年版,第1905页。

和规模的扩大,这些官道也就顺理成章地变成了繁荣的商道,这对于商旅往来、商货流通无疑有极大的促进作用。[1]

唐代的驿路四通八达,馆驿制度较为完善。成书于唐玄宗开元年间(713—741)的《唐六典》载:"凡三十里一驿,天下凡一千六百三十有九所(二百六十水驿,一千二百九十七所陆驿,八十六所水陆相兼。若地势险阻及须依水草,不必三十里。每驿皆置驿长一人,量驿之闲要以定其马数)。"[2]当时全国有一千多驿站,这些驿站的主要职责是传递官府公文,并供来往官员商旅途中歇宿、换马、换船,是保证政令畅达、出使、商旅通行的重要条件。江淮地区的陆驿相当多,在文人墨客的诗文中常有描写,如盱眙县境内设有莲塘驿(今盱眙县黄花塘镇),李益《莲塘驿》云:"五月渡淮水,南行绕山陂。江村远鸡应,竹里闻缫丝。楚女肌发美,莲塘烟露滋。……女歌本轻艳,客行多怨思。"[3]莲塘驿不仅迎送了大量来往行旅客商,还因其交通站点的性质而演绎出了凄美的爱情故事。又罗隐《莲塘驿》云:"莲塘馆东初日明,莲塘馆西行人行。"[4]这里的馆也就是驿。在盱眙县境内还有都梁、淮源二驿,前者在县治之东南,后者在县治之西南。[5]从盱眙到扬州一线也有大量的陆驿,唐武宗会昌五年(845)六月二十三日,圆仁"从煦眙(盱眙)县至扬州,九驿,无水路。文书笼驮,每驿赁驴之。"[6]这里的"九驿"应是指盱眙县至扬州间的九个陆驿。韦庄有诗名为《夏初与侯补阙江南有约同泛淮汴西赴行朝庄自九驿路先至甬桥……》[7],韦庄之西赴行朝发自润州,由润州至甬桥必经扬州与盱眙。因此,韦庄所走的九驿路当即圆仁所记盱眙至扬州间的一段陆路,这条陆路较之沿

[1]　陈勇:《唐代长江下游经济发展研究》,上海人民出版社 2006 年版,第 316—317 页。

[2]　〔唐〕李林甫等撰,陈仲夫点校:《唐六典》卷五,中华书局 1992 年版,第 163 页。

[3]　〔清〕彭定求等编:《全唐诗》卷二八二(李益)《莲塘驿》,中华书局 1960 年版,第 3210 页。

[4]　〔清〕彭定求等编:《全唐诗》卷六六二(罗隐)《莲塘驿》,中华书局 1960 年版,第 7591 页。

[5]　参见荀德麟:《苏北的大运河与邮驿线路》,《淮阴工学院学报》2011 年第 6 期,第 2 页。

[6]　〔日〕圆仁撰,顾承甫、何泉达点校:《入唐求法巡礼行记》卷四,上海古籍出版社 1986 年版,第 189 页。

[7]　〔清〕彭定求等编:《全唐诗》卷六九七(韦庄)《夏初与侯补阙江南有约同泛淮汴西赴行朝庄自九驿路先至甬桥补阙由淮楚续至泗上寝病旬日遽闻捐馆回首悲恸因成长句四韵吊之》,中华书局 1960 年版,第 8022 页。

运河至楚州再至甬桥的水路要近得多,故利用率颇高。[1]

此外,还有一些线路是采用水陆相济的方式,陆路是其中重要的组成部分。其中一条是"商山路",指从长安出发,经过蓝田、商州、武关,而抵达襄阳的一条驿路。从襄阳的地理形势及交通情形来观察,淮南到襄阳的这段路程,所走的应该是水路。淮南地区的扬州等地由长江接汉水后继续西行,即可抵达襄阳,这是非常典型的水陆相济的运输模式。安史之乱以后,"商山路"不仅是南方物资北运的重要线路,还是士大夫宦游南北的必经之路,杜牧过此曾留下《商山富水驿》《丹水》《题武关》《除官赴阙商山道中绝句》等名篇。又白居易《商山路驿桐树昔与微之前后题名处》:"与君前后多迁谪,五度经过此路隅。笑问中庭老桐树,这回归去免来无。"《商山路有感》:"万里路长在,六年身始归。所经多旧馆,大半主人非。"[2]唐穆宗长庆年间(821—824),汴州军乱,汴河阻遏不通。其时白居易受命为杭州刺史,只好道出蓝田关东南行,由商州路前往。白居易在途中曾有诗云:"东道既不通,改辕遂南指。"后来到了杭州,又在谢上任表中说:"属汴路未通,取襄、汉路赴任。"可见这条商山路是除大运河之外的第二选择。[3]

还有一条陆路被称为"上津路"。上津,唐代时属商州,县内群山林立,交通条件不佳,不过上津驿道仍多次承担将襄、汉地区物资运入关中的任务。这条运道虽受到地形限制,运量不能与运河相比,但却在唐肃宗、唐代宗朝初年及唐德宗建中二年(781)至贞元初年发挥着重要的作用。唐肃宗时期,因受到安史之乱的影响,运河不通,东南财赋多由上津路运入关中。此外,在襄阳和梁州之间虽可走水路,即由汉水西行抵达梁州,然亦有陆路可行,即由襄阳西北的均州,南通到房州,再经房州的竹山、上庸,又西北到金州。由金州往西行,经碜头、黄金,再西行,即达梁州。[4]

扬州至闽中也是一条水陆相济的道路。自扬州渡长江,到达润州(今镇

[1] 参见齐涛:《唐代的九驿路》,《陕西师范大学学报(哲学社会科学版)》1998年第1期,第96页。

[2] 〔清〕彭定求等编:《全唐诗》卷四四一(白居易)《商山路驿桐树昔与微之前后题名处》《商山路有感》,中华书局1960年版,第4926—4927页。

[3] 朱祖德:《唐代淮南地区的交通运输》,《史学汇刊》第三十一期,2013年,第15—49页。

[4] 朱祖德:《唐代淮南地区的交通运输》,《史学汇刊》第三十一期,2013年,第15—49页。

江），循江南运河南行，经常州、苏州，到达杭州。由杭州溯浙江水逆流而上，经睦州（今浙江建德东）和衢州（今属浙江），可到达闽中的建州（今福建建瓯）和福州（今属福建）。唐末，黄巢南攻宣州不克，引兵入浙东。开山路七百余里，攻福、建诸州。由宣州至浙东未悉出于何途，婺州及衢州皆浙东属县。黄巢至少是到过这两州的，当时开凿的山道，据说就在衢州之南的仙霞岭上。仙霞岭上的道路，后来一直通行，当是南北的大道。应该指出，黄巢之前该路便已存在，他所做的工作只是对道路的修整。唐宪宗元和年间（806—820）的记载，明确指出衢州"南至建州七百里"，就是证明。[1]由浙江还可以折入江西，走赣江、大庾岭一线到达广州。时人李翱受任南下，沿运河达到杭州后，"驾涛江，逆波至富春"，先后到达睦州、衢州，自常山上岭至玉山，至信州、洪州、吉州、虔州，翻过大庾岭后到达韶州。

总之，长江下游地区的陆路交通以扬州为中心向四周辐射扩散，向北可达两京，向南可通往吴、越、湘、广，向西可经襄、梁一线到达关中。扬州的陆运交通，不论是在江淮之间，还是对外沟通，均十分便捷。

二、扬州的近海航运

中国拥有漫长的海岸线，近海航运的历史非常悠久。唐代由于航海技术的进步及船舶制造业的发展等因素，使得海上航运的安全性较前代更高。唐代中国近海区域，有一条贯通登州、海州、楚州、扬州、杭州、明州、广州等港口的航线。[2]这条航线可以分为三段：北段的环渤海航线，外通新罗、日本等地；中段由胶州湾到长江口；南段由长江口至广州，外延伸到交州。扬州毫无疑问是连接中段航线和南段航线的节点，由扬州出发，主要有向北和向南两条近海线路。

首先看北线。此线可到达楚州、海州、密州、登州、莱州等地。范摅《云溪友议》卷上记："登州贾者马行余，转海拟取昆山路适桐庐，时遇西风而吹到新罗国。"[3]桐庐在今浙江省富春江中游，经杭州湾出海，故所谓"昆山路"应该

［1］　参见白寿彝总主编，史念海主编：《中国通史》第6卷《中古时代·隋唐时期（上）》（第二版），上海人民出版社2013年版，第639—640页。

［2］　樊文礼：《登州与唐代的海上交通》，《海交史研究》1994年第2期，第27页。

［3］　〔唐〕范摅：《云溪友议》卷上，《四部丛刊续编》第349册。

是指登州至江浙地区的一条近海航线。隋人柳誉《奉和晚日杨子江应教诗》云："大江都会所,长洲有旧名。西流控岷蜀,东泛迩蓬瀛。未睹纤罗动,先听远涛声。空蒙云色晦,浃叠浪华生。欲知暮雨歇,当观飞旆轻。"[1]诗句中的"西流控岷蜀"展现了扬州的长江航运地位,而"东泛迩蓬瀛"则是指扬州向北的近海航线。又,圆仁在密州诸城县界大朱山驻马浦,"遇新罗人陈忠船,载炭欲往楚州",圆仁欲搭乘此船,最后以"船脚价绢五匹"成交,[2]可见货运海船也常常搭载散客。唐代中前期,潮信尚能直达扬州城内,扬州仍是重要的海港城市,自此始发或转运北上的海船不在少数。

唐中前期,唐太宗、唐高宗锐意进取,对外扩张,征讨百济、高丽等国,武则天、唐玄宗时又攻打奚、契丹等地,故这一时期的北线以运送军事物资为主。其线路大致是:从长江下游口岸出发,沿海一直北上,经山东半岛达于幽燕一带。武则天时期,陈子昂在《上军国机要事》中称:"江南、淮南诸州租船数千艘已至巩洛,计有百余万斛,所司便勒往幽州,纳充军粮。"[3]当时在营州州治柳城(今辽宁朝阳)驻扎重兵,其军需均依仗海运,不过海运毕竟没有运河安全。如唐玄宗开元十四年(726)七月,"沧州大风,海运船没者十一二,失平卢军粮五千余石,舟人皆死"。[4]北运的军事物资中不仅有粮食,还有布匹。安史之乱时,清河太守派李萼到平原太守颜真卿处请求援助,谓:"清河,西邻也,有江淮租布备北军,号'天下北库'。"[5]这些北调的粮食和布匹,全部通过大运河运送显然是困难的,应有相当一部分要假道于海运。杜甫有诗句描写这样的情景,《后出塞》云:"渔阳豪侠地,击鼓吹笙竽。云帆转辽海,粳稻来东吴。越罗与楚练,照耀舆台躯。"[6]说明今江浙地区与辽东的近海航运很通畅。又《昔游》云:"幽燕盛用武,供给亦劳哉。吴门转粟帛,泛海陵蓬

[1]　逯钦立辑校:《先秦汉魏晋南北朝诗·隋诗》卷五,中华书局 1983 年版,第 2689 页。

[2]　〔日〕圆仁撰,顾承甫、何泉达点校:《入唐求法巡礼行记》卷四,上海古籍出版社 1986 年版,第 199 页。

[3]　〔清〕董诰等编:《全唐文》卷二一一(陈子昂)《上军国机要事》,中华书局 1983 年版,第 2136 页。

[4]　〔后晋〕刘昫等:《旧唐书》卷三七《五行志》,中华书局 1975 年版,第 1358 页。

[5]　〔宋〕欧阳修、宋祁:《新唐书》卷一五三《颜真卿传》,中华书局 1975 年版,第 4855 页。

[6]　〔清〕彭定求等编:《全唐诗》卷二一八(杜甫)《后出塞五首》之四,中华书局 1960 年版,第 2293 页。

莱。"[1]这些诗句中虽然没有直接提到扬州,但从当时的交通格局看,无论是粳稻,还是越罗、楚练都要在扬州集中,再向北转运。

再看南线。此线可到达杭州、明州、泉州、广州、雷州等地。王昌龄《别陶副使归南海》云:"南越归人梦海楼,广陵新月海亭秋。"[2]这里的南越即是指今广州地区。又杨晔《膳夫经手录》载:"建州大团,状类紫笋……唯广陵、山阳两地人好尚之,不知其所以然也。"[3]建州即今福建建瓯市。当时的扬州是全国茶叶的集散中心,福建、广州这些沿海地区依靠陆运将茶叶运送到北方不易,而依靠近海航线将茶叶运送到扬州,再由运河转运北上则方便得多。当然,茶叶只是当时近海航运的代表性商货之一,其他各类物品运往南方的应该更多。

唐后期,由于政治、军事形势的变化,海运重心已经转移到了东南沿海一带。唐懿宗咸通元年(860)十一月,"南诏帅群蛮五万寇安南,都护蔡袭告急,敕发荆南、湖南两道兵二千,桂管义征子弟三千,诣邕州受郑愚节度",不久之后,"南蛮寇左、右江,浸逼邕州"。当时的情况是,"诸道兵援安南者屯聚岭南,江西、湖南馈运者皆溯湘江入澪渠、漓水,劳资艰涩,诸军乏食"[4]。这条后勤运输线路大致是由灵渠转漓水,到达桂州后,再顺流南下,经郁水抵达广州。然而这条线路运输困难,运量有限,难以满足援军的需求。唐懿宗咸通三年(862),润州人陈磻石上言:"江西、湖南溯流运粮,不济军师,士卒食尽则散,此宜深虑。臣有奇计,以馈南军。"于是唐懿宗召见陈磻石,陈磻石奏曰:"臣弟听思曾任雷州刺史,家人随海船至福建,往来大船一只,可致千石,自福建装船,不一月至广州。得船数十艘,便可致三万石至广府矣。"后朝廷听从了陈磻石的建议,并任命他为盐铁巡官,"往杨子院专督海运",由此"康承训之

─────────────

[1]〔清〕彭定求等编:《全唐诗》卷二二二(杜甫)《昔游》,中华书局1960年版,第2358页。

[2]〔清〕彭定求等编:《全唐诗》卷一四三(王昌龄)《别陶副使归南海》,中华书局1960年版,第1448页。

[3]〔唐〕杨晔:《膳夫经手录》,《续修四库全书》子部第1115册,上海古籍出版社2002年版,第524页。

[4]〔宋〕司马光编著,〔元〕胡三省音注:《资治通鉴》卷二五〇唐懿宗咸通三年(862)十一月、咸通四年(863)七月,中华书局1956年版,第8101、8105—8106页。

军皆不阙供"。[1]陈磻石既任盐铁巡官,并到"杨子院"督运粮食,那么运到广州的粮食应该是从扬州装运。然而,海运粮食助军,不到两年时间就弊端丛生,咸通五年(864)五月,由于"淮南、两浙海运,房隔舟船,访闻商徒,失业颇甚,所由纵舍,为弊实深。亦有搬货财委于水次,无人看守,多至散亡,嗟怨之声,盈于道路",为此政府不得不下令,"据所搬米石数,牒报所在盐铁巡院,令和雇人海舸船,分付所司。通计载米数足外,辄不更有隔夺,妄称贮备。其小舸短船到江口,使司自有船,不在更取商人舟船之限。如官吏妄行威福,必议痛刑"。[2]由诏书看,直至咸通五年(864),由扬州到广州的近海航运线路仍然是通畅的。[3]

　　交通作为社会发展的基础条件,其通达性直接影响到一个地区,乃至一个国家的发展状况,史家对此早有论述,略云:"交通为空间发展之首要条件,盖无论政令推行,政情沟通,军事进退,经济开发,物资流通,与夫文化宗教之传播,民族感情之融和,国际关系之亲睦,皆受交通畅阻之影响,故交通发展为一切政治经济文化发展之基础,交通建设亦居诸般建设之首位。"[4]隋唐时期,随着政治统一局面的形成与巩固,农工商业经济的恢复与发展,全国性的航运交通网络已经形成,长江的内河航运成为商业流通的主干道,航运的经济价值日益显著与重要,而大运河则成为了整个王朝的经济命脉。五代时期区域性的航运仍发挥着重要的作用。

　　扬州位于南北运河与长江的交汇之处,拥有襟江、遏河和控海的交通区位优势,三位一体,这决定了其在长江、运河和海洋航运的领先地位。以扬州为中心而形成的全国交通道路网络,其稠密度不亚于长安、洛阳两都。大运河为南北向的主要水运通道,而长江则为东西向最重要的水运线路之一,运河和长江流经地区都成为扬州的经济腹地。从扬州沿着邗沟北上可入淮、汴以及黄河水系,溯流黄河到达两京,将政治中心与经济中心连接了起来,巩固

[1]〔后晋〕刘昫等:《旧唐书》卷一九《懿宗纪》,中华书局1975年版,第652—653页。
[2]〔后晋〕刘昫等:《旧唐书》卷一九《懿宗纪》,中华书局1975年版,第657页。
[3]参见朱祖德:《唐代淮南地区的交通运输》,《史学汇刊》第三十一期,2013年,第15—49页。
[4]严耕望:《唐代交通图考·序言》,台湾商务印书馆、学生书局、三民书局1985年版,第1页。

了国家的统一。渡江入江南运河,可至润、常、苏、杭、睦、婺等江南富庶之地。依靠陆运交通、近海交通和湘、赣等长江支流,更可向南到达交、广、闽、粤等地,李翰在《淮南节度行军司马厅壁记》即云扬州"南走闽越,北通幽朔,关梁不闭,朝聘相望"[1]的交通区位优势。自扬州溯流而上,可达巴蜀之地,李白《横江词》云:"横江西望阻西秦,汉水东连扬子津。"[2]长江沿线的鄂州、江陵、江州、洪州等经济都会可以直航扬州,东南七道浙东、浙西、宣歙、江西、鄂岳、湖南、福建以及长江上游的益州、荆州的财赋也由水道运抵扬州。沈珣《授杜琮淮南节度使制》云:"朕以禹贡九州,淮海为大。阜员八郡,并赋甚殷。分阃权雄,列镇罕比。通彼漕运,京师赖之。"[3]展现了当时扬州的政治经济地位和交通优势。可以说,扬州是当时全国交通网络中最关键的节点,而正是凭借其优越的交通条件,扬州发展成为全国首屈一指的经济都会。

---

[1]〔清〕董诰等编:《全唐文》卷四三〇(李翰)《淮南节度行军司马厅壁记》,中华书局1983年版,第4381页。

[2]〔清〕彭定求等编:《全唐诗》卷一六六(李白)《横江词》,中华书局1960年版,第1720页。

[3]〔宋〕李昉等编:《文苑英华》卷四五六(沈珣)《授杜琮淮南节度使制》,中华书局1966年版,第2319页。

第八章　隋唐五代扬州的对外文化交流

唐代是"丝绸之路"发展史上的重要时期,中国与欧亚大陆沿线诸国的经济贸易、文化交流在这一时期臻于鼎盛。因地利之便,唐代扬州不仅成为长江流域最大的商品集散地,更位于"陆上丝绸之路"和"海上丝绸之路"的交汇点,成为中国与外部世界交往的主要门户之一。诚如论者所言:"扬州通过大运河和长江两条内河航运的大动脉,把西北、西南的陆上丝绸之路和东南、东北的海上丝绸之路紧密联系在一起。扬州是四条丝绸之路的交汇点,所以成为晚唐的中国第一大城市。"[1]本章将介绍唐代扬州与东亚诸国、波斯以及阿拉伯世界的交往情况,进而揭示其在7—9世纪海、陆丝绸之路文化交流中的地位。

第一节　唐代扬州与朝鲜半岛的文化交流

朝鲜半岛自古以来便与中国维系着紧密的政治、经济与文化纽带。汉唐时期,随着佛教、汉字、儒学、律令制度等传入,朝鲜半岛很早便进入了以中国为中心的东亚世界秩序,其统治者大多向中国朝贡,并接受其官爵,成为册封体系中的一员。

南北朝至唐朝初年,朝鲜半岛上并立着高句丽、百济与新罗三个独立国家,彼此间征战不息,史称朝鲜半岛的"三国时代"。三国之中,新罗与唐朝关系最为紧密,在半岛的战事中,唐朝多次出兵援助新罗,对抗高句丽与百济。唐高宗显庆五年(660),唐朝与新罗组成联军,一举攻占百济首都,在其

---

[1]　周运中:《唐代航海史研究·前言》,花木兰文化事业有限公司2020年版,第3页。

地设立熊津都督府。总章元年（668），又攻克了高句丽首都平壤，并设立安东都护府。至此，唐朝一度控制了朝鲜半岛。唐军的占领激发了朝鲜半岛人民的激烈抗争，迫于形势，唐朝不得不将势力撤出半岛。新罗利用这一权力真空期，迅速完成统一，并维系了两百多年的统治，这被称为朝鲜半岛历史上的"统一新罗"时代。

新罗王朝在统一半岛的进程中，曾与唐朝发生过短暂的军事冲突，但双方很快修复了外交关系，有唐一代，新罗始终以藩属自居，朝觐不绝，历任国王即位都要经由唐朝皇帝遣使册封，方能获得统治的合法性。在"朝贡—册封"的秩序框架下，朝鲜半岛与唐朝长期维持了亲睦的外交关系，双方人员往来频繁，政治、经济、文化各领域交流密切。通过吸收唐朝先进的文化，新罗的社会面貌发生了极大改观，被誉为"君子之国，颇知书记，有类中华"[1]，"采章文物，久沿华风"[2]。

一、造访扬州的新罗使节、僧侣与商人

新罗与唐朝的人员往来可以区分为官方与民间两个层面。官方的往来，主要包括唐朝派遣的册封使节、新罗派遣的朝贡使节与留学生等，民间往来的代表人群则是活跃于沿海地区的新罗商人与僧侣。扬州是唐代东南一大都会，海、陆交通条件优越，上述两种性质的交往都有集中反映。

关于扬州与朝鲜半岛的官方往来，正史中记载不多，但可以从唐后期淮南节度使的结衔窥见一二。史料所见，部分节度使兼带有"押新罗、渤海两番等使"的职衔[3]，这属于唐后期使职差遣中押蕃使的一种，负责藩国朝觐、互市以及侨民管辖等事务，一般由作为道级军政首长的节度使兼任。新罗、渤海都是在东北部与唐朝接壤的藩属国，一般情况下，由控制山东半岛的平卢节度使负责相关事务。[4]但在唐后期，平卢节度使李师道等人接连反叛中央，阻绝新罗、渤海的朝贡。因此，新罗等国使节时常改道扬州、楚州登陆，向唐朝皇帝朝觐，而负责接待他们的正是淮南节度使。

───────────────

[1]〔后晋〕刘昫等：《旧唐书》卷一九九上《新罗传》，中华书局1975年版，第5337页。

[2]〔清〕董诰等编：《全唐文》卷四一五《册新罗王金乾运文》，中华书局1983年版，第4250页。

[3]〔清〕董诰等编：《全唐文》卷五八《授李夷简淮南节度使制》，中华书局1983年版，第631页。

[4]黎虎：《唐代的押蕃使》，《文史》2002年第2期。

　　唐德宗贞元年间，诗人刘禹锡在担任淮南节度使掌书记时，曾为府主杜佑草拟过一篇《为淮南杜相公论新罗请广利方状》：

> 　　淮南节度观察处置等使，敕赐《贞元广利方》五卷。右臣得新罗贺正使朴如言状称，请前件方一部，将归本国者。伏以纂集神效，出自圣衷，药必易求，疾无隐状。搜方伎之秘要，拯生灵之夭瘥。坐比华胥，咸跻仁寿。遂令绝域，邈听风声。美兹丰功，爰有诚请。臣以其久称藩附，素混车书。航海献琛，既已通于华礼；释疴蠲疠，岂独隔于外区？正当四海为家，冀睹十全之效。臣即欲写付，未敢自专，谨录奏闻。[1]

　　这是杜佑上报皇帝的一封奏状草稿。文中提到，入唐朝觐的新罗贺正使向其求取唐德宗亲撰的医书《贞元广利方》，杜佑有意相赠，但碍于"人臣无外交"原则，不敢专擅其事，特向皇帝奏报。这一政务处理的过程透露出，贞元十七年（801），新罗使团从本国出发后，应该跨过渤海湾、胶州湾南下，在扬州（或楚州）附近登陆，进入淮南道辖区，淮南节度使全程负责与新罗使节的交涉事务。状文中称赞新罗"久称藩附，素混车书"，"航海献琛，既已通于华礼"，可见两国长期保持着良好的外交关系，淮南地方官员显然很熟悉新罗事务。

　　官方交往并非单向度的，扬州方面也曾遣使渡海。据朝鲜史书《三国史记》记载，元和十四年（819），唐宪宗调度大军，镇压平卢节度使李师道叛乱之际，曾"诏遣扬州节度使赵恭，征发我（新罗）兵马，王奉敕旨，命顺天军将军金雄元，率甲兵三万以助之"。[2]这一借兵事件不见于中国方面的史书记载，而且时任淮南节度使应为李夷简，因此《三国史记》的记叙不尽准确。但考虑到新罗与唐朝之间紧密的盟友关系，遣使借兵的举动并非没有可能。另外，从地理位置来看，新罗与平卢镇所控制的山东半岛隔海相望，人员往来频繁，确可在海上对叛军起到封锁、牵制作用。更重要的是，此时的淮南节度使

---

　　[1]〔唐〕刘禹锡撰，陶敏、陶红雨校注：《刘禹锡全集编年校注》卷一三《为淮南杜相公论新罗请广利方状》，岳麓书社2003年版，第853—854页。

　　[2]〔高丽〕金富轼撰，杨军校勘：《三国史记》卷一〇《新罗本纪》，宪德王十一年七月条，吉林大学出版社2015年版，第141—142页。

李夷简身兼"押新罗、渤海两蕃使"的职衔,派人联络新罗,正是其职责范围内的事务。综合以上分析来看,不排除在朝廷出兵攻打李师道时,作为平叛重要力量的淮南镇曾派人联络新罗,请其协助唐朝方面的军事行动。总之,关于元和十四年的这次借兵事件,或许某些细节上传闻有误,但绝非向壁虚构,扬州的地方军政官员应是保持着与新罗的政治互动。

这种政治互动一直持续到唐朝灭亡前夕。唐僖宗中和二年(882)前后,黄巢率领的农民军攻陷长安,唐僖宗播迁成都避难。新罗入朝使金直谅因遭遇战乱,在山东半岛登陆受阻,改由淮南境内的楚州上岸,抵达扬州,节度使高骈派遣部将张俭护送他们到成都朝觐。[1]不久后,新罗又派遣朴仁范为探候使,再次赴成都朝觐僖宗,附带着也想观察唐朝国内的政治形势。朴仁范一行渡海后在楚州境内登陆,随即致信淮南节度使高骈,说明来意。高骈命掌书记崔致远草拟了一封回信:

> 忽奉公状,备睹忠诚,慰惬钦依,但增衷抱。员外芳含鸡树,秀禀鳌山,来登天上之金牌,桂分高影;去陟日边之粉署,兰吐余香。今者仰恋圣朝,远衔王命,捧琛执贽,栈险航深。能献款于表章,欲致诚于官守。虽无奉使,难在此时。九州之侯伯倾心,万国之臣僚沮色。幸来弊镇,得接清规。况奉贵国大王特致书信相问,将成美事,不惜直言。倘员外止到淮壖,却归海徼,纵得上陈有理,其如外议难防。无念东还,决为西笑。圣主方深倚望,贤王伫荷宠荣。道路亦通,舟船无壅,勿移素志,勉赴远行。峡中寇戎,或聚或散,此亦专令防援,必应免致惊忧。……馆中有阙,幸垂示之,所来探候事,已令录表申奏,敬惟鉴察。[2]

回信中透露,新罗使节目睹了当时唐朝境内战火纷飞的局势,打起了退堂鼓,不想远赴成都朝觐,即所谓"止到淮壖,却归海徼"。高骈在回信中对其进行

了抚慰与勉励,劝其"勿移素志,勉赴远行",并许诺派兵护卫使团朝觐。由此可见,扬州附近海域是新罗使节常规登陆地之一,而淮南节度使一直肩负着处理对新罗外交的职能。次年,即中和四年(884),新罗国王以金仁圭为"新罗入淮南使",并任命崔致远堂弟崔栖远为"入淮南使录事",再度派遣使团前往扬州。高骈任命使府僚佐崔致远为淮南入新罗兼送国信使,随同使团还乡。崔致远此行除了回乡省亲,还肩负着一项重要使命,即递送唐朝的国书。这一国书不可能是淮南节度使高骈所发,而应该是转呈此时远在巴蜀的唐僖宗的诏书。关于扬州地方官府与新罗之间的官方往来,唐代传世文献中反映不多,有赖崔致远《桂苑笔耕集》中保存的相关记载,我们才得以窥知双方之间往来的具体情形。

因为两国长期维系着亲睦、友好的政治关系,自唐初以降,大批新罗侨民纷纷迁入中国境内。其中除了官方派遣的留学生,主要便是僧侣与商人。以下分别叙述。

佛教在朝鲜半岛的传播大约始于公元4世纪,自流播之始,便受到汉传佛教的影响。《周书·百济传》记载其国内"僧尼寺塔甚多",又据《三国史记》《三国遗事》等记载,梁、陈两朝皇帝曾遣使赴新罗境内,送佛经、舍利等物。[1]自南北朝后期开始,随着佛教的流行,涌现了不少自朝鲜半岛来华求法的僧侣。如圆光,"俗姓朴,本住三韩",陈代泛海来华,本习儒术,"及闻释宗,反同腐芥……乃上启陈主,请归道法,有敕许焉……游历讲肆,具尽嘉谋……故得成实、涅槃,蕴括心府;三藏数论,遍所披寻"[2],后归国,获新罗国王礼敬,推动了南朝佛学在朝鲜半岛的传播。及至唐代,入华求法之风更趋兴盛,他们人数众多,以致唐朝政府曾特令"新罗、日本僧入朝,学九年不还者,编诸籍"。这批来华僧侣为唐、罗两国友好关系作出了重要贡献,如高僧慈藏归国后,钦慕华风,"尝以邦国服章不同诸夏,举议于朝……乃以真德王三年己西,

---

[1]　严耕望:《新罗留唐学生与僧徒》,收入《唐史研究丛稿》,新亚研究所1969年版,第442页。

[2]　〔唐〕道宣撰,郭绍林点校:《续高僧传》卷一三《唐新罗国皇隆寺释圆光传》,中华书局2014年版,第438页。

始服中朝衣冠。明年庚戌又奉正朔,始行永徽号。自后每有朝觐,列在上蕃"[1]。在新罗对唐朝的政治归属与文化认同塑造中,慈藏无疑扮演了重要角色。

作为使节、商旅往还的重要登陆地,随之来到扬州的新罗僧侣也络绎不绝。其中的代表性人物,当首推华严宗高僧义湘。义湘俗姓金氏,出身新罗王族,年二十九,在新罗首都庆州皇福寺出家。唐高宗永徽元年(650),"会唐使船有西还者,寓载入中国",在扬州登陆。扬州地方官刘至仁对义湘的佛法修为颇为钦慕,"请留衙内,供养丰赡"[2]。义湘此后又赴终南山至相寺,谒见华严宗二祖智俨大师,拜入门下受学,与后来的华严三祖法藏贤首成为同窗。学成后,义湘于咸亨二年(671)回到新罗,受国王尊崇,被封为国师,在新罗境内开展弘法活动。义湘对华严宗东传朝鲜半岛作出了巨大贡献,圆寂后被尊奉为"海东华严初祖"。除此之外,与扬州渊源颇深的另一位高僧智德,名列禅宗北宗六祖神秀十大弟子之一。智德生平事迹不详,敦煌出土的《楞伽师资记》称其"扬州高丽僧"[3],应该是一位久居扬州的朝鲜半岛侨民。据称,智德"堪为人师",在佛教界是"一方人物",看来是当时很有宗教影响力的高僧大德。此外,据《唐大和上东征传》记载,天宝元年鉴真初次尝试东渡时,随行人员中有一名高丽僧如海[4],此人应该与智德的情况相似,属于高丽亡国后流寓唐朝境内的族裔。新罗僧人在扬州的活动持续到唐末,与崔致远往来密切的诗人张乔,有诗《送僧雅觉归东海》:"山川心地内,一念即千重。……几夜波涛息,先闻本国钟。"又《赠头陀僧》:"沧海附船浮浪久,碧山寻塔上云遥。"根据诗中描写,僧雅觉、头陀僧很可能都是自扬州回国的新罗僧侣。[5]

僧侣之外,新罗商人也是非常活跃的群体,他们集中涌现于唐后期的9

[1]〔高丽〕一然著,〔韩〕权锡焕、〔中〕陈蒲清译:《三国遗事》卷四《慈藏定律》,岳麓书社2009年版,第379页。

[2]〔高丽〕一然著,〔韩〕权锡焕、〔中〕陈蒲清译:《三国遗事》卷四《义湘传教》,岳麓书社2009年版,第392页。按,义湘事迹又见《宋高僧传》卷四《义解·唐新罗国义湘传》,称其"以总章二年附商船达登州岸",与《三国遗事》所记有异。考虑到东亚民间海上贸易的兴起是在9世纪之后,唐初恐怕还没有直达登州的新罗商船,《宋高僧传》所记不足信,《三国遗事》所记应更近其实。

[3]〔唐〕净觉:《楞伽师资记》,《大正新修大藏经》第85册,新文丰出版公司1983年版,第1289页。

[4]〔日〕真人元开撰,汪向荣校注:《唐大和上东征传》,中华书局2000年版,第39页。

[5]〔韩〕金相范:《唐代后期扬州的发展和外国人社会》,《台湾师大历史学报》第44期,2012年。

世纪以降。新罗商人渡海来华后，为货物运输便利计，大多选择定居在沿海港口城市，或大运河沿线城市。在山东半岛的登州、莱州、密州，以及今天江苏境内的海州、楚州、扬州等地，都能看到新罗侨民的足迹。[1]

扬州是当时东南地区最大的商品集散地，全国各地乃至东南亚、中亚等地，经海路贩运来的商品汇聚于此，这为从事跨国贸易的商人提供了极大便利。[2]其中来自朝鲜半岛的商客尤为活跃。据《唐朝名画录》记载，唐德宗贞元年间，有一名新罗商人在扬州以高价收购著名画家周昉的数十卷作品，携归本国。可见，新罗商人财力雄厚，且对唐朝的艺术品具有较高的鉴赏力。当时新罗贵族热衷使用孔雀尾、玳瑁、沉香、乳香等奢侈品，而这些商品的原产地远在东南亚甚至中亚，据推测，很可能是通过南海贸易运输到广州，再运送到扬州售卖，新罗商人则在扬州将其贩卖回国。[3]这些来自异域的奢侈品除供本国贵族享用，甚至还有流通至日本者。在日本正仓院所藏文书中，有一批8世纪中期东大寺向新罗商人采购商品的清单，据研究，其中龙齿、木香、胡椒、毕钵等香料、药材等大多产自东南亚、印度甚至波斯，很可能也是新罗商人从扬州市场上采买的。[4]

商品流通是双向的，来自新罗的物产在扬州也可见踪影。据《桂苑笔耕集》记载，崔致远在扬州期间，为向淮南节度使高骈贺寿，曾进献海东人形参一躯、海东实心琴一张。[5]此后又陆续进献人参三斤、天麻一斤，并称"前件药物采从日域，来涉天池……过万水千山之险"[6]，可知也是产自新罗。崔致远一介文士，限隔山海，如何能采购到万里之外的故乡土产呢？合理的解释

[1] 张学锋：《圆仁〈入唐记〉所见晚唐新罗移民在江苏地域的活动》，《淮阴师范学院学报》2011年第3期，第327—333页。

[2] 谢明良：《记"黑石号"（Batu Hitam）沉船中的中国陶瓷器》，收入《贸易陶瓷与文化史》，生活·读书·新知三联书店2019年版，第81—112页。

[3] 〔韩〕金相范：《唐代后期扬州的发展和外国人社会》，《台湾师大历史学报》第44期，2012年。

[4] 〔日〕池田温：《论天宝后期唐朝、新罗与日本的关系》，收入《唐研究论文选集》，中国社会科学出版社1999年版，第438页。

[5] 〔新罗〕崔致远撰，党银平校注：《桂苑笔耕集校注》卷一八《献生日物状五首》，中华书局2007年版，第656页。

[6] 〔新罗〕崔致远撰，党银平校注：《桂苑笔耕集校注》卷一八《献生日物状五首》，中华书局2007年版，第659页。

是,当时往来于两国之间的商人将这些商品贩运到扬州市场上售卖,崔致远购置这些物产并非难事。

文献中关于扬州新罗商人、侨民的直接记载并不多,对此,9 世纪日本僧人圆仁的《入唐求法巡礼行记》集中保存了不少珍贵史料。据记载,开成三年(838),圆仁一行抵达扬州后不久,有新罗商人王请前来拜谒。此人能够用熟练的日语与圆仁交流,自称曾经与唐朝商人张觉济等人"为交易诸物,离此过海,忽遇恶风,南流三月,流着出州国"[1],因此在日本滞留过一段时间。由此可见,王请应该是一名从事海上贸易的新罗商人,而他活动的重心一直放在扬州。此后会昌六年(846),圆仁归国途中滞留在登州文登县的新罗侨民社区,而此时日本方面也派遣了性海等人来华寻找圆仁。据《入唐求法巡礼行记》记载,新罗人王宗"从扬州将日本国性海法师书来,中具说来由"[2],向圆仁传递了这一重要消息。王宗以扬州为据点,频繁往来于楚州、登州等新罗人社区之间,应该是一名从事长途贩运的商人。总之,新罗商人大多通晓多国语言,通过长期经营,在东部沿海地区形成了一个相当发达的商业网络,因此日本使节、僧侣在唐期间时常需要依赖他们的帮助。

二、崔致远与《桂苑笔耕集》

崔致远是古代中国与朝鲜半岛文化交流史上影响最为深远的人物之一,被后世誉为"东国儒宗、百世之师",朝鲜半岛汉文学史的开山鼻祖。崔致远与扬州也有着不解之缘,其传世名著《桂苑笔耕集》所收篇章,几乎都是在扬州任官期间所撰就的。通过对崔致远及其《桂苑笔耕集》的解读,正可窥见唐代扬州与朝鲜半岛文化交流之盛况。

(一)崔致远及其生平

崔致远,字海夫,号孤云,又号桂苑行人、桑丘使者,新罗王京(今韩国庆

[1]〔日〕圆仁撰,顾承甫、何泉达点校:《入唐求法巡礼行记》卷一,上海古籍出版社 1986 年版,第 26 页。

[2]〔日〕圆仁撰,顾承甫、何泉达点校:《入唐求法巡礼行记》卷四,上海古籍出版社 1986 年版,第 198 页。

州)沙梁部人,[1]生于唐大中九年(新罗文圣王十六年,855)。关于崔致远的家世情况,史书记载不详,但从他自称"玄菟微儒""儒家门末学"来看,自幼受到儒家文化熏染,应该出身一个颇具文化教养的贵族家庭。公元866年,年仅十二岁的崔致远在其父安排下,决意入唐求学。在离乡之际,父亲告诫他:"十年不第进士,则勿谓我儿,吾亦不谓有儿。往矣勤哉!无堕乃力。"可见对他期许之深。

入唐后,在经过两年的文化磨合后,崔致远在十四岁时进入国子监下的国子学。按照唐朝的制度规定,国子学取"文武官三品已上及国公子、孙,从二品已上曾孙"[2]为生员,属于教授贵胄子弟的最高学府。除了本国生员,国子学也招收周边诸国的首领子弟,据《唐会要》记载:"贞观五年以后,太宗数幸国学太学,遂增筑学舍一千二百间。……已而高丽、百济、新罗、高昌、吐蕃诸国酋长,亦遣子弟请入国学。于是国学之内,八千余人,国学之盛,近古未有。"[3]而他们的衣食之资,也由唐朝外务机构鸿胪寺供给。可见,近邻诸国派遣子弟进入唐朝国子学是一时风尚,也是唐朝外交领域的一项重要举措。新罗因为与唐朝关系最为紧密,对唐朝文化也最为钦慕,所以派遣的留学生人数最为庞大。据崔致远归国后代新罗国王所撰《遣宿卫学生首领等入朝状》:

> 臣伏睹《太宗文武圣皇帝实录》……诸蕃慕善,酋长请遣子弟受业,许之。自尔臣蕃益勤航栈……学其四术,限以十冬。虽惭入洛之贤,不减浴沂之数。况遇开元阐化,大设衢樽,挹彼注兹,自近及远,每降汉使,精择鲁儒。两锡天章,一变海俗。故得乡无毁校之议,家有断机之亲。……是时登笈之子,分在两京,憧憧往来,多多益办。至今国子监内,独有新罗马道,在四门馆北廊中。……是以每遣陪臣执贽,即令胄子观光。而能视

---

[1] 关于崔致远的字号、籍贯,史料记载互有歧异,此处据方晓伟先生意见,参《崔致远思想和作品研究》,广陵书社2007年版,第209—210页。本节关于崔致远生平事迹、行止的叙述,对此书相关考订多有借鉴,恕不一一出注。

[2] 〔唐〕李林甫等撰,陈仲夫点校:《唐六典》卷二一《国子监》,中华书局1992年版,第559页。

[3] 〔宋〕王溥:《唐会要》卷三五《学校》,中华书局1960年版,第633页。

鲸浪为夷途,乘鹢舟为安宅。锐于向化,喜若登仙。[1]

在这封奏状中,崔致远首先追溯了新罗派遣留唐学生的历史,类似现象始于唐初贞观年间,至唐玄宗开元年间趋于鼎盛,以致国子监内修筑了专门供新罗留学生使用的"新罗马道"。新罗入唐留学生,曾一度达到一两百人的规模,[2]在前近代留学史上堪称奇观。新罗士人对留唐学习充满向往,文中称"锐于向化,喜若登仙"绝非虚言。这一方面是因为新罗国内对唐朝文化的仰慕,从留学生个人来看,自唐朝学成归来,往往会获得本国朝廷青睐,能在政治上一展抱负。崔致远的人生轨迹正是在上述历史背景下展开的。

崔致远在国子监的具体学习经历,史书记载不详,这里不妨了解一下当时的一般情况。按唐制,国子学内在课程设置上,"五分其经以为之业,习《周礼》《仪礼》《礼记》《毛诗》《春秋左氏传》,每经各六十人,余经亦兼习之。习《孝经》《论语》限一年业成,《尚书》《春秋公羊》《穀梁》各一年半,《周易》《毛诗》《周礼》《仪礼》各二年,《礼记》《左氏春秋》各三年"[3]。基本是以儒家经典的教习为主。崔致远在此期间系统学习了这类典籍,从《桂苑笔耕集》收录的诗文、公文、碑铭来看,崔致远熟稔儒家经典,《论语》《孝经》《左传》等书中的典故多能信手拈来,巧妙化用。[4]

咸通十五年(874),崔致远二十岁,经过六年的潜心苦读,一举考中了宾贡科进士。所谓"宾贡科",是唐代科举制度中的特殊门类。唐朝以科举取士,士子多以"以文进用"为荣,科举及第者成为唐后期朝廷高级官员的主要来源。在诸科中,进士科最为崇重,大批士子趋之若鹜,时人有言:"科第之设,草泽望之起家,簪绂望之继世。孤寒失之,其族馁矣;世禄失之,其族绝矣。"[5]

[1]〔新罗〕崔致远撰,李时人、詹绪左编校:《崔致远全集》,上海古籍出版社 2018 年版,第 552—553 页。

[2]严耕望:《新罗留唐学生与僧徒》,收入《唐史研究丛稿》,新亚研究所 1969 年版,第 431—432 页。

[3]〔唐〕李林甫等撰,陈仲夫点校:《唐六典》卷二一《国子监》,中华书局 1992 年版,第 559 页。

[4]方晓伟:《崔致远思想和作品研究》,广陵书社 2007 年版,第 6—8 页。

[5]〔五代〕王定保撰,黄寿成点校:《唐摭言》卷九"好及第恶登科"条,三秦出版社 2011 年版,第 135 页。

当时留学唐朝的外国学生也深受这一风气影响,纷纷应举。考虑到这些留学生学识素养终究逊于本国士子,所以唐朝政府为照顾他们,特设了所谓"宾贡科"。具体做法是"每自别试,附名榜尾"[1],即在每年科举前划定专门名额,单独考试、阅卷,在最终放榜时将及第名单列于榜末。照此来看,宾贡科考试的难度与竞争性要低于一般科举,不过作为外国留学生,能获及第也绝非易事。崔致远"观光六年,金名榜尾"[2],仅用了六年时间便完成了其父在临行前的嘱托。附带一提,与崔致远同年及第的还有晚唐著名诗人顾云,二人就此相识,结下了终身的友谊。与之同年及第的还有归仁泽、刘崇望、夏侯泽、蒋泳等人,其中不乏后来官至宰相者。本年以礼部侍郎知贡举的裴瓒,是崔致远的座主,此后二人频有互动,崔致远终身对其执弟子礼。这类同年、座主与门生关系是晚唐官场上重要的人脉资源,正是以此为津梁,崔致远日后才能跻身精英士人的交游圈。

按照当时的惯例,进士及第后往往不会直接授予实际官职,而是要经历一个"守选"的流程,即等候吏部铨选授官。这个过程没有特定期限,数年甚至十余年不等,要看官阙的情况。在此期间,崔致远一度"浪迹东都,笔作饭囊",并曾短暂到访邻近的汴州、兖州等地,积极结交友朋,谋求出仕的机会。乾符三年(876),在听闻座主裴瓒赴任湖南观察使的消息后,崔致远决定专程前往潭州(今湖南长沙)拜谒恩师。很可能是因裴瓒的举荐,不久崔致远得到了宣州溧水县尉的任命,从此正式踏入仕途。从及第到授官,崔致远只花了两三年的光景,这在当时已算是相当顺利了。县尉是县级职能部门的官员,虽然品级不高[3],却是唐代科举出身的士人常见起家官,如果在任期间政绩卓著,往往会有不错的仕途前景。[4]唐代著名诗人、政治家如白居易、元稹、贾耽、牛僧孺等,在入仕之初都当过县尉。当时崔致远年仅二十岁,可谓少年得志。

溧水地处江南,民生富庶,政局也相对平稳,除了处理日常公务,有不少

─────────

[1]〔朝鲜〕安鼎福:《东史纲目》卷五,转引自严耕望:《新罗留唐学生与僧徒》,收入《唐史研究丛稿》,新亚研究所1969年版,第432页。

[2]〔新罗〕崔致远撰,党银平校注:《桂苑笔耕集校注》,中华书局2007年版,第13页。

[3] 按唐制,县级政区分为赤、畿、上、中、下诸等,相应的官员品级也不尽相同。溧水属于上县,县尉品级为从九品上。

[4] 参考赖瑞和:《唐代基层文官》,中华书局2008年版,第99—156页。

闲暇时间。据崔致远在《桂苑笔耕集》中自述："尔后调授宣州溧水县尉,禄厚官闲,饱食终日,仕优则学,免掷寸阴。"在此期间,他与朋辈友人诗文唱和、砥砺学问,生活是相当惬意的。晚唐著名诗人杜荀鹤有一首《赠溧水崔少府》,正是与崔致远唱和所作,诗云:

> 庭户萧条燕雀喧,日高窗下枕书眠。
> 只闻留客教沽酒,未省逢人说料钱。
> 洞口礼星披鹤氅,溪头吟月上渔船。
> 九华山叟心相许,不计官卑赠一篇。[1]

杜荀鹤是池州人,与宣州相毗邻,崔致远任官溧水期间二人相识,此后多有唱和。诗中对崔致远这段诗酒相伴的仕宦生活有非常生动的记录。从杜荀鹤主动赠诗的举动也不难看出,当时崔致远已在江南士林积累了不俗的声誉,本地名士争相与之结交。

在溧水任官期间,崔致远笔耕不辍,他曾将此期创作的诗文编为《中山覆篑集》五卷。只可惜这部文集并未能传世,相关诗文散佚殆尽,无法知晓他在溧水期间的文学成就。值得一提的是,崔致远在此期间撰写过一篇颇具浪漫主义色彩的传奇小说——《双女坟记》。据《六朝事迹编类》节录其梗概:"有鸡林人崔致远者,唐乾符中补溧水尉,尝憩于招贤馆。前冈有冢,号曰'双女坟'。询其事迹,莫有知者,因为诗以吊之。是夜,感二女至,称谢曰:'儿本宣城郡开化县马阳乡张氏二女,少亲笔砚,长负才情,不意为父母匹于盐商小竖,以此愤恚而终,天宝六年同葬于此。'宴语至晓而别。"[2]这则故事属于晚唐志怪传奇中常见的人鬼感遇主题,在《太平广记》收录的同时代作品中有不少类似题材,崔致远显然熟读并深受这类作品的影响。

---

[1]〔清〕彭定求等编:《全唐诗》卷六九二(杜荀鹤)《赠溧水崔少府》,中华书局 1960 年版,第 7966 页。

[2]〔宋〕张敦颐撰,张忱石点校:《六朝事迹编类》卷一三《坟陵门》,中华书局 2012 年版,第 179 页。又见《景定建康志》卷四三,文字全同,皆系节录原文。按,《双女坟记》的全文完整保存在朝鲜汉文小说集《太平通载》一书中,相关考证详参李剑国辑校:《唐五代传奇集》,中华书局 2015 年版,第 2541—2550 页。

广明元年（880），溧水县尉任期届满，崔致远原本打算退处山林，潜心准备"博学宏词"科的制举考试，以期仕途上获得进一步的发展，但考虑到"禄俸无余，书粮不济"[1]，不得不再次谋求出仕的机会。正是在这一时期，崔致远遇到了在唐生涯中的另一位贵人——时任淮南节度使高骈。高骈出身将门，世代任职于禁军系统。高骈本人也以将略著称，历任安南都护、剑南西川节度使、荆南节度使、镇海军节度使、淮南节度使等藩镇节帅，军功显赫。高骈也颇具诗才，在润州、扬州等地任职时对流寓江南的文士多有提携、奖拔，如崔致远的同年好友顾云便被高骈辟召进入幕府，授校书郎衔。很可能是得自顾云的建议，崔致远此时也多次致信干谒高骈，以求接济、任用。《桂苑笔耕集》中的《初投献太尉启》《再献启》《献诗启》《七言纪德诗三十首谨献司徒相公》等篇章，都是此时的干谒诗文。

广明元年冬，崔致远将得意之作"杂篇章五轴，兼陈情七言长句诗一百篇"投献给高骈，不久又以"所学篇章五通，贡于宾次"[2]，希望得到垂青。高骈起初并没有对这名出身异域的青年士子产生太大兴趣，只是礼节性地赠与他一些"生料"，作为衣食之资。为了进一步得到高骈青睐，崔致远又专门创作了绝句三十首，竭力称颂高骈平生功绩。其《献诗启》称：

> 某窃览同年顾云校书献相公长启一首，短歌十篇，学派则鲸喷海涛，词锋则剑倚云汉。备为赞颂，永可流传。如某者迹自外方，艺唯下品，虽儒官慕善，每尝窥颜、冉之墙；而笔阵争雄，未得摩曹、刘之垒。但以幸游乐国，获睹仁风。久贮恳诚，冀伸歌咏。辄献纪德绝句诗三十首，谨封如别。……伏惟特恕荒芜，俯垂采览，所冀趋仁化于江北，终得传美谭于海东。[3]

---

[1]〔新罗〕崔致远撰，党银平校注：《桂苑笔耕集校注》卷一八《长启》，中华书局 2007 年版，第625页。

[2]〔新罗〕崔致远撰，党银平校注：《桂苑笔耕集校注》卷一七《初投献太尉启》《再献启》，中华书局 2007 年版，第 572—578 页。

[3]〔新罗〕崔致远撰，党银平校注：《桂苑笔耕集校注》卷一七《献诗启》，中华书局 2007 年版，第 583—584 页。

从艺术水平而言,吹捧达官显贵的颂德诗自然难称上乘之作,但能在短期内完成三十首诗的创作,并将高骈平生功业巧妙缩入其中,且诗法技艺娴熟,辞藻斐然,足见崔致远有精深的文学修养。

这番努力终于换来回报,崔致远的文学才华给高骈留下了深刻印象,更兼得到节度副使李琯、好友顾云等人的揄扬,高骈决定辟署他为淮南馆驿巡官。这虽然不是使府要职,但"职奉非轻,书粮颇赡",俸禄足以维持生计,对陷入困顿的崔致远而言无疑是雪中送炭。更重要的是,随着黄巢之乱爆发,唐王朝的统治摇摇欲坠,高骈身兼淮南节度使、诸道行营都统、盐铁转运使等职,是南方地区的最高军政大员,进入其幕府,不仅能得到庇护,仕途上也有进一步发展的机会。崔致远在写给高骈的《谢职状》中称:"某今月二十五日,伏承公牒,特赐署充馆驿巡官者,恩降台阶,光生旅舍。承命而吟魂乍愧,叨荣而病骨能苏。攀依有心,荷戴无力。……伏惟司徒相公念以来从异域,远寓乐郊,俯爱似龙,不嫌非凤。拔衰英于粪上,搜滞刃于狱中。许厕嘉宾,仍沾厚俸。……下情无任感激彷徨荣惧之至。"[1]对高骈的这番拔擢,感激之情溢于言表。

初入幕府,高骈对这位年轻幕僚颇为礼遇,除了多次增加职务俸禄外,还为他专门安排了居住宅第,四时节庆赐予衣物、水果、新茶等,[2]可谓关怀备至。在政务上,高骈对崔致远也颇为倚重。虽然崔致远担任馆驿巡官,但实际并不用负责客馆管理的琐细事务,而是被高骈安排在身边,"专委笔砚",负责起草文书。《桂苑笔耕集》中收录了这一时期为高骈撰写的大量公文,内容涉及与朝廷的奏状往来、淮南境内的人事任命、给辖下官员的公文等军政事务的各个层面。

唐僖宗中和元年(881),黄巢率领的农民军攻陷长安,唐僖宗仓皇出奔成都,天下震动。同年四月,高骈以诸道行营都统的身份"移檄四方,云将入讨

---

[1]〔新罗〕崔致远撰,党银平校注:《桂苑笔耕集校注》卷一七《献职状》,中华书局2007年版,第608—609页。

[2]〔新罗〕崔致远撰,党银平校注:《桂苑笔耕集校注》卷一七《谢借宅状》,同书卷一八《谢加料钱状》《谢新茶状》《谢冬至节料状》《谢寒食节料状》《谢社日酒肉状》,中华书局2007年版,第610—669页。

黄巢,悉发巡内兵八万,舟二千艘……出屯东塘"。[1]崔致远请求随军效力,并得到高骈的首肯,他在《谢令从军状》中称:"励心而愿效驱驰,感德而难胜踊跃。……惟增慷慨,已分沉沦。岂无投笔之心? 时应未偶。空有请缨之志,力且难成。谁谓忽被殊私,不遗贱迹,许随旌旆。"[2]对此次军旅之行,他踌躇满志,决意报效知己,成就功业。

崔致远一介文士,当然无法上阵杀敌,在高骈军中的任务还是代其草拟文书。其中《请巡幸江淮表》《请巡幸第二表》两件文书,是反映唐末扬州与中央关系的第一手史料。据《新唐书·高骈传》记载:"当此时,王室微,不绝如带。骈都统三年,无尺寸功,幸国颠沛,大料兵,阴图割据,一旦失势,威望顿尽,故肆为丑悖,胁邀天子,冀复故权。……又请帝南幸江淮。"[3]认为高骈请求唐僖宗迁都扬州,是出于"胁邀天子,冀复故权"的政治野心,但这似乎是失之偏颇的。由崔致远草拟的奏疏,则对这一事件的始末有更为详细的披露。文中首先论述了留滞蜀中的不利因素,认为"旧谓西川富强,只因北路商旅,托其茶利,赡彼军储。今则诸道发表章则半载始回,征贡献则经年未达。实缘道路辽敻,兼值干戈阻艰",成都僻处西南,东南贡赋运输非常不便。接着力陈扬州地理条件的优越性,"江淮为富庶之乡,吴楚乃繁华之地。陛下九年理国,四海为家。……扬都奥壤,桂苑名区,四夷之宾易朝天,九牧之贡无虚月。伏乞陛下俯回凤宸,略泛龙舟。……今则风行泽国,地无缺于东南。然后发使清宫,举章司隶,振盛仪于归阙,告休绩于登封",恳切劝说唐僖宗巡幸扬州,以图兴复。这番陈说或许有高骈个人政治企图掺杂其中,但整体看来是有理有据的,符合唐末扬、益两地政治、经济的实际情势。[4]虽然朝廷最终没有采纳高骈的建议,但透过崔致远撰写的这篇上表,正可窥见大历史的一个侧面。

---

　[1]〔宋〕司马光编著,〔元〕胡三省音注:《资治通鉴》卷二五四唐僖宗中和元年(881)四月、五月,中华书局1956年版,第8251页。

　[2]〔新罗〕崔致远撰,党银平校注:《桂苑笔耕集校注》卷一七《谢令从军状》,中华书局2007年版,第614—615页。

　[3]〔宋〕欧阳修、宋祁:《新唐书》卷二二四下《高骈传》,中华书局1975年版,第6395—6396页。

　[4]　党银平:《崔致远桂苑笔耕集的文献价值》,收入《桂苑笔耕集校注》,中华书局2007年版,第784—787页。

此期崔致远起草的另一篇大手笔文章要数《檄黄巢书》,撰写于广明二年(881)七月。这篇檄文是为讨伐黄巢而作,其中历数黄巢"罪极滔天"的诸般情状,斥其"藏奸匿暴,恶积祸盈,危以自安,迷以不复"[1],接着劝其认清形势,早日归降唐朝。其中虽不乏对农民军领袖的污蔑之辞,但站在唐朝立场来看,这篇慷慨激昂、言辞犀利的檄文广为传诵,极大提升了唐军一方的士气。此外,崔致远还替高骈草拟书信,招降黄巢部将赵璋、成令瓌等人,均颇有成效。为嘉奖崔致远的这番功绩,高骈奏请朝廷,授予他"殿中侍御史、赐绯鱼袋"的朝官衔,不久又辟为都统巡官,委以重任。可以说,崔致远凭借自身才学,跻身高骈幕府的核心僚属,也亲身参与到唐末风起云涌的历史大变局中。

但好景不长,此后崔致远的仕途遭遇了不小的挫折,这主要有两方面的原因。首先是来自高骈幕府内部的阻力。因为崔致远在军中的卓越表现,高骈对其青睐有加,这不免招致同僚嫉妒,尤其是高骈授予崔致远都统巡官一职,更是让他们眼红不已。据崔致远自述:

> 其如都统巡官,须选人材称职,外塞四方之望,内资十乘之威。若今某尘玷恩知,尸素宠位,但恐买戎狄之笑,沽史传之讥。……某今日之请,实在于兹。诸厅郎官,早陈公议,盖以贱无妨贵,欲令夷不乱华。……冬末面奉处分,欲使别开院宇,虽承恩诺,转切忧怀。……伏惟太尉相公特赐允从,今得其所。傥蒙未垂摈弃,犹许依栖,则望或别补冗员,或薄支虚给,一枝数粒,可养羽毛。……羁旅之臣,免于罪戾,施于负担,所获多矣,敢辱高位? 请以死告。[2]

幕府同僚("诸厅郎官")嫉贤妒能,对崔致远的晋升颇为不满,他们以"贱无妨贵""夷不乱华"为由,攻讦崔致远外国人的出身。迫于压力,崔致远不得不上书请辞都统巡官,继续担任此前的馆驿巡官。同僚倾轧对崔致远仕途造

---

[1]〔新罗〕崔致远撰,党银平校注:《桂苑笔耕集校注》卷一一《檄黄巢书》,中华书局2007年版,第311—313页。

[2]〔新罗〕崔致远撰,党银平校注:《桂苑笔耕集校注》卷一八《长启》,中华书局2007年版,第626—627页。

成了沉重打击,也促使他清醒认识到,立国近三百年的唐王朝早已暮气沉沉,丧失了此前兼容并包的气象。

与此同时,因长期参与幕府机要,崔致远也敏锐觉察到高骈政治立场的转变。在黄巢之乱中,高骈虽一度陈兵东塘,声言进讨,实际却是首鼠两端、畏敌避战,迟迟不肯出兵与黄巢决战。因此,高骈饱受朝野舆论指责,被剥夺了诸道行营都统、盐铁转运使的职衔。此后,高骈眼见各地兵连祸结、王纲解纽,逐渐萌生了割地自立的政治野心。另一方面,晚年的高骈沉湎神仙之术,不问政事,宠信术士吕用之、诸葛殷等奸邪之辈,"公私大小之事皆决于用之,退贤进不肖,淫刑滥赏,骈之政事于是大坏"[1],文武僚佐对此敢怒不敢言。

目睹这一险恶的政治形势,崔致远的心境也发生了很大变化,这在他留唐末期创作的诗歌中有不少反映。如《归燕吟献太尉》诗:"秋去春来能守信,暖风凉雨饱相谙。再依大厦虽知许,久污雕梁却自惭。深避鹰鹯投海岛,羡他鸳鹭戏江潭。只将名品齐黄雀,独让衔环意未甘。"[2]其中"深避鹰鹯投海岛"一句尤可见仕途受挫后避祸全身之意。倾巢之下无完卵,崔致远深知扬州已非久留之地。他在《山阳与乡友话别》称:"相逢暂乐楚山春,又欲分离泪满巾。莫怪临风偏怅望,异乡难遇故乡人。"[3]思乡之情溢于言表。在接洽新罗使节时,崔致远表达了归国的意愿,而新罗国王也久闻其名,自然欢迎其为国效力。

中和四年(884),新罗入淮南使金仁圭一行抵达扬州,同行的还有崔致远的堂弟崔栖远,担任使团录事一职。此次新罗使团除了常规外交事务外,另一项重要任务便是接应崔致远回国。在崔致远的坚持请辞之下,高骈最终同意他回国,并送给他一笔丰厚的料钱,以供置办行装。同时,高骈还任命崔致远为"淮南入新罗兼送国信使",负责递送唐朝的国书。临行之际,崔致远赋诗向友人一一告别。归国途中,崔致远随使团一路北上,经楚州等地,到达山

[1] 〔宋〕司马光编著,〔元〕胡三省音注:《资治通鉴》卷二五四唐僖宗中和二年(882)四月,中华书局1956年版,第8267页。

[2] 〔新罗〕崔致远撰,党银平校注:《桂苑笔耕集校注》卷二〇《归燕吟献太尉》,第747页。

[3] 陈尚君辑校:《全唐诗补编·续拾》卷三六(崔致远)《山阳与乡友话别》,中华书局1992年版,第1243页。

东半岛,在登州一带(今山东蓬莱)渡海回国。在此期间,崔致远与高骈书信不断,如《行次山阳续蒙太尉寄赐衣段令充归觐续寿信物谨以诗谢》:"自古虽夸昼锦行,长卿翁子占虚名。既传国信兼家信,不独家荣亦国荣。万里始成归去计,一心先算却来程。望中遥想深恩处,三朵仙山目畔横。"[1]崔致远对高骈始终充满感激与眷念。

　　回国后,崔致远一直致力于推动汉文化在新罗的传播,成为新罗国内首屈一指的硕学大儒与文坛宗主。崔致远的才识也受到新罗宪康王的赏识,被任命为侍读、兼翰林学士、守兵部侍郎、知瑞书监等职,成为新罗重臣。因崔致远熟悉唐朝典章制度,还经常受命处理涉唐外交事务。在此期间他曾代新罗国王草拟《谢赐诏书两函表》《新罗贺正表》《遣宿卫学生首领等入朝状》《谢不许北国居上表》《与礼部裴尚书瓒状》等外交文书,是新罗国内负责对唐外交的重要人物。值得一提的是,唐昭宗景福二年(893),崔致远曾奉命担任入唐贺正使,后因唐朝国内战乱,"以比岁饥荒因之,盗贼交午,道梗不果行"[2],未能成行。不过从史料记载来看,之后不久,崔致远很可能曾再次奉使入唐,赴长安朝觐,[3]只是似乎并未再踏上扬州的土地。在内政方面,崔致远同样颇有建树。凭借留唐期间丰富的从政经验,他对新罗国王多有规箴,曾向真圣女王上《时务策》十余条,受到真圣王嘉奖,并下令施行,崔致远也因此被进封为"阿餐"(新罗高级官号之一)。

　　晚年的崔致远政坛失意,更兼新罗国内局势动荡,遂决意归隐山林,史称其"自西事大唐,东归故国,皆遭乱世,屯邅蹇连,动辄得咎。自伤不偶,无复

　　[1]〔新罗〕崔致远撰,党银平校注:《桂苑笔耕集校注》卷二〇《行次山阳续蒙太尉寄赐衣段令充归觐续寿信物谨以诗谢》,中华书局2007年版,第750页。

　　[2]〔高丽〕金富轼撰,杨军校勘:《三国史记》卷四六《崔致远传》,吉林大学出版社2015年版,第654页。

　　[3]　前引《三国史记》本传续称:"其后致远亦当奉使如唐,但不知其岁月耳。"可知崔致远确曾再次奉使,这在他存世的诗文中也有反映,如《上太师侍中状》称:"今某……谬奉表章,来朝乐土,凡有诚恳,礼合批陈。……伏乞太师侍中,俯降台恩,特赐水陆券牒,令所在供给舟船、熟食及长行驴马草料,并差军将,监送至驾前。"(〔高丽〕金富轼撰,杨军校勘:《三国史记》卷四六《崔致远传》,吉林大学出版社2015年版,第655—656页)据考,这是崔致远写给平卢节度使崔安潜的书信,请求他在行李应接上为使团提供帮助。相关讨论详参方晓伟:《崔致远思想与作品研究》,广陵书社2007年版,第43—47页。

仕进意,逍遥自放山林之下、江海之滨"[1],携家人归隐于伽倻山。后唐同光二年(新罗景哀王元年,924)后不久,崔致远在隐居地去世。[2]

（二）《桂苑笔耕集》与崔致远的文学成就

崔致远一生笔耕不辍,著述丰赡,创作了大量汉文诗赋,体现出极高的文学造诣。这些作品既是朝鲜半岛汉文学史上弥足珍贵的瑰宝,更是古代东亚文化交流史上浓墨重彩的篇章。

崔致远回国后曾向新罗国王"进所著杂诗赋及表奏集二十八卷",其中包括:今体赋五首一卷;五言、七言、今体诗共一百首一卷;杂诗赋共三十首一卷;《中山覆篑集》一部五卷;《桂苑笔耕集》一部二十卷。这份目录大体反映出崔致远在唐期间文学创作的基本面貌。

崔致远在唐文学创作可追溯到在长安国子监读书期间,据他回忆:"此时讽咏情性,寓物名篇,曰赋曰诗,几溢箱箧。但以童子篆刻,壮夫所惭。及忝得鱼,皆为弃物。"将这些不成熟的"少作"悉数删汰。进士及第后,崔致远"浪迹东都,笔作饭囊",见于目录的今体赋五首一卷、诗一百首一卷、杂诗赋三十首一卷,都是这一时期的作品。此后任宣州溧阳县尉,"公私所为,有集五卷,益励为山之志,爰标'覆篑'之名,地号中山,遂冠其首",此即《中山覆篑集》。此外据《新唐书·艺文志》,又有《四六》一卷,应是以骈体撰写的公文集。崔致远归国后也写了不少诗文,这些作品散见于《三国史记》《名贤十抄诗》《东文选》《新增东国舆地胜览》《千载佳句》等典籍,以及朝鲜半岛各地的碑刻。韩国学者曾对这些作品做过系统的辑佚与整理工作,代表性成果如《孤云先生文集》《崔文昌侯全集》《国译孤云崔致远先生文集》等。[3]整体来看,崔致远作品散佚严重,尤其在唐期间的作品多已亡佚,传世的只有《桂苑笔耕集》二十卷。关于此书的史料价值,上文已有涉及,下面着重介绍其文学成就。

在进献给新罗国王的二十八卷诗文中,《桂苑笔耕集》篇幅最重,由此可

[1] 〔高丽〕金富轼撰,杨军校勘:《三国史记》卷四六《崔致远传》,吉林大学出版社2015年版,第656页。

[2] 关于崔致远的去世时间,因史料记载不详,历来聚讼纷纭。此从党银平意见,详参《"东国文学之祖"崔致远生卒年考》,《辽宁师范大学学报(社会科学版)》2001年第5期。

[3] 李时人:《新罗崔致远生平著述及其汉文小说〈双女坟记〉的流传》,《文史》2001年第4辑;党银平:《韩国汉文学之祖——崔致远》,《古典文学知识》2008年第2期。

见，崔致远对其中作品最为珍视。据其自述成书经过：

> 及罢微秩，从职淮南，蒙高侍中专委笔砚，军书辐至，竭力抵当，四年
> 用心，万有余首。然淘之汰之，十无一二。敢比披沙见宝，粗胜毁瓦画墁。
> 遂勒成《桂苑集》二十卷。臣适当乱离，寓食戎幕，所谓馌于是，粥于是。
> 辄以"笔耕"为目。[1]

《桂苑笔耕集》收录的是崔致远在高骈幕府中"笔耕"之作。这类公私篇章体量巨大，四年间累计"万有余首"，编辑文集时当然不能悉数收录。在经过一番"披沙见宝"的删汰后，最后所存十无一二，都是最能体现自身文学水平的得意之作。

文集以"桂苑"为名，典出何处呢？对此，崔致远自己没有交代，后世学者多语焉未详，或尚存误解，这里需要做一些澄清。按，所谓"桂苑"，原指植有桂树的园林，《文选》："乃清兰路，肃桂苑。"李善注："桂苑，有桂之苑。"此其原始意涵。在唐人诗文中，"桂苑"又呈现出多重意象，其中最为常见用例是指涉科举考试，如唐人黄滔《二月二日宴中贻同年封先辈渭》诗："桂苑五更听榜后，蓬山二月看花开。"[2]崔嘏《授李方右谏议大夫等制》："尔等皆擢秀瑶林，飞华桂苑，早登俊造，共许清贞。"[3]后世指代科举及第的"蟾宫折桂"等，正是由此衍生而出。崔致远虽曾宾贡进士及第，但《桂苑笔耕集》中收录的诗文都不是应举时的作品，而是入幕淮南期间的公私文牍，因此，这里"桂苑"之意当于别处求之。

有学者推测，"桂苑"应与扬州存在关联，可能是扬州的一种别称，并举出隋唐之际扬州籍学者曹宪参与编修的字书《桂苑珠丛》为证。[4]不过遍检相关典籍，扬州的常见别称、雅号中都未见以"桂苑"为名者，崔致远为何以

---

[1]　〔新罗〕崔致远撰，党银平校注：《桂苑笔耕集校注·序》，中华书局 2007 年版，第 14 页。

[2]　〔清〕彭定求等编：《全唐诗》卷七〇五（黄滔）《二月二日宴中贻同年封先辈渭》，中华书局 1960 年版，第 8111 页。

[3]　〔清〕董诰等编：《全唐文》卷七二六（崔嘏）《授李方右谏议大夫等制》，中华书局 1983 年版，第 7474 页。

[4]　方晓伟：《崔致远思想与作品研究》，广陵书社 2007 年版，第 75 页。

此指代扬州呢？我们认为，"桂苑"典出《楚辞·招隐士》："桂树丛生兮山之幽，偃蹇连蜷兮枝相缭。"这首诗据传是西汉淮南王刘安（一说为其门客淮南小山）所作，旨在招徕隐居山林的贤士、宾客。故而"桂树""桂苑"等意象可以用来指称淮南王，或淮南这片土地。值得注意的是，淮南王《招隐士》诗后为《文选》所收录，是唐代士子诵习的《楚辞》名篇，崔致远以进士及第，自应熟知这一典故。这在《桂苑笔耕集》中能找到例证，如《迎楚州行李别纸二首》其二称："伏审尚书（裴瓒）远赴天庭，将遵水道，整兰桡而思郭泰，指桂苑而访刘安。睹神仙则楚俗皆惊，闻雅颂则鲁儒相贺。"[1]当时，崔致远的恩师裴瓒经淮南境内的楚州，沿运河北上长安，崔致远致信慰问，其中"指桂苑而访刘安"一句语意甚明，正是指过境淮南。扬州是唐代淮南道首府，自然可以用"桂苑"指代，这在《桂苑笔耕集》也可以找到例证，《请巡幸江淮表》："扬都奥壤，桂苑名区，四夷之宾易朝天，九牧之贡无虚月。"关于这一用典，还有一点值得玩味，即高骈时任淮南节度使，崔致远是其幕府僚佐，又称"宾僚"，二人正是宾、主关系，这与《招隐士》的主旨正相契合。

要之，崔致远将在淮南幕府所撰公私文牍裒为一编，题为"桂苑集"，以此指代淮南幕府，无论从创作地域（淮南），抑或作品来源（幕府）来看，用典都是非常熨帖、巧妙的。

《桂苑笔耕集》收录的作品悉数按体裁分卷排列，卷一、卷二收录表二十篇，卷三收入状十篇，卷四、卷五收奏状二十篇，卷六收堂状十篇，卷七至卷一○收别纸八十篇，卷一一收檄四篇、书六篇，卷一二收委曲二十篇，卷一三、卷一四收牒文五十篇，卷一五收佛道斋词十五篇，卷一六收祭文四篇、书二篇、记二篇、佛教疏文二篇。以上是为高骈撰写的公文。卷一七收启四篇、状六篇、诗三十篇，卷一八收状二十二篇、启三篇，卷一九收状一篇、别纸九篇、书十篇，卷二○收启一篇、状三篇、别纸五篇、祭文一篇、诗三十篇。以上是私人间往来、酬答之作。以上总计收录文章三百一十篇，诗六十首。[2]这些诗文主题包罗万象，内容涉及公私酬答、政务措置、状物抒情、颂德纪功、佛道祭祀等等，既

---

[1]〔新罗〕崔致远撰、党银平校注：《桂苑笔耕集校注》卷一九《迎楚州行李别纸二首·第二》，中华书局 2007 年版，第 682 页。

[2]〔新罗〕崔致远撰，党银平校注：《桂苑笔耕集校注·前言》，中华书局 2007 年版，第 10 页。

是反映崔致远汉文学成就的代表性著作,也是了解晚唐扬州政治、社会各层面的宝贵史料。下面就其诗、文创作的主要成就做一些简单的介绍。[1]从文体来看,《桂苑笔耕集》的文章大多是骈体文,这是时代风气使然。我们知道,俗称"四六"的骈文起源于六朝,风行于唐代,既是进士科、书判拔萃科考试中的通行文体,更是诏敕王言,以及表状笺启等公文写作的应用文体,长期占据文学界的主流地位。虽然自中唐以降,韩愈等人发起古文运动,提倡以散文(古文)从事创作,但直至晚唐,古文始终未能撼动骈文(今体)的统治地位。当时的一流文士,如白居易、元稹、李商隐、杜牧、温庭筠等人,无一不是四六高手。白居易《与元九书》称:"闻亲友间说,礼、吏部举选人,多以仆私试赋判为准的。"[2]"私试赋判"是白居易为备考礼部科举、吏部铨选而草拟的骈文,因技艺高超、文采斐然而被其他应举诸生奉为范本,由此也可见这种文体在当时士子心目中的地位。骈体文讲究对仗工整、用典贴切,对辞藻、格律、意境等都有极高要求,想要写出典雅得体的篇章绝非易事,往往需要长期的研习、训练。这一点李商隐的事例很典型,据史书记载,他自幼"能为古文,不喜偶对。从事令狐楚幕,楚能章奏,遂以其道授商隐,自是始为今体章奏。博学强记,下笔不能自休,尤善为诔奠之辞",[3]所谓"今体章奏",即用骈体撰写的公文,虽然李商隐天资卓绝,但也是经骈文名家令狐楚的点拨,方能窥其堂奥。

崔致远十二岁入唐,长期的读书、应举生涯中,他深刻感知到上述文坛风尚与价值取向的影响力。作为缺乏家世背景的外国人,骈文的技艺是其扬名科场、立身士林的不二门径。从《桂苑笔耕集》中保存的文章来看,崔致远在骈文创作上取得了惊人的造诣。这首先体现在骈俪偶对的技法运用上。对仗工整是骈文的基本要求,而崔致远则将这种艺术表现形式运用到炉火纯青的地步,如《西川罗城图记》:

> 百堵皆作,三旬而成。然后郢匠劳功,素材变质,优人展妙,赭垩凝华。

---

[1]　以下主要参考方晓伟:《崔致远思想与作品研究》(广陵书社 2007 年版),陈尚君:《崔致远的诗歌》(《文史知识》2018 年第 11 期)的相关论述。

[2]　〔后晋〕刘昫:《旧唐书》卷一六六《白居易传》,中华书局 1975 年版,第 4349 页。

[3]　〔后晋〕刘昫:《旧唐书》卷一九〇下《文苑·李商隐传》,中华书局 1975 年版,第 5078 页。

攒空而烽橹高排,架险而闉阇耸起。横分八尺,结雕甍而彩凤联飞;槛彻四隅,拥绣堞而晴虹直挂。罩一川之佳景,笼万户之欢声。远而望焉,则巍巍峨峨,若云中之叠嶂,锦霞縠雾,隐映乎其上;迫而察也,则赫赫煒煒,想海畔之仙山,金台银阙,焜耀乎其间。[1]

这段文字辞藻典丽、骈偶天成,生动描绘出成都外郭城的雄伟气象。虽然城池早已毁弃,图亦不传于世,但千载之下,读来宛然目前。崔致远文章用典雅驯而不落俗套,在遣词造句、意境营造等方面皆富于巧思,即便是私人酬答的书信,行文也多委婉得体、情意真切,如写给高骈的《再献启》:

> 虽惭献豕,辄觊攀龙。修客路以心摧,望仁风以目断。乍睹秦云之态,或似美人;细看燕石之姿,恐为弃物。……某既怀志士之勤,又抱愁人之苦,聊凭毫楮,敢述肺肝。且如蹋壁冥搜,杜门寂坐,席冷而窗风摆雪,笔干而砚水成冰。欲为尼父之绝编,无奈羲和之促辔。即可知指万卷之经史,恨三冬之景光。及其冻枕伤神,孤灯伴影,寒漏则滴残别泪,遥砧则捣破羁心,空劳宁戚之悲歌,莫继陆机之安寝,亦可想贮千端之郁邑,过五夜之寂寥。然则志士之勤也既如彼,愁人之苦也又如此。况某家遥日域,路隔天池,投客舍而方甚死仇,持何门而欲安生计。唯虑道之将废,岂言人不易知。……所望者,或以其万里地远来,十余年苦学,稍垂恻悯,得济困穷。则必坚背水之心,终为勇士;决移山之志,不让愚公。伏以某译殊方之语言,学圣代之章句。舞态则难为短袖,辩词则未比长裾。舌无三寸之能,空缄壮气;肠有九回之恳,但恋深恩。[2]

这段文章是投献高骈自荐的书信,其中用典繁复而巧妙熨帖,对仗工整而富于变化,毫无凝滞之感,四字、六字、七字句错落有致,读来抑扬顿挫。更重要的是,文章饱含情感,对早年负笈西渡、寒窗苦读的情景有真切描写,读来感

[1]〔新罗〕崔致远撰,党银平校注:《桂苑笔耕集校注》卷一六《西川罗城图记》,中华书局2007年版,第543页。

[2]〔新罗〕崔致远撰,党银平校注:《桂苑笔耕集校注》卷一七《再献启》,中华书局2007年版,第577—578页。

人肺腑，能够凭此打动府主，获得垂青，绝非偶然。可以说，相比晚唐其他骈文名家，崔致远的成就丝毫不逊色。

相比骈文，《桂苑笔耕集》中收录的诗歌篇幅并不算多，只有六十首，加上其他文献载录的，崔致远大约存诗一百余首。从这些作品来看，崔致远对诗歌同样有着不俗的造诣。他兼擅诸体，以描摹景物、咏怀古迹的七言格律诗成就最高，如《登润州慈和寺上房》："画角声中朝暮浪，青山影里古今人。霜摧玉树花无主，风暖金陵草自春。"青山之景与画角之声，在崔致远笔下被巧妙绾为一联，浑然天成，意境高绝。崔致远久居扬州，诗中也留下了这座城市的四时景物，如《和友人春日游野亭》："花铺露锦留连蝶，柳织烟丝惹绊莺。"《送吴进士峦归江南》："远树参差江畔路，寒云零落马前峰。"传神地描绘出扬州春天的繁花锦簇与秋日江景之萧瑟。

崔致远诗文创作的成就，与晚唐江淮地区的文学生态密不可分。在唐期间，尤其是入幕扬州的四年，崔致先后结识了顾云、罗隐、王棨、高彦休、张乔等晚唐著名文士，他们或与崔致远少年相识，或性情相投，文字订交，彼此间常相切磋。其中，崔致远与顾云相知最深，他们早年相识于科场，嗣后又同为高骈幕府僚佐。崔致远《暮春即事和顾云支使》："东风遍阅百般香，意绪偏饶柳带长。苏武书回深塞尽，庄周梦逐落花忙。好凭残景朝朝醉，难把离心寸寸量。正是浴沂时节也，旧游魂断白云乡。"在落英缤纷的暮春时节，诗酒风流的崔致远，其实满腹思乡之情，而这只能向顾云这位挚友吐露。崔致远归国之际，顾云曾赋诗相送：

> 我闻海上三金鳌，金鳌头戴山高高。
> 山之上兮，珠宫贝阙黄金殿；
> 山之下兮，千里万里之洪涛。
> 傍边一点鸡林碧，鳌山孕秀生奇特。
> 十二乘船渡海来，文章感动中华国。
> 十八横行战词苑，一箭射破金门策。[1]

---

[1]〔高丽〕金富轼撰，杨军校勘：《三国史记》卷四六《崔致远传》，吉林大学出版社 2015 年版，第 656 页。

　　诗中对崔致远幼年万里负笈、扬名上国的传奇经历钦叹不已,所谓"文章感动中华国",是对崔致远文学成就的最高评价。其实崔致远对顾云也有极高评价,二人可谓惺惺相惜。他们之间的友谊维持了终生,在崔致远回国后,仍时有诗文唱和。

　　崔致远充满传奇色彩的留学、应举经历,风云际会的幕府生涯,以及卓越的文学成就,为他在中、韩文化交流史上赢得了不朽的声名。在韩国,他被誉为"东国文学之祖",传世名作《桂苑笔耕集》则被奉为韩国汉文学"开山鼻祖""东方文章之本始",这些都是实至名归的评价。

第二节　唐代扬州与日本的文化交流

　　日本自古便是中国一衣带水的邻邦,双方间的文化交流源远流长。据史料记载与考古发现,早在公元 1 世纪的东汉初年,日本列岛的部族首领便与中国王朝建立了朝贡关系,并获金印册封。此后魏晋南北朝时期(3—6 世纪),两国政治互动频繁,日本列岛的统治者如卑弥呼、倭王武等先后遣使朝觐十余次。隋唐时期(6—9 世纪),中日两国文化交流臻于鼎盛,以遣唐(隋)使外交为媒介,来自唐朝的律令典章、生产技术、宗教思想源源不断地传入日本,直接推动了 7 世纪日本的"大化改新"运动与古代国家的形成。可以说,在日本列岛文明孕育、发展的漫长历程中,来自中国文化的影响无远弗届,而唐代中国更是堪称其文明母体。

　　在早期中日文化交流史上,扬州的地位并不引人瞩目,至唐代则异军突起、大放异彩,成为对日文化输出的主要门户。往来中日两国的使节、僧侣,或于此出海,扬帆东渡,或跨海西来,驻足巡礼,成就了文化交流史上的诸多千古佳话。

一、遣唐使与扬州

　　唐代中日文化交流主要可以划分为两个阶段。初唐至中唐,约当日本历史上的飞鸟时代、奈良时代(7—8 世纪),双方之间的交往集中在以遣唐使外交为代表的官方层面。9 世纪以降的平安时代,以遣唐使为代表的官方外交活动趋于衰落,活跃于两国之间的商人、僧侣群体则继之而起,民间经济文化交往占据主导地位。扬州在前后两期的文化交流中都扮演了重要角色,与遣唐使外交的关系尤为密切。

（一）唐代中日交通航线上的扬州

来自中国的先进文明,最初经由朝鲜半岛辗转传入日本,成为其国家建设中的重要思想资源。7世纪初的日本,正处在从部民制向古代律令国家过渡的关键历史节点,著名的"大化改新"正是发生在这一时期。随着政治社会改革的推进,直接向隋唐王朝学习先进的典章制度与思想文化,逐渐成为当时日本朝野的共识。公元623年(唐武德六年,日本推古三十一年),此时距李唐建国不过数年,曾经留学中国的僧人惠济、惠日等上奏日本政府:"留于唐国学者,皆学以成业,应唤。且其大唐国者,法式备定珍国也,常须达。"[1]这一建议被日本朝廷所采纳,不久后的公元630年派出了第一次遣唐使,由此开启了中日文化交流史上的"遣唐使时代"。

"遣唐使"是由日本朝廷派遣入唐的官方使团,其前身是隋代的遣隋使。使团的主要成员包括大使一人、副使二人以及判官、录事若干员,其下又有留学生、留学僧、学问僧、译语人、知乘船事、造船舶都匠、船匠、水手、锻生、铸生、阴阳师、射手等等,规模庞大,人数最多可达六百余人,故一般分乘四船而行。从唐贞观四年(630)到乾宁元年(894),日本共向唐朝派遣了19次遣唐使(实际成行16次)。在遣唐使外交的推动下,日本朝野上下对唐朝先进的学术文化与典章制度钦羡不已,醉心仿习,流风所及,奈良时代(710—794)的日本迎来了"唐风文化"的全盛期。

在遣唐使外交中,因得天独厚的交通区位优势,扬州迅速成为对日文化输出的重要窗口。这里需要对当时中日海上交通情况做一些介绍。据学者研究,7—9世纪日本使节入唐航线主要有三条,即北路(渤海路)、南岛路(大洋路)、南路(中路)。北路又称渤海路、新罗道,从九州岛北部的太宰府出发,取道朝鲜半岛南端,然后或沿辽东半岛近海航行,或横渡黄海,在山东半岛(登州、莱州一带)登陆,再经陆路向西,抵达洛阳、长安。北路是最早开辟出的中日海上航线,始于汉魏六朝时期,唐初日本使节承袭了这一传统路线。但是

---

[1]〔日〕舍人亲王等:《日本书纪》卷二二,推古三十一年七月,〔日〕黑板胜美编:《国史大系》第一卷,经济雑誌社1899年版,第466页。

随着 7 世纪中叶新罗统一朝鲜半岛,与日本之间关系趋于紧张,史称:"新罗梗海道,更由明、越州朝贡。"[1]因此,日本不得不开辟出另外两条航线——南岛路、南路。

南岛路又称大洋路,即从九州太宰府出海后,往南沿着太平洋岛屿群航行,候风横渡东海,在今福建、浙江沿海(福州或明州、越州)登陆,再沿浙东运河、江南河向北到达扬州,再经大运河北上洛阳、长安。这条航线是 8 世纪遣唐使的常规路线。南路又称中路,从九州太宰府出海后,直接横渡黄海,在长江口的扬州、苏州,或苏北沿海的楚州(今江苏淮安)、海州(今江苏连云港)等地登陆,接着经大运河北上,赴洛阳、长安朝觐。这条航线用时最短,开辟时间也最晚,主要盛行于 8 世纪末至 9 世纪,是随着东亚海域民间贸易兴盛,以及对洋流、季风认知加深而开辟的新航线。[2]遣唐使实际成行的 16 次航行中,前 7 次主要走的是北路,后 9 次则多为南岛路或南路。

纵观这三条航线不难发现,扬州的位置非常引人瞩目,是南路入唐的主要登陆点,也是从南岛路登陆后,取道北上的必经之地;在遣唐使归国途中,扬州同样是出海港之一。另外,相较浙闽沿海的港口城市,扬州的优势也很明显。据日本方面史料记载:"彼海路,行程三千里,而到苏州、扬州者平易也,到衡(杭?)州、福州者艰难也。"[3]到达扬州后,可以直接取道运河北上,免去许多舟车劳顿。元和元年(806),遣唐大使藤原葛野麻吕在写给福州观察使阎济美的书信中称:

> 建中以往,(日本)入朝使船,直着扬、苏,无漂荡之苦。州县诸司,慰劳殷懃,左右任使,不检船物。[4]

[1] 〔宋〕欧阳修、宋祁:《新唐书》卷二二〇《日本传》,中华书局 1975 年版,第 6209 页。

[2] 〔日〕木宫泰彦著,胡锡年译:《日中文化交流史》,商务印书馆 1980 年版,第 79—86 页。最新研究进展,详参梁文力:《"南岛路"与 8 至 9 世纪唐日之间的海上交通》,刘迎胜主编:《元史及民族与边疆研究集刊(第二十八辑)》,上海古籍出版社 2014 年版,第 81—100 页。

[3] 〔日〕聖賢阇梨:《高野大师御广伝》,〔日〕塙保己一编:《続群書類従》第八辑,統群書類従完成会 1958 年版,第 609 页。

[4] 〔日〕聖賢阇梨:《高野大师御广伝》,〔日〕塙保己一编:《続群書類従》第八辑,統群書類従完成会 1958 年版,第 610 页。

扬州地方官员大多拥有丰富的外事经验，对使节安排周到，礼遇有加，因此赢得他们的好感。另外，正如后文将要谈到的，扬州作为南方商业中心的地位，为遣唐使从事商品贸易以及其他文化交流活动提供了极大便利，这也是其吸引日本使节屡次造访的主要原因。可以说，虽然遣唐使的目的地是长安或洛阳，而扬州则是与他们结缘最深的城市之一。[1]下面结合史料记载，对历次遣唐使团在扬州的活动做一番细致的梳理。

（二）藤原清河使团及其文化交流活动

到访扬州的日本使节中，首次明确见于记载的是藤原清河等人，即第十一次遣唐使[2]。这次遣唐使的任命始于孝谦天皇天平胜宝二年（750），经过近两年的准备后，于752年正式起航。大使藤原清河，出身外戚藤原氏，是孝谦天皇的表兄，地位尊崇。副使有两位，其一为大伴古麻吕，另一位则是曾留唐十八年的吉备真备，在日本国内都拥有崇高声望，皆是一时之选。使节一行循南岛路横渡东海，在浙东地区的明州（今浙江宁波）登陆，沿运河北上，途中经停扬州，最终抵达长安，时为唐玄宗天宝十一载十二月。

当时的唐帝国正值玄宗的治世，国势臻于鼎盛，对外政策上也采取了开放包容、积极进取的态度。次年，即天宝十二载（753）正月，唐玄宗在含元殿举行盛大的仪式，接受诸国使臣朝贺。在一系列礼仪活动中，藤原清河等人仪表堂堂，娴熟典章礼制，唐玄宗大为称赞："彼国有贤主君，观其使臣趋揖有异。"随即加号日本为"有义礼仪君子之国"，[3]并特诏日本使节居于新罗之上。礼毕，又封大使藤原清河为特进，副使大伴古麻吕为银青光禄大夫、光禄卿，副使吉备真备为银青光禄大夫、秘书监、卫尉卿，以示优宠。在藤原清河等人准备回国之际，唐玄宗撰五言诗一首为其送行：

---

　　[1]〔日〕中村太一：《遣唐使の道——大運河を中心に》，《専修大学東アジア世界史研究センター年報》第2号，2009年。

　　[2]　本书所计遣唐使批次，据〔日〕木宫泰彦著，胡锡年译：《日中文化交流史》（商务印书馆1980年版，第63—72页）一书附表。近年有学者认为，8世纪还有一次未见史料明确记载的遣唐使，因此所计批次不尽一致。

　　[3]〔日〕佚名：《东大寺要录》卷一《本愿章》引《延历僧录》。转引自〔日〕安藤更生：《鉴真大和上传之研究》，平凡社1960年版，第274页。

　　　　日下非殊俗，天中嘉会朝。念余怀义远，矜尔畏途遥。

　　　　涨海宽秋月，归帆驶夕飙。因惊彼君子，王化远昭昭。[1]

　　因藤原清河、吉备真备等人的杰出表现，以及阿倍仲麻吕（晁衡）等留学生从中斡旋，日本遣唐使可谓备受荣宠，他们圆满完成了此行的外交任务。

　　天宝十二载九月，唐玄宗派遣鸿胪卿蒋挑捥，护送藤原清河一行南下扬州，并下诏淮南黜陟使、扬州大都督府长史魏方进负责接待，修造船只，安排其回国行程。[2]藤原清河等人在长安时，曾与日本学问僧普照相谈，得知鉴真大师曾五次尝试东渡日本的事迹，对其更增钦慕之情。因此，此番回到扬州后，藤原清河、吉备真备、阿倍仲麻吕等人立即造访延光寺，亲自拜会鉴真，并私下邀其随使团回国。正是在遣唐使的直接协助下，鉴真才得以排除万难，最终成就东渡弘法的壮举。不幸的是，此次从扬州出发的四艘船舶中，藤原清河、阿倍仲麻吕（晁衡）乘坐的第一船遭遇飓风，漂泊到安南驩州（今越南北部），几经周折后又回到了长安。此后他们虽然曾尝试回国，并托新罗使节传递书信，但终未能成行。[3]藤原清河后来曾娶唐女，并生有一女，名叫喜娘，[4]后文中还要提到她。

　　这次来访使节中，值得重点介绍的是吉备真备，他的经历最具传奇色彩，且与扬州渊源颇深。吉备真备原姓下道，出身一个下级贵族家庭。717年，年仅二十二岁的吉备真备被选拔为留学生，随第九次遣唐使来华，此后在唐十八年，"凡所传学，三史五经、名刑算术、阴阳历道、天文漏克、汉音书道、秘术杂占、一十三道，夫所受业，涉穷众艺"[5]。经过刻苦学习，吉备真备对唐朝学

---

　　[1]〔清〕彭定求等编：《全唐诗·逸卷上》（明皇帝）《送日本使》，中华书局1960年版，第10173页。

　　[2]〔日〕佚名：《东大寺要录》卷一《本愿章》引《延历僧录》。转引自〔日〕安藤更生：《鉴真大和上传之研究》，平凡社1960年版，第275页。

　　[3]〔日〕菅野真道等：《続日本纪》卷三○，宝龟元年三月，收入〔日〕黑板胜美编《国史大系》第二卷，经济杂誌社1897年版，第519页。

　　[4]王勇、中西进主编：《中日文化交流史大系·人物卷》，浙江人民出版社1996年版，第197—209页。

　　[5]〔日〕皇円《扶桑略记》卷六，天平七年四月，〔日〕黑板胜美编《国史大系》第六卷，经济杂誌社1897年版，第558页。

术文化的几乎所有领域都取得了精深造诣,史称:"我朝(日本)学生,播名唐国者,唯大臣(吉备真备)及朝(晁)衡二人而已。"[1]734 年,吉备真备随同第十次遣唐使经扬州登船回国,随即被任命为大学助,教授孝谦天皇《礼记》《汉书》,深受宠信,赐姓吉备氏,成为朝廷重臣。752 年,吉备真备再次受命入唐,并担任副使的要职。吉备真备两次参与遣唐使团并多次到访扬州,这一经历是不多见的。

　　对吉备真备而言,入唐求学除了是成就自身学问与政治地位的门径,更是改造日本文化面貌的手段。回国后,他首先致力于传播、教授唐朝先进的文化,以平生所学,"恢弘道艺,亲自传授,即令学生四百人,习五经三史、明法、算术、音韵、籀篆等六道"[2],直接推动了日本文化面貌的改观。此外,吉备真备留唐期间还购置了大批文化典籍,并将其携回日本,成为日本知识阶层摄取中国文化的媒介。据史书记载,735 年吉备真备首次回国后,便进献给天皇一批书籍,其中包括《唐礼》一百三十卷、《大衍历经》一卷、《大衍历立成》十二卷、《乐书要录》十卷等。[3]这批典籍几乎都是唐开元年间最新编撰的,内容关涉礼乐典章,正是国家建设中必不可少的文化资源。除此之外,据《日本国见在书目》记载,吉备真备曾携回《东观汉记》一百四十三卷,并称"真备在唐国多处营求,竟不得其具本"云云。不难想见,今天保存下来的篇目,不过是吉备真备所购典籍的吉光片羽,总量应更为庞大。吉备真备堪称汉籍域外传播的功臣。

　　这里有一个细节值得提出来讨论,即传入日本的典籍具体是在何处购买的呢?吉备真备留学期间主要在长安学习,而首都长安又是当时的文化中心,照理应是购书的理想场所。然而唐朝法律对外国人购买、出口商品有严格限制,据《唐律疏议》:"诸赍禁物私度关者,坐赃论。"所谓"禁物",其中便

---

　　[1]〔日〕菅野真道等:《続日本紀》卷三三,寶亀六年十月,收入〔日〕黒板勝美编《国史大系》第二卷,经济雑誌社 1897 年版,第 641 页。

　　[2]〔日〕藤原明衡:《本朝文粋》卷二《意见封事》,转引自严茹蕙《试论"化外人"与文化认同——以八世纪的渡唐日本人为例》,《兴大历史学报》第二十五卷,2012 年 6 月,第 91 页。

　　[3]〔日〕菅野真道等:《続日本紀》卷一二,天平七年四月,收入〔日〕黒板勝美编《国史大系》第二卷,经济雑誌社 1897 年版,第 197—198 页。

包含了"天文、图书、兵书、七曜历"等"禁书"。[1]吉备真备携回国的书籍中有不少便属此类违禁品,不太可能在管控严厉的长安购得。我们推测,其中不少典籍应该购于扬州。

作为商业城市的扬州,是国内外商品集散之地,同时也是人文荟萃之所,自然不难购求各类典籍。另外,相比政治中心长安,扬州地方官府对商品的管控要相对宽松,这为书籍流通提供了极大便利。据《入唐求法巡礼行记》记载,开成四年(838)二月,日本使节从扬州入京朝贡后,"缘上都不得卖买,便着前件人等,为买杂物来(扬州)"[2]。后面会提到,这其实是惯例,遣唐使一般选择在扬州采购大宗商品,其中必然包含大量书籍。对此,文献记载中也是有迹可循的,我们可以举出一些证据。其一,日本藏《肇论疏》卷上文末题记:

> 大唐开元二十三年岁在乙亥闰十一月三十日,扬州大都督府江都县白塔寺僧玄湜,勘校流传日本国大乘大德法师。使人发促,无暇写,聊附草本。[3]

开元二十三年(735),正是吉备真备首次随使团回国的时间。以上史料表明,使节滞留扬州、准备行装期间,曾通过各种途径致力搜罗典籍,这部《肇论疏》正是经由白塔寺僧人玄湜抄写,交付遣唐使,带回日本流通。其次,在9世纪编纂的日本皇家藏书目录《日本国见在书目》中,著录有《扬州图经》《越州都督府图经》《海州图经》等唐代方志。它们何时流入日本,已无从确知,但上述州郡多是遣唐使登陆或出海地,此类地方文献很可能是在当地所采买。[4]另外,随第十八次遣唐使滞留扬州的圆仁,曾抄写、购置"大乘经律论、梵汉字

---

[1]〔唐〕长孙无忌等注,刘俊文点校:《唐律疏议》卷四,中华书局1983年版,第94页。

[2]〔日〕圆仁撰,顾承甫、何泉达点校:《入唐求法巡礼行记》卷一,上海古籍出版社1986年版,第31页。

[3]〔唐〕释元康:《肇论疏》卷上,《大正新修大藏经》第45册,新文丰出版公司1983年版,第174页。

[4]〔日〕池田温:《中国的史书和〈续日本纪〉》,收入《唐研究论文选集》,中国社会科学出版社1999年版,第416页。

真言仪轨赞、章疏传记、曼荼罗并传法和尚等影及外书等,总一百二十七部,一百四十二卷"[1]。这些证据都说明,扬州是遣唐使获取书籍的主要场所,堪称中日文化交流中"书籍之路"的要津。[2]

吉备真备等人此行除了朝觐皇帝、搜集图书等,还肩负另一项重任,即延聘唐朝文士、高僧,赴日教授典籍、传播佛法。[3]为此,在经停扬州期间,藤原清河、吉备真备等人便开始着手搜集江淮一带僧俗人士的情报,而高僧鉴真与著名文士萧颖士很快进入了他们的视野。鉴真东渡的事迹人所共知,本节后文也会专门介绍,这里重点来看日本使节延请萧颖士的始末。萧颖士字茂挺,是萧梁皇室后裔,自幼"聪俊过人,富词学,有名于时","观书一览即诵,通百家谱系、书籀学"[4],喜奖掖后进,人称"萧夫子",是当时的文坛宗主。此前萧颖士因得罪权臣李林甫,被贬为扬州参军,天宝十一载(752)前后,他正滞留在江淮一带。[5]据时人记载:

> 顷,东倭之人逾海来宾,举其国俗,愿师于夫子(萧颖士)。非敢私请,表闻于天子。夫子辞以疾而不之从也。[6]

吉备真备等人经停扬州期间,很可能便听闻其名,并有意招揽。因此,在长安

---

[1]〔日〕仁全、治哲、睿道:《慈觉大师在唐送进录》,《大正新修大藏经》第55册,新文丰出版公司1983年版,第1076页。

[2] 关于"书籍之路"的概念,参王勇:《鉴真东渡与书籍之路》,《郑州大学学报(哲学社会科学版)》2007年第5期,第107—111页。

[3] 王勇、中西进主编:《中日文化交流史大系·人物卷》,浙江人民出版社1996年版,第198—199页。

[4]〔后晋〕刘昫等:《旧唐书》卷一〇二《萧颖士传》,中华书局1975年版,第3185页;〔宋〕欧阳修、宋祁:《新唐书》卷二〇二《萧颖士传》,中华书局1975年版,第5767页。

[5] 参乔长阜:《萧颖士事迹系年考辨》,《江南学院学报》2000年第3期,第50—52页、56页。

[6]〔清〕董诰等编:《全唐文》卷三九五《送萧颖士赴东府序》,中华书局1983年版,第4017页。

朝觐时,藤原清河正式向唐玄宗提出了延请萧颖士赴日的请求。[1]虽然萧颖士予以婉拒,最终并未成行,但透过这一事件不难看出,藤原清河延请的两位僧俗人物,无论鉴真抑或萧颖士,都与扬州有着深厚的渊源。这绝非偶然,说明扬州是日本使节考察、观摩唐代社会的主要窗口。

（三）小野石根使团入唐与赵宝英访日

大历十二年(777),时隔二十余年后,扬州又迎来了第十五次遣唐使。此次使团最初任命佐伯今毛人为大使,大伴益立、藤原鹰取为副使。但临行之际,佐伯今毛人产生畏惧,称病不行。于是又改以小野石根持节刀,代行大使职务,于六月二十四日从九州筑紫解缆出海。因为顺风的缘故,仅花了十天时间,便于七月三日顺利抵达扬州海陵县附近海域。

八月二十九日,使节一行到达扬州城内,时任淮南节度使陈少游接见了他们,并"依式例安置供给"[2]。因受安史之乱摧残,当时唐朝的国势已大不如前,沿途供顿这个庞大的外国使团势必是笔不小的开支。陈少游以"属禄山乱,常(客)馆凋弊"为由[3],对入京朝觐的人数做了限制,要求只能有六十人的规模,其余人等悉数留在扬州安置。十月十五日,小野石根一行离开扬州,沿运河北上。途中,使团又接到唐朝中书门下的敕牒,因"路次乏车马"[4],再次对入京人数做出限制。最终获得入京资格的是代理大使小野石根、副使大神末足、准判官羽栗臣翼、录事毛野公大川等四十三人。从对日本使团人数的再三限制不难看出,经历安史之乱的沉重打击后,唐王朝在对外交往中逐

---

[1]　关于延请萧颖士的外国使节身份,史料记载有日本、新罗两说,学者对此也有不同意见,对相关论点的梳理,详参〔日〕池田温:《论天宝后期唐朝、新罗与日本的关系》,收入《唐研究论文选集》,中国社会科学出版社 1999 年版。笔者认为日本使节的可能性更大,原因有二:其一,日本遣使来唐频次并无定准(间隔数年甚至数十年不一),从时间点来看,天宝十二载恰是藤原清河等人在华的时间,这不会是偶然。其二,从地点来看,日本使团此次从南岛路入唐,赴京路线与当时萧颖士的活动地域恰好有重叠,他们更有可能接触到萧颖士;而反观新罗使团,应该在山东半岛登陆,与萧颖士行迹并无交集。因此,提出延聘萧颖士的应该正是日本使团。

[2]　〔日〕菅野真道等:《続日本紀》卷三五,寶亀九年十月,收入〔日〕黑板勝美编:《国史大系》第二卷,经济雑誌社 1914 年版,第 674 頁。

[3]　〔日〕菅野真道等:《続日本紀》卷三五,寶亀九年十月,收入〔日〕黑板勝美编:《国史大系》第二卷,经济雑誌社 1914 年版,第 674 頁。

[4]　〔日〕菅野真道等:《続日本紀》卷三五,寶亀九年十一月,收入〔日〕黑板勝美编:《国史大系》第二卷,经济雑誌社 1914 年版,第 676 頁。

渐丧失了往日"万国衣冠拜冕旒"的恢宏格局,外交政策日趋保守。

次年(778)正月十三日,小野石根一行抵达长安城。唐朝对他们还是颇为礼遇,将其安排在外宅居住,"特有监使,勾当使院,频有优厚,中使不绝"[1]。两天后,使节在宣政殿朝觐唐代宗,并递送国信及贡品。小野石根此行还有一项重要任务,即迎回滞留长安的前遣唐大使藤原清河。几经打探,他们才获知,藤原清河已于大历五年(770)去世,最终没有等到迎接他归国的同胞。不过他们在长安城内找到了藤原清河的遗孤喜娘,并准备带她回日本。三月二十二日,代宗在延英殿再次接见小野石根等人,批准了带喜娘回国的请求。四月十九日,遣唐使一行辞行,代宗对其回国事宜做了周到的安排,命扬州负责修造船只,并派遣宦官赵宝英为使,"赍国土宝货,随使来朝,以结邻好"[2]。这是不多的几次唐朝皇帝亲自遣使赴日的记载,在中日外交史上意义深远。

六月二十四日,小野石根、赵宝英一行自长安抵达扬州,因新船无法在短期内修造完工,他们决定乘坐日本使节来时的四艘船舶。经过两个多月的准备,遣唐使一行于九月扬帆东渡。他们的计划是:第一、第二舶从扬子津出发,驶入长江口,停靠苏州常熟县海岸,候风渡海;第三、第四舶则分别从扬州海陵县、楚州盐城县附近出海。这次航行并不顺利,第二、第三、第四舶的成员,虽然历经九死一生,但都先后抵达。第一舶则在出海不久便遭遇暴风雨,船体断为两截,"舳、舻各分",小野石根、赵宝英等人躲避不及,悉数罹难,喜娘等人则在海上漂流六天后获救,抵达日本。[3]在造船、航海技术欠发达的时代,跨海航行往往意味着九死一生,需要超出常人的勇气,对这些葬身异域的文化交流使者,应寄以敬意。

第十六次遣唐使前后在经停扬州数月(部分成员滞留近一年),有一桩轶事值得一提。这件事与遣唐使准判官羽栗翼有关,他是一名中日混血儿,其父羽栗吉麻吕曾作为阿倍仲麻吕(晁衡)的侍从入唐,并娶唐女,生下羽栗翼与

---

[1]〔日〕菅野真道等:《续日本纪》卷三五,宝龟九年十月,收入〔日〕黑板胜美编:《国史大系》第二卷,经济杂志社1914年版,第674页。

[2]〔日〕菅野真道等:《续日本纪》卷三五,宝龟九年十一月,收入〔日〕黑板胜美编:《国史大系》第二卷,经济杂志社1914年版,第676页。

[3]〔日〕菅野真道等:《续日本纪》卷三五,宝龟九年十一月,收入〔日〕黑板胜美编:《国史大系》第二卷,经济杂志社1914年版,第676—677页。

其弟羽栗翔。羽栗翼自幼生长于唐朝,精通汉语,此番选拔使团重要官员,正是不二人选。羽栗翼抵达扬州后,随即寻找铸铜工匠,为其鉴定一块颇为神秘的矿石。日本金属冶炼、铸造水平远逊于唐朝,很多产品都无法自主生产。在此之前,有人向日本政府进献了一块据称是"白镴"的矿石,宣称将其加入铜矿,可以制造出工艺水平媲美"唐锡"制的铜镜。此前日本在铜镜铸造上一直要依赖唐朝进口的锡,严重制约了生产规模与水平,因此朝廷听闻这一消息后大喜,下令大规模开凿这一矿石,并依法铸造。但奇怪的是,铸造出的铜镜都不理想,远远达不到唐镜的工艺水准。这便引起工匠们的怀疑,但一时间也无法断定究竟是何物,由此在国内引发了一场旷日持久的争论。

扬州是唐代铸镜工艺的中心,羽栗翼此行正是想借此良机鉴定所谓"白镴"的真伪。据《续日本纪》记载:

> 宝龟八年,入唐准判官羽栗臣翼赍之以示扬州铸工,马(金)曰:"是钝隐也,此间私铸滥钱者,时或用之。"[1]

按,"钝隐"即"钝鉛","隐""鉛"二字同音而讹。据《尔雅·释器》:"锡,谓之鉛。"《说文解字》:"鉛,音引,锡也。"可知鉛即锡的别称。所谓"钝鉛",意为劣质的锡,是一种铅、锡合金,可以用来焊接金属器皿,但质地与纯锡不能相提并论。[2] 不法之徒私铸铜币时,经常将其添加到铜料中,鱼目混珠,以次充好。唐代扬州的铜镜铸造业一直居于全国领先地位,在此聚集了大批能工巧匠,他们见多识广,一眼即识破了这种作伪伎俩。以上看似是一段无关宏旨的插曲,但一叶知秋,正可见扬州是日本使节学习唐朝先进生产技术的重要窗口。

(四)藤原常嗣使团与扬州

唐代日本使节最后一次造访扬州是在公元838年(日本承和五年,唐开

---

[1] 〔日〕菅野真道等:《続日本纪》卷二七,天平神護二年七月,收入〔日〕黒板勝美编:《国史大系》第二卷,经济雑誌社1897年版,第503页。

[2] 关于"钝隐"的所指,参朱江:《远逝的风帆——海上丝绸之路与扬州》,东南大学出版社2014年版,第96页。但其认为"钝"为"纯"通假字,似于意未周,今不取。

成三年),这也是实际成行的最后一次遣唐使。有赖使团成员圆仁《入唐求法巡礼行记》巨细靡遗的记录,我们对此次出使情况了解最为详细。关于圆仁及其著述,本节下文会有专门介绍,这里重点介绍使团在扬州、长安等地的外交与文化交流活动。

本次使团的规模空前,成员包括大使藤原常嗣,副使小野篁,判官长岑高名、菅原善主,准判官藤原贞敏、良岑长松,录事山代氏益、松川贞嗣等官员,以及圆行、常晓、戒明、义澄、真济、圆仁、惟正、惟晓、圆载、仁好等留学、请益僧,总人数达六百五十人。大使藤原常嗣是第十七次遣唐使藤原葛野麻吕之子,自幼博学,好属文,工隶书,仪表儒雅,父子两代相继担任遣唐大使,一时被传为佳话。副使小野篁,判官长岑高名、菅原善主等,也多以文章、口辩著称朝野。至于僧人圆仁、圆载等,则是日本佛教界的后进翘楚,入唐之行被寄予厚望。[1]因此,这次入唐使团中可谓英才济济。

藤原常嗣一行在航行之初并不顺利。唐开成元年(836)七月,他们分乘四船从九州的筑紫出发,不久便遭遇大风,第一、二、四船漂回九州,第三船船体受损,人员伤亡惨重。次年七月,使团再次出海,但遭遇了同样的厄运,未能成行。迁延至开成三年(838)六月,使节一行才得顺风起航,经过二十多天的航行,于七月二日抵达扬州附近海域,并在海陵县白潮镇东梁丰村(今南通市如东县掘港镇附近)一带登陆。不久,淮南节度使辖下海陵镇将刘勉前来慰劳,将其安置在附近寺院、民户中休养。此后近一个月的时间,使节一行沿着通扬运河,经如皋镇、海陵县等地,向扬州城缓慢进发。七月二十五日,藤原常嗣等人进入扬州城内,被安置在客馆中。数日后,时任淮南节度使、扬州大都督府长史李德裕在衙城接见了藤原常嗣等人,并派军将王友真"勾当日本国使",负责一应接待事宜。

此后使节一行并未立刻动身赴京朝觐,而是在城内滞留了两个月时间,这主要有两方面的原因。判官菅原善主率领的第四船因在海上遭遇意外,搁浅在滩涂上,直到八月下旬,菅原善主等人才抵达扬州,与大队人马汇合。其次,使团主要工作是在与扬州地方官府协商赴京朝觐的名额。按照遣唐使赴

---

[1] 池步洲:《遣唐使简史》,上海社会科学院出版社 1983 年版,第 36—37 页。

京的惯例,唐朝对他们的人数都有严格限制。此次经过申请,获准入京的有藤原常嗣、长岑高名、菅原善主等三十五人,他们于十月五日从扬州出发,经运河北上,于十二月三日顺利抵达长安。藤原常嗣一行先是住在城郊的长乐驿,唐文宗遣"敕使迎来,传陈诏问"[1],将一行人安置到鸿胪礼宾院款待。

开成四年(839)正月十三日,唐文宗在大明宫含元殿接受诸国使臣朝觐,据《入唐求法巡礼行记》:

> 去月十三日,入内里廿五人,录事不得从。会集诸蕃,总五国。南照(诏)国第一立,日本国第二。自余皆王子,不着冠,其形体屈丑,着皮毡等。又留学生道俗总不许留此间。圆载禅师独有敕,许往留台州,自余皆可归本乡。又请益法师不许往台州。左右尽谋,遂不被许。是以叹息者。[2]

这次的朝觐礼仪规格并不高,总计只有五个国家,除了南诏和日本外,其他三国使节皆"不着冠,其形体屈丑,着皮毡等",属于文明形态相对落后的部族国家,与之并列,以"君子之国"自居的日本使节颇为不满。至于日本留学生、请益僧等在唐学习的申请,除了圆载一人获准赴天台山留学外,其他人被悉数驳回,这也让包括圆仁在内的使团成员倍感沮丧。总的来看,遣唐使此行的外交成果并不算理想,这首先当然跟唐朝国内政治社会形势有很大关系,另一方面,9世纪的日本已经基本完成了对唐朝先进文化的摄取,自身文明形态日臻成熟,遣唐使的历史使命行将告终。

在完成在长安的外交任务后,藤原常嗣等人启程回国。考虑到原有四艘船只在入唐航行中多有损坏,而唐朝政府也无意为其安排新船,藤原常嗣等人决定向楚州一带的新罗商人求助,并雇佣了九艘新罗船只。因此,归途中他们没有再回扬州,而是直接赶赴楚州,滞留扬州的使团成员则与其在楚州会合。三月二十二日,使团从楚州出发,分乘九船,沿苏北沿海航行,经海州

---

[1]〔日〕圆仁撰,顾承甫、何泉达点校:《入唐求法巡礼行记》卷一,开成四年一月二十一日条,上海古籍出版社1986年版,第29页。

[2]〔日〕圆仁撰,顾承甫、何泉达点校:《入唐求法巡礼行记》卷一,开成四年一月二十一日条,上海古籍出版社1986年版,第34页。

（今连云港），到达山东半岛的登州。七月二十一日，藤原常嗣等从登州文登县赤山浦出发，经过近一个月的航行，顺利回到日本。

尽管日本使团此次长安之行在外交上乏善可陈，但滞留扬州期间，在经济文化交流中却收获颇丰。前面提到，藤原常嗣等人进京后，使团成员有数百人滞留扬州，从开成三年七月至来年二月，前后达八个月时间。使团成员留下了不少文字记录，为我们了解其在扬州的活动提供了弥足珍贵的线索。

日本遣唐使除了肩负外交职能，另一项重要任务便是贸易。[1]遣唐使到达唐朝后，照例会通过各种渠道采购本国稀缺的商品，如香料、丝绸、书籍、陶瓷、漆器、笔墨、乐器等等，其主体是供皇室、贵族享用的奢侈品与艺术品。现保存在奈良东大寺正仓院中的文物，很大一批便是由遣唐使采购而来。作为全国商业中心的扬州，无疑是开展贸易活动的理想商埠。遣唐使选择在扬州登陆或出海，显然带有商业上的考量，这一点我们在前文已有涉及。

关于藤原常嗣使团此次在扬州的贸易活动，圆仁《入唐巡礼求法行记》中有集中反映。例如，开成四年二月二十日记："长官傔从白鸟、清岑、长岑、留学等四人，为买香药等，下船到市，为所由勘追，舍二百余贯钱逃走。"二十一日记："粟田家继，先日为买物，下船往市，所由捉缚，州里留着，今日被免来。"二十二日记："史越智贞原先日往市买物，所由报州请处分。"[2]唐朝法令中，对外国人在华交易有严格的规定，但在私下场合，日本使团并没有严格遵守法律。白鸟、清岑、长岑等人，便受大使藤原常嗣指派，私自采购香料等商品。个中原因在于，香料等奢侈品产自东南亚、中亚等地，无论在唐朝还是日本，都属于价值连城的奢侈品，将其携带回国，既可私下售卖，也可进献给本国权贵。扬州是此类异域珍宝的集散地，而且市场监管力度较唐都长安相对宽松。因此，使团成员屡次到市集中采购。以上几次交易之所以被圆仁记录下来，是因为他们太过张扬，被官府察觉，引发了不小的外交风波。不难想见，未被察觉的交易行为应该更为普遍。另外，凭借官方朝贡使团的身份，遣唐使也会获得一些合法交易的贸易份额，除了走私所得，他们通过朝贡贸易

　　[1]〔日〕榎本淳一：《唐王朝と古代日本》，吉川弘文馆2008年版，第130—147页。

　　[2]〔日〕圆仁撰，顾承甫、何泉达点校：《入唐求法巡礼行记》卷一，上海古籍出版社1986年版，第32—33页。

必定还获得了不少商品。

使团在扬州期间,文化、艺术领域的交流也是成果颇丰,留下了不少浓墨重彩的篇章。对此,我们重点介绍准判官藤原贞敏与扬州乐师廉承武之间的交往。日本宫内厅书陵部藏伏见宫本《琵琶谱》跋文:

> 　　大唐开成三年戊辰八月七日壬辰,日本国使作牒状,付勾当官银青光禄大夫、检校太子庶事王友真,奉扬州观察府,请琵琶博士。同年九月七日壬戌,依牒、状,送博士、州衙前第一部廉承武。(原注:字廉十郎,生年八十五。)则扬州开元寺北水馆,而传习弄调子。同月廿九日,学业既了,于是博士承武送谱。仍记耳。

开成三年九月廿九日判官藤原贞敏记[1]

这是一件反映唐代扬州与日本艺术交流史的珍贵文献。藤原贞敏这一人物,前文已有提及,他是本次使团的准判官。藤原贞敏家世显赫,出身贵族藤原氏嫡系,但他对政治没有太大兴趣,仕途上碌碌无为,史称其"少耽爱音乐,好学鼓琴,尤善弹琵琶"[2],是位贵族艺术家,在日本雅乐发展史上拥有崇高地位。据跋文记叙,藤原贞敏随使团抵达扬州后不久,便通过大使藤原常嗣,向负责接待的官员王友真提出申请,请求拜师学习琵琶弹奏的技艺。经时任淮南节度使兼观察使李德裕批准,扬州教坊的琵琶博士廉承武受命传授技艺。廉承武其人,在中国方面的文献中全无记载,生平事迹无从知晓。他时年八十五岁高龄,并且名列"州衙前(教坊)第一部",无疑是一名德高望重、技艺精湛的职业乐师。

从开成三年九月七日至九月二十九日,前后二十余日,廉承武在扬州开元寺北边的水馆"传习弄调子",将平生技艺倾囊授予藤原贞敏,二人话别之际,又赠给他一部珍贵的琵琶谱。藤原贞敏感念不已,郑重记下问学始末,以

---

[1]　以上据日本宫内厅书陵部藏原件(11世纪抄本)录文。

[2]　〔日〕藤原時平等:《日本三代実録》卷十四,貞観九年十月,收入〔日〕黒板勝美编:《国史大系》第四卷,经济雑誌社1897年版,第290頁。

纪念这段异国师徒之缘。[1]回国后,在欢迎宴会上,藤原贞敏当场为仁明天皇弹奏廉承武教授的琵琶曲,技惊四座,赢得高度评价。在此之前的奈良时代,日本皇室、贵族虽然也收藏了不少来自唐朝的琵琶,但本国人鲜有精通此道者。经由藤原贞敏,唐朝的琵琶乐迅速风行于平安时代的日本,并开枝散叶,传承至今,成为雅乐文化的重要部类。[2]而扬州乐师廉承武也得以扬名域外,名垂青史,被奉为日本"琵琶血脉"之鼻祖。这部《琵琶谱》在日本代代相传,见证了中日文化交流史上的一段千古佳话。

二、"山川异域,风月同天":鉴真东渡弘法

前文以遣唐使三次造访扬州为线索,对若干史实进行了串联、叙述。下面我们将视线转向两位代表性的人物——鉴真、圆仁,以期知人论世,从微观视角来展现这段中日文化交流史的黄金时代。

鉴真,俗姓淳于,扬州江阳县(今江苏扬州)人,生于垂拱四年(688)。鉴真十四岁时[3],随从其父去寺院礼佛,"见佛像感动心",因此请求父亲允许其出家为僧。此时正值武则天统治时期,国家层面对佛教大力扶持,"有诏于天下诸州度僧"[4],鉴真便在扬州大云寺出家为沙弥,师从智满禅师。中宗神龙元年(705),鉴真南游会稽,拜入龙兴寺道岸律师门下,受菩萨戒。道岸是当

---

[1]　关于藤原贞敏入唐拜师学艺的地点、师承,史料中还有另一种说法。据《日本三代实录》卷一四贞观九年十月条:"(藤原贞敏)承和……五年到大唐,达上都。逢能弹琵琶者刘二郎,贞敏赠砂金二百两,刘二郎曰:'礼贵往来,请欲相传。'即授两三调,二三月间,尽了妙曲。刘二郎赠谱数十卷,因问曰:'君师何人,素学妙曲乎?'贞敏答曰:'是我累代之家风,更无他师。'刘二郎曰:'……仆有一少女,愿令荐枕席。'……既而成婚礼。刘娘尤善琴筝,贞敏习得新声数曲。明年聘礼既毕,解缆归乡。临别,刘二郎设祖筵,赠紫檀、紫藤琵琶各一面。"(〔日〕黑板胜美编:《国史大系》第四卷,经济雑誌社1897年版,第291页。)其中称藤原贞敏在上都长安从刘二郎学习琵琶谱,并娶其女为妻云云。今按,这一记载并不足信,据《入唐求法巡礼行记》等文献记载,藤原贞敏并不在赴长安朝觐的人员名单中,而是与圆仁等人滞留扬州,不能在长安拜师学艺。《琵琶谱》跋文则是其亲笔记录,具有极高的史料价值,且时间、地点、人物皆可与其他史料相印证(如王友真、开元寺北水馆,皆见于《入唐求法巡礼行记》)。相关考辨,详参〔日〕佐藤辰雄:《贞敏の琵琶楽伝習をめぐって》,《日本文学誌要》第32号,1985年。

[2]　〔日〕根本千聪:《藤原贞敏が唐からもたらした琵琶演奏伝承とその背景》,《国際日本学》第18号,2021年。

[3]　关于鉴真出家的年龄,另有十六岁一说,此处不取。相关考订参吴平、吴建伟:《鉴真年谱》,广陵书社2018年版,第23页。

[4]　〔日〕真人元开撰,汪向荣校注:《唐大和上东征传》,中华书局2000年版,第34页。

时江南一带声望卓著的高僧,也是唐代南山律宗初祖道宣的再传弟子。在道岸的指引下,鉴真佛学修为精进,初窥南山律宗之门径。

景龙元年(707)前后,为了进一步深造,鉴真从扬州来到都城长安求学。当时的长安城是全国佛教界的中心,名僧大德云集,其中最受僧俗两界尊崇的是来自荆州玉泉寺的弘景律师,他在武则天和唐中宗时期,曾先后三次被召入宫中,为皇帝授戒,这在当时可谓是无上荣誉。弘景与道岸同受业于道宣弟子文纲,二人有同门之谊。可能正是凭借这层关系,来到长安的第二年,鉴真得以拜入弘景门下,在实际寺受具足戒,由此正式取得了官方认定的僧籍。弘景修为精深,鉴真受其亲炙,学问多有精进。但他并未故步自封,在此期间,"观光两京讲肆",先后跟从同为南山律宗大师的融济学习《南山律钞》《业疏》《轻重仪》等,继而听西明寺远智律师,禅定寺义威,洛阳受济寺金修律师、惠策律师,观音寺大亮律师等讲《四分律疏》。远智等人都是满意律师弟子,他们所传承的"相部律",是与"南山律"并立的律宗另一大流派。因此,在律宗发展史上,鉴真算得上兼祧两宗。除了律学,鉴真也涉猎天台经论与教义,这主要是受弘景的影响。弘景曾拜天台宗高僧灌顶为师,因此也兼修天台宗,鉴真继承了这种兼容并蓄的学风,对天台教义有相当程度的涉猎。总之,在两京游学时期,鉴真转益多师,融汇众家之长,系统研习了律宗的主要教义,并广泛涉猎其他宗派经论。这段求学经历造就了鉴真广博而精深的佛学知识体系,也为日后东渡弘法奠定了基础。

除了研习佛教教义,鉴真在两京期间也积极学习其他技艺。从印度传入的佛学中有所谓"五明之学",其中包含"医方明",即专门研究病理、医方等知识。当时的高僧大德不乏精通医术者,弘景正是其中佼佼者。鉴真从其问学,在医药学上大有进益。除此之外,鉴真的另一位恩师道岸精通建筑营造之道,此时受中宗召请,在京师弘法,并被委以修建荐福寺的重任,史称其"广开方便,博施慈悲,人或子来,役无留务,费约功倍,帝甚嘉之"[1]。鉴真在建筑、雕塑等领域展现的极高素养,应该正是得自道岸的亲身传授。这些医药、建筑方面的知识是鉴真此后在中日两国弘法的重要手段,也是其学问体系的

---

[1]〔宋〕赞宁撰,范祥雍点校:《宋高僧传》卷一四《唐光州道岸传》,中华书局1987年版,第337页。

重要特色,正如论者所评价的:"这种个性特色始于长安佛教和隋唐文明的哺育。大气、辉煌的长安佛教和隋唐文明培育了一代宗师,开创了中日文化交流的新局面。"[1]

开元元年(713),鉴真从长安回到故乡扬州。从此以后近三十年的时间,他一直以扬州为中心从事弘法事业,"兴建佛事,济化群生,其事繁多",据《唐大和上东征传》可以归纳为以下几个方面。

其一,为僧俗信众讲授经律,先后"讲大律并疏卌遍,讲《律钞》七十遍,讲《轻重仪》十遍,讲《羯磨疏》十遍;具修三学,博达五乘;外秉威仪,内求奥理",直接推动了律宗教义在江淮地区的传播。

其二,大兴土木,"造立寺舍,供养十方众僧,造佛、菩萨像,其数无量"。据鉴真弟子思托所撰《延历僧录》,鉴真应扬州城中诸僧请求,先后为崇福寺营造大殿、木塔,并安置舍利于其中供养;于崇福寺东新建文殊堂,并铸造弥勒、普贤、文殊等佛像;又受奉法寺之请,为其营建殿宇、山门、佛像等。[2]经鉴真修造后,扬州城内名刹林立,雄伟庄严,为佛学传播创造了良好条件。

其三,多次举办佛教仪式,"缝衲袈裟千领,布袈裟二千余领,供送五台山僧,设无遮大会",提升佛教的社会影响力。

其四,推动社会福利事业,"开悲田而救济贫病,设敬田而供养三宝"。

其五,抄写佛经,广为流通,"写《一切经》三部,各一万一千卷"。

其六,广纳英才,壮大僧团组织,"前后度人、授戒,略计过四万有余"[3]。鉴真弟子中人才辈出,如扬州白塔寺法进、崇福寺祥彦、既济寺明烈、兴云寺惠琼,西京安国寺璇光、明债,汴州相国寺神邕,洛州福先寺灵祐,江州东林寺志恩,苏州开元寺辩秀,天台山国清寺法云,润州栖霞寺希瑜、天响寺道金、三昧寺法藏,越州道树寺璇真,后来均成为名重一方的高僧。

弘法活动势必需要耗费大量资金、人力,虽然史料中未曾提及,但不难想象,这些资源多是向社会各界人士募化所得。在这一系列弘法活动中,鉴真

---

[1] 吴平、吴建伟:《鉴真年谱》,广陵书社2018年版,第53—54页。

[2] 〔日〕宗性:《日本高僧传要文抄》卷三引《延历僧录》。转引自王勇:《〈延历僧录〉中的唐人传记——〈高僧沙门释鉴真传〉辑佚》,《文献》2005年第4期,第122—123页。

[3] 〔日〕真人元开撰,汪向荣校注:《唐大和上东征传》,中华书局2000年版,第80—81页。

既具备广博、精深的佛学修为,也展现出卓越的社会活动能力,俨然已是一代宗师气象。鉴真的恩师道岸曾经是江淮一带的律学宗师,"天下四百余州,以为受戒之主"。道岸迁化之后,弟子杭州义威律师继之而起,"响振四远",为信众传戒。义威圆寂之后,鉴真继承师门衣钵,"淮南、江左净持戒律者,唯大和上独秀无伦,道俗归心,仰为授戒大师"[1]。也就是说,早在鉴真决定东渡弘法前,他已经成为江淮地区首屈一指的佛门领袖。这一年是开元二十一年(733),鉴真四十六岁。此后的十年时间,他驻锡扬州大明寺,继续为僧众讲授经律,也是在这里,他接受了日本僧人东渡的邀请。

　　鉴真为什么会做出赴日弘法的决定呢?这需要从中日两方的社会背景,尤其是政教关系来分析。唐朝国内在武则天执政时期,因最高统治者的推崇,佛教得到国家大力扶持,堪称唐代佛教发展史上的黄金时期。年轻的鉴真正是在这一时代氛围中成长起来的。此后漫长的唐玄宗时代,鉴真正值壮年,但形势却发生了很大变化。唐玄宗本人笃信道教,转而推行了一系列的扶持道教的政策,如追尊老子为太上玄元皇帝,下令各地立庙供奉,并亲自为《老子》作注,将《老子》《庄子》等道教经典列入太学教授的课程,令天下士子诵习。相反,佛教的发展则受到诸多制约,朝廷曾屡次下令沙汰僧尼,限制民间熔铸佛像、抄写经书等活动。时代的走向势必对个体命运产生深刻影响,这里我们不妨将鉴真与同时代另一位扬州籍宗教领袖——李含光做一番比较。李含光早年在扬州、润州等地修道,继承茅山道教的衣钵后,声望日隆,由此受尊崇,备极荣宠,并被尊为"天师"。唐玄宗多次延请其入宫传授道法,终生执弟子礼。[2]而年龄相仿、同为扬州人的鉴真,虽然在信众中声名卓著,却终生未获朝廷如此礼遇,唐玄宗甚至可能并不知晓其人,二人的境遇适成鲜明对照。在长期的弘法实践中,鉴真自然对这一困境多有感触。他深知,想效法自己的老师辈,成为"帝王师",得君行道,进而实现宗教理想,注定是一条走不通的路。

　　再将目光转向同时代的日本宗教界。7世纪上半叶的日本列岛,是一个

　　[1]〔日〕真人元开撰,汪向荣校注:《唐大和上东征传》,中华书局2000年版,第80页。
　　[2]〔清〕董诰等编:《全唐文》卷三四〇(颜真卿)《有唐茅山玄靖先生广陵李君碑铭并序》,中华书局1983年版,第3445—3447页。

急遽转型的时代,来自中国与朝鲜半岛的先进技术与新兴思潮迅速传入,成为社会改革的重要资源。佛教也在6世纪中期经由朝鲜半岛传入日本,很快被统治者树立为新型统治意识形态,在国内大力提倡。如圣德太子执政时期颁布"十七条宪法",将"笃敬三宝"列为其一,此后"大化改新"中发布的诏书,也提到要"显扬佛教,恭敬僧尼"。国家层面的扶持,使得方兴未艾的佛教在日本各阶层中迅速传播。但日本佛教的发展也面临着一系列的困境,其中最突出的问题是,僧籍制度始终未能严格确立起来,百姓为逃避徭役,纷纷私度为僧,造成僧尼猥滥,甚至有"诈称圣道,妖惑百姓"者,与民间宗教无异。而官方任命的僧纲大多也素质低下,不具备为人授戒、传法的资质,由此引发了一系列严重的社会问题。日本的统治者迫切希望从中国引入严格的僧团戒律,完善以"三师七证"为核心的授戒制度,进而建立一套僧籍管理制度。为此,他们一方面派遣了大批留学、请益僧去往唐朝,学习戒律与授戒仪式,另一方面更希望能直接延请精通律学的唐朝高僧,赴日主持其事。

在上述背景下,唐开元二十一年(733),日本第九次遣唐使多治比广成等人奉命入唐。随行人员中有两名年轻的僧人,他们是兴福寺荣睿与大安寺普照。二人此行除了留学之外,另一项重任便是延聘一位修行精深的律学大德,赴日传戒。次年,使节离京后,荣睿和普照被安排在洛阳福先寺跟随定宾律师研习佛学,并受具足戒。在此期间,他们广泛接触两京一带的高僧大德,并与福先寺律师道璿,以及印度僧人菩提、林邑国僧人佛彻等达成了赴日传法的意向。开元二十四年(736),道璿等人随遣唐副使中臣名代的船只抵达日本。道璿兼修华严宗、律宗、天台宗与禅宗,学识渊博,但似乎缺乏弘法的实践经验,赴日后,只是照本宣科地讲授戒律条文,"不能秉行结界登坛受具戒法"[1]。这自然不能令日本僧俗信众满意,于是滞留中国的荣睿与普照不得不继续寻访高僧。

此后数年间,他们在两京一带继续留学深造,并陆续招募了长安安国寺的道航、澄观,洛阳的德清、如海等,他们都表示愿意赴日。只是这些僧人无论从个人名望抑或佛法修为来看,都难以担当授戒、度人的重任。道航自己

---

[1] 〔日〕凝然:《三国佛法传通缘起》卷下《律宗》,《大藏经补编》第32册,华宇出版社1985年版,第668页。

也深知这一点,于是他推荐了自己的恩师——鉴真。荣睿、普照久居唐朝,应该对誉满江淮的鉴真有所耳闻,此番亲耳听到道航对其师修行、人品的称述,更增钦慕之情,当场决定一同赶赴扬州,邀请鉴真。与此同时,他们还通过道航与宰相李林甫之兄李林宗的关系,拜请其向时任扬州仓曹参军李凑修书一封,"令造大舟,备粮送遣"[1],为出海做准备。这一年是天宝元年(742),距他们来到唐朝已是第十载。

同年十月,荣睿一行抵达扬州,随即去往大明寺拜访鉴真。在旁听鉴真的讲学后,荣睿等人为鉴真的学识深深折服,当即向其说明来意:"佛法东流至日本国,虽有其法,而无传法人。本国昔有圣德太子曰:'二百年后,圣教兴于日本。'今钟此运,愿和上东游兴化。"[2]鉴真答道:

> 昔闻南岳惠思禅师迁化之后,托生倭国王子,兴隆佛法,济度众生。又闻,日本国长屋王崇敬佛法,造千袈裟,来施此国大德、众僧。其袈裟缘上绣着四句曰:'山川异域,风月同天。寄诸佛子,共结来缘。'以此思量,诚是佛法兴隆,有缘之国也。[3]

虽然没有去过日本,但自幼生长在扬州这样的国际化大都市,鉴真对日本国内的情况也有所耳闻,知道佛教在那里正受到统治者的提倡与尊崇,方兴未艾,或许正是弘法的理想国度。讲完这番话,他又转身询问门下诸弟子,谁愿意与他一同东渡日本弘扬佛法。此时门下一众弟子都沉默不语,他们没有料到,鉴真当场便答应了这两位素昧平生的异国僧侣的邀约。过了很久,鉴真弟子祥彦忍不住打破了沉默:"彼国太远,性命虽存,沧海森漫,百无一至。人身难得,中国难生,进修未备,道果未到。是故众僧咸默无对而已。"往来中日两国的船只海难频繁,此行注定九死一生,好生恶死,人之常情,僧人们也不可能毫无畏惧。但鉴真并不为所动,他说:"是为法事也,何惜身命?诸人不去,我即去耳。"这番决绝的言辞与舍生取义的精神令祥彦等人大为惭愧,当

---

[1]〔日〕真人元开撰,汪向荣校注:《唐大和上东征传》,中华书局2000年版,第39页。

[2]〔日〕真人元开撰,汪向荣校注:《唐大和上东征传》,中华书局2000年版,第40页。

[3]〔日〕真人元开撰,汪向荣校注:《唐大和上东征传》,中华书局2000年版,第40页。

即表示愿意随同赴日。由此,鉴真师徒开启了六次东渡的艰难征程。

　　鉴真初次渡日的随行人员包括弟子道兴、道航、神崇、忍灵、曜祭、明烈、道默、道因、法藏、法载、昙静、道巽、幽岩、思托、祥彦,以及与荣睿、普照一行的玄朗、玄法、澄观、德清与如海等,共计二十一人。确定人员后,鉴真等人便开始为航海做准备,其中最关键的是要有出海的大船以及口粮。当时中日间的海上贸易还不像9世纪以后那么兴盛,罕有往来商船,而官方的遣唐使往来无常,一时也指望不上,所以他们拿着李林宗的书信,向扬州仓曹参军李凑求助。他们还购置了大量干粮、行装,为了避开官府的注意,将其分藏在大明寺、开元寺与既济寺,对外宣称准备前往天台国清寺,供养僧众。鉴真等人之所以如此小心谨慎,有两方面的原因。首先,唐朝对本国居民离境有严格的审批流程,除了官方派遣,一般很难申请到跨国旅行所需的公验、过所等文书,如贞观年间玄奘法师到印度求法,因无通关文牒,不得不冒险越境偷渡。具体到天宝元年这一时间点,还有更为不利的因素。当时东南沿海一带"海贼大动繁多,台州、温州、明州海边并被其害,海路堙塞,公私断行"[1],扬州官府为戒备海贼,进一步加强了对附近海域的管控,私人船只一律不得出海。

　　正在准备出海的关键时刻,鉴真僧团内部的矛盾激化,鉴真弟子道航等人与高丽僧如海发生冲突。道航向来轻视如海的德行、修为,不屑与其为伍。如海遭受这番羞辱自然非常恼火,一气之下前往官衙,向扬州大都督府长史兼淮南道采访使班景倩告密,谎称道航等人私造船只,勾结海贼,欲里应外合,洗劫扬州城。班景倩闻讯大惊,下令搜查诸寺,果然发现私造的船只与干粮,随即逮捕了道航、普照与荣睿等人。道航下狱后竭力辩白,拿出李林宗的书信,并请扬州仓曹参军李凑作证。班景倩虽然最终相信了他们的清白,但以海贼猖獗为由,劝阻鉴真等人出海,并没收了他们的船只。至于普照、荣睿等日本僧人,准备择机遣送回国。鉴真第一次东渡的尝试就此流产。

　　普照、荣睿在被羁押四个月后获释,面对随时会被遣送回国的处境,二人商议:"我等本愿为传戒法,请诸高德,将还本国。今扬州奉敕,唯送我四人,不得请诸师,而空返无益,岂如不受官送,依旧请僧将还本国,流传戒法者

---

[1]　〔日〕真人元开撰、汪向荣校注:《唐大和上东征传》,中华书局2000年版,第43页。

乎？"[1]于是二人避开官府的监视，再度拜访鉴真。经历一番风波，鉴真东渡的决心丝毫没有动摇，三人商议之后，重新做了一番谋划。首先由鉴真拿出八十贯正炉钱，私下联系岭南道采访使刘巨鳞，购得其在扬州修造的一艘军用船只，并招募了十八名水手、船工。接着便开始置办行装，其中包括渡海所需口粮，如米、面、胡饼等，举行佛教仪式所需的佛具、佛像、佛经，以及南海香料、药物等货物，另外还随身携带了一些现金。《唐大和上东征传》中详细罗列了这份物品清单，从中可见是一笔非常巨额的开支，鉴真显然对渡海的困难做了充分的准备。

这次东渡的随行人员包括弟子祥彦、道兴、德清、思托等十七人，另外他们还招募了一批工匠，包括画师、玉器工以及绣像、雕檀木、镌碑等方面的特种工匠，一行计有八十五人之众，可谓规模空前。天宝二年十二月，鉴真一行人乘坐军船从扬州扬帆出海，从长江口出海东下，到达明州境内的狼沟浦（今浙江舟山群岛一带）[2]，正欲渡海之际，突然遭遇飓风，船只触礁破损，诸人不得不上岸避难。当时正值寒冬，"潮来，水至人腰，和上在乌蓝草上，余人并在水中，冬寒风急，甚太辛苦"。停留数日后，船工修好了船只，鉴真决定继续出航。他们的计划是驶向大板山（今浙江嵊泗列岛中的大戢山），但因风向问题，未能到达既定目的地，而是到了下屿山（舟山群岛北面的五屿）。在此停留了一个月时间，准备候风横渡东海。但出海没多久再次遭遇恶劣天气，风急浪高，不得不将船驶向近海，但又不幸触礁，船体破损严重，诸人不得不弃船登岸，行李损失殆尽。鉴真东渡的尝试再次遭遇挫折。

此后，鉴真一行并未回到扬州，而是暂居明州鄮县（今浙江宁波）阿育王寺。浙东一带与日本隔海相望，两地素有交通，鉴真侨居于此，显然是为出海便利计。因为信众遍布江南，听闻鉴真在明州一带的消息后，他们纷纷邀请鉴真前去弘法。鉴真陆续游历了越州（今浙江绍兴）、杭州、湖州、宣州（今安徽宣城）等地，为信众传法、授戒。在结束了江南一带的巡游后，鉴真回到阿

---

[1]　〔日〕真人元开撰、汪向荣校注：《唐大和上东征传》，中华书局 2000 年版，第 46 页。

[2]　关于狼沟浦的具体所在，学者意见纷纭，除了舟山群岛说，又有今南通境内的狼山说、苏州太仓境内的浪（狼）港说，至今莫衷一是。对诸家观点的简要介绍，参吴平、吴建伟：《鉴真年谱》，广陵书社 2018 年版，第 125—127 页。

育王寺,准备再次东渡。此事为越州僧人得知,他们无法理解鉴真何以这般执着地以身犯险,认为一定是日本僧人引诱所致。为挽留鉴真,他们向官府控普照、荣睿包藏祸心,诱拐鉴真去日本。官府听信了越州僧人的告发,将荣睿投入大牢,遣送杭州,荣睿途中病重,一度生命垂危,官府见状才将其释放。第三次东渡至此也就不了了之。

连遭挫折,鉴真并未气馁。既然明州、越州一带多有阻碍,他又将目光转向了福建沿海地区,那里同样存在中日之间的海上交通航线。不久后,鉴真派人前往福州,偷偷购置了海船与口粮,随后率领普照、荣睿、祥彦等三十余人离开明州阿育王寺。他们原计划取道台州临海、黄岩到达温州,再前往福州。但就在从黄岩到温州的途中,又遭遇了变故。原来,鉴真留在扬州的弟子灵祐等人,听闻老师在明州、越州一带活动的消息,知道他东渡再次失败,不忍其再冒险出海,于是联名奏报官府,请求截留鉴真。台州本地官府在接到扬州的公文后,很快发现了鉴真等人的行踪,并将其扣押,不久官府派人将其护送回到扬州。第四次东渡的努力同样无果而终。

天宝七载(748)春季,荣睿、普照经历一番波折,再次来到扬州,并前往崇福寺鉴真的住处。这一年,鉴真六十一岁,在当时早已是桑榆晚景,但遭遇多次挫败,他依然不改初心,见面后立刻允诺了荣睿与普照的请求。他随即着手准备行装,"造舟、买香药,备办百物,一如天宝二载所备"[1]。至六月二十七日,鉴真率领祥彦、思托等十四名弟子,从崇福寺出发,沿着运河驶入长江,东下抵达常州界内的狼山。继而航行到越州附近海域的三塔山,在此候风渡海,至十一月才横渡东海。不幸的是,鉴真等人再次遭遇飓风,虽然船只无损,但偏离了原定航向。连续漂流十四天后才看到陆地,登陆后发现,他们已经漂到了振州(今海南三亚)。

鉴真在海南滞留了一年,在当地弘法,并传播中原文化。振州僻处南荒,不是久留之地,鉴真决定先北返中原,再作计议。他们一行经过万安州(今海南万宁)、崖州(今海南三亚),横渡雷州海峡,回到大陆,接着经梧州到达桂州(今广西桂林),并在桂州开元寺驻锡一年。此后,鉴真又应时任南海郡大都

---

[1]　〔日〕真人元开撰,汪向荣校注:《唐大和上东征传》,中华书局2000年版,第62页。

督卢奂之邀,赴广州讲法。在途经端州(今广东肇庆)时,日本僧人荣睿不幸病逝,鉴真"哀恸悲切,送丧而去"。抵达广州后,卢奂为鉴真安排了盛大的欢迎仪式,并安排他在大云寺弘法。入夏之后,鉴真动身北上返回扬州,在途经韶州时,普照先行辞去,向明州筹措渡海船只与资金。临行之时,二人执手而别,鉴真泫然涕下:"为传戒律,发愿过海,遂不至日本国,本愿不遂。"[1]经历诸多磨难,尤其荣睿遽然离世的打击,鉴真不免流露出悲观情绪。然而厄运并未就此终结,此后不久,鉴真因长期风餐露宿更兼水土不服,眼疾发作,又为庸医所误,导致双目失明。翻越大庾岭后,鉴真一行溯赣水北上到达吉州(今江西吉安)。在此,鉴真又遭遇了人生中的一次沉重打击——长期追随他弘法的大弟子祥彦因病去世。垂暮之年,壮志难就,知己、爱徒却相继辞世,更兼自己双目失明,不难想见,鉴真的心情是无比沉痛的。安葬祥彦后,鉴真一行经过了庐山、江州(今江西九江)、润州江宁县(今江苏南京),回到了扬州,第五次东渡也以惨淡收场告终。此后数年时间,鉴真一边在扬州龙兴、大明、崇福、延光诸寺讲授戒律,为信众授戒,一边还在等待机会,准备再度扬帆出海。

天宝十一载(752),藤原清河率领的第十一次遣唐使来到中国,这为鉴真陷入困顿的东渡弘法事业带来了转机。正如前面所介绍的,使团这次除了来朝觐,另一项任务便是延请高僧、文士赴日讲学。藤原清河等人在明州(今浙江宁波)登陆,经扬州北上,这一路都是鉴真长期弘法的地域,事迹播在人口,他们想必有所耳闻。抵达长安后,藤原清河、吉备真备等人见到了在两京一带活动的普照,听他讲述鉴真五次东渡的事迹后深受感动,下决心无论如何要助其完成这一宏愿。不久,在朝见唐玄宗时,藤原清河正式提出了邀请鉴真赴日的请求。作为一名狂热的道教信徒,唐玄宗对日本举国崇佛的举动不以为然,要求优先派遣道士赴日传法,在被日本使节婉拒后,便驳回了他们邀请鉴真的请求。官方途径眼看很难走通,藤原清河等人并未放弃,决定冒险再做最后一次尝试。

天宝十二载(753)秋,在结束两京一带的外事活动后,藤原清河一行南下

---

[1]〔日〕真人元开撰,汪向荣校注:《唐大和上东征传》,中华书局 2000 年版,第 74 页。

扬州,准备在此乘船回国。十月十五日,遣唐使大使藤原清河、副使吉备真备、大伴古麻吕以及随船回国的阿倍仲麻吕(晁衡)等人来到鉴真居住的延光寺拜访。他们首先向鉴真表达了敬意:"弟子等早知和上五遍渡海,向日本国,将欲传教,今亲奉颜色,顶礼欢喜。"接着发出了东渡的邀请:"弟子等先录和上尊名,并持律弟子五僧,已奏闻主上,向日本传戒。主上要令将道士去……为此,和上名亦奏退,愿和上自作方便。弟子等自有载国信物船四舶,行装具足,去亦无难。"[1]所谓"自作方便","去亦无难"云云,话说得有几分隐晦,因为此前唐玄宗已明令禁止其携鉴真回国,藤原清河若公然招揽,便是违敕的重罪,所以只能暗示其搭载遣唐使船偷渡。鉴真自然心领神会,当即允诺同行,随后便开始为出海做准备。这一次随行人员包括:扬州白塔寺法进、泉州超功寺昙静、台州开元寺思托、扬州兴云寺义静、衢州灵耀寺法载、窦州开元寺法成等十四名弟子,以及藤州通善寺尼智首等三人,扬州优婆塞潘仙童、胡人安如宝、昆仑国人军法力、瞻波国人善听,总计二十四人。相比之前几次,人数并不算多。此外还携带了佛像八件,佛具七种,佛经三十三部以及王羲之、王献之父子法帖数种。

十月十九日,鉴真一行从龙兴寺出发,到江边坐船,顺流而下到达苏州黄泗浦(今苏州常熟境内),与遣唐使船汇合。鉴真等人被安排在副使大伴古麻吕所在的第二船,接着横渡东海,循南岛路返回日本。经过五天的航行后,十一月二十一日第二船抵达阿儿奈波岛(今冲绳),十二月二十日在九州南部的萨摩国(今鹿儿岛县)阿多郡秋妻屋浦登陆。历经十二年间的五次失败后,鉴真终于踏上了日本国土。

之后鉴真一行随使节从萨摩北上,取道太宰府(今福冈市)前往日本当时的首都平城京(今奈良)。次年二月,鉴真一行抵达平城京,日本圣武太上皇、孝谦天皇先后派遣大纳言藤原仲麻吕、安宿王以及此前赴日的道璇律师迎接、慰劳,并在罗城门外为其举办了盛大的欢迎仪式。随后,鉴真一行被安置在新修建竣工的东大寺中休养。在此期间,吉备真备作为圣武太上皇的敕使来慰问鉴真,并宣读诏书:

[1]〔日〕真人元开撰,汪向荣校注:《唐大和上东征传》,中华书局2000年版,第83页。

> 大德和上，远涉沧波，来投此国，诚副朕意，喜慰无喻。朕造此东大寺，经十余年，欲立戒坛，传受戒律，自有此心，日夜不忘。今诸大德，远来传戒，冥契朕心。自今以后，授戒传律，一任和上。[1]

为迎接鉴真赴日弘法，日本朝野上下已准备了十余年时间，此时此刻，他们自然是欢欣鼓舞。随后不久，鉴真被授予"传灯大法师位"，并被委以建立戒坛、传授戒律的重任。经过两个多月的筹备，日本天平胜宝六年（754）四月五日，鉴真在东大寺内卢舍那大佛前建立戒坛，依次为圣武太上皇、孝谦天皇、光明皇太后以及诸皇子授菩萨戒，接着又为沙弥四百余人授戒，最后又为日本僧人灵福、志忠、善项等八十余人重授具足戒。这些日本僧人此前虽然受过戒律，但未经过"三师七证"等佛门正规流程，因此他们此时自愿放弃旧戒，从鉴真受新戒。

传戒仪式结束后，又在原址修建了戒坛院，在北侧修建唐禅院，由鉴真主持其事，作为制订授戒制度、宣讲佛法的专门机构。在此期间，鉴真及其弟子一直致力于律宗教义的传播，如法进曾应道璇之请，为通晓汉语的日本僧人讲授法励《四分律疏》以及定宾《镇国记》等相部律宗经典，这些弟子后来又被派到各地的寺院传授戒律。经由鉴真的整顿与改革，日本佛教界面目焕然一新，作为"南都六宗"之一的日本律宗也正式宣告确立，此后传承不绝。鉴真及其弟子的弘法活动，也为天台宗、密宗等宗派在日本的传播奠定了基础，如日本天台宗之祖最澄，便是鉴真的再传弟子。为表彰鉴真在弘扬佛法方面的巨大贡献，日本孝谦天皇任命其为大僧都，弟子法进为律师，并下诏褒赞其"或学业优富，或戒律清净，堪圣代之镇护，为玄徒之领袖"[2]。

晚年的鉴真因年事日高，日本朝廷解除其大僧都的职务，尊其为"大和上"，并赐水田一百町、宅第一区，供其颐养天年。在弟子思托等人的建议下，鉴真在其地营建伽蓝，作为今后传授戒律的永久场所，这便是后来的唐招提寺。日本天平宝字七年（763）五月六日，鉴真在唐招提寺溘然坐化，享

---

[1]〔日〕真人元开撰，汪向荣校注：《唐大和上东征传》，中华书局2000年版，第92页。

[2]〔日〕菅野真道等：《续日本纪》卷十九，天平胜宝五年五月，收入〔日〕黑板胜美编：《国史大系》第二卷，经济杂志社1897年版，第330页。

年七十六岁。次年(764)八月,日本专门遣使扬州,向鉴真故乡的信众告哀,"扬州诸寺皆承大和上之凶闻,总着丧服,向东举哀三日",遥寄对这位高僧的无尽思慕。鉴真去世后被安葬在招提寺内东北隅,其墓茔至今保存完好。在墓旁按其遗愿修建了一座御影堂,供奉着鉴真生前所制的干漆影像,供后人瞻仰。

鉴真东渡之于日本的意义不仅限于佛教,他还将唐朝先进的文化艺术、科学技术在日本广为传播。鉴真博学多才,精通建筑营造之道,在扬州期间便广泛"造立寺塔",赴日后,他主持营造的唐招提寺堪称盛唐建筑文化的珍宝,更对日本传统建筑工艺的发展产生了深远影响。唐招提寺至今整体保护完好,其中金堂、讲堂等犹可见鉴真生活时代的风貌。鉴真医术精湛,曾为日本光明皇太后诊疗疾病,颇有效验。行医之余,鉴真也致力于药学知识的传播,9世纪成书的《日本国见在书目》中著录有《鉴上人秘方》一卷,即鉴真生前所传医方。此外,在书法领域,鉴真东渡时带来王羲之、王献之父子法帖,直接推动了二王书风在日本上流社会的风行。可以说,日本奈良时代"唐风文化"的鼎盛,与鉴真东渡之行是密不可分的。作为首屈一指的高僧兼学者,鉴真将唐代先进文化的火种带到了日本,也因此,鉴真被后世誉为"站在奈良文化最高峰的人""日本文化的恩人"。

三、圆仁与《入唐求法巡礼行记》

在唐代,除了从中国东渡日本的高僧,来华巡礼、求法的日本僧侣也不乏其人。日本平安时代前期(9世纪)的"入唐八家"便是其杰出代表,他们分别是天台宗最澄、圆仁、圆珍,真言宗空海、常晓、圆行、慧远、宗睿。其中,又以随第十八次遣唐使来华的圆仁留下的文字资料最为丰富,且与扬州的渊源也最为深厚。沿着圆仁入唐巡礼的足迹,正可再现9世纪扬州辉煌、璀璨的时代图景。

圆仁(794—864),俗姓壬生氏,出生于日本下野国都贺郡(今栃木县)的一个中下级贵族家庭。圆仁自幼丧父,从其兄研习经史,"口诵俗典,心慕佛乘",因笃信佛教,九岁在家乡的大慈寺受沙弥戒,师从高僧广智。十五岁时,在广智的引荐下,圆仁从家乡来到京都郊外的佛教圣地比睿山延历寺,成为日本天台宗初祖最澄的弟子。值得一提的是,广智与最澄都是鉴真的再传弟子[1],因此从法脉上看,圆仁算得上是鉴真的法嗣,这是他与扬州的第一层渊源。另外,最澄与真言宗初祖空海曾于公元803年随遣唐使入唐,在天台山进修佛法,由此学问精进,奠定了在日本佛教界的崇高地位。可以说,圆仁是在中国文化氛围浓厚的环境下成长起来的。

814年,圆仁因研习天台经典《法华经止观》成绩优异,获得正式出家的资格,由此在佛教界崭露头角,两年后在东大寺受具足戒。之后不久,圆仁奉师命下山弘法,先后在法隆寺、四天王寺讲授《法华经》,颇有声望,成为日本天台宗的后起之秀。835年,日本朝廷决定派出第十八次遣唐使,圆仁秉承其师遗训,以天台宗请益僧的身份加入其中。两年后,四艘遣唐使船正式出海入唐,圆仁乘坐第一船,于同年七月在扬州海陵县境内登陆,由此开启了在唐十年的求法、巡礼之行。

圆仁此行的身份是请益僧,到达扬州后,打算立即动身前往天台祖庭国清寺,向高僧请教天台教义的若干疑难问题。但按照唐朝的法律,外国使团成员入境后没有随意旅行的自由,留学、请益都需要官方的批准。圆仁很快向扬州官府提出申请,前往天台山巡礼。时任淮南节度使兼扬州大都督府长史李德裕,是晚唐著名的政治家,久任内外要职。他对圆仁等人巡礼、问学的请求态度模棱两可,先是称要向朝廷奏报,继而又回复圆仁:“请益法师可向台州之状,大使入京奏闻,得报符时,即许请益僧等发赴台州者。”[2]提出让日本使节赴京朝觐时当面向朝廷申请。同年十月,大使藤原常嗣一行赴京,圆仁与使团判官藤原贞敏等人则留在扬州等候。

次年二月,从长安传来消息,圆仁前往天台山巡礼的申请被唐文宗当场驳回,心情之沮丧可想而知,他不得不先跟随使团回国。眼看着夙愿即将化为泡影,圆仁并不甘心,决定放手一搏。在使节一行沿运河北上至海州(今江苏连云港)境内时,圆仁带着三名随从悄悄下船,决定脱离使团,独自在唐土求学、巡礼。此后经历一番波折,圆仁一行三人先到达了山东半岛的登州,寓

---

[1] 广智师从道忠,而道忠曾从鉴真授戒,得其真传,被誉为“持戒第一”。最澄在东大寺受戒后,从法进的弟子研习佛法,将日本天台宗的正统追溯到鉴真与道璇两位唐朝高僧。

[2] 〔日〕圆仁撰,顾承甫、何泉达点校:《入唐求法巡礼行记》卷一,上海古籍出版社1986年版,第14页。

居在文登县赤山村的新罗侨民社区,这一住便是九个月。在此期间,圆仁结识了新罗侨民领袖张咏,在其无私帮助下,圆仁终于取得了跨境旅行所需的"公验"文书。因为路途遥远,圆仁不得不放弃天台山巡礼的计划,改为参访另一处佛教圣地——五台山。他于开成五年(840)二月启程,北渡黄河,取道河朔三镇,进入太行山脉,同年四月到达山西境内的五台山,巡礼诸处圣迹。此后又西入关中,于八月抵达唐都长安。在左街功德使、宦官仇士良的安排下,圆仁寄住在资圣寺,前后长达近五年时间。在此期间,他遍访名师,巡礼诸寺,学问得到了很大提升。

会昌五年(845),唐武宗下诏毁坏佛寺、裁汰僧尼,是为中国历史上的"会昌法难",一时间佛教遭到沉重打击。圆仁身处政治中心长安,也受到了法难的直接波及。作为外国僧人,他被迫还俗,踏上了归国的行程。会昌五年五月,圆仁仓皇离开长安,出潼关,一路沿黄河东行,经洛阳、郑州到达汴州,接着沿运河东下,抵达扬州。然而扬州地方政府不愿派船送其回国,而是将其递送出境。于是圆仁又往北经楚州、海州,再次来到登州文登县赤山村的新罗人聚居地,向张咏等人求助。在此盘桓两年时间,最终在新罗商人的帮助下,于大中元年(847)九月乘船横渡黄海,十余日后顺利抵达九州的博多。

回国后,圆仁很快成为日本佛教界领袖,荣任第三代天台座主,朝廷赐"传灯大法师"位。此后十余年里,圆仁利用在唐期间习得的知识,致力弘扬佛法,在比睿山设灌顶堂,先后为天皇、太皇太后灌顶,建根本观音堂、法华总持院,又在关东、东北等地陆续建立五百多座寺庙,在日本佛教发展史上产生深远影响。日本贞观六年(864),圆仁在比睿山寂然坐化,享年七十一。两年后,日本清和天皇赐谥号"慈觉大师"。

在唐朝的近十年时间里,圆仁巡礼足迹遍布今江苏、山东、河北、山西、陕西、河南、安徽等地,与上至王公贵戚,下至贩夫走卒的社会各界人士多有交往,并以日记的形式详细记录了沿途所见、所闻、所感。回国后,他将部分日记条目摘编而出,编为《入唐求法巡礼行记》一书。全书以汉语写成,起自唐文宗开成三年(838)六月十三日,从九州的博多登船出发,讫于唐宣宗大中元年十二月十四日(848年1月23日),从山东半岛返回博多,约八万言。该书问世后曾在日本广为流传,10世纪日本僧人成寻来华,还曾将其进献给北宋朝廷。但此后亡佚了很长一段时期，直至明治时期，在京都东寺观智院文书发现了镰仓时代僧人兼胤抄录的写本，方得重见天日。

《入唐求法巡礼行记》虽然是僧侣巡礼的记录，但内容绝不限于佛教相关事项，圆仁以外国人的视角，对9世纪中国各地的风土人情、社会民生、四时节庆、政教关系等都做了巨细靡遗的记录，堪称研究晚唐社会各层面的第一手资料。也因此，《入唐求法巡礼行记》与《大唐西域记》《马可·波罗游记》齐名，被誉为中世纪"东方三大游记"。

扬州是圆仁入唐后造访的第一座城市，且前后停留八个月之久，《入唐求法巡礼行记》对扬州风土人情的生动记叙，在全书中占很大篇幅。循着圆仁的足迹，晚唐扬州的绚丽图卷在我们面前徐徐展开。下面选取书中的一些片段，对其史料价值做一些评介。

圆仁一行抵达唐朝后，在扬州海陵县东梁丰村（今南通如东县掘港镇附近）登陆。此后二十余日，使团一行乘船沿着运盐河（通扬运河）向扬州进发。《入唐求法巡礼行记》详细记录了沿途见闻。《行记》七月十八日条："水牛二头以系卅余舫，或编三艘为一船，或编二只为一船，以缆续之。……掘沟宽二丈余，直流无曲，是即隋炀帝所掘矣。"[1]七月二十一日条："盐官船积盐，或三四船，或四五船，双结续编，不绝数十里，相随而行。"[2]这是反映唐代扬州境内城乡水上交通以及盐业生产、运输情况的第一手史料。沟通今扬州与南通两地的通扬运河，虽然学者推测早在汉代便已出现雏形，但明确见于文献记载，则是圆仁此处所记。

七月二十日条："比至午时，水路北岸杨柳相连。未时到如皋，茶店暂停。掘沟北岸，店家相连。"[3]七月二十一日条："水路左右，富贵家相连，专无阻

---

［1］〔日〕圆仁撰，顾承甫、何泉达点校：《入唐求法巡礼行记》卷一，上海古籍出版社1986年版，第5—4页。

［2］〔日〕圆仁撰，顾承甫、何泉达点校：《入唐求法巡礼行记》卷一，上海古籍出版社1986年版，第7页。

［3］〔日〕圆仁撰，顾承甫、何泉达点校：《入唐求法巡礼行记》卷一，上海古籍出版社1986年版，第6页。

隙。"[1]随着盐业开发,运盐河沿线的如皋一带店铺林立、富家宅第相连,出现了一批新兴聚落与市镇。晚唐虽然还没有设置独立的行政区划(归海陵县管辖),但已是初具建制规模。此后的五代时期,正式设立泰州、通州两个州级政区,可谓水到渠成。从这个角度来看,圆仁记录的历史景观,见证了苏中区域发展史上的一个关键节点。

进入扬州城后,圆仁对城内景观也有一番细致的描绘:

> 廿五日……未时到禅智桥东侧停留。桥北头有禅智寺……自桥西行三里,有扬州府。……江中充满大舫船,积芦舡、小船等不可胜计。申毕,行东郭水门,酉时到城北江停留。[2]

唐代扬州城内水道纵横,二十四桥横跨其间,唐诗所谓"入郭登桥出郭船",反映的正是这一城市景观。圆仁所见也印证了这一点,其中的"江",其实是指穿城而过的运河,又称官河。城中运河上泊满大小船只,反映出扬州商品贸易的繁荣景况。《入唐求法巡礼行记》中还记载了唐代扬州城的一些重要信息,如九月十三日条称"扬府南北十一里,东西七里,周四十里"[3],这组数据是关于唐代扬州城池规模最早的文字记录,与今天考古发掘反映的情况大体吻合,史料价值弥足珍贵。除了对城市景观的如实记录,圆仁还记下了一千多年前扬州居民的礼俗与节庆,如军府讲武、寺院斋祭、冬至、除夕等等,对相关风俗都有非常细腻的描摹,读来饶有趣味。这些情况,在本书其他章节已有详细介绍,这里不再赘述。

使节赴京后,圆仁被安排在扬州城内的开元寺居住。在前后长达八个月的时间里,他与扬州僧俗各界人士多有往还。其中,最引人注目的是与时任淮南节度使李德裕的两次会面。李德裕是"牛李党争"中李党的领袖,在文宗、

---

[1]〔日〕圆仁撰,顾承甫、何泉达点校:《入唐求法巡礼行记》卷一,上海古籍出版社1986年版,第7页。

[2]〔日〕圆仁撰,顾承甫、何泉达点校:《入唐求法巡礼行记》卷一,上海古籍出版社1986年版,第8页。

[3]〔日〕圆仁撰,顾承甫、何泉达点校:《入唐求法巡礼行记》卷一,上海古籍出版社1986年版,第13—14页。

武宗朝两次拜相,堪称晚唐政坛叱咤风云的大人物。正史、笔记小说等文献对他有不少记载,作为一名异国僧人,圆仁眼中的李德裕是怎样的呢? 二人的首次会面是在开成三年(838)十一月八日,《入唐求法巡礼行记》卷一记录:

> (十一月)八日斋前,相公(李德裕)入寺里来,礼佛之后,于堂前砌上,唤请益、留学两僧相见,问安稳否。前后左右相随步军计二百来,虞候之人卌有余,门头骑马军八十匹许,并皆着紫衣。更有相随文官等,总着水色,各骑马,忽不得记。相公看僧事毕,即于寺里蹲踞大椅上,被担而去。[1]

这一日,李德裕前往开元寺礼佛,听闻日本僧人圆仁、圆载二人寄住于此,于是顺道接见了他们。这次会面时间不长,只简短地寒暄,所以圆仁也没有留下太多文字。有学者认为,李德裕本人崇信道教,与道士多有互动,对佛教则持排抑立场,此后唐武宗灭佛的种种举措,与时任宰相的李德裕不无关系。但从圆仁的记载不难窥见,李德裕应该经常去寺院礼佛,与佛教界其实也不乏互动。

第二次见面是在十天以后,《入唐求法巡礼行记》卷一:

> (十一月)十八日,相公入来寺里,礼阁上瑞像,及检校新作之像。少时,随军大夫沈弁走来云:"相公屈和尚。"乍闻,共使往登阁上。相公及监军并州郎中、郎官、判官等,皆椅子上吃茶。见僧等来,皆起立作手,并礼唱且坐,即俱坐椅子啜茶。……相公着紫,郎中及郎官三人着绯,判官四人着绿袄……相公对僧等近坐,问:"那国有寒否?"留学僧答云:"夏热冬寒。"相公道:"共此间一般。"相公问云:"有僧寺否?"答云:"多有。"又问:"有多少寺?"答:"三千七百来寺。"又问:"有尼寺否?"答云:"多有。"又问:"有道士否?"答云:"无道士。"相公又问:"那国京城方圆多少里数?"答云:"东西十五里,南北十五里。"又问:"有坐夏否?"答:

---

[1] 〔日〕圆仁撰,顾承甫、何泉达点校:《入唐求法巡礼行记》卷一,上海古籍出版社 1986 年版,第 18 页。

"有。"相公今度时有语话,且慰勤问。申情既毕,相揖下阁。[1]

这次接见比前一次要隆重不少,除了李德裕,陪同人员还有监军宦官、节度副使、判官等扬州官府的头面人物。从见面时起身行礼、设座、吃茶等诸项礼节来看,李德裕对这位异域僧人可谓礼遇备至,毫无倨傲之态。接着李德裕详细询问了日本的情况,从二人一问一答的笔谈间不难看出,虽然日本国前后遣使十余回,且多次途经扬州,然而像李德裕这样的政治精英,对日本的情况几乎一无所知。这是传统时代文人士大夫的常态,无足厚非,不过一连串的发问至少表明,李德裕对这个一衣带水的邻邦是充满好奇的。

在扬州期间,圆仁主要精力投入了宗教文化领域的交流与访学。利用八个月的时间,他搜集了大量佛教经论、典籍,由先期回国的遣唐使录事粟田家继携回日本,交付延历寺收藏。关于这批典籍的内容,今天有《日本国承和五年入唐求法目录》(839 年)、《慈觉大师在唐送进录》(840 年)两种目录存世,前者是圆仁在扬州期间亲自编定,后者系延历寺僧人所编,两种目录所记互有参差,但大体一致,[2]足以窥见圆仁在扬州期间宗教文化交流的全貌。《慈觉大师在唐送进录》著录"大乘经律论、梵汉字真言仪轨赞、章疏传记、曼荼罗并传法和尚等影及外书等,总一百二十七部,一百四十二卷"[3],悉数是"承和五年八月到大唐扬州大都督府,巡历城内诸寺写取"[4]。这里不妨围绕这份书目做一些分析。圆仁所求典籍中,部帙最大的是密教文献,这一点值得重视。我们知道,因最高统治者的扶持,密宗在唐代中期以降曾经盛极一时。流风所及,以空海为代表的真言密教(东密)也兴起于平安时代的日本。最澄、圆仁师徒虽承续天台法脉,但修行方法上却深受密教思潮影响,因此日本天台宗也被称作"台密"。圆仁对密教典籍久有留意,此番利用停留扬州的机会,

---

　[1]〔日〕圆仁撰,顾承甫、何泉达点校:《入唐求法巡礼行记》卷一,上海古籍出版社 1986 年版,第 19 页。

　[2]〔日〕小野胜年:《入唐求法巡礼行记の研究》,法藏馆 1989 年版,第 9—10 页。

　[3]〔日〕仁全、治哲、睿道:《慈觉大师在唐送进录》,《大正新修大藏经》第 55 册,新文丰出版公司 1983 年版,第 1076 页。

　[4]〔日〕圆仁:《日本国承和五年入唐求法目录》,《大正新修大藏经》第 55 册,新文丰出版公司 1983 年版,第 1076 页。

向西明寺僧全雅、宗睿等人系统学习梵语与密教知识，"借写金刚界诸尊仪轨等数十卷"[1]，受胎藏、金刚两部曼荼罗。其中宗睿的经历颇具传奇色彩，据圆仁介绍，他原本在钟南山修行，"能解梵汉，妙闲悉昙之音，为向西天，辞旧到（扬州）"[2]，是一位立志前往印度求法的高僧，临行前为辞别故人来到扬州，与圆仁不期而遇，一见如故，遂将平生所学倾囊相授。这段经历增进了圆仁的密教修为，对日本天台宗的发展产生深远影响。

　　除了密宗典籍、仪轨，圆仁还抄写了《法华经略疏》《智者大师修行三昧长行法》《肇论钞》《量处重轻仪》等天台宗、律宗、华严宗典籍，以及《南岳思禅师法门传》《扬州东大云寺演和上碑并序》等历代高僧传记、碑铭，乃至白居易、施肩吾等当世诗人文集，《大唐新修定公卿士庶内族吉凶书仪》《开元诗格》等诗文创作的实用书籍，可谓琳琅满目。总的来看，这份书目透露出圆仁显、密并重的佛学修行特色，以及内、外兼综的学问趣尚。而之所以能在短期内搜集到数量庞大、门类繁多的书籍，自然与扬州浓郁的宗教氛围、优越的人文环境密不可分。

　　除了广搜书籍，在扬州期间，圆仁的另一个兴趣是巡礼佛教名胜，摹写影像。扬州城内名刹林立，有寺院四十余座，其中对圆仁最具吸引力的当推龙兴寺。龙兴寺是鉴真曾经的驻锡之所，其中还供奉有南岳慧思与天台智颛两位天台宗祖师的画像。作为日本天台宗弟子兼鉴真法嗣，圆仁满怀崇敬地巡礼、瞻仰了龙兴寺内的名胜，并请同行的画家粟田家继"画南岳、天台两大师像两铺各三副"，又"画写诵《法花经》，将数致异感和尚等影，数及廿来"[3]。同日，他还特别造访了龙兴寺的东塔院，瞻仰鉴真和尚素影。据其记载，塔院"阁题云：'过海和尚素影。'更中门内东端，建过海和尚碑铭，其碑序记鉴真和

　　[1]〔日〕圆仁撰，顾承甫、何泉达点校：《入唐求法巡礼行记》卷一，上海古籍出版社1986年版，第30页。

　　[2]〔日〕圆仁：《日本国承和五年入唐求法目录》，《大正新修大藏经》第55册，新文丰出版公司1983年版，第1076页。

　　[3]〔日〕圆仁撰，顾承甫、何泉达点校：《入唐求法巡礼行记》卷一，上海古籍出版社1986年版，第25页。

尚为佛法渡海之事"[1]云云。鉴真东渡弘法的事迹，圆仁应该自幼耳熟能详，无比景仰，此刻在扬州瞻仰其遗迹，心中应该别有一番感触。

总之，圆仁留下的这些文字是了解9世纪扬州城市文化、社会百态的珍贵记录，更是映照唐代中日文化交流盛况的一幅画卷，其价值有待后人细心阅读、体味。

第三节　唐代扬州与伊朗、中亚及阿拉伯世界的交往

唐代扬州不仅是与东亚诸国交往的门户，更是东西方文化交流史上的一颗璀璨明珠。与后世作为内陆运河城市的性格迥异，在唐代近三百年间，扬州既是作为国内交通枢纽的运河城市，也是东部沿海对外交往的主要港口之一，是名副其实的海洋城市。经由"海上丝绸之路"入华的各国胡商纷至沓来，或在此贸易有无，或取道北上长安，共同见证了这座东方大都会的辉煌岁月。这里重点介绍以南海贸易为媒介，唐代扬州与东南亚、印度、波斯以及阿拉伯半岛等"海上丝绸之路"沿线国家的文化交流盛况。

一、"隔海城通舶"：唐代南海贸易中的扬州

所谓"海上丝绸之路"，就唐代而言，一般是指从广州出发，经由南海通往印度洋、波斯湾甚至阿拉伯半岛的海上航线。在唐代地理学家贾耽《皇华四达记》中，对这条航线有详细记录，称之为"广州通海夷道"[2]，它构成了唐代中国在海上与外部世界联结的主要路线。

广州是各国商人经海路来华后的第一站，也是南海贸易的商品集散地，史称"南海郡利兼水陆，瑰宝山积"[3]，"广州有海舶之利，货贝狎至"[4]，"南海有蛮舶之利，珍货辐凑"[5]。这些经南海而来的外国商船，唐人泛称之为"南海舶"或"南蛮舶""海舶"等，其实它们始发地各异，既有林邑、师子国、诃陵等

[1]〔日〕圆仁撰，顾承甫、何泉达点校：《入唐求法巡礼行记》卷一，上海古籍出版社1986年版，第25页。

[2]〔宋〕欧阳修、宋祁：《新唐书》卷四三下《地理志》，中华书局1975年版，第1146页。

[3]〔后晋〕刘昫：《旧唐书》卷九八《卢奂传》，中华书局1975年版，第3070页。

[4]〔后晋〕刘昫：《旧唐书》卷一六三《胡证传》，中华书局1975年版，第4260页。

[5]〔后晋〕刘昫：《旧唐书》卷一七七《卢钧传》，中华书局1975年版，第4591页。

南海、印度洋诸国商船，也有发自波斯、阿拉伯等地，途经南海的商船。对此，不妨来看鉴真师徒的一段亲身见闻。天宝七载（748），鉴真第五次东渡后，途经广州，据《唐大和上东征传》记载：

> 江中有婆罗门、波斯、昆仑等舶，不知其数；并载香药、珍宝，积载如山。其舶深六七丈。师子国、大石国、骨唐国、白蛮、赤蛮等往来居住，种类极多。[1]

其中婆罗门是指印度，师子国是指斯里兰卡，昆仑、骨唐国、白蛮、赤蛮等则属于东南亚的马来裔人群，大石（大食）是指阿拉伯人，他们与波斯商人共同构成了南海贸易的主力军。这些外国商舶体型巨大，吃水较深，适合远洋航行，与中国东南沿海的船只构造差异显著。巨舶齐集广州城外，形成了一道壮丽的景观，给鉴真等人留下深刻印象。随着南海贸易的兴盛，从8世纪初期开始，唐朝陆续在广州设立市舶使、押蕃舶使等，中唐以后，例以岭南节度使、监军宦官兼领其职，统一管理，坐收其利。[2]可以说，南海贸易是唐代对外经贸交流的主要渠道之一，尤其随着7世纪阿拉伯帝国兴起，陆上丝绸之路整体趋于衰落，这条海上贸易线路愈显重要。

广州虽是南海贸易的门户，但因僻处岭南，交通不便，且周边区域开发程度较低，缺乏广阔的经济腹地，故而难以吞吐体量巨大的贸易商品。除由市舶使收市部分奢侈品进奉皇室，商舶贩运来的商品最终还是要流向中原腹地。商舶在广州修整一段时间后，一般会选择继续北上，抵达长江流域的商品集散中心——扬州，在此售出香药、珠宝等商品，同时购入中国的陶瓷、丝绸等物产。他们前往扬州的线路主要有两条：其一，自广州卸下货物，分装小船，经珠江（北江）、漓江、赣水、湘水等水系进入长江，顺流而下。因为走的是内河航运，运量有限，且路线迂远，效率并不高。其二，走海路继续向北，取道

---

［1］〔日〕真人元开撰，汪向荣校注：《唐大和上东征传》，中华书局2000年版，第74页。

［2］ 黎虎：《唐代的市舶使与市舶管理》，《历史研究》1998年第3期，第21—37页。

闽、浙沿海,直航扬州。[1]我们重点来看后一条路线。

唐代扬州城并非滨海而建,且与广州之间距离甚远,但史料表明,两地之间存在着发达的海上交通。这条航线在唐初便已存在,如唐高宗咸亨年间,高僧义净前往印度求法时,先从长安南下扬州,"遇龚州使君冯孝诠,随至广府,与波斯舶主期会南行"[2]。义净的这段经历表明,从事南海贸易的岭南豪酋冯氏、波斯商人经常往来于扬州,他们走的正是扬、广间的近海航路。又如天宝二年,鉴真第二次尝试东渡,以八十贯钱在扬州"买得岭南道采访使刘巨鳞之军舟一只"[3]。刘巨鳞任职广州,却有军船寄存在扬州(可能是修缮),说明两地之间海路畅通,人员往来频繁。此外,据《太平寰宇记》引唐人房千里所撰《投荒录》,恩州(今广东恩平)"当中五州之要路,由是颇有广陵、会稽贾人船循海东南而至,故吴、越所产之物,不乏于斯"[4]。扬州商人既能循海路南下雷州半岛,则南海商舶自可北上扬州,唐人李洞《送韦太尉自坤维除广陵》诗:"隔海城通舶,连河市响楼。"[5]描绘的正是商舶直航扬州的情形。

这条海上航线不仅用于民间贸易,及至唐末,官府漕运也循此南下岭南,如咸通三年(862),驻守广州的唐军缺粮,润州江宁人陈磻石上书唐懿宗:"臣弟听思曾任雷州刺史,家人随海船至福建,往来大船一只,可致千石,自福建装船,不一月至广州。得船数十艘,便可致三万石至广府矣。"[6]这一建议获得采纳,朝廷任命其为盐铁巡官,驻扬子院专督海运。

随着商业贸易与航海技术的发展,唐代扬州因为与广州之间的这条畅通

[1]　全汉昇:《唐宋时代扬州经济景况的繁荣与衰落》,《历史语言研究所集刊》第11册,1943年,第149页。

[2]　〔唐〕义净著,王邦维校注:《大唐西域求法高僧传校注》卷下,中华书局1988年版,第152页。

[3]　〔日〕真人元开撰,汪向荣校注:《唐大和上东征传》,中华书局2000年版,第47页。

[4]　〔宋〕乐史撰,王文楚等点校:《太平寰宇记》卷一五八《岭南道·恩州》,中华书局2007年版,第3038页。

[5]　〔清〕彭定求等编:《全唐诗》卷七二二《送韦太尉自坤维除广陵》,中华书局1960年版,第8291页。

[6]　〔后晋〕刘昫:《旧唐书》卷一九上《懿宗纪》,中华书局1975年版,第652—653页。

无阻的海上航道[1]，而被纳入南海贸易的网络之中，东南亚、印度、波斯等地的物产充盈于扬州市面。唐代扬州是除广州以外，南海宝货的另一大集散地与交易中心，对此，史料中有不少反映。诗人韦应物《广陵行》诗云："海云助兵气，宝货益军饶。"[2]其中提到"宝货"，即香料、珠宝等价值昂贵的南海贸易商品。诗人崔涯浪迹扬州期间写过一首《嘲妓》诗："虽得苏方木，犹贪玳瑁皮。怀胎十个月，生下昆仑儿。"[3]苏方木、玳瑁皮皆产自南海、印度洋沿岸，是"南海宝货"的代表。"昆仑"，据《旧唐书·南蛮传》载："自林邑以南，皆卷发黑身，通号为'昆仑'。"[4]是唐人对东南亚马来裔土著居民的称谓。诗中物象无一不透露出扬州与南海贸易千丝万缕的纠葛。这些商品原产地多在东南亚、印度甚至波斯等地，通过南海商舶输入扬州，在坊市间颇为常见，因此才会形于诗人吟咏。

经由扬州，南海宝货不仅流入中原各地，甚至远销新罗、日本。在本章前两节的叙述中曾涉及相关事例，如日本正仓院文书中，保存了8世纪东大寺向新罗商人采购商品的一份清单。其中龙齿、木香、胡椒、毕钵等香药皆产自南海与西域，由新罗人从扬州贩运到日本。[5]另外，经东野治之等学者调查发现，奈良法隆寺收藏有一批自7、8世纪保存至今的香料，其中两件白檀香木上分别刻有波斯语（巴列维文）与粟特语铭文。据研究，这批原产东南亚、印度洋的香料很可能是经由波斯商人，通过南海贸易转运到扬州，进而流入日本。[6]鉴真第二次、第五次东渡时，在扬州采购的商品包括沉香、龙脑香、胆唐香、安息香、青木香、毕钵、诃梨勒、胡椒、阿魏、石蜜等，都是波斯、南海等地的

[1]　关于扬州与岭南地区的海上交通，另参朱江：《扬州海外交通史略》，《海交史研究》第4期，1982年，第1—4页。周运中：《港口体系变迁与宋扬州盛衰》《唐代海运与海陵岛上的广陵、白蒲》，均收入《唐代航海史研究》，花木兰文化事业有限公司2020年版。

[2]　〔清〕彭定求等编：《全唐诗》卷一九四（韦应物）《广陵行》，中华书局1960年版，2001页。

[3]　〔宋〕李昉等编：《太平广记》卷二五六《嘲诮四》"崔涯"条引《云溪友议》，中华书局1961年版，第1994页。

[4]　〔后晋〕刘昫等：《旧唐书》卷一九七《南蛮传》，中华书局1975年版，第5270页。

[5]　〔日〕池田温：《论天宝后期唐朝、新罗与日本的关系》，收入《唐研究论文选集》，中国社会科学出版社1999年版。

[6]　〔日〕东野治之著，龚婷译：《正仓院：宝物与交流》，社会科学文献出版社2022年版，第99—117页。

名贵香药。[1]另外,第十八次遣唐使团滞留扬州期间,也曾多次去市集采购香药。[2]

总之,从史料透露出,扬州是唐代南海贸易的一大集散地,经由此,西域、南海的商品源源不断地流入国内市场,并远销新罗、日本,而东亚三国的物产也汇聚于扬州,运往南海、西域——"海上丝绸之路"的东南、东北两端在此实现交汇。

二、"商胡离别下扬州":唐代扬州的"蕃客"

商品的汇聚,背后是人的流动,在唐代扬州这座国际化大都市,有大批外国商人麇集其间,他们或短期滞留,或世代侨居,由此形成了一个庞大的外国人社会。《唐大诏令集》卷一〇《大和三年疾愈德音》:

> 南海蕃舶,本以慕化而来,固在接以恩仁,使其感悦。如闻比年长吏多务征求,嗟怨之声,达于殊俗,况朕方宝勤俭,岂爱遐赆。虑远人未安,率税犹重,思有矜恤,以示绥怀。其岭南、福建及扬州蕃客,宜委节度观察使,除舶脚、收市进奉外,任其来往,自为交易,不得重加率税。[3]

在这封诏书中提到了活跃于东南沿海的南海蕃舶与蕃客,其中代表性的城市分别为岭南(广州)、福建(福州、泉州)与扬州,由此可知,扬州外国商人的人数可与广州等量齐观。所谓"蕃客",是一种官方外交术语,涵盖的人群面较为宽泛。在扬州活动的"蕃客",按其体貌特征可以区分为两大类:其一是来自波斯、粟特、阿拉伯等地(广义的西域)的商人,他们大多高鼻深目,属于印欧人种,唐人泛称其为"胡商";其二,来自东南亚、印度洋沿岸(广义的南海),肤色黝黑,多属于南岛语族的马来族裔,唐人称之为"昆仑"。由于反映后一类人群活动的史料稀缺,下面重点介绍前者。

---

[1]〔日〕真人元开撰,汪向荣校注:《唐大和上东征传》,中华书局2000年版,第47页。对这些香料、药物的详细考察,参〔美〕薛爱华著、吴玉贵译:《撒马尔罕的金桃——唐代舶来品研究》,社会科学出版社2016年版。

[2]〔日〕圆仁撰,顾承甫、何泉达点校:《入唐求法巡礼行记》卷一,上海古籍出版社1986年版,第32—33页。

[3]〔宋〕宋敏求编:《唐大诏令集》卷一〇《太和三年疾愈德音》,中华书局2008年版,第65页。

（一）波斯人在扬州

波斯是伊朗高原上的文明古国,自公元前 6 世纪至公元 7 世纪,在这片土地上先后兴起波斯第一帝国(阿契美尼德王朝)、安息帝国(帕提亚王朝)、波斯第二帝国(萨珊王朝)。其中与中国唐代发生政治、经济交往的是波斯第二帝国,即萨珊波斯。其领土涵盖今伊朗、阿富汗、伊拉克、叙利亚、波斯湾等广袤区域。公元 7 世纪初,萨珊波斯受到新兴阿拉伯帝国的挑战,逐渐走向衰落,公元 651 年,国王伊嗣俟被杀,阿拉伯人占领其全境。在此前后,末代国王卑路斯及其子泥涅师等贵族逃往唐朝境内,向唐高宗求援,借兵收复国土。面对阿拉伯人凌厉的攻势,唐朝也无能为力,卑路斯最终客死长安,其族裔也随之定居长安,入仕唐朝。[1]

自汉代以降,波斯与中国的传统交通主要通过陆路,即经中亚进入中国新疆地区,再经河西走廊到达汉唐中国的首都长安。自北朝以降,在中国境内的丝绸之路沿线,出土了不少萨珊波斯钱币、珠宝。亡国之后,传统交通线路受阻,留在本土的波斯族裔,大多经印度洋、南海来到唐朝境内经商,以致某些文献认为波斯在南海中,称其为"南海波斯",这其实是种误解。据新罗僧人慧超《往五天竺国传》:

> （波斯商人）常于西海泛舶入南海,向师子国取诸宝物……亦向昆仑国取金,亦泛舶汉地,直至广州,取绫绢丝棉之类。[2]

活跃于中国东南沿海地区的波斯商人,大多属于这一情形。波斯人虽然接受了阿拉伯人的统治,但在很长一段时期内,语言、文化上还保持着自身传统,因此中国史书中一般将其与信仰伊斯兰教的阿拉伯人区别开来。总之,唐代境内生活着众多波斯族裔,他们在政治、经济、文化诸领域都有非常活跃的表现。

扬州是中国境内首屈一指的商业中心,也是波斯人贸易活动的据点。据史书记载,8 世纪中叶的刘展之乱中,将领田神功南下平叛,"至扬州,大掠百

---

[1] 荣新江:《一个入仕唐朝的波斯景教家族》,收入《中古中国与外来文明》,生活·读书·新知三联书店 2001 年版,第 238—257 页。

[2] 〔新罗〕慧超撰,张毅笺释:《往五天竺国传笺释》,中华书局 2000 年版,第 101 页。

姓商人资产,郡内比屋发掘略遍,商胡波斯被杀者数千人"[1]。田神功一次杀害商胡波斯达数千人,或有夸大,其中可能还包括部分粟特、阿拉伯商人,但也足见波斯商人人数之巨。

扬州的波斯商人不仅人数众多,而且财力雄厚。唐代民谚有"穷波斯"之说,意为"不相称"。之所以有此一说,因当时人的印象中,波斯人都是富甲一方的大商人,"穷"字不该和波斯沾边,否则便是名实不副。这句谚语很可能是在扬州一带首先流传开的。此外,据日僧圆仁《入唐求法巡礼行记》记载,开成四年(839),淮南节度使李德裕为修缮开元寺瑞像阁,向扬州的外国商人募款。波斯商人踊跃响应,慷慨解囊,捐出一千贯钱,数额居诸国之冠,这给初来乍到的圆仁留下了深刻印象。[2]可能也正因此,圆仁对波斯人产生了好奇,在扬州期间,曾特意请人绘制一幅波斯人肖像图,寄回日本。

这些波斯商人大多经营珠宝、香料等南海珍宝的贸易,不少人长期定居扬州,开设邸店。对此,唐人笔记小说中有很多生动描述,下面引录几则,并做历史学角度的分析。《太平广记》卷一七"卢李二生"条:

> 昔有卢、李二生,隐居太白山读书,兼习吐纳道引之术,一旦,李生告归曰:"某不能甘此寒苦,且浪迹江湖,诀别而去。"后李生知桔子园,人吏隐欺,欠折官钱数万贯,羁縻不得东归,贫甚,偶过扬州阿使桥,逢一人,草跷布衫,视之乃卢生。生昔号二舅,李生与语,哀其褴褛。……(卢生)曰:"公所欠官钱多少?"曰:"二万贯。"乃与一挂杖曰:"将此于波斯店取钱,可从此学道,无自秽身陷盐铁也。"……波斯见挂杖,惊曰:"此卢二舅挂杖,何以得之?"依言付钱,遂得无事。[3]

仙人卢生(二舅)有意搭救落难的昔日道友,赠予宝物手杖,令其去扬州的波

[1]〔后晋〕刘昫:《旧唐书》卷一二四《田神功传》,中华书局1975年版,第3533页。

[2]〔日〕圆仁撰,顾承甫、何泉达点校:《入唐求法巡礼行记》卷一,上海古籍出版社1986年版,第26页。

[3]〔宋〕李昉等编:《太平广记》卷一七《神仙十七》"卢李二生"条引《逸史》,中华书局1961年版,第119页。

斯店中典当取钱。经营邸店的波斯商人见多识广，精于鉴宝，一眼便认出了仙人信物，于是贷予他两万贯的巨款。这里提到的"波斯店"，又作"波斯邸"，是由波斯人经营的商业机构，兼营贸易、旅店甚至金融放贷等业务。

《太平广记》卷四〇二"李勉"条：

> 司徒李勉，开元初作尉浚仪。秩满，沿汴将游广陵。行及睢阳，忽有波斯胡老疾，杖策诣勉曰："异乡子抱恙甚殆，思归江都。知公长者，愿托仁荫，皆异不劳而获护焉。"勉哀之，因命登舻，仍给饘粥。胡人极怀惭愧，因曰："我本王贵种也，商贩于此，已逾二十年。家有三子，计必有求吾来者。"不日，舟止泗上，其人疾亟，因屏人告勉曰："吾国内顷亡传国宝珠，募能获者，世家公相。吾衔其鉴而贪其位，因是去乡而来寻。近已得之，将归即富贵矣，其珠价当百万……今将死矣，感公恩义，敬以相奉。"……勉遂资其衣衾，瘗于淮上。掩坎之际，因密以珠含之而去。既抵维扬，寓目旗亭，忽与群胡左右依随，因得言语相接。傍有胡雏，质貌肖逝者。勉即询访，果与逝者所叙契会。勉即究问事迹，乃亡胡之子。告瘗其所，胡雏号泣，发墓取而去。[1]

在汴州到扬州的旅途中，李勉搭救了一名病重的波斯商人。临终前，商人将价值百万的宝珠托付给他。但李勉将其埋入墓中，抵达扬州后，寻得波斯商人之子，告知其父的埋骨之所。这则故事旨在表彰李勉的义举，是否真有其事，我们无从确知，但其中透露了很多重要的历史信息，自有其"通性之真实"。首先，这名波斯胡老从本国来华，"商贩于此，已逾二十年"，在睢阳染病后自称"思归江都"云云。这表明扬州是其定居之所，他很可能是从海路经广州而来的波斯商人。其次，李勉到扬州后"与群胡左右依随"，很快找到波斯人的儿子，这说明扬州当地有一个波斯侨民社群存在，他们彼此联系紧密。最后，还有一个细节值得留意，即李勉是在汴州至扬州的大运河沿线遇到波斯胡老，这说明波斯人的商业经营是以扬州为据点，沿运河等交通动脉向内地城市辐

---

[1]〔宋〕李昉等编：《太平广记》卷四〇二《宝三》"李勉"条引《集异记》，中华书局1961年版，第3240页。

射,构筑商业网络。

《太平广记》卷四○三"紫𫟎羯"条:

> 乾元中,国家以克复二京,粮饷不给。监察御史康云间为江淮度支,率诸江淮商旅百姓五分之一,以补时用。洪州,江淮之间一都会也,云间令录事参军李惟燕典其事。有一僧人,请率百万。乃于腋下取一小瓶,大如合拳,问其所实,诡不实对。惟燕以所纳给众,难违其言,诈惊曰:"上人安得此物? 必货此,当不违价。"有波斯胡人见之,如其价以市之而去。胡人至扬州,长史邓景山知其事,以问胡。胡云:"瓶中是紫𫟎羯。人得之者,为鬼神所护,入火不烧,涉水不溺。有其物而无其价,非明珠杂货宝所能及也。"又率胡人一万贯。胡乐输其财,而不为恨。[1]

这则故事中,波斯商人慧眼识珠,在洪州购得异宝紫𫟎羯后,将其携至扬州,很可能是准备在此售卖,或坐船回国。因此,淮南节度使邓景山又加征一万贯的税钱,这可能属于针对南海奢侈品贸易的关税——"舶脚"。[2]与定居经营邸店的坐贾不同,这名波斯人显然属于行商,而扬州是其货物的中转站。关于紫𫟎羯,文中的渲染颇具神秘色彩,自然是小说家言,不过𫟎羯确有其物。按,"𫟎羯"又作"靺鞨",据学者研究,是梵语 marakata 的音译,意为翡翠玉石,多产自缅甸等地。[3]紫𫟎羯是其中特殊品类,尤为珍稀,据唐代文献记载,"其色绀碧,质又坚密,似玉而冷,状如小叶"[4]。波斯人长期从事南海贸易,自然熟悉这类异域珍宝。

与笔记小说中虚实相间的故事不同,考古发掘则提供了波斯人在扬州活

---

[1]〔宋〕李昉等编:《太平广记》卷四○三《宝四》"紫𫟎羯"条引《广异记》,中华书局1961年版,第3251页。

[2] 参黎虎:《唐代的市舶使与市舶管理》,《历史研究》1998年第3期,第21—37页;李锦绣:《押蕃舶使、阅货宴与唐的海外贸易管理》,《隋唐辽宋金元史论丛(第六辑)》,上海古籍出版社2016年版,第126—137页。

[3] 周运中:《扬州胡人与紫末羯、玫瑰、翡翠考》,收入《唐代航海史研究》,花木兰文化事业有限公司2020年版,第116页。

[4]〔宋〕李昉等编:《太平广记》卷三四○《鬼二十五》"李章武"条引《李章武传》,中华书局1961年版,第2700页。

动的实物证据。其中最引人注目的,是 2004 年普哈丁园附近出土的波斯人李摩呼禄墓志,志石纵长 50 厘米,横长 50.5 厘米,厚 8.2 厘米,现藏扬州博物馆。今据拓片引录如下。

唐故李府君墓志并序

颖川陈巨舟撰

日天地万物,禀造化而自然,遗制于人。乾坤应运,其有机推显用,神骥间生,即故府君,世钦颖士。府君父名罗呼禄,府君称摩呼禄。阀阅宗枝,此不述耳。府君望郡陇西,贯波斯国人也。英姿朗丽,鑫达心胸。德重怀贤,孤峰迥立。含弘大量,煦物多情。损己惠仁,无论贿赂。舟航赴此,卜宅安居。唯唯修身,堪为国宝。何期享年永永,天不憋遗,殛疾婴缠,无施药饵。大谢于大和九年二月十六日,殁于唐扬州江阳县文教坊之私第也,时七十有五矣。府君有夫人穆氏,育女一人,适扶风马公,早从君子。夫人令女等,冰姿绚琰,寒玉莹容,四德三从,堪书竹帛,并号天扣地,改貌枯刑,恨礼制有期,思温清无日。府君又有二侄,一牌会,一端,皆承家以孝,奉尊竭诚,文质彬彬,清才简要。今泣血孤露,承重主丧,罄金帛以列凶仪,展敬上尽仁子之礼。宜以此月廿七日窆于当州江阳县界嘉宁乡北五乍村之原也。丘陵逦迤,松户森沉,杏袅春风,剪裁花卉。巨舟寡学,命缀铭焉。无舒负笈之能,有献荛之志,笔采文典,斐简□章,不揆狂疏,辄赞曰:

> □□府君,生居西域。云水舟航,漂流楚客。五常既备,何遭困厄。
> □□□□,存亡路隔。孀妻悼苦,令女哀戚。吉晨将窆,陏□□□。
> □□□□,□□阒寂。丘陵峻秀,志镌铭石。永永不隳,□□□□。[1]

这是迄今为止扬州甚至整个南方地区发现的唯一一方唐代波斯人墓志,史料价值弥足珍贵。据墓志记载,志主李摩呼禄,"贯波斯国人","舟航赴此,

---

[1] 李文才疏证:《隋唐五代扬州地区石刻文献集成》,凤凰出版社 2021 年版,第 145—146 页。个别文字有所改动。参周运中:《唐代扬州波斯人李摩呼禄墓志研究》,《文博》2017 年第 6 期,第 69—72 页。

卜宅安居",铭文中又称"生居西域。云水舟航,漂流楚客"云云,综合这些信息来看,李摩呼禄一家应该是从波斯本土出发,经海路来到扬州定居的波斯人。这类波斯人在扬州为数甚夥,我们前面举了不少文献中的例证,此方墓志正可与之相印证。

墓志的意义还不止于此。李摩呼禄入唐后,以李为姓,以陇西为郡望,这并非孤例,而是唐代波斯侨民的常见做法。如在长安任官的李素家族,其出土墓志记载:"西国波斯人也……公则本国王之甥也,荣贵相承……祖益初,天宝中,衔自君命,来通国好……特赐姓李,封陇西郡,因以得姓也。"[1]据此,李姓是唐朝皇帝赐予流亡波斯贵族的国姓,此后入华的波斯人可能竞相效仿,遂成为某种惯例。唐代的李姓波斯人,除了李素、李摩呼禄家族,史料所见还有波斯商人李苏沙,他曾向唐敬宗进献沉香[2];又,唐末李珣、李玹兄弟,"其先波斯国人","以鬻香药为业"[3]。他们都是从海路来到唐朝经商的波斯商人。

除了姓氏,李摩呼禄父子的名字也蕴含着丰富的历史信息。据墓志记载,李摩呼禄之父名"罗呼禄",都含有"呼禄"二字,而唐代传入福建的波斯摩尼教神职人员也称"呼禄法师"。因此有学者认为这透露出李摩呼禄一族的摩尼教信仰,甚至很可能是摩尼教在扬州的低级传教士。[4]结合摩尼教在唐代扬州的流传情况来看,这一观点颇具说服力。我们知道,摩尼教是公元3世纪起源于西亚美索不达米亚的二元论宗教,因创始人摩尼而得名,此后在萨珊波斯境内广泛传播。据《佛祖统纪》记载,武后延载元年(694),"波斯国人拂多诞持《二宗经》伪教来朝"[5],这是其入华之始。安史之乱后,因得到回鹘人的扶持,摩尼教在南方长江流域一度颇为兴盛。大历六年(771),"于荆、

[1] 周绍良主编:《唐代墓志汇编》,上海古籍出版社 1992 年版,第 2039 页。参荣新江:《一个入仕唐朝的波斯景教家族》,收入《中古中国与外来文明》,生活·读书·新知三联书店 2001 年版,第 238—257 页。

[2] 〔后晋〕刘昫:《旧唐书》卷一七上《敬宗纪》,中华书局 1975 年版,第 512 页。

[3] 〔宋〕黄休复:《茅亭客话》卷二。转引自张星烺编注,朱杰勤校订:《中西交通史料汇编》,中华书局 2003 年版,第 1090 页。

[4] 周运中:《唐代扬州波斯人李摩呼禄墓志研究》,《文博》2017 年第 6 期,第 69—72 页。

[5] 〔宋〕志磐:《佛祖统纪》卷三九,《大正新修大藏经》第 49 册,新文丰出版公司 1983 年版,第 370 页。

扬、洪、越等州置大云光明寺,其徒白衣白冠"[1],所谓大云光明寺,即摩尼教寺庙,可见扬州处在摩尼教传播的核心区域内。据会昌年间宰相李德裕《赐回鹘可汗书意》:"摩尼教天宝以前,中国禁断,自累朝缘回鹘敬信,始许兴行,江淮数镇,皆令阐教。近各得本道申奏,缘自闻回鹘破亡,奉法因兹懈怠,蕃僧在彼,稍似无依。吴楚水乡,人性嚣薄,信心既去,翕习至难。……其江淮诸寺权停。"[2]由此可知,在大历至会昌的七十余年间,摩尼教在扬州等地得到迅猛发展,吸纳了不少信徒,至会昌年间,才被官方取缔。而李摩呼禄在扬州的活动,正处于这一时段之内,他很可能是一名肩负传教任务的摩尼教神职人员。总之,从李摩呼禄父子命名,我们分明看到了波斯摩尼教在唐代扬州的传播,这也彰显出扬州作为国际化大都市的多元文化风貌。

　　李摩呼禄其他家族成员的姓、名也呈现出波斯文化因素。李摩呼禄的侄子名为"牌会",这显然也不是汉语常见人名。有学者从历史语言学角度考证,指出其"很可能是波斯语的巴列维 Pahlavi 的汉译。Pahlavi,读音接近牌会的中古音,中间的 hl 发音较轻,所以省略。牌的中古音接近 pai……会的中古音,接近 vi……巴列维文 Pahlavi 是萨珊王朝波斯语的文字……也是中古波斯人的常见名字"[3]。结合李摩呼禄家族的宗教文化面貌来看,这一推论应该是可以成立的。此外,李摩呼禄家族通婚对象也多为波斯姓氏。其妻姓穆,按穆氏是中亚粟特人的常见姓氏,粟特与波斯语言、文化相近,彼此通婚不足为奇。波斯人也有以穆为姓者,如史书记载,开元十三年(725)有"波斯首领穆沙诺来朝"[4],唐末有波斯人穆昭嗣"幼好药术"[5]。李摩呼禄的女婿马氏,虽然是常见汉姓,但入唐波斯人也有以马为姓者,如波斯王族后裔苏谅之妻

　　[1]〔宋〕志磐:《佛祖统纪》卷四一,《大正新修大藏经》第49册,新文丰出版公司1983年版,第378页。

　　[2]〔清〕董诰等编:《全唐文》卷六九九(李德裕)《赐回鹘可汗书》,中华书局1983年版,第7182页。

　　[3]周运中:《唐代扬州波斯人李摩呼禄墓志研究》,《文博》2017年第6期,第72页。

　　[4]〔宋〕王钦若等编纂,周勋初等校订:《册府元龟》卷九七五《外臣部·褒异》,凤凰出版社2006年版,第11283页。

　　[5]〔宋〕李昉等编:《太平广记》卷九八《异僧》"怀浚"条引《北梦琐言》,中华书局1961年版,第656页。

马氏[1]。由此可见,虽然李摩呼禄一家久居唐朝,但还维系着波斯侨民内部通婚的形态。

从李摩呼禄家族的制名方式、通婚对象等来看,作为入华第一代波斯人,他们还保留着本土的语言、宗教、婚姻等文化习俗,类似的波斯侨民在扬州应该不乏其人。李摩呼禄墓志见证了唐代扬州以波斯文明为代表的多元文化交融的图景,具有弥足珍贵的历史价值。

关于波斯人在扬州的活动,除了李摩呼禄墓志,还有一些间接的考古遗迹,以下略述一二。1965 年,扬州市城南汽车修理厂附近出土一件双耳绿釉大陶壶(又作"孔雀蓝釉陶壶"),壶身"内、外壁通体施翠绿色釉;外壁颈部胎体较为平滑,腹部翠绿色釉与深绿色釉呈圈状间隔层叠,底沿略向外凸出"[2]。这件陶壶在釉色、胎质以及艺术造型上都与唐代陶瓷工艺存在显著差异,经专家鉴定,应属于典型的波斯安福拉式陶器[3]。此后,类似风格的陶瓷残片在扬州市内文昌阁东侧三元路菜场工地、三元路建设银行、人民银行工地以及汶河路西侧蓝天大厦等地续有出土,其中仅工人文化宫一处,便出土一百五十余片,总量累计达近千片之多。[4]波斯釉陶器的出土,为了解波斯商人在扬州贸易活动轨迹提供了直接证据。值得一提的是,这类波斯陶器除了扬州,在广州、福州、桂林、宁波等地也有数量不等的发现。[5]上述区域多为东南港口城市,或处在广州至扬州的内河航运线上(桂林),这充分说明了唐后期以广州、扬州为中心的南海贸易的兴盛。

除了日用商品,波斯文化对唐代扬州居民的生活方式、审美趣尚也产生了不容小觑的影响。1975 年,扬州黄金坝附近工地曾出土一面打马球纹铜镜,呈八角菱花形,正面装饰主题是四人各骑一匹马,挥动球杖,作击球状,造

[1] 夏鼐:《唐苏谅妻马氏墓志跋》,《考古》1964 年第 9 期。

[2] 汪勃:《再谈中国出土唐代中晚期至五代的西亚伊斯兰孔雀蓝釉陶器》,《考古》2012 年第 3 期,第 86 页。另参周长源:《扬州出土古代波斯釉陶器》,《考古》1985 年第 2 期,第 152—153 页。

[3] 顾风:《略论扬州出土的波斯陶及其发现的意义》,中国古陶瓷研究会等编:《中国古代陶瓷的外销》,紫禁城出版社 1988 年版,第 5—10 页。

[4] 徐忠文、徐仁雨、周长源:《扬州唐城遗址出土长沙窑瓷器研究》,中国考古学会等编:《扬州城考古学术研讨会论文集》,科学出版社 2016 年版,第 226 页。

[5] 汪勃:《再谈中国出土唐代中晚期至五代的西亚伊斯兰孔雀蓝釉陶器》,《考古》2012 年第 3 期,第 85—96 页。

型栩栩如生。[1]扬州是唐代铸镜工坊集聚地,这面铜镜应该是本地工坊所生产。马球,又作波罗球,最早起源于波斯,在唐代传入中国,很快风行一时,上至王公贵戚,下至行伍士卒,皆乐此不疲。[2]扬州铸造的这面铜镜,以打马球作为装饰主题,充分说明这项来自波斯的娱乐活动在扬州之盛行。此外,扬州三元路附近还出土了一批珍贵的唐代金器,其中镂空莲瓣纹嵌宝金耳坠和嵌宝金挂饰皆嵌有硕大的银白色珍珠,据研究,应系西亚所产。除此以外,这批金挂饰的艺术造型、纹饰也与唐代传统金银器迥然不同,呈明显的波斯艺术风格。[3]最后值得一提的是,1963年扬州五台山唐墓出土了《唐渤海吴公故夫人卫氏墓志铭并序》。据记载,志主为吴绶妻卫氏,墓志记其生平及卒葬地后,续称"育子五人,二男三女:长子曰延玉、次曰波斯"云云[4]。吴绶、卫氏夫妇无疑都是唐人,却为爱子取名"波斯",这到底有何寓意呢?是因为他体貌有类波斯人,抑或寄望他日后能如波斯胡商一般富有?确切因由我们难得其详,但无论如何,这可以从侧面印证波斯文化对唐代扬州居民日常生活、价值观念的影响。

(二)中亚粟特人在扬州的活动足迹

与波斯人密切相关的是粟特人。粟特,即索格底亚那(Sogdiana),又称粟特地方,是对位于中亚锡尔河与阿姆河之间诸多绿洲城邦国家的总称。其中较为强盛的是以撒马尔罕(今乌兹别克斯坦境内)为首都的康国,另有安、史、米、何、石等小国,中国史书中统称其为"昭武九姓"。粟特人是丝绸之路上的商业民族,"善商贾,好利,丈夫年二十,去傍国,利所在无不至"[5]。因此,粟特人的足迹遍布于欧亚大陆各地,唐代中国境内的粟特商人尤为活跃,不少人世代定居中国,实现了土著化。[6]

[1] 周欣、周长源:《扬州出土的唐代铜镜》,《文物》1979年第7期,第54页。

[2] 向达:《唐代长安与西域文明》,商务印书馆2015年版,第84—94页。

[3] 周长源:《唐代金饰显光华——扬州出土稀见的唐代金饰赏析》,收入《博苑留踪——周长源考古文物文集》,自印本。

[4] 吴炜:《江苏扬州五台山唐墓》,《考古》1964年第6期,第321—322页。李文才疏证:《隋唐五代扬州地区石刻文献集成》,凤凰出版社2021年版,第303—304页。

[5] 〔宋〕欧阳修、宋祁:《新唐书》卷二二一下《西域传·康》,中华书局1975年版,第6244页。

[6] 荣新江:《从聚落到乡里——敦煌等地胡人集团的社会变迁》,收入《中古中国与粟特文明》,生活·读书·新知三联书店2014年版,第143—159页。

　　唐人所谓"胡""胡商",就狭义而言,主要是指粟特人。慧超《往五天竺国传》:"从大寔国已东,并是胡国,即是安国、曹国、史国、石骡国、米国、康国等。"[1]明确以"胡国"指称粟特诸城邦。相比大批经海路入华的波斯人,地处中亚腹地的粟特人大多循陆上丝路,经新疆、河西走廊入华。因此粟特人在华活动的遗迹主要分布在甘肃、宁夏、陕西、山西、河南、河北等地,南方地区除了四川盆地一带,并不多见。

　　不过扬州地处南北要冲,更兼是商业中心,故而也有不少粟特商人沿长江、大运河南下至扬州经商。杜甫《解闷》诗:"商胡离别下扬州,忆上西陵故驿楼。为问淮南米贵贱,老夫乘兴欲东游。"诗人目睹了胡商从蜀地沿江而下,前往扬州。四川盆地是南北朝以降中亚粟特人进入长江流域的孔道,有不少粟特人定居于此,[2]因此诗中的胡商很可能是粟特商人。屡见于唐代笔记小说的扬州胡商,其中不少也应属于粟特人。[3]据《太平广记》卷四〇三"玉清三宝"条引《宣室志》,举子韦弇在蜀地得到仙人宝物,"遂挈其宝还长安,明年下第,东游至广陵,因以其宝集于广陵市。有胡人见而拜曰:'此天下之奇宝也,虽千万年,人无得者。君何得而有?'弇以告之……(胡人)遂以数千万为直而易之。弇由是建甲第,居广陵中为豪士。"[4]韦弇所得宝物即便在都城长安也无人能识,只有广陵市中的胡人方能鉴定其价值。类似主题的还有《太平广记》卷四二一"任顼"条引《宣室志》,记唐德宗建中年间,任顼救下一条黄龙,龙为报恩赠予他一颗"径寸诛",他"特至广陵市,有胡人见之曰:'此真骊龙之宝也,而世人莫可得。'以数千万为价而市之"[5]。同书卷四〇二"守船者"条引《原化记》载,元和年间有人于苏州陆四官庙前得到一颗宝珠,

---

　　[1]〔新罗〕慧超撰,张毅笺释:《往五天竺国传笺释》,中华书局 2000 年版,第 118 页。

　　[2] 荣新江:《魏晋南北朝隋唐时期流寓南方的粟特人》,收入《中古中国与粟特文明》,生活·读书·新知三联书店 2014 年版,第 42—63 页。

　　[3] 胡商在扬州的活动事迹,参李文才:《〈太平广记〉所见唐代胡商:以扬州为中心》,赵昌智主编:《扬州文化研究论丛(第十六辑)》,广陵书社 2016 年版,第 77—89 页。

　　[4]〔宋〕李昉等编:《太平广记》卷四〇三《宝四》"玉清三宝"条引《宣室志》,中华书局 1961 年版,第 3249—3250 页。

　　[5]〔宋〕李昉等编:《太平广记》卷四二一《龙四》"任顼"条引《宣室志》,中华书局 1961 年版,第 3430—3431。

"至扬州胡店卖之,获数千缗。问胡曰:'此何珠也?'胡人不告而去"[1]。不过需要说明的是,粟特人属于伊朗语族,在文化习俗上与波斯有很深的渊源,都信奉琐罗亚斯德教(祆教),又都以经商为业,因此在唐人眼中往往很难区分开。唐代扬州的胡商中,应该兼有波斯人、粟特人甚至阿拉伯人,其身份很难一一分辨。

除了笔记小说中的胡商,史料文献与考古发现中也存留了粟特人在扬州活动的确凿证据。现将其事迹考述如下。

1. 安如宝。据《唐大和上东征传》,鉴真第六次东渡时,随行人员中有一名"胡国人安如宝"[2]。此人自幼随侍鉴真,当时的身份是优婆塞(或沙弥),东渡后从鉴真受戒,正式出家,并成为继鉴真、法进之后的第三任招提寺住持,据说还曾主持修造招提寺的金堂与药师佛像。[3]安姓出自中亚安国(布哈拉),是入华粟特人的常见姓氏,其中最知名当属安禄山,安如宝应该是一名生长于扬州的粟特商人后裔。[4]他自幼信奉佛教而非粟特人传统的祆教,应与在扬州的生活经历有关。

2. 米宁、米九娘父女。据扬州出土会昌六年《唐故米氏墓志》:

> 米氏九娘□,其先盖□□□郡人也。父讳宁,米氏即公之室女。……何期不幸遘疾,即以会昌六年□月五日终于扬州江阳县布政里之第,享年廿有一。呜呼!长及笄年,未娉待字。从兄亲弟,泣血哀号,六亲悲切,行过伤嗟。即以当月十九日殡于城东弦歌坊之平原,礼也。[5]

米九娘在室未嫁,会昌六年卒于扬州江阳县布政里私第,后葬于城东弦歌坊。米姓并非常见的汉姓,唐代米姓多为中亚米国人,米九娘一家应该是粟特人

[1] 〔宋〕李昉等编:《太平广记》卷四〇二《宝三》"守船者"条引《原化记》,中华书局1961年版,第3241—3242页。

[2] 〔日〕真人元开著,汪向荣校注:《唐大和上东征传》,中华书局2000年版,第85页。

[3] 安如宝生平事迹,详参吴早、吴建伟编著:《鉴真年谱》,广陵书社2018年版,第111页。

[4] 〔日〕菅谷文则撰,葛继勇译:《鉴真弟子安如宝与唐招提寺药师佛像的埋钱》,《扬州大学学报(人文社会科学版)》2009年第4期,第49—53页。

[5] 李文才疏证:《隋唐五代扬州地区石刻文献集成》,凤凰出版社2021年版,第188页。

后裔。[1]不过从墓志记叙来看,这一粟特人家族已完全汉化,除了姓氏,已看不出太多中亚文化的痕迹。

3.康平父子。据南唐扬州籍文士徐铉所撰《稽神录》:

> 伪吴杨行密初定扬州,远坊居人稀少,烟火不接。有康氏者,以佣赁为业,僦一室于太平坊空宅中。康晨出未返,其妻生一子。方席藁,忽有一异人,赤面朱衣冠,据门而坐。妻惊怖,叱之乃走。如舍西,踏然有声。康适归,欲至家,路左忽有钱五千、羊半边、尊酒在焉。伺之久,无行人,因持之归。妻亦告其所见,即往舍西寻之,乃一金人,仆于草间,亦曳之归。因烹羊饮酒,得以周给。自是出必获利,日以富赡,而金人留为家宝。所生子名曰平。平长,遂为富人。有李浔者,为江都令,行县至新宁乡,见大宅,即平家也。[2]

康姓出自中亚康国(撒马尔罕),是粟特人的最常见姓氏,唐代史籍中,康姓人物大多是粟特族裔。唐末居住在扬州太平坊的这户康氏,本"以佣赁为业",后意外致富,且财富来源颇具神秘色彩,这其实投射出时人对扬州胡商与财富关系的某种想象。

4.康周行。2016年,扬州市文物考古研究所在对秋实路晚唐至宋代墓葬的抢救性发掘中,在其中一个墓发现一方南唐纪年墨书买地券。今据图版录文如下[3]:

> 维顺义四年岁次甲申四月己巳朔廿三日辛卯,晋昌郡没故□□(亡人)康司马,法用金银铜铁等钱,于江都县同轨北界买得茔地壹段。具四至如后:东至甲乙青龙,西至庚辛白虎,南至丙丁朱雀,北至壬癸玄武,上

[1]　参荣新江:《魏晋南北朝隋唐时期流寓南方的粟特人》,收入《中古中国与粟特文明》,生活·读书·新知三联书店2014年版,第42—63页。

[2]　〔宋〕李昉等编:《太平广记》卷四〇一《宝二》"康氏"条引《稽神录》,中华书局1961年版,第3226页。

[3]　图版见张敏、朱超龙、牛志远:《江苏扬州市秋实路五代至宋代墓葬的发掘》,《考古》2017年第4期,第54—64页。

至黄天,下至黄泉,中安亡人之□。山川土地,并不□止障,如有指(止)障,□付河伯。知当保人:岁月。知见:今日直符。合同阴阳符一□。急急如律令。敕。[1]

墓主康司马,据同墓出土的道教都功版文书,知其名周行,籍贯为京兆府万年县洪固乡胄贵里。康氏是粟特人常见姓氏,而都城长安也是北朝以降粟特人入华后的主要聚居地。[2]此外,买地券还提到他的郡望是晋昌郡[3],这一点也颇堪玩味。我们知道,入唐粟特人在汉地定居后,受标榜阀阅、崇尚门第的时代风气熏染,往往也会为自己家族追溯一个郡望(即祖籍地)。就粟特康氏而言,唐代墓志中常见郡望为会稽、常乐。这两地均为西晋晋昌郡属县,十六国北朝曾一度升格为郡。郡望地透露出,粟特人经河西走廊来华,曾长期定居甘肃境内的晋昌郡(唐陇右道瓜州)附近。这一迁徙经历后来成为一种家族记忆,被康氏视为郡望所在。[4]康周行以"晋昌郡"为郡望、以"京兆府万年县洪固乡胄贵里"为籍贯,同样应放在这一历史脉络中理解:其祖先应该是经河西走廊来到中国内地的粟特人,先著籍长安,后迁徙到扬州定居。另外,康周行曾任官司马,信奉中国本土的道教,并受都公版,成为道教祭酒,这些经历表明,随着世代定居中原,康周行一族已彻底完成汉化。

　　总的来看,相比波斯人,在扬州活动的粟特人并不算多[5],这与他们专注

---

　　[1]　按,□后文字系据刊布图版以意所补。

　　[2]　向达:《唐代长安与西域文明》,商务印书馆 2015 年版,第 18—34 页。荣新江:《北朝隋唐粟特人之迁徙及其聚落》,收入《中古中国与外来文明》,生活·读书·新知三联书店 2014 年版,第 34—105 页。

　　[3]　或将晋昌郡理解为康周行的实际籍贯,不确,因为在都功版中明确记载他是"京兆府万年县洪固乡胄贵里"人,具体到县以下乡、里两级,应为实际籍贯。再参以扬州出土晚唐五代买地券的书写程式,此处的"晋昌郡"应为郡望无疑。

　　[4]　参荣新江:《北朝隋唐粟特人之迁徙及其聚落》,收入《中古中国与外来文明》,生活·读书·新知三联书店 2014 年版,第 34—105 页;尹波涛:《粟特康氏会稽郡望考论》,《敦煌学辑刊》2017 年第 1 期,第 156—164 页。

　　[5]　附带一提,在杨吴、南唐政权中,活跃着一批沙陀系粟特武将,他们在唐末动乱中从代北迁徙扬州,后被杨行密吸纳。这类粟特人在文化面貌上与中亚粟特人已有很大差异,这里不做讨论。参胡耀飞:《吴、南唐政权境内沙陀人考》,杜文玉主编:《唐史论丛(第十四辑)》,陕西师范大学出版社 2012 年版,第 391—410 页。

陆上丝路贸易的传统有很大关系。从现存的一些事例来看,唐代扬州的粟特人大多应该是从两京、巴蜀等地辗转迁徙而来。

（三）唐代扬州与阿拉伯世界的经贸、文化交流

公元7世纪初期,信仰伊斯兰教的阿拉伯人兴起,他们以阿拉伯半岛为中心,迅速向周边扩张,很快令周边的埃及、萨珊波斯灭亡,攻占了中东、西亚、中亚的广袤领土,建立起一个西起大西洋、东至印度河,横跨欧亚非三大洲的强盛帝国。对阿拉伯帝国,唐代文献中称之为"大食",这源自波斯语对阿拉伯人的称谓。在此期间,大食经历倭马亚王朝(661—750)、阿拔斯王朝(750—1258)的权力更迭,所以分别称其为白衣大食与黑衣大食,以相区别。

唐朝和大食是当时并立于欧亚大陆东、西的两大帝国,双方之间曾经有过敌对,双方在751年爆发了一场军事冲突——怛罗斯之战。但整体而言,双方关系以友好往来为主,大食驻呼罗珊总督曾多次遣使唐朝,安史之乱中,阿拉伯人还出兵帮助唐朝平叛。

相比波斯人,阿拉伯人加入印度洋、南海贸易的时间较晚,但因政治、军事上的强盛,在商业竞争中后来居上,8世纪中叶以后迅速成为海上丝绸之路的主导力量。关于唐朝与阿拉伯的海上交通线路,唐德宗朝宰相贾耽在其《皇华四达记》中做过详细记录:从广州出发,循南海,经印度洋到达占婆(林邑),然后沿中南半岛东岸南行,穿过马六甲海峡到达印度洋沿岸的师子国(今斯里兰卡),接着沿印度次大陆西岸行驶到波斯湾,经霍尔木兹港到达港口城市巴士拉,最终抵达巴格达。唐朝曾不止一次派遣使节从海路出发,赴波斯湾、阿拉伯半岛,而大批阿拉伯人也顺着这条航线来到中国,从事商品贸易。

唐代阿拉伯商人来华后的最大聚居地应该在广州,这在中、阿双方的文献中都有不少反映。扬州是南海贸易的另一大集散地,因此也可见阿拉伯商人的踪迹。我们先来看文献中的记载,《旧唐书·邓景山传》:

> 邓景山……迁扬州长史、淮南节度。为政简肃,闻于朝廷。居职四年,会刘展作乱,引平卢副大使田神功兵马讨贼。神功至扬州,大掠居人资产,

鞭笞发掘略尽,商胡大食、波斯等商旅死者数千人。[1]

田神功在扬州残杀商胡之事,前面曾有涉及,根据《邓景山传》的记载,这批受害商胡中也包括阿拉伯商人。能进入正史的记叙,说明其人数不容小觑。这些阿拉伯人应该是从广州辗转来到扬州经商的。

无独有偶,在古代阿拉伯文献中也有关于扬州的记载。9 世纪阿拉伯地理学家伊本·胡尔达兹比赫在其《道里邦国志》中记录了经波斯湾、印度洋到达中国的详细航程,其中关于中国沿海的一段记述如下:

> 从栓府至中国的第一个港口鲁金(Lūqīn),陆路、海路皆为 100 法尔萨赫。在鲁金,有中国石头、中国丝绸、中国的优质陶瓷,那里出产稻米。从鲁金至汉府(Khānfū),海路为 4 日程,陆路为 20 日程。汉府是中国最大的港口⋯⋯从汉府至汉久(Khānjū)为 8 日程,汉久的物产与汉府同。从汉久至刚突(Qāntū)为 20 日程⋯⋯中国的这几个港口,各临一条大河,海船能在这大河中航行,这些河均有潮汐现象。在刚突的河里可见到鹅、鸭、鸡。[2]

书中提到了中国沿海的四大港口城市,自南向北依次为鲁金(Lūqīn)、汉府(Khānfū)、汉久(Khānjū)、刚突(Qāntū)。关于其具体位置,历来聚讼纷纭,莫衷一是。[3]综合诸家考订,比较通行的看法是:鲁金(Lūqīn)指唐代交州的龙编或北景(均在今越南境内);汉府(Khānfū)几乎没有争议,指广州,因置有大都督府,又称广府;汉久(Khānjū)分歧最大,有泉州、福州、建州、越州诸说,泉州可能性最大;至于最北边的刚突(Qāntū),经桑原骘藏指出为"江都"之音译后,基本已成为学界共识。

---

[1] 〔后晋〕刘昫等:《旧唐书》卷一一○《邓景山传》,中华书局 1975 年版,第 3313 页。

[2] 〔阿拉伯〕伊本·胡尔达兹比赫著,宋岘译注:《道里邦国志》,华文出版社 2017 年版,第 62 页。

[3] 相关讨论为数甚夥,代表性研究:〔日〕桑原骘藏:《伊本所记中国贸易港》,〔日〕桑原骘藏著,杨炼译:《唐宋贸易港研究》,商务印书馆 1935 年版,第 64—154 页。沈福伟:《论唐代对外贸易的四大海港》,《海交史研究》1986 年第 2 期,第 19—32 页。周运中:《中国南洋古代交通史》,厦门大学出版社 2015 年版,第 218—234 页。

　　江都是扬州古称,汉代设江都国,隋代设江都郡,唐代江都又是扬州的附郭县之一,因此唐人常以江都指代扬州。阿拉伯人显然是受此影响,将其称为"刚突"[1]。另外,《道里邦国志》所记刚突附近的景观也与唐代扬州相符,如"临一条大河,海船能在这大河中航行",这显然是指长江。又称"在刚突的河里可见到鹅、鸭、鸡",这也是扬州一带典型的田园风光,如唐人姚合《扬州春词》诗云:"有地惟栽竹,无家不养鹅。"[2]圆仁《入唐求法巡礼行记》描述扬州郊外:"白鹅白鸭,往往多有,人宅相连","水路之侧,有人养水鸟,追集一处,不令外散,一处所养,数二千有余,如斯之类,江曲有之矣"。[3]这些景观都与《道里邦国志》中的描述若合符契。[4]《道里邦国志》所记航海路线及各地物产,系据当时阿拉伯商人的汇报所撰写,因此毫无疑问,应有不少阿拉伯商人往来于波斯湾与扬州之间。

　　除了文献记载,考古发现也为阿拉伯世界与唐代扬州的交往提供了更为丰富的证据。1980年,扬州博物馆考古组在城东北郊东风砖瓦厂工地发现一座唐墓,出土四件随葬文物。其中一件为青釉绿彩背水陶瓷壶,高17厘米、宽13厘米、厚9厘米,壶身两面都有一组绿釉彩饰,背面另有西亚风格的云气纹。值得注意的是壶身正面的一组阿拉伯文,经专家鉴定为"Allah"(安拉)。[5]从制造工艺来看,这件陶瓷背水壶应为唐代长沙铜官瓷窑所烧制,而扬州正是长沙铜官瓷窑瓷器出口阿拉伯世界的最大港口。因此可以推测,这是一件由阿拉伯商人下单,从长沙运到扬州的外贸订制品。背水陶瓷壶的出土,展现出阿拉伯商人的活动足迹,也透露出伊斯兰教在扬州传播。明代何乔远《闽书》记伊斯兰教在中国的早期传播,称:"(穆罕默德)门徒有大贤四人,唐武德中来朝,遂传教中国。一贤传教广州,二贤传教扬州,三贤、四贤传

---

[1]　按,"江"字中古音kang,在今天吴方言中也作kang。

[2]　〔清〕彭定求等编:《全唐诗》卷四九八(姚合)《扬州春词三首》,中华书局1960年版,第5666页。

[3]　〔日〕圆仁撰,顾承甫、何泉达点校:《入唐求法巡礼行记》卷一,上海古籍出版社1986年版,第7页。

[4]　参见周运中:《中国南洋古代交通史》,厦门大学出版社2015年版,第233页。

[5]　朱江:《扬州出土的唐代阿拉伯文背水瓷壶》,《文物》1983年第2期,第95页;陈达生:《唐代海上陶瓷之路的见证——泰国猜耶出土瓷碗和扬州出土背水壶上阿拉伯文图案的鉴定》,《海交史研究》1992年第2期,第40—41、55页。

教泉州。"[1]将伊斯兰教在华传播追溯到唐初,未必可信,但其中提到的广州、泉州、扬州三地,皆名列《道里邦国志》中提到的四大港口,这应该不是偶然。结合出土的阿拉伯文水壶,有理由相信,至迟到唐代后期,伊斯兰教已在扬州地区流传。

1990 年,为配合旧城改造,在扬州市内文昌阁附近的工人文化宫唐代遗址考古发掘中,发现成堆的玻璃碎片计 200 余片。经取样分析,这些玻璃均为伊斯兰玻璃中最常见的钠钙玻璃。[2]从残片形制、纹饰等特点来看,这批玻璃制品的器型应为鼓腹水瓶、香料瓶、直筒杯、碗碟等,呈现出明显的伊斯兰风格。玻璃是易碎品,显然不适宜作为长途贩运的商品,且"这批玻璃残片分属很多个体,没有一件可以复原",因此有学者推测,"扬州出土的这批玻璃残片有可能是从阿拉伯伊斯兰世界运来的破碎玻璃,准备在扬州进一步加工成为成品",从而进行售卖。[3]如果这一推测成立的话,表明唐代扬州与阿拉伯世界贸易的深度与广度可能远超我们想象。结合下面要谈到的"黑石号"沉船出水文物来看,这种可能性是存在的。

1998 年,在印度尼西亚勿里洞岛海域,渔民偶然打捞出大量瓷器残片,此后经初步勘探,在海底发现一艘长度 20 米左右的大型沉船遗骸。由于沉船附近一百多米处有一块黑色的大礁石,所以被命名为"黑石号"(Batu Hitam)。随后印尼政府批准一家德国公司对沉船进行整体打捞。这项工作从 1998 年 9 月至 1999 年 6 月,打捞完成,并发布了考古简报。[4]2005 年,新加坡政府以 3200 万美元购得沉船中的所有文物,并将其交付新加坡亚洲文明博物馆永久收藏。

"黑石号"出水文物一经公布,立刻震惊国际学术界。据考古报告,出水文物共计 6 万余件,其中 95% 为中国各地烧制的陶瓷,而湖南长沙窑瓷器又占绝对多数,此外还有各类金银器、银锭、铜钱、铜镜、玻璃器、香料等等。通

[1]　〔明〕何乔远编撰:《闽书》卷七《方域志》,福建人民出版社 1994 年版,第 163—164 页。

[2]　中国社会科学院考古研究所、南京博物院、扬州市文物考古研究所编著:《扬州城:1987~1998 年考古发掘报告》,文物出版社 2010 年版,第 178—179 页。

[3]　安家瑶:《玻璃考古三则》,《文物》2000 年第 1 期,第 89—98 页。

[4]　Michael Flecker, *A Ninth-Century AD Arab or Indian Shipwreck in Indonesia : First Evidence for Direct Trade with China*, World Archaeology, vol32, no.3 (2001).

过对文物的综合研究以及碳 14 测定,可以确定其年代应在公元 9 世纪前期的唐代。这是迄今为止发现唐代文物数量最多的单一遗址,历史意义不言而喻。不过,对船体的研究表明,满载中国货物的"黑石号"却并非中国海船,其所有者应为阿拉伯商人。首先从制造工艺看,中国东南沿海的船只大多以铁钉连结船板,而"黑石号"船体则采用椰壳纤维绳索穿孔缝合的方式建造,属于典型的中世纪阿拉伯缝合帆船。另外,对船体木料的化学分析表明,它们分别为缅茄木、非洲桧与柚木,产地为非洲和东南亚,由此推测,"黑石号"的建造地应在木材主要依赖进口的阿拉伯半岛。[1]最后,出水文物中有几件伊斯兰风格的陶罐、玻璃瓶,这应该属于船员的生活用品。总之,这些证据都表明,"黑石号"是一艘 9 世纪中期往来于阿拉伯世界与中国沿海地区的贸易船只,屡见于唐代文献的南海宝舶、海舶,指的正是"黑石号"这类商船。

"黑石号"上装载的货物是在何处购得的呢? 换言之,他从中国出发的港口在哪里呢? 这个问题关涉到对海上丝绸之路终点的认识。有学者根据当时广州在南海贸易中的地位,以及其中数百件广东窑瓷器,推测其始发地应在广州。[2]不过,随着对出水文物研究的不断深入,扬州与"黑石号"沉船的关系进入学者视野,始发港口为扬州说逐渐成为学界共识。

这方面的证据为数甚夥。首先来看货物的大宗——陶瓷。扬州唐代遗址出土的陶瓷,涵盖了长沙窑、越窑、邢窑、巩县窑、青花瓷等中国各地生产的瓷器,与"黑石号"出水的瓷器品类几乎完全吻合(除了广州窑)。这样的陶瓷共伴组合,除扬州以外,在全国其他唐代遗址尚未见其例,[3]这是一项非常有力的证据。考虑到当时国内水陆交通体系,效率最高的运输方式无疑是将各地窑瓷沿大运河、长江运到扬州,再集中装载到海船上。这一交通条件是

---

[1]　Michael Flecker, *A Ninth-Century AD Arab or Indian Shipwreck in Indonesia : First Evidence for Direct Trade with China*, World Archaeology, vol32, no.3（2001）;廖军令、沈毅敏:《阿拉伯缝合船黑石号的复原和建造技术》,收入《大唐宝船——黑石号沉船所见 9—10 世纪的航海、贸易与艺术》,上海书画出版社 2020 年版,第 55—89 页。

[2]　项坤鹏:《管窥 9—10 世纪我国陶瓷贸易的域外中转港现象——以东南亚地区为焦点》,《东南文化》2018 年第 6 期,第 76—84 页。

[3]　谢明良:《记"黑石号"（Batu Hitam）沉船中的中国陶瓷器》,收入《贸易陶瓷与文化史》,生活·读书·新知三联书店 2019 年版,第 81—112 页。

广州不具备的。

其次，"黑石号"上的两类特殊瓷器也指向了作为始发港的扬州。这批商品中数量最多的是长沙窑瓷器，达56000余片。长沙窑是唐后期兴起的一种廉价瓷器，除了长沙与扬州以外，在其他地区出土不多。扬州历年考古发掘中，在汶河路沿线、三元路、文昌路等地点出土的长沙窑瓷器数量惊人，其中仅汶河路蓝天大厦一带便出土可复原整器的长沙窑瓷500件。可以认为，扬州是长沙窑瓷器的主要销售地与集散地。[1]这一点在瓷器题诗中也有直观反映，如长沙本地出土的一件瓷壶上题诗："一双班鸟子，飞来五两头。借问岳家舫，附歌到扬州。"与之类似的题诗还有："一双青鸟子，飞来五两头。借问船轻重，满载到扬州。"[2]可见，长沙窑瓷器在完成烧制后大多顺流而下，运往扬州销售。考虑到如此庞大的体量，这些长沙窑瓷器不可能全部供扬州本地居民日用，主体应为外贸商品。比较黑石号出水品与扬州出土品，这些长沙窑瓷器风格高度相似，其中狮、鸟等陶制玩具，仅见于扬州唐城遗址。

黑石号出水瓷器中另一项重要发现是三件保存完好的唐代青花瓷。三件均为瓷盘，表面蓝彩纹饰表现各异，但都以"菱形＋花叶纹"为基本构图。唐青花除了其产地巩县之外，国内出土最多的便是扬州，自1975年以降，在扬州师范学院（今扬州大学瘦西湖校区）唐城遗址、三元路、工人文化宫等基建工地陆续发现不少唐青花残片。[3]比较扬州遗址与黑石号沉船各自发现的唐青花，两者在工艺上具有高度的相似性，结合化学检测结果，可以判定均为

[1] 顾风：《唐代扬州与长沙窑关系新探》，《东南文化》1993年第5期，第179—182页；徐忠文、徐仁雨、周长源：《扬州唐城遗址出土长沙窑瓷器研究》，中国考古学会等编：《扬州城考古学术研讨会论文集》，科学出版社2016年版，第215—231页。相关图录收入徐忠文、徐仁雨、周长源：《扬州出土唐代长沙窑瓷器研究》，文物出版社2015年版。

[2] 转引自徐忠文、徐仁雨、周长源：《扬州唐城遗址出土长沙窑瓷器研究》，中国考古学会等编：《扬州城考古学术研讨会论文集》，科学出版社2016年版，第215—231页。

[3] 南京博物院、扬州博物馆、扬州师范学院发掘工作组：《扬州唐城遗址1975年考古工作简报》，《文物》1977年第9期，第16—30页；文化部文物局扬州培训中心：《扬州新发现的唐代青花瓷片概述》，《文物》1985年第10期；顾风：《扬州新出土两件唐代青花瓷碗残片》，《文物》1985年第10期；王勤金：《江苏扬州市文化宫唐代建筑基址发掘简报》，《考古》1994年第5期。

巩县窑产品。[1]更引人注目的是,扬州发现的青花瓷片不少都有菱形花叶纹,与黑石号出水的三件青花瓷的纹饰构图相似。这一纹饰图案属于典型的伊斯兰艺术风格,在 9 世纪阿拉伯世界生产的陶器、玻璃器中非常流行。学者认为这很可能是为迎合阿拉伯市场的需求,对传统装饰艺术作出改造,青花瓷具有对外贸易的"试销产品"性质。[2]如果结合之前提到的阿拉伯文背水陶壶,这一推测应该是颇为合理的。

数量众多的瓷器以外,黑石号出土品中还有一件弥足珍贵的文物,为探讨其货物始发地提示了重要线索,这便是四神八卦镜。这面铜镜从工艺来看算不上精良,且有锈损,但在正面四神、八卦纹饰的外缘有一周铭文,非常引人瞩目。铭文为:"唐乾元元年戊戌十一月廿九日于扬州扬子江心百炼造成。"这段文字首先明确了铜镜的铸造地——扬州。其次提示我们这面铜镜正是史书中屡屡提及的"扬子江心镜",又称"百炼镜""水心镜"。如所周知,扬州是唐代铸镜业的中心,而其中最为珍贵的便是作为贡品的江心镜,据《唐国史补》载:"扬州旧贡江心镜,五月五日扬子江中所铸也。"[3]唐诗中也屡屡称咏扬州江心镜,如张籍《白头吟》:"扬州青铜作明镜,暗中持照不见影。"[4]刘禹锡《和乐天以镜换杯》:"把取菱花百炼镜,换他竹叶十分杯。"[5]其中最知名的当推白居易《百炼镜》诗:"百炼镜,镕范非常规,日辰处所灵且祇。江心波上舟中铸,五月五日日午时。……镜成将献蓬莱宫,扬州长史手自封。"[6]只是在考古发掘中,中国本土迄今未见江心镜出土,黑石号沉船中的这面铜镜是目前仅存的实物,很可能是阿拉伯商人花高价在扬州购买的,其历史意义不

---

　[1]　谢明良:《记"黑石号"(Batu Hitam)沉船中的中国陶瓷器》,收入《贸易陶瓷与文化史》,生活·读书·新知三联书店 2019 年版,第 81—112 页。

　[2]　徐忠文、徐仁雨、周长源:《扬州唐城遗址出土长沙窑瓷器研究》,中国考古学会等编:《扬州城考古学术研讨会论文集》,科学出版社 2016 年版,第 215—231 页。刘朝晖:《唐青花菱形花叶纹补说》,收入《大唐宝船——黑石号沉船所见 9—10 世纪的航海、贸易与艺术》,上海书画出版社 2020 年版。

　[3]　〔唐〕李肇:《唐国史补》卷下,上海古籍出版社 1979 年版,第 64 页。

　[4]　〔清〕彭定求等编:《全唐诗》卷三八二(张籍)《白头吟》,中华书局 1960 年版,第 4286 页。

　[5]　〔唐〕刘禹锡撰,陶敏、陶红雨校注:《刘禹锡全集编年校注》卷七《和乐天以镜换杯》,中华书局 2019 年版,第 804 页。

　[6]　〔唐〕白居易撰,谢思炜校注:《白居易诗集校注》卷四《百炼镜》,中华书局 2006 年版,第 359 页。

言而喻。

综合以上几方面的分析,我们不妨对 9 世纪阿拉伯商船黑石号的航程做一番复原。黑石号来自波斯湾的尸罗夫,或阿拉伯半岛的阿曼等港口城市,穿越印度洋、马六甲海峡,抵达唐朝市舶使的驻地——广州。在缴纳关税、抛售部分商品后继续向北行驶,经闽、浙沿海抵达扬州,在此售出剩余商品,并通过当地的波斯商人协助,购入大量中国各地物产。货物填满船舱后,他们在扬州再次扬帆起航,拟循原路返回波斯湾(可能再次经停广东,补办部分货物),但在途经爪哇群岛勿里洞附近海域时不幸触礁沉没,这次远洋航行的使命以失败告终。此后,这艘满载珍宝的商船在海底沉睡了一千余年。

黑石号沉船不过是唐代扬州与阿拉伯世界经贸、文化交流图景的冰山一角。不难想象,在 9 世纪的海上丝绸之路中,像这样往来两地的商船绝不在少数。近观沉船遗珍,我们分明看到了扬州城市发展史上那个“隔海城通舶”的黄金时代。

唐代扬州是中国与外部世界连结的重要门户,也是海陆丝绸之路的交汇之处。以大运河和长江两条国内交通大动脉为纽带,扬州将陆上丝绸之路和东南、东北的海上丝绸之路紧密联系在一起。因此,来自朝鲜半岛、日本、东南亚乃至中亚、波斯、阿拉伯世界的使节、商人纷至沓来,汇聚于扬州,共同见证了丝绸之路历史上这段璀璨、辉煌的篇章。

扬州与朝鲜半岛文化交流兴盛于唐中后期,以官方使节为代表的外交往来为主。部分淮南节度使兼带“押新罗、渤海两番等使”职衔,这赋予其处理与新罗通商、通使的外交职权。唐后期新罗朝贡使节多次在扬州境内登陆,赴京朝觐皇帝,主要由淮南节度使负责接待事宜。而在平定藩镇叛乱的军事行动中,淮南节度使也曾与新罗有过政治互动。以商人为代表的新罗侨民长期活跃在东南沿海地区,扬州则是其商业经营的主要据点之一。在唐代扬州与朝鲜半岛文化交流史上的杰出代表当推崔致远,他长期在唐读书、应举,获宾贡科进士出身,此后担任淮南节度使高骈僚佐,成为他在唐朝仕宦生涯的顶峰。《桂苑笔耕集》一书是其在淮南幕府中创作诗文的汇编,是朝鲜半岛汉文学的一颗璀璨明珠,更见证了唐代扬州与朝鲜半岛的文化交流史。

　　扬州与日本的文化交流同样始于唐朝。扬州在唐代中日海上航线中扮演了重要角色，既是遣唐使经南路泛海入唐的登陆地之一，也是他们经南岛路来华后的必经之地，日本史书至少详细记载了三次遣唐使在扬州的活动。遣唐使在扬州期间多次采购香药等贸易商品，搜集中国的文化典籍、佛典，因此扬州成为日本摄取唐朝先进文化的重要津梁，也是其观察唐朝社会的主要窗口。唐代扬州与日本文化交流史上，先后涌现出以吉备真备、鉴真、圆仁为代表的杰出人物，他们或从此东渡远航，赴日弘法，或跨海西来，在此巡礼求法，成就了中日文化交流的千古佳话。

　　唐代扬州是"海上丝绸之路"上的港口城市。在通向东南亚、印度洋、波斯湾的南海贸易中，扬州是除广州以外的另一大商品集散地，南海商舶可以经由近海航路直航扬州。也正因此，扬州之名见于中世纪阿拉伯文献《道里邦国志》，位列中国沿海四大港口之一，堪称当时中国在海上与欧亚大陆其他地区相连结的主要门户。随着南海贸易的兴盛，各国商旅纷至沓来，扬州出现了一个庞大的外国人社会。以波斯人、粟特人、阿拉伯人为代表的胡商群体长期活跃于扬州，他们或在此定居，深耕中国内地市场，经营邸店业务，沿大运河，将异域商品贩运至长安、洛阳；或从事跨国贸易，在扬州买卖货物后，泛海远航，将中国的物产直销东南亚、印度洋甚至波斯湾。在考古发现中，扬州城区历年出土的波斯人李摩呼禄墓志、波斯瓷器、伊斯兰玻璃器等大批文物，以及上世纪末在印尼海域出水的"黑石号"沉船遗珍，都见证了这一中西经贸文化交流的盛况。可以说，有唐一代近三百年，是扬州对外交流史的黄金时代，交流的深度与广度都是封建时代所难以逾越的。

第九章　隋唐五代扬州的学术与文化

隋唐时期,扬州从南北朝对峙时期的边境交争之地,一跃而取代建康(今江苏南京),成为东南地区的中心城市。在这一背景下,扬州地区的社会文化生态也发生了极大改观。《隋书·地理志》叙江淮诸郡民风:

> (江都等郡)人性并躁劲,风气果决,包藏祸害,视死如归,战而贵诈,此则其旧风也。自平陈之后,其俗颇变,尚淳质,好俭约,丧纪婚姻,率渐于礼。[1]

在地缘政治格局转换带来的历史契机下,扬州的文化面貌焕然一新,从南北朝时期的骁勇善战、"风气果决",一变而为文教昌明、"率渐于礼"。本章将详细叙述促成这种转变的政治文化动因,揭示隋唐五代扬州学术文化的基本面貌与历史地位。

第一节　隋炀帝与隋代扬州的学术文化

隋唐五代时期的扬州文化昌明,一方面得益于对历史传统的继承,一方面又是依靠在新的时代背景下所进行的创新,同时还有赖于域外文化的交流与融通。在创造隋唐五代扬州学术文化的众多历史人物中,隋炀帝无疑是必须予以高度重视的一位。

---

[1]　〔唐〕魏徵、令狐德棻:《隋书》卷三一《地理志下》,中华书局1973年版,第886页。

一、隋代扬州文教昌盛的政治背景

隋文帝开皇十年（590），距平陈之役不过一年有余，江南地区便爆发了一连串叛乱：婺州（今浙江金华）人汪文进、越州（今浙江绍兴）人高智慧、苏州人沈玄憎皆举兵反，自称天子，署置百官；乐安（今浙江仙居）蔡道人、蒋山（今江苏南京）李棱、饶州（今江西上饶）吴世华、永嘉（今浙江温州）沈孝彻、泉州王国庆、余杭（今浙江杭州）杨宝英、交州（今越南北部）李春等皆自称大都督，攻陷州县，以致"陈之故境，大抵皆反"[1]。

江南地区发生的民变，看似骤然而起，实则有迹可循。后世史家在追述叛乱始末时是这样描述的：

> 江表自东晋已来，刑法疏缓，世族陵驾寒门；平陈之后，牧民者尽更变之。苏威复作《五教》，使民无长幼悉诵之，士民嗟怨。民间复讹言隋欲徙之入关，远近惊骇……共相影响，执县令，或抽其肠，或脔其肉食之，曰："更能使侬诵《五教》邪！"[2]

意思是说，江南地区原本有一套自己的治理模式，即政府法令舒缓，不做过多干预，民间长期以来自发形成了一套社会秩序。这与隋王朝的腹心之地关中地区有很大差别。但随着陈朝的覆亡，旧秩序被隋朝统治者推翻了，代之而起的是政权直接主导的秩序。这里值得特别一提的是所谓"五教"政策，其实质是官吏以教条化的儒家政治伦理为工具，将隋王朝的国家意识形态强制灌输给一般民众，进而达到对江南社会的有效控制。"五教"的制定者苏威，出身关陇士族，其父苏绰是西魏宇文泰时期的重臣，曾针对关陇地区政情与民风，推行过类似的文教政策。隋灭陈后，苏威在江南推行的"五教"，显然是继承乃父余绪，也就是所谓"关中旧意"在江南的原样照搬。这套文教政策对北周、隋的崛起及其统一事业确实发挥过不容忽视的作用，但正如以上

---

[1]〔宋〕司马光编著，〔元〕胡三省音注：《资治通鉴》卷一七七隋文帝开皇十年十一月，中华书局 1956 年版，第 5530 页。

[2]〔宋〕司马光编著，〔元〕胡三省音注：《资治通鉴》卷一七七隋文帝开皇十年十一月，中华书局 1956 年版，第 5529 页。

史料所见,江南民众则难以接受,甚至是极端厌恶的。

魏晋南北朝近四百年的政治分裂与军事对峙,造成了各地民众社会心理、宗教信仰乃至文化风尚上的显著差异。开皇十年遍及江南的反隋叛乱,正是这种文化鸿沟的极端表现形式。尽管隋文帝很快派遣重臣杨素等人武力镇压,但接踵而起的民变,显然还是引发了统治者对"五教"等政策的反思。此时摆在隋朝统治者面前的主要课题是:如何凝聚人心、弥合文化裂痕,进而增进南方各阶层民众对北方政权正统性的认同呢? 很显然,隋朝统治者亟须推行一套适应江南社会的新型文教政策。

二、"收杞梓之才,辟康庄之馆":杨广及其僚佐在扬文化活动

江南叛乱期间,晋王杨广受命出镇扬州,总管江表四十四州诸军事,由此开启了南方地区的文教新篇章。在此期间,扬州不仅成为隋朝控御东南的第一重镇,本地学术文化事业也因此出现了前所未有的盛况。

(一)杨广及晋邸学士群体的文学活动

晋王杨广出身关陇军事贵族家庭,但自幼"好学、善属文",诗文效仿庾信体。此外,晋王妃萧氏出身后梁皇室,"好学,解属文,颇知占候",具有相当程度的学术素养。在她的影响下,杨广很早就流露出对南方文化的钦慕之情。在出镇扬州以后,杨广很快着手延揽大批江左文士、学者。据史书记载:"(晋)王好文雅,招引才学之士诸葛颖、虞世南、王胄、朱玚等百余人以充学士。"[1] 萃聚晋邸的一百多位才学之士,成为隋代扬州学术文化事业发展的中坚力量。现将主要人物事迹叙述如下:

1. 柳䛒,字顾言,出身河东柳氏。柳氏家族在西晋末年"永嘉之乱"时南渡襄阳,此后世代仕于江左政权,属于南朝侨姓士族阶层。柳䛒自幼聪颖,"解属文,好读书,所览将万卷",曾任后梁政权侍中、国子祭酒、吏部尚书等职。入隋后,历任开府、通直散骑常侍、内史侍郎等职务,后"以无吏干去职",一度处境落魄。但不久受晋王杨广延揽,任晋王府谘议参军,随同出镇扬州。柳䛒因出众的文学才华而备受杨广青睐,位列王府诸学士之冠。在扬州期间,柳䛒对杨广本人文学风格的影响也很深,"王以师友处之,每有文什,必令其润色,然

***

[1] 〔唐〕魏徵、令狐德棻:《隋书》卷五八《柳䛒传》,中华书局 1973 年版,第 1423 页。

后示人"。有一次，晋王进京朝见，返回扬州以后曾撰《归藩赋》，特意命柳䛒为之作序，"词甚典丽"，深获称赞。[1]柳䛒堪称开皇年间扬州文坛的领军人物。

2. 诸葛颖，字汉，丹阳建康（今江苏南京）人。父、祖皆仕于萧梁。诸葛颖幼年聪慧过人，八岁能属文，博览群书。仕萧梁为邵陵王参军事、记室参军，"侯景之乱"发生后，播迁北齐，曾待诏文林馆，后历任太学博士、太子舍人诸职。北周武帝宇文邕平灭北齐，诸葛颖未得出仕，闭门十余年不出，系统研习"《周易》、图纬、《仓》、《雅》、《庄》、《老》，颇得其要"。入隋后，晋王杨广镇扬州，"闻其名，引为参军事，转记室"。杨广对其甚为钦重，曾亲自赋诗，追忆二人切磋时的情景："参翰长洲苑，侍讲肃成门。名理穷研核，英华恣讨论。实录资平允，传芳导后昆。"[2]

3. 虞世南，字伯施，会稽余姚人，出身南朝吴姓士族，家学渊源深厚，世代出仕江左政权。虞世南自幼"笃志勤学"，与其兄世基俱问学于南朝著名学者顾野王；"善属文"，效仿徐陵文风，深获徐陵本人称许。又学书于著名书法家沙门智永，得其真传，可谓南朝学术文化的杰出代表。陈亡后入隋，晋王杨广、秦王杨俊均久闻其名，争相礼聘，虞世南以母亲年老多病为由婉拒，晋王遣使者追之，遂入王府任职。杨广即位后，"常居禁中，以文翰待诏"。[3]

4. 虞绰，字士裕，与虞世南同族。"博学有俊才，尤工草隶"，文采出众，被江南士林誉为"虞郎之文，无以尚也"。入隋后为晋王府学士，"绰所笔削，帝未尝不称善"。杨广即位后，任秘书学士，奉诏与虞世南等人"常居禁中，以文翰待诏"，编修《长洲玉镜》等典籍十余种。[4]

5. 王胄，出身南朝一流高门琅琊王氏，"少有逸才"，仕陈为鄱阳王法曹参军、太子舍人等职，陈亡后被晋王引为学士。以文词为杨广所重，杨广称赞其文风"气高致远"，二人多有唱和。其兄王睿也是"博学多通，少有盛名于江

[1]〔唐〕魏徵、令狐德棻：《隋书》卷五八《柳䛒传》，中华书局1973年版，第1423页。

[2]〔唐〕魏徵、令狐德棻：《隋书》卷七六《文学·诸葛颖传》，中华书局1973年版，第1734页。

[3]〔后晋〕刘昫等：《旧唐书》卷七二《虞世南传》，中华书局1975年版，第2565—2566页；〔唐〕魏徵、令狐德棻：《隋书》卷七六《文学·虞绰传》，中华书局1973年版，第1739页。

[4]〔唐〕魏徵、令狐德棻：《隋书》卷七六《文学·虞绰传》，中华书局1975年版，第1738—1739页。

左……陈亡,与胄俱为学士。"[1]

6.庾自直,出身颍川庾氏,世仕江左。"少好学,沉静寡欲",仕陈为"豫章王府外兵参军"。陈亡后入关,郁郁不得志,"晋王广闻之,引为学士"。庾自直"解属文,于五言诗尤善",深获杨广青睐,"帝有篇章,必先示自直,令其诋诃。自直所难,帝辄改之,或至于再三,俟其称善,然后方出"。[2]

7.潘徽,字伯彦,吴郡(今江苏苏州)人,自幼博学多才,"受《礼》于郑灼,受《毛诗》于施公,受《书》于张冲,讲《庄》《老》于张讥,并通大义。尤精三史。善属文,能持论",为著名文学家江总所钦重。入隋后,先被秦王杨俊召为学士,后晋王杨广又引为扬州博士,令其与诸儒修撰《江都集礼》。[3](详见下文)

8.徐仪,南朝著名文学家徐陵之子,自幼聪颖,仕陈为秘书郎、尚书殿中郎、东宫学士等职。"陈亡入隋,开皇九年,隐于钱塘之赭山。炀帝召为学士。"[4]

9.张盈,字子谦,出身范阳张氏,世代定居江南,为萧梁外戚世家。仕后梁,官至廷尉卿。自幼学识出众,"侍皇太子讲《周易》","通石渠经史,侍金华讲诵,家有赐书,世传儒业"。同时也具备较高的文学素养,"高文丽绝,健笔云飞……雕虫之妙,后进莫俦"。开皇九年,"编名朱邸",任晋王府学士。[5]另外,其族兄弟张轲也先后任总管府司功参军、主簿。

值得一提的是,开皇年间活跃于扬州的还有文坛耆宿江总。江总,字总持,济阳考城人也,世仕江左,在陈后主时官至宰相,同时他也是南朝末期文坛领袖之一,被陈后主誉为"辞宗学府"。据本传记载,江总"开皇十四年,卒于江都",[6]正好是杨广任扬州总管期间,这恐怕不是巧合。杨广对江总的文学造诣素来钦慕有加,在平陈之役前夕,还致书赞誉其"冠盖二世,齿德兼重。……金匮珠韬,银编玉策,莫不誉于舌杪,散在笔端"。[7]陈亡后,江总被

---

[1]〔唐〕魏徵、令狐德棻:《隋书》卷七六《文学·王胄传》,中华书局1975年版,第1741页。

[2]〔唐〕魏徵、令狐德棻:《隋书》卷七六《文学·庾自直传》,中华书局1975年版,第1742页。

[3]〔唐〕魏徵、令狐德棻:《隋书》卷七六《文学·潘徽传》,中华书局1975年版,第1743—1745页。

[4]〔唐〕姚思廉:《陈书》卷二六《徐陵传》,中华书局1972年版,第336页。

[5]《隋故朝散大夫张府君墓志铭并序》,王其祎、周晓薇编著:《隋代墓志铭汇考》第4册,线装书局2007年版,第319—320页。

[6]〔唐〕姚思廉:《陈书》卷二七《江总传》,中华书局1972年版,第346页。

[7]〔清〕严可均辑:《全上古三代秦汉三国六朝文·全隋文》卷六(隋炀帝)《遗陈尚书江总檄》,中华书局1958年版,第4046页。

迁徙关中,郁郁不得志,因此,很可能也是受杨广延请,南下扬州。在南归途中,江总有《于长安归还扬州九月九日行薇山亭赋韵诗》:

> 心逐南云逝,形随北雁来。
> 故乡篱下菊,今日几花开。[1]

东晋南朝时期,济阳江氏曾世代侨居广陵,此时可能仍保有祖宅。所以诗中以扬州为故乡,思慕之情,跃然纸上。当然,作为文坛耆宿的江总,之所以选择终老扬州,可能也是为当地浓郁的南朝文化氛围所吸引,晋王府学士、僚佐中,不乏其昔日门生故旧。

　　杨广晋王府僚佐、学士有百余人之众,以上所见当然只是其中代表,其他人事迹多已湮灭无闻。但即便如此已经不难发现,南朝文士占了其中主流,他们多被列入《隋书·文苑传》,文采、学识皆为一时之选。

　　杨广自幼钦慕江左文化,在扬州期间,与南方士人多有切磋,每有诗文撰成,常令柳䛒等人评鉴、唱和。据载,"初,王(杨广)属文,为庾信体,及见䛒已后,文体遂变"[2],可见在这一互动中,他本人的文学风格也得到改观。从存世作品来看,杨广君臣间的唱和诗文,虽属于南朝清绮艳丽的风格,但在意境、气象与思想内涵上又能推陈出新,绝不是形式化的模仿。以乐府诗创作为例,杨广的乐府诗多系根据南朝的艳曲而填写的新词,其中最知名的当推《春江花月夜》二首。其一云:

> 暮江平不动,春花满正开。
> 流波将月去,潮水带星来。

其二:

---

[1]　逯钦立辑校:《先秦汉魏晋南北朝诗·陈诗》卷八(江总)《于长安归还扬州九月九日行薇山亭赋韵诗》,中华书局1983年版,第2595页;参〔清〕焦循:《邗记》卷五,广陵书社2003年版,第59—60页。

[2]　〔唐〕魏徵、令狐德棻:《隋书》卷五八《柳䛒传》,中华书局1973年版,第1423页。

夜露含花气，春潭漾月辉。

汉水逢游女，湘川值二妃。[1]

据《旧唐书·音乐志》记载，《春江花月夜》原为陈后主所制艳曲，后主"常与宫中女学士及朝臣相和为诗……采其尤艳丽者以为此曲"[2]，是所谓"亡国之音"的代表作。经杨广重新填词，本诗则呈现出另一番气象。第一首气象宏阔：春日夕阳下，江面坦荡平阔，春花盛开。第二首意境清丽：夜露中花香袭人，月色绮丽，《诗经》《楚辞》中的神女依次登场。全诗用辞雅致，意境混融，既捕捉到了"南方诗歌的声色之美"，又有"一种动人的清新和优美"。[3]

对于南朝文学传统，隋炀帝的作品虽有承袭，更有明显突破，论者指出："作为乐府歌辞的《春江花月夜》虽然其始是通过陈后主等的创作而以宫体诗的面貌出现的，但旋即通过隋炀帝的创作呈现了非宫体的面貌。"[4]这一评价可谓不易之论。所谓"非宫体"，是相对于过度追求辞藻、声律的南朝宫体诗而言，杨广此诗意境的确远胜于陈后主的华靡、轻浮之风。

青年时代长达十载的任职经历，以及即位后的三度巡幸，都让杨广与扬州结下了不解之缘，屡见于诗篇吟咏。他笔下的扬州，风光迤逦，水木清辉，除了《春江花月夜》，又如《夏日临江诗》：

夏潭荫修竹，高岸坐长枫。

日落沧江静，云散远山空。

鹭飞林外白，莲开水上红。

逍遥有余兴，怅望情不终。[5]

---

[1]　逯钦立辑校：《先秦汉魏晋南北朝诗·隋诗》卷三，中华书局1983年版，第2663页。

[2]　〔后晋〕刘昫等：《旧唐书》卷二九《音乐志》，中华书局1975年版，第1067页。

[3]　〔美〕宇文所安著，贾晋华译：《初唐诗》，生活·读书·新知三联书店2004年版，第20页。

[4]　程千帆：《张若虚〈春江花月夜〉的被理解和被误解》，收入《唐代进士行卷与文学·古诗考索》，商务印书馆2017年版，第210页。

[5]　逯钦立辑校：《先秦汉魏晋南北朝诗·隋诗》卷三《夏日临江诗》，中华书局1983年版，第2672页。

全诗风格清新俊逸,状物抒情,浑然天成。即位后所撰《江都宫乐歌》:

扬州旧处可淹留,台榭高明复好游。[1]

《泛龙舟》:

舳舻千里泛归舟,言旋旧镇下扬州。
借问扬州在何处,淮南江北海西头。[2]

诗中称扬州为"旧处""旧镇",将巡幸视为"归",凡此都透露出对江都的无限企羡、依恋之情。更有如第三次巡幸时所赋"我梦江都好,征辽亦偶然"一句,直抒胸臆,钟爱之情跃然纸上,已超越了文学创作中的主客体关系。学者指出,扬州之于杨广,既是政治发迹之所,也是与所亲、所恋的生活乐园,更是熏习江左文化的精神家园。[3]

因杨广的相关活动与创作实践,扬州这座城市也成为后世文人聚焦的对象。对杨广政治上的作为,包括大运河的修筑,历来不乏非议与抨击,而对他笔下的扬州,独能引发后世诗人精神共鸣。同样以《春江花月夜》为例,诗中呈现的景观与意象,对后世文学影响深远。唐代江都籍诗人张若虚有同名诗作,号称"孤篇压全唐",学者指出,此诗系"本着炀帝的诗意加以铺陈,衍为长篇巨制,成为广泛传颂的诗篇",[4]"张若虚所继承的……正是隋炀帝等的而非陈后主等的传统"。[5]杨广发迹于扬州,毕生钟爱扬州,最终又殒命于扬州,身死而国灭,这一充满戏剧性的生命历程,也为后世诗歌创作注入了新的

---

　[1]　逯钦立辑校:《先秦汉魏晋南北朝诗·隋诗》卷三《江都宫乐歌》,中华书局 1983 年版,第 2664 页。

　[2]　逯钦立辑校:《先秦汉魏晋南北朝诗·隋诗》卷三《泛龙舟》,中华书局 1983 年版,第 2664 页。

　[3]　牟发松:《论隋炀帝的南方文化情结——兼与唐太宗作比》,《文史哲》2018 年第 4 期,第 77—92 页。

　[4]　李廷先:《唐代扬州史考》,江苏古籍出版社 2002 年版,第 604 页。

　[5]　程千帆:《张若虚〈春江花月夜〉的被理解和被误解》,收入《唐代进士行卷与文学·古诗考索》,商务印书馆 2017 年版,第 210 页。

主题。历代歌咏扬州的诗词浩如烟海,诸如唐人张祜"人生只合扬州死,禅智山光好墓田"等佳句频出,脍炙人口。诗人们对扬州的钟爱,固然与她的旖旎风光、市井繁华密不可分,但从文学创作的角度来看,未尝没有杨广的人生影像映照在其中。以张祜诗为例,宋人葛立方指出,此诗既表达了作者自身对扬州的钟爱,也暗含了对隋炀帝人生悲剧的哀惋。[1]当然,更多的诗歌只是单纯表现了对扬州的向往、流连、追忆之情,这些经久不衰的主题,正是始于杨广的诗篇。至于炀帝陵、隋堤柳、迷楼、大运河等诗词中常见的吟咏物象,无一不与杨广存在着千丝万缕的纠葛。

杨广的僚佐、学士也创作了不少扬州主题的诗歌,从存世篇目来看,大多是君臣唱和之作。如柳䛒有《奉和晚日杨子江应制诗》《奉和晚日杨子江应教诗》二首存世,其中后一首:"大江都会所,长洲有旧名。西流控岷蜀,东泛迤蓬瀛。未睹纤罗动,先听远涛声。"[2]诸葛颖《春江花月夜》诗:"张帆渡柳浦,结缆隐梅洲。月色含江树,花影覆船楼。"[3]均堪称描绘扬州襟江傍海壮美景观的佳句。此外,徐仪、庾自直等人也有类似题材的唱和诗存世。

在杨广不遗余力地奖掖、招引之下,扬州萃聚了大批江南文士,成为继六朝建康之后南方地区新的文学中心。以杨广君臣为代表的隋代扬州文学,是对南朝文学的传承与发扬,在中国文学史上产生了深远影响,更对后世扬州城市文化意象的建构做出了不可磨灭的贡献。

扬州总管府、晋王府僚属中还有不少随同南下的北方士人,这是前人很少留意的。其中代表人物,见于史传者,如总管府司马朔方李彻,总管府掾属河内张衡,王府司马河间张奫,王府亲信陇西李浑、京兆虞孝仁,王府行参

[1]〔宋〕葛立方:《韵语阳秋》卷一三,收入〔清〕何文焕:《历代诗话》,中华书局 1981 年版,第584—585 页。另参前揭牟发松:《论隋炀帝的南方文化情结——兼与唐太宗作比》,《文史哲》2018年第 4 期,第 77—92 页。

[2] 逯钦立辑校:《先秦汉魏晋南北朝诗·隋诗》卷五(柳䛒)《奉和晚日杨子江应教诗》,中华书局 1983 年版,第 2689 页。

[3] 逯钦立辑校:《先秦汉魏晋南北朝诗·隋诗》卷五(诸葛颖)《春江花月夜》,中华书局 1983年版,第 2705 页。

军京兆杜正玄,王府文学崔赜等;[1]见于墓志者,有总管府士曹参军陇西李
敷,总管府长史太原王客卿,长参供奉太原齐士幹,王府录事参军西河任轨
等。[2]他们担任的大多是军政要职而非学士,但其中不乏出身山东、关陇一
带的旧士族,也应该具备相当的才学,可以推测,随着与南方士人的日常交
往、互动,这些北方士族应该与隋炀帝一样,都进一步加深了对南方学术文
化的理解与认同。

(二)潘徽与《江都集礼》

除了文学创作,由杨广主导、以王府僚属为主力的另一项"文化工程"是
编纂典籍。杨广自幼博学多识,"好读书著述"。此后在平陈之役攻占建康时,
下令"收图籍,封府库,资财一无所取,天下皆称广,以为贤",[3]足可见对南朝
图书典籍之珍视。开皇十年担任扬州总管,自然为接触相关典籍提供了更大
的便利,据史书记载:杨广"置王府学士至百人,常令修撰,以至为帝,前后近
二十载,修撰未尝暂停;自经术、文章、兵、农、地理、医、卜、释、道乃至蒲博、鹰
狗,皆为新书,无不精洽,共成三十一部,万七千余卷"。[4]这项持续近二十年
的浩大工程,正是肇始于扬州。

期间最重要的成果,是王府学士潘徽奉命领衔修撰的《江都集礼》一书。
潘徽在序文中详细记叙了此书的编修始末:

> 礼之为用至矣。大与天地同节,明与日月齐照,源开三本,体合四

---

[1] 以上分见〔唐〕魏徵、令狐德棻:《隋书》卷五四《李彻传》;同书卷五六《张衡传》;同书卷
四六《张晃传》;同书卷三七《李浑传》;同书卷四〇《虞庆则传》;同书卷七六《杜正玄传》;同书卷
七五《刘焯传》,中华书局1973年版。

[2]《唐故利州总管府司马李府君墓志铭并序》,收入胡戟、荣新江主编:《大唐西市博物馆藏墓
志汇编》,北京大学出版社2012年版,第66页;《唐故朝议大夫赵州长史王府君墓志铭并序》,胡戟、
荣新江主编:《大唐西市博物馆藏墓志汇编》,北京大学出版社2012年版,第88页;《大隋故汝阴郡丞
齐府君墓志铭》,王其祎、周晓薇:《隋代墓志铭汇考》第5册,线装书局2007年版,第365—369页;《隋
故朝散大夫将作少匠任君墓志之铭》,王其祎、周晓薇:《隋代墓志铭汇考》第3册,线装书局2007年
版,第325—328页。

[3]〔宋〕司马光编著,〔元〕胡三省音注:《资治通鉴》卷一七七隋文帝开皇九年(589)正月,中
华书局1956年版,第5510页。

[4]〔宋〕司马光编著,〔元〕胡三省音注:《资治通鉴》卷一八二隋炀帝大业十一年(615)正月,
中华书局1956年版,第5694页。

端。……上柱国、太尉、扬州总管、晋王握珪璋之宝,履神明之德,隆化赞杰,藏用显仁。地居周、邵,业冠河、楚,允文允武,多才多艺。……收杞梓之才,辟康庄之馆。加以佃渔六学,网罗百氏,继稷下之绝轨,弘泗上之沦风,赜无隐而不探,事有难而必综。至于采标绿错,华垂丹篆,刑名长短,儒、墨是非,书圃翰林之域,理窟谈丛之内,谒者所求之余,侍医所校之逸,莫不澄泾辨渭,拾珠弃蚌。以为质文递改,损益不同,《明堂》《曲台》之记,南宫、东观之说,郑、王、徐、贺之答,崔、谯、何、庾之论,简牒虽盈,菁华盖鲜。乃以宣条暇日,听讼余晨……总括油素,躬披缃缥,艾芟刘楚,振领提纲,去其繁杂,撮其指要,勒成一家,名曰《江都集礼》。凡十二帙,一百二十卷,取方月数,用比星周,军国之义存焉,人伦之纪备矣。[1]

　　虽然《江都集礼》全书已散佚,但根据上引序文,以及唐宋典籍中征引的片段,还是不难窥见其面貌。首先来看此书的学术源流。序文提到了"郑、王、徐、贺之答,崔、谯、何、庾之论"。其中郑、王、徐、贺分别指郑玄、王肃、徐邈、贺循,崔、谯、何、庾分别指崔豹、谯周、何承天、庾蔚之,他们都是汉魏以降尤其是东晋南朝的经学名家。从所见佚文来看,《江都集礼》中广泛征引了前代的礼学著作,如何承天《礼论》、徐广《礼论答问》、庾蔚之《礼答问》、崔灵恩《三礼义宗》、贺玚《礼论要抄》等。[2]其中,何承天《礼论》一书的影响尤为显著。唐人称"炀帝命学士撰《江都集礼》,只抄撮《礼论》",这或有夸张,但足见两者间的承袭关系。不唯学术观点,著述体例上的沿袭也有迹可循。以《礼论》为代表的南朝礼学著作,一般是从国家礼制实践中遇到的问题出发,先设问,再引据经典,折衷诸说来作答,这是南朝礼学著作的一项显著特征。[3]《江都集礼》正是如此,《宋会要辑稿》礼一五引《江都集礼》佚文:

　　[1]　〔唐〕魏徵、令狐德棻:《隋书》卷七六《文学·潘徽传》,中华书局 1973 年版,第 1745—1746 页。

　　[2]　史睿:《北周后期至唐初礼制的变迁与学术文化的统一》,荣新江主编:《唐研究(第三卷)》,北京大学出版社 1997 年版,第 171 页。

　　[3]　吴羽:《今佚唐〈开元礼义鉴〉的学术渊源与影响》,《魏晋南北朝隋唐史资料(第二十六辑)》,武汉大学文科学报编辑部 2010 年版,第 187—202 页。

晋景帝即位,夏侯夫人应合追尊? 散骑常侍任茂、傅元等议云:"夏侯夫人初归景帝,未有王基之道,不及景帝统百揆而亡。后妃之化,未著远近,追尊,无经义可据。"

其他佚文从体裁来看也大体类似。可见,《江都集礼》正是遵循了南朝礼学著作的一般体例,甚至可能是照录原文。

《江都集礼》之所以呈现出"南朝化"的倾向,除了杨广本人对南方学术文化的尊崇,以及南方相对北方的文化优越性,更与实际编撰者潘徽等人的学术师承直接相关。潘徽本为南朝士人,少受《礼》于郑灼,郑灼则受业于皇侃;皇侃"少好学,师事贺玚,精力专门,尽通其业"[1];贺玚出身礼学世家会稽贺氏,"少传家业","悉礼旧事",梁武帝制礼作乐,"玚所建议,多见施行"[2]。从师承渊源上来看,潘徽本人正是南朝新礼学之嫡传,这对《江都集礼》的编纂思想产生了决定性影响。可以说,由隋炀帝在扬州主导修撰的《江都集礼》,一如其文学创作,也是江南东晋南朝学术文化之余绪。

《江都集礼》对后世影响也堪称深远,成为唐宋时期国家礼制建设、各类仪注编修时的重要参考书,获得与《大唐开元礼》等官修仪注并列的地位。此外,学者指出,唐人编纂《开元礼》《开元礼义鉴》之际,处理汉魏以降的礼仪难题时,往往直接借鉴、吸收《江都集礼》之成说,再附以本朝相关内容。[3]从这个意义上来看,《江都集礼》堪称中国礼制史上承上启下的集大成之作。

杨广一生所修典籍卷帙浩繁,总量达一万七千余卷,从《隋书·经籍志》《旧唐书·经籍志》等保存的书目来看,能确定修撰于扬州的,似乎只有《江都集礼》及其副产品《集礼图》。但实际上当时晋王府学士负责编修的典籍当远不止于此。另有部分著作,虽然成书于大业年间,但与扬州存在深厚渊源,如《长洲玉镜》《桂苑珠丛》等大型类书,领衔修撰的虞绰、虞世南、诸葛颍等

---

[1] 〔唐〕姚思廉:《梁书》卷四八《儒林·皇侃传》,中华书局 1973 年版,第 680 页。

[2] 〔唐〕姚思廉:《梁书》卷四八《儒林·贺玚传》,中华书局 1973 年版,第 672 页。

[3] 吴羽:《今佚唐〈开元礼义鉴〉的学术渊源与影响》,《魏晋南北朝隋唐史资料(第二十六辑)》,武汉大学文科学报编辑部 2010 年版,第 187—202 页。

人,都是晋王府旧僚。

此外值得一提的是,在隋炀帝主持的诸项文化典籍修撰中,江都籍学者曹宪也身预其中,负责"规正文字"。此外,曹宪本人还撰有《广雅注》十卷、《扬州记》一卷、《古今字图杂录》一卷、《文字指归》四卷、《小学总录》二卷,受到隋炀帝重视,下令藏于秘阁。[1]

招揽学士、聚书修撰是王公贵族间的流行风尚,自古皆然,而尤盛于南朝,如齐高帝曾诏东观学士撰《史林》三十篇;南齐竟陵王萧子良依《皇览》例,为《四部要略》千卷;梁安成王萧秀招学士刘孝标等撰《类苑》。杨广的这些举措显然也是效仿了南朝的文化传统。

总之,隋炀帝时期的国家典籍编修工程肇始于扬州,而以扬州为代表的南朝学术文化风尚,又深刻影响乃至塑造了有隋一代学术文化的整体面貌。

三、"道场兴号,玄坛著名":隋代扬州宗教事业的兴盛

隋代扬州的宗教事业也出现了前所未有的新局面。佛教起源于印度,自东汉传入中国,至南北朝时期风靡全国,在社会各阶层拥有大批信众。人们熟知的崇佛帝王,如梁武帝,曾四度舍身同泰寺为奴,后由群臣出资奉赎,方愿回宫。

北朝的情况与南朝有所差异,世俗统治者与宗教时有冲突,先后发生两次"法难",即北魏太武帝与北周武帝推动的灭佛事件。尤其是后一次,距隋朝建政不过数年,对北方地区佛教发展造成了沉重打击。隋文帝生长于尼寺,自幼崇信佛教。即位后以佛法庇护者自居,下诏重兴佛法,允许百姓出家,并由官府出资抄写佛经、镌刻佛像,于是"天下之人,从风而靡,竞相景慕,民间佛经,多于六经数十百倍"。[2]当然,除开个人信仰,隋代统治者的崇佛举动,显然也有教化民众、抚绥民心,进而树立自身合法性的用意。

(一)《宝台经藏》与江都慧日道场

杨广受家庭影响,自幼"情慕佛宗,崇奉诚约",是名虔诚的佛教徒。坐镇扬州不久,即着手复兴在战乱与法难中遭到破坏的佛教。

---

[1]〔后晋〕刘昫等:《旧唐书》卷一八九上《儒学·曹宪传》,中华书局1975年版,第4945—4946页。

[2]〔唐〕魏徵、令狐德棻:《隋书》卷三五《经籍志》,中华书局1973年版,第1099页。

他的首要举措是对江南佛教典籍的搜集与保护。早在开皇十年平叛战役中，杨广即"深虑灵像、尊经，多同煨烬……是以远命众军，随方收聚"，不到一月时间，悉数汇集于扬州晋王府，"五时妙典，大备于斯"。[1]杨广延揽高僧，对这批文献进行了整理、校订。主其事者慧觉、智果等，均为一时高僧大德。最终成果名为"宝台经藏"，按门类分为四藏，部帙近十万卷。[2]所谓四藏，据《隋书·经籍志》记载，当即大乘、小乘、杂经、疑经等四个门类。这一分类法也是沿袭了汉魏以来佛经目录的通行惯例。

据杨广自述，宝台经藏又有正、副两本。正藏由其"亲躬受持"，存于江都晋王府，次藏（即副本）则存于"慧日、法云道场，日严、弘善灵刹，此外京都寺塔，诸方精舍，而梵宫互有小大，僧徒亦各众寡，并随经部多少，斟酌分付"。[3]可见宝台经藏虽修成于扬州，但很快便流通至京师、四方诸寺。

《宝台经藏》卷帙浩繁，之所以能迅速完成编纂工作，与江南地区丰富的经藏庋藏密不可分。南朝帝王大多崇佛，因此在位期间多以弘法为能事，重视经藏搜集、整理工作，如梁华林园经藏、定林寺经藏、建初寺经藏，创立始与萧梁皇室大有关联。其中华林园经藏最为典型，据记载："梁武大崇佛法，于华林园中，总集释氏经典，凡五千四百卷。"[4]这可能是中国历史上首次由皇帝亲自主导的大规模经藏结集。《宝台经藏》大多取资于江南寺院，从政教关系的角度来看，也可视为南朝政教传统之延续。

杨广被立为太子后，这批经藏又随之转输京师，大业年间，"令沙门智果，于东都内道场，撰诸经目"。[5]可以推测，此后隋代官方层面佛教经藏整理工

［1］〔清〕严可均辑：《全上古三代秦汉三国六朝文·全隋文》卷七《宝台经藏愿文》，中华书局1958年版，第4054页；〔唐〕道宣撰，郭绍林点校：《续高僧传》卷一二《隋江都慧日道场释慧觉传》，中华书局2014年版，第405页。

［2］〔清〕严可均辑：《全上古三代秦汉三国六朝文·全隋文》卷七《宝台经藏愿文》，中华书局1958年版，第4054页。关于《宝台经藏》的卷帙，唐代僧人法琳《辩正论》卷三称："隋炀帝……平陈之后于扬州装补故经，并写新本，合六百一十二藏，二万九千一百七十三部，九十万三千五百八十卷。"（《大正新修大藏经》第52册，新文丰出版公司1983年版，第509页）恐难凭信，当以杨广自述为准。

［3］〔清〕严可均辑：《全上古三代秦汉三国六朝文·全隋文》卷七《宝台经藏愿文》，中华书局1958年版，第4054页。

［4］〔唐〕魏徵、令狐德棻：《隋书》卷三五《经籍志》，中华书局1973年版，第1098页。

［5］〔唐〕魏徵、令狐德棻：《隋书》卷三五《经籍志》，中华书局1973年版，第1099页。

作,是在《宝台经藏》基础上的修订与扩展。慧觉、智果等皆为南方人,《宝台经藏》搜集的也主要是南方佛教经典,因此,这项工作极大促进了南朝佛学的北传。

平陈之初,南方社会动荡,"寇贼交横,寺塔烧烬",隋朝又下令"一州之内,止置佛寺二所,数外伽蓝,皆从屏废",[1]由此造成大批僧侣流离失所。杨广坐镇扬州后,对他们多有安抚,许诺"须一二年间民力展息,即于上江结筏以新酬故"。[2]对佛像也给予了保护,如开皇十年,杨广派遣使者前往庐山西林寺,请来源自天竺的"石影像","王自虔奉,在内供养"。[3]杨广的护持之功颇得人心,高僧智颉称赞其"仰乘大力,建立将危,遂使佛法安全,道俗蒙赖,收拾经像,处处流通,诵德盈衢,衔恩满路"。[4]

除此以外,杨广弘法的另一项举措是设立"四道场",延揽高僧驻锡其间。江都四道场之兴,是中国佛教史上的一桩大事因缘,屡见于僧史称述。至于其具体情形,这里引述《集古今佛道论衡》卷乙《隋两帝重佛宗法俱受归戒事》的记载:

> 及大业嗣历,弥隆前政。昔居晋府,盛集英髦。慧日、法云,道场兴号。玉清、金洞,玄坛著名。四海搜扬,总归晋邸。四事供给,三业依凭。礼以家僧,不属州省。迄于终历,征访莫穷。而情慕佛宗,崇奉诚约。[5]

由此可知,"四道场"分别指慧日、法云二佛寺,以及玉清、金洞二道观,这与特指佛寺的道场稍有不同。四道场均建成于开皇十二年前后,坐落于扬州

---

[1]〔唐〕道宣撰,郭绍林点校:《续高僧传》卷一二《隋江都慧日道场释慧觉传》,中华书局2014年版,第405页。

[2]〔隋〕灌顶:《国清百录》卷二《王答蒋州事》,《大正新修大藏经》第46册,新文丰出版公司1983年版,第805页。

[3]〔唐〕道宣撰,郭绍林点校:《续高僧传》卷三〇《周郿州大像寺释僧明传》,中华书局2014年版,第1203页。

[4]〔隋〕灌顶:《国清百录》卷二《述蒋州僧书》,《大正新修大藏经》第46册,新文丰出版公司1983年版,第804页。

[5]〔唐〕道宣:《集古今佛道论衡》卷乙,《大正新修大藏经》第52册,新文丰出版公司1983年版,第379页。

城内晋王府周围。驻锡其间的僧人"不属州省"，身份上属于杨广的"家僧"。这既体现出杨广对僧人的礼遇、优待，也暴露出对其利用、控制之用心。

另外值得一提的是，据学者研究，四道场各自的招揽对象也有所不同：慧日道场建于"外援"，即王府门墙外，安置的主要是比丘；法云道场建于"内援"，即王府之内，安置比丘尼，主要服务对象或许是王府女眷。玉清、金洞两道观也应有类似的分别。[1]这就能解释，何以驻锡慧日道场的高僧，皆历历可考，而驻法云道场者多事迹无闻。此中缘由，大概在于性别身份的差异。今将开皇年间经杨广招揽，驻锡慧日道场的僧侣表列如下。

表 9-1　　　　　　**江都慧日道场驻锡高僧一览**[2]

僧人名	籍贯	入隋后驻锡寺院	事迹概览	资料出处
智脱	广陵	江都慧日→西京日严→东都慧日	炀帝作牧邗江，初建慧日，盛搜异艺，海岳搜扬。脱以慧业超悟，爰始沾预。	《续高僧传》卷九
法澄	吴郡	江都慧日→西京日严→东都慧日	晋王置四道场，澄被召入。安时悟物，弘道无绝。	同上
道庄	建康	江都慧日（？）→西京日严→东都慧日	帝昔处蕃，致书礼问。诗论嘉篇，每令扣击，词彩丰逸，屡动人心。	同上
法论	南郡	江都慧日（？）→西京日严→东都慧日	隋炀在蕃，远闻令德，召入道场，晨夕赏对。王有新文颂集，皆共询谋，处俗传扬，亟移岁序。	同上
智矩	吴郡	江都慧日→西京日严	善草隶，偏爱文章。每值名宾，辄属兴缀采……隋炀往镇扬、越，采拔英灵……征居慧日，处以异伦。	《续高僧传》卷一一
吉藏	岭南→建康	江都慧日→西京日严→西京延兴	炀帝晋蕃，置四道场……以藏名解著功，召入慧日。	同上

---

[1]　按《资治通鉴》卷一八一《隋纪》隋炀帝大业六年（610）正月条："（隋炀帝）常以僧、尼、道士、女官自随，谓之四道场。"（中华书局1956年版，第5649—5650页）将"四道场"理解为四类人，这固然有误，但恰可以从侧面看出其中安置的应为四类出家群体。参山崎宏：《晋王廣（煬帝）の四道場》，《東洋学報》32（3），1950年。

[2]　参山崎宏：《晋王廣（煬帝）の四道場》，《東洋学報》32（3），1950年。

续表 9-1

僧人名	籍贯	入隋后驻锡寺院	事迹概览	资料出处
慧觉	丹阳秣陵	江都慧日→江都白塔	炀帝昔居藩屏……乃赐书曰："……今于城内建慧日道场，延屈龙象，大弘佛事，盛转法轮。"	《续高僧传》卷一二
慧越	岭南	江都慧日	隋炀在蕃，搜选英异，开皇末年，遣舍人王延寿往召，追入晋府慧日道场，并随王至京，在所通化。	《续高僧传》卷一七
慧乘	彭城	江都慧日→西京日严→西京胜光	太尉晋王于江都建慧日道场，遍询硕德，乘奉旨延住，仍号家僧。	《续高僧传》卷二五、卷一一
法安	安定	江都慧日→东都宝杨	开皇中，来至江都，令通晋王。……王闻召入，相见如旧，便住慧日，王所游履，必赍随从。	《续高僧传》卷二六
立身	建康	江都慧日→东都慧日	有文章，工辩对。……晚入慧日，优赠日隆。大业初年，声唱尤重。帝以声辩之功，动衷情抱，赐帛四百段、毡四十领。	《续高僧传》卷三一
智云	江南	江都慧日	善席上，谈吐惊奇，子史丘索，都皆谙晓，对时引挽，如宿构焉。隋炀在蕃，弥崇敬爱，召入慧日，把臂朋从，欣其词令故也。	同上
惠云	建康	江都慧日	太尉晋王，文武英劲，亲董元戎，□定江表，□□法师便以家僧礼异，从游京洛，陪镇汾河。……重牧江都，复奉安车，再朝象魏。	《隋代墓志铭汇考》第 2 册《大隋太尉晋王慧日道场故惠云法师墓》
照禅师		江都慧日		《国清百录》卷二《王重遣匡山参书》
论法师	江陵？	江都慧日		《国清百录》卷而《王重遣匡山参书》
道严	幽州	江都慧日		《法苑珠林》卷三八
大明	吴郡	江都慧日	量括山海，志坚金石，才高独秀，学富多闻。炀帝居藩，请入惠（慧）日道场。	《南岳总胜集》卷上

以上开列的名单当然并非全数，但不难发现，南朝故地的高僧占据了其中多数，而义学高僧又是其中主流，这是慧日道场的显著特色。其中代表，如法澄、道庄、智矩、慧觉、吉藏、法安等人，均出自南朝三论学大师法朗门下。法朗精研佛理，"《华严》《大品》、四论文言，往哲所未谈，后进所损略，朗皆指摘义理，微发词致，故能言气挺畅，清穆易晓"。[1]其门下弟子英才济济，多能阐扬师说，其中翘楚便是吉藏。吉藏世称嘉祥大师，是公认的三论学巨匠，也是汉传佛教三论宗的正式创立者。他俗姓安氏，可能是中亚粟特人后裔，七岁出家，拜入法朗门下，"采涉玄猷，日新幽致"，很早便具备了深厚的佛学造诣。在其师圆寂后，吉藏系统总结三论学理论体系，并完成了师法传授谱系的建构。在此基础上，隋唐之际，三论学广泛传播于南北各地，一时间蔚为大宗。[2]慧日道场的其他高僧大多也精研佛理，学殖深厚，如智脱之于成实学，"研几幽旨，精统词理"[3]；法论"味重《成实》，研洞文彩"[4]；智矩"讨穷深致，学冠时雄"[5]。由此可见，当时的江都聚揽了南方几乎所有的一流高僧，俨然成为佛教义学之中心。

南北朝时期，南北佛教发展上呈现出明显的学风差异，"南方专精义理，北方偏重行业"，"南重义学，北重实行"，"南朝之学，玄理佛理，实相合流。北朝之学，经学佛学，似为俱起。合流者交互影响，相得益彰。俱起者则由于国家学术之发达，二教各自同时兴盛，因而互有关涉。……南方佛理，因与玄学契合无间，故几可视为一流"，而"燕、齐、赵、魏，儒生辈出，名僧继起，均具朴质敦厚之学风。大异于南朝放任玄谈之习气"。[6]简言之，江南佛学因与玄学相熏染，哲学思辨色彩浓厚，而华北僧人修行中则偏重日常实践。杨广

---

[1]〔唐〕道宣撰，郭绍林点校：《续高僧传》卷七《陈扬都兴皇寺释法朗传》，中华书局2014年版，第225页。

[2]参汤用彤：《隋唐佛教史稿》，北京大学出版社2011年版，第95—102页。

[3]〔唐〕道宣撰，郭绍林点校：《续高僧传》卷九《隋东都内慧日道场释智脱传》，中华书局2014年版，第322页。

[4]〔唐〕道宣撰，郭绍林点校：《续高僧传》卷九《隋东都内慧日道场释法论传》，中华书局2014年版，第328页。

[5]〔唐〕道宣撰，郭绍林点校：《续高僧传》卷一一《隋西京日严道场释智矩传》，中华书局2014年版，第375页。

[6]汤用彤：《汉魏两晋南北朝佛教史》，中华书局1983年版，第241、357、379、381页。

出身关中,自幼接触的当然都是北方佛教。但在来扬之后,对于佛学的态度,与其文学风尚可谓如出一辙,均明显表现出对南方文化的推崇与钦慕。

江都道场中延揽的高僧,除佛学造诣精湛,往往还工于辞章,才学卓著。这其实也是南朝僧人承袭已久的文化传统,"晋宋以来,僧徒多擅文辞,旁通世典。士大夫亦兼习佛理。又因僧寺清幽,尤为其游观倡和之地"[1]。杨广显然很看重这一点,对"一艺有称"者,皆"三征别馆",可谓殷勤备至。上表所列诸人中,如道庄,"帝昔处蕃,致书礼问,诗论嘉篇,每令和继,词彩丰逸,屡动人心。……有集数十卷,多在淮南,少流北壤"[2]。法论,"王有新文颂集,皆共询谋,处俗传扬,亟移岁序"[3]。智矩"偏爱文章,每值名宾,辄属兴缀彩,铺词横锦,勇思霏霜"[4]。智云"谈吐惊奇,子史丘索,都皆谙晓,对时引挽,如宿构焉。隋炀在蕃……把臂朋从,欣其词令故也"[5]。另有不少高僧兼擅书翰,如智矩以草、隶二体独步一时,智果与智永齐名,得王羲之行草之精髓。可见这些才艺出众、儒释兼修的高僧实际上与王府学士等文学侍从相似,于杨广而言,某种程度上都扮演了南朝文化载体的角色。学士、高僧萃聚于扬州,也将江南文化之精粹移植于此,这为唐代扬州本地学术文化的繁荣奠定了基础。

值得注意的是,随着杨广被立为太子,原本驻锡慧日等道场的高僧,大多也随之西迁关中。为安置江南僧众,杨广先后在长安建立了日严等道场,即位后又在东都洛阳设立慧日等东都四道场。据文献记载,经杨广荐引,入北之南僧计有智脱、法澄、道庄、法论、吉藏、智闿、智矩、辩义、明舜、法侃、慧因、慧頵、法安、昙瑎等二十余人,皆是江南佛教界一时之选。这一迁徙与流动,不仅使得南朝佛教义理在北方得到广泛传播,更促成了南北朝以来全国范围内高僧汇聚的局面,为唐代南北文化的接榫、交汇奠定了基础。

---

　　[1]　汤用彤:《汉魏两晋南北朝佛教史》,中华书局1983年版,第347—348页。

　　[2]　〔唐〕道宣撰,郭绍林点校:《续高僧传》卷九《隋东都内慧日道场释道庄传》,中华书局2014年版,第328页。

　　[3]　〔唐〕道宣撰,郭绍林点校:《续高僧传》卷九《隋东都内慧日道场释法论传》,中华书局2014年版,第328—329页。

　　[4]　〔唐〕道宣撰,郭绍林点校:《续高僧传》卷一一《隋西京日严道场释智矩传》,中华书局2014年版,第374—375页。

　　[5]　〔唐〕道宣撰,郭绍林点校:《续高僧传》卷三一《隋京师定水寺释法称传》,中华书局2014年版,第1244—1245页。

（二）杨广与天台智颛

杨广在江都招揽的众多高僧中,最知名者当推天台宗创始人智颛。智颛,俗姓陈氏,世居荆州华容县(今属湖南省岳阳市),弱冠之岁于长沙果愿寺出家,后又拜入高僧慧思门下。陈太建七年(575)隐居天台山,创立教团,奠定了后世天台宗的基础。智颛佛学造诣精湛,且长期在江南弘法,"东西垂范,化通万里,所造大寺三十五所,手度僧众四千余人⋯⋯五十余州道俗受菩萨戒者不可称纪"[1],被陈宣帝誉为"佛法雄杰,时匠所宗,训兼道俗,国之望也"[2]。可见其在南朝僧俗两界所享盛名。

陈亡之后,江南佛寺凋敝,僧众流离,智颛一度迁居庐山。秦王杨俊时为扬州总管,有意延请其驻锡江都,但他予以婉拒,称:"虽欲相见,终恐缘差。"[3]显然,他对作为征服者的隋朝皇子并无好感,充满着犹疑与不信任。

杨广继任扬州总管后,也一心想将智颛延至江都,这对提高自身声誉,乃至稳定隋王朝在江南统治将大有助益。杨广比杨俊更为执着,再三遣使致信,殷勤备至。智颛则"初陈寡德,次让名僧,后举同学,三辞不免,乃求四愿"[4],提出四点要求:其一,不对传授禅法抱太高期望;其二,不受繁文缛节约束;其三,弘法活动不受限制;其四,可以随时离开,不得强留。在得到杨广悉数允诺后,开皇十一年(591)十一月,智颛一行终于来到扬州。杨广为此准备了盛大的欢迎仪式,在总管府内金城殿设下千僧会[5]。会上,智颛亲自为杨广传授菩萨戒,并取法名"总持",杨广则"顶受其旨",尊智颛为"智者大师",终身以弟子自居,执礼甚恭。

法事结束后,智颛不愿留居慧日道场,因为他深知,这样虽受优待,实则

---

[1]〔唐〕道宣撰,郭绍林点校:《续高僧传》卷一七《隋国师智者天台山国清寺智颛传》,中华书局2014年版,第635页。

[2]〔唐〕道宣撰,郭绍林点校:《续高僧传》卷一七《隋国师智者天台山国清寺智颛传》,中华书局2014年版,第627页。

[3]〔隋〕灌顶:《国清百录》卷四《天台国清寺智者禅师碑文》,《大正新修大藏经》第46册,新文丰出版公司1983年版,第817页。

[4]〔唐〕道宣撰,郭绍林点校:《续高僧传》卷一七《隋国师智者天台山国清寺智颛传》,中华书局2014年版,第629页。

[5]《天台国清寺智者禅师碑文》作"扬州大听寺",今从《天台智者大师别传》、《续高僧传》卷一七本传。

沦为杨广豢养的"家僧",无益于弘法。于是出居扬州城外禅众寺,不久即请求返回庐山。杨广自然不愿轻易放其归山,再三挽留之下,智顗在扬州停留数月,但还是坚持请辞,称"先有明约,事无两违",杨广"不敢重邀,合掌寻送,至于城门。……王礼望目极,衔泣而返"[1]。离开江都后,智顗先是在庐山弘法,后又返回故乡,在荆州当阳县建立玉皇寺。期间杨广虽然政务繁忙,但与智顗依然书信往来频繁,屡次遣使致敬。

开皇十五年(595),杨广再次致信,邀智顗赴江都讲法。对杨广的"累书致请",智顗已经不好再推辞,不得不顺流而下,"再履江淮"。这一次他还是住在城外的禅众寺,而不肯入驻慧日道场。这段时期,杨广多次向智顗请教修禅之道,智顗应其所请,撰成《净名经疏》三十一卷,作为修禅之门径。开皇十六年三月,智顗再次请辞,要求回归天台山,在书信中称:"天台既是寄终之地,所以恒思果遂,每嘱弟子,恐命不待期,一旦无常身充禽鸟,焚烧余骨送往天台。"[2]说得非常恳切、悲恻,以致杨广不得不再次放行。此后两年智顗都是在天台山度过的,这也是他生命中最后的时光。

开皇十七年十月,杨广第三次邀智顗赴江都。智顗此时似乎已经预知自己时日无多,于是"散什物用施贫","又画作寺图以为式样,诚嘱僧众"[3],俨然是在安排后事,随后启程赴扬州。途中在天台境内的石门一病不起,当即口授遗书,并亲写四十六字,留与杨广赠别。随即于十二月二十四日圆寂,享年六十岁。

智顗去世后,杨广与天台宗教团续有互动。智顗高足灌顶,"亲承遗旨",至江都交付智者之"留书并诸信物","晋王乃五体投地,悲泪顶受,事遵宾礼,情敦法亲。寻遣扬州总管府司马王弘送顶还山,为智者设千僧斋,置国清寺,即昔有晋昙光、道猷之故迹也"。仁寿元年(601),杨广已贵为太子,奉诏"东巡本国",重回扬州。灌顶"出山参贺,遂蒙引见,慰问重叠,酬对如响,言无

[1]〔唐〕道宣撰,郭绍林点校:《续高僧传》卷一七《隋国师智者天台山国清寺智顗传》,中华书局2014年版,第631页。

[2]〔隋〕灌顶:《国清百录》卷三《重述还天台书》,《大正新修大藏经》第46册,新文丰出版公司1983年版,第808页。

[3]〔隋〕灌顶:《隋天台智者大师别传》,《大正新修大藏经》第50册,新文丰出版公司1983年版,第196页。

失厝,臣主荣叹。又遣员外散骑侍郎张乾威送还山寺,施物三千段、毡三百领,又设千僧斋。寺庙台殿,更加修缮"[1]。仁寿二年,杨广下令延请灌顶入京,"近令慧日道场庄、论二师讲《净名经》,全用智者《义疏》判释经文"。灌顶于是"持衣负锡,高步入宫,三夏阐弘,副君欣戴。每至深契,无不申请,并随问接对,周统玄籍"[2],延续了其师与杨广的情谊。大业六年(610),杨广即位后第二次巡幸扬州之际,天台宗教团又派遣智璪前往参拜,杨广则命柳顾言为智颛撰写碑文,竖立于天台山。

南北朝时期是佛教传入中国后的第一个繁荣期,本土佛教在吸收印度佛教理论的基础上渐次臻于成熟,新的宗派已呼之欲出。在这一历史节点上,智颛无疑是个关键人物。他融汇南北,以"三谛圆融,一念三千"为宗旨,创立了天台宗,成为第一个真正意义上的中国佛教宗派。[3]纵观天台宗发展史,智颛大师与杨广的交往及其在扬州的弘法活动是格外引人注目的。杨广对智颛终身礼敬,史称"自有帝王,于师珍敬,无以加也",虽然智颛无意攀附、逢迎权贵,但无可否认,正是在王权的扶植、庇佑之下,天台宗教团才得以发展壮大,走向全盛期。

(三)隋代扬州境内其他寺院及高僧弘法事迹

除了慧日等四道场之外,隋代扬州境内还有不少其他佛教寺院,其间僧众弘法事迹也有颇多可称述之处。

东晋南朝时期,扬州(广陵郡)长期是江北军事重镇,也是北来流民的萃居之所,这些因素客观上促成了当地佛教的发展。南朝诸政权在此设置僧官管理相关事务,如萧齐永明中有南兖州(侨置于广陵)僧正道达,"在职廉洁,雅有治才"[4],陈朝有广陵大僧正智强[5]。隋唐之际,随着扬州地位的崛起,不

[1]〔唐〕道宣撰,郭绍林点校:《续高僧传》卷一九《唐天台山国清寺释灌顶传》,中华书局2014年版,第717页。

[2]〔唐〕道宣撰,郭绍林点校:《续高僧传》卷一九《唐天台山国清寺释灌顶传》,中华书局2014年版,第718页。

[3]汤用彤:《隋唐佛教史稿》,北京大学出版社2011年版,第109页。

[4]〔唐〕道宣撰,郭绍林点校:《续高僧传》卷五《梁扬都安乐寺沙门释法申传》,中华书局2014年版,第146页。

[5]〔唐〕道宣撰,郭绍林点校:《续高僧传》卷二五《唐京师胜光寺释慧乘传》,中华书局2014年版,第938页。

少原居建康的高僧一度流寓于此。现将相关佛寺及高僧弘法事迹考述如下：

1. 白塔寺。据记载，陈、隋之际的居士曹毗，精研《摄论》，晚年定居江都，"于白塔等寺开演诸论，冠屦裙襦，服同贤士，登座谈吐，每发深致。席端学士，并是名宾。禅定僧荣、日严法侃等，皆资其学"。[1]曹毗于白塔寺弘法，对《摄论》之北传颇有推动之功。白塔寺此后续有扩建，《续高僧传》卷三〇《隋天台山瀑布寺释慧达传》载其"仁寿年中，于扬州白塔寺建七层木浮图，材石既充，付后营立"[2]。此处的七层浮图，应即唐代诗人顾况《酬扬州白塔寺永上人》诗中"塔上是何缘"[3]一句所咏。白塔寺是隋唐以降扬州名刹，历代高僧辈出，且与鉴真大师颇有渊源，在中日文化交流史上扮演了重要角色。[4]

2. 长乐寺。原名东安寺，始建于陈，隋代续有增修。《续高僧传》卷三〇《唐扬州长乐寺释住力传》载，住力于陈亡后"访求胜地，行至江都，乃于长乐寺而止心焉"。"隋开皇十三年，建塔五层，金盘景辉，峨然挺秀，远近式瞻。至十七年，炀帝晋蕃又临江海，以力为寺任，缮造之功故也。……遂宣导四部、王公、黎庶共修高阁，并夹二楼。……大业四年，又起四周僧房、廊庑、斋厨、仓库备足"[5]。可见在住力主持之下，长乐寺曾兴盛一时。值得一提的是，据唐人裴孝源《贞观公私画史》记载，该寺壁画为张儒童、展子虔等名家所绘，在艺术史上也是享有盛名。[6]

3. 永福寺。《续高僧传》卷五《梁扬都安乐寺沙门释法申传》载："时复有道达、惠命，并以勤学显名。达姓裴，河东闻喜人，住广陵永福精舍。"[7]另外，《续

---

[1]　〔唐〕道宣撰，郭绍林点校：《续高僧传》卷一《曹毗传》，中华书局 2014 年版，第 25 页。

[2]　〔唐〕道宣撰，郭绍林点校：《续高僧传》卷三〇《隋天台山瀑布寺释慧达传》，中华书局 2014 年版，第 1209 页。

[3]　〔清〕彭定求等编：《全唐诗》卷二六八《酬扬州白塔寺永上人》，中华书局 1960 年版，第 2954 页。

[4]　参葛继勇：《扬州白塔寺与唐日佛教交流》，《扬州大学学报》2009 年第 4 期，第 54—58 页。

[5]　〔唐〕道宣撰，郭绍林点校：《续高僧传》卷三〇《唐扬州长乐寺释住力传》，中华书局 2014 年版，第 1213 页。

[6]　〔唐〕裴孝源：《贞观公私画史》，《景印文渊阁四库全书》第 812 册，台湾商务印书馆 1983 年版，第 28 页。

[7]　〔唐〕道宣撰，郭绍林点校：《续高僧传》卷五《梁扬都安乐寺沙门释法申传》，中华书局 2014 年版，第 146 页。

高僧传》卷一二《隋江都慧日道场释慧觉传》载："法济上人者,灵智难思,于永福道场请开《大论》,主上亲临法席,称善久之。后止白塔,恒事敷说,《大品》、《涅槃》、《华严》、四论等二十余部,遍数甚多,学徒满席,法轮之盛,莫是过也。"[1]可知法济于永福道场开讲《大论》,晋王杨广曾亲临,场面应相当宏大。

4. 开善寺。《续高僧传》卷九《隋东都内慧日道场释法澄传》载,传主"末聚徒立讲于江都开善寺,常听二百余僧,化洽吴楚,传誉淮海"[2]。又,同书卷一八《隋西京禅定道场释昙迁传》载:"上柱国宋公贺若弼、长史张坦出镇扬州,承风思展,结为良导。……还到广陵……初停开善,建弘《摄论》,请益千计。"[3]可见开善寺也是弘法重镇。

5. 安乐寺。建于北周末。《续高僧传》卷一二《隋江都安乐寺释慧海传》载传主"以周大象二年来仪涛浦,创居安乐,修茸伽蓝,庄严佛事,建造重阁。躬自经始,咸资率化"[4]。可见慧海在北周灭佛后南游,至广陵而创建安乐寺。此后续有高僧驻锡于此,如明舜,青州人"值法灭南投,届于建业,栖止无定,周流讲席。后过江北,住安乐寺,时弘论府,肆意经王,大小诸乘,并因准的,盛为时俊所采"[5]。其弟子慧相承其遗志,继续弘法,"扇美江都"。惠命,"广陵人,住安乐寺,开济笃素,专以《成实》见知"[6]。又如法侃、智聪等,也在陈亡后渡江,驻锡于此弘法。可见,当时安乐寺聚集了诸多南来北往的高僧。

6. 华林寺。《续高僧传》卷一四《唐京师崇义寺释慧頵传》载:"隋降陈国,北度江都,又止华林,栖遑问法。有解法师,《成论》名匠,因从累载,听谈玄义,

[1]〔唐〕道宣撰,郭绍林点校:《续高僧传》卷一二《隋江都慧日道场释慧觉传》,中华书局2014年版,第405页。

[2]〔唐〕道宣撰,郭绍林点校:《续高僧传》卷九《隋东都内慧日道场释法澄传》,中华书局2014年版,第326页。

[3]〔唐〕道宣撰,郭绍林点校:《续高僧传》卷一八《隋西京禅定道场释昙迁传》,中华书局2014年版,第662—663页。

[4]〔唐〕道宣撰,郭绍林点校:《续高僧传》卷一二《隋江都安乐寺释慧海传》,中华书局2014年版,第402—403页。

[5]〔唐〕道宣撰,郭绍林点校:《续高僧传》卷一一《隋西京日严道场释明舜传》,中华书局2014年版,第380页。

[6]〔唐〕道宣撰,郭绍林点校:《续高僧传》卷五《梁扬都安乐寺沙门释法申传》,中华书局2014年版,第146页。

稽洽先闻,更弘神略。"[1]慧頵北徙江都后,住于华林寺,"栖遑问法",精修《成实论》。

7. 禅众寺。前述智顗事迹提到,智顗在江都期间居于城外禅众寺。

此外还有一些寺院,虽存寺名,而其间僧人事迹无考,如兴圣寺、逮善寺、静乐寺等,均建于陈代,以寺院壁画著称,唐初犹存,[2]又有大听寺、香山寺等。据 9 世纪入唐日僧圆仁所见,扬州城内有四十余寺,其中自然有不少唐代新建者,但必定也有仍隋之旧,或仅改换寺名者。总之,在陈、隋之际,因为南方地缘政治格局的剧变,以及主政者杨广的招引、奖掖,扬州吸引了大批高僧大德驻足弘法,成为南方佛学中心。而从可以考知的寺院数量也可看出,隋代扬州的佛教事业已具有相当规模。[3]

杨广所立"四道场"中,玉清与金洞都是道教玄坛,可以想见,当时扬州也聚集不少道士。相比佛教高僧,这方面的记载不算太多,以下仅就史料所载,略作陈述。

南北朝时期同样是道教发展史上的关键时期,南北都涌现出一批宗教改革家,对原始道教的教义、仪轨各方面做出厘正,渐次形成了以江南灵宝、上清,北方楼观道为代表的诸教派。其中以句容茅山为中心的上清派,又是影响力最大的教派,在江南士庶中拥有大批信众。扬州与句容茅山不过一江之隔,从属于茅山道教信仰网络。

当时茅山道教的领袖是王远知,他出身南朝一流高门琅琊王氏,世仕江左,"少聪敏,博综群书。初入茅山,师事陶弘景,传其道法。后又师事宗道先生臧兢。陈主闻其名,召入重阳殿,令讲论,甚见嗟赏",在江左享有盛名。杨广镇江都不久,开皇十二年,派遣王子相、柳顾言招揽王远知前来主持玉清玄坛,"远知乃来谒见,斯须而须发变白。晋王惧而遣之,少顷又复其旧"[4]。由

---

[1]〔唐〕道宣撰,郭绍林点校:《续高僧传》卷一四《唐京师崇义寺释慧頵传》,中华书局 2014年版,第 485 页。

[2]〔唐〕裴孝源:《贞观公私画史》,《景印文渊阁四库全书》第 812 册,台湾商务印书馆 1983年版,第 28 页。

[3] 以上论述主要参考王永平:《隋炀帝招揽江南之高僧与南朝佛学之北传——以〈续高僧传〉所载相关史实为中心的考察》(《扬州大学学报》2019 第 2 期,第 97—116 页)一文,不一一出注。

[4]〔后晋〕刘昫等:《旧唐书》卷一九二《王远知传》,中华书局 1975 年版,第 5125 页。

此获得杨广敬重,常携至左右。在其扶持之下,王远知迅速成为道教界领袖,在此后的隋唐易代之际也扮演了重要角色。此外还有天台山道士徐则,也是知名于江南。据说他曾受神仙启示:"汝年出八十,当为王者师。"果然,在杨广镇江都后很快致书徐则,招他来扬州传道,这一年他正好八十岁。于是徐则欣喜应命,启程前往扬州。孰料还未及传授道法,当夜徐则便仙逝于殿中。杨广对此深表遗憾,将其返葬天台。"丧事所资,随须供给",又令画工图其状貌,令柳顾言作赞,将画像放置在玉清玄坛供奉。[1]

隋代扬州境内的道观,除了前述玉清、金洞二玄坛,其他皆无从考知。但考虑到当时扬州的宗教文化氛围,可以推测,必定还分布有不少其他道观,例如唐初扬州有通真馆,辖下海陵县有乐真馆、习真馆、福习馆等,[2]受茅山道教信仰的辐射,这些道观在南朝时期恐怕即已存在,隋代自然也应有道士活跃于其间。

以上从文学、经学、宗教诸领域,对隋代扬州地区的文化事业的发展进行了鸟瞰。扬州从民风"战而贵诈"的边陲军镇,一跃而取代建康,成为统一时代的南方文化中心,可谓附庸而蔚为大国。

第二节　"《文选》学"与唐代扬州本土学术文化

隋代扬州学术文化的繁盛局面离不开统治者的大力提倡,因此严格说来,这些成就都带有浓厚的官方色彩。另外,上述活跃于扬州的学者与高僧,大多也并非本籍人士,他们的文化成就还不能直接归为扬州本土文化的范畴。隋唐时期,兴起于扬州、带有鲜明地域色彩的学术文化成就首推"《文选》学"。

一、"江淮《文选》学"的肇兴: 曹宪及其弟子

由南朝梁昭明太子萧统召集门下学士编纂的《文选》一书,是中国现存最早的一部诗文总集,收录先秦至南朝一百三十余位作家的七百多篇作品,是中国文学史上一颗璀璨的明珠。研治《文选》的学者,代不乏人,由此形成

---

[1]〔唐〕魏徵、令狐德棻:《隋书》卷七七《徐则传》,中华书局 1973 年版,第 1758—1760 页。

[2] 见《唐润州仁静观魏法师碑》碑阴题名,收入缪荃孙:《江苏通志稿·艺文志》,《石刻史料新编》第 1 辑第 13 册,新文丰出版公司 1982 年版。

了一门源远流长、积淀深厚的古典学术门类——"《文选》学"。隋唐两代是《选》学"的形成期,也是第一个黄金时期,在"《选》学"发展史上占据显要位置。而这一局面的出现,又与隋唐之际以扬州为中心的江淮地域存在着千丝万缕的因缘。

（一）《文选》的早期传播

《文选》成书后,并非立即风行于世,从其早期传播,到全国竞相传诵、研习,约当南北朝末期到唐代初年。从全国政治形势来看,这也是从长期分裂走向大一统的历史进程。

萧统在组织学者编纂《文选》时,标举"事出于沉思,义归乎翰藻",这代表了崇尚辞藻、文采的南朝文风,更是以萧梁皇室为代表的士族文学的审美取向。可以说,地域性与阶层性是文选的显著特征。也正因此,更兼当时南北政治分裂、战乱频仍的时代背景,《文选》成书后流布并不广,影响力也较为有限。例如,南北朝后期著名学者颜之推,虽然出身南朝士族,但在所撰《颜氏家训·文章篇》中提到了同样由萧统主持编纂的《古今诗苑英华》,却没有提到《文选》。这从一个侧面证明《文选》远未取得后世经典化的地位。[1]

最早诵读、研习《文选》的风气似乎是形成于萧梁皇室后裔之中。萧该,是梁鄱阳王辉之孙,也就是萧统的堂侄。作为皇室成员,他在江陵陷落后,被西魏军队俘虏到长安,据称"性笃学,《诗》《书》《春秋》《礼记》并通大义,尤精《汉书》,甚为贵游所礼"[2],依靠自身学养立足北方政权。入隋后声望更盛,赐爵山阴县公、拜国子博士,撰有《汉书音义》与《文选音义》两书。将成书不过几十年的《文选》与史学名著《汉书》等量齐观,足见对此书的珍视。《文选音义》是史料所见最早的"《文选》学"著作,今全书已佚,从后世注家的引文来看,主要内容是对《文选》中篇章字词的注音与释义,与当时经史之学的研究方式如出一辙。虽然萧该在长安获得一定学术声誉,但其《文选》研究的著作却并未引起时人关注,真正使"《文选》学"跻身古典学术殿堂的是同

---

[1]〔日〕冈村繁:《文选之研究》,收入《冈村繁全集》第2卷,上海古籍出版社2002年版,第67—70页。

[2]〔唐〕魏徵、令狐德棻:《隋书》卷七五《萧该传》,中华书局1973年版,第1715页。

时代人曹宪。

（二）曹宪的生平与著述

曹宪是隋唐之际扬州江都人,生于南朝萧梁后期,卒于唐贞观年间,终年 105 岁。[1]作为隋唐之际享有全国性声誉的著名学者,令人诧异的是,关于曹宪的家世背景,以及入隋前的经历,两《唐书》本传等正史都几乎一字不及。有鉴于此,《续高僧传》卷一二《唐常州建安寺释智琚传》中的一条记载便显得弥足珍贵了。书中称,江南高僧智琚于唐武德二年(619)圆寂之时,门人为其立碑于寺门之前,"陈西阳王记室谯国曹宪为文"。[2]从时代和地域来看,这里提到的"陈西阳王记室谯国曹宪",应该正是隋唐之际扬州籍学者曹宪。[3]至于书中称其籍贯为谯国,则是六朝隋唐时期标举郡望的风气,署名往往只书郡望(祖籍,或伪托的祖籍)而不书现实中的籍贯。[4]而又因曹魏皇室的关系,谯国长期被作为曹姓的郡望。

从以上这条史料来看,曹宪曾在陈朝担任过西阳王记室参军,这是一个藩王府僚属,虽然不是高官显宦,但却是当时南朝士人常见的起家官。这类职务对任职者学识素养的要求颇高,比如唐初著名学者、书法家虞世南,曾做过陈西阳王友,和曹宪是同僚关系。由此推测,早在南朝政权中,曹宪便具备了一定的士林声誉。关于曹宪的这个结衔,还有一点值得注意。署"陈西阳王记室",而不署后来在隋朝所授"秘书学士"的头衔,这似乎透露了他作为南朝士人的身份认同。明白这一点,对理解曹宪"《文选》学"的学术思想渊源非常关键。

陈朝灭亡后的曹宪应该和众多南朝士人的命运相似,暂时失去了仕途晋升的机会,很可能返回了故乡扬州,潜心著述、讲学。但不难推测,晋王杨广在出镇扬州期间,对其应有所耳闻,甚至延请他参与过当时扬州晋府的诸项

---

[1] 汪习波:《隋唐文选学研究》,上海古籍出版社 2005 年版,第 54 页。

[2] 〔唐〕道宣撰,郭绍林点校:《续高僧传》卷一二《唐常州建安寺释智琚传》,中华书局 2014 年版,第 425 页。

[3] 屠青:《曹宪与"文选学"的兴起》,《河南师范大学学报》2016 年第 5 期,第 145—148 页。

[4] 相关例证为数甚多,学者也多有研究,参岑仲勉《唐史余沈》卷四"唐史之望与贯"条,中华书局 2004 年版,第 229 页。

学术文化活动。[1]也正因此,大业年间,曹宪被授予秘书学士之职,活动于长安、洛阳。史书称曹宪"每聚徒教授,诸生数百人。当时公卿已下,亦多从之受业"[2]。说的应该正是从扬州到京师的这段时期。

　　大业年间,曹宪作为秘书学士,广泛参与了隋炀帝主导的诸项学术典籍编撰活动,其中最著名的是诸葛颖领衔编修的《桂苑珠丛》一书,并以学识渊博为人所称颂。另外,曹宪还对当时通行的字书《广雅》进行了注解,撰成《博雅音》十卷[3],获得隋炀帝褒赞,下令藏于秘书省,其书尚存于世。这种注重文字训诂的学术风格,是汉魏时期经史之学的传统,史书评价曹宪"精诸家文字之书,自汉代杜林、卫宏之后,古文泯绝,由宪此学复兴"。可以说,大业年间曹宪在京师游宦、讲学与著述,为其奠定了全国性的学术声誉,也为"《文选》学"的诞生创造了条件。

　　大业末年,天下动乱,曹宪可能作为随侍官员,随炀帝南巡,得以回归故乡。此后,曹宪一直居乡以讲学为业,李善、许淹、公孙罗等弟子从其受业,应该都在此时。另外,初唐四杰之一的著名诗人卢照邻,也曾远赴扬州,向曹宪学习《仓颉篇》《尔雅》以及其他经史典籍。在此期间,曹宪的学术声望达到了巅峰。扬州长史李袭誉对其礼遇有加,贞观八年前后,上表向朝廷举荐授官。此时正值唐政府偃武修文、大兴文教之际,对曹宪这类老师宿儒大加尊崇,因此被征为弘文馆学士,但他因年老未能赴任。为进一步彰显对曹宪的礼遇,唐太宗又派遣使者亲赴扬州,至其家中,拜为朝散大夫。史书记载,此后唐太宗读书遇到疑难字词,如字书阙载,检讨无门之时,经常特派使者请教曹宪,"宪皆为之音训及引证明白"[4],因此备受唐太宗称誉。这也体现出曹宪博综与精深并重的学术风格。入唐后,曹宪虽已是垂暮之年,但仍著述不辍,陆续撰成《古今字图杂录》《尔雅音义》《文字指归》等著作。

---

　　[1]〔清〕阮元《扬州隋文选楼记》:"扬州旧城文选楼、文楼巷,考古者以为即曹宪故宅,《嘉靖图志》所称'文选巷'者也。宋王象之《舆地纪胜》于扬州载文选楼,注引《旧图经》云:'文选巷即其处也。炀帝尝幸焉。'"(〔清〕阮元:《揅经室集·二集》卷二,邓经元点校,中华书局1993年版,第387页)虽是晚出史料,却可资旁证。

　　[2]〔后晋〕刘昫等:《旧唐书》卷一八九上《儒学·曹宪传》,中华书局1975年版,第4945页。

　　[3]　因避隋炀帝讳,书名改为《博雅》。

　　[4]〔后晋〕刘昫等:《旧唐书》卷一八九上《儒学·曹宪传》,中华书局1975年版,第4946页。

（三）曹宪《文选音义》的学术成就

晚年的曹宪总结毕生研治《文选》的心得,完成《文选音义》一书,据称"甚为当时所重"[1]。可惜全书业已亡佚,其他典籍转引的佚文计有十余条,主要保存在日本藏《文选集注》一书中。[2]佚文整体篇幅不大,今引录部分如下:

1. 卷八左太冲《蜀都赋》"汩若汤谷之扬涛",《音决》:"汩,曹,胡没反。"

2. 卷九左太冲《吴都赋》"泓澄殢溔",《音决》:"澄,曹,直耕反。"

3. 卷九左太冲《吴都赋》"跃龙腾蛇,鲛鲻琵琶",《音决》:"琶,曹,步兮反。又音毗。"

4. 卷九左太冲《吴都赋》"刷荡漪澜",《音决》:"刷,曹音,子六反。"

5. 卷九左太冲《吴都赋》"萯荂蘦蘠",《音决》:"荂,《字林》,况于反。曹,苦花反。"

6. 卷九左太冲《吴都赋》"渊客慷慨而泣珠",《音决》:"忼,曹,何朗反。"

7. 卷六三屈平《离骚经》"长减淫亦何伤",《音决》:"顲,口感反。《玉篇》,呼感反。顲,胡感反。曹,减淫二音。"

8. 卷六六宋玉《招魂》"藂菅是食些",《音决》:"藂,在东反。曹音邹,通。"

9. 卷六六宋玉《招魂》"参目虎首,其身若牛些",《音决》:"牛,曹,合口呼谋。齐鲁之间言也。案:楚词用此音者,欲使广知方俗之言也。"

10. 卷七九繁休伯《与魏文帝笺》"謇姐名倡",《音决》:"姐,曹,子预反。"

11. 卷九三王子渊《圣主得贤臣颂》"清水淬其锋",《音决》:"淬,曹,

---

[1]〔后晋〕刘昫等:《旧唐书》卷一八九上《儒学·曹宪传》,中华书局1975年版,第4946页。

[2]周勋初主编:《唐钞文选集注汇存》,上海古籍出版社2000年版。另参傅刚:《〈文选集注〉的发现、流传与整理》,《文学遗产》2011年第5期,第4—17页。

七对反。"[1]

以上所列,当是《文选音决》所征引的一鳞片爪。该书作者一般认为是曹宪弟子公孙罗,果真如此的话,他在著述中称引师说也属情理之中。仔细分析这些佚文,不难发现,无一例外都是对单字的注音,不见有释义。这恐怕不是巧合,说明此书主要内容是对字的注音。这也是六朝时期一种专门的经、史著述体裁,从学术门类上看,一般归入"小学"类。曹宪"精诸家文字之书",将音韵训诂之学运用到《文选》研究中,这是他能够取得重要学术成就的主要原因。对此,清代扬州学者阮元有如下评价:

> 古人古文小学与词赋同源共流,汉之相如、子云,无不深通古文雅训。至隋时,曹宪在江、淮间,其道大明。马、扬之学,传于《文选》,故曹宪既精雅训,又精"《选》学"。[2]

可谓非常精准地点出了曹宪"《选》学"研究的学术渊源所自。

具体来看这十余条佚文,还有一点非常引人注目,即它们与权威注家以及《切韵》《广韵》等通行韵书记载的字音多有不同。有论者据此认为曹注多有谬误,其音韵训诂之学盛名之下其实难副。其实应该以更为通达的眼光来看待,毕竟留存下来的曹宪《音义》只是凤毛麟角,难窥全豹,尤其是释义部分,几乎没有遗存,很多正确的见解可能已被吸收进入李善、公孙罗等人的著述中。至于曹宪著述中与主流观点相抵牾的注音,根据学者对其存世《博雅注》音韵系统的研究,一般认为主要代表了南朝至隋唐之际扬州地区的方言音系,与以中原音韵为主编撰的《切韵》等官方韵书有所不同。从扬州本土地域文化研究的角度来看,曹宪注音蕴涵着弥足珍贵的史料价值。

---

[1] 转引自王翠红《古钞〈文选集注〉研究》,郑州大学博士学位论文,2013年,第205—206页。引文文字、标点有所调整。

[2] 〔清〕阮元:《揅经室集·二集》卷二《扬州隋文选楼记》,邓经元点校,中华书局1993年版,第388页。

（四）曹宪弟子与"江淮《文选》学"的传承

曹宪对"《文选》学"的更大贡献在于，以《文选》作为授业内容，培养了一批投身《文选》研究的弟子，如直接推动"江淮《文选》学"这一地域性学术流派的形成。《新唐书·曹宪传》：

> 宪始以梁昭明太子《文选》授诸生，而同郡魏模、公孙罗，江夏李善相继传授，于是其学大兴。句容许淹者，自浮屠还为儒，多识广闻，精故训，与罗等并名家。[1]

《旧唐书·曹宪传》：

> 初，江、淮间为《文选》学者，本之于宪，又有许淹、李善、公孙罗复相继以《文选》教授，由是其学大兴于代。[2]

曹宪弟子辈中最知名的是李善、许淹、魏模、公孙罗等四人。李善因有完整的著述传世，且在后世享有盛名，故而下面会辟有专门章节来谈，这里主要介绍许淹、魏模、公孙罗等人的生平与学术成就。

许淹，生卒年不详，唐代润州句容（今属江苏）人。早年出家为僧，后又还俗，因此在有些文献中又被称作释道淹、僧道淹。许淹自幼博学多闻，师从曹宪问学，尤其精通音韵训诂之学。其代表作为《文选音》十卷，[3]惜久已亡佚，今所见者只有四条注音，也都是日藏《文选集注》所征引的片段。

魏模，又作魏令谟，唐代扬州人。早年从曹宪问学，研习《文选》。武则天掌权时期，官至左拾遗。著述情况不详。其子魏景倩承袭家学，也颇有声誉，官至度支员外郎。

---

[1]〔宋〕欧阳修、宋祁：《新唐书》卷一九八《儒学·曹宪传》，中华书局 1975 年版，第 5640 页。

[2]〔后晋〕刘昫等：《旧唐书》卷一八九上《儒学·曹宪传》，中华书局 1975 年版，第 4946 页。

[3] 按，《旧唐书》本传称《文选音》十卷，同书《经籍志》则作"《文选音义》十卷，释道淹撰"；《新唐书·艺文志》同时著录"僧道淹《文选音义》十卷""许淹《文选音》十卷"。一般认为许淹即道淹，两书当为一书。

公孙罗,扬州江都人。唐高宗时期任沛王府参军、无锡县丞。沛王是高宗与武后之子李贤,龙朔元年至咸亨三年,李贤颇为礼贤下士、奖掖学术,王勃、李善等王府僚属,多为声名显著的文士、学者,能膺其选,足见学识之卓越。公孙罗著述颇丰,见于新、旧《唐书》著录的有《文选注》六十卷、《文选音》十卷,都已亡佚,而在记录日本平安时代官方藏书的《日本国见在书目》中,还著录了《文选音决》十卷、《文选钞》六十九卷,撰者皆注为公孙罗。虽然同样也已亡佚,但庆幸的是,《文选集注》中征引了两书大量内容,据此能够大体窥知原书之样貌。[1]

古人在研读相关典籍时,很注重口头诵读,而《文选》诸诗赋用字多奇崛生僻,初学者多不易卒读,因此字词注音一直是萧该、曹宪以降"《文选》学"著述的一项重要内容。公孙罗《文选音决》也是对《文选》的注音(或即两《唐书》提到的《文选音》)。所谓"决","盖采摭诸家旧音而审决之也"[2]。从《集注》征引的条文来看,多是在广泛吸收前人注音的基础上,择善而从,部分条目也会引证典籍,提出自身独立见解。其内容可概括为:1.注解僻字;2.注解多音字;3.注解协韵字;4.驳正前人之误;5.读破通假字。

《音决》的学术价值主要体现在如下几个方面:首先,现存《音决》佚文中共有52个韵类,176个韵,从其音系特征来看,反映的应该是隋唐之际江南地区的音韵,[3]这就为研究中古音的区域差异提供了弥足珍贵的资料。其次,书中保存了萧该、曹宪、李善、许淹等人的旧注,而上述诸书自宋代以后久已亡佚,赖《音决》得以遗存吉光片羽。再次,对《文选》诸版本异文校勘。

以上诸人都是两《唐书·曹宪传》附载的门人弟子,应该说,他们都是"江淮《文选》学"肇兴之际的中坚力量。值得注意的是,曹宪等人播下的种子很快生根发芽,流风所及,扬州地区学者、文士辈出,进而又涌现出一批世代

[1] 当然,其中还有一些疑点,例如《文选钞》《音决》与新、旧《唐书》著录的公孙罗《文选注》《文选音》是什么关系?日藏《文选集注》中征引的相关条目是否可以判定为公孙罗所著?学界迄今还不无争议。诸家观点可以参考汪习波:《隋唐文选学研究》,上海古籍出版社2005年版,第255—257页;王翠红:《古钞〈文选集注〉研究》,郑州大学博士学位论文,2013年,第153—163页。今按,关于《文选钞》,因《日本国见在书目》中另有一种无名氏所著同名书,故《集注》中所征引的未必是公孙罗书;而《音决》作者当为公孙罗,对此诸家争议不大。下面讨论公孙罗"《文选》学"研究的成就,将主要以该书为例。

[2] 周祖谟:《论文选音残卷之作者及其方音》,《问学集》,中华书局1966年版。

[3] 徐之明:《〈文选音决〉反切韵类考》,《贵州大学学报》1999年第6期,第76—83页。

相承的文化家族。这一点,除了前面提到的魏模父子,以及下节将要介绍的李善父子外,我们还可以举出马怀素家族的例子。马怀素是唐代著名学者,两《唐书》均有传。值得注意的是他的家世背景与早年经历。他出身扶风马氏,东晋南朝时期家族定居丹徒县,世仕江左,"代以学闻"。其父马文超在唐高宗时期迁居扬州,在此期间,他"与学士孟文意、魏令谟,专为讨论,具有撰著"[1],魏令谟即前面提到的魏模,系曹宪弟子。[2]马文超与魏模等人的讨论、撰著显然属于学术活动,很可能也是围绕《文选》展开。由此可见,随着"江淮《文选》学"的兴起,扬州地区学术氛围浓厚,吸引了周边的才学之士。

马怀素本人的经历也很有代表性。墓志称其"幼聪颖,六岁能诵书,一见不忘。气韵和雅,乡党以为必兴此宗。十五,遍诵《诗》《礼》《骚》《雅》,能属文,有史力。长史鱼承曤特见器异,举孝廉,引同载入洛。"旧传:"寓居江都,少师事李善。家贫无灯烛,昼采薪苏,夜燃读书,遂博览经史,善属文。举进士,又应制举,登文学优赡科……深为玄宗所礼,令与左散骑常侍褚无量同为侍读。每次阁门,则令乘肩舆以进。上居别馆,以路远,则命宫中乘马,或亲自送迎,以申师资之礼。"[3]历任刑部侍郎、户部侍郎、光禄卿、散骑常侍、秘书监、修文馆学士、昭文馆学士、丽正殿修书使等。

马怀素可谓宦、学两途的佼佼者,作为学者,他经、史修养深厚,文采出众,作为官员,一生仕宦显达,备受皇帝尊崇。纵观马怀素的生平业绩,既有作为南朝士族的家学渊源,更与唐代扬州学术文化的熏陶、溉泽密不可分。马怀素先后考中明经、进士,后来又参加制举登文学优赡科,由此走上仕途,属于典型的以文进用的道路。《文选》正是唐代进士科考试的敲门砖,士子大多诵习《文选》,以之作为诗文创作的范本,所谓"《文选》烂,秀才半;《文选》熟,秀才足"。马怀素早年在扬州师从李善,其父又与李善同门魏模交好,因此他自然谙熟《文选》,堪称"江淮《文选》学"的嫡系传承人。这一学问背景为其在科场崭露头角奠定了坚实基础。

---

[1]《故银青光禄大夫秘书监兼昭文馆学士侍读上柱国常山县开国公赠润州刺史马公墓志铭并序》,周绍良主编:《唐代墓志汇编》,上海古籍出版社 1992 年版,第 1205—1206 页。

[2] 饶宗颐:《唐代文选学略述》,荣新江主编:《唐研究(第四卷)》,北京大学出版社 1998 年版。

[3]〔后晋〕刘昫等:《旧唐书》卷一〇二《马怀素传》,中华书局 1975 年版,第 3163—3164 页。

马怀素最重要的学术文化贡献在于典籍的整理。中宗景龙年间首次参与整理典籍,并主持其中经部图书的校勘。此后开元年间任秘书监,受命组织学者整理、校订官方藏书,并担任总负责,为日后《开元群书四部录》的成书奠定了基础,在中国古典目录学史上意义非凡。这也可视为唐代扬州学术文化的余绪。《选》学大师如曹宪、李善、许淹等人,其治学风格在于博综广识与深明音韵训诂两事,[1]而在全国层面的典籍搜集、校订工作中,上述学术素养都是不可或缺的。

二、选学研究的集大成者——李善及其《文选注》

"《文选》学"真正成为一门全国性的显学,还要等到曹宪身后,这离不开其弟子的传承、弘扬,尤其是李善讲学南北的经历,及其名著《文选注》的问世,对"《文选》学"产生了无可估量的贡献。

(一)李善的家世与生平

李善是唐代扬州江都人,"江淮《文选》学"集大成者。但长期以来,对其家世、籍贯,史料记载颇有歧异,学者的看法也莫衷一是。这里需要花费笔墨做一些澄清。

关于李善的籍贯,《旧唐书》本传记为"扬州江都",《新唐书》本传作"广陵江都",似乎没有疑问。但另有一种说法,如《大唐新语》称:"句容许淹、江夏李善、公孙罗相继以《文选》教授。"[2]《新唐书·曹宪传》:"(曹宪)同郡魏模、公孙罗,江夏李善相继传授。"[3]称李善为江夏(今湖北武汉)人。同时代人的记叙中,如杜甫悼李邕诗:"呜呼江夏姿,竟掩宣尼袂。"[4]以江夏代指李邕(李善之子)。李白《题江夏修静寺》(原注:此寺是李北海旧宅):"我家北海宅,作寺南江滨。空庭无玉树,高殿坐幽人。"[5]称李邕家族有旧宅在

[1] 参朱海:《略论隋唐之际江淮黄淮间文人群体——以〈文选〉的传播为例》,《魏晋南北朝隋唐史资料(第三十八辑)》,上海古籍出版社 2018 年版。

[2] 〔唐〕刘肃撰,许德楠、李鼎霞点校:《大唐新语》卷九《著述》,中华书局 1984 年版,第 134 页。

[3] 〔宋〕欧阳修、宋祁:《新唐书》卷一九八《儒学·曹宪传》,中华书局 1975 年版,第 5640 页。

[4] 〔清〕彭定求等编:《全唐诗》卷二二二(杜甫)《八哀诗·赠秘书监江夏李公邕》,中华书局 1960 年版,第 2352 页。

[5] 〔清〕彭定求等编:《全唐诗》卷一八四(李白)《题江夏修静寺》,中华书局 1960 年版,第 1875 页。

江夏。甚至在李善直系后裔的墓志中,也多自称江夏人。[1]

关于以上这种分歧,应该从李善家族的历史说起。《唐故北海郡守赠秘书监江夏李公墓志铭并序》:

> 公讳邕,字太和,本赵人也。烈祖恪,随晋南迁,食邑于江,数百年矣。其出未大,及公前人讳善,显而不荣,宜公兴之。[2]

《新唐书》卷七二上《宰相世系表》"江夏李氏"条:

> 汉酒泉太守护次子昭,昭少子就,后汉会稽太守、高阳侯,徙居江夏平春。六世孙式,字景则,东晋侍中。生巖。巖生尚,字茂仲。生矩字茂约,江州刺史。生充,字弘度,中书侍郎。生颙,郡举孝廉,七世孙元哲。元哲,徙居广陵。[3]

以上两种史料可以看作李善家族对自身族系的表述。两者均声称源自赵郡李氏,后迁徙到江夏定居,是为江夏李氏。但史料对迁徙时间的记载有异,前者称东汉时期,后者则称两晋之际的永嘉之乱中。那么李善的籍贯究竟应以何者为是呢? 首先来看赵郡。六朝隋唐时期,社会上好以郡望、族系相标榜,一时蔚然成风,正如史学家刘知幾《史通》卷五所批评的:"世重高门,人轻寒族,竟以姓望所出,邑里相矜。……爰及近古,其言多伪。……若乃称袁则饰之陈郡,言杜则系之京邑,姓卯金者咸曰彭城,氏禾女者皆云巨鹿。"赵郡李氏是北朝隋唐时期的一流高门,李善家族自称出自赵郡,也显然是受当时风气影响,未能免俗。

---

[1] 如《唐故江夏李府君墓志》,周绍良主编:《唐代墓志汇编》,上海古籍出版社 1992 年版,第 1860 页。关于李善家族墓志的整理与研究,详参胡可先:《新出石刻与唐代文学家族研究》,北京大学出版社 2017 年版,第 624—661 页。

[2]《唐故北海郡守赠秘书监江夏李公墓志铭并序》,周绍良主编:《唐代墓志汇编》,上海古籍出版社 1992 年版,第 1766 页。

[3] 〔宋〕欧阳修、宋祁:《新唐书》卷七二上《宰相世系表》"江夏李氏"条,中华书局 1975 年版,第 2596 页。

　　至于江夏,则恐怕不尽是伪托。因为江夏李氏虽然也是汉魏以降的衣冠旧姓,但却称不上一流高门,入唐以后也并无人物。按常理,李善家族如果要伪托高门,径称赵郡即可,实无必要节外生枝,再攀附江夏李氏。另外,从前引李白的诗来看,李善家族在江夏还保有旧宅,这也透露出他们与江夏的渊源。因此,李善家族应确是江夏李氏的后裔。

　　当然以上谱系中也有若干疑点。首先,李恪、李就等人皆不见于唐以前文献,只有李善家族谱系中提到,是否实有其人? 还有待印证。此外,《新唐书·宰相世系表》中记载的祖先行辈也与史书记载不符。据《晋书》,李嶷、李尚、李矩应为兄弟辈,而非父子、祖孙关系。如果李善家族确实是他们的后裔,所提供的谱系不应该有这样的错谬。[1]这些迹象透露出,李善家族入唐前的谱系恐怕不尽可信。他们似乎有意攀附同为江夏李氏且正史有传的李充一支,进而提升自身地位。类似做法在墓志所载唐人谱系中屡见不鲜,不足为奇。综合以上分析,我们推测李善家族虽然出身六朝旧姓江夏李氏,但谱系中存在作伪的迹象,其家世并非他们自己宣称的那般显赫,很可能是江夏李氏中某一并不起眼的疏支。

　　隋唐之际,李善之父李远哲曾任括苍令,从江夏迁来扬州定居。[2]当时扬州的地位迅速崛起,成为首屈一指的东南都会,吸引了大批南朝故地内的士人,前述马怀素家族也是差不多同时迁徙至此,应该是基于同样的考虑。总之,江夏李氏李善一支自此以后便落籍扬州,在两《唐书》等正史中也将其籍贯记为扬州。

　　简而言之,赵郡、江夏都是李善家族的郡望,用以标识族系所自与祖籍所在,扬州则是其实际居住地。扬州虽然并非李善的祖籍,但他自幼生长于此,

　　[1]　参陈尚君:《〈新唐书·宰相世系表〉订补二则》,《中华文史论丛》1986 年第 4 期。
　　[2]　有学者认为李善家族早在东晋时期已从江夏迁居浙东,隋唐之际系从浙东迁居扬州。其依据是:1.《晋书》记载,江夏李氏的李充曾任剡县令,"筑室东土";2.《世说新语》载,李庾"居在临海(今属浙江)"。而浙东地区确实是东晋南朝侨姓士族渡江后的聚居地之一。参刘涛:《江夏李氏叙略》,《文献》1995 年第 1 期,第 119—133 页。但我们在上文已指出,李善家族与李充一支虽然同属江夏李氏,但应该并非直系,谱系中疑点甚多,李充一支的迁徙经历并不能涵盖李善一支。另外,上引李白的诗文表明,李善家族直至唐代还在江夏(唐鄂州)存有旧宅(虽然已舍宅为寺),这似乎也透露出李善家族系从江夏直接迁徙到扬州。相反,如果他们在东晋时期便已迁徙浙东,时隔四百余年,以上情形是难以想象的。

学问上的成就更与扬州地域学术文化风气密不可分。

　　李善出生于贞观初年，早年跟随曹宪学习经史典籍，此后一度在扬州白塔寺中潜心研治《文选》，史称其"方雅清劲，有士君子之风"[1]，博学多识，人称"书簏"。李善早年的仕宦经历不详，可以确定的是，至唐高宗显庆年间，他来到长安，任太子内率府录事参军、崇贤馆直学士。崇贤馆置于贞观十三年(639)，是太子东宫设立的学术机构，以招徕文学之士。其中的学士、直学士都不是正式官职，属于兼职。在此期间，李善于显庆三年(658)奏上《文选注》，深获唐高宗赞赏，赐绢一百二十匹，诏藏于秘阁。作为没有家世背景的南方士人，李善主要凭借自身学识在京城站稳脚跟，进而崭露头角。此后，他先后担任潞王府记室参军、沛王侍读等。潞王、沛王均是指唐高宗与武则天的次子李贤，其王府僚属中人才辈出，堪称一时之选，如前面提到的公孙罗、王勃等人，皆在其列。

　　除此之外，李善仕途中的另一位贵人是外戚贺兰敏之。贺兰敏之是武则天姊韩国夫人之子，则天命其"改姓武氏，累拜左侍极、兰台太史，袭爵周国公"，为武士彟之嗣。[2]凭借这一层关系，贺兰敏之骤然贵显于朝堂，所任兰台太史即秘书监，是最高学术文化机构的负责人。贺兰敏之在位期间主持了众多文化学术活动，史称其"鸠集学士李嗣真、吴兢之徒，于兰台刊正经史并著撰传记"。这显然意在塑造自己礼贤下士的形象。李善的才学被贺兰敏之看中，正是在这一背景下。经贺兰敏之引荐，李善被授予兰台郎(即秘书郎)之职，"掌四部之图籍"，这应该说是用其所长了。

　　但好景不长，贺兰敏之的政治地位并不牢固，很快因"恃宠多愆犯"，引起武则天的不满。最终被免官，"配流雷州，行至韶州，以马缰自缢而死"[3]。而此前贺兰敏之召集的那批学士也因此受牵连，遭到政治清算。李善自然身在其中，仕途遭遇沉重打击，先被排挤出京城，出为经城县令，继而又配流姚州。姚州即今云南姚安县附近，在唐代属于社会经济落后的南方瘴疠之地，北方人多视其为畏途，其间艰辛，不难想见。

　　上元元年(674)前后，朝廷大赦，李善因此得以北归。已步入人生晚景的

[1]〔后晋〕刘昫等：《旧唐书》卷一八九上《儒学·李善传》，中华书局1975年版，4946页。

[2]〔后晋〕刘昫等：《旧唐书》卷一八三《外戚·贺兰敏之传》，中华书局1975年版，4728页。

[3]〔后晋〕刘昫等：《旧唐书》卷一八三《外戚·贺兰敏之传》，中华书局1975年版，4728页

李善,经历过朝堂之上的波谲云诡,对仕途大概已心灰意冷,将精力放在了著书立说与传承学问上。在这段时期,他先返回原籍扬州,之后又迁居汴州(今河南开封)、郑州(今河南郑州)等地,以讲授《文选》为业,[1]"诸生四远至,传其业,号'《文选》学'"[2]。李善晚年讲学异乡,仕宦无门,人生不免落魄、失意,但从学术传承的角度来看,则又是另一番景象。郑、汴毗邻东都洛阳,有大批官僚、士子定居在此,李善的讲学活动无疑扩大了"江淮《文选》学"在全国知识界的影响力。"《文选》学"从江淮一隅之地走向全国,变成一门全国性的显学,与李善晚年的讲学活动密不可分。

(二)李善《文选注》的学术成就

李善一生著述并不算多,史籍所载有《文选注》六十卷、《汉书辨惑》三十卷,其中后者久已亡佚。虽然如此,仅凭《文选注》一书,便可跻身著述之林,名垂千秋。

《文选注》正式成书于高宗显庆三年(658),当时李善正游宦京城。但这样一部皇皇巨著显然不是一蹴而就的,应有一段漫长的草创期。李善早年从曹宪问学,想必自幼便已研习《文选》,《文选注》的撰述,理应该追溯到早年定居扬州时期。这并非臆测,日本僧人圆仁晚唐开成三年(838)造访扬州时提到,"扬州有……白塔(寺)。臣善者,在此白塔寺撰《文选》矣"[3]。此事虽然不见其他史料记载,但应该是圆仁闻诸当地故老之口,绝非无稽之谈。另外,唐代士子有在寺观中读书、习业的社会风气,这一说法应该是可以采信的。总之,作为"江淮《文选》学"的集大成之作,《文选注》虽然正式成书于长安,但其草创之初则是在扬州。[4]

---

[1]　关于李善晚年行止,参胡可先:《新出墓志所见〈文选〉注者李善世系事迹考述》,赵昌智主编:《扬州文化研究论丛(第二十二辑)》,广陵书社 2019 年版,第 170—178 页。

[2]　〔宋〕欧阳修、宋祁:《新唐书》卷二○二《文艺·李邕传》,中华书局 1975 年版,第 5754 页。

[3]　〔日〕圆仁撰,顾承甫、何泉达点校:《入唐求法巡礼行记》卷一,上海古籍出版社 1986 年版,第 22 页。

[4]　据《李潜墓志》记载,志主"理故宅于郑,盖大王父弘文学士注《文选》之所",(《唐故西川观察推官监察御史里行江夏李君墓志铭并序》,赵文成、赵君平编:《秦晋豫新出墓志搜佚续编》,国家图书馆出版社 2015 年版,第 1223 页。)认为《文选注》完成于郑州。不过《文选注》奏上的时间在显庆三年,早于寓居郑州之前,这一说法似不足信,又或者李善晚年对此书续有修订,时在郑州。

综合学者的研究,《文选注》的学术成就与特色可以归纳为以下几点[1]:

1. 发凡起例,立集部注释之典范

六朝时期,随着文学独立意识的觉醒,各家别集、总集层出不穷。但相比于经、史研究中成熟的注释、训诂体例,集部文献的研究则还缺乏真正的典范之作。自萧该、曹宪以降,《文选》研究首重音韵、训诂,将经、史之学的传统导入到集部之学,集部研究的典范已然呼之欲出。在这一背景下,李善《文选注》可谓应运而生。

李善《文选注》之所以取得超越前人的成就,首先归功于注释中对凡例的重视。书中在校勘、补阙、注音、释典等处,针对不同注释内容,均有相应的体例说明,且首尾一贯,一经确立,必严格遵守。这类文字散见于全篇,今稍举几例。如"诸引文证,皆举先以明后,以示作者必有所祖述也,他皆类此"(《两都赋序》注);"凡人姓名,皆不重见。余皆类此"(《东都赋》注);"旧注是者,因而留之,并于篇首题其姓名。其有乖缪,臣乃具释,并称'臣善'以别之。他皆类此";"凡人姓名及事易知而别卷重见者,云见某篇,亦从省也。他皆类此"(《西京赋》注)。对凡例的重视,说明李善是将《文选注》作为一部可与经、史注疏等量齐观的严肃著作来撰写的,因此必须确立相应的规范。而这些正构成了后世集部注释之学的典范。

2. 征引浩繁,为后世文献辑佚之渊薮

李善自幼以博学著称,号称"书簏",这一学风《文选注》中有集中体现。唐人评价其书"用经籍引证,研精而该博,学者开卷自得,如授师说"[2],据学者不完全统计,其中征引典籍总计1600余种,其中经部204种,史部35种,子部217种,集部47种专书,758种单篇诗赋,堪称包罗万象的文献典籍资料库。更为重要的是,其中所征引的典籍,时至今日,多已散佚不传,很多先秦、六朝的重要典籍,赖李善注得以保存片段,可谓吉光片羽,弥足珍贵。清代辑佚之学大兴,汉魏六朝佚籍的纂辑工作中,取资于李善《文选注》者不在少数。

3. 取精用弘,集汉晋古注之精华

---

[1]　以下主要参考汪习波:《隋唐文选学研究》,上海古籍出版社2005年版,第108—216页。

[2]《唐故绵州刺史江夏李公墓志铭并序》,周绍良主编:《唐代墓志汇编》,上海古籍出版社1992年版,第2240页。

《文选》所收的各类文章,尤其是其中的楚辞、汉赋,汉晋以来存留了不少单篇注释。李善注中充分吸收、借鉴了这类旧注,对注解准确的,直接援引,不掠美前人,对旧注未周处,则详列诸说,以己意折衷、裁断。很多旧注赖《文选注》而得以保存下来,如《幽通赋》曹大家注(东汉),《思玄赋》旧注、《两都赋》薛综注(三国时期),《魏都赋》《鲁灵光殿赋》张载注(西晋时期),《上林赋》郭璞注(两晋时期),《咏怀诗》颜延之、沈约注(南朝)等。对旧注的保存,体现了李善严谨治学的态度与规范意识。

4. 深明故训,援诂经之法治集部之学

两汉以降,形成了一套以音韵、训诂的方法研治经学的传统,又称小学。此后,这一风气又延伸到史学,《史记》《汉书》等史书注解中也吸收这套治学方法,各类《音义》层出不穷。"《文选》学"的早期代表性学者,自曹宪以降,大多具有深厚的经史功底,深明小学,如曹宪"精诸家文字之书,自汉代杜林、卫宏之后,古文泯绝,由宪此学复兴",许淹"博物洽闻,尤精诂训"。受这一学风熏陶,李善注虽非专门的《音义》书,但其中对名物训诂用力尤深,涉及疑难字词,多引小学典籍加以注音、释义,如《凡将篇》《方言》《说文解字》《字林》《广雅》等等。此外,诗赋中连篇累牍的典故、故实,构成了研读《文选》的一大障碍,有鉴于此,李善注往往广引旧籍,注明事典、语典之渊源,为后人理解诗文内涵提供了极大助益。按照学者的归纳,李善注中的修辞训诂可分为四类:其一针对具体字词,或提示虚辞,或讲解避讳、押韵;其二是直接的释义,交代语汇渊源等;其三指出作者喻意,以阐发言外之意;其四就全篇而言,交代创作背景,阐明篇章之主旨。[1]

5. 自出心裁,撰作者小传与解题

《文选》共收录自先秦迄六朝一百余位作者的作品,了解作者生平与创作背景,对研治其中诗文大有助益。李善给《文选》作注时,为诗文作者撰写了一篇小传,征引、剪裁史籍,以叙其家世、生平、爵里等。此外,在篇章卷首还撰写了解题,或介绍其创作缘由,或简概篇章大意,间或对作品的体裁源流加以评论。这种做法既是对《毛诗序》、王逸《楚辞注》开创的学术传统的继承,

---

[1]　汪习波:《隋唐文选学研究》,上海古籍出版社 2005 年版,第 156—157 页。

同时也开后世文学批评之先河。

　　李善《文选注》经典地位的确立,经历了一个曲折的历程。成书奏上后,得到唐高宗的褒奖,此后在社会上广为流传。二十世纪初,敦煌藏经洞中发现了多种唐代李善注本《文选》,其中 P.2528 号最引人注目。该件文书共存 353 行,卷末题记云:"永隆二年二月十九日弘济寺写。"弘济寺在长安,永隆是唐高宗年号,永隆二年(681)距李善奏上《文选注》的显庆三年(658),前后相去不过二十三年。李善卒于载初元年(689),则敦煌出土的这件抄本流传之际,他尚在人世。[1]由此可见,早在李善生前,《文选注》便已在全国范围内流布开来,远至河西走廊,其学术成就是有目共睹的。

　　但在"《文选》学"大兴的唐代,李善注并没有获得一家独尊的地位,与之同时代或稍前时代的萧该、曹宪、公孙罗等人的著作,始终并存不废。在唐玄宗时期,李善注还一度遭到批评与贬低,吕延祚《进集注〈文选〉表》中说:"往有李善,时谓宿儒,推而传之,成六十卷。忽发章句,是征载籍,述作之由,何尝措翰?使复精核注引,则陷于末学,质访旨趣,则岿然旧文。"[2]唐玄宗也同意这种看法:"比见注本,唯只引事,不说意义。"[3]对李善的注释方式提出了质疑,认为只是广引典籍来说明典故,而对文章主旨深意措意不够。因此距李善注本成书六十年后,由吕延济领衔,刘良、张铣、吕向、李周瀚等五人重注《文选》,成书于开元六年(718),世称"五臣注"。此后五臣注一度取代李善注,成为唐人研习《文选》的主要注本,唐末学者李匡文曾谈道:"世人多谓李氏立意注《文选》,过为迂繁,徒自骋学,且不解文义,遂相尚习五臣者。"五臣注之所以流行,与其简约、通俗的行文风格密不可分,这迎合了当时流俗学者的趣尚,而与李善注的博洽、精湛恰形成鲜明对比。李善注卓越的学术贡献当然并未因此湮灭,他接着比较了李善注与五臣注的优劣:

　　[1]　张弓主编:《敦煌典籍与唐五代历史文化》,中国社会科学出版社 2006 年版,第 546—547 页。

　　[2]　〔清〕董诰等编:《全唐文》卷三〇〇(吕延祚)《进集注文选表》,中华书局 1983 年版,第 3042 页。

　　[3]　陈尚君辑校:《全唐文补编》卷二四(唐玄宗李隆基)《答吕延祚进〈文选〉注敕》,中华书局 2005 年版,第 291 页。

> 所广征引,非李氏立意。盖李氏不欲窃人之功,有旧注者,必逐每篇存之,仍题元注人之姓字。或有迂阔乖谬,犹不削去之。苟旧注未备,或兴新意,必于旧注中称"臣善",以分别之。既存元注,例皆引据,李续之,雅宜殷勤也。……因此而量五臣者,方悟所注尽从李氏注中出。开元中进表,反非斥李氏,无乃欺心欤![1]

高度评价了李善注渊博而严谨、笃实的学风,其成就远胜于五臣注。这一看法也代表了此后一千多年"《文选》学"研究的主流观点,作为近代"《文选》学"大家,高步瀛先生有这样的论断:

> 昭明之书,包罗宏富。……至于唐代,集《文选》学大成者,断推李氏矣。盖以毕生之力,改至三四,乃成定本。或斥其释事而忘意,殆出当时妒者之口,不足道也。……五臣虽有书,而决非李匹,前人已有定议。[2]

基本体现了《文选》研究第二个黄金期清代学者的共识。

第三节　唐代扬州文学、艺术领域的成就

唐代扬州是人文荟萃之地。得益于便利的水陆交通与繁盛的商业,扬州为文学艺术的创作提供了优越的社会生态,在这里萃聚了大批文人学士。其中既有扬州本籍的诗人、艺术家,也有因仕宦、行旅在此驻足流连的文士,他们创作了大量传诵至今的作品,共同谱写了唐代扬州文化的绚丽篇章。总结其间文学艺术领域的整体成就,有必要对相关人物的地域背景作出更为细致的分疏。本节的叙述将区分为两个层次:其一,聚焦扬州本籍人士在文学、艺术领域的成就;其二,侧重介绍外来文士在扬州期间的诗文创作,及其对扬州城市意象的书写。

---

[1]　〔唐〕李匡乂撰,吴企明点校:《资暇集》卷上,中华书局 2012 年版,第 167—168 页。

[2]　高步瀛著,曹道衡、沈玉成点校:《文选李注义疏·叙》,中华书局 1985 年版,第 1 页。

一、唐代扬州的本土诗歌艺术成就

除了"《文选》学",在其他学术文化领域,唐代扬州也涌现出一批杰出代表,他们在诗歌、书法、绘画等领域各擅胜场,取得了一系列令人瞩目的成就。

初唐诗坛中,扬州籍作家可谓英才济济,其中代表人物前有来济、上官仪,后有张若虚、邢巨等人,对唐诗发展产生了深远影响。来济,扬州江都人,隋朝名将来护儿之子,其父官至左翊卫大将军,是隋炀帝深为倚重的南方将领。隋末"江都之变"中,来护儿作为隋炀帝心腹被叛军所杀,来济以年幼得免。因为幼年丧父,来济早年备尝艰辛,但他"笃志好学,有文词,善谈论,尤晓时务"[1],在扬州浓厚的文化氛围中很快成长为一名颇负盛名的文士。此后,来济以进士及第,在贞观年间任太子通事舍人。由于得到唐太宗赏识,仕途一路平步青云,很快被提拔为中书舍人等要职,并参与纂修《晋书》。唐高宗即位后,来济因藩邸旧僚的身份,被任命为宰相中书令。不过此后在"废王立武"的宫廷斗争中,来济站在了长孙无忌等人一边,遭到高宗打击,被贬为台州刺史,又流放庭州(今新疆乌鲁木齐)。在抵御突厥的战事中,来济奋不顾身,战死沙场。据《新唐书·艺文志》,来济有文集三十卷,今已全部亡佚。《全唐诗》中存绝句一首,题为《出玉关》:"敛辔遵龙汉,衔凄渡玉关。今日流沙外,垂涕念生还。"[2]此诗当为被贬庭州途中所撰,后被采入学者徐坚为诸王所编教科书《初学记》,足见在当时评价颇高。来济的诗歌创作应以君臣唱和诗为主,《全唐诗》中收有唐太宗《饯中书侍郎来济》、许敬宗《奉和圣制送来济应制》等诗。可惜来济本人诗篇不存,其诗文创作的具体成就与艺术风格无从窥知,下面重点介绍上官仪。

上官仪与来济差不多是同时代人,二人经历也颇有相似之处。上官仪字游韶,原籍陕州陕县(今河南三门峡市),其父上官弘隋末任江都宫副监,举家迁来扬州。不久,其父在战乱中被仇家所杀,上官仪私度为沙门,幸免于难。上官仪早年在扬州发奋读书,博通经史,"浸工文词"。贞观初年,杨恭仁任扬州大都督府长史,对其文采颇为赏识,荐于朝廷,以进士及第。先后任弘文馆直学士、迁秘书郎。唐太宗非常欣赏其文采,将其引为文学知己,史称:"时太

[1]〔后晋〕刘昫等:《旧唐书》卷八〇《来济传》,中华书局 1975 年版,第 2742 页。

[2]〔清〕彭定求等编:《全唐诗》卷三九(来济)《出玉关》,中华书局 1960 年版,第 501 页。

宗雅好属文,每遣仪视草,又多令继和,凡有宴集,仪尝预焉。"[1]高宗即位后,更受恩遇,任西台侍郎、同中书门下三品,跻身宰臣行列。时值武后专权,高宗有意废黜,私下询问意见,上官仪对曰:"皇后专恣,海内失望,宜废之以顺人心。"不料为武后得知,从此对他怨恨不已。麟德元年(664),武后指示许敬宗等人诬告上官仪谋反,下狱被迫害致死。史称:"自褚遂良等元老大臣相次屠覆,公卿莫敢正议,独仪纳忠,祸又不旋踵,由是天下之政归于后,而帝拱手矣。"[2]上官仪虽为一介文士,但在政治上颇有担当与气节。

上官仪夙以工诗著称,"其词绮错婉媚",承续的是绮靡纤弱的南朝齐梁体文学传统。这自然与他早年在扬州读书求学的经历有关,唐初扬州是南朝学术文化的主要阵地。南朝文风也是唐初文学的主流,唐太宗、高宗父子对南朝文学多有推崇,大臣陈叔达、萧瑀、褚遂良、虞世南、许敬宗等也出身江南,都是此中高手。因此,唐初的宫廷文学弥漫着浓郁的齐梁遗风,上官仪的诗歌之所以能独领风骚,甚至他本人仕途的飞黄腾达,都与这一文学生态有莫大关系。上官仪仕宦显达后,反过来又推动了这一诗歌风尚。史称:"(上官仪)本以词彩自达,工于五言诗,好以绮错婉媚为本。仪既贵显,故当时多有效其体者,时人谓为上官体。"

上官仪引领的这一诗歌流派,在后世文学史上曾饱受争议,被评为诗格纤弱,"骨气都尽、刚健不闻"[3]。这自然是站在"讽谏""载道"的诗教传统而作出的评判,但就美文的角度而言,上官体诗格辞藻绮丽、意境不俗,实不乏名篇佳作。如《五言辽东侍宴山夜临秋同赋临韵应诏》诗有:"帷殿清炎气,辇道含秋阴。凄风移汉筑,流水入虞琴。云飞送断雁,月上净疏林。滴沥露枝响,空蒙烟壑深。"[4]《咏雪应诏》诗:"禁园凝朔气,瑞雪掩晨曦。花明栖凤阁,珠散影娥池。飘素迎歌上,翻光向舞移。幸因千里映,还绕万年枝。"[5]其中《入朝洛堤步月》诗传诵最广:"脉脉广川流,驱马历长洲。鹊飞山月曙,蝉

[1]〔后晋〕刘昫:《旧唐书》卷八〇《上官仪传》,中华书局 1975 年版,第 2743 页。

[2]〔宋〕欧阳修、宋祁:《新唐书》卷一五〇《上官仪传》,中华书局 1975 年版,第 4035 页。

[3]〔清〕董诰等编:《全唐文》卷一九一(杨炯)《王勃集序》,中华书局 1983 年版,第 1931 页。

[4] 陈尚君辑校:《全唐诗补编·续拾》卷三(上官仪)《五言辽东侍宴山夜临秋同赋临韵应诏》,中华书局 1992 年版,第 675 页。

[5]〔清〕彭定求等编:《全唐诗》卷四〇(上官仪)《咏雪应诏》,中华书局 1960 年版,第 507 页。

噪野风秋。"[1]据说在上朝途中,上官仪步咏徐行于洛堤之上,"音韵清亮,群公望之,犹神仙焉"[2]。这些无疑都体现出杰出的文学成就。

20 世纪 90 年代以降,学界对"上官体"的艺术成就有了不少新的认识。有学者将上官仪诗歌艺术风格与审美特征总结为:"绮错成文而能缘情婉密而得天真媚美之致"[3],"以'绮错'的美感形式来实现'婉媚'的审美内涵……达成浑成秀朗、滋味醇厚的韵致"[4]。近年又有学者进一步指出,上官仪诗歌体式的最鲜明特征在于重视单字音义相对。这又可以归结为两类风格突出的句式,首先是以"蝉噪野风秋"为代表的"二二一"句式。这类体式将前两字与后三字分别组成两个主谓结构,从而使诗歌意象更为丰富,体现出极高的艺术水准。另一类风格鲜明的句式是以"云飞送断雁"为代表的"二一二"式,这类句式首字往往是单音节名词,续接两个动词,由此形成"一一一二"的语意节奏,借助语意跳跃、结构变换来营造丰富立体的意境,从而摆脱了对物象平面、线性的刻画。两类句式对六朝诗风既有承续,也有明显创新,体现出上官仪诗歌创作中斟酌、琢磨之巧思。正是因为上述高超的创作技巧,使得上官体与初唐其他宫廷诗歌作者相比,呈现出清雅流畅的语言风格、巧妙高绝的诗歌意境,超越了同时代诗人对齐梁体诗歌的刻板模仿之风,在唐诗发展史上起到了承先启后的历史作用。[5]

除了创作实践,上官仪在诗歌理论方面也颇有建树。他撰有《笔札华梁》一书,今已亡佚,部分内容保存在日本高僧空海所撰《文镜秘府论》中。《笔札华梁》是上官仪对诗歌创作实践的理论升华,其中系统总结了齐梁以降声律、对偶的技巧,提出著名的"六对""八对"之说。即正名对、同类对、连珠对、双声对、叠韵对、双拟对、的名对、异类对、联绵对、回文对、隔句对等。经上官仪提炼与总结,使得五言诗对仗、声律等形式更为精致,也更便于士子研习效

---

[1]　〔清〕彭定求等编:《全唐诗》卷四〇(上官仪)《入朝洛堤步月》,中华书局 1960 年版,第508—509 页。

[2]　〔唐〕刘𫗧撰,程毅中点校:《隋唐嘉话》,中华书局 1979 年版,第 32 页。

[3]　赵昌平:《上官体及其历史承担》,《赵昌平文存》上册,中华书局 2021 年版,第 281 页。

[4]　聂永华:《"上官体"考辨二题》,《郑州大学学报》2001 年第 3 期,第 99 页。

[5]　以上主要参考黄琪:《"上官体"的诗歌史价值重估》,《文学遗产》2015 年第 3 期,第 65—72 页。

仿。此外,书中还提出了"八阶""六志"等学说,对咏物、抒情等诗歌体裁与创作技巧进行了总结。[1]《笔札华梁》在中国诗学理论史上占有重要地位,对元兢《诗髓脑》、皎然《诗议》、崔融《唐朝新定诗体》等唐代诗学著作也产生了深远影响。

张若虚是继上官仪之后,扬州籍的另一位杰出诗人,他生前仕宦不显,具体事迹已难详知。综合文献记载,张若虚大约活跃于武则天至唐玄宗时期,与贺知章、张旭、包融等人以"文词俊秀"闻名于京师,被誉为"吴中四士",官至兖州兵曹参军。[2]张若虚的作品生前没有编集成书,诗作多已散佚,《全唐诗》仅存诗两首,一首题为《代答闺梦还》,属平庸之作,另一首便是家喻户晓的唐诗名篇《春江花月夜》:

　　　　　　春江潮水连海平,海上明月共潮生。
　　　　　　滟滟随波千万里,何处春江无月明。
　　　　　　江流宛转绕芳甸,月照花林皆似霰。
　　　　　　空里流霜不觉飞,汀上白沙看不见。
　　　　　　江天一色无纤尘,皎皎空中孤月轮。
　　　　　　江畔何人初见月?江月何年初照人?
　　　　　　人生代代无穷已,江月年年只相似。
　　　　　　不知江月待何人,但见长江送流水。
　　　　　　白云一片去悠悠,青枫浦上不胜愁。
　　　　　　谁家今夜扁舟子,何处相思明月楼。
　　　　　　可怜楼上月裴回,应照离人妆镜台。
　　　　　　玉户帘中卷不去,捣衣砧上拂还来。
　　　　　　此时相望不相闻,愿逐月华流照君。
　　　　　　鸿雁长飞光不度,鱼龙潜跃水成文。

---

[1]　傅璇琮、蒋寅主编:《中国古代文学通论·隋唐五代卷》,辽宁人民出版社2016年版,第27—28页。

[2]　〔后晋〕刘昫等:《旧唐书》卷一九〇中《文苑·贺知章传》,中华书局1975年版,第5035页。〔宋〕欧阳修、宋祁:《新唐书》卷一四九《包佶传》,中华书局1975年版,第4798—4799页。

昨夜闲潭梦落花,可怜春半不还家。

江水流春去欲尽,江潭落月复西斜。

斜月沉沉藏海雾,碣石潇湘无限路。

不知乘月几人归,落月摇情满江树。[1]

海潮、江水、明月、芳甸、花林、霜霰、江汀、白沙,诗中首先以一连串意象勾勒出一幅静谧夜色下春江月明的绮丽图卷。朦胧的月色下,诗人独立江畔,思绪缥缈,又生出了对宇宙、人生的无穷困惑:"江畔何人初见月? 江月何年初照人?"寂寥、幽远的意境,将春江夜景烘托得更为称艳动人。这似乎也是人类少年时代的永恒之问,形于诗歌者,张若虚之后,李白有"青天有月来几时"之问,苏轼也有"明月几时有? 把酒问青天"之句,他们都未作深究,不过是酒酣耳热后的一闪念。张若虚则更像一名天真、执着的少年,"人生代代无穷已,江月年年只相似",由江水长逝、人生短促,又联想到异乡游子与深闺怨妇,他们的满腔愁绪,相思之苦,能向何人诉说? 然而转念一想,比起明月、大江的永恒,这些离愁别绪又都显得如镜花水月般飘忽、无常。应该说,在汉魏以降的诗歌作品中,涉及江景、月夜、游子、思妇等题材的所在多有,但张若虚此诗的高绝之处,在于将这些意象巧妙绾合,在情景交融中,熔写景、抒情以及人生哲思为一炉,意境悠远,旨趣迥异时流。

《春江花月夜》相传为陈后主所作曲调,此后隋炀帝也有拟作,《旧唐书·音乐志》将其与《玉树后庭花》并列,历来被视为靡靡之音。因此,张若虚这首《春江花月夜》的艺术价值也曾在很长一段历史时期为人所忽视。但细读全篇会发现,张若虚此诗虽在对仗、声韵等方面继承了南朝诗风的形式美感,但主题深度、思想境界等则远远超出了齐梁体的藩篱,较之同时期"初唐四杰"、陈子昂等诗人的代表作,亦毫不逊色。这样一篇杰作,直至明代才得到恰如其分的解读,由此赢得"孤篇压全唐""孤篇横绝,竟为大家"的美誉。近代文学史大家闻一多评价:"在这种诗面前,一切的赞叹是饶舌,几乎是亵渎。"但他又仍不住盛赞其为"诗中的诗,顶峰上的顶峰"。经由历代诗

---

[1]〔清〕彭定求等编:《全唐诗》卷一一七(张若虚)《春江花月夜》,中华书局1960年版,第1183—1184页。

家、学者的不断发掘,张若虚《春江花月夜》奠定了在中国文学史上崇高的地位。[1]

　　与张若虚差不多同时代的邢巨,也是一位词藻出众的诗人。关于邢巨的事迹,史书记载不多,不过近年在河南洛阳一带出土了邢巨本人墓志,为我们了解其家世、生平与文学创作的背景提供了宝贵线索。据墓志记载,邢巨祖籍河间,是一个汉魏以降的世家大族。曾祖邢师在隋代任衢州龙丘县令,隋末战乱,"因家淮南",著籍于扬州。入唐后,邢巨的祖父担任过太学博士,父亲邢行谌任越州永兴县丞,虽然官职不显,但也仕宦不绝。邢巨"早能敏学……天资牧谦,神保正直",自幼便显露出读书、属文的天赋。弱冠之年,以进士及第,又参加吏部的书判拔萃科考试,授官秘书校书郎、汴州尉氏县主簿。此后他又应制举文词雅丽科,及第后历任大理评事、宣州当涂县丞、豫州司户参军,转登封、咸阳、渭南三县丞,最后官至监察御史。开元二十六年十一月,因病卒于洛阳善福里宅第,时年五十七岁。[2]

　　邢巨自幼以文采著称,进士及第后在两京一带活动,据《旧唐书·贺知章传》,他与张若虚、贺知章等人差不多同时成名,"俱以吴、越之士,文词俊秀,名扬于上京"。他连续参加进士、书判拔萃、文词雅丽诸科考试,并获及第的经历,在同时代文士中并不多见,就此可以看出,他的文学才华是当时有目共睹的。孙逖在《授邢巨监察御史制》中称其"器能通敏,词藻清新"[3],绝非虚美之辞。不过邢巨诗歌作品传世不多,在《全唐诗》中仅收录两首。一首题为《游春》:"海岳三峰古,春皇二月寒。绿潭渔子钓,红树美人攀。弱蔓环沙屿,飞花点石关。溪山游未厌,琴酌弄晴湾。"[4]诗中描写的似乎是扬州郊外初春之景。另一首《游宣州琴溪同武平一作》,是在贬谪宣州期间所作,诗云:"灵

---

　　[1]　程千帆:《张若虚〈春江花月夜〉的被理解和被误解》,收入《唐代进士行卷与文学·古诗考索》,商务印书馆2017年版,第193—210页。

　　[2]　《唐监察御史邢府君墓志铭并序》,赵君平、赵文成编:《河洛墓刻拾零》,北京图书馆出版社2007年版,第309页。

　　[3]　〔清〕董诰等编:《全唐文》卷三〇八(孙逖)《授邢巨监察御史制》,中华书局1983年版,第3133页。

　　[4]　〔清〕彭定求等编:《全唐诗》卷一一七(邢巨)《游春》,中华书局1960年版,第1183页。

溪非人迹,仙意素所秉。鳞岭森翠微,澄潭照秋景。"[1]仰观翠微,俯临寒潭,视角变换间,景色相映成趣,堪称描写山间幽境的佳作。

二、唐代扬州本土书、画艺术的成就

扬州书学源远流长,东汉广陵张纮擅楷、篆二体,颇有时誉,三国时期,皇象以章草独步一时。及至唐代,扬州书法、绘画领域可谓群星璀璨,王绍宗、王嗣宗兄弟,李邕,张绍宗、张怀瓘、张怀瓌父子,史惟则、史怀则兄弟,陈庶等人相继而起,各领一时风骚。以下择要介绍其生平事迹与艺术成就。

王绍宗,字承烈,出身中古世家大族琅琊王氏,世仕江左政权,定居江南。陈朝灭亡后,他们举家迁往江北,定居扬州。王绍宗自幼嗜学,遍览群籍,家贫无业,靠替寺院抄写佛经维持生计,"每月自支钱足即止,虽高价盈倍,亦即拒之"。徐敬业在扬州举兵反武,听闻其名,遣使征召,王绍宗不为所动,称疾固辞。叛乱平定后,因这番"不仕伪朝"的气节,获行军大总管李孝逸举荐,武则天"驿召赴东都,引入禁中,亲加慰抚"[2],历任太子文学、秘书少监等职,兼皇太子侍读、侍书[3]。唐中宗复辟后,王绍宗因与佞臣张昌宗兄弟交往,遭到政治清算,被罢官遣还乡里,后卒于扬州。

王绍宗自幼秉承家学,书学造诣精深,尤擅草、隶诸体,曾教授唐中宗书法。张怀瓘《书断》称其"清鉴远识,才高书古,祖述(王)子敬,钦羡(陆)柬之"[4],知其笔法源出东晋王献之,而又取法唐初名家陆柬之。其书迹,据唐人窦臮所见:"或终纸而结字,或重模而足墨,濩落风规,雄壮气力……屡见赏于有识,如曲圃鸿飞,芳园桂植。"[5]应是就草书而言。其小楷"体象尤异,沉邃

[1]〔清〕彭定求等编:《全唐诗》卷一一七(邢巨)《游宣州琴溪同武平一作》,中华书局 1960 年版,第 1183 页。

[2]〔后晋〕刘昫等:《旧唐书》卷一八九下《儒学·王绍宗传》,中华书局 1975 年版,第 4964 页。

[3]王绍宗在垂拱年间曾任"东宫侍读兼侍书",见其所撰《大唐中岳隐居太和先生琅耶王征君临终口授铭并序》结衔,周绍良主编:《唐代墓志汇编》,上海古籍出版社 1992 年版,第 744 页。

[4]〔唐〕张彦远撰,范祥雍点校:《法书要录》卷九《张怀瓘书断下》,人民美术出版社 1984 年版,第 304 页。

[5]〔唐〕张彦远撰,范祥雍点校:《法书要录》卷六《述书赋下》,人民美术出版社 1984 年版,第 202 页。

坚密"[1],也颇见风骨。在书法研习的技艺上,王绍宗有一套精辟的见解。他曾自述学书心得:"鄙夫书翰无功者,特由微水墨之积习。常清心率意,虚神静思以取之。每与吴中陆大夫论及此道,明朝必不觉已进。陆于后密访知之,嗟赏不少,将余比虞君,以虞亦不临写故也,但心准目想而已。"[2]他认为,学书者首先应注重凝神静思,用心揣摩体势、笔意,不应一味临摹他人作品。王绍宗对自身书学成就颇为自负,曾对友人称:"自恨不能专有功,褚虽以过,陆犹未及。""褚"指褚遂良,系初唐书法大家,二人水平孰高孰低,不易断言。唐人张怀瓘品第古今书家,将其隶书、行草、章草俱列入"能品",足见其造诣之深。王绍宗书、画兼善,在绘画上也颇有成就,张彦远《历代名画记》称其"画迹与殷仲容相类",殷仲容是同时代著名画家,工于肖像、花鸟,王绍宗应该也以人物、花鸟画见长。王绍宗之兄王嗣宗也以能书著称,张怀瓘将其比作西晋二陆兄弟。

　　李邕,字泰和,扬州江都人,"选学"大师李善之子,是盛唐时期著名文学家、书法家,以文藻、书翰双美而独享盛名。与其父皓首穷经的学者气质迥异,李邕天性豪放不羁,颇具诗人、艺术家气度。他少年成名,武则天当政时期,内史李峤与监察御史张廷珪"并荐邕词高行直,堪为谏诤之官"[3],拜左拾遗。李邕立朝刚正不阿,当时御史中丞弹劾佞臣张昌宗兄弟,武则天有意包庇,李邕在朝堂上慷慨陈言:"臣观宋璟之言,事关社稷,望陛下可其奏。"[4]事后有人提醒他,你人微言轻,如此犯颜直谏,难道不怕触怒皇帝,惹祸上身吗?李邕答道:"不愿不狂,其名不彰。若不如此,后代何以称也?"[5]这件事尤可见其慷慨磊落的个性。不过刚直不阿的性格,更兼恃才傲物的作风,也使李邕在仕途中屡遭挫折。唐中宗复辟后,他因与宰相张柬之交好,遭到武三思等人打压,被贬为南和令、富州司户参军。唐睿宗即位后,李邕被召回朝中,拜

---

　　[1]〔唐〕张彦远撰,范祥雍点校:《法书要录》卷九《张怀瓘书断下》,人民美术出版社1984年版,第304页。

　　[2]〔唐〕张彦远撰,范祥雍点校:《法书要录》卷九《张怀瓘书断下》,人民美术出版社1984年版,第304页。

　　[3]〔后晋〕刘昫等:《旧唐书》卷一九〇中《文苑·李邕传》,中华书局1975年版,第5039页。

　　[4]〔后晋〕刘昫等:《旧唐书》卷一九〇中《文苑·李邕传》,中华书局1975年版,第5039页。

　　[5]〔后晋〕刘昫等:《旧唐书》卷一九〇中《文苑·李邕传》,中华书局1975年版,第5040页。

殿中侍御史、户部员外郎,因得罪权臣,又被贬为崖州舍城县丞。开元年间,李邕再度入朝,拜户部郎中,因卷入朝堂党争,受宰相姚崇排挤,贬为括州司马。此后任陈州刺史期间,适逢唐玄宗封禅泰山,李邕于汴州谒见,"累献词赋,甚称上旨",却遭到宰相张说的嫉妒,因赃罪遭弹劾,狱中幸赖友人营救,方才保住性命。晚年任北海太守,"性豪侈,不拘细行",遭到权臣李林甫的嫉恨,罗织其罪,天宝六载(747),命酷吏罗希奭将其决杖处死。

李邕虽然仕途坎坷,屡遭贬谪,但在当时知识界却独享大名。边塞诗人高适《奉酬北海李太守丈人夏日平阴亭》诗称:"天子股肱守,丈人山岳灵。……谏官莫敢议,酷吏方专刑。谷永独言事,匡衡多引经。两朝纳深衷,万乘无不听。盛烈播南史,雄词豁东溟。"[1]对他的文章、人品称赞不已。大诗人李白、杜甫也对李邕极为钦慕,天宝四载(745),二人曾结伴同游,亲赴北海郡拜谒,诗酒唱和。李白还曾亲访其故宅,并赋诗称咏:"我家北海宅,作寺南江滨。空庭无玉树,高殿坐幽人。书带留青草,琴堂幂素尘。平生种桃李,寂灭不成春。"[2]杜甫在悼念他的《八哀诗》中称:"长啸宇宙间,高才日陵替。古人不可见,前辈复谁继。忆昔李公存,词林有根柢。声华当健笔,洒落富清制。风流散金石,追琢山岳锐。"[3]这些都可见李邕作为盛唐文坛宗主的地位。

李邕书法造诣精深,擅长撰写碑铭,士子皆以得其墨宝为荣。史称其"早擅才名,尤长碑颂。虽贬职在外,中朝衣冠及天下寺观,多赍持金帛,往求其文。前后所制,凡数百首"[4]。在他贬谪回京期间,据称:"人间传其眉目瑰异,至阡陌聚观,后生望风内谒,门巷填隘。中人临问,索所为文章,且进上。"[5]今存世作品有《云麾将军李思训碑》《云麾将军李秀碑》《麓山寺碑》《法华寺碑》《叶有道碑》《端州石室记》等,都是唐碑中的杰作。李邕兼擅诸体,而又以行、

[1]〔清〕彭定求等编:《全唐诗》卷二一一(高适)《奉酬北海李太守丈人夏日平阴亭》,中华书局1960年版,第2194页。

[2]〔清〕彭定求等编:《全唐诗》卷一八四(李白)《题江夏修静寺》,中华书局1960年版,第1875页。

[3]〔清〕彭定求等编:《全唐诗》卷二二二(杜甫)《八哀诗·赠秘书监江夏李公邕》,中华书局1960年版,第2352页。

[4]〔后晋〕刘昫等:《旧唐书》卷一九〇中《文苑·李邕传》,中华书局1975年版,第5043页。

[5]〔宋〕欧阳修、宋祁:《新唐书》卷二〇二《文艺·李邕传》,中华书局1975年版,第5757页。

楷二体成就最高。其行书笔法源出二王,北宋《宣和书谱》评价:"(李邕)初学变右军行法,顿挫起伏,既得其妙,复乃摆脱旧习,笔力一新。"[1]在李邕之前,世人多以楷体施于碑志书丹,至李邕则兼用行体,这是其推陈出新的一大贡献。从存世作品来看,李邕书风一如其人,笔力千钧,舒展遒劲,磅礴恣肆,尽显元气淋漓的盛唐气象。李邕书法在唐代便极负盛名,唐人窦臮记当时公论:"论诗则曰王维、崔颢;论笔则曰王缙、李邕;祖咏、张说不得预焉。"[2]可见其造诣精深,独步盛唐书家之列。李邕的笔法对后世影响也颇为深远,如北宋欧阳修自称"因邕书得笔法……因见邕书,追求钟、王以来字法,皆可以通"[3]。苏轼在被友人称赞"书大似李北海"后颇为得意[4],足见对他的服膺。明代书法家董其昌则将李邕与王羲之并列,以"龙象"为喻,称"右军如龙,北海如象",可见其在书法史上的地位。

　　李邕在文学领域也颇有成就,这主要体现在施于碑版的骈文。骈文在唐代地位不逊于诗,更是科举考试、章奏诏书的实用文体,擅长撰写这类文字的往往被称为"大手笔"。李邕是此中好手,他的文章大气磅礴,无论是描摹山川名胜,抑或纪功颂德,都有一股雄豪之气,堪称盛唐文学的代表之一。

　　张怀瓘,扬州海陵人,盛唐著名书法家、书法理论家。结合《述书赋》、其侄曾孙《张中立墓志》等文献记载,可知张怀瓘出身书学世家,其父张绍宗、其弟张怀瓌俱以工书著称。张绍宗,曾任邵州武冈县令,"博学工书",撰有《蓬山事苑》三十卷,与苏颋、韦述等当朝名士交好。其弟张怀瓌,曾任盛王府司马,翰林集贤两院侍读、侍书学士,"有文学,尤善草隶书"。[5]张怀瓘本人在唐玄宗开元、天宝年间曾任太子右卫率府参军、鄂州司马等虚职,实际长期担

　　[1]〔宋〕佚名著,王群栗点校:《宣和书谱》卷八,浙江人民美术出版社 2019 年版,第 83 页。

　　[2]〔唐〕张彦远撰,范祥雍点校:《法书要录》卷四《述书赋下》,人民美术出版社 1984 年版,第204 页。

　　[3]〔宋〕欧阳修著,李逸安点校:《欧阳修全集》卷一三○《李邕书》,中华书局 2001 年版,第1980 页。

　　[4]〔宋〕苏轼:《自评字》,收入曾枣庄主编:《宋代序跋全编》,齐鲁书社 2015 年版,第 3035 页。

　　[5]《唐故宣义郎侍御史内供奉知盐铁嘉兴监事张府君墓志铭并序》,周绍良主编:《唐代墓志汇编》,上海古籍出版社 1992 年版,第 2494 页。

任翰林供奉侍书学士。[1]翰林供奉,又称翰林待诏,并非一种正式官职,而是以"艺能伎术见召"侍奉皇帝的群体,因此张怀瓘兄弟二人都是典型的宫廷书法家。张怀瓘在长安翰林院期间,曾负责教授皇子书法,与京城名士、诗人也多有往还。据研究,杜甫《送翰林张司马南海勒碑》诗、司空曙《送翰林张学士岭南勒圣碑》诗,都是题赠给张怀瓘的。[2]此外,他与朝臣王翰、苏晋、包融、褚思光、万希庄等也多有交往,常一同切磋书艺。

张怀瓘家世不显,其父官职卑微,但兄弟二人独能以一技之长获得皇帝垂青,进而立身士林。这一经历说明,其书学技艺精湛在当时是有目共睹的,如友人苏晋评价其:"于书道无所不通,自运笔固合,穷于精妙。"他曾向唐玄宗进献兄弟二人的书法作品,据《六体书论》:"臣及弟怀瓖并同供奉,臣谨进怀瓖书大小篆及八分,臣书真、行、草合成六体。"[3]对自身书艺是颇为自负的。据其自评,真、行二体"可以比于虞(世南)、褚(遂良)而已";草书造诣尤为精湛,"不师古法,探文墨之妙有,索万物之元精,以筋骨立形,以神情润色……数百年内,方拟独步其间"[4]。自许之高,可见一斑。可惜张怀瓘书迹北宋便已片纸不存,今天已无法一睹真迹。张怀瓘的成就主要还是在书法理论方面。

张怀瓘一生著述颇丰,见于文献著录的有《书断》《书估》《书议》《文字论》《二王等书录》《六体书论》《评书药石论》《书赋》《古文大篆书祖》《画断》等多种[5],大多是与书学、书史相关的作品。其中影响力最大的是《书断》三卷,据张怀瓘自述成书经过:"开元甲子岁,广陵卧疾,始焉草创……岁洎丁卯,荐笔削焉。"[6]知此书于开元十二年(724)草成,经三年修订,于开元十五

---

[1] 关于张怀瓘生平与仕宦履历,详参薛龙春:《张怀瓘生平考》,《南京艺术学院学报》2004年第2期,第44—48页;王汝虎:《张怀瓘生平与官职再考》,《书法研究》2018年第1期,第143—156页。

[2] 薛龙春:《张怀瓘生平考》,《南京艺术学院学报》2004年第2期,第44—48页。

[3] 〔清〕董诰等编:《全唐文》卷四三二(张怀瓘)《六体书论》,中华书局1983年版,第4409页。

[4] 〔唐〕张彦远撰,范祥雍点校:《法书要录》卷四《唐张怀瓘文字论》,人民美术出版社1984年版,第161—162页。

[5] 另有《玉堂禁经》《别本书断》《论用笔十法》等书,后世文献也将其归入张怀瓘名下,当系伪托,今不取。参薛龙春:《张怀瓘书学著作考论》,南京艺术学院博士学位论文,2004年,第20—23页。

[6] 〔唐〕张彦远撰,范祥雍点校:《法书要录》卷九《张怀瓘书断下》,人民美术出版社1984年版,第312—313页。

年最终定稿。在此期间,张怀瓘一直居住在故乡扬州。

《书断》是一部书法史著作,旨在评骘古今诸家书法成就,进而探寻六朝隋唐书学发展的渊源与流变,其中精义纷呈,新见迭出。书中首先提出了"十体源流"说,所谓"十体",即古文、大篆、籀文、小篆、八分、隶书、章书、行书、飞白、草书等古今十种字体。这是在前人分类基础上,根据字形演化规律做出的更为清晰、严谨的归纳,对后世文字学研究影响深远。其次,张怀瓘在书中建立了"神、妙、能"三品评价体系,对书法审美意趣提出了独创性见解。所谓"神",强调神采、气韵,即文字背后人的内在精神;"妙",指书家各自独特的艺术风格,如曹操"雄逸绝伦",虞世南"姿荣秀出";"能",指技巧高超,但匠气过重,尚不能自成一家。在三者之中,张怀瓘尤为强调"神"的重要性,这将书法品鉴提升到了更高的精神层次,更对后世书法创作实践与理论产生了深远影响。在确立三品分等的体系后,《书断》对自上古至唐代两千余年间的著名书家逐一品评,并附以其家世、爵里、生平等信息,这些记载极具史料价值,是了解汉魏以降书史人物故实的第一手史料。这部体大思精的作品,无疑体现出张怀瓘深厚的学识以及卓越的识见。

《书断》自问世以来便为世所重,朋辈友人褚思光称赞其"实为妙绝,犹蓬山沧海,吐纳风云,禽兽鱼龙,于何不有。见者莫不心醉,后学得渔猎其中,实不朽之盛事"[1]。晚唐张彦远编撰《法书要录》,卷七至卷九全载其文,足见推崇之深。北宋朱长文评价云:"至其论议,悉法详密如此,盖唐之盛时,书学大盛,师师相承,皆有考据而不出于凿也。"[2]直接将《书断》视为盛唐书学研究的代表性著作。这些评价都是实至名归的。

除了书法,张怀瓘在绘画方面也颇有造诣,撰有《画断》一书。此书早已亡佚,但从张彦远《历代名画录》等文献征引的佚文来看,张怀瓘对绘画同样不乏精辟见解,如曾提出"神、骨、肉"的评价标准,这是对中国古代绘画理论的一大贡献。

---

[1] 〔唐〕张彦远撰,范祥雍点校:《法书要录》卷四《唐张怀瓘文字论》,人民美术出版社 1984 年版,第 162 页。

[2] 〔宋〕朱长文:《墨池编》卷二,清文渊阁《四库全书》本。

史惟则是与张怀瓘同时代的另一位扬州籍著名书法家[1]。他出身书学世家，其父史白，官至谏议大夫，擅飞白书。史惟则生平事迹文献记载不多，从其所撰碑志的结衔推考，大体可知，从唐玄宗开元至唐代宗大历年间，他长期在集贤、翰林两院供职，任待制、学士，期间历右羽林军录事参军、太子右内率府录事参军、河南伊阙县尉、广陵府户曹参军、殿中侍御史、太子洗马、都水使者等官，大约去世于大历十三年（778）之后不久。[2]

史惟则一生书迹颇丰，宋人《宝刻类编》著录其书作44件，主要是替他人书写的碑志（篆额）。这些作品后多亡佚，今存世者仅《大智禅师碑》《管元惠神道碑》拓本，以及新近出土的《韦元甫墓志》《辛旻墓志》等。史惟则兼擅八分书（隶书）、飞白、篆书，唐人窦臮《述书赋》评价："史侍御惟则，心优世业，阶乎籀篆，古今折衷，大小应变，如因高而瞩远，俯川陆而必见。"[3]可见其篆书秉承家学，造诣在当时是公认的。史惟则八分隶书尤为卓绝，被欧阳修誉为唐八分书四大家之一，宋人陈思《书小史》称其"颇近钟书，发笔方广，字形峻美，亦为时所重"[4]。其弟史怀则，也擅八分书，宋代金石学家赵明诚曾亲睹其书迹，称："怀则之书，盖不减惟则，而初不见称于当时者，岂非其位不显乎？以此知，士负其艺能，或以垂名于不朽，或遂湮没而无闻者，盖亦有幸、不幸也。"[5]看来造诣不逊其兄，惜无作品传世。

陈庶，晚唐扬州籍画家，生平事迹不详。据张彦远《历代名画记》，陈庶曾师事著名花鸟画家边鸾，"以花鸟松石写真为能"，冠绝一时，可惜并无作品传世。

在地理学绘图领域，唐代扬州籍学者也取得了令人瞩目的成就。这其中

---

［1］ 关于史惟则籍贯，唐人窦臮《述书赋》记为广陵；而其弟史怀则书《宇文颢山阴述》题籍贯为杜陵（唐京兆府属县）；北宋朱长文《墨池编》卷三称其吴郡（苏州）人，同书卷四又记为广陵；《〔嘉庆〕溧阳县志》卷一一则记其溧阳人。诸书所载歧异如此。今按，杜陵是史氏郡望所在，唐人好标榜郡望，但一般并非实际籍贯。至于吴郡、溧阳说，仅见于晚出文献，不足为信。就目前所见资料而言，史惟则籍贯应该以扬州为是。

［2］ 参熊飞：《唐代八分书家史惟则生平考略》，《咸宁师专学报》1995年第4期，第51—54页。

［3］〔唐〕张彦远撰，范祥雍点校：《法书要录》卷四《述书赋下》，人民美术出版社1984年版，第204页。

［4］〔宋〕陈思：《书小史》卷一〇，清文渊阁《四库全书》本。

［5］〔宋〕赵明诚：《宋本金石录》卷二七"唐宇文颢山阴述"条，中华书局1991年版，第632页。

李该《地志图》尤其值得一提。李该,中唐时人,生平事迹不详。据吕温《地志图序》:

> 广陵李该,博达之士也。学无不通,尤好地理,患其书多门,历世浸广,文词浩荡,学者疲老。由是以独见之明,法先圣之制,黜诸子之传记,述仲尼之职方,会源流,考同异,务该畅,从体要,倬然勒成一家之说。犹惧其奥未足以昭启后生,乃裂素为方仪,据书而图画,随方面以区别,拟形容而训解,命之曰《地志图》。观其粉散百川,黛凝群山,元气剖判,成乎笔端,任土之毛,有生之类,大钧变化,不出其意。然后列以城郭,罗乎陬落,内自五侯九伯,外洎要荒蛮貊,禹迹之所穷,汉驿之所通,五色相宣,万邦错峙。毫厘之差,而下正乎封略;方寸之界,而上当乎分野。乾象坤势,炳焉可观。[1]

李该撰写过《地志》一书,是一部全国性的地理总志,后在此基础上绘制地图。这一地图在体例上多有创新,除绘有山川地势、城郭、聚落、物产、道路、边疆民族等,还用不同颜色加以标识,如江河水系皆饰以粉料,群山则绘以黛色,"五色相宣,万邦错峙",显然借鉴了绘画的技巧。另外,又将天文分野与郡县城邑相对应,尝试建立精准的比例尺,"方寸之界,而上当乎分野。乾象坤势,炳焉可观",精确度相比前代地图当有很大提升。可惜其图、志皆不传于世,不得不说是中国古代地理学的一大损失。

三、唐代著名诗人在扬州的文学活动

如果说唐朝是诗的国度,扬州则是诗国花苑中一朵大放异彩的殊葩,无数名垂青史的大诗人,都与扬州结下了不解之缘。仅据《全唐诗》统计,曾造访扬州的诗人便达一百数十位之多,如卢照邻、骆宾王、孟浩然、王昌龄、李白、崔颢、高适、刘长卿、颜真卿、韦应物、李端、顾况、戴叔伦、窦常、卢仝、权德舆、王建、刘禹锡、白居易、皇甫湜、李绅、徐凝、牛僧孺、李德裕、张祜、杜牧、许浑、李商隐、施肩吾、温庭筠、罗隐、皮日休、姚合、顾云、韦庄、杜荀鹤等等,俨

---

[1]〔清〕董诰等编:《全唐文》卷六二八(吕温《地志图序》,中华书局 1983 年版,第 6336 页。

然半部唐代文学史。他们或因宦游,或因行旅,在此盘桓流连,创作生涯中留下了这座城市的诸多印迹。据不完全统计,唐人诗篇中有近400首主题涉及扬州[1],或是在此创作,或是吟咏此间风物。诸如"天下三分明月夜,二分无赖是扬州""春风十里扬州路,卷上珠帘总不如""人生只合扬州死,禅智山光好墓田"等名篇迭出,传诵至今。经诗人们的吟咏、抱扬,扬州的城市文化意象至此完成建构,成为中国文学史上的一颗璀璨明珠。

扬州是纸醉金迷的红尘乐土,风光旖旎,人文荟萃,令文人墨客心驰神往。这一"乐游"意象定格于唐代。大诗人李白多次畅游扬州,据他追忆:"曩昔东游维扬,不逾一年,散金三十余万,有落魄公子,悉皆济之。"[2]鲜衣怒马、一掷千金的生活给他留下不少美好回忆。后来友人孟浩然东下扬州,李白赋诗赠别之际,想必曾向友人竭力称赞扬州的诸般美妙。果不其然,一番游历后,孟浩然也对扬州念念不忘,《宿桐庐江寄广陵旧游》诗:"建德非吾土,维扬忆旧游。还将两行泪,遥寄海西头。"[3]杜甫也对扬州情有独钟,在流寓巴蜀期间,他曾有诗:"商胡离别下扬州,忆上西陵故驿楼。为问淮南米贵贱,老夫乘兴欲东流。"[4]扬州的富庶,令其虽不能至而心向往之。诗人姚合对扬州的市井繁华更是钟爱有加,其《扬州春词三首》称:"满郭是春光,街衢土亦香。竹风轻履舃,花露腻衣裳。谷鸟鸣还艳,山夫到更狂。"[5]在这恋恋红尘中,哪怕街上的泥土都是芬芳诱人的。

扬州也是诗人们追名逐利、成就功名之所。唐代中期以后,藩镇皆自行辟召幕府僚佐,这为不少在京城官场失意的诗人提供了难得的出仕机会,以致"游宦之士,至以朝廷为闲地,谓幕府为要津,迁腾倏忽,坐至郎省"。[6]淮

---

[1] 这一数字系笔者据李坦主编《扬州历代诗词》(人民文学出版社1998年版)一书收录作品统计。

[2] 〔清〕董诰等编:《全唐文》卷三四八(李白)《上安州裴长史书》,中华书局1983年版,第3532页。

[3] 〔清〕彭定求等编:《全唐诗》卷一六〇(孟浩然)《宿桐庐江寄广陵旧游》,中华书局1960年版,第1635页。

[4] 〔清〕彭定求等编:《全唐诗》卷二三〇(杜甫)《解闷十二首》,中华书局1960年版,第2517页。

[5] 〔清〕彭定求等编:《全唐诗》卷四九八(姚合)《扬州春词三首》,中华书局1960年版,第5666页。

[6] 〔唐〕封演撰,赵贞信校注:《封氏闻见记校注》卷三《风宪》,中华书局2005年版,第25页。

南是东南八道之首,多以名公巨卿坐镇其间,号"宰相回翔之地",其幕府僚佐皆是一时之选,"公卿大夫,皆由此途出",因此干谒、求宦者自然趋之若鹜。杜佑任节度使时,诗人杨茂卿投刺干谒,"以周公吐握之事为讽"。李绅任内,赵嘏投诗请谒:"早年曾谒富民侯,今日难甘失鹄羞。新诺似山无力负,旧恩如水满身流。"[1]希冀求得出仕的机会。温庭筠也有一首《感旧陈情五十韵献淮南李仆射》长诗,其中有"嵇绍垂髫日,山涛筮仕年"之句,希望以通家之旧打动府主,获得垂青。另外高骈任内,顾云、崔致远等后进诗人也曾赋诗请谒,希望获得幕府效力的机会。类似诗篇又如窦巩《登玉钩亭奉献淮南李相公》、鲍溶《和淮南李相公夷简喜平淄青回军之作》《淮南卧病,闻李相公夷简移军山阳,以靖东寇,感激之下,因抒长句》、章孝标《淮南李相公绅席上赋春雪》、许浑《和淮南王相公与宾僚同游瓜洲别业,题旧书斋》、崔峒《扬州选蒙相公赏判,雪后呈上》、罗隐《献淮南崔相公》等等。投诗请谒的文士络绎不绝,即便文采出众如崔致远,想脱颖而出也非易事,他前后数次献诗无果,直到一连写出三十首称颂府主的佳作,才赢得高骈垂青,获得入幕淮南的机会。

游宦淮南幕府的诗人灿若繁星,他们既是同僚,更兼诗友,公事之余,彼此常相唱和,幕府文学构成了唐代扬州诗歌创作的一大题材。这里可以举刘禹锡、杜牧二人为例。刘禹锡少年得志,二十多岁便以进士及第,进入杜佑淮南幕府,任掌书记要职。在此期间,他与同僚频有雅集唱和,今集中有《扬州春夜,李端公益、张侍御登、段侍御平仲、密县李少府畼(畅)、秘书张正字复元,同会于水馆,对酒联句,追刻烛击铜钵故事,迟辄举觥以饮之。逮夜艾,群公沾醉,纷然就枕,余偶独醒,因题诗于段君枕上,以志其事》一诗,云:"寂寂独看金烬落,纷纷只见玉山颓。自羞不是高阳侣,一夜星星骑马回。"[2]其中提到的李益、张登、段平仲、李畅、张复元,或是刘禹锡幕府同僚,或因宦途失意侨寓扬州,他们也都是中唐诗人中的佼佼者,多有佳作传世。文采卓著的诗

---

[1] 〔清〕彭定求等编:《全唐诗》卷五四九(赵嘏)《献淮南李仆射》,中华书局 1960 年版,第 6363 页。

[2] 〔唐〕刘禹锡撰,陶敏、陶红雨校注:《刘禹锡全集编年校注》卷一《扬州春夜……》,中华书局 2019 年版,第 22 页。

人们在此雅集酬唱，一座尽欢，在后世文学史上堪称不朽盛事，在唐代扬州却是"司空见惯寻常事"。

杜牧是大和年间牛僧孺幕府掌书记。《太平广记》卷二七三引《唐阙史》：

> （杜）牧少隽，性疏野放荡，虽为检刻，而不能自禁。会丞相牛僧孺出镇扬州，辟节度掌书记。牧供职之外，唯以宴游为事。扬州胜地也，每重城向夕，倡楼之上，常有绛纱灯万数，辉罗耀烈空中。九里三十步街中，珠翠填咽，邈若仙境。牧常出没驰逐其间，无虚夕。复有卒三十人，易服随后，潜护之，僧孺之密教也。而牧自谓得计，人不知之。所至成欢，无不会意。如是且数年，及征拜侍御史，僧孺于中堂饯，因戒之曰："以侍御史气概达驭，固当自极夷途。然常虑风情不节，或至尊体乖和。"牧因谬曰："某幸常自检守，不至贻尊忧耳。"僧孺笑而不答。即命侍儿，取一小书簏，对牧发之，乃街卒之密报也。凡数十百，悉曰：某夕，杜书记过某家，无恙。某夕，宴某家，亦如之。牧对之大惭，因泣拜致谢，而终身感焉。[1]

置身这片东南乐土，"九里三十步街中，珠翠填咽，邈若仙境"，杜牧天性诗酒风流，自然不甘埋首案牍。公务之余，他"唯以宴游为事"，吟咏出一首首传颂千古的名篇佳作，诸如"谁家唱水调，明月满扬州""谁知竹西路，歌吹是扬州"等。这段人生经历宛如一场美梦，令他不能忘怀，以至蓦然回首，有"十年一觉扬州梦，占得青楼薄幸名"之叹。

历任淮南节度使大多也是文章太守，以诗才自负，与幕僚常有唱和。如王播，早年侨寓扬州，后进士及第，仕宦显达，官至淮南节度使，携幕僚故地重游，赋《为淮南节度使游故居感旧》诗，许浑有《和淮南王相公与宾僚同游瓜洲别业，题旧书斋》诗。又如高骈，虽然是行伍出身，但诗才卓著，与顾云、崔致远等宾僚屡有宴集唱和，如《广陵宴次戏简幕宾》诗："一曲狂歌酒百分，蛾眉画出月争新。将军醉罢无余事，乱把花枝折赠人。"[2]又《春日招宾》："花枝

---

[1]〔宋〕李昉等编：《太平广记》卷二七三，中华书局1961年版，第2151页。

[2]〔清〕彭定求等编：《全唐诗》卷五九八（高骈）《广陵宴次戏简幕宾》，中华书局1960年版，第6922页。

如火酒如饧,正好狂歌醉复醒。对酒看花何处好,延和阁下碧筠亭。"[1]

　　扬州是全国交通枢纽,南来北往的士子莫不取道于此。行旅相逢,旧雨新知萃聚一堂,宴集、游赏等社交活动自然都离不开诗文酬唱,也因此留下了不少佳话、佳作。如前文提到的李白,在扬州期间结识了不少志趣相投的好友,《题瓜州新河饯族叔舍人贲》《留别广陵诸公》《广陵赠别》《之广陵宿常二南郭幽居》等诗,皆是此时所作。其中,李白与魏万的友谊最令人动容。魏万,又名炎、颢,自号王屋山人。一生仰慕李白,曾在梁园一带寻访不获,又循其踪迹,南下吴越,行程三千里。天宝十三载(754),终于在扬州与李白相遇。这番经历令李白感动不已,二人在扬州一番游历后,又南渡纵游金陵,"相逢乐无限,水石日在眼"[2]。李白将其引为忘年知己,尽出平生文字,命魏万作序,并以爱子明月奴相托。临别之际,李白赠诗有"我苦惜远别,茫然使心悲。黄河若不断,白首长相思"[3]之句,魏万诗称:"宣父敬项橐,林宗重黄生。一长复一少,相看如弟兄。"[4]可谓情真意切。李白去世后,魏万不负知遇之恩,四处搜访李白遗文,苦心孤诣,最终编成《李翰林集》,"首以赠颢作、颢酬白诗,不忘故人也。次以《大鹏赋》、古乐府诸篇,积薪而录"[5]。

　　刘禹锡与白居易的友谊也始于扬州。刘、白是各领风骚的两位诗坛巨子,早年曾以文字遥相唱和,但始终缘悭一面。直到宝历二年(826),偶因行旅,相逢于扬州。二人一见如故,互有赠诗,白居易《醉赠刘二十八使君》:"为我引杯添酒饮,与君把箸击盘歌。诗称国手徒为尔,命压人头不奈何。举眼风光长寂寞,满朝官职独蹉跎。亦知合被才名折,二十三年折太多。"[6]对刘禹锡的才华赞叹不已,更为其坎坷遭遇扼腕叹息。刘禹锡酬答之作即《酬乐天扬

---

[1]〔清〕彭定求等编:《全唐诗》卷五九八(高骈)《春日招宾》,中华书局1960年版,第6921页。

[2]〔清〕彭定求等编:《全唐诗》卷一七五(李白)《送王屋山人魏万还王屋并序》,中华书局1960年版,第1789页。

[3]〔清〕彭定求等编:《全唐诗》卷一七五(李白)《送王屋山人魏万还王屋并序》,中华书局1960年版,第1789页。

[4]〔清〕彭定求等编:《全唐诗》卷二六一(魏万)《金陵酬李翰林谪仙子》,中华书局1960年版,第2905页。

[5]〔清〕董诰等编:《全唐文》卷三七三(魏颢)《李翰林集序》,中华书局1983年版,第3798页。

[6]〔唐〕白居易撰,谢思炜校注:《白居易诗集校注》卷二五《醉赠刘二十八使君》,中华书局2006年版,第1957—1958页。

州初逢席上见赠》，其中"沉舟侧畔千帆过，病树前头万木春"[1]堪称脍炙人口的千古名句。因这番唱和，二人正式订交，随后特意在扬州盘桓半月，共游名胜，白居易有《与梦得同登栖灵塔》诗："半月悠悠在广陵，何楼何塔不同登。共怜筋力尤堪在，上到栖灵第九层。"[2]刘禹锡以《同乐天登栖灵寺塔》相和："步步相携不觉难，九层云外倚栏干。忽然语笑半天上，无限游人举眼看。"[3]两位大诗人从此成为莫逆之交，频有诗文唱和，晚年共居洛阳，主盟诗坛，时称"刘白"。可以说，扬州城见证了两位诗坛巨子的深情厚谊。

旧雨新知的聚首、离别，在扬州城中反复上演，诸多华美篇章应运而生。韦应物《广陵遇孟九云卿》诗云："新知虽满堂，中意颇未宣。忽逢翰林友，欢乐斗酒前。高文激颓波，四海靡不传。……明月满淮海，哀鸿逝长天。所念京国远，我来君欲还。"[4]异乡逢故交，欣喜溢于言表，其中"高文激颓波，四海靡不传"一句，尤可见扬州是四海瞩目的文学重镇。此外韦应物《扬州偶会前洛阳卢耿主簿》《喜于广陵拜觐家兄奉送发还池州》、孟浩然《广陵别薛八》、崔颢《维扬送友还苏州》、刘长卿《同郭参谋咏崔仆射淮南节度使厅前竹》《冬夜宿扬州开元寺烈公房，送李侍御之江东》《茱萸湾北答崔载华问》、鲍溶《淮南卧病感路群侍御访别》、王建《扬州寻张籍不见》、李益《扬州送客》、权德舆《扬州与丁山人别》、张祜《途次扬州赠崔荆二十韵》《庚子岁寓游扬州赠崔荆四十韵》、许浑《瓜洲留别李诩》、杜荀鹤《维扬逢诗友张乔》等，也都是佳作名篇。

除了迎来送往、诗酒雅集，扬州的旖旎风光、市井繁华与名胜古迹也是诗人们经常吟咏的对象。他们徜徉于湖光山色，流连于街衢里坊，以如花妙笔为后世留住了这座城市的绚烂光影，更塑造了这座城市丰富的文学意象。

---

[1]〔唐〕刘禹锡撰，陶敏、陶红雨校注：《刘禹锡全集编年校注》卷六《酬乐天扬州初逢席上见赠》，中华书局 2019 年版，第 689 页。

[2]〔唐〕白居易撰，谢思炜校注：《白居易诗集校注》卷二四《与梦得同登栖灵塔》，中华书局 2006 年版，第 1945 页。

[3]〔唐〕刘禹锡撰，陶敏、陶红雨校注：《刘禹锡全集编年校注》卷六《同乐天登栖灵寺塔》，中华书局 2019 年版，第 691 页。

[4]〔清〕彭定求等编：《全唐诗》卷一九〇（韦应物）《广陵遇孟九云卿》，中华书局 1960 年版，第 1955 页。

　　先来看诗人眼中扬州城的整体印象。扬州是大都督府治所,也是淮南节度使驻节地,号称东南雄藩。韦应物的《广陵行》诗:"雄藩镇楚郊,地势郁岩峣。双旌拥万戟,中有霍骠姚。海云助兵气,宝货益军饶。严城动寒角,晚骑踏霜桥。翕习英豪集,振奋士卒骁。列郡何足数,趋拜等卑寮。日宴方云罢,人逸马萧萧。忽如京洛间,游子风尘飘。归来视宝剑,功名岂一朝。"[1]扬州城池壮丽、士马精强的雄藩气象跃然纸上。类似的作品还有权德舆《广陵诗》:"广陵实佳丽,隋季此为京。八方称辐凑,五达如砥平。大旆映空色,笳箫发连营。层台出重霄,金碧摩颢清。交驰流水毂,回接浮云甍。……喷玉光照地,鬒娥价倾城……"[2]扬州是隋末故都,更是江淮首府,城内殿宇、衙署林立,金碧辉煌。杜牧《扬州三首》其三:"街垂千步柳,霞映两重城。天碧台阁丽,风凉歌管清。纤腰间长袖,玉佩杂繁缨。拖轴诚为壮,豪华不可名。自是荒淫罪,何妨作帝京。"[3]唐代扬州城在隋代宫城(子城)外增筑罗城,由此形成了"两重城"的建筑构造,漫步其间,帝京气象不减当年。

　　唐代扬州襟江带海,城内水道纵横,形成了典型的水乡景观,江水、海潮、湾塘、舟楫、桥梁都是诗人经常吟咏的扬州物象。李白《横江词六首》其三:"横江西望阻西秦,汉水东连扬子津。白浪如山那可渡,狂风愁杀峭帆人。"[4]扬子津在扬州南郊,自古是江滨要津。面对这巨浪翻腾的天堑,豪迈如李白也不禁生出几分畏惧。刘禹锡笔下的扬子江则显得波澜不惊,《晚步扬子游南塘望沙尾》:"淮海多夏雨,晓来天始晴。萧条长风至,千里孤云生。……客游广陵郡,晚出临江城。郊外绿杨阴,江中沙屿明。"[5]诗人漫步江滨,月色之下,城外绿柳与江中白沙相映成趣。扬州城在水木清辉中,更添几分动人之色,赵嘏《广陵答崔琛》诗:"朱楼映日重重晚,碧水含光滟滟长。"[6]刘长卿《送子

　　[1] 〔清〕彭定求等编:《全唐诗》卷一九四(韦应物)《广陵行》,中华书局1960年版,第2001—2002页。

　　[2] 〔清〕彭定求等编:《全唐诗》卷三二八(权德舆)《广陵诗》,中华书局1960年版,第3670页。

　　[3] 吴在庆:《杜牧集系年校注·樊川文集》卷三《扬州三首》,中华书局2008年版,第339页。

　　[4] 〔清〕彭定求等编:《全唐诗》卷一六六(李白)《横江词六首》,中华书局1960年版,第1720页。

　　[5] 〔唐〕刘禹锡撰,陶敏、陶红雨校注:《刘禹锡全集编年校注》卷一《晚步扬子游南塘望沙尾》,中华书局2019年版,第25页。

　　[6] 〔清〕彭定求等编:《全唐诗》卷五四九(赵嘏)《广陵答崔琛》,中华书局1960年版,第6354页。

婿崔真甫、李穆往扬州四首》：“芜城春草生，君作扬州客。”“落花逐流水，共到茱萸湾。”[1]杜荀鹤《送蜀客游维扬》：“见说西川景物繁，维扬景物胜西川。青春花柳树临水，白日绮罗人上船。夹岸画楼难惜醉，数桥明月不教眠。”[2]在朱楼玉树的映照下，碧波荡漾，令人心醉。李绅屡经扬州，晚年又任淮南节度使，对扬州景物的观察尤称细致入微，《入扬州郭》：“菊芳沙渚残花少，柳过秋风坠叶疏。堤绕门津喧井市，路交村陌混樵渔。”[3]又《宿扬州水馆》诗：“轻楫过时摇水月，远灯繁处隔秋烟。……闲凭栏干指星汉，尚疑轩盖在楼船。”[4]泛舟夜游，临水而宿，别是一番水乡风味。姚合对扬州的水也情有独钟，《扬州春词三首》其一云：“广陵寒食天，无雾复无烟。暖日凝花柳，春风散管弦。园林多是宅，车马少于船。莫唤游人住，游人困不眠。”其三云：“江北烟光里，淮南胜事多。市鄽持烛入，邻里漾船过。有地惟栽竹，无家不养鹅。春风荡城郭，满耳是笙歌。”[5]碧波滟滟，翠竹遍野，堪称园林城市。扬州城内水多，桥也多，有二十四桥纵横其间。罗隐《炀帝陵》诗：“入郭登桥出郭船，红楼日日柳年年。”[6]道出了桥梁在扬州城内交通中的重要作用。前引李绅《宿扬州水馆》诗：“舟依浅岸参差合，桥映晴虹上下连。”雨过天晴，桥影与长虹相连，这道奇特的风景令诗人流连忘返。这方面杜牧的诗笔最为高超，《寄扬州韩绰判官》：“青山隐隐水遥遥，秋尽江南草木凋。二十四桥明月夜，玉人何处教吹箫。”[7]这是吟咏扬州的千古名篇，自此以后，二十四桥便与扬州繁华、秀丽的意象紧密相连，成为这座城市的文化符号。

　　扬州的市井繁华也是诗人吟咏主题。张祜《纵游淮南》：“十里长街市井

　　[1]　〔清〕彭定求等编：《全唐诗》卷一四七（刘长卿）《送子婿崔真甫、李穆往扬州四首》，中华书局1960年版，第1481页。

　　[2]　〔清〕彭定求等编：《全唐诗》卷六九二（杜荀鹤）《送蜀客游维扬》，中华书局1960年版，第7072页。

　　[3]　〔清〕彭定求等编：《全唐诗》卷四八二（李绅）《入扬州郭》，中华书局1960年版，第5487页。

　　[4]　〔清〕彭定求等编：《全唐诗》卷四八二（李绅）《宿扬州水馆》，中华书局1960年版，第5488页。

　　[5]　〔清〕彭定求等编：《全唐诗》卷四九八（姚合）《扬州春词三首》，中华书局1960年版，第5666页。

　　[6]　〔清〕彭定求等编：《全唐诗》卷六五七（罗隐）《炀帝陵》，中华书局1960年版，第7553页。

　　[7]　吴在庆：《杜牧集系年校注·樊川文集》卷四《寄扬州韩绰判官》，中华书局2008年版，第545页。

连,月明桥上看神仙。人生只合扬州死,禅智山光好墓田。"[1]这人世繁华,竟令诗人生出长眠于此的念头。王建《夜看扬州市》:"夜市千灯照碧云,高楼红袖客纷纷。如今不似时平日,犹自笙歌彻晓闻。"[2]十里长街,夜夜笙歌,也令心忧社稷的诗人心中泛起一丝不安。置身这片红尘乐土,月色也分外动人,陈羽《广陵秋夜对月即事》:"霜落寒空月上楼,月中歌吹满扬州。相看醉舞倡楼月,不觉隋家陵树秋。"[3]徐凝《忆扬州》诗堪称咏月诗的千古名篇,诗云:"萧娘脸下难胜泪,桃叶眉头易得愁。天下三分明月夜,二分无赖是扬州。"[4]诗人笔下的扬州月,妩媚娇羞,令人心醉,像是对昔日恋人的思慕,抑或是对那段惬意人生的追忆。

　　扬州不仅有旖旎风光,更有诸多名胜古迹,盘桓其间,诗人抚今追昔,发思古之幽情。其中,隋炀帝杨广与隋末江都的风云际会,成为诗人怀古与咏史的重要主题。运河、迷楼、炀帝陵、隋柳等与杨广相关的物象,屡见于唐人诗篇。杨广是中国历史上最具争议的帝王之一,他死后葬于扬州城外雷塘之畔。罗隐凭吊后有《炀帝陵》一诗,其中"君王忍把平陈业,只换雷塘数亩田"一句传颂最广,诗中抱有对隋炀帝悲剧人生的同情,也有对隋朝二世而亡的惋惜。隋炀帝开凿运河的千秋功过,历来多有评说。罗邺《汴河》诗云:"炀帝开河鬼亦悲,生民不独力空疲。至今呜咽东流水,似向清平怨昔时。"[5]张祜《隋堤怀古》云:"隋季穷兵复浚川,自为猛虎可周旋。锦帆东去不归日,汴水西来无尽年。本欲山河传百二,谁知钟鼎已三千。那堪重问江都事,回望空悲绿树烟。"[6]隋炀帝穷兵黩武,为三下江都,滥用民力,诗人对此大加挞伐。当然也有人为炀帝鸣不平,皮日休《汴河怀古二首》,其一:"万艘龙舸绿丝间,载到扬州尽不还。应是天教开汴水,一千余里地无山。"其二:"尽道隋亡为此

[1]〔清〕彭定求等编:《全唐诗》卷五一一(张祜《纵游淮南》),中华书局 1960 年版,第 5846 页。

[2]〔清〕彭定求等编:《全唐诗》卷三〇一(王建《夜看扬州市》),中华书局 1960 年版,第 3430 页。

[3]〔清〕彭定求等编:《全唐诗》卷三四八(陈羽《广陵秋夜对月即事》),中华书局 1960 年版,第 3895 页。

[4]〔清〕彭定求等编:《全唐诗》卷四七四(徐凝《忆扬州》),中华书局 1960 年版,第 5377 页。

[5]〔清〕彭定求等编:《全唐诗》卷六五四(罗邺《汴河》),中华书局 1960 年版,第 7522 页。

[6]陈尚君辑校:《全唐诗补编·全唐诗补逸》卷九(张祜《隋堤怀古》),中华书局 1992 年版,第 199 页。

河,至今千里赖通波。若无水殿龙舟事,共禹论功不较多。"[1]隋炀帝身死国灭,但他开凿的运河却成为南北交通大动脉,对唐代社会经济的发展起到了不可估量的作用,诗人对此是充分肯定的。

第四节　杜佑与《通典》的编纂

史学是学术文化的重要组成部分,谈及唐代扬州的史学成就,当首推《通典》。《通典》是中国历史上第一部体例完备的典章制度通史,其撰者杜佑,虽非扬州籍,但其开始着手编撰,是在代宗大历年间任职淮南幕府时,最终成书,是在贞元十七年(801)任淮南节度使之际。可以说,《通典》既是杜佑任职、主政扬州,依据丰富政治经验而作的施政之书,又是历经汉唐学术文化发展,扬州地区史学领域的一部巅峰之作,在中国古代历史编纂学的发展进程中,也具有继往开来的里程碑意义。

一、杜佑的家世与生平

杜佑,字君卿,京兆府万年县(今陕西西安)人,出身号为"关中郡姓""族茂中京"[2]的京兆杜氏。其家族谱系可以追溯至西汉御史大夫杜周,杜周本居南阳,以豪族迁于茂陵,子杜延年又迁于杜陵。杜佑就将西汉御史大夫杜延年视为远祖,称"远祖西汉建平侯(杜延年),家于杜陵,绵历千祀"[3],以彰显其家族历史悠久,延绵昌盛。根据《新唐书·宰相世系表》的记载,杜佑家族出自魏晋时期著名经学家杜预少子尹一支。杜预精研《春秋左传》,作《春秋左氏传集解》,常言"德不可以企及,立功立言可庶几也"[4],即源自《左传》"三不朽"之说。杜佑《进〈通典〉表》所言"臣闻太上立德,不可庶几;其次

---

[1]〔清〕彭定求等编:《全唐诗》卷六一五(皮日休)《汴河怀古二首》,中华书局1960年版,第7099页。

[2]〔宋〕欧阳修、宋祁:《新唐书》卷一九九《儒学中·柳冲传》,中华书局1975年版,第5678页;《大唐故嵩高征士前工部尚书杜君(楚客)墓志铭并序》,赵力光主编:《西安碑林博物馆新藏墓志续编》,陕西师范大学出版总社有限公司2014年版,第123页。

[3]〔清〕董诰等编:《全唐文》卷四七七《杜城郊居王处士凿山引泉记》,中华书局1983年版,第4878页。

[4]〔唐〕房玄龄等:《晋书》卷三四《杜预传》,中华书局1974年版,第1025页。

立功,道行当代;其次立言,见志后学"[1],可见祖先的影响痕迹。杜佑七世祖景秀,官至北周渭州刺史、思宁公。景秀生训,训生淹,淹生行敏。行敏即杜佑曾祖,官至荆益二州大都督府长史、南阳郡公。杜佑祖悫,尚书右司员外郎、详正学士;父希望,历任鸿胪卿、恒州刺史、西河郡太守,死后赠尚书右仆射。

凭依显赫门第,杜佑大约在18岁时,即天宝十二载(753)前后,以门荫入仕,"补济南郡参军"[2]。其后不久,安史之乱爆发,济南遭受战祸,杜佑大概不久后就南下,任越州(会稽郡)剡县丞。

杜佑与扬州结缘,有赖于其父故旧韦元甫的提拔。韦元甫,出身京兆韦氏东眷房,与杜氏一样都是京兆大姓,唐人有谚语:"城南韦、杜,去天尺五。"[3]杜氏、韦氏聚居于长安城南的杜曲、韦曲,临近而居,想必世代交好。杜佑去谒见时任润州刺史的韦元甫,"元甫未之知,以故人子待之。他日,元甫视事,有疑狱不能决,佑时在旁,元甫试讯于佑,佑口对响应,皆得其要,元甫奇之,乃奏为司法参军"[4]。在润州做客期间,杜佑在处理冤滞疑狱方面展现出出色的能力,由此被韦元甫举荐为润州司法参军。

永泰元年(765),韦元甫从润州刺史调任苏州刺史、浙西观察使,杜佑被辟为从事,一同赴任。大历三年(768),韦元甫获得宰相杜鸿渐的赏识与推荐,被征入朝,做尚书右丞,不久因淮南节度使崔圆去世,韦元甫旋即调任扬州,接任扬州大都督府长史、淮南节度使,杜佑也得以再续前缘,继续在韦元甫幕下任职。正是由于韦元甫的器重与提拔,杜佑从一名下级官员,脱颖而出,成为在当时首屈一指的大藩淮南节度使幕下的重要幕僚,并从此与扬州结下了不解之缘。

杜佑在淮南幕府,积极施展自己的政治才能,尤其是吏干,权德舆撰《岐国公杜公(佑)淮南遗爱碑铭》称其在扬佐幕期间,"盈庭斗辨,积岁疑留者,

[1]〔唐〕杜佑撰,王文锦、王永兴、刘俊文、徐庭云、谢方点校:《通典·进〈通典〉表》,中华书局1988年版,第1页。

[2]〔后晋〕刘昫等:《旧唐书》卷一四七《杜佑传》,中华书局1975年版,第3978页。关于杜佑入仕时间,参郭锋:《杜佑评传》,南京大学出版社2003年版,第29—31页。

[3]〔宋〕程大昌撰,黄永年点校:《雍录》卷七"杜县地名图"条,中华书局2002年版,第155页。

[4]〔后晋〕刘昫等:《旧唐书》卷一四七《杜佑传》,中华书局1975年版,第3978页。

片言以听断；含冤自诬，具狱论杀者，覆视而全活。江介吏师，以为神明"。[1]
杜佑决狱断刑、剖判如流，成为韦元甫的得力助手。史载韦元甫主政扬州三
年，"政尚不扰，事亦粗理"，[2]独孤及《祭扬州韦大夫文》也赞誉道："革划烦
苛，载戢暴强。……民斯辑睦，政亦允臧。"[3]其中，杜佑自然功不可没。史料
没有明确记载杜佑在扬州的职位，从其职掌判案、刑狱的情况看，应该是节度
使或观察使判官。正是由于在藩期间政治业绩出色，杜佑官职迅速提升，由
从七品上的殿中侍御史转为从六品上的检校主客员外郎。

　　大历六年八月，韦元甫去世，张延赏继任扬州长史、淮南节度使。杜佑此
时37岁，正值政治生涯的壮年，至其大历十三年离任抚州刺史的7年时间里，
杜佑先后入为工部郎中，又充江淮青苗使，再为抚州刺史。史籍关于杜佑这
一期间历官的具体时间语焉不详，已无法确考，但根据唐代外官三年一转的
制度规定来推测，杜佑大约在大历十年左右出任抚州刺史。在此之前，还曾
充任主管江淮地区青苗税钱征收的江淮青苗使，其办公地点主要是在扬州。
安史之乱后，江淮地区是唐廷财政命脉所在，所谓"天宝已后，戎事方殷。两
河宿兵，户赋不入。军国费用，取资江淮"。[4]青苗钱，大历元年始征，作为唐
廷财政赋税的重要补充，选任杜佑主掌，一方面是其久居淮南，对当地社会状
况及财政税收情况较为了解，另一方面也与杜佑颇重财税、以食货为首的政
治思想相关。

　　从大历三年至大历十年前后，正是杜佑仕宦生涯的关键期、上升期，他大
部分时间都是在扬州度过的。当时的扬州，作为沟通南北的交通要冲，是整
个南方地区的经济、文化中心，人文环境优越，文人墨客萃聚。著名文士李翰
当时任淮南节度使掌书记，与杜佑志趣相投，颇为交好，他在入朝任左补阙之

---

　　[1]〔清〕董诰等编：《全唐文》卷四九六（权德舆）《大唐银青光禄大夫检校司徒同中书门下平
章事太清宫及度支诸道盐铁转运等使崇文馆大学士上柱国岐国公杜公淮南遗爱碑铭并序》，中华书
局1983年版，第5055页。

　　[2]〔后晋〕刘昫等：《旧唐书》卷一一五《韦元甫传》，中华书局1975年版，第3376页。

　　[3]〔清〕董诰等编：《全唐文》卷三九三（独孤及）《祭扬州韦大夫文》，中华书局1983年版，第
4000页。

　　[4]〔清〕董诰等编：《全唐文》卷六三（唐宪宗）《上尊号赦文》，中华书局1983年版，第677页。

后,为初具规模的《通典》作序,序称自己"尝有斯志,约乎旧史"[1],也有撰述同类著作的打算。两人在扬共事期间,"数旬探讨",因此"颇详旨趣,而为之序"。[2]

大历三年入淮南幕,至大历十年左右从江淮青苗使职位上离任,可以说是杜佑在扬州任职的第一个阶段,在此期间,杜佑职位不断攀升,积累了丰富的政治经验,思想趋于成熟,"雅有远度,志于兴邦",对于时局也有了较为深入的观察。也正是在此期间,杜佑完成了《通典》初稿的撰写。

大历十年前后,杜佑出任抚州刺史,十三年转容管经略使、容州刺史,建中元年(780),杨炎拜相,对杜佑颇为赏识,因此入朝为金部郎中,旋即权充使院设于扬州的江淮水陆转运使。次年,杜佑改官度支郎中兼御史中丞、并充江淮水陆运使兼和籴使,当时成德李惟岳、平卢李正己、魏博田承嗣、山南东道梁崇义联兵叛乱,朝廷命淮宁节度使李希烈统诸道兵讨之,"时方军兴,馈运之务,悉委于佑",[3]故超迁户部侍郎,判度支户部事,三年出为饶州刺史。兴元元年(784),杜佑五十岁,自饶州刺史改官御史大夫、广州刺史、岭南节度使。贞元三年(787),自广州刺史、岭南节度使被征为尚书左丞,次年出领陕州长史、陕虢观察使。贞元五年十二月,德宗诏杜佑检校礼部尚书、兼御史大夫,为扬州大都督府长史、淮南节度使,由此开启了他长达十五年主政淮南的政治生涯。关于这段经历,在本书第三章中已有详细介绍,此处不赘。

贞元十九年,69岁的杜佑由淮南节度使入朝拜相,任检校司空、同平章事,充太清宫使,主政扬州长达十五年,至此即告一段落。此后官历检校司徒、充度支盐铁使、弘文馆大学士等职,在德、顺、宪三朝拜相秉政,元和七年(812)致仕。

纵观杜佑的政治生涯,从入幕淮南到主政扬州,有二十余年是在扬州度过的,可以说其政治、学术生涯与扬州紧密地联系在一起。而《通典》这部皇皇巨著,从草创之初到定稿成书,也与其在扬政治生涯交织在一起。

---

[1]〔唐〕杜佑撰,王文锦、王永兴、刘俊文、徐庭云、谢方点校:《通典·〈通典〉序》,中华书局1988年版,第2页。

[2]〔宋〕李昉等编:《文苑英华》卷七三七,中华书局1966年版,第3840页。

[3]〔后晋〕刘昫等:《旧唐书》卷一四七《杜佑传》,中华书局1975年版,第3978页。

二、《通典》的编纂及其史学价值

以安史之乱为分界线,唐朝可以分为前后两期。杜佑亲历这一变革时代,并目睹了唐王朝由盛转衰,政治局势急转直下,经济财政窘境丛生。以富国安民为毕生志业的杜佑,在这个时候开启了其政治生涯,从州佐县丞做到宰相,熟稔政治上的得失,尤其长期判度支,掌管钱谷盐铁,十分了解财政上的利弊。他丰富的从政经验,对于完成《通典》大有助益。史称杜佑"雅有远度,志于邦典,笃学好古,生而知之"[1],"虽位极将相,手不释卷,质明视事,接对宾客,夜则灯下读书,孜孜不怠"[2]。《通典》二百卷,凡一千五百八十四条,一百九十万字,其中正文约一百七十万字,注文约二十万字,如此卷帙浩繁的巨著,杜佑以一人之力编纂,费时颇多。李翰大历六年《〈通典〉序》称"以大历之始,实纂斯典,累纪而成"[3]。杜佑贞元十七年《进〈通典〉表》有"自顷纂修,年涉三纪"之语,由此可见,杜佑大历元年左右,即其30岁左右着手编纂《通典》,至大历六年,《通典》已成初稿,所记内容"上自黄帝,至于我唐天宝之末"[4]。其后二十余年,又在此基础之上,增益补笔,所以书中出现了不少天宝以后的史事,[5]他在《自序》即称:"本初纂录,止于天宝之末,其有要须议论者,亦便及以后之事。"[6]有学者还指出,《通典》的《边防典》《州郡典》《食货典》的一些条目,写成时间可能要早于大历元年。[7]由此而言,《通典》撰述始末,伴随了杜佑从初登仕途到淮南元戎的大半政治生涯,凝结了他的半生心血。

---

[1]〔唐〕杜佑撰,王文锦、王永兴、刘俊文、徐庭云、谢方点校:《通典·〈通典〉序》,中华书局1988年版,第2页。

[2]〔后晋〕刘昫等:《旧唐书》卷一四七《杜佑传》,中华书局1975年版,第3983页。

[3]〔唐〕杜佑撰,王文锦、王永兴、刘俊文、徐庭云、谢方点校:《通典·〈通典〉序》,中华书局1988年版,第2页。

[4]〔唐〕杜佑撰,王文锦、王永兴、刘俊文、徐庭云、谢方点校:《通典·〈通典〉序》,中华书局1988年版,第2页。

[5]〔日〕玉井是博撰,曾贻芬译:《〈通典〉的撰述和流传》,《史学史资料》1980年第6期,第30—32页。

[6]〔唐〕杜佑撰,王文锦、王永兴、刘俊文、徐庭云、谢方点校:《通典》卷一,中华书局1988年版,第1页。

[7]郭锋:《杜佑评传》,南京大学出版社2003年版,第69—70页。

《通典》一书体例的创制向为史家所称道,当然也需要注意到其渊源。《通典》编纂,是受到刘秩《政典》的启发,《政典》或许正是杜佑编纂《通典》的蓝本。《旧唐书·杜佑传》载:"初开元末,刘秩采经史百家之言,取《周礼》六官所职,撰分门书三十五卷,号曰《政典》,大为时贤称赏,房琯以为才过刘更生。佑得其书,寻味厥旨,以为条目未尽,因而广之,加以《开元礼》《乐》,书成二百卷,号曰《通典》。"[1]刘秩是著名史学家刘知幾之子,其所撰《政典》三十五卷见《新唐书·艺文志》丙部子录,[2]后亡佚不传。《政典》撰述时间在开元末年,体例上"采经史百家之言,取《周礼》六官所职",这与同时期成书的《唐六典》"理、教、礼、政、刑、事典,令以类相从"[3]的撰述体例,基本一致。另一方面,《通典》分门记述典章、制度沿革流变的形式,则与历代正史中的书志体裁类似,二者之间显然有借鉴的关系。"以类相从",广泛搜罗、排比同类资料的政书典制体,与重事物渊源流变、融入史家史观的正史书志,构成了杜佑《通典》在编纂学上的基础。当然杜佑撰《通典》并未拘泥于原有政书仿《周礼》六官的分门方式,而是在体例上另有创新。

《通典》全书由"食货""选举""职官""礼""乐""兵""刑法""州郡"和"边防"等共九个门类组成。杜佑创制以"食货"起首的编排次序的旨趣,在《自序》中有明确说明:

> 所纂《通典》,实采群言,征诸人事,将施有政。夫理道之先在乎行教化,教化之本在乎足衣食。《易》称聚人曰财。《洪范》八政,一曰食,二曰货。《管子》曰:"仓廪实知礼节,衣食足知荣辱。"夫子曰:"既富而教。"斯之谓矣。夫行教化在乎设职官,设职官在乎审官才,审官才在乎精选举,制礼以端其俗,立乐以和其心,此先哲王致治之大方也。故职官设然后兴礼乐焉,教化隳然后用刑罚焉,列州郡俾分领焉,置边防遏戎敌焉。是以食货为之首,选举次之,职官又次之,礼又次之,乐又次之,刑又次之,州郡

---

[1]〔后晋〕刘昫等:《旧唐书》卷一四七《杜佑传》,中华书局 1975 年版,第 3982 页。

[2]〔宋〕欧阳修、宋祁:《新唐书》卷五九《艺文志》,中华书局 1975 年版,第 1563 页。

[3]〔元〕马端临撰,上海师范大学古籍研究所、华东师范大学古籍研究所点校:《文献通考》卷二〇二《经籍考二十九·史·职官》,中华书局 2011 年版,第 5794 页。

又次之,边防末之。或览之者庶知篇第之旨也。[1]

杜佑撰述《通典》的根本目的在于"将施有政,用乂邦家"。[2]理政之道的核心在于推行教化,而食货即百姓的仓廪衣食则是教化的前提,故"以食货为首"。施行教化的实现方式在于设官分职,即国家行政制度的建设,而选拔行政官僚则以选举为基础,故选举次于食货,列于第二,职官又次之。有了完备的职官制度,要想达到治国理政的目的,则需要先礼乐而后刑法,礼、乐列于选举、职官之后,刑法又次之。若想在广土众民的全国范围内施行教化以达到治国安邦的目的,就需要"列州郡俾分领焉,置边防遏戎敌焉",州郡、边防关乎国家稳定和安全,故州郡、边防列于九个门类之末。由此可见,《通典》篇次结构有着严密的内在逻辑联系,几个门类实则是一个完整的体系,体现了杜佑对治国理政的诸要素之间关系及先后次序的认知和看法。

在每一门类之下,又依事项分成若干细目,按照"总叙"、分事典章制度沿革、历代有关议论的次序编排,每事以类相从,按照时间顺序,主要选载和评述了历代经济、政治、礼乐、法律、地方行政、边防等制度沿革和重要的时人奏疏议论,几乎每一事项的材料和观点都是经过精心采选,或记叙沿革变化,或分析制度优劣,进行注解评论。下面对《通典》九个门类的主要内容分而述之。

第一,《食货典》,为全书第 1 至 12 卷,共 12 卷,记历代田制、水利、赋税、户口、钱币、漕运、盐铁、工商税、和籴等制度及沿革情况。

第二,《选举典》,为全书第 13 至 18 卷,共 6 卷,记述历代选举、考绩制度并附时人的有关议论。

第三,《职官典》,为全书第 19 至 40 卷,共 22 卷,记述历代内外诸类官职的渊源流变、官数、品秩、职掌、俸禄等制度情况甚详。

第四,《礼典》,为全书第 41 至 140 卷,共 100 卷,占全书之半,分别记述

---

[1]〔唐〕杜佑撰,王文锦、王永兴、刘俊文、徐庭云、谢方点校:《通典》卷一,中华书局 1988 年版,第 1 页。

[2]〔唐〕杜佑撰,王文锦、王永兴、刘俊文、徐庭云、谢方点校:《通典·进〈通典〉表》,中华书局 1988 年版,第 1 页。

历代和唐代礼制发展演变情况,其中卷41至105共65卷,为历代礼典,按照吉、嘉、宾、军、凶五礼次第记述历代礼仪制度主要内容及其流变;卷106至140,共35卷,收录《大唐开元礼》的内容,按照五礼次序编排,是当时现实政治和社会生活中行用的礼仪制度的汇集反映。

第五,《乐典》,为全书第141至147卷,共7卷,记述历代祭祀、典礼、征行、饮宴等场合行用的乐舞仪式、制度的源流沿革和内容。

第六,《兵典》,为全书第148至162卷,共15卷,内容以选编《孙子兵法》和唐初《大唐卫公李靖兵法》为主,记述唐代仍行用于世的兵法和军事战略战术思想。

第七,《刑法典》,为全书第163至170卷,共8卷,主要记述历代刑制、审判、囚禁等刑法制度的制作情况及重要的时人议论。

第八,《州郡典》,为全书第171至184卷,共14卷,记述历代地方行政制度变化、州府郡县设置源流沿革等方面的情况。

第九,《边防典》,为全书第185至200卷,共16卷,主要记述与边防、中外交通有关的周边少数民族和国家的地理、人口、文化、风土人情等情况。

《通典》在篇第上不拘泥于《政典》所本的《周礼》六官体例,根据其个人卓识,将类目扩充为九门,卷帙也远远超过后者。在行文中,杜佑将分门类、叙沿革、记言论熔铸一体。先分门别类,继而以类相从,记叙典章沿革,并附以历代议论,最后以"自注"形式补充个人意见。这一体例安排,充分体现了杜佑立足现实、广采群言、会通古今的撰述思想。《通典》取材博综古今,广采群经、诸史、地志,汉魏六朝文集,奏疏,唐国史、实录、档案、诏诰文书、政令法规、大事记、《大唐开元礼》及各类私家著述,皆按时间顺序分类纂次。

《通典》于典章制度及其渊源流变记述详尽系统、篇次条目井然有序,十分便于阅读、查考,加上杜佑作《通典》旨趣即在于为现实政治服务,因此一经问世,就受到统治者的重视以及时人的推崇。《旧唐书·杜佑传》记载杜佑贞元十七年上书进献《通典》后:"(德宗)优诏嘉之,命藏书府。其书大传于时,礼乐刑政之源,千载如指诸掌,大为士君子所称。"[1]并世学者对杜佑《通典》

---

[1]〔后晋〕刘昫等:《旧唐书》卷一四七《杜佑传》,中华书局1975年版,第3983页。

也推崇备至。刘禹锡所撰《许州文宣王新庙碑》说："岐公（杜佑）弼谐三帝，硕学冠天下。尝著书二百余篇，言礼乐刑政，古今损益，统名曰《通典》，藏在石室，副行人间。"[1]权德舆《岐国公杜公淮南遗爱碑铭》称杜佑："博极书术，详观古今。谋王体，断国论，其言有章，听者皆竦。作为《通典》，以究理道。上下数千百年间，损益讨论而折衷之。佐王之业，尽在是矣。"[2]符载《淮南节度使灞陵公杜佑写真赞并序》称："（杜佑）深研著述，号为《通典》。大抵自开辟旁行，至乎历代，有兵食财赋职官礼乐。交关于当世者，莫不摘拾其英华，渗漉其膏泽。截烦以趣约，裁疏以就密。……五车万卷，尽为冗废。得不谓立言垂范欤！"[3]可以说，《通典》达成了杜佑著书立言以经世致用、治国安邦的学术追求。

《通典》一书既是统治者施政的资料参考书，更对历史编纂学的发展影响深远。此后，南宋郑樵《通志》、元马端临《文献通考》以及清乾隆馆臣所修《续通典》《续通志》《续通考》《清朝通典》《清朝通志》《清朝文献通考》，清末民国刘锦藻《清朝续文献通考》等，都是在继承《通典》体裁的基础之上加以扩充而编纂成书，从而形成了被概称为"三通""九通""十通"所代表的专记制度的典制体专史。

就史料价值而言，《通典》参引之资料堪称宏富。据学者统计，《通典》引用参考的前人文献，仅有书名的著作就有 248 种之多，[4]对于保存史料的意义自不待言。《通典》隋以前资料多采自正史和其他经、子古籍，分门类、按时间加以剪裁、编次，使之条理化。其所引文献中有不少今已亡佚，赖《通典》得以部分保存。例如《礼典》中保存了大量六朝时期的文献，对于研究六朝社会颇有史料价值。清人严可均编纂《全上古三代秦汉三国六朝文》，有近

---

[1]　〔唐〕刘禹锡撰，陶敏、陶红雨校注：《刘禹锡全集编年校注》卷一九《许州文宣王新庙碑》，中华书局 2019 年版，第 2058 页。

[2]　〔清〕董诰等编：《全唐文》卷四九六（权德舆）《大唐银青光禄大夫检校司徒同中书门下平章事太清宫及度支诸道盐铁转运等使崇文馆大学士上柱国岐国公杜公淮南遗爱碑铭并序》，中华书局 1983 年版，第 5056 页。

[3]　〔清〕董诰等编：《全唐文》卷六九〇《淮南节度使灞陵公杜佑写真赞并序》，中华书局 1983 年版，第 7078 页。

[4]　陈光崇：《杜佑在史学上的贡献》，吴泽主编：《中国史学史论集（二）》，上海人民出版社 1980 年版，第 195 页。

九百条材料是从《通典》中辑得。

关于唐代典章制度记载最详,多收集唐令格式及诏敕、奏疏、大事记以及私人著述等较为原始的史料。有许多史料不见于他书,如《食货典》中的诸色仓储粮数、《仓部格》,《刑法典》中的《开元格》等,具有极高的史料价值。《四库全书总目》评价《通典》道:"博取五经群史及汉魏六朝人文集奏疏之有裨得失者,每事以类相从。凡历代沿革,悉为记载,详而不烦,简而有要。元元本本,皆为有用之实学,非徒资记问者可比。考唐以前之掌故者,兹编其渊海矣。"[1]对于研究唐史来说,其史料价值至为重要。比如,《通典》有些记载与其他史料不同,如《州郡典》中各道、州郡户口数,与《元和郡县图志》、两《唐书·地理志》不同,节度使辖军和兵马数与《地理志》也不一致,这为探讨唐代各种制度的发展演变提供了线索。书中所收时人奏疏议论,如刘秩论考课、刘祥道等论选举,以及杜佑自己的议论,都是当时政治家的经验之谈,对了解唐代政治社会形势都具有很高价值。此外,《通典》中还保存了一些佚书的部分内容,如《大唐卫公李靖兵法》不见于两《唐书》志及以后书目著录,大约晚唐便残佚,因《通典·兵典》引录而得以保存部分内容。又如《边防典》中保存的佚书片段,如隋《西域图记》、唐杜环《经行记》、屈瑂《道里记》、《广志》、《外国图》、《突厥本末记》等也很有价值。

但《通典》在史料编纂、裁剪上,仍不无缺憾。这主要体现在有的部分取材不当,顾此失彼,间有遗漏。如《兵典》只注意到兵法、计谋和战例,忽视了兵制等有关内容。《边防典》偏重介绍边疆民族和域外王国情况,忽略防务制度措施等。又如《州郡典》所记各州郡四至八到的方位、里数及距两京的里数,与实际情况每有不合。但瑕不掩瑜,上述缺憾不足以撼动《通典》在学术史上的不朽地位。

三、《通典》与杜佑的政治思想

杜佑编纂《通典》并非出于单纯的学术目的,而是以"将施有政,用乂邦家"为旨趣,这在他大历六年撰《〈通典〉自序》、贞元十七年《进〈通典〉表》以及贞元十九年入朝后写的《〈理道要诀〉自序》和《进〈理道要诀〉表》等

---

[1]〔清〕永瑢等:《四库全书总目》卷八一《史部·通典》,中华书局1965年版,第694页。

文字中表达得十分清楚。概言之,杜佑是在经学思想的指导下,通过编纂《通典》,广采经史群言,探究历代典章制度因革与政治得失,为现实政治提供翔实的资料参考。就此而言,《通典》既是一部体大思精的史学著作,也是其经济、政治、社会思想的结晶,其中最重要的是"食货为先"的治国思想。

杜佑所处的肃、代、德、顺、宪五朝,朝政积弊、士风浮华,但部分有识之士已经敏锐地察觉社会的危机,希冀从学术上来寻求国家的出路,由此造就了中唐经学复兴以及诸专学的兴起。杜佑擅长理财,从渊源上讲,受到管子思想的影响最大。杜佑深研《管子》,曾作《管子指略》二卷。《通典》全书多处征引《管子》原文。在《自序》中就用孔子"既富而教"语来阐释《管子》"仓廪实知礼节,衣食足知荣辱"的观点,将《管子》思想与儒家结合在一起。《通典》尤其是其中的《食货典》体现了杜佑对管子农本、轻税和商品货币思想的继承与发展。

关于农本思想,《食货典》开篇即说:"谷者,人之司命也;地者,谷之所生也;人者,君之所治也。有其谷则国用备,辨其地则人食足,察其人则徭役均。知此三者,谓之治政。"[1]这种思想源于管子学派,将衣食、土地、百姓上升到治政之本的地位,可以说是杜佑农为国本思想的高度概括。杜佑农本思想在继承前人的基础上,也有其个人的时代思考和见解。他强调安定和发展农业以生财、取财、用财,且主张治国要特别重视农业人口、土地的管理制度的建设。《食货典·轻重》之末"论曰"总论食货时说道:

> 农者,有国之本也。先使各安其业,是以随其受田,税其所植。焉可征求货币,舍其所有而责其所无者哉! 天下农人,皆当粜籴,豪商富室,乘急贱收,旋致罄竭,更仍贵籴,往复受弊,无有已时,欲其安业,不可得也。故晁错曰:"欲民务农,在于贵粟,贵粟之道,在于使民以粟为赏罚。如此农民有钱,粟有所泄。"谓官以法收取之也。诚如是,则天下之田尽辟,天下之仓尽盈。然后行其轨数,度其轻重,化以王道,扇之和风,率循礼义之

[1]〔唐〕杜佑撰,王文锦、王永兴、刘俊文、徐庭云、谢方点校:《通典》卷一《食货·田制上》,中华书局 1988 年版,第 3 页。

方,皆登仁寿之域,斯不以难矣。[1]

杜佑认为重农、"贵粟",农民富裕了,就可以"各安其业",顺利开展农业生产,使得"天下之田尽辟,天下之仓尽盈"。在农业发展、农民富裕的基础上,政府就可以"税其所植""以法收取之",增加国家赋税,并推行一系列"行教化"的措施,即"行其轨数,度其轻重,化以王道,扇之和风",以达到"率循礼义之方,皆登仁寿之域"的理想社会境界。

既然农为国之本,就需要建立完善可行的人口和土地管理制度。杜佑所引东汉徐干《中论》:"人数者,庶事之所自出也,莫不取正焉。以分田里,以令贡赋,以造器用,以制禄食,以起田役,以作军旅,国以建典,家以立度,五礼用修,九刑用措,其唯审人数乎?"[2]掌握准确的人口数量,是国家展开一切事务的基础,因此户籍管理制度就尤为重要。在《食货典·乡党》中,杜佑梳理了周至唐的户籍管理令制,并摘录时人经典议论。他说黄帝"设井制亩",开展基层管理,有诸多好处:"一则不泄地气,二则无费一家,三则同风俗,四则齐巧拙,五则通财货,六则存亡更守,七则出入相司,八则嫁娶相媒,九则无有相贷,十则疾病相救。是以情性可得而亲,生产可得而均,均则欺陵之路塞,亲则斗讼之心弭。"[3]由此可见户籍管理、人口控制之于基层治理、社会控制的重要性。

土地系谷之所出、生民之本。杜佑尤其强调土地管理制度及田制的重要性,因此《田制》篇居《食货典》之首,也是《通典》全书之首。杜佑对井田制、占田制、均田制等几种土地制度形式有着细致深入的研究,一方面他肯定国有制的土地所有制形式,认为理想的土地制度和管理形式是井田制。占田、均田等制度在强调土地国有方面也与井田制一致,并批判土地兼并和土地买卖导致"专封""专地"的发生。但另一方面,他认识到土地兼并导致贫富分

---

[1]〔唐〕杜佑撰,王文锦、王永兴、刘俊文、徐庭云、谢方点校:《通典》卷一二《食货·轻重》,中华书局 1988 年版,第 295—296 页。

[2]〔唐〕杜佑撰,王文锦、王永兴、刘俊文、徐庭云、谢方点校:《通典》卷三《食货·乡党》,中华书局 1988 年版,第 56 页。

[3]〔唐〕杜佑撰,王文锦、王永兴、刘俊文、徐庭云、谢方点校:《通典》卷三《食货·乡党》,中华书局 1988 年版,第 54 页。

化、国家财税损失的现实情形难以逆转,是土地私有化发展中难以克服的矛盾。杜佑认可国有制、私有制等多种层次的土地所有制形式,主张并存发展。所有权与使用权可以通过授田征税、租佃耕种或者买卖占有等多种形式实现分离;中央政府有权干预土地和财富分配,有权对全国的人口资源进行宏观调控。

以农本思想为基础,杜佑还主张均轻赋税,他在《食货七》"论曰"中说道:

> 夫家足不在于逃税,国足不在于重敛。若逃税则不土著而人贫,重敛则多养赢而国贫,不其然矣。……赋既均一,人知税轻,免流离之患,益农桑之业,安人济用,莫过于斯矣。……古之为理也,在于周知人数,乃均其事役,则庶功以兴,国富家足,教从化被,风齐俗和。[1]

轻敛薄赋是先秦以来特别是两汉以来儒家提倡的治国思想,杜佑精研经典,又有着长期主持国家财政的政治经验,熟知历代赋税制度,在分析历代赋税轻重利弊的基础上,他认为国家和百姓的富足不在于"重敛","重敛"之下,人多逃税,流离失所,更加贫困,穷人为富豪所役使,从而导致国家的贫穷。只有赋税均轻,百姓才能免于流离之患,植根于乡土,安稳地从事农业活动。因此均轻赋税也是家足国富、施行教化的重要基础。杜佑作为参与了两税法变革事务的财政大臣,就对两税法的征税方式给予了高度评价。他说:

> 自建中初,天下编氓百三十万,赖分命黜陟,重为案比,收入公税,增倍而余。遂令赋有常规,人知定制,贪冒之吏,莫得生奸,狡猾之氓,皆被其籍,诚适时之令典,拯弊之良图。(原注:旧制,百姓供公上,计丁定庸调及租,其税户虽兼出王公以下,比之二三十分唯一耳。自兵兴以后,经费不充,于是征敛多名,且无恒数,贪吏横恣,因缘为奸,法令莫得检制,烝庶不知告诉。其丁狡猾者,即多规避,或假名入仕,或托迹为僧,或占募军伍,或依倍豪族,兼诸色役,万端蠲除。钝劣者即被征输,困竭日甚。建中

---

[1] 〔唐〕杜佑撰,王文锦、王永兴、刘俊文、徐庭云、谢方点校:《通典》卷七《食货·丁中》,中华书局1988年版,第156—158页。

新令,并入两税,恒额既立,加益莫由,浮浪悉收,规避无所。)[1]

建中新令即两税法的实行,改变了安史之乱以来"征敛多名,且无恒数"的局面,使得"赋有常规,人知定制",可以有效降低百姓赋税负担,避免流亡避税、假名影庇的发生,由此"收入公税,增倍而余"。因此杜佑将两税法称为"适时之令典,拯弊之良图"。而关于两税具体施行过程中的弊病,杜佑也指出"使臣制置各殊,或有轻重未一,仍属多故,兵革荐兴,浮冗之辈,今则众矣。征输之数,亦以阙矣"[2]。税出多门、税率不一会导致人户浮逃、税收减少,因此杜佑对这种税无定制深表反对,非常强调赋税的"常规""定制""恒额"。关于恒定的税率应该是多少才合适,杜佑在总结历代税法与王朝兴亡的基础上指出,税率过轻或者过重都不利于国家财政、政权稳定,"什一者,天下之正中"[3]。什一之税,孟子心目中的"尧舜之道",杜佑显然是继承了这一儒家思想。

中唐时期,国家面临严重的财政危机。杜佑认为:"今甲兵未息,经费尚繁,重则人不堪,轻则用不足,酌古之要,适今之宜,既弊而思变,乃泽流无竭。夫欲人之安也,在于薄敛,敛之薄也,在于节用。……自燧人氏逮于三王,皆通轻重之法,以制国用,以抑兼并,致财足而食丰,人安而政治,诚为邦之所急,理道之所先。"[4]解决国家财政危机,在"薄敛"的基础之上需要"节用",即合理统筹规划用度开支。这既需要效仿前人实行轻重之法,以维持以粮食为主的物价的稳定,从而抑制兼并,保证国家用度和百姓衣食。重视轻重之术,还体现出杜佑的商品货币思想亦即对于"食货"之"货"的认识。

---

[1]〔唐〕杜佑撰,王文锦、王永兴、刘俊文、徐庭云、谢方点校:《通典》卷七《食货·丁中》,中华书局 1988 年版,第 157—158 页。

[2]〔唐〕杜佑撰,王文锦、王永兴、刘俊文、徐庭云、谢方点校:《通典》卷七《食货·丁中》,中华书局 1988 年版,第 158 页。

[3]〔唐〕杜佑撰,王文锦、王永兴、刘俊文、徐庭云、谢方点校:《通典》卷四《食货·赋税上》,中华书局 1988 年版,第 70 页。

[4]〔唐〕杜佑撰,王文锦、王永兴、刘俊文、徐庭云、谢方点校:《通典》卷一二《食货·轻重》,中华书局 1988 年版,第 295 页。

　　杜佑深知国家控制垄断铜钱的铸造和发行权的重要性,认为是"有国之切务,救弊之良算"。他引用《管子·轻重篇》中的话:"权制之术,实在乎钱,键其多门,利出一孔,摧抑浮浪,归趣农桑,可致时雍,跻于仁寿,岂止于富国强兵者哉!"[1]认为国家掌管了钱币铸造和发行,从而发挥货币的作用,便可富国强兵。有唐一代,尤其是在江淮商品经济发达地区,私铸铜钱的行为屡禁不止,杜佑强调国家应该加强货币控制,是从社会实际出发的。关于货币在调节国民经济中的作用,杜佑指出:"人君若不能散豪富之积,均有余以赡不足,虽务农事,督促播植,适所以益令豪富驱役细人,终不能致理,所谓须有制度于其间,兼轻重之术。"[2]他认为货币轻重之术可以调节贫富关系,安定农事,防止豪强富商与民争利。货币可以调节货物资源配置与流通,控制社会生产和分配,还能起到平衡物价,调控地区经济稳定均衡的作用,而且有效的货币政策,可以保障农民的利益,有利于农业和工商业的协调发展。

　　此外,杜佑还强调货币标准化的意义。他在追溯钱币发展史后,表达了自己的看法:"历代钱货,五铢为中,一品独行,实臻其要。今钱虽微重于古之五铢,大小斤两,便于时矣。"[3]杜佑认为历代货币中,"一品独行"的汉代五铢钱是最符合要求、可式可法的钱币。而唐初以来使用的开元通宝钱略重于五铢,但更加适应当时商品经济的发展。

　　以上就是对杜佑以农本、轻税、商品货币为核心的经济思想的概述。可以看出,杜佑《通典》以《食货典》为首,先后所记述的田制、户籍、人口、赋税等内容,实际上体现了杜佑以"食货为先"的治国方针及实际制度安排的思想。在杜佑看来,国家以农业为本,精准掌握人口户籍,制定行之有效的轻税政策,善用轻重之术,主导控制货币发行与调控商品经济发展,是国富民安、天下大治的基础。

　　在重视经济发展的治国思想之外,杜佑还十分重视制度建设,强调职官

　　[1]〔唐〕杜佑撰,王文锦、王永兴、刘俊文、徐庭云、谢方点校:《通典》卷八《食货·钱币上》,中华书局1988年版,第168页。

　　[2]〔唐〕杜佑撰,王文锦、王永兴、刘俊文、徐庭云、谢方点校:《通典》卷一二《食货·轻重》,中华书局1988年版,第277页。

　　[3]〔唐〕杜佑撰,王文锦、王永兴、刘俊文、徐庭云、谢方点校:《通典》卷八《食货·钱币上》,中华书局1988年版,第167—168页。

制度的作用,高度重视政府管理体制和运行机制的建设。认为中央集权体制有利于保障政治稳定和社会安定,反对分权封建,赞成皇帝制、郡县制,认为三省六部九寺诸监的律令体制优于使职差遣制,强调职官设置、人员编制需要精简,避免职能重复,从而节省行政成本和提高行政效率。制度建设的基础在于官僚的选拔,杜佑特别重视选举制度,因此将《选举典》列于《食货典》之次。他认为选官举士,应当不拘一格,可以通过科举取士、长官荐举、门荫用人以及常规迁转等多种渠道进行,以达到为国家行政的展开选贤任能的目的。而官吏的选用标准应该重吏道才能而去虚艺浮华。此外,杜佑还强调治国需要礼法并行,以礼治为主,法治为辅。礼制的制定应该细致、周全,合乎时宜,随时因革。法制则主要是刑法,法治在于执法公正,不可随意频繁变动,且应以行轻刑为原则。

杜佑历仕五朝,尤其在淮南主政十五载,对当时的政治局势、社会状况有着十分深刻的认识,更兼系统研究了历史上的各种政治思想和治国方略,继承、发扬了儒家仁政的优良传统,将历代治国理论和经验系统化、体系化,使之更加适应现实政治建设需求,这对于中国古代政治思想史的发展而言起到了承前启后的历史作用。

第五节　唐五代扬州的佛教与道教

一、唐代扬州的佛教

便利的交通、繁盛的经济以及人文荟萃的文化生态,也使唐代扬州成为当时全国佛教重镇。有不少僧侣从各处前往扬州,驻锡弘法,带动了扬州信佛的风气。他们与本地的僧侣以及信众,共同铸就了扬州辉煌灿烂的佛教文化。据僧传记载,唐代活动于扬州地区的高僧主要有灵坦、崇演、省躬、怀信、广陵大师、法慎以及鉴真等人,以下择要介绍其弘法事迹。

（一）唐代扬州高僧弘法事迹及佛教活动

扬州华林寺灵坦,是唐代禅宗南宗高僧之一。灵坦俗姓武氏,是武则天的族孙,其父武宣官至洛阳令。相传其母夏后氏妊娠时"梦神僧授与宝鉴"。灵坦早慧,七岁时举童子及第,十三岁时升为太子舍人。受家庭氛围熏染,此时的灵坦接触了大量佛学知识,史称其"三教之书弥增洞达"。[1]因武宣赴洛阳任职,灵坦亦随至洛阳。此时期的洛阳,正是禅宗大盛的时代。禅宗创始于菩提达摩,至惠能与神秀时分为南、北两宗。武则天时期,北宗禅获得了朝廷的重视,在洛阳大行其教。南宗的神会于天宝四载(745)来到洛阳,与北宗禅分庭抗礼。《宋高僧传》载:"于时洛都盛化荷泽寺神会禅师也,方遮普寂之光,渐没秀师之道,坦往参焉。"[2]秀师即指神秀,普济则是神秀的杰出弟子。神会在洛阳弘法,使得南宗禅声势大涨,威胁到了北宗。灵坦在此期间倾心于神会,从其学并以其为师。在贾𫗧撰写的《扬州华林寺大悲禅师碑铭并序》中,称灵坦在神会门庭八九年之久。[3]至天宝十二载(753),神会被与北宗关系密切的御史卢弈以"聚众"之罪名贬出洛阳,灵坦亦随之离京,至庐州浮槎寺阅览大藏经。大历五年(770),灵坦又到长安礼慧忠禅师。三年后灵坦出关,慧忠禅师上奏代宗灵坦为神会门人,故敕赐号为"大悲"。灵坦出关后辗转各地。《宋高僧传》有载灵坦入华林寺以及在扬州的弘法事迹。其称:

> 元和五年,相国李公鄘之理广陵也。以峻法操下,刚决少恩,一见坦,郑重加礼,召居华林寺。寺内有大将军张辽墓,寺僧多为鬼物惑乱。坦居,愀然无眹矣。又扬州人多患山妖木怪之所荧惑,坦皆遏御焉。人争归信。[4]

李鄘于元和五年(810)任扬州大都督府长史、淮南节度使,礼重灵坦,于是召灵坦驻锡扬州华林寺。灵坦具体传布的佛学思想现已不得而详。从故事中灵坦在扬州地区征服"鬼物""山妖木怪"可知,佛教在唐代地方社会秩序的

---

[1]〔宋〕赞宁撰,范祥雍点校:《宋高僧传》卷一〇《唐扬州华林寺灵坦传》,中华书局1987年版,第224页。

[2]〔宋〕赞宁撰,范祥雍点校:《宋高僧传》卷一〇《唐扬州华林寺灵坦传》,中华书局1987年版,第224—225页。

[3]〔清〕董诰等编:《全唐文》卷七三一(贾𫗧)《扬州华林寺大悲禅师碑铭并序》,中华书局1983年版,第7546页。

[4]〔宋〕赞宁撰,范祥雍点校:《宋高僧传》卷一〇《唐扬州华林寺灵坦传》,中华书局1987年版,第225页。

建设中起着不可忽视的作用。

崇演,俗姓段氏,东平人。崇演拜谒嵩山善寂禅师、得其心法之后居都梁山。都梁山在淮南地区,影响颇大,"四面来商毳客影附焉"。因此,李绅任淮南节度使,出镇广陵时,便召见崇演"酬对诣理"。李绅钦佩崇演之学识,延请其居扬州慧照寺。[1]与崇演一样驻锡过扬州慧照寺的还有省躬,又称为"淮南记主",自号"清冷山沙门"。省躬本为睦州桐庐人,先后在圣德寺与姑苏开元寺学法,后前往扬州弘法,"广训徒众"。虽然省躬"满口雌黄,品藻否臧古今之义",但其弟子将之记录下来,加以润色,成十卷《顺正记》。省躬本人亦著《分轻重物仪》,同时又喜儒学,善作碑颂。[2]

以上三位高僧都是由他处辗转迁入扬州。在这个过程中,历任淮南节度使李鄘、李绅等人起到了关键作用。可以说,地方官员对于僧人的尊崇,在很大程度上推动了扬州佛教的发展。除此之外,还有不少扬州本地的僧侣,如从谏,俗姓张氏,祖籍南阳人,先世迁徙至广陵。从谏"忽深信佛理,遂舍妻孥,求僧披剃焉。甫登戒地,颇护心珠,因悟禅那顿了玄理",因此有不少僧侣从远方来扬州拜谒从谏,请益佛理。[3]

还有一些高僧虽然多灵异事迹,但所属宗派、师承不详。如扬州西灵塔寺有僧怀信,"居处广陵",诗人刘隐之曾在扬州拜谒。[4]又有号广陵大师者,平生行事与出家僧众迥异,史称其"与屠沽辈相类,止沙门形异耳",且又嗜酒好肉。曾有人指斥其不守佛教戒律,但他回应:"蝇蚋徒喋膻,尔安知鸿鹄之志乎?"[5]此外,在《宋高僧传》卷八《唐润州竹林寺昙璀传》中提到有"淮

[1]〔宋〕赞宁撰,范祥雍点校:《宋高僧传》卷一一《唐扬州慧照寺崇演传》,中华书局1987年版,第260—261页。

[2]〔宋〕赞宁撰,范祥雍点校:《宋高僧传》卷一五《唐扬州慧照寺省躬传》,中华书局1987年版,第370—371页。

[3]〔宋〕赞宁撰,范祥雍点校:《宋高僧传》卷一二《唐洛京广爱寺从谏传》,中华书局1987年版,第278页。

[4]〔宋〕赞宁撰,范祥雍点校:《宋高僧传》卷一九《唐扬州西灵塔寺怀信传》,中华书局1987年版,第488页。

[5]〔宋〕赞宁撰,范祥雍点校:《宋高僧传》卷一九《唐扬州孝感寺广陵大师传》,中华书局1987年版,第490—491页。

南导首广陵觉禅师"。[1]这位觉禅师的事迹不详。唐人李颀有诗《觉公院施鸟石台》称:

　　　　石台置香饭,斋后施诸禽。童子亦知善,众生无惧心。
　　　　苔痕苍晓露,盘势出香林。锡杖或围绕,吾师一念深。[2]

李颀始中提到的"觉公"或许即是指这位"广陵觉禅师"。

　　对于唐代扬州佛教发展的盛况,日本僧人圆仁在其《入唐求法巡礼行记》中有不少生动记叙。开成三年(838),圆仁随遣唐使一行在扬州附近登陆。圆仁在扬州境内住了半年多后,才继续巡礼。在这半年多的时间里,圆仁不仅记录下了当时扬州佛教的盛况,更与当地僧人多有往来。据其记载,当时扬州城内有僧尼寺四十余所,[3]海陵县境内有国清寺,在东梁丰村东十八里的延海村,圆仁及同行留学僧曾于此住宿休憩。[4]同时,海陵县又有西池寺,是当时扬州境内七所官寺之一,寺内有九级土塔。[5]

　　得知日本僧人的到来,扬州境内不少寺院的僧侣纷纷前来慰问。西池寺讲《大乘起信论》座主与寺院三纲先后前来慰问。[6]扬州开元寺僧元昱、全操、贞顺以及三纲老僧三十余人先后前来慰问。[7]圆仁入住开元寺后,又有塔

　　[1]〔宋〕赞宁撰,范祥雍点校:《宋高僧传》卷八《唐润州竹林寺昙璀传》,中华书局1987年版,第181页。

　　[2]〔清〕彭定求等编:《全唐诗》卷一三四(李颀)《觉公院施鸟石台》,中华书局1960年版,第1361页。

　　[3]〔日〕圆仁撰,顾承甫、何泉达点校:《入唐求法巡礼行记》卷一,上海古籍出版社1986年版,第22页。

　　[4]〔日〕圆仁撰,顾承甫、何泉达点校:《入唐求法巡礼行记》卷一,上海古籍出版社1986年版,第5页。

　　[5]〔日〕圆仁撰,顾承甫、何泉达点校:《入唐求法巡礼行记》卷一,上海古籍出版社1986年版,第7页。

　　[6]〔日〕圆仁撰,顾承甫、何泉达点校:《入唐求法巡礼行记》卷一,上海古籍出版社1986年版,第8页。

　　[7]〔日〕圆仁撰,顾承甫、何泉达点校:《入唐求法巡礼行记》卷一,上海古籍出版社1986年版,第9页、第11页。

寺老僧神玩和尚、惠照寺僧广祀法师前来拜访[1]。惠照寺是崇演、省躬等高僧曾经的驻锡之所。这位广祀法师是寺院讲《法华经》的座主,同时又讲《慈恩疏》。《慈恩疏》指法相宗僧人窥基所著的《妙法莲华经玄赞》。此外,圆仁还记载了与禅宗、天台宗十三名僧人的交往,这十三僧分别是长安千福寺天台宗惠云,禅门宗僧弘灵、法端、誓实、行全、常密、法寂、法真、惠深、全古、从实、仲诠、昙幽。[2]如前所述,当时不少宗派的僧侣都在扬州弘法,圆仁的亲身见闻印证了这一点。除此之外,圆仁也拜谒了当地的重要僧侣。开元寺西有无量义寺,寺有老僧文袭作《维摩经记》五卷,并开堂讲法,"用肇、生、融、天台等义",吸引了不少听众。[3]延光寺则有僧惠威,圆仁从其处得《法花圆镜》三卷。

　　开元寺是圆仁在扬州的住所,圆仁也目睹了当时开元寺的诸多佛事活动。该寺位于江阳县管内,在扬州府城之南,有僧人约百名。[4]圆仁住开元寺期间,参与过的活动包括天台大师智颛忌日设斋,寺院众僧作斋叹文、食仪式等。[5]另外,在皇帝忌日,诸寺僧众、节度使府各级官员还集聚于开元寺举行国忌行香,声势隆重。

　　寺院设斋的另一目的是募缘。为修开元寺瑞像阁,李德裕准许于孝感寺设斋,州府诸官均亲临现场,并开讲《金刚经》一个月,以此募化约一万贯。其中,居于扬州的波斯以及婆国商人分别舍钱千贯、二百贯。[6]对于扬州设斋的形式与所得布施分配方式,圆仁予以详细的记录:

---

　　[1]〔日〕圆仁撰,顾承甫、何泉达点校:《入唐求法巡礼行记》卷一,上海古籍出版社1986年版,第14页。

　　[2]〔日〕圆仁撰,顾承甫、何泉达点校:《入唐求法巡礼行记》卷一,上海古籍出版社1986年版,第16页。

　　[3]〔日〕圆仁撰,顾承甫、何泉达点校:《入唐求法巡礼行记》卷一,上海古籍出版社1986年版,第13页。

　　[4]〔日〕圆仁撰,顾承甫、何泉达点校:《入唐求法巡礼行记》卷一,上海古籍出版社1986年版,第12页。

　　[5]〔日〕圆仁撰,顾承甫、何泉达点校:《入唐求法巡礼行记》卷一,上海古籍出版社1986年版,第20页。

　　[6]〔日〕圆仁撰,顾承甫、何泉达点校:《入唐求法巡礼行记》卷一,上海古籍出版社1986年版,第26页。

　　唐国之风,每设斋时,饭食之外,别留料钱。当斋将竟,随钱多少,僧众僧数,等分与僧。但赠作斋文人,别增钱数。若于众僧,各与卅文;作斋文者,与四百文。并呼道"傔钱"。计与本国道"布施"一般。斋后,同于一处嗽口,归房。凡寺恒例:若有施主拟明朝煮粥供僧时节,即暮时交人巡报:"明朝有粥。"若有人设斋时,晚际不告,但当日早朝交人巡告:"堂头有饭。"若有人到寺请转经时,亦令人道:"上堂念经。"其扬府中有卅余寺,若此寺设斋时屈彼寺僧以来,令得斋傔。如斯轮转。随有斋事,编录寺名次第,屈余寺僧次。是乃定寺次第,取其僧次。一寺既尔,余寺亦然,互取寺次,互取僧次。随斋饶乏,屈僧不定。一寺一日设斋,计合有当寺僧次,比寺僧次。[1]

俗家弟子出于信仰,往往会到寺院煮粥供养僧人,或请僧人讲经,或出资设斋。傔钱是信众布施给僧人的钱财。根据布施的多少,将其平分于僧众,作斋文之人则多得。扬州有寺四十余所,某寺设斋则邀诸寺僧侣前来共同参与,获得斋傔。四十余所寺院按照编录的寺名次第轮转设斋。僧人则以僧次先后吃斋。所谓僧次,是一种请僧人吃斋的方法,即按照僧人的僧腊长短按次序请斋。如此井然有序的佛事活动安排,表明唐时扬州居民对于佛事活动的虔诚,透露出扬州佛教的兴盛。

　　唐代扬州,不仅孕育出了本地杰出的高僧大德,更吸引了全国各地的僧侣来此传教弘法。以寺院为核心展开的一系列佛事活动,见证了唐代扬州佛教的繁荣发展。圆仁一行自扬州登陆后,亲眼看见了扬州佛教的繁盛,并将其一一记录,则为后人展现了唐代扬州佛教最真实的一幕。

　　(二)律宗在扬州的弘布

　　唐代佛教发展的一个特点是佛教宗派的产生。上文已经提到,圆仁到达扬州后,有禅宗、天台宗等僧侣汇聚于此。其实唐代在扬州影响最大的一支宗派是律宗,鉴真大师便是一名律宗高僧(参第九章第二节)。因此有必要着重介绍律宗在扬州的流布情况。

―――――――――

　　[1]〔日〕圆仁撰,顾承甫、何泉达点校:《入唐求法巡礼行记》卷一,上海古籍出版社1986年版,第20—21页。

　　律宗是唐代正式形成的汉传佛教教派。在此前的魏晋南北朝时期,中土僧人先后翻译出《十诵律》《四分律》以及《摩诃僧祇律》,作为僧侣守戒行律的依据。《四分律》于北魏末开始兴盛,至唐代逐渐成为最重要的戒律文本。同时,唐代的律宗僧人也因对《四分律》的不同理解,形成了南山、相部、东塔三宗。扬州作为唐代佛教发达地区之一,有不少律师在此弘法,传布律学思想。其中最具代表性的人物是法慎。

　　法慎,俗姓郭氏,李华撰《扬州龙兴寺经律院和尚碑》称其为太原郭氏,[1]《宋高僧传》称其为江都人。[2]盖前者书其郡望,后者书其籍贯。法慎幼年时便倾心于空门,于是从瑶台成律师处受具足戒。后在长安太原寺东塔院"体解律文,绝其所疑,时贤推服"。[3]

　　长安太原寺是唐代律宗之一东塔宗的祖庭。王勃《四分律宗记序》称:

　　　　有西京太原寺索律师,俗姓范氏,其先南阳人也……咸亨之祀,椒房谅阴,舍槐里而构庵园,因金穴而开银地。伽蓝肇建,号曰太原。明阳所及,咸收时望。自价隆康会,誉重摩腾,竺法猷之苦节,支道林之远致,将何以发明禅宇,光应纶言?律师乃以道众羽仪,释门栋干,粤自弘济,来游太原,经行德人,于斯为盛。[4]

佛教戒律发展至唐代,《四分律》盛行,是律宗僧人学习的最重要的典籍。律宗之下又分为南山、相部以及东塔三宗。王勃《四分律宗记序》称有"西京索律师"即是指东塔宗的创立者怀素。怀素住西京太原寺后,"旁听道成律师讲,

---

　　[1]〔宋〕李昉等编:《文苑英华》卷八六二(李华)《扬州龙兴寺经律院和尚碑》,中华书局1966年版,第4549页。

　　[2]〔宋〕赞宁撰,范祥雍点校:《宋高僧传》卷一四《唐扬州龙兴寺法慎传》,中华书局1987年版,第346页。

　　[3]〔宋〕赞宁撰,范祥雍点校:《宋高僧传》卷一四《唐扬州龙兴寺法慎传》,中华书局1987年版,第346页。

　　[4]〔宋〕李昉等编:《文苑英华》卷七三六(王勃)《四分律宗记序》,中华书局1966年版,第3831—3832页。

不辍缉缀"。[1]正是在太原寺,怀素成立了东塔宗,并对相部、南山二宗进行了严厉的批判。

虽然史料没有明确记载法慎的师承,但是从其在太原寺学律这一点上来推断,他应该是怀素法嗣。法慎在长安剖判律典,卓有成就。作为怀素弟子,他应该也参与到了对相部与南山的批判之中。李华在《扬州龙兴寺经律院和尚碑》中称法慎"律文有往哲所疑,时贤或误,一言曲分于象表,精理自得于环中"。法慎亦因此"声振京师,如晞日月,诸寺固请纲领"。不过,法慎并没有应邀前往诸寺,反而是"默而东归,既还扬都"。[2]此后,为了进一步学习律宗,法慎又再次返回当时的律宗中心长安,史称"龙象参议,故再至京国,以轨度端明,故研精律部"。[3]

法慎回到扬州后积极弘法,极大地促进了扬州佛教的发展。不过,法慎所弘扬的教法并不仅限于律宗,同样也包含着禅宗、天台以及密宗的内容。在扬都,法慎从民众之延请,常诵《金刚般若波罗蜜经》《如意轮陀罗尼般若》。《扬州龙兴寺经律院和尚碑》载:

> 佛心我得,此心众生,亦如谓天台止观,色一切经义;东山法门,是一切佛乘。色空两亡,定慧双照,不可得而称也。[4]

隋朝时期,天台宗大德智颛与弟子曾得隋炀帝赏识,在扬都倡导天台教法。"东山法门"即是指兴起于初唐时期由达摩祖师开创的禅宗。除了融汇禅、天台的思想之外,法慎还吸收了中国传统的儒家学说。碑文中记其"与人子言依于孝,与人臣言依于忠,与上人言依于敬",达到了"法皆佛法,兼采儒

---

[1]〔宋〕赞宁撰,范祥雍点校:《宋高僧传》卷一四《唐京师恒济寺怀素传》,中华书局1987年版,第334页。

[2]〔宋〕李昉等编:《文苑英华》卷八六二(李华)《扬州龙兴寺经律院和尚碑》,中华书局1966年版,第4549页。

[3]〔宋〕李昉等编:《文苑英华》卷八六二(李华)《扬州龙兴寺经律院和尚碑》,中华书局1966年版,第4549页。

[4]〔宋〕李昉等编:《文苑英华》卷八六二(李华)《扬州龙兴寺经律院和尚碑》,中华书局1966年版,第4549页。

流""佛教儒行,合而为一"的境地。[1]法慎高超的佛教佛学修养,吸引了大批的僧侣与信众。"大起僧坊,将警群迷。"法慎一时成了扬州最为重要的僧侣。不少途经扬州的高官显贵均前来造访,甚至以不能参见法慎为羞耻,即所谓"朝廷之士,衔命往复,路出惟扬,终岁百数,不践门阈,以为大羞"。

法慎弟子众多,在其圆寂后,"望哭者千族,会葬者万人"。《扬州龙兴寺经律院和尚碑》详载当时情景,其称:

> 惟天宝十载十月十四日,晨起盥漱,绳床跏趺,心奉西方。既曛,就灭于龙兴寺。春秋八十三,僧夏六十。缁素弟子,北拒泗沂,南逾岭徼,望哭者千族,会葬者万人。其上首曰越州开元寺僧昙一,福州开元寺僧宣一,常州兴宁寺僧义宣,杭州谭山寺僧惠鸾,东京敬爱寺僧璇光,润州栖霞寺僧法瑜、僧乾印,润州天乡寺僧法云,扬州崇福寺僧明幽、延光寺僧灵一、龙兴寺僧惠远等,天下甘露,正味调柔,人中象王,利根成熟。[2]

从中可知,法慎弟子分布范围"北拒泗沂,南逾岭徼",分别来自越州、福州、常州、杭州、东京、润州的大德应该均包含在法慎的"缁素弟子"之中。除此之外,吴兴法海亦曾在天宝年间"预扬州法慎律师讲肆","同昙一、灵一等推为颜、冉"。[3]《宋高僧传》卷一五《唐常州兴宁寺义宣传》称"扬州法慎传于旧章,淮甸之间,推为硕匠",又称"时于江都习业,与会稽昙一、闽川怀一、庆云灵一,同门为朋也"。[4]法慎门下杰出者号为"三一",即是指昙一、怀一与灵一。

怀一事迹不详,《宋高僧传》卷一九《唐简州慈云寺待驾传》后附"福州楞伽寺释怀一"疑即是"闽川怀一"。灵一则是广陵人,俗姓吴氏,家虽因货

[1]〔宋〕李昉等编:《文苑英华》卷八六二(李华)《扬州龙兴寺经律院和尚碑》,中华书局1966年版,第4549页。

[2]〔宋〕李昉等编:《文苑英华》卷八六二(李华)《扬州龙兴寺经律院和尚碑》,中华书局1966年版,第4548—4549页。

[3]〔宋〕赞宁撰,范祥雍点校:《宋高僧传》卷六《唐吴兴法海传》,中华书局1987年版,第115页。

[4]〔宋〕赞宁撰,范祥雍点校:《宋高僧传》卷一五《唐常州兴宁寺义宣传》,中华书局1987年版,第363页。

殖而富,但灵一"推千金之产,悉让诸孤昆弟",唯崇敬释教,故"自尔叩维扬慎法师"。灵一从法慎学相部律,"造乎微而臻乎极",与当时同在法慎门下的慧凝、明幽、灵祐、昙一、义宣、三益相友善,曾居于扬州庆云寺。[1]灵一还是唐代著名的诗僧。刘禹锡在《澈上人文集纪》一文中称:

> 世之言诗僧多出江左。灵一导其源,护国袭之;清江扬其波,法振沿之。[2]

按刘禹锡之说,灵一是开唐代僧人赋诗一大风气的先行者。《全唐诗》中存其诗四十二首。史称灵一"每禅诵之际,辄赋诗歌事,思入无间,兴含飞动,潘阮之遗韵,江谢之阙文,必能缀之"。出自广陵的灵一以其才华,与当时的天台山道士潘清、广陵曹评、赵郡李华、颍川韩极、中山刘颖、襄阳朱放等名士为尘外之交,"讲德味道,朗咏终日"。[3]

法慎另一位杰出的弟子是昙一。昙一俗姓张氏,其曾祖张恒为隋太常卿,因"扈跸扬都"而定居于江南会稽。昙一少年时从李滔学《诗》《礼》,至十六岁时听云门寺茂亮法师讲经论,茂亮法师是唐中宗的菩萨戒师。昙一于中宗景龙年间出家,后于丹阳玄昶律师处受具足戒,又于当阳昙胜律师处学《事钞》。《事钞》即是道宣所作《四分律删繁补阙行事钞》。开元五年(717),昙一至长安,依观音大亮律师传毗尼藏(即律藏),又从崇圣寺檀子法师学《唯识》《俱舍》等经典,于安国寺受菩萨戒。法慎的律学思想很有特色,除了东塔宗外,还有弘扬相部宗。《宋高僧传》卷一四《唐会稽开元寺昙一传》载:

> 《四分律》者,后秦三藏法师梵僧佛陀耶舍传诵中华,与罗什法师共

[1]〔宋〕赞宁撰,范祥雍点校:《宋高僧传》卷一五《唐余杭宜丰寺灵一传》,中华书局1987年版,第359—360页。

[2]〔唐〕刘禹锡撰,陶敏、陶红雨校注:《刘禹锡全集编年校注》卷一八《澈上人文集纪》,上海古籍出版社2009年版,第2005页。

[3]〔宋〕李昉等编:《文苑英华》卷八六四(独孤及)《扬州庆云寺律师一公塔碑》,中华书局1966年版,第4560页。

为翻译,今之讲授,自此员来。魏法聪律师始为演说,聪授道覆,覆授光。洎隋朝相部励律师作《疏》十卷。西京崇福寺满意律师盛传此《疏》,付授亮律师。其所传授一,一依励律师《疏》及唐初终南宣律师《四分律钞》三卷,详略同异。自著《发正义记》十卷。明两宗之踳驳,发五部之钤键。后学开悟,夜行得烛。前疑泮释,阳和解冰。佛日昭晰而再中,法栋峥嵘以高峙。《发正记》中斥破南山持犯中可见也。[1]

昙一曾在昙胜处学道宣所传南山律,后转而为相部律传人。上引文字记载了昙一的律宗相部学渊源。相部宗作为律宗三大宗之一,创始于隋法砺律师。法砺传崇福寺满意,满意传大亮,大亮传昙一。昙一作为相部律的传人,严厉地批判了难上律。其所著《发正记》就专门"斥破南山持犯中可见"。因此,可以说昙一是兼弘东塔、法相二宗。

虽然法慎在太原寺东塔院学律时继承了怀素的东塔宗,但同时也曾在太原寺"旁听道成律师讲"。道成在显庆年间"敷《四分》一宗,有同雾市",东塔宗创始人怀素即从其学法,史称"怀素著述,皆出其门"。[2]而道成师承于相部宗的创始人法砺。[3]因此,法慎也具备了东塔、相部二宗背景。灵一在扬州时,即是从法慎学相部律。

二、唐五代扬州道教的发展

道教发展至唐代,受到了最高统治者极高的重视。从唐初开始唐廷即推行了一系列崇道政策。在这样的时代背景下,扬州的道教文化也在唐五代时期走向繁荣,涌现出以李含光为代表的一批高道,并在晚唐五代时期成为龙虎山正一道信仰的主要传播地域。

(一)唐代扬州地区道教信仰的传播

唐代扬州修仙、炼丹的崇道氛围浓厚,据杜牧所言:"扬州大郡,为天下通

---

[1]〔宋〕赞宁撰,范祥雍点校:《宋高僧传》卷一四《唐会稽开元寺昙一传》,中华书局1987年版,第353页。

[2]〔宋〕赞宁撰,范祥雍点校:《宋高僧传》卷一四《唐京兆恒济寺道成传》,中华书局1987年版,第331页。

[3] 朱立峰:《论唐代前期相部宗的传承及其在两京地区的发展》,荣新江主编:《唐研究(第十二卷)》,北京大学出版社2006年版,第319—337页。

衢,世称异人术士多游其间。"[1]扬州聚集了有不少异人术士,他们背景驳杂,未必都是官方承认的出家道士,但正可见道教信仰的传播。

笔记小说也反映出道教在扬州传播的诸多迹象。如《神仙感遇传》记"维杨十友"事迹,称其"皆家产粗丰,守分知足,不干禄位,不食货财,慕玄知道者",故而相约为友,情同兄弟。[2]扬州城南卢二舅,与李生共同隐居于太白山读书,"兼习吐纳道引之术"。[3]《通幽记》载,天水赵旭,家于广陵,习黄老之道,屡屡遇上界仙女,后欲求长生,"密受隐诀,其大抵如《抱朴子·内篇》修行",上界仙女又授予其《仙枢龙席隐诀》五篇以助修道。[4]《仙传拾遗》载,江都人刘白云,遇一道士,"自称为乐子长,家寓海陵",称其有仙箓天骨,赠予秘籍两卷,并"指摘次第教之"。[5]

中古时期的道教的发展,与服食、炼丹之术紧密相连,不少修道之士往往医术精湛,深明药理。在扬州的道士也不例外。据《续玄怪录》记载,裴谌曾与王敬伯、梁芳等入白鹿山修道,以求黄白之术、长生之药。出山后,王敬伯浮沉宦海,而裴谌住在广陵青园桥之东樱桃园,且"与山中之友,市药于广陵"。[6]《原仙记》载,广陵人冯俊,以做佣工为生,于药市遇一道士买药,道士施展法术,与冯俊同至浔阳洞府,获丹药百余粒。[7]《稽神录》载,广陵有一木工,因病而手足皆蜷缩,不能执斧。其后于后土庙遇一来自紫极宫的

[1]　吴在庆:《杜牧集系年校注·樊川文集》卷一六《上宰相求湖州第二启》,中华书局2008年版,第1010页。

[2]　〔宋〕李昉等编:《太平广记》卷五三《神仙》"维杨十友"条引《神仙感遇传》,中华书局1961年版,第328页。

[3]　〔宋〕李昉等编:《太平广记》卷一七《神仙》"卢李二生"条引《逸史》,中华书局1961年版,第119页。

[4]　〔宋〕李昉等编:《太平广记》卷六五《女仙》"赵旭"条引《通幽记》,中华书局1961年版,第404—406页。

[5]　〔宋〕李昉等编:《太平广记》卷二七《神仙》"刘白云"条引《仙传拾遗》,中华书局1961年版,第180页。

[6]　〔宋〕李昉等编:《太平广记》卷一七《神仙》"裴谌"条引《续玄怪录》,中华书局1961年版,第116—117页。

[7]　〔宋〕李昉等编:《太平广记》卷二三《神仙》"冯俊"条引《原仙记》,中华书局1961年版,第156—157页。

道士,得药丸数枚,服用之后得以痊愈。[1]虽然这些记载虚实相间,有不少荒诞不经的成分,但自有通性之真实,透露出当时扬州地区浓厚的崇道氛围。

扬州道教的发展也离不开地方官员以及地方政权的护持。萧颖士曾在开元二十六年(738)作《为扬州李长史作千秋节进毛龟表》。千秋节是唐玄宗李隆基的诞日,这位李长史为恭迎千秋节,于江都县崇虚观讲《圣注道德经》。[2]唐玄宗崇尚道教,推崇老子《道德经》,因此亲自为《道德经》作注,下令全国诵习。上有好者,下必甚焉,扬州地方官员的崇道行为虽然是为了迎合玄宗的信仰,但在客观上也推动了扬州道教的发展。

李珏曾在大中二年任淮南节度使,当时扬州江阳县亦有善道术者名李珏,因与节度使同名,故改名为宽。节度使李珏同样好道,曾梦入华阳洞府。《续仙传》载:

> 适李珏出相,节制淮南,珏以新节度使同姓名,极用自惊,乃改名宽。李珏下车后数月,修道斋次。夜梦入洞府中,见景色正春,烟花烂熳,翔鸾舞鹤,彩云瑞霞,楼阁连延。珏独步其下,见石壁光莹,填金书字,列人姓名,似有李珏,字长二尺余。珏视之极喜,自谓生于明代,久历显官,又升宰辅,能无功德及于天下?今洞府有名,我必仙人也。再三为喜。方喜之际,有二仙童自石壁左右出,珏问:"此何所也?"曰:"华阳洞天。此姓名非相公也。"珏惊,复问:"非珏,何人也?"仙童曰:"此相公江阳部民也。"珏及晓,历记前事,益自惊叹。问于道士,无有知者。复思试召江阳官属诘之,亦莫知也。乃令府城内外求访同姓名者。数日,军营里巷相推,乃得李宽旧名珏。遂闻于珏。乃以车毕迎之,置于静室。斋沐拜谒,谓为道兄,一家敬事,朝夕参礼。李情素恬澹,道貌秀异,须长尺余,皓然可爱。年六十时,曾有道士教其胎息,亦久不食。珏愈敬

[1]〔宋〕李昉等编:《太平广记》卷二二〇《医》"广陵木工"条引《稽神录》,中华书局1961年版,第1684—1685页。

[2]〔宋〕李昉等编:《文苑英华》卷六一二《为扬州李长史作千秋节进毛龟表》,中华书局1966年版,第3175页。

之。[1]

这则故事透露了扬州地方牧守对修道的热衷,这自然对道教传播起到了推波助澜的作用。

至晚唐时期,道教在扬州民间传播更为广泛,出现了一批深度参与政治的术士,他们凭借道术,得以渗入当时的地方政权。这方面典型的例证是高骈,他在淮南节度使任内沉迷于修仙炼丹,麾下延揽了不少道术之士。罗隐《广陵妖乱志》:

> 高骈末年惑于神仙之说。吕用之、张守一、诸葛殷等皆言能役使鬼神,变化黄白,骈酷信之,遂委以政事。用之等援引朋党,恣为不法。其后亦虑多言者有所泄漏,因谓骈曰:"高真上圣,要降非难。所患者,学道之人真气稍亏,灵贶遂绝。"骈闻之,以为信然。乃谢绝人事,屏弃妾媵,宾客将吏无复见者。有不得已之故,则遣人洗浴斋戒,诣紫极官,道士被除不祥,谓之"解秽",然后见之。拜起才终,已复引出。自此内外壅隔,纪纲日紊。用之等因大行威福,旁若无人。岁月既深,根蒂遂固。[2]

吕用之原为鄱阳人,是商人之子,后事九华山道士牛弘徽,学驱役考召之术。弘徽逝世后,吕用之回到广陵,投入高骈幕府。吕用之凭借道术团结了大批市井之人,"大逞妖妄,仙书神符,无日无之"。[3]诸葛殷为高骈的嬖吏,自鄱阳至广陵投高骈。诸葛殷也是颇通道法,"妖形鬼态,辩诈蜂起,谓可以坐召神仙,立变寒暑"。[4]张守一原不事生计,贫弊不能自存,流转于江淮之间,后来广陵

---

[1]　〔宋〕李昉等编:《太平广记》卷三一《神仙》"李珏"条引《续仙传》,中华书局1961年版,第200—201页。

[2]　〔唐〕罗隐:《广陵妖乱志》,〔唐〕罗隐著,潘慧惠校注:《罗隐集校注》,浙江古籍出版社1995年版,第535页。

[3]　〔唐〕罗隐:《广陵妖乱志》,〔唐〕罗隐著,潘慧惠校注:《罗隐集校注》,浙江古籍出版社1995年版,第538页。

[4]　〔唐〕罗隐:《广陵妖乱志》,〔唐〕罗隐著,潘慧惠校注《罗隐集校注》,浙江古籍出版社1995年版,第539页。

投奔吕用之,并经用之推荐给高骈。高骈"见其鄙朴,常以真仙待之"。唐末割据的政治格局,使得这些原本无力于仕途之人凭借道术纷纷进入了地方政权之中。高骈不仅接纳了这批人,还深受其影响,醉心于道术,不问政事。这影响了扬州地方军政事务的正常运行,直接引发了唐末扬州的持续动乱。罗隐在《广陵妖乱志》中将吕用之等市井之徒斥为"妖乱",对其进行了猛烈批评,但这也从侧面反映出道教在江淮底层民众中的广泛传播。

(二)李含光与盛唐扬州道教

唐代扬州最著名的道士当属茅山上清系的高道李含光。据颜真卿《有唐茅山玄靖先生广陵李君碑铭》载,李含光原为晋陵(今江苏常州)人,祖父师龛"隐居以求其志",因此徙居于江都(参第六章第一节)。

李含光十八岁时,师事扬州李先生学道。至神龙初期,李含光正式"以清行度为道士",入居扬州龙兴观,尤其精通《老子》《庄子》《周易》等道教经典。在扬州弘法二十余年,开元十七年(729),李含光四十七岁时离开了扬州,前往王屋山从司马承祯修炼。[1]在王屋山期间,司马承祯授其大法,"灵文金记,一览无遗,综核古今,该明奥旨"。李含光之所以前往王屋山,一是因为其父与司马承祯本就是方外之友,其二显然因为司马承祯是当时全国范围内最具影响力的道士,备受最高统治者尊崇。开元九年(721)之时,玄宗曾征召司马承祯入京,为其传授法箓。[2]正是因为玄宗对司马承祯的信任,在其去世后,玄宗得知李含光"偏得子微之道,乃诏先生居王屋山阳台观以继之"。[3]一年多后,李含光请归茅山,编修经典。玄宗屡屡召见,含光称病不出。直至天宝四载,玄宗派遣中使携带诏书征召李含光。玄宗对李含光十分尊重,"每欲咨禀,必先斋沐"。李含光后又以足疾之故,请归茅山。玄宗便诏其"于杨、许旧居紫阳以宅之",并搜求南朝时期的茅山高道许谧、杨羲、陶弘景散落的写

---

[1] 何安平:《王者之师:唐代高道李含光的生平与事业》,《中华文史论丛》2021年第1期,第183—218页。关于李含光生平系年,皆参此文。

[2] 〔后晋〕刘昫等:《旧唐书》卷一九二《司马承祯传》,中华书局1975年版,第5128页。

[3] 〔清〕董诰等编:《全唐文》卷三四〇(颜真卿)《有唐茅山玄靖先生广陵李君碑铭》,中华书局1983年版,第3445页。

经。[1]

李含光一生最荣光的经历,是天宝七载(748)被唐玄宗尊为帝师。颜真卿所撰碑文载:

> 先时,玄宗将求大法,请先生为师,先生竟执谦冲,辞疾而退。洎七载春,玄宗又欲受三洞真经。其年春之三月,中官赍玺书云:"其月十八日,克受经诰。"是日,于大同殿洁修其事遂,遥礼先生为元师,并赐衣一袭,以申师资之礼。因以"玄靖"为先生之嘉号焉。仍诏刻石于华阳洞宫以志之。是岁夏五月,隐居先生合丹之所,有芝草八十一茎,散生于松石之间。诏俾先生与中官启告灵仙,缄封表进。夏又诏以紫阳观侧近二百户,太平、崇元两观各一百户,并蠲其官徭,以供香火。秋七月,又征先生,既自请居道以养疾。九载春,辞归旧山。[2]

玄宗出于对长生久视的渴求,曾一度想要以李含光为师,但被李含光婉拒。直至天宝七载,玄宗受箓时,不得不"遥礼先生为元师",并赐李含光"玄靖"之号。虽然李含光并没有亲至长安,但是他始终与玄宗保持着密切的联系。李含光频频将茅山上出现的芝草的祥瑞上报长安,正是为了强化茅山的神圣性,并且迎合玄宗求长生的心理。李含光此后又多次应玄宗延请,前往长安。直至天宝十载,李含光回到茅山并长居于此不曾离开。当然,在这期间,李含光依然与玄宗保持着联系,更是在回茅山后举行斋醮等道教仪式为国祈福。[3]
　虽然有研究者认为天宝十载(751)李含光离开长安后回到了茅山,但实际上李含光首先回到的是扬州。颜真卿碑文称:"十载秋,先生又恳辞告老,御制序诗以饯之。十有一载,先生奉诏,与门人韦景昭等,于紫阳之东郁冈山,别

---

[1]〔清〕董诰等编:《全唐文》卷三四〇(颜真卿)《有唐茅山玄靖先生广陵李君碑铭》,中华书局1983年版,第3445页。

[2]〔清〕董诰等编:《全唐文》卷三四〇(颜真卿)《有唐茅山玄靖先生广陵李君碑铭》,中华书局1983年版,第3445—3446页。

[3]何安平:《王者之师:唐代高道李含光的生平与事业》,《中华文史论丛》2021年第1期,第183—218页。

建斋院,立心诚肃。"[1]同年九月十五日,李含光撰有表奏一封:

> 臣含光言:昨十四日内侍袁思艺宣口敕,以御制送臣归广陵诗一首见赐。[2]

据此可知,天宝十载秋,李含光先是回到了故乡扬州,此后又自扬州回茅山。

虽然李含光长期居于茅山,但依然直接推动了扬州地区道教的发展。天宝十二载(753),唐玄宗再次下敕称:

> 敬问玄靖先生:昨弟子唐若倩至,具知去月十一日功德事毕。夫以至诚之心,精修之感,坛在仙境,宜按冲科,下庇苍生,上资宗社,永求福应,玄感昭然。及知天地至和,人神胥庆,以降甘露,以表休符,则视履考祥,其旋元吉。今岁聿云暮,璇玑运行,不愧再劳。事缘万姓,今附香信往,至年下,且请尊师于所居修功德,以助履新。至来载春和,复请尊师于茅山上为宗社,下为黎元,修河图大斋。应缘功德之物,触新再造。无以多劳,所利者广。又道德相亲,气味县合,诸山圣迹,多有异人。若有访寻尊师,当为弟子招致也。[3]

李含光为了协助玄宗修所谓"河图大斋",于是年在"所居修功德"。因此,就在是年十二月晦日,"于广陵郡大唐广业大龙兴观,谨修岁节吉斋,以助履新之庆"。[4]扬州与茅山仅一江之隔,因此李含光可频繁往还两地。龙兴观就是李含光度为道士后驻锡修炼之所。虽然这一段返乡的时间很短,但是在

---

[1]〔清〕董诰等编:《全唐文》卷三四〇(颜真卿)《有唐茅山玄靖先生广陵李君碑铭》,中华书局 1983 年版,第 3446 页。

[2]〔元〕刘大彬编,〔明〕江永年增补,王岗点校:《茅山志》卷一,上海古籍出版社 2016 年版,第 65 页。

[3]〔元〕刘大彬编,〔明〕江永年增补,王岗点校:《茅山志》卷一,上海古籍出版社 2016 年版,第 60 页。

[4]〔元〕刘大彬编,〔明〕江永年增补,王岗点校:《茅山志》卷一,上海古籍出版社 2016 年版,第 67 页。

龙兴观内还存留下了玄宗敕赐紫阳观的敕书。《茅山志·杂著》中载录了一条材料:

> 黄华老人《雪溪堂法书》刻李赞皇真迹:"茅山初置紫阳观敕书,于扬州龙兴观李天师旧院取得,送还紫阳观。开成二年七月廿七日,淮南节度使、检校户部尚书兼扬州长史李德裕。"[1]

这段史料透露了两点重要信息:其一,扬州龙兴观内有李天师院,应该就是李含光在扬州的旧居。其二,虽然暂不清楚李含光于何时将"紫阳观敕书"留在扬州,但这无疑为扬州龙兴观增添了一份神圣的色彩。由于李德裕与茅山道教关系密切,因此在其任淮南节度使的开成二年将此敕书送还紫阳观。

李含光于大历四年(769)逝世于茅山,享年八十七。毫无疑问,李含光一生的修道成就、所受尊崇,都与扬州地方浓厚的道教氛围密不可分。李含光的父亲李孝威,"博学好古,雅修彭聃之道",并且"与天台司马练师子微为方外之交"。"司马练师子微"即唐代著名高道司马承祯。李孝威以"笃慎著于州里",去世后得谥"正(贞)隐先生"。[2]可以说,李含光青年时代在扬州的成长、修道经历,奠定了他一生事业的基础。

李含光博学多识,一生著述颇丰,撰有《本草音义》二卷、《〈老子〉〈庄子〉〈周易〉学记》三卷、《〈老子〉〈庄子〉〈周易〉义略》三卷、《道学传》二十卷《内学记》,但都已亡佚。

(三)龙虎山兴起与晚唐扬州道教

晚唐龙虎山道教的兴起,是中国道教发展史上的一桩大事。但由于道教典籍存在较多后世伪托、点窜的内容,因此这段历史一直是较为晦暗不明的。2016年,为了配合扬州秋实路建设,扬州市文物考古研究所对秋实路的晚唐至宋代墓葬进行了抢救性发掘。在其中一座墓葬中,出土了一件木质道教大

---

[1] 〔元〕刘大彬编,〔明〕江永年增补,王岗点校:《茅山志》卷一五,上海古籍出版社 2016 年版,第 503 页。

[2] 〔清〕董诰等编:《全唐文》卷三四〇(颜真卿)《有唐茅山玄靖先生广陵李君碑铭》,中华书局 1983 年版,第 3445 页。

都功版。据考古报告介绍,该大都功版长 14.2 厘米,宽 10 厘米,厚 0.2 厘米,出土时已碎裂成五片。[1]

这方都功版的发现,为我们了解晚唐龙虎山道教的发展,及其在扬州的传播发展提供了宝贵的实物证据,价值不言而喻。现将该大都功版文字引录于下:

系天师二十代孙臣□□稽首,今有京兆府万年县洪固乡胄贵 /
里男官弟子康周行,年四十岁,十月廿六日生。奉道精诚,修勤 /
贞素,明白小心。于今有功,请迁受天师门下大都功,版署阳平治左平炁。/
助国扶命,医治百姓,化民领户。从中八巳下,师可传授有心之人。质对 /
三官,领理文书,须世太平,迁还本治,随职主政,懈怠□…… /
(系天)师门下二十代臣□ /
版署男官祭酒臣　刘德常　保举 /
版署男官祭酒臣　郑……　监度 /
太岁丁巳十月癸卯朔十五日丁巳于……乡招贤里真仙观三宝前白版[2]

从姓氏来看,康周行应为中亚粟特人。至于其籍贯,学术界还存在一定的争议。有学者认为他是京兆府万年县洪固乡胄贵里人,最后卒于扬州江都县晋昌郡;[3]也有学者主张康周行原籍晋昌郡,此后居于京兆府万年县洪固乡

[1] 张敏,朱超龙,牛志远:《江苏扬州市秋实路五代至宋代墓葬的发掘》,《考古》2017 年第 4 期,第 54—64 页。

[2] 据图版录文,同时参考了白照杰:《扬州新出土晚唐龙虎山天师道大都功版初研》,《宗教学研究》2018 年第 4 期,第 9—16 页。

[3] 张敏,朱超龙,牛志远:《江苏扬州市秋实路五代至宋代墓葬的发掘》,《考古》2017 年第 4 期,第 54—64 页。

胄贵里,最终卒于江都县。[1]以上看法都不尽准确,本书认为晋昌为其伪托的郡望,京兆府万年县则是籍贯地,而康周行一生主要居住在扬州。对此,本书第九章第三节中已有辨析,此处不赘。

按照都功版记载,康周行生活的时代正好是龙虎山道教兴起的晚唐至五代初年。"太岁丁巳",指唐昭宗乾宁四年(897)。周康行此年四十岁,则其出生于唐宣宗大中十二年(858)。同一墓穴中还出土了康周行买地券一方,买地券中所称康周行逝世于"顺义甲申四月己巳朔廿三日辛卯",据干支可知为杨吴顺义四年(924)。

都功版称康周行为"男官弟子",按"男官"在道教系统中即指男官祭酒。《玄都律文·制度律》载:"男官、女官,主者领户治位,皆有科次品号。"[2]在早期天师道中,与祭酒关系最密切的是二十四治。"治",是早期天师道"领户化民"的基层治理单位,六朝以后逐渐形式化,并无实际职掌。因康周行"奉道精诚、修勤贞素",故迁为"天师门下大都功,版署阳平治左平炁"。阳平治属二十治中上八品之第一位。[3]按道教经典《玄都职治律》第九载:"大都攻(功)职,主天下屯聚符庙、秦胡氏羌、蛮夷戎狄、楚越攻击不正气,恶人逆鬼,尽当分明考录。"[4]道教系统中,教阶属配合领户治民的教职系统,以阳平治为代表的"二十四治"祭酒,为地方官职系统,而大都功则属于中央官职系统。此外,道教又有法位制度以表明道教法箓的修习阶段次。在早期的经典中,二十四治与大都功职属当时的教职系统。不过,在五世纪左右,原属教阶系统逐渐演变成为法位制度。[5]大都功版所反映的当时康周行法位的晋升,即其从男官弟子,受箓后成为大都功。

授予周康行大都功版的是天师第二十代孙。按明代张正常编所编《汉天

---

[1]　白照杰:《扬州新出土晚唐龙虎山天师道大都功版初研》,《宗教学研究》2018年第4期,第9—16页。

[2]　〔南北朝〕佚名:《玄都律文》,《道藏》第3册,文物出版社、上海书店、天津古籍出版社1988年版,第459页。

[3]　周作明点校:《无上秘要》卷二三,中华书局2016年版,第293页。

[4]　〔唐〕佚名:《三洞珠囊》卷七引《玄都职治律》,《道藏》第25册,文物出版社、上海书店、天津古籍出版社1988年版,第335页。

[5]　姜伯勤:《〈玄都律〉年代及所见道官制度》,武汉大学历史系魏晋南北朝隋唐史研究室编:《魏晋南北朝隋唐史资料(第十一期)》,武汉大学出版社1991年版,第50—58页。

师世家》卷二所载,天师第二十代孙为张谌。其称:

> 二十代天师,讳谌,字子坚。唐会昌辛酉,武宗召见,赐传箓坛宇额曰
> "真仙观"。将命官,辞归不受。咸通中,懿宗命建金箓大醮,赐金吊(帛)
> 还山。一日,大醉而化,年一百余岁。元至正十三年,赠冲玄洞真孚德真
> 君。[1]

真仙观即是签发周康行大都功版天师所在寺观,并且是后世龙虎山道教天师
供祀神仙之所上清宫,是唐宋以降正一派最为重要的宫观之一。[2]不过,早期
的天师道世系多为后人所追记,真伪难辨。学者指出,从唐懿宗时的十九代
天师,到南唐时期的二十二代天师,表明晚唐五代实为龙虎山张天师系的构
造期,在此期间明确排定了张陵后世的顺序。[3]由于大都功版阙字,尚不能断
言签发周康行大都功版的天师即是张谌。

对于康周行墓出土的这方大都功版,还有若干不明之处,有待进一步研
究。但是可以明确的是,随着晚唐龙虎山正一道的兴起,扬州地区已深受其
影响,出现了不少信众,这是其史料价值所在。除了康周行以外,唐末五代江
淮地区受其影响的道教徒还有聂师道,据《江淮异人录》记载:

> 吴太祖闻其名,召至广陵,建紫极宫以居之。一夜,有群盗入其所止,
> 至于什器皆尽取之。师道谓之曰:"汝为盗,取吾财以救饥寒也,持此将
> 安用之?"乃引于曲室,尽取金帛与之。仍谓之曰:"尔当从其处出,无巡
> 人,可以无患。"盗如所教,竟以不败。后吴朝遣师道至龙虎山设醮,道遇
> 群盗劫之,将加害,其中一人熟视师道,谓同党曰:"勿犯先生。"令尽以所
> 得还之,群盗亦皆从其言。因谓师道曰:"某即昔年扬州紫极宫中为盗者。

[1]〔明〕张正常编:《汉天师世家》卷二,《道藏》第34册,文物出版社、上海书店、天津古籍出版社1988年版,第825页。

[2] 周沐照:《龙虎山上清宫建置沿革初探》,《道教会刊》1981年第1期,第13—29页。

[3] 卿希泰主编:《中国道教史(修订本)》第2卷,四川人民出版社1996年版,第148页。

感先生至仁之心,今以奉报。"后卒于广陵。[1]

聂师道原在皖南一带布道,声名卓著,受杨行密征召至广陵,并为其建造了一座紫极宫。此外,从杨行密派遣其至龙虎山设醮一事可见,龙虎山张天师后裔在江淮地区的影响力正在持续上升,杨行密、聂师道等道俗高层人士也深受其熏染。不过,《续神仙传》又称其传上清法,这透露出聂师道所传道法的杂糅色彩。

关于聂师道在扬州的行迹,以及与杨行密的关系,《续仙传》的记载更为详细。其称:

> 其后吴太祖霸江淮间,闻师道名迹,冀其道德,护于军庶,继发征召,及至广陵,建玄元宫以居之。每升坛祈恩祷福,水旱无不应致,天地感动,烟云呈祥,是以人情咸依道化,境若华胥,俗皆可封,虽古今异时,实大帝之介君也。乃降褒美为逍遥大师、问政先生,以显国之师也。弟子邹德匡、王处讷、杨匡翌、汪用真、程守朴、曾景霄、王可儒、崔繟然、杜崇真、邓启遐、吴知古皆得妙理,传上清法,散于诸州府,袭真风而行教,朝廷皆命以紫衣,光其玄门。[2]

与《江淮异人录》记载略有不同,聂师道在扬州所住宫观为玄元宫。杨行密招揽聂师道一个重要的原因就是通过道术收揽军心、为军民祈福。在杨行密的护持下,聂师道教派在扬州一带迅速发展,扬州百姓"人情咸依道化"。聂师道至扬州后,长期居此,最终亦逝世于此。《续仙传》中所记录聂师道的诸弟子,应该是在扬州地区所收,故而称"散于诸州府"。

关于隋唐五代扬州学术文化领域的诸项成就,有两点值得特别申说。首先是交通区位与社会生态的催化作用。隋朝灭陈后,南方地缘政治格局发生了剧

---

[1]〔宋〕吴淑:《江淮异人录》卷上,《宋元笔记小说大观》第 1 册,上海古籍出版社 2007 年版,第 249 页。

[2]〔宋〕张君房编,李永晟点校:《云笈七签》卷一一三下《聂师道传》,中华书局 2003 年版,第 2515 页。

变,作为六朝故都的建康城,遭隋朝统治者"平荡耕垦",夷为平地,转而在江北的广陵设置扬州总管府,作为控御东南的重镇。隋炀帝即位后又在此置江都宫,成为隋王朝的陪都之一。更重要的是,大业年间大运河通航,扬州又成为南北交通之枢纽,区位优势进一步凸显。唐代扬州沿着这一轨辙,继续向前发展,成为江淮首府与南方经济中心。这些都为学术文化的繁荣提供了条件。

其次,隋代扬州出现了学术文化的首度繁盛,影响深远。这一局面与隋炀帝杨广个人的文化情结以及长期经营直接相关。杨广在扬州任职十年,此后又三度巡幸,在此期间,他招揽了大批文人学士与高僧大德萃聚江都,或编修典籍,或切磋诗文,或谈玄论道,这些活动都直接推动了扬州文化生态的转型,使其成为南方文化中心。隋代扬州文化之影响绝非限于一时一地,要恰如其分地评价其历史地位,还必须从南北朝到隋唐历史演进的脉络来把握。

隋朝起自关陇,承西魏、北周之基业,以武力征服全国。政治上的统一自然是由北向南,而文化上的统一进程则更为曲折。长期以来,由于分裂与对峙,南北各自形成了相对独立的学术文化传统。及至南北朝后期,文化统一逐渐成为大势所趋。但应以何种文化作为统合的主导力量呢? 以经学为例,《隋书·儒林传序》称:"南北所治,章句好尚,互有不同。江左《周易》则王辅嗣,《尚书》则孔安国,《左传》则杜元凯。河、洛《左传》则服子慎,《尚书》《周易》则郑康成。《诗》则并主于毛公,《礼》则同遵于郑氏。大抵南人约简,得其英华,北学深芜,穷其枝叶。"[1]这还只是学风上的差异,其实从整体学术水平来看,北方因十六国以来战乱频仍,"中原丧乱,五胡交争,经籍道尽"[2],学术文化受到极大摧残。而江南随着西晋末士族南迁,"衣冠轨物,图画记注,播迁之余,皆归江左。晋、宋之际,学艺为多,齐、梁之间,经史弥盛"[3]。两相比照,在隋唐时期人眼中,东晋、南朝学术文化水平整体上显然远超十六国、北朝,承续着汉魏以降中国文化发展的固有轨辙。因此,北强南弱的军事格局下,虽然政治上的统一注定由北方政权来完成,但就文化而言,统一则是由南方所主导——"南学北传"实为此期文化整合的大势所趋。

[1]〔唐〕魏徵、令狐德棻:《隋书》卷七五《儒林传序》,中华书局1973年版,第1705—1706页。

[2]〔唐〕魏徵、令狐德棻:《隋书》卷七五《儒林传序》,中华书局1973年版,第1705页。

[3]〔唐〕魏徵、令狐德棻:《隋书》卷四九《牛弘传》,中华书局1973年版,第1299页。

历数隋炀帝坐镇扬州期间推行的诸项文教政策，无一不与这一趋势相契合，均可视为对南朝学术文化的总结与传承。杨广被立为太子后，聚集扬州的南朝文士、高僧以及大批典籍也随之转输关中。王府学士或被授官委以重任，或继续负责典籍编撰；南方高僧则多被安置于京师日严寺、洛阳慧日道场，继续弘法布道。凡此种种，都极大促成了南学之北传。

南北文化整合的完成，无疑要到唐代。以《文选》为代表的南朝文学，经唐初扬州学者曹宪、李善等人倡导，研习之风自江淮一隅风行全国，成为诗文创作的典范。这堪称唐代学术文化"南朝化"的标志性事件。其实，从长时段的历史演进趋势来看，这正是隋炀帝所倡导的文教政策的延续。就此而言，隋炀帝承上启下的奠基之功固不可没，而从地域文化传播的角度来看，唐初扬州"《文选》学"的兴起，实为其中最关键的一环。唐代扬州堪称南学北传之"津梁"与"梯航"。

在唐诗发展史上，扬州相继涌现出上官仪、张若虚、邢巨等杰出诗人，在文学史上留下了浓墨重彩的篇章。从上官仪到张若虚的诗风流变，恰好对应着唐代诗歌发展史上的一个关键节点，即从齐梁体向"初唐四杰"与陈子昂、沈佺期、宋之问为代表的律诗转型，唐诗作为文学史上的一朵奇葩，至此始绽放出璀璨光芒。上官仪接续六朝，以"上官体"独领风骚，并从理论层面对六朝文学传统作出精辟的总结与反思。张若虚以孤篇横绝诗坛，一洗六朝铅华，从实践层面拓展了诗歌艺术的创作主题，这是扬州本土作家对中国文学史作出的不朽贡献。除此以外，唐代扬州在书法、绘画等领域也取得了举世瞩目的成就，涌现出李邕、王绍宗、张怀瓘、史惟则等为代表的杰出人物，其艺术成就也超出了扬州一隅。在宗教领域，扬州佛、道二教发展鼎盛，先后涌现出灵坦、法慎、灵一、鉴真、李含光等高僧、高道，他们同时身兼第一流的学者、诗人与思想家，其弘法、布道活动直接推动了扬州学术文化事业的发展。

总之，隋唐五代扬州的学术文化在沟通南北学术、熔铸新型文化形态等方面扮演了至关重要的角色。此期扬州学术文化的成就已然超越了地域文化的藩篱，站在了全国的最前列，而这与扬州在唐代政治经济版图中的地位也是互为表里的。

第十章 隋唐五代扬州的人口与社会风俗

　　隋唐五代时期的扬州,先后经历了隋朝的短暂统一、隋末唐初的战乱,以及唐朝长期的稳定,至安史之乱以后的动荡与五代十国时期的纷乱,人口构成与社会风俗均发生了较大变化。从人口的数量和构成来看,隋唐五代时期扬州地区的人口数量总体上呈上升趋势,与黄河流域相比较,安史之乱以后人口数量相对增长量更为明显。这主要是由于安史之乱对于北方中原地区的破坏性更为剧烈,而扬州所在的江淮地区所受影响相对要小很多,扬州作为江淮地区的中心城市,人口数量非但没有减少,反而有所增长。北方的剧烈社会动荡,造成人口大量南迁,扬州则是主要的移入地,因此,安史之乱以后由于移民的大量涌入,扬州地区的人口构成发生了较为显著的变化。同时,由于扬州在安史之乱以后成为全国商业经济最为繁荣稳定的地区,来自全国各地和世界各地的商人、使团、学问僧、文人学子云聚于扬州。他们或是由此登陆,或是定居于此,使得中晚唐五代时期扬州的社会人群构成更趋多样化。不同区域的人们旅居或生活于扬州,对扬州地区的社会风俗造成了重大影响,从而使得隋唐五代时期扬州的社会风俗在继承中华传统的基础上,又带有较为浓厚的异域化色彩,呈现出多样化的风貌。

第一节 隋唐五代扬州地区的人口及其变化

　　全面总结隋唐五代扬州历史,尤其不应忽视人的作用,正是千千万万普通扬州居民,创造了这段辉煌的历史。不过囿于史料,我们无法对此期扬州居民构成进行细致的研究,本节拟围绕人口数据的变迁及人口的空间流动,对相关历史问题做概括性的叙述。

一、隋唐五代扬州人口变迁概观

人口变动是社会经济状况的晴雨表,也是理解特定区域内政局变动乃至诸般社会文化现象的一条重要线索,向来为历史研究所重视。中国历代的人口统计资料,从性质看,都属于官方户籍数据。它所反映的是国家控制的赋役人口,与实际常住人口不能完全等同。因为缺乏精确数据,只能以此作为了解人口变动的主要线索。我们探讨隋唐五代扬州的人口情况,主要依托以下几种官方文献记载的数据:(1)隋代——《隋书·地理志》记大业年间江都郡(扬州)户籍数,这反映的是隋代鼎盛时期扬州的人口情况。(2)唐朝前期——《旧唐书·地理志》保存了唐贞观十三年(639)、天宝十一载(752)两组户口数;《通典·州郡典》记天宝元年(742)户口数;《太平寰宇记》记载了开元年间户数。以上几组数据可作为观察唐代前期扬州人口变动的依据。(3)唐朝中后期——因《元和郡县图志》淮南道部分亡佚,唐中后期扬州人口数据缺乏第一手文献。不过明代编修的《嘉靖惟扬志》载:"元和时,扬州户八万七千六百四十七,丁口缺。"[1]这虽然是一条晚出史料,但其中所记数字绝非向壁虚构,而是据《绍熙广陵志》《嘉泰广陵志》等南宋旧志转录。考虑到宋人修志时或许得见《元和郡县图志》佚文,因此可以视为唐中后期扬州的官方户籍数[2]。(4)五代至宋初。《太平寰宇记》成书于宋初,所记主、客户数,大体反映五代末至宋初扬州的人口情况。

为便观览,根据上述文献,先将有关数据列为一表,再结合其他史料做几点分析。

表 10-1　　　　　隋唐五代时期扬州户、口数变迁

时　代	辖县数	户　数	口　数	史料出处
隋大业年间	16	115524		《隋书·地理志》[3]
唐贞观十三年	4	23199	94347	《旧唐书·地理志》[4]

---

[1] 〔明〕朱怀幹修,〔明〕盛仪辑:《嘉靖惟扬志》卷八《户口志》,《扬州文库》第 1 辑第 1 册,广陵书社 2015 年版,第 56 页。

[2] 参见诸祖煜:《东方明珠——唐代扬州》,贵州人民出版社 2001 年版,第 90 页。

[3] 〔唐〕魏徵、令狐德棻:《隋书》卷三一《地理志下》,中华书局 1973 年版,第 873 页。

[4] 〔后晋〕刘昫等:《旧唐书》卷四〇《地理志三》,中华书局 1975 年版,第 1572 页。

续表 10-1

时　代	辖县数	户　数	口　数	史料出处
开元年间	6	61417		《太平寰宇记》[1]
天宝元年	7	73381	469594	《通典·州郡典》[2]
天宝十一载	7	77105	467857	《旧唐书·地理志》[3]
元和年间	7	87647		《嘉靖惟扬志》
五代末至宋初	3	29655		《太平寰宇记》[4]

仅从数字看,隋代似乎是扬州人口数的最高峰,著籍户数达十一万五千,若以平均每户五人计,则总人口应在五十七万左右,远远超出了唐代鼎盛期的人口规模,似乎有些不可思议。这里需要说明的是,隋代扬州(江都郡)辖境幅员辽阔,统十六县之地,其中山阳、盱眙、盐城、清流、全椒、句容、延陵、曲阿等八县,在唐代分别划归楚州、滁州、润州。剔除这一因素的话,隋代江都郡核心区域的四县户籍,应在四万户上下。相比南朝末与唐初,这仍是一个相当高的数字。隋代扬州人口增长有多方面的原因,如结束南北军事对峙后,政局平稳,社会经济迅速发展,推动了人口自然增长。另外,隋代推行"大索貌阅"政策,搜括出不少隐匿人口。但更重要的因素,还是地理区位优势,隋代扬州取代建康成为南方区域中心城市,隋末甚至成为都城。这一局面吸引了不少周边区域的居民迁徙、定居于此。另外,隋炀帝即位后,三度巡幸扬州,随行的北方官僚家族中,不少举家定居扬州者。总之,随着隋代扬州在政治、文化上的崛起,初步展现出作为区域中心城市的人口辐辏之力。

隋末唐初之际,扬州地区饱受兵燹摧残,百姓流离失所,人口数大幅衰减,至唐初,全境四县仅有两万三千多户。不过这一态势是短暂的,贞观以后,江淮局势趋于稳定,承续隋朝的发展轨辙,扬州作为东南重镇与漕运枢纽,在全

[1]〔宋〕乐史撰,王文楚等点校:《太平寰宇记》卷一二三《淮南道·扬州》,中华书局 2007 年版,第 2442—2443 页。

[2]〔唐〕杜佑撰,王文锦、王永兴、刘俊文、徐庭云、谢方点校:《通典》一八一《州郡》,中华书局 1988 年版,第 4801 页。

[3]〔后晋〕刘昫等:《旧唐书》卷四〇《地理志三》,中华书局 1975 年版,第 1572 页。

[4]〔宋〕乐史撰,王文楚等点校:《太平寰宇记》卷一二三《淮南道·扬州》,中华书局 2007 年版,第 2442—2443 页。

国经济版图中扮演重要角色。历任牧守也采取了一系列劝课农桑、招徕流民的措施，效果显著。另外，周边地区的居民也在持续涌入扬州。可以说，唐前期百年，扬州的人口数量一直保持平稳增长的态势，及至 7 世纪中期的盛唐（天宝末年），户数已达七万七千多，总人口四十六万，比唐初增长了近五倍。

安史之乱中，淮南地区虽然也曾受战乱短暂波及，但社会秩序整体稳定。据贾至说："兵兴十年，九州残弊，生人凋丧……独扬州一隅，人尚完聚，屡遇海岛震荡，再当河南离叛，亟供职役之繁，而室家相保，耕绩未罢。"[1]可见战乱并未造成扬州人口数量减少。此后直至唐末的一百余年，江淮地区没有爆发过大规模战乱，人口持续增长，至元和年间，官方著籍数达八万七千多户，超过了盛唐人口。不过，这一数字仍是严重偏低的，实际人口应该超过官方统计数字。这主要因为北方流民的涌入，我们知道，安史之乱造成北方兵连祸结，为避战乱，大批北方居民迁徙南方。史称"天宝末，安禄山反，天子去蜀，多士奔吴为人海"[2]，"中原鼎沸，衣冠南走"[3]。而扬州正是北方流民的一大集散地，他们很多并未编入户籍，据时人皇甫湜观察："乾元以还，版籍斯坏，而所在游寄，莫知所从。"[4]这些客户、寄住户规模庞大，人数难以估量。

从唐后期"扬一益二"的繁盛景况来看，其常住人口总数应该远超前代。唐人赵嘏《送沈单作尉江都》诗云："炀帝都城春水边，笙歌夜上木兰船。三千宫女自涂地，十万人家如洞天。"[5]这"十万人家"，应该只是扬州城内及近郊（江都、江阳两县）的常住人口，辖下扬子、六合、天长、高邮、海陵五县未涵盖在内。上述辖县在唐后期户口均有明显增长，这是有迹可循的。如扬子县白沙镇（今仪征市），原为江边的一处镇戍，民户稀少。唐后期在此设盐铁巡院、

[1]〔宋〕李昉等编：《文苑英华》卷七二〇（贾至）《送蒋十九丈奏事毕正拜殿中归淮南幕府序》，中华书局 1966 年版，第 3728 页。

[2]〔清〕董诰等编：《全唐文》卷五二九（顾况）《送宣歙李衙推八郎使东都序》，中华书局 1983 年版，第 5370 页。

[3]〔宋〕李昉等编：《太平广记》卷四〇四《宝》"肃宗朝八宝"条，中华书局 1961 年版，第 3254 页。

[4]〔宋〕李昉等编：《文苑英华》卷四八九（皇甫湜）《对贤良方正直言极谏策》，中华书局 1966 年版，第 2503 页。

[5]〔清〕彭定求等编：《全唐诗》卷五四九（赵嘏）《送沈单作尉江都》，中华书局 1960 年版，第 6356 页。

纳榷场、市镇等建制,经济发展迅速,形成了一处繁荣的商业聚落,刘商《白沙宿窦常宅观妓》诗云:"扬子澄江映晚霞,柳条垂岸一千家。"[1]可见仅江边一带便有千户之众。海陵县因滨海盐业经济的发展,户口增长迅猛,尤称富庶。境内如皋等地,"水路北岸杨柳相连。……掘沟北岸,店家相连","水路左右,富贵家相连,专无阻隙"[2],涌现出不少新兴聚落。据《资治通鉴》记载,唐末高霸任海陵镇遏使,"帅其兵民悉归府城……于是数万户弃资产、焚庐舍、挈老幼迁于广陵"[3],海陵一县竟有数万户之众,这在全国范围内都是首屈一指的。《唐会要》卷七〇《州县分望道》记载,唐后期扬子、海陵、天长三县皆由上县提升为望县,六合县升为紧县,[4]五代时期又被升格为建安军、泰州、通州等独立区划,显然都是人口显著增加的结果。虽然缺乏准确的数字,但可以断定,唐中后期扬州的人口达到了前所未有的规模。

　　唐末淮南地区饱受兵燹摧残,毕师铎、杨行密、秦彦、孙儒等军阀连年混战,"六七年中,兵戈竞起,八州之内,鞠为荒榛,圜幅数百里,人烟断绝"[5],给社会经济造成毁灭性打击。其中扬州城所受破坏尤为惨烈,杨行密围攻扬州之际,"城中无食,米斗直钱五十缗,草根木实皆尽,以堇泥为饼食之,饿死者太半……城中遗民才数百家,饥羸非复人状"[6]。不难想见,短期内扬州地区人口经历了急剧下降。此后,在一片废墟之上建立的杨吴以及南唐政权,采取了一系列"招合遗散,与民休息"的政策。据《太平寰宇记》记载,宋初扬州著籍人数近三万户,如果加上五代时期从扬州分置的泰州、通州、高邮军、天长军、建安军、海陵监等政区,总数达十二万户。可见这数十年间,上述区划内人口总数应有大幅回升,但就扬州城一隅而言,早已不复"十万人家"的盛况。

　　[1]〔清〕彭定求等编:《全唐诗》卷三〇四(刘商)《白沙宿窦常宅观妓》,中华书局 1960 年版,第 3462 页。

　　[2]〔日〕圆仁撰,顾承甫、何泉达点校:《入唐求法巡礼行记》卷一,上海古籍出版社 1986 年版,第 6—7 页。

　　[3]〔宋〕司马光编著,〔元〕胡三省音注:《资治通鉴》卷二五七唐僖宗光启三年(887)十月,中华书局 1956 年版,第 8366 页。

　　[4]〔宋〕王溥:《唐会要》卷七〇《州县分望道》,中华书局 1960 年版,第 1238—1239 页。

　　[5]〔宋〕薛居正等:《旧五代史》卷一三四《僭伪·杨行密传》,中华书局 2015 年版,第 2075 页。

　　[6]〔宋〕司马光编著,〔元〕胡三省音注:《资治通鉴》卷二五七唐僖宗光启三年(887)十月,中华书局 1956 年版,第 8363 页。

二、"侨旧相杂"：移民与隋唐扬州社会

隋唐五代时期,全国人口数量整体呈直线上升趋势,这自然与社会经济持续繁荣、人口繁衍生息等因素有关。具体到扬州这片区域,从上文的分析不难看出,人口增长又与外来移民的大量涌入密不可分,因此有必要专门介绍这一群体的情况。

纵观扬州的历史,自汉末以后便堪称一部移民史。汉末三国时期,江淮地区军阀混战,人民流离失所,"自庐江、九江、蕲春、广陵户十余万,皆东渡江"[1],土著居民大批迁徙江南。"徐、泗、江、淮之地,不居者各数百里"[2],成为人口真空地带。此后不久,西晋"永嘉之乱"中,北方人口大规模南迁,江北的广陵郡成为接纳今苏北、山东等地流民的集散地。相应地,东晋南朝政权长期在广陵侨置兖州、青州,大批青齐侨民世代定居于此。魏晋以降的区域历史进程,奠定了扬州作为移民城市的底色。此后的隋唐时期,扬州又至少接纳过两次大规模移民潮。

（一）隋、唐之际的移民潮

唐代前期的扬州,是一座典型的移民城市。时人对此是有深刻认识的,名相姚崇所撰《兖州都督于知微碑》称："（扬州）地总淮海,路兼岭、蜀,侨旧相杂,良猾莫分,攘敓为恒,椎埋所聚。"[3]姚崇本人曾担任过扬州大都督府长史,他的亲身见闻无疑具有极高的史料价值。所谓"侨旧相杂",既是指东晋、南朝时期北方侨民聚居于此的过往历史,更是隋、唐之际扬州作为新兴大都会所呈现的风貌。具体而言,隋、唐之际迁来扬州的移民有以下几种类型。

首先是从江南迁徙的南朝士族、高僧等文化精英群体。隋代统一南北后,南朝故都建康被"平荡耕垦",夷为平地,原本定居于此的士族失去了世代相承的产业,被隋朝统治者强制迁徙到关中。但不久后,不少家族又选择南归,定居江北的新兴城市扬州。如唐代扬州籍学者王绍宗,出身六朝高门琅琊王

[1]〔晋〕陈寿撰,〔南朝宋〕裴松之注:《三国志》卷四七《吴书·孙权传》,中华书局1959年版,第1118页。

[2]〔晋〕陈寿撰,〔南朝宋〕裴松之注:《三国志》卷五一《吴书·孙韶传》,中华书局1959年版,第1216页。

[3]〔清〕董诰等编:《全唐文》卷二〇六（姚崇）《兖州都督于知微碑》,中华书局1983年版,第2087页。

氏,《旧唐书》本传称:"扬州江都人也,梁左民尚书铨曾孙也,其先自琅邪徙焉。"[1]其家族似乎自东晋即已定居广陵,其实不然,据其兄《王玄宗墓志》:"本琅邪临沂人,晋丞相文献公十代孙。陈亡过江,先居冯翊,中徙江都。"[2]据此可知,作为高门士族的琅琊王氏,在陈亡后迁徙关中,后来管控放松后,他们又伺机南返,定居扬州。此外又如著名文学家江总,他在陈朝官至宰相,号称"辞宗学府"。陈亡后,作为江左政权的头面人物,江总也一度迁徙长安。此后因政治上郁郁不得志,江总选择返回南方,定居江都,直至开皇十四年(594)去世。[3]

这一迁徙趋势在江南僧侣群体中也有集中体现。如法侃,原为郑州荥阳人,后迁徙建康,"陈平之后,北止江都安乐寺"[4]。智聪,"陈平后度江,住扬州安乐寺"。[5]慧頵,世居建康,驻锡同泰寺,"隋降陈国,北度江都,又止华林,栖遑问法"[6]。住力,"值江表沦亡,僧徒乖散,乃负锡游方,访求胜地,行至江都,乃于长乐寺而止心焉"[7]。相同经历的还有法济、明舜、居士曹毗等人。这些事例表明,陈亡后,聚集在建康周边的高僧群体出现了一股向江北扬州迁徙的潮流。江南高僧与士族不约而同选择定居扬州,显然不是偶然,应与隋炀帝在江都的积极经营、延揽有关。当时的扬州延续了六朝建康之文脉,成为南方学术文化中心,这是她能够吸引江南文化精英的主要原因。

除了自南迁徙的南朝旧族,隋代扬州也吸引了不少北方官僚士族定居。他们大多因官迁徙至此,最典型的如上官仪家族,原籍陕州陕县(今河南三门

---

[1] [后晋]刘昫等:《旧唐书》卷一八九下《儒学·王绍宗传》,中华书局1975年版,第4963页。

[2]《大唐中岳隐居太和先生琅耶王征君临终口授铭并序》,周绍良主编:《唐代墓志汇编》,上海古籍出版社1992年版,第744页。

[3] [唐]姚思廉:《陈书》卷二七《江总传》,中华书局1972年版,第346页。

[4] [唐]道宣撰,郭绍林点校:《续高僧传》卷一一《唐京师大兴善寺释法侃传》,中华书局2014年版,第390页。

[5] [唐]道宣撰,郭绍林点校:《续高僧传》卷二〇《唐润州摄山栖霞寺释智聪传》,中华书局2014年版,第768页。

[6] [唐]道宣撰,郭绍林点校:《续高僧传》卷一四《唐京师崇义寺释慧頵传》,中华书局2014年版,第485页。

[7] [唐]道宣撰,郭绍林点校:《续高僧传》卷三〇《唐扬州长乐寺释住力传》,中华书局2014年版,第1213页。

峡），其父上官弘隋末任江都宫副监，"因家于江都"[1]。上官氏是中古时期的华北著姓之一[2]，但隋炀帝时，上官仪的父亲则因为担任江都宫副监，而举家迁居扬州，上官仪也是自幼生长于扬州。唐代扬州籍诗人邢巨，其家族也属于这一类型。据《邢巨墓志》记载，邢巨祖籍河间郡（今河北沧州），曾祖邢师在隋代任衢州龙丘县令，隋末战乱，"因家淮南"，著籍于扬州[3]。又如张行密家族，据其《墓志》记载，原为陇西人，"父素德，（隋）黄门侍郎。于大业元年敕往江南，由此思退，遂移家扬州江阳城东之育贤村居焉"。[4]张行密本人于唐贞观年间官至给事中，但最终卒、葬均在扬州。崔克让家族的事例也很典型，据其墓志记载："其先洛阳人也。曾祖范，仕隋为都护……上（隋炀帝）幸江都，因宦迁家，今遂扬州人矣。"[5]崔克让家族也是侍从隋炀帝南巡而定居扬州的。

　　向扬州迁徙的移民潮一直持续到唐初，甚至成为一项官方措施。唐初曾一度将扬州治所设于建康故地，武德九年（626），襄邑王李神符任扬州大都督，鉴于治所江宁残破，而江北扬州（隋江都郡）区位优势显著，因此"移州府及居人自丹阳渡江"[6]，大批江南居民被集中迁徙到江北扬州。这是史籍明确记载的一次政府主导的大规模移民，对扬州城市发展具有深远影响。

　　除了政府移民，唐初也有不少士人家族主动移居扬州。其中，马怀素家族的事例颇具代表性，据《马怀素墓志》：

　　　　公讳怀素，字贞规，本原扶风。……十一代祖机，抗直不挠，晋御史中

[1]〔后晋〕刘昫等：《旧唐书》卷八〇《上官仪传》，中华书局1975年版，第2743页。

[2]《元和姓纂》记唐代上官氏郡望有三：天水、京兆、东郡。上官仪家族被系于东郡（河南滑县）条下，但两《唐书》本传记其为陕州陕县人，新出《上官婉儿墓志》则记为陇西上邽人。文献记载的歧异，反映出上官氏经历过多次迁徙。但在隋代以前，他们还是属于典型的北方官僚家族。

[3]《唐监察御史邢府君墓志铭并序》，赵君平、赵文成编：《河洛墓刻拾零》，北京图书馆出版社2007年版，第309页。

[4]《唐故张君墓志》，李文才疏证：《隋唐五代扬州地区石刻文献集成》，凤凰出版社2021年版，第9页。

[5]《大唐故定州都尉知队府使崔府君墓志铭并序》，李文才疏证：《隋唐五代扬州地区石刻文献集成》，凤凰出版社2021年版，第12页。

[6]〔后晋〕刘昫等：《旧唐书》卷六〇《襄邑王神符传》，中华书局1975年版，第2344页。

丞,扈元帝渡江,家南徐州丹徒,故今为郡人也。代以学闻。高祖涓,博综坟典,仕陈为奉朝请;曾祖法雄……陈横野将军;祖果愿,愿学礼经,不陨素业,即学士枢之从父兄也。少为尚书毛喜所知,陈本州文学从事;父文超……龙朔初,黜陟使举检校江州寻阳丞,弃官从好,遂寓居广陵,与学士孟文意、魏令谟,专为讨论,具有撰著。公即寻阳府君第三子也。[1]

马怀素出身扶风马氏,先世在两晋之际随元帝南渡,"家南徐州丹徒县"。高祖、祖父在南朝均有官职,属于典型的南朝士族。陈朝灭亡后,马怀素家族很长一段时期内还是定居京口故地(唐润州)。其父马文超贞观年间参军从征高丽,"策名勋府",获得勋官职衔,又任江州寻阳县丞,随后他弃官迁徙位于江北的扬州。在扬州期间,马文超与曹宪弟子魏令谟等人交好,"专为讨论,具有撰著",马怀素自幼师事选学大家李善。从这些迹象来看,马文超很显然是看重了当时扬州浓郁的人文环境与丰富的教育资源,这也是扬州作为区域性中心城市的独特优势。

李含光家族差不多也在同期迁来扬州。据颜真卿所撰《茅山玄靖先生广陵李君碑铭》:

> 先生姓李氏,讳含光,广陵江都人。本姓宏(弘),以孝敬皇帝庙讳改焉。二十一代祖宏,江夏太守,避王莽,徙居晋陵,遂为郡人。高祖文巇,陈桂阳王国侍郎。曾祖荣,皇朝雷州司马。祖师龛,隐居以求其志,徙于江都。[2]

碑文言其世居晋陵(常州),本姓弘,避孝敬皇帝李弘讳改姓。据《元和姓纂》,弘氏有两望:其一,卷一"毗陵洪氏"条称:"本姓弘氏,避孝敬讳改姓洪氏。"毗陵即晋陵,李含光应即出身毗陵弘氏者。但李含光一支何以独改姓李,稍

[1]《故银青光禄大夫秘书监兼昭文馆学士侍读上柱国常山县开国公赠润州刺史马公墓志铭并序》,周绍良主编:《唐代墓志汇编》,上海古籍出版社1992年版,第1205—1206页。

[2]〔清〕董诰等编:《全唐文》卷三四〇(颜真卿)《有唐茅山玄靖先生广陵李君碑铭》,中华书局1983年版,第3445页。

显费解。或因其家迁居扬州,改姓时与族人疏于沟通的缘故。其二,同书卷五"曲阳弘氏"条又称:"弘璆代居曲阳;生琚,吴中书令。"[1]按弘璆及其祖父咨皆为曲阿人,见于《三国志》卷四八《吴书·孙皓传》注引《吴录》[2],今本《姓纂》之"曲阳"必为"曲阿"之讹。曲阿旧属晋陵郡,李含光家族既世居晋陵,自然也是曲阿弘氏之裔,曲阿弘氏与毗陵弘氏当同出一源[3]。《姓纂》将其分作两支,盖因入唐后一属润州,一属常州。不过,无论毗陵弘氏抑或曲阿弘氏,都是六朝时期的吴地旧姓,其家族仕宦履历起码可上溯至孙吴时期。李含光高祖任陈桂阳王国侍郎、曾祖任唐雷州司马,可见其家族代有宦绪。李含光祖父李师龛"隐居以求其志,徙于江都",时间当在唐初,这与前述马文超应该是基于同样的时代背景。

上官仪、王绍宗、马怀素、邢巨、李含光等人都是唐代扬州学术文化领域的杰出代表,而他们又无一例外都是移民后裔。唐初扬州《文选》学"的几位大师,如曹宪、李善等人,很可能也具有移民背景。这些迹象表明,唐代扬州本土学术文化的繁盛,与其作为新兴移民城市的性质是密不可分的。

(二)安史之乱后的移民潮

7世纪中叶,随着安史之乱爆发,中原残破,兵连祸结,北方居民大规模往南方长江流域迁徙,由此出现了中国历史上继西晋"永嘉南渡"后的另一次移民浪潮。扬州地当南北交通枢纽,自然成为北方流民南下的主要集散地。《安禄山事迹》称:"衣冠士庶……家口亦多避地于江淮。"[4]韩愈《考功员外卢君墓铭》:"大历初……当是时,中国新去乱,仕多避处江淮间。"[5]可知以扬州为中心的江淮地区,成为这些北来移民的主要聚居地。唐后期扬州人口的显著增长,与这一流民潮有很大关联。

[1]〔唐〕林宝撰,岑仲勉校记:《元和姓纂(附四校记)》,中华书局1994年版,第16页、第641页。

[2]〔晋〕陈寿撰,〔南朝宋〕裴松之注:《三国志》卷四八《吴书·孙皓传》,中华书局1959年版,第1165页。

[3]今本《姓纂》不载曲阿弘氏改姓,宋人洪迈《容斋四笔》卷一一则称"曲阿弘氏易为洪"云云(中华书局2005年版,第762页),当是据不见于今本《姓纂》的佚文或其他姓氏书。

[4]〔唐〕姚汝能撰,曾贻芬点校:《安禄山事迹》卷下,中华书局2006年版,第107页。

[5]〔唐〕韩愈:《韩昌黎全集》卷二四《碑志一·考功员外卢君墓铭》,中国书店1991年版,第332页。

安史之乱中,河南地区战事持续时间最长,受兵燹蹂躏尤为惨重,"东周之地,久陷贼中,宫室焚烧,十不存一","中间畿内,不满千户","东至郑、汴,达于徐方……人烟断绝,千里萧条"。[1]因此,来自河南一带的流民数量最为庞大。上述情形在扬州出土的唐代墓志中有集中反映,不少志主都是来自运河沿线的洛阳、汴州一带。如李颉,出身唐宗室,乾元初任汴州(今河南开封)司仓参军,"到官未几,避地江淮。至元年建丑月十一日,因调选终于扬州旅社,时年五十三,遂权窆于江阳县东郭之外"[2]。李颉在汴州任职,战事爆发后,仓促举家南迁,在扬州还未及置业便离开人世。又如刘通妻张氏,墓志称:"其先陈留郡开封县人也。令标时望,移家淮楚,今遂扬州江阳县人矣。"[3]汤绚妻马氏,"其先扶风人也。贯汴州浚仪县矣。……于贞元十五年八月十三日奄终于扬州江阳县太平坊之客舍,享年卅有九"[4]。以上两例原籍均在汴州。贾瑜,"其先蒲州人……今即贯为蔡州海阳县人焉。……贞元七年六月十九日,终于扬州江都县赞贤坊之私舍"[5],原籍在蔡州。在唐代交通体系中,上述区域通向扬州的水路颇为便利,流民既可取道大运河直接南下扬州,如因战事受阻,也可经颍水入淮河,进入淮南境内的寿州、庐州、濠州等地,再辗转到达扬州。

河北地区是安史叛军根据地,也有不少居民迁徙扬州。大历十四年李举墓志:"公讳举,字幼迁,魏郡元城人也。……顷因中华草扰,避地江淮……大历十三年腊月廿一日,卒于惟扬瑞芝私第,享年五十二。"[6]李举原籍在魏郡元城(今河北大名),乱前便是安禄山盘踞之地,战事爆发后,他们举家迁徙到扬

[1] 〔后晋〕刘昫等:《旧唐书》卷一二〇《郭子仪传》,中华书局1975年版,第3457页。

[2] 《唐故朝议郎行汴州司仓参军员外置同正员陇西李府君及夫人南阳张氏墓志》,李文才疏证:《隋唐五代扬州地区石刻文献集成》,凤凰出版社2021年版,第64页。

[3] 《唐故南阳张夫人墓志铭并序》,李文才疏证:《隋唐五代扬州地区石刻文献集成》,凤凰出版社2021年版,第89页。

[4] 《唐汤公故夫人马氏墓志》,李文才疏证:《隋唐五代扬州地区石刻文献集成》,凤凰出版社2021年版,第75—76页。

[5] 《唐故前试左武卫兵曹参军贾府君墓志铭并序》,李文才疏证:《隋唐五代扬州地区石刻文献集成》,凤凰出版社2021年版,第56—57页。

[6] 《唐故李府君墓志铭并序》,李文才疏证:《隋唐五代扬州地区石刻文献集成》,凤凰出版社2021年版,第33页。

州,并在瑞芝坊卜宅定居。也有些家族是从京城一带辗转迁徙而来,如田佚及妻冀氏,据墓志:"府君讳佚,京兆泾阳人也。……贞元三年七月七日寝疾殁于扬州江都县赞贤坊之私第也。享年五十。其时道路艰阻,未获还乡,权卜葬于扬州江阳县临湾坊之原也。"[1]刘嗣初妻杜氏,"京兆人也……中原盗贼奔突,避地东土……贞元十一年七月十八日终于江阳道仁坊之第也,春秋八十有四"[2]。李崇,据墓志记载:"本贯长安,移居淮楚,今遂为扬州人矣。……于贞元八年岁次壬申三月十六日奄终于扬州江阳县仁义里私第,享年四十有二。"[3]上述墓志都是扬州本地出土,可见战乱平息后,他们并没迁徙回原籍,而是长期定居扬州,逐渐土著化。

移民的主体自然是一般民众,不过反映他们事迹的记载并不多,文献所见主要是一些官僚家族。这一群体又被称为"侨寄衣冠""衣冠户""邑客"等。据《旧唐书》卷一四六《杜亚传》记载,杜亚任淮南节度使时,"侨寄衣冠及工商等多侵衢造宅,行旅拥弊"[4]。笔记小说《云溪友议》记载,淮南节度使李绅持法严峻,"于是邑客、黎人,惧罹不测"[5]。所谓"侨寄衣冠""邑客",都是自长安、洛阳等地迁徙扬州的官僚士大夫,他们在扬州"侵衢造宅",以致"行旅拥弊",可见人数之巨。

扬州交通便捷,环境宜居,虽然是南方商业中心,但生活成本相比两京一带要低廉很多。因此,即便战乱结束后,也有很多经济状况不佳的士人会主动选择侨居扬州。如窦常兄弟五人,出身扶风窦氏,原籍京兆,其父去世后,"力养继亲,家无旧产,百口漂寓。……因卜居广陵之柳杨西偏,流泉种竹,隐几著书者又十载"。所谓"柳杨西偏",即扬子县白沙镇,窦常在此筑别业而居。刘商有诗《白沙宿窦常宅观妓》,能在宅中蓄妓,足见生活相对优渥。在此期

[1]《唐故泗州长史试殿中监京兆田府君墓志铭并序》,李文才疏证:《隋唐五代扬州地区石刻文献集成》,凤凰出版社 2021 年版,第 48—49 页。

[2]《唐故刘府君夫人杜氏墓志铭并序》,李文才疏证:《隋唐五代扬州地区石刻文献集成》,凤凰出版社 2021 年版,第 70 页。

[3]《大唐故京兆李府君墓志铭并序》,李文才疏证:《隋唐五代扬州地区石刻文献集成》,凤凰出版社 2021 年版,第 61—62 页。

[4]〔后晋〕刘昫等:《旧唐书》卷一四六《杜亚传》,中华书局 1975 年版,第 3963 页。

[5]〔宋〕李昉等编:《太平广记》卷二六九《酷暴三》"李绅"条引《云溪友议》,中华书局 1961 年版,第 2111 页。

间,他还编有《南薰集》三卷,收录大历年间江南文士诗歌唱和之作。此后窦常虽然一度宦游他方,但致仕后还是选择归老扬州,"寝疾告终于广陵之白沙别业"[1]。

杜颙的经历也颇有代表性。杜颙是宰相杜佑之孙,诗人杜牧之弟,自幼以文采著称。进士及第后,杜颙被李德裕辟为镇海军节度巡官,罢职后长期客居扬州龙兴寺,李德裕任淮南节度使,又辟其为节度支使。后因眼疾辞官,"居淮南,筑室治生"[2],有终焉之计,后在扬州去世。杜颙原籍长安,为什么会长期滞留扬州呢? 这主要有两方面的原因。首先与扬州的区位优势有关,据其兄杜牧称"扬州大郡,为天下通衢,世称异人术士多游其间"[3],便于寻医治疗眼疾。另外,这一选择也是生计所迫,杜牧在《上宰相求湖州第二启》中透露,他们兄弟虽是宰相之孙,但因父亲早逝,自幼孤贫,京中产业早已典卖殆尽,"八年中,凡十徙其居"[4],可谓备尝艰辛。扬州物价相对低廉,靠杜牧的俸禄足以接济其生计。像杜颙这类因生活落魄而侨居扬州的衣冠士子应不在少数。

侨寄衣冠中也有不少此后仕宦显达、跻身庙堂的人物。如著名文士张鷟之孙张荐,精通史学,获颜真卿赏识。安史之乱爆发后,张荐南下江淮,"家于邗沟,耕于谢湖"。后入朝为官,"以博洽多能,敏于占对被选",历任太常博士、殿中侍御史、谏议大夫、工部侍郎、御史大夫等要职。在侨居扬州这段岁月中,张荐与周边地区的崔造等人诗酒唱和,"或承余眷,留欢浃日,无旷再时者数焉"[5]。他还撰有《江左寓居录》一书,记录这段侨居生活。李藩的事迹也很典型,他出身赵郡李氏,世代冠冕,原籍洛阳,其父官至湖南观察使。父亲去世后,李藩家道中落,年近三十,仕宦无门,生活陷于困顿,"遂往扬州,居参

[1]〔清〕董诰等编:《全唐文》卷七六一(褚藏言)《窦常传》,中华书局1983年版,第7909页。

[2] 吴在庆:《杜牧集系年校注·樊川文集》卷九《唐故淮南支使试大理评事兼监察御史杜君墓志铭》,中华书局2008年版,第751—752页。

[3] 吴在庆:《杜牧集系年校注·樊川文集》卷一六《上宰相求湖州第二启》,中华书局2008年版,第1010页。

[4] 吴在庆:《杜牧集系年校注·樊川文集》卷一六《上宰相求湖州第二启》,中华书局2008年版,第1008页。

[5]〔唐〕权德舆撰,郭广伟校点:《权德舆诗文集》卷四一《与张秘监书附答书》,上海古籍出版社2008年版,第632页。

佐桥"[1]。在扬州期间，李藩发奋读书，声名卓著，获得周边藩镇辟召，后升朝，历任秘书郎、吏部郎中、给事中，元和年间官至宰相。[2]王播是扬州寄客群体中的另一位宰相，他出身于一个中下级官僚家族，其父王恕，建中年间任扬州仓曹参军，遂举家定居扬州。王播自幼丧父，与其母、弟先后寄住城内禅智寺木兰禅院，以及江边的白沙别业。在扬州期间，王播"以文辞自立"，以进士及第，历任御史中丞、京兆尹、刑部侍郎、盐铁转运使、剑南西川节度使等内外要职，并于长庆年间拜相秉政。此后不久，王播受命出镇扬州，任淮南节度使。到任后，他曾携幕僚重游故地，并赋诗感怀。

综上所述，受隋唐之际南方地缘格局的剧变影响，以及安史之乱以后全国性的移民潮催动，大批外来人口涌入扬州境内。移民中的代表性人群在前后两期各有特点：唐代前期多为世居江南的南朝旧族，后期则多出身北方官僚家族。两次移民潮前后相继，由此形成了唐代扬州"侨旧相杂"的居民结构。可以说，正是这一居民结构塑造了唐代扬州独特的城市文化性格。关于这一点，我们不妨将扬州与同时期的成都做一番比较。唐人卢求《成都记序》：

> 大凡今之推名镇为天下第一者，曰扬、益。以扬为首，盖声势也。人物繁盛，悉皆土著。江山之秀，罗锦之丽，管弦歌舞之多，伎巧百工之富。其人勇且让，其地腴以善，熟较其要妙，扬不足以侔其半。[3]

唐代成都与扬州并称"扬一益二"，但作者在文中点出了两地社会风貌的迥异之处，即成都居民"悉皆土著"，而扬州如姚崇所言是"侨旧相杂"，这应该也是唐人的共识。但作者以此作为"褒益抑扬"的论据，认为扬"不足以侔其半"，恰暴露了自身见识之偏狭。

中外移民的大量涌入，为唐代扬州提供了千载难遇的发展契机，南来北

---

[1]〔宋〕李昉等编：《太平广记》卷七七《方士》"胡芦生"条引《原化记》，中华书局1961年版，第488—489页。

[2]〔后晋〕刘昫等：《旧唐书》卷一四八《李藩传》，中华书局1975年版，第3997—4001页。

[3]〔清〕董诰等编：《全唐文》卷七四四（卢求）《成都记序》，中华书局1983年版，第7702页。

往的人群汇聚于此,不仅带来了各地先进的生产技术与劳动力,成为城市繁荣的催化剂,而且由于各方人口流入徙出、频繁迁徙,也促成各方学术文化的交汇,竞相激荡又彼此借鉴、融合,并由此孕育出唐代扬州多元、开放的社会文化面貌,同时也使得扬州地区的社会习俗呈现出多样化的复杂面貌。

第二节　隋唐五代扬州地区的社会风俗

社会风俗作为一种自发形成的,并为大多数人所经常重复的行为方式,也是社会文化的有机组成部分,其形成经历了较为漫长的过程,故具有相当程度的稳定性,一定程度上影响着该地社会文化传统;另一方面,社会风俗作为历史发展演变的产物,又与社会的变革有着直接而密切的关系,会随着历史条件的改变而发生变化,"移风易俗"便具备了可能性。社会风俗主要包括民族风俗、节日习俗和传统礼仪三个方面的内容。"古者百里而异习,千里而殊俗",反映了风俗具有因地而异的特征,社会风俗作为特定区域内人们所共同遵守的行为模式或规范,具有多样性的特点,不同的地域有不同的民俗风情,每个地方都有专属于该地的独特习俗。对某一地区某一时期的社会风俗及其变化进行研究,有助于深化对该地区历史发展、文化变迁等情况的认识和理解。隋唐五代时期的扬州,社会风俗一方面具有同一时代社会风俗的普遍性、共同性的特征,另一方面也表现出自身独有的区域性特征,具体以言,隋唐五代时期扬州的社会风俗沿袭传统的同时,而有所变化。农业作为古代社会经济的基础,始终受到统治阶级的关注,重农抑商的政策也一直作为基本国策而大加弘扬,扬州地区自然也不能例外,因此,这个时期的扬州农业继续得以发展,并达到了前所未有的发达程度。另一方面,由于扬州又是当时全国的水陆交通枢纽,手工业、商业空前发展,因此,扬州又出现了"俗好商贾,不事农桑"[1]的新风尚,从而形成扬州地区农、商并重的社会风俗。扬州作为富庶无比的东南大都会,超强的经济实力和发达的城市商品经济,对于扬州地区的日常社会风俗产生了重要影响,进而形成崇尚华侈的日常生活习俗。

---

[1]〔后晋〕刘昫等:《旧唐书》卷五九《李袭志附弟袭誉传》,中华书局 1975 年版,第 2332 页。

一、隋唐五代扬州的社会风尚

杜佑在《通典》中对扬州的记述,先从"古扬州"即《禹贡》"淮海惟扬州"讲起,说到其社会风尚,则引《周礼·职方》的说法:"东南曰扬州……以为江南之气躁劲,厥性轻扬,亦曰州界多水,水波扬也。在于天官,斗则吴之分野。(自注:汉之会稽、九江、丹阳、章郡[1]、庐江、广陵、六安、临淮,皆其分也。)"[2]可见《禹贡》所载"古扬州"的地域范围,是包括今之扬州在内的,因为杜佑在自注中明确将广陵列入了"吴"的分野,所以《周礼·职方》中所说"古扬州"在社会风尚"气躁劲,厥性轻扬",同样可以用来概括扬州地区。不过,"气躁劲,厥性轻扬"所概括的扬州地区社会风尚,主要是指汉代以前。时至隋唐五代,扬州地区的社会风尚早已发生了较大变化,如唐初官修《隋书》就较为系统地讲述了扬州地区社会风尚的变迁,云:

> 扬州于《禹贡》为淮海之地。……其俗信鬼神,好淫祀,父子或异居,此大抵然也。江都、弋阳、淮南、钟离、蕲春、同安、庐江、历阳,人性并躁劲,风气果决,包藏祸害,视死如归,战而贵诈,此则其旧风也。自平陈之后,其俗颇变,尚淳质,好俭约,丧纪婚姻,率渐于礼。其俗之敝者,稍愈于古焉。[3]

由此可见,扬州地区的社会风尚一直处于变化之中,平定陈朝之前的"旧风"是急躁、勇劲、果断、好战诡诈、包藏祸害而又视死如归,不过在隋朝灭陈之后,这种"旧风"发生了变化。《隋书》之所以说扬州的风俗变化于平陈之后,自然是为宣扬大隋皇朝威加海内、移风易俗的伟大功德。然而,实际的情况是社会风尚的变迁需要一个长期的过程,决不可能是在隋朝灭陈之后才发生转变的。另外,任何一个地区的社会风尚都不是一成不变的,而是随着社会的发展而发生新的变化,例如唐代与隋代相比可能发生变化,唐代前期、中期与末期也会因为发生变化而表现出不同的风貌。

---

[1] 按,《通典》避唐代宗李豫讳,豫章郡简称"章郡"。

[2] 〔唐〕杜佑撰,王文锦、王永兴、刘俊文、徐庭云、谢方点校:《通典》卷一八一《州郡十一·古扬州上》,中华书局 1988 年版,第 4799 页。

[3] 〔唐〕魏徵、令狐德棻:《隋书》卷三一《地理志下》,中华书局 1973 年版,第 886—887 页。

西晋末年的"永嘉之乱",中原人士大量南迁,是扬州地区社会风尚发生转变的一个重要契机。这时北方人民的大量南迁,不仅为扬州带来丰沛的劳动力,也同时带来了中原地区先进的文化,从而推动了先进文化在南方的传播,这一点正如杜佑所概括的那样:"永嘉之后,帝室东迁,衣冠避难,多所萃止,艺文儒术,斯之为盛。今虽闾阎贱品,处力役之际,吟咏不辍,盖因颜、谢、徐、庾之风扇焉。"[1]因此,扬州能够在隋唐五代时期发展为东南地区的文化中心城市,扬州地区的民众养成喜爱读书的社会风尚,与西晋末年"永嘉之乱"所导致的北方人士大量南迁之间,是有着极大关系的。至于"尚淳质,好俭约"等淳朴的民风,也是历史发展演变的结果,并不单纯是隋朝平陈所推行的相关政策所致。

(一)扬州乡里的淳朴之风

中国自古以来就是农业国,从秦至清二千多年间的"皇权—吏民"社会,男耕女织的小农经济始终是最基本的经济形态,是社会政治、军事、文化赖以存在和发展的经济基础。隋唐五代时期的扬州地区也不例外,自耕农经济乃是最基本的经济形态,广大吏民仍然是农田劳作的主要劳动力,他们春耕夏耘,秋收冬藏,随着日出日落而或作或息,构成了扬州地区社会经济的基础性力量,并在辛勤的劳作中形成了朴实无华、勤劳俭约的淳朴民风。隋唐时期科举制度的创立和发展,为广大吏民提供了改变自身命运和跻身社会上层的机会,因此勤劳朴实的扬州人民在勉力耕作之余,也都尽可能地鼓励孩子们读书习文,希望自己的后辈能够有一天"学而优则仕"从而光大门楣,由此养成了扬州地区"其俗朴而不争,有学而好文"[2]的社会风尚。

有关唐代扬州地区的社会风尚,宋人颇多记述,如王象之曾记述扬州海陵县(今江苏泰州)的民风,说海陵县"士好学而文,农民织纻稼穑","土风浑厚,人自足于渔盐","俗务儒雅,虽穷巷茅茨之下,往往闻弦诵声。海陵幽邃而地肥美,故民惟事耕桑樵渔,性多朴野,耻以浮薄相夸,鲜出机巧谋利,虽无

---

[1]〔唐〕杜佑撰,王文锦、王永兴、刘俊文、徐庭云、谢方点校:《通典》卷一八二《州郡十二·古扬州下》,中华书局1988年版,第4850页。

[2]〔宋〕王象之:《舆地纪胜》卷三七《淮南东路》"扬州"条,中华书局1992年版,第1561页。

富强豪右,而家亦自给"[1]。海陵县的民风社俗概括起来大致是这样的:普通民俗仍是男耕女织为主,樵采渔猎为辅,品性朴实无华,以浮夸浅薄为耻辱,较少动用心机;农耕渔猎之外,喜好读书,虽然是穷巷茅屋,也往往有弦歌诵读之声。海陵在隋唐时期一直是扬州下辖的大县,因此海陵县的民风习俗,一定意义上也可认为就是唐代扬州地区的社会风俗。扬州其他地区也是如此,朴而不争、好学而文大致构成了扬州社会风尚的核心内容,如吕温在其所撰写的《广陵陈先生墓表》中,就写到了广陵郡棠邑乡贞晦先生陈融的优秀品德,以及在他影响下的淳朴民风,某种意义上正是对唐代扬州地区"朴而不争"的社会风尚的最好诠释。其文曰:

> 有唐贞晦先生,广陵郡棠邑乡陈君,曰融,无字,享年七十有二。游不出乡,考终厥命。呜呼至哉! 良玉虽白不受采,醴泉自甘非有和。真色缜密,丹青无自入也;灵味天成,曲蘖无所资也,故先生长而不学。大朴不通乎轮辕,至音不谐乎宫商。曲直浑成,巧匠莫能材也;清浊一致,伶伦莫能器也,故先生老而不仕。地虚而践则有迹,器疏而扣则成声。我践惟实,迹不可得而见也;我扣惟密,声不可得而闻也,故先生没而不称。若夫为养克孝,居丧致毁,事亡如存,朋友孜孜,兄弟怡怡,于乡恂恂,与物熙熙,天性人道,其尽于兹,何必读书,然后为学,知命是达,怡神为荣,乐天忘忧,自宠不惊,贵我以道,此非爵乎? 富我以德,此非禄乎? 何必入官,然后为仕。我有信顺,自天佑之,我有正直,神之听之。谓天盖高,亦既知矣;谓神盖幽,亦既闻矣。何必俗声,然后为名? 大哉! 先生行不学之道,据不仕之贵,负不称之名,达人观焉,斯亦极矣! 予贞元初寓居是邑,言归京国,道出其乡,始见一乡之人,父义子孝,长惠幼敬,见乎词气,发乎颜色,不闻忿争之声,不见傲慢之容,雍雍穆穆,甚足异也。因揣之而叹曰:"芳兰所生,其草皆香;美玉所积,其山有光。此乡之人,岂必尽仁,其必有贤者,生于是矣。"遂停车累日,周访故老。果曰:"吾里尝有陈融,孝慈仁信,不学不仕,乡人见之,皆自欲迁善远罪,亦不知其所以然。"今也则

---

[1]〔宋〕王象之:《舆地纪胜》卷四〇《淮南东路》"泰州"条,中华书局 1992 年版,第 1681—1682 页、第 1699 页。

亡，清风犹在。予于是慨然，痛先生以纯德至行，沉落光耀，官阙轼庐之礼，士无表墓之文，知而不书，我执其咎。乃披典校德，谥曰贞晦先生。穷征其实，建石于路，用告将来之有识者云尔。[1]

文中所说的棠邑乡属广陵郡六合县，在今江苏省仪征市境内。棠邑乡所呈现出来的父慈子孝、长惠幼敬、家族和睦、邻里无争的熙熙晏如之风，正是唐代扬州地区民风淳朴的典范，正与海陵县"土风浑厚"形成呼应，隋唐五代时期扬州地区农村乡里的民风，大概皆是如此。以棠邑乡而言，造成这种"不闻忿争之声，不见傲慢之容，雍雍穆穆"局面的原因，一方面确实与贞晦先生陈融的先锋表率作用有着直接的关系，另一方面与扬州原本就是民风古朴的地区也有关系，这两方面的原因缺一而不可。

吕温所颂扬的棠邑乡淳朴民风，自然是以皇权政治体制下的传统道德观念为标准，其中有些内容可能不符合今天的要求，但仍然有其积极意义。例如，朋友之间讲究信义，兄弟之间相互友爱，待人接物心平气和，家庭内部则是父义子孝、尊老爱幼、孝顺长辈，乡里之间相处和睦，也都是我们今天建设和谐社会所追求的一种境界。

（二）扬州城市的享乐之风

隋唐五代时期的扬州，既是东南地区的财富集中之地和最大的经济都会，也是最为著名的消费型城市，由此造成其间扬州城市社会风尚发生了很大变化，与"土风浑厚"的农村乡里有很大不同，隋唐五代时期的扬州城市可谓奢靡成风，谓之"销金窟"亦绝不为过。不过需要指出的是，扬州城内能够奢华生活的人，都是高居社会上层的人物。他们或者是皇权衍生出来的各级官僚贵族，依靠手握权柄而牟取财富；或者是家资雄厚的富商大贾，依恃商业经营或与官府勾结而获得巨额利润。至于扬州城内的普通吏民，尽管他们属于广大的被统治阶层，自然没有进行奢靡享乐的财力，但是也不同程度地受到了享乐之风的影响，而不免有时也幻想着能够一夜暴富，从而体验一把千金买醉的生活方式。

[1]〔清〕董诰等编：《全唐文》卷六三一（吕温）《广陵陈先生墓表》，中华书局1983年版，第6363页。

隋唐五代时期的扬州城，因为聚居了大量的官僚贵族、富商大贾而形成了奢靡享乐的社会风气，他们追求声色犬马的奢侈生活作风，深深地影响到扬州城市的生活时尚，尽管奢华享乐并不是扬州城区所有民众的生活态度，但仍然在一定程度上展示出了东南第一都会城市所独有的追名逐利的特质。隋唐五代时期扬州之所以形成了"俗好商贾，不事农桑"新社会风尚，实与上层统治者穷奢极欲的生活方式有着不可分割的联系。作为一个"商贾如织"的城市，整个扬州城内弥漫着追逐财富利润的气息，各行各业的富商巨贾和中小资本经营的商贩，他们为了获得财富而奔走竞逐，驱驰于市廛商埠。正如太史公所说，"夫用贫求富，农不如工，工不如商，刺绣文不如倚市门"[1]，在商业利润的诱惑之下，扬州城内的各色人等纷纷涌入商业交易行当，竞相逐利。时风之下，官僚阶层也不例外，扬州本地的大小官僚利用手中的权力，直接参与到各种商业经营中。隋唐五代时期的扬州城内外有许多邸肆店铺都有着官府的背景，或者直接就是一些官员的产业。由于扬州商品经济发达，易于牟取巨额利润，所以许多外地官僚包括京师的达官显贵，也竞相到扬州开设商铺，甚至是军队也参与到商业经营中，为此他们不惜克扣军饷和军需而将其投入商业活动中。他们将本来应该用于战争的各种军需物资作为商业交易的本钱而投入市场，从而坐收巨额利润。扬州的地方官员中，王播、陈少游是这方面的典型代表，他们身为扬州大都督府长史、淮南节度使，乃是淮南道的最高军政长官，他们坐镇一方，不思如何尽忠于国家和为民众谋取利益，而是一心想着利用手中的权力牟取牟利。例如陈少游就是一个非常善于投机钻营的官员，他在主政扬州期间，"敛求贸易无虚日，积财宝巨亿万"[2]。至于普通商贾，他们不能像官商或官僚那样利用政治权力牟利，便只能绞尽脑汁，各施手段以获取商业利润。他们有的通过与官府人员的合作，或充当官僚的掮客而从利润中分得一杯羹，但这种官商合作的模式毕竟不是主流。多数商贾还是依靠敏锐的嗅觉和灵活的头脑，而在商业经济的竞逐中获利，如广陵贾人在扬州制造柏木床，

---

[1]〔汉〕司马迁撰，〔南朝宋〕裴骃集解，〔唐〕司马贞索隐，〔唐〕张守节正义：《史记》卷一二九《货殖列传》，中华书局 1982 年版，第 3274 页。

[2]〔宋〕欧阳修、宋祁：《新唐书》卷二二四上《叛臣上·陈少游传》，中华书局 1975 年版，第6380 页。

却并不在扬州本地销售,而是运到建康的市场上出卖,从而获取更多的利润,这显然是利用两地的差价进行商品交易活动。"商人重利轻别离,前月浮梁买茶去"[1],之所以要到浮梁去贩卖茶叶,自然也是利用两地的茶叶存在价格差以获取利润,类似这样利用不同地区的差价而进行商业经营者,乃是商业贸易活动的基本模式。还有一些人利用不对称的商业信息牟取利润,如王愬曾担任过扬州大都督府功曹,他通过与官府人员之间的联系,事先获知即将大规模修缮城池的消息,于是便提前将自己的住宅卖掉,利用这些钱作为资本,大量购进装盛土石的竹笼,果然到了第二年开始筑城,王愬卖掉的宅子因为妨碍修城,只能得到半价补偿,他却因为提前卖掉而避免了一笔损失。与此同时,筑城需要大量竹笼,每只售价高达三十文,王愬所囤积的巨量竹笼又狠狠地大赚一笔。王愬利用这一买一卖,不仅重新购置了新房,而且大有盈利。[2]王愬能够如此轻易地赚取大额利润,关键就在于他提前掌握了相关信息。至于通过囤积居奇,待价而沽,或者倒买倒卖、出轻入重等方式谋取利润,在商业活动中都属于司空见惯的手段,就不必一一枚举了。

　　无论是特权阶层利用手中的权力参与商业活动而获利,还是富商大贾利用商业资本的优势谋取利润,他们都积累起雄厚的家资财富。因为这些财富的获得较为容易,所以他们在轻易获取这些巨额的利润之后,并不是用于扩大再生产,而主要是置办田地房产或者是用于纯粹的个人享乐消费。隋唐五代时期的扬州,可谓一座纸醉金迷的销金窟,在这里豪贵者可以为了个人的一点爱好而挥金如土,如淮南节度使马举主政扬州期间,"有人携一棋局献之,皆饰以珠玉,举与钱千万而纳焉"[3];也有人为了满足口腹之欲而一掷千金,如淮南节度使李德裕生活奢侈,"每食一杯羹,其费约三万,为杂以

　　[1]〔唐〕白居易著,朱金城笺校:《白居易集笺校》卷一二《琵琶引》,上海古籍出版社1988年版,第686页。

　　[2]〔宋〕李昉等编:《太平广记》卷三六三《妖怪五》"王愬"条引《乾馔子》,中华书局1961年版,第2883—2885页。

　　[3]〔宋〕李昉等编:《太平广记》卷三七一《精怪四》"马举"条引《潇湘录》,中华书局1961年版,第2949页。

珠玉、宝贝、雄黄、朱砂,煎汁为之,过三煎则弃其粗"[1];也有人用在职期间搜刮来的财富行贿,以图升迁,如淮南节度使王播就曾"以钱十万贯赂遗恩幸,以图内授"[2]。总而言之,正是这些豪贵阶层挥金如土的生活方式和生活作风,造成了唐代扬州奢靡享乐的社会风尚。

"腰缠十万贯,骑鹤下扬州",隋唐五代时期的扬州之所以变成以追求娱乐享受为时代风尚的消费型城市,在很大程度上正是达官贵人、富商大贾对奢靡生活方式的追求所导致的。大到城市建设,小到衣食住行,隋唐五代时期的扬州皆可谓引领时尚的先锋城市,舞榭画楼、亭台楼阁,繁华背后所隐藏着的是不无畸形的消费观念。在奢靡浮华的社会风尚中,最具典型意义的是扬州发达的青楼业以及由此带动的青楼消费。"春风散管弦"[3]"歌吹是扬州"[4]"处处青楼夜夜歌"[5],都是对扬州青楼消费和狎妓之风的写实性记述,扬州的娼妓业发达状况,较诸当时的首都长安、东都洛阳,都是犹有过之。晚唐诗人杜牧,在淮南节度使牛僧孺幕府中担任掌书记之职,"供职之旬,唯以宴游为事",每天都是在惬意的狎妓生活中度过,足迹几乎踏遍扬州城内所有的青楼,从而留下了"十年一觉扬州梦,占得青楼薄幸名"的诗句,据文献记述:"扬州,胜地也。每重城向夕,倡楼之上,常有绛纱灯万数,辉罗耀烈空中,九里三十步街中,珠翠填咽,邈若仙境。牧常出没驰逐其间,无虚夕,复有卒三十人,易服随后,潜护之。"[6]杜牧青楼狎妓,还有随从化装改扮暗中保护,也可谓中国娼妓史上的一桩奇闻了,由此不难想象出唐代扬州娼妓

[1]〔宋〕李昉等编:《太平广记》卷二三七《奢侈二》"李德裕"条引《独异志》,中华书局1961年版,第1824页。

[2]〔宋〕李昉等编:《太平广记》卷二六一《嗤鄙四》"王播"条引《卢氏杂说》,中华书局1961年版,第2035—2036页。

[3]〔唐〕姚合著,吴河清校注:《姚合诗集校注·姚少监诗集》卷六《扬州春词三首·其一》,上海古籍出版社2012年版,第311页。

[4]吴在庆:《杜牧集系年校注·樊川文集》卷三《题扬州禅智寺》,中华书局2008年版,第344页。

[5]〔五代〕韦庄著,聂安福笺注:《韦庄集笺注·浣花集》卷四《过扬州》,上海古籍出版社2002年版,第175页。

[6]〔宋〕李昉等编:《太平广记》卷二七三《妇人四》"杜牧"条引《唐阙史》,中华书局1961年版,第2151页。

业的发达和市民狎妓风气的盛行。"夜市千灯照碧云,高楼红袖客纷纷"[1],尽管在今天看来,青楼狎妓是一种不良的社会生活方式,但"夜市千灯""高楼红袖"的场景,却让我们不难想象出隋唐五代时期扬州发达的夜市经济和丰富多彩的夜生活方式。在拥有巨量财富的豪贵人的眼中,扬州乃是幸福快乐生活的福地,扬州的"豪华不可名"正是享受和欢乐的代名词,"人生只合扬州死",或许也可作为隋唐五代扬州奢靡生活风尚的一个脚注了。

这里还要强调指出的是,追求奢靡、贪图享乐的生活,只是隋唐五代时期扬州社会上层阶级所追求的时尚,却不能代表整个扬州地区的社会风尚。对占据绝对多数的广大普通吏民而言,朴实无华、勤俭持家、好学而文才是他们的人生追求和生活态度,无数历史上未能留下名姓的普通吏民,才是社会财富的真正创造者。隋唐五代时期扬州地区的经济繁荣和社会发展,正是建立在无数吏民辛勤劳动的基础之上,包括国家的财赋收入、权贵官僚与富商大贾的消费支出在内,实际上都是广大吏民辛勤劳作的成果。然而,真正创造社会财富的普通吏民,在很多时候连一日三餐的温饱生活都难以为继,而那些利用权势或不正当手段攫取大量财富的豪贵大贾,却过起了夜夜笙歌的奢侈生活。他们所追求的纸醉金迷、声色犬马,绝对不是广大普通吏民所渴望的生活方式,因此,他们极度奢侈浮华的畸形生活和消费观念,根本就代表不了隋唐五代时期扬州地区的社会风尚。

二、隋唐五代扬州的日常生活习俗

衣食住行,作为民众日常生活的基本内容,也是民众最为关切的事情,最能体现一个国家或一个地区的社会风俗及其变迁的情况。隋唐五代时期扬州地区的日常生活习俗,乃是观察和了解其间扬州地区社会习俗及其变化的最佳切入点。关于隋唐五代时期扬州地区民众居住和出行情况,因为前面已经有所讲述,故这里只谈饮食和衣着习俗。

(一)饮食习俗

"民以食为天",饮食风俗也是认识和理解隋唐五代时期扬州社会历史发展的重要视角。由于隋唐五代时期的扬州乃是汇通天下的国际性大都会,来

---

[1]〔清〕彭定求等编:《全唐诗》卷三〇一(王建)《夜看扬州市》,中华书局1960年版,第3430页。

往和定居于此的人来自千邦万国、异域遐方,因此扬州的饮食习俗在继承中华传统风格的基础上,也融入了一些异域的元素。

1. 主食

扬州地处江淮之间,主要农作物为水稻和小麦,因此隋唐五代时期扬州人民的主食为米和面,而以米为主,"饭稻羹鱼"的传统继续得以保持。扬州盛产粳稻,故粳米便成为当地的主粮,其中黄稑米、乌节米等优质稻米还作为扬州的"土贡"每年向朝廷进献。日僧圆仁在借宿扬州开元寺期间,于开成三年(838)十一月八日,亲眼看见淮南节度使李德裕施舍给开元寺一百斛米,以充当修理寺院的料钱;开成四年(839)正月十八日,他又目睹淮南节度使下属驻军及扬州各寺院僧人分拣贡米之事,据他的记述说:"大官军中并寺里僧,并以今日,咸皆拣米,不限日数。从州运米,分付诸寺,随众多少,斛数不定,十斛廿斛耳。寺库领受,更与众僧,或一斗,或一斗五升。众僧得之,拣择好恶。破者为恶,不破为好。设得一斗之米者,分为二分,其好才得六升,而好恶异袋,还纳官里。诸寺亦同此式,各拣择好恶,皆返纳官里。得二色来,好者进奉天子,以充御食;恶者留着,纳于官里。但分付人军人中并僧,不致百姓。……扬州择米,米色极黑,择却稻粒并破损粒,唯取健好。自余诸州不如此也。"[1]从中可知,扬州进奉给朝廷以充当皇帝"御食"的贡米是当地特产的黑米,而且必须是经过精挑细选,没有破损颗粒的上好大米。此外,大明寺僧鉴真东渡日本的时候,曾一次性采购"落脂红绿米"一百石,这种"落脂"米,据学者揭示,是指水分较少的陈米,至今江浙一带仍将那些并非本年所产新米称为"落米",至于"红绿米"的确切含义,则不得而知,但很可能是按米的颜色来说的,因为《新唐书·地理志》所载扬州"土贡"有黄稑米、乌节米等,其中的"乌节米"当即圆仁在开元寺所见到的黑米,黄稑米大概与米的颜色呈黄色有些关系。从乌节米(黑米)、黄稑米、红绿米等区别来看,可知唐代扬州所产稻米的种类比较丰富。因为稻米一直是扬州地区的主粮,故而稻米加工和食用的方法也表现出多样化,其中一个做法是把稻米加工成米粉,然后再制作成各色糕点,这种稻米加工出来的米粉,在古

---

[1] 〔日〕圆仁撰,顾承甫、何泉达点校:《入唐求法巡礼行记》卷一,上海古籍出版社1986年版,第18、28页。

代文献中称为"糆",以区别于麦子磨成的面粉。扬州地区除了种稻之外,也种植麦子,故麦子成为仅次于稻米的第二大主粮。隋唐五代时期扬州的面食品类较多,如鉴真东渡日本,所采购的物品中有"干胡饼二车,干蒸饼一车,干薄饼一万,番捻头一半车",其中"胡饼",据学者分析,可能就是现在所说的"烧饼"或"火烧",干胡饼、干蒸饼、干薄饼应当指这些饼类经过干燥处理,以便于长时间保存和携带;至于"捻头",据《本草纲目》卷二五中所说,乃是一种用糯米粉和面,然后用麻油煎成,再和以糖食的食物,也有做成环状的,即现在称为麻团之类的食品,也是干燥的,不易变质。[1]其中的"胡""番"皆与少数民族有关,"胡饼""番捻头"很可能是由西北少数民族或西域胡人传入的一种制饼方法,故在前面加上"胡""番"字样。因为扬州民众颇喜食饼,故而扬州出现一些以卖饼为业的人,如广陵卖饼王老即是如此,他每天都要到固定的地方卖饼。[2]此外,扬州"市"中的饭店也多有经营饼食者,如广陵寺僧珉楚在扬州市场上遇到故友章某,"章即延入食店,为置胡饼"[3],可见胡饼是当时扬州民众日常主食中的常见品类。

2. 副食

隋唐五代时期扬州地区的副食种类多样化,其中荤食类中既有鸡、鸭、鹅、猪、牛、羊、狗等肉类,也有鱼、虾、蟹等水产品,素食类中既有瓜、豆、梨、桃等各种蔬菜水果,也有菱角、莲藕等水生植物,可谓丰富多彩。

扬州地处江淮之间,属于较为典型的水乡,水产品丰富,鱼类烹制为扬州大厨所擅长的特色菜肴。因为鱼类消费量较大,故而在扬州的"市"中有专门卖鱼的鱼肆,如唐玄宗开元时期,鲁郡人唐若山喜好长生之道,后来弃官入山修仙。"其后二十年,有若山旧吏自浙西奉使淮南,于鱼市中见若山鬻鱼于肆,混同常人。"[4]扬州不仅有鱼市,而且还有"鱼行",据记载,丹徒女子郑琼罗到

---

[1]〔日〕真人元开著,汪向荣校注:《唐大和上东征传》,中华书局2000年版,第47—49页。

[2]〔宋〕李昉等编:《太平广记》卷三七四《灵异》"卖饼王老"条引《稽神录》,中华书局1961年版,第2976—2977页。

[3]〔宋〕李昉等编:《太平广记》卷三五五《鬼四十》"僧珉楚"条引《稽神录》,中华书局1961年版,第2809页。

[4]〔宋〕李昉等编:《太平广记》卷二七《神仙二十七》"唐若山"条引《仙传拾遗》,中华书局1961年版,第177页。

扬子县寻亲,遭到市吏之子王惟举的逼辱而自杀,王惟举将尸体偷偷埋在"鱼行西渠中"。[1]这个"鱼行"位于扬子县境内的瓜洲,正在长江边上,因此瓜洲的这个"鱼行"很有可能是当时扬州地区一处贩卖长江水产的集散地。扬州的肉类副食品类丰富,除了鱼虾等水产品外,大凡鸡、鸭、鹅、猪、牛、羊、狗肉等皆有,如日僧圆仁在入唐求法巡礼,途经延海乡延海村的时候,除了看到许多用以牵引船只的水牛外,还注意到当地"白鹅白鸭,往往多有",在水路江曲还看到有人集中饲养的"水鸟",总数"二千有余",[2]这种大规模饲养的水鸟和所见的鹅鸭,很大一部分可能就是用于制作肉类副食品。扬州地处南方,牛、羊的饲养不及北方多,但是数量也比较可观,因此在当地的肉类副食中也占有一定比重,其中羊肉的食用远较现在普遍,羊还经常被用作一些特定节日的馈赠礼物,如高骈坐镇扬州期间,曾于寒食节馈赠崔致远"节料"即过节的礼物,其中包括"米、面、羊、酒",在"社日"大祭中,崔致远又收到高骈赐赠的"酒肉"。[3]又,唐文宗大和二年(828)十月,朝廷曾下敕"罢扬州海陵监牧",[4]这道《罢海陵监牧敕》收录于清人所编《全唐文》,尽管从其内容来看,所讲的都是马匹饲养的问题,但联系到其他监牧也都是因养马而设立,但同时饲养有牛、羊、驼等其他牲畜,海陵监牧不一定有牛、驼等牲畜,但同时也有一定数量的羊,大致还是可信的,只不过由于扬州地区"土田饶沃,人户众多"[5],设置监牧对于农业的妨害较大,故而大和二年下诏废除了海陵监牧。大和四年(830)三月,崔从官拜检校左仆射,兼扬州大都督府长史、御史大夫,充淮南节度副大使,知节度事。"扬府旧有货曲之利,资产奴婢交易者,皆有贯率,羊有口算,每岁收利以给用,(崔)从悉除之。"[6]从扬州海陵县曾设有监牧,以及大和四年以前扬州曾对辖区内的养羊户按照羊的口数征收算税二事来看,可知扬州地

[1]〔宋〕李昉等编:《太平广记》卷三四一《鬼二十六》"郑琼罗"条引《酉阳杂俎》,中华书局1961年版,第2707—2708页。

[2]〔日〕圆仁撰,顾承甫、何泉达点校:《入唐求法巡礼行记》卷一,上海古籍出版社1986年版,第7页。

[3]〔新罗〕崔致远撰,党银平校注:《桂苑笔耕集校注》卷一八《谢寒食节料状》《谢社日酒肉状》,中华书局2007年版,第667—669页。

[4]〔后晋〕刘昫等:《旧唐书》卷一七上《文宗纪上》,中华书局1975年版,第530页。

[5]〔清〕董诰等编:《全唐文》卷七四(文宗皇帝)《罢海陵监牧敕》,中华书局1983年版,第772页。

[6]〔后晋〕刘昫等:《旧唐书》卷一七七《崔慎由附父从传》,中华书局1975年版,第4579页。

区羊的饲养量还是比较大的。与牛、马、驴、骡等大牲畜可以用作畜力不同,羊的主要价值就是体现在食用方面,因此,隋唐五代时期扬州地区的肉类副食品中,羊肉应当是比较常见的肉食品。尽管牛在中国古代农耕经济生产活动中是具有战略性地位的畜力,也是古代大祭祀的祭品,但古代文献中有关食用牛肉的记载也是屡见不鲜,隋唐五代时期的扬州亦然,如文献记载"广陵有朱氏子,家世勋贵,性好食黄牛,所杀无数"[1]。可见,扬州地区亦食牛肉。

3. 饮酒

隋唐五代时期扬州餐饮业十分发达,据日僧圆仁记述,他在唐文宗开成三年(838)七月进入扬州之后,亲眼看见扬州"街店之内,百种饭食异常弥满"[2]。从种类繁多的各色饭菜和高朋满座的热闹场景,不难想象出唐代扬州城内的餐饮业是如何地发达。正是由于扬州餐饮业发达,以至于养成扬州人到酒楼商谈事情的习俗,如彭城人刘商东游广陵时,在城内遇到一卖药的道士,二人于是"携手登楼,以酒为劝",次日二人又到酒楼来,道士赠予刘商药囊,并戏吟曰:"无事到扬州,相携上酒楼。"[3]饮酒成风的背景下,连那些有着"五戒""八戒"的和尚也开斋而喝酒吃肉了,如唐德宗贞元年间(785—805),有一客居扬州的僧人自号广陵大师,"好以酒肉为食……或醉卧道傍"[4]。至于普通百姓喜饮酒,甚至是嗜酒成风的记载,也颇为常见,如唐僖宗末年,广陵人杜可筠"好饮不食……每酒肆巡座求饮,亦不见醉,人有怜,与之酒,又终不多饮,三两杯即止"[5]。再如,淳于棼家住广陵郡东十里,"嗜酒使气",经常

[1]〔宋〕李昉等编:《太平广记》卷四三四《畜兽一》"朱氏子"条引《稽神录》,中华书局1961年版,第3522页。

[2]〔日〕圆仁撰,顾承甫、何泉达点校:《入唐求法巡礼行记》卷一,上海古籍出版社1986年版,第24页。

[3]〔宋〕李昉等编:《太平广记》卷四六《神仙四十六》"刘商"条引《续仙传》,中华书局1961年版,第289页。

[4]〔宋〕李昉等编:《太平广记》卷九七《异僧十一》"广陵大师"条引《宣室志》,中华书局1961年版,第646—647页。

[5]〔宋〕李昉等编:《太平广记》卷七九《方士四》"杜可筠"条引《桂苑丛谈》,中华书局1961年版,第502页。

"纵诞饮酒为事"[1]。

唐代扬州饮酒成风,城内布满大大小小的酒楼饭庄,在唐诗中颇多描写,如"夹岸画楼难惜醉,数桥明月不教眠"[2],是对二十四桥明月夜中,运河两岸酒楼醉归者的白描;"青旗指浊醪,粉胸斜露玉"[3],则描绘出了青楼狎妓,醉眼惺忪的情景;至于杜牧的"落魄江湖载酒行"[4],罗隐的"广陵大醉不解闷"[5],陈羽的"相看醉舞倡楼月"[6],则写出了文人墨客纵情诗酒、放荡不羁的生活场景。饮酒之风大盛,不仅在唐诗中有很多描述,而且形成扬州地区内涵丰富的饮酒文化,无论是公私宴会,还是文士雅集,抑或是商贾聚饮,莫不以酒助兴。唐德宗贞元五年(789),朝廷下诏废除正月晦日(初一)之节,而改以二月初一为"中和节"(后世演化为二月初二,民间俗称"龙抬头",亦即祭祀土地神的"社日"),扬州大都督府长史、淮南节度观察使杜亚在节度使府衙大开宴席,"从事、列将、群吏、大官、重客……列于宾席者百有余人。火旗在门,雷鼓在庭,合乐既成,大庖既盈,左右无声,旨酒斯行,乃陈献酬之事,乃酣无算之饮……"[7],美酒佳肴、歌舞升平,一派热闹景象。唐末高骈主政扬州期间,也经常于农历三月初三的上巳节,在节度使府大宴宾客,席间也是赏花、观舞、饮酒、赋诗,高骈作为东道主,在兴之所至时还会高声吟咏:"一曲狂

[1]〔宋〕李昉等编:《太平广记》卷四七五《昆虫三》"淳于棼"条引《异闻录》,中华书局1961年版,第3910页。

[2]〔清〕彭定求等编:《全唐诗》卷六九二(杜荀鹤)《送蜀客游维扬》,中华书局1960年版,第7972页。

[3]〔唐〕张祜:《张承吉文集》卷一〇《杂诗·途次扬州赠崔荆二十韵》,上海古籍出版社2013年版,第168页。

[4]〔宋〕李昉等编:《太平广记》卷二七三《妇人四》"杜牧"条引《唐阙史》,中华书局1961年版,第2151页。

[5]李定广系年校笺:《罗隐集系年校笺·甲乙集》卷十《重九日广陵道中》,人民文学出版社2013年版,第494页。

[6]〔清〕彭定求等编:《全唐诗》卷三四八(陈羽)《广陵秋夜对月即事》,中华书局1960年版,第3895页。

[7]〔宋〕李昉等编:《文苑英华》卷七一一(梁肃)《中和节奉陪杜尚书宴集序》,中华书局1966年版,第3669—3670页。

歌酒百分,蛾眉画出月争新。将军醉罢无余事,乱把花枝折赠人。"[1]在这种欢乐不禁的场合中,酒自然是必不可少的杯中之物。

酒令的流行既是唐代扬州酒文化发展的结果,也是唐代酒文化发达的重要标志,无论公私集宴,酒席桌前每每以酒令助兴。所谓酒令,据元人胡三省说:"酒令者,行令而饮酒也。唐人多好为之。"[2]例如,吕用之的父亲吕璜,"以货茗为业,来往于淮浙间。时四方无事,广陵为歌钟之地,富商大贾,动逾百万。璜明敏善酒律,多与群商游。(吕)用之年十二三,其父挈行,既慧悟,事诸贾皆得欢心"[3]。吕璜本来只是一个小本经营的茶叶商贩,但是却凭借擅长酒令而与扬州的众多富商大贾交往,后来吕用之能够得幸于淮南节度使高骈并成为其腹心,大概也是因为从小耳濡目染,也擅长此道的缘故。扬州青楼业发达,擅长酒令的倡妓众多,并因此而闻名天下,甚至引起了唐朝皇帝的关注并下令扬州选送倡女进京,史载唐武宗"闻扬州倡女善为酒令,敕淮南监军选十七人献之"[4]。唐代扬州地区所流行的酒令,据宋人洪迈《容斋续笔》所载"唐人酒令"云:"白乐天诗:'鞍马呼教住,骰盘喝遣输。长驱波卷白,连掷采成卢。'注云:骰盘、卷白波、莫走、鞍马,皆当时酒令。予按皇甫松所著《醉乡日月》三卷,载骰子令云:聚十只骰子齐掷,自出手六人,依采饮焉。堂印,本采人劝合席,碧油,劝掷外三人。骰子聚于一处,谓之酒星,依采聚散。骰子令中,改易不过三章,次改鞍马令,不过一章。又有旗幡令、闪攇令、抛打令。今人不复晓其法矣,唯优伶家,犹用手打令以为戏云。"[5]从中可知,唐代扬州地区所行酒令主要有骰盘(骰子令)、卷白波、莫走、鞍马令、旗幡令、闪攇令、抛打令等七种,这些酒令到了宋代便多数失传,只有青楼倡优所行的"手打令",大概是由唐代流行的"抛打令"演化而来。在名目众多的"酒令"中,"骰盘"即

[1]〔清〕彭定求等编:《全唐诗》卷五九八(高骈)《广陵宴次戏简幕宾》,中华书局1960年版,第6922页。

[2]〔宋〕司马光编著,〔元〕胡三省音注:《资治通鉴》卷二四七唐武宗会昌四年(844)七月胡注,中华书局1956年版,第8001页。

[3]李定广系年校笺:《罗隐集系年校笺·妖乱志》,人民文学出版社2013年版,第853页。

[4]〔宋〕司马光编著,〔元〕胡三省音注:《资治通鉴》卷二四七唐武宗会昌四年(844)七月,中华书局1956年版,第8001页。

[5]〔宋〕洪迈:《容斋随笔·容斋续笔》卷一六"唐人酒令"条,上海古籍出版社1996年版,第415页。

骰子令的具体玩法得以流传下来。就文献记载来看,骰子令似是隋唐五代时期扬州地区最为流行的酒令。史载张祜"客淮南幕中,赴宴。时舍人杜牧为御使,座有妓人索骰子赌酒……遂欢宴竟日"[1]。又,李蔚任淮南节度使期间,卢澄为淮南节度使府从事,在酒席桌上,卢澄提出为一舞妓解除官府属籍,李蔚不同意。卢澄于是提出通过掷骰子以定输赢:"(卢)澄索彩具,蔚与赌贵兆,曰:'彩大者,秉大柄。'澄掷之得十一,席上皆失声;公徐掷之,得堂印。澄托醉而起。"[2]在骰子令中,十一属于"贵采",但不及"堂印",所谓"堂印"即重四,全骰皆红色,即满堂彩。所以,最终还是李蔚获胜。以上事例均可证,唐代扬州骰子令十分流行。从王谠的记述来看,骰子令实际上就是通过抛掷骰子来决定饮酒的方式。此外,唐代酒令中还有一种"律令",具体做法是,二人或多人之间通过拼拆文字、成语接龙或诗词联句等游戏方式,以决定行酒的章程,这是文人墨客喜欢玩弄的一种风流雅事,同时这也和唐代诗歌发达的时代背景有直接关系,如张祜、杜牧在淮南节度使幕府遇到白居易,先是张、杜二人之间联句游戏,杜牧吟曰:"骰子逡巡裹手拈,无因得见玉纤纤。"张祜应声答曰:"但知报道金钗落,仿佛还应路指尖。"然后又变成张、白二人的对句:"祜未识白居易,白刺史苏州,始来谒,才相见,白谓曰:'久钦藉甚,尝记得右款头诗。'祜愕然曰:'舍人何所谓?'白曰:'鸳鸯钿带抛何处,孔雀罗衫付阿谁?非款头何邪?'张俯微笑,仰而答之曰:'祜亦尝记得舍人目连变。'白曰:'何也?'曰:'上穷碧落下黄泉,两处茫茫皆不见。非目连变何邪?'遂欢宴竟日。"这种联句游戏,起源甚早,或以为最早见于《诗经》,南朝时曾一度盛行,多为友朋之间宴饮时的应酬游戏之作,只不过到了唐代,这种联句游戏的花样更加丰富,如令狐绹出镇扬州期间,张祜经常参加宴会,有一次宴席上,令狐绹出酒令说:"上水船,风太急,帆下人,须好立。"张祜对曰:"上水船,船底破,好看客,莫倚柁。"[3]这实际上也是一种联句游戏。时至五代,扬州地区的酒令之风仍然盛

---

[1]〔宋〕李昉等编:《太平广记》卷二五一《诙谐七》"张祜"条引《摭言》,中华书局1961年版,第1948页。

[2]〔宋〕王谠撰,周勋初校证:《唐语林校证》卷七《补遗》"卢澄为李司空蔚淮南从事"条,中华书局1987年版,第674页。

[3]〔宋〕李昉等编:《太平广记》卷二五一《诙谐七》"张祜"条引《摭言》,中华书局1961年版,第1948页。

行,史载杨吴后期,李昇秉持国政。"(李)昇既蓄异志,且欲讽动僚属。雪天大会,酒酣,出一令,须借雪取古人名,仍词理通贯。时(宋)齐丘、徐融在坐。昇举杯为令曰:'雪下纷纷,便是白起。'齐丘曰:'着屐过街,必须雍齿。'融意欲挫昇等,遽曰:'明朝日出,争奈萧何。'昇大怒,是夜收融投于江,自是与谋者惟齐丘而已。"[1]这是借酒令试探僚属的政治态度,酒令之被运用于政治活动,进一步扩展了酒令文化的意蕴。

4. 饮茶

隋唐五代时期,扬州不仅一直是江淮地区乃至全国的茶叶集散中心,而且也是茶文化从形成到成熟的中心文化区域。

首先,品茗啜茶已经成为扬州地区的日常生活习俗,当时不仅扬州城内有许多酒肆茶楼,而且出现一些小本经营的流动性茶摊,如广陵茶姥每天一大早"将一器茶卖于市,市人争买",说明茗茶已经成为扬州民众日常生活中的必备饮品,而不再是文士高僧雅集时的珍稀之物了。其次,饮茶风习成为全国性的"比屋之饮",正是从扬州地区扩展开来的,如前所言,唐玄宗开元(713—741)以前,北方中原地区"初不多饮",而开元以后,随着扬州茶叶集散中心的形成,大量茶叶从扬州通过运河北运,直接致使北方许多地方"多开店铺,煎茶卖之",而且这种饮茶风俗很快就"流于塞外"。从区域性的饮茶风俗,扩展至全国范围,乃是唐代茶文化形成的重要标志,而追踪其渊源,正是从扬州成为江淮地区茶业中心之后发展起来的。再次,唐代茶文化形成到成熟的一个重要标志,乃是饮茶人员分布范围的扩展。唐代饮茶从最初达官贵人、文士僧侣的雅好时尚,发展为后来的"田间之间,嗜好尤切",饮茶从地位尊贵清高的象征,发展为普通民众的嗜好,经过了一段较长的历程,而扬州则始终走在全国的前列。早在开元以前,北方中原地区尚少饮茶的时候,扬州地区就已经养成俗好啜茶的风习了,正因为如此,扬州地区茗茶经常被用作招待宾客的佳品,如李德裕任职淮南节度使期间曾在开元寺饮茶,为庆祝僧正入寺,特设茶饭款待各寺僧侣,此处茶饭并称,可见茗茶确已成为扬州地区日常生活不可或缺的饮品了。唐代扬州地区还将茗茶用作馈赠友朋的珍贵礼物,如高骈主政扬州

---

[1]〔宋〕薛居正等:《旧五代史》卷一三四《僭伪·李景传》注引《五代史补》,中华书局 2015 年版,第 2084 页。

期间,曾赠给崔致远以蜀冈所产的新茶。

唐代茶文化成熟的重要标志之一,是形成了一整套制茶、煮茶、饮茶的专门工具和成熟技术,进而在此基础上形成了"茶道"。继陆羽《茶经》奠定"茶道"之后,又陆续出现一批论述"茶道"的专著,如裴汶《茶述》、张又新《煎茶水记》、苏虞《十六汤品》、温庭筠《采茶录》、王敷《茶酒论》、毛文锡《茶谱》等,至于唐诗中对茗茶的描述或颂扬,更是不胜枚举。以上所有这些与唐代茶文化有关的事物或著述,都必须是建立在唐代茶业高度发达的物质基础之上,而论唐代茶业的形成及其发展,扬州都是当仁不让的全国茶业中心,直接决定整个唐代的茶业发展走向。唐代扬州饮茶采用烹煮法,"烹绿乳于金鼎,泛香膏于玉瓯"[1],就是指此而言。烹茶而饮,除了对器具有很高的要求外,对于水质也十分讲究,陆羽在《茶经》中明确指出,烹煮茶叶之用水"山水上,江水中,井水下"[2]。据文献记载,扬州地区最佳烹茶水源,为来自蜀冈之上的大明寺水,在唐人刘伯刍所议定的七等水中,大明寺水被定为第五[3]。

(二)衣着服饰之俗

衣着服饰不仅仅是一种时尚,也是一个国家或一个地区社会风貌及其变化的重要体现,隋唐五代时期扬州的衣着服饰,大致同于中原地区,而又体现出扬州的地方特色。夏衫冬袍,早春晚秋则或着襦袄,是当时扬州的常见着装,经济条件好的富贵之家,冬天则有裘衣锦袄,普通吏民则棉袍御寒。唐诗"喧阗醉年少,半脱紫茸裘"[4]"带金狮子小,裘锦麒麟狞"[5]之句,所描述的自

---

[1]〔新罗〕崔致远撰,党银平校注:《桂苑笔耕集校注》卷一八《谢新茶状》,中华书局2007年版,第663页。

[2]〔唐〕陆羽:《茶经》卷下"五之煮",中国华侨出版社2017年版,第31页。

[3]〔唐〕张又新:《煎茶水记》:"故刑部侍郎刘公讳伯刍,于又新丈人行也。为学精博,颇有风鉴。称较水之与茶宜者,凡七等:扬子江南零水第一,无锡惠山寺石水第二,苏州虎丘寺石水第三,丹阳县观音寺水第四,扬州大明寺水第五,吴松江水第六,淮水最下第七。斯七水,余尝俱瓶于舟中亲揖而比之,诚如其说也。"(明刻百川学海本)

[4]吴在庆:《杜牧集系年校注·樊川文集》卷三《扬州三首·其一》,中华书局2008年版,第335页。

[5]〔清〕彭定求等编:《全唐诗》卷五一〇(张祜)《赠淮南将》,中华书局1960年版,第5823页。

然是达官贵人的装束;至于"布袍披袄火烧毡"[1]"雪鬓衰髯白布袍"[2]等句,所写的自然是普通百姓冬天的衣着了。

扬州地处多雨水的江淮地区,尤其是盛夏酷暑时节,高温潮闷,故夏季衣着讲求通透,因此男子多喜身着布衫或透气性较好的轻丝短衫,至于所穿的鞋子,如果是经济条件一般的平民,则可能选择透气透水性较好的草鞋。唐代文献所记载的"草屩布衫""轻縠衫材",大约就是隋唐五代时期扬州地区常见的夏季服装配置。男子的冠饰,则有幞头、席帽、毡帽,其中幞头一年四季可戴,席帽则是主要用于夏季遮阳,毡帽则是冬季御寒。幞头,或作幞帽,创制于北周时期的一种男子冠饰,隋唐五代时期成为扬州地区男子的常用冠饰,已经被扬州地区所出土的唐代文物所证实。1977年5月扬州东郊发掘的一座唐代墓葬中,出土了一批唐代陶俑,其中有一件骑马男俑,"头戴幞帽,身着红袍";另一件男侍俑,"戴幞帽、着绿衫"[3]。席帽、毡帽形制大致相同。"永贞之前,组藤为盖曰席帽,取其轻也。后或以太薄,冬则不御霜寒,夏则不障暑气,乃细色罽代藤,曰毡帽,贵其厚也。"[4]从中可知,席帽系用藤条编成,材质较为轻薄,御寒避暑的效果不甚理想,故而后来改用细色罽代替藤条,从而成为厚重可御寒暑的毡帽,故毡帽实为席帽的升级版。唐代扬州毡帽用料精细、编织工艺绝佳,乃是人们趋之若鹜的难得之物。《太平广记》所载的一些故事中,有关于唐代扬州男人戴席帽的记述,如劳氏有一次行至扬州南郭门外,遇到故友广陵人张嘉猷乘白马而来,二人"相慰如平生,然不脱席帽,低头而语"[5]。

隋唐五代时期扬州的女装,继续因循上衣下裳之制,上衣一般为襦、袄、衫,下衣则为束裙,襦裙乃是唐代女性服饰的常见搭配,可见扬州女性服饰总体上与通行的襦裙制还是相符合的。女子襦、衫尺寸,不仅在不同时代而有所变化,袖子也有宽窄之区分,大致说来隋朝至唐代中期以前,承继北朝遗

[1] 〔清〕彭定求等编:《全唐诗》卷八七〇(崔涯)《嘲妓》,中华书局1960年版,第9858—9859页。

[2] 〔清〕彭定求等编:《全唐诗》卷七五〇(李中)《渔父二首》,中华书局1960年版,第8542页。

[3] 李万、张亚:《扬州出土一批唐代彩绘俑》,《文物》1979年第4期,第2页。

[4] 〔唐〕李匡乂:《资暇集》卷下,明顾氏文房小说本。

[5] 〔宋〕李昉等编:《太平广记》卷一〇五《报应四》"张嘉猷"条引《广异记》,中华书局1961年版,第710—711页。

风,胡服小袖较为流行,进入盛唐以后,袖子日趋变宽,宽袖遂逐渐成为时尚。唐文宗开成四年(839)二月,淮南节度观察使李德裕上奏章,其中言及扬州地区女装的尺寸问题:"臣管内妇人,衣袖先阔四尺,今令阔一尺五寸。裙先曳地四五寸,今令减五寸。"[1]李德裕认为扬州地区妇女的衣袖宽四尺不合适,建议改为一尺五寸;裙子拖在地上长达四五寸,建议减去五寸,这样就不至于拖曳在地上而行动不便了。对于唐代扬州妇女衣袖长大的服饰特征,唐诗颇多描写,如"长袖婀娜""纤腰间长袖"皆是。除了文献记述之外,扬州所出土的文物,也证实了这一点。如扬州唐代墓葬中所出土的众多陶俑中,有一个双髻女俑,上身着绿衣,下身穿着紫地白纹长裙;还有一个女侍俑则上着绿衣,下身穿着紫地金纹长裙;还有一个少女状女俑,则是身着红色长裙。这三个女俑的长裙,皆是裙摆拖曳于地。[2]另外,有一件双髻女俑、女乐俑、女骑俑,三者的衣袖也都是既长且宽。[3]由此可见,长裙大袖为唐代扬州妇女服饰的一个突出特色。

唐代扬州妇女襦服的领口款式变化较多,有圆领、直领、方领、斜领、鸡心领等形制,隋及唐初领口较小,衣领较高,从盛唐以后逐渐变大变低,袒领也渐渐流行起来,唐代女性服饰"露"的特点日趋彰显。扬州唐墓所出土的陶俑中,女俑的领口多为圆领,还有一件是鸡心领,而且这些女俑造型多数是脖项暴露较多。唐诗"粉胸斜露玉"之句,所描写的正是唐代扬州妇女身着袒露服饰的形象,两相印证之下,可知唐代扬州妇女穿着较为开放,尽管不能据此就说她们引领了唐代女性服饰的潮流,但至少可以说明唐代扬州女性的着装与时代潮流保持了同步。此外,由于唐代扬州城内有许多胡商,他们对于扬州的服饰也造成了一定影响,从而造成中国传统服饰融入了一些胡服元素,如扬州唐代墓葬所出土的陶俑中,有"一件女俑,著翻领胡服,束蹀躞带。这种装束当是贵族的侍女"[4]。表明唐代扬州服饰的多元化发展倾向,而其形成原因即在于,唐代扬州乃是中外商贾云集之地,在扬州城内居住有为数众

---

[1]〔宋〕王溥:《唐会要》卷三一"杂录"条,中华书局1960年版,第577页。

[2]　李万、张亚:《扬州出土一批唐代彩绘俑》,《文物》1979年第4期,第1—3页。

[3]　李万、张亚:《扬州出土一批唐代彩绘俑》,《文物》1979年第4期,所附"图版"。

[4]　李万、张亚:《扬州出土一批唐代彩绘俑》,《文物》1979年第4期,第1页。

多的胡人,其中包括商人、僧侣、乐舞伎人等,他们充满异域情调的着装,自然会对唐代扬州的服饰造成影响。隋唐五代时期扬州妇女服饰的标准配置,除了襦裙之外,还需要略加说明的是半臂。所谓半臂,"又称'半袖',是从魏、晋以来上襦发展而出的一种无领(或翻领)对襟(或套头)短外衣。它的特征是长袖及肘,身长及腰,照记载男子也多穿它。但图像反映,男子身上除敦煌壁画中有船夫穿着,此外即少见"[1]。在扬州唐墓所出土的女俑中,可以看到有些女俑正是身着半臂。此外,在扬州每年进献朝廷的贡品中,有"锦半臂"一项,说明唐代扬州所生产的这种锦半臂乃是享誉于时的紧俏物品,也侧证了半臂乃是唐代扬州妇女服饰中的一种常见配置。

隋唐五代时期的扬州妇女喜好华美装饰,热衷于梳妆打扮,以致给后人留下了扬州"俗号浮华""俗尚奢靡"的印象,实际上这正从某一方面反映了那个时候扬州的富庶,可谓社会经济特别是商品经济高度发达的反映。扬州妇女的饰品,主要包括梳、栉、钗、钿、耳环、耳坠、戒指、臂钏等。梳子不仅是用以整理头发的一种日常生活用具,同时也是妇女常用的一种装饰品,如崔涯在扬州狎妓李端端,为其作诗有"独把象牙梳插鬓"[2]之句,便可说明这一点。所谓栉,即梳、篦之总称,齿列较梳子更加密集,也是用于整理和装饰发型的物品,如栉发、冠栉、梳栉、栉沐、巾栉等都是和梳妆打扮有关的词汇,男子整理头发也用栉。钗、钿、坠、挂等饰品则为纯粹的装饰之物,或以金银制作,或以玉石、珍珠、贝壳、骨头磨制而成,唐诗对于唐代扬州妇女的首饰多有描写。唐诗中的相关记载,已然被考古出土文物所证明,1983年8月扬州市三元路建筑工地出土了一批唐代金首饰,其中包括:金栉1件、金戒指3件(其中1件为素面,1件为花形嵌饰,1件为宝石内嵌)、马蹄形金挂饰1件、金耳坠5件、金串饰10件。[3]此外,在1975年前后考古发掘的唐代扬州手工业作坊遗址中,曾出土大量骨钗、骨簪、骨针、骨梳、骨刷等成品和数量不菲的牛

[1]　沈从文:《中国古代服饰研究》"七二·唐着半臂妇女",商务印书馆2011年版,第364页。

[2]　〔宋〕李昉等编:《太平广记》卷二五六《嘲诮四》"崔涯"条引《云溪友议》,中华书局1961年版,第1994页。

[3]　徐良玉、李久海、张容生:《扬州发现一批唐代金首饰》,《文物》1986年第5期,第68—77页。

骨、牛角、牛蹄等原料。[1]骨制饰品价格低廉,大概是一般平民女子所用饰物,在手工业作坊遗址中发现的大量骨钗以及骨原料,说明当时扬州市场对于这类骨器饰品的需求量较大,也表明那个时候的扬州妇女不论贫富皆有喜好装饰的习俗。

除了各种饰品外,隋唐五代时期的扬州妇女还喜好和擅长化妆。粉黛是唐代扬州妇女常用的化妆品,粉即胭脂水粉,用以傅脸,黛即一种青黑色的颜料,用来画眉,故"粉黛"一词往往用作妇女的代称。隋唐五代时期的扬州,可能已经出现专门经营粉黛等妇女化妆用品的门店,因为文献记载有人正是依靠经营粉黛谋生。如沧州人张守一就曾辗转于江淮地区,"鬻粉黛以贸衣食",后来到扬州城中继续从事此业,试图在此谋求发达的机会。[2]扬州妇女普遍使用粉黛化妆,史载开元十八年(730)正月,唐玄宗曾向叶法善询问"何处极丽",叶法善回答说:"灯烛华丽,百戏陈设,士女争妍,粉黛相染,天下无逾于广陵矣。"[3]可见扬州妇女乃是使用粉黛化妆的个中好手,曾一度引领唐代女性面部化妆的时尚潮流。此外,唐诗"一曲狂歌酒百分,蛾眉画出月争新"[4]之句,是写陪酒歌妓的眉毛好似一弯新月;"残妆添石黛,艳舞落金钿"[5]之句,则描写了粉黛饰面、眉贴金钿的扬州歌妓在宴会上大跳艳舞的情景。句中所说的"金钿"是指金黄色的花钿,贴于双眉之间以为装饰,如果花钿贴于两颊,或者在面颊上点涂丹青,则称为"妆靥",这在唐诗中也有反映,如"密宴簇花

[1]　南京博物院、扬州博物馆、扬州师范学院发掘工作组:《扬州唐城遗址1975年考古工作简报》,《文物》1977年第9期,第16—30页。

[2]　〔宋〕李昉等编:《太平广记》卷二八九《妖妄二》"张守一"条引《妖乱志》,中华书局1961年版,第2303页。

[3]　〔唐〕牛僧孺撰,程毅中点校:《玄怪录》卷一〇"开元明皇幸广陵"条,中华书局2006年版,第100页。

[4]　〔清〕彭定求等编:《全唐诗》卷五九八(高骈)《广陵宴次戏简幕宾》,中华书局1960年版,第6922页。

[5]　〔唐〕刘长卿著,储仲君笺注:《刘长卿诗编年笺注·未编年诗·扬州雨中张十宅观妓》,中华书局1996年版,第529页。又,《全唐诗》卷一九七,将该诗作者定为张谓。

钿"[1]"歌愁敛翠钿"[2]之句中的"花钿""翠钿",都是指此。在扬州唐墓所出土的女俑,"其中一个双髻女乐俑,额间和面颊绘有朱色'花子',也就是六朝、隋唐妇女化妆所喜用的'梅花妆'和'靥钿'。这些乐俑中,唯双髻少女施妆靥,与刘禹锡'花面丫头十三四'的诗句恰好互相印证"[3]。出土文物为唐代扬州妇女以花钿、妆靥修饰面部,提供了直接的物证,也进一步印证了唐诗所描写的唐代扬州妇女化妆习俗。

三、隋唐五代扬州的岁时节日习俗

隋唐五代是中国传统节日习俗发展的重要时期,传统节日习俗大致可以划分为岁时节日、纪念性节日和宗教性节日三类,在上述三种类型的节日习俗中,岁时节日习俗最为集中地反映了中华传统农耕文明的发展进程,在某种意义上可谓认识和理解中国传统文化的最佳切入点。隋唐五代时期扬州地区的岁时节日习俗,与中原地区大致相同,而又体现出一定的地域性特色,丰富多彩的节日习俗,是扬州历史文化的重要组成部分,直观体现出隋唐五代时期扬州地区的社会风貌。兹逐次简介如下。

（一）除夕

除夕,又称岁除。扬州地区的除夕节日礼俗,与中原地区大致相类,当天夜里人们彻夜不眠,辞旧迎新,故称为"守岁"。据日僧圆仁的记述,除夕"暮际,道俗共烧纸钱,俗家后夜烧竹与爆,声道万岁。街店之内,百种饭食异常弥满。……寺家后夜打钟,众僧参集食堂礼佛"。[4]从中可知,从除夕当天的傍晚时分开始,无论僧、道,还是普通百姓,都要焚烧纸钱;后半夜开始以后,世俗人家烧竹子令其爆裂,同时高声呼喊万岁,每当这个时候大街上的各个饭店中,早就做好了上百种的美味食品;从后半夜开始,各大寺院则敲响大钟,众僧侣齐聚食堂礼拜佛祖。而且,从除夕之后的元日开始,扬州地区的各

---

[1]〔唐〕白居易著,朱金城笺校:《白居易集笺校》卷三三《律诗·奉酬淮南牛相公思黯见寄二十四韵》,上海古籍出版社1988年版,第2278页。

[2]刘学锴:《温庭筠全集校注》卷六《感旧陈情五十韵献淮南李仆射》,中华书局2007年版,第542页。

[3]李万、张亚:《扬州出土一批唐代彩绘俑》,《文物》1979年第4期,第2页。

[4]〔日〕圆仁撰,顾承甫、何泉达点校:《入唐求法巡礼行记》卷一,上海古籍出版社1986年版,第24—25页。

个寺院还要设供三天。

除夕后半夜,实际上已是元日凌晨,这个时候烧竹令其爆裂,目的在于弄出声响,本意是为了驱除邪祟恶鬼,烧竹令爆演变为燃放用火药制作的烟花炮仗,此即后世燃放烟花爆竹之由来。除夕守岁,是扬州地区最为重要的岁时风俗之一,守岁之俗由来已久,最早的文献记载是西晋时期周处所著的《风土志》,大略有如下内容:除夕之夜,彼此之间相互馈赠礼品,是为"馈岁";以酒食相邀,是为"别岁";长幼聚饮,互相祝福,是为"分岁";全家人彻夜不眠,以待天明,是为"守岁"。"守岁"的意涵主要有两个方面,一者对于年长者而言,是"辞旧岁",蕴含珍惜时光之意;二者年轻人守岁,在于祈愿父母长延寿命,是为了体现孝子爱亲之道。"一夜连双岁,五更分二年",除夕守夜,当然不是静默枯坐,而是有美食相伴,此时全家人欢聚一堂,一边其乐融融地吃着年夜饭,一边兴高采烈地秉烛夜话,一起静候着新年的来临。

(二)元日

元日,又称元旦、元朔、元正、元春,即大年正月初一,因为这一天是一年之首、一季之首、一月之首,故又称"三元之日"。隋唐五代时期的扬州地区,元日是最为隆重的节日。这一天的节日习俗,日僧圆仁在其所著《入唐求法巡礼行记》曾有所记述,但比较简略,大致可以了解如下内容:"官俗三日休暇,当寺有三日斋。早朝,相公(李德裕)入寺礼佛,即归去。"[1]即从元日开始,无论官府还是民间,都放假三天,庆祝节日,扬州地区的各大寺院从这一天开始,连续三日设斋。从淮南节度使李德裕带领侍从人员到开元寺礼佛的行为来看,可知地方政府长官要在这几天内到寺院礼佛祈福,应该已经成为一项固定的程式。

元日通常是从除夕之夜子时(即今二十三至二十四时)开始计算,大概从五更(或作鸡鸣、五鼓)时起床,开始准备元日祈求吉祥的一系列活动。当天还有拜年的习俗,作为当天的一项重要活动,在拜祭祖先以后,全家按照长幼次序,依次拜见长辈,即"长幼悉正衣冠,以次拜贺"。除了拜年以外,元日当天还要喝屠苏酒、椒柏酒、饮桃汤,吃五辛盘和胶牙饧等。元日饮屠苏酒,

---

[1]〔日〕圆仁撰,顾承甫、何泉达点校:《入唐求法巡礼行记》卷一,上海古籍出版社1986年版,第25页。

源于南朝,唐时依然如故,屠苏酒起初是预防时疫的一种中药配剂,由于是元日饮用浸过屠苏药剂的井水,因此蕴含新水崇拜的旨趣。除了屠苏酒外,还饮用椒柏酒,这也是继承的古俗,饮椒柏酒是从年岁、辈分最小的家族成员开始,最后是年岁、辈分最高的家族长辈饮酒,这个风俗据晋人董勋《问礼俗》的解释:"俗云小者得岁,先酒贺之;老者失岁,故后饮酒。"五辛盘是用大蒜、小蒜、韭菜、芸苔、胡荽等五种辛香之物做成的拼盘,之所要元日吃五辛盘,是因为其时正是寒尽春来,利用五辛疏通脏气,发散表汗,可以有效预防时疫流感。唐代中期以前,五辛盘便已成为扬州地区民众元日必备的食品,唐代中期以后又对五辛盘作了改进,增加了一些时令蔬菜,拼为一盘,号为春盘,取其生发迎春之义,在元日至立春期间食之,后世的春卷、春饼等节日美食,皆由此演化而来。胶牙饧也是元日的节日食品之一,元日食胶牙饧的风俗在唐代很是盛行,唐人吃胶牙饧的目的在于"以验齿之坚脱",在古汉语中"胶""固"相通,胶牙即固牙,俗传吃了这种糖之后可以使牙齿更加牢固,显然,元日食用胶牙饧,反映出人们追求牙齿健康的美好愿望。

隋唐五代时期扬州地区的元日节俗活动,还有贴门神、插桃符一目。贴门神或插桃符,即宋代以后贴春联之前身。其目的在于祈求平安,每当新的一年开始,人们都要贴上新的门神或插上新的桃符,以驱除鬼怪,这就是《荆楚岁时记》所说的:"帖画鸡,或斫镂五采及土鸡于户上,悬苇索于其上,插桃符其傍,百鬼畏之。"[1]唐代扬州地区的门神,一般都是左神荼、右郁垒,桃符后来又演变为钟馗,因为钟馗也是以打鬼著称的神祇,如贞元年间,唐德宗曾在年终岁末之际赏赐淮南节度使杜亚钟馗图一帧[2],其用意既是向杜亚祝贺新年,也是为了勉励他能够尽职尽责,为大唐王朝治理好淮南地区。

（三）立春

立春,又称立春节、正月节、岁始、改岁等。立春也是隋唐五代时期扬州地区的一项重要岁时节俗,主要包括立春祭、迎春、贴"春"字、吃春盘等节俗活动。

---

[1]　〔梁〕宗懔撰,〔隋〕杜公瞻注,姜彦稚辑校:《荆楚岁时记》,中华书局 2018 年版,第 7 页。

[2]　陶敏、陶红雨校注:《刘禹锡全集编年校注》卷一三《为杜相公谢钟馗历日表》,中华书局 2019 年版,第 1512 页。

立春祭是指在立春当日祭祀春神(因为主管农事的春神名曰春芒,故又称芒神)、太岁、土地等神祇的活动,因为中国是传统的农业国,对于农事活动十分重视,因此在立春时候祭祀这些与农业活动有关的神祇,自然是为了祈求它们能够保佑来年风调雨顺,农业丰收。迎春,是立春前一天的准备活动,因为属于预演性质的,故又称演春,目的是确保立春的当天能够将春天的芒神迎接回来。贴"春"字,或作"戴燕子",是指立春当天,人们裁剪彩色布帛为燕子形象戴在头上,并在亲朋好友的宴会上写上"宜春"二字。[1]之所以剪彩为燕子形象,是因为燕子在春天回归,戴燕子的习俗就是为了表示庆祝春回大地。扬州也有立春戴燕子的节俗,据日僧圆仁的记载,立春当天,他看到了"市人作莺卖之,人买玩之"[2]的情况,圆仁所看到的"莺",应该就是燕子的代用品,因为在现实生活中,人们习惯将莺燕视为同类,汉语词汇中有"莺莺燕燕""莺歌燕舞"就是因为如此。圆仁看到人们买莺把玩,自然也包括佩戴,因此,这可以肯定是立春"戴燕子"的习俗。吃春盘则是立春饮食习俗之一,大概与元日吃"五辛盘"有异曲同工之用,因为如前面所说的那样,春盘很有可能就是由五辛盘演变而来的,所变化的只是食材的不同,春盘中的食物包括果品、菜蔬、饼饵等。

(四)元宵节

元宵节也是隋唐五代时期扬州地区的重要岁时节俗之一,元宵节的时间为每年的正月十五日。不过,当时并不叫元宵节,而是称为上元灯节。元宵节燃灯的习俗,至迟到南北朝时期已经形成,如柳彧在隋文帝开皇三年(583)曾"以近世风俗,每正月十五夜,然灯游戏,奏请禁之"。柳彧奏请禁断上元燃灯的理由是:"窃见京邑,爰及外州,每以正月望夜,充街塞陌,聚戏朋游,鸣鼓聒天,燎炬照地,竭资破产,竞此一时。尽室并孥,无问贵贱,男女混杂,缁素不分。秽行因此而成,盗贼由斯而起。因循弊风,曾无先觉,无益于化,实

[1] 〔梁〕宗懔撰,〔隋〕杜公瞻注,姜彦稚辑校:《荆楚岁时记》,中华书局2018年版,第14—15页。

[2] 〔日〕圆仁撰,顾承甫、何泉达点校:《入唐求法巡礼行记》卷一,上海古籍出版社1986年版,第25页。

损于民。请颁天下,并即禁断。"[1]柳彧认为这是"近世风俗",就是指南北朝时期所形成的风俗,从他所陈述的理由来看,可知正月十五夜燃灯,实为一种全民性的狂欢,每当此时,从京城到外地城市都要大肆燃放灯火,有些人家不惜破尽家财也要参与放灯活动,观看灯火表演的人则无论贵贱、道俗、男女。柳彧认为如此全民性的狂欢,潜藏着"秽行""盗贼"等弊端,是一种无益于治理而有损于百姓的活动,因此建议隋文帝对上元燃灯的节俗加以禁断。尽管柳彧对于上元燃灯节俗是持反对态度的,但他的禁断理由,却从反面验证了上元燃灯已经成为隋朝时期遍及全国的民间节俗。

时至唐代,上元燃灯更是盛况空前,上元燃灯节俗更是不可禁了。唐代城市管理,原本实行"宵禁"政策,但元宵节放假三天,即正月十五、十六、十七日三个晚上弛禁,可以燃放花灯,称为"放夜"或"放灯"。扬州作为江淮地区的中心城市,元宵放灯盛况空前,扬州灯市甚至一度成为全国最热闹的灯市。据历史记载,开元十八年(730)元宵节时,唐玄宗问询仙师叶法善,何处灯市最盛,叶法善回答说:"灯烛华丽,百戏陈设,士女争妍,粉黛相染,天下无逾于广陵矣。"唐玄宗又问,有没有什么办法让他也观看扬州的灯市景象。叶法善于是作法,唐玄宗君臣"俄顷之间,已到广陵矣。月色如昼,街陌绳直,寺观陈设之盛,灯火之光,照灼台殿。士女华丽,若行化焉,而皆仰望曰:'仙人现于五色云中。'乃蹈舞而拜,阗溢里巷。帝大悦焉,乃曰:'此真广陵也?'"[2]叶法善作法让唐玄宗身临扬州,并在观灯后须臾返回长安,当然是荒诞不经的神话传说,但故事中所说到的扬州元宵节灯火辉煌,盛况空前而冠于全国,却是真实可信的。因为日僧圆仁亲眼看见过扬州的元宵节热闹繁华,据他记述:"十五日夜,东西街中,人宅燃灯,与本国年尽晦夜不殊矣。寺里燃灯供养佛,兼奠祭师影,俗人亦尔。当寺佛殿前,建灯楼;砌下、庭中及行廊侧皆燃油,其灯盏数不遑计知。街里男女不惮深夜,入寺看事。……诸寺堂里并诸院,皆竞燃灯。有来赴者,必舍钱去。无量义寺设匙灯、竹灯,计此千灯。其匙竹

---

[1]〔宋〕司马光编著,〔元〕胡三省音注:《资治通鉴》卷一七五陈长城公至德元年(583)十二月,中华书局1956年版,第5471页。

[2]〔唐〕牛僧孺撰,程毅中点校:《玄怪录》卷一〇"开元明皇幸广陵"条,中华书局2006年版,第100页。

之灯树,构作之貌如塔也;结络之样,极是精妙,其高七八尺许。并从此夜至十七日夜,三夜为期。"[1]可见,当时扬州不仅家家燃灯,而且各大寺院也都高张彩灯,吸引前来观灯的信徒向寺院布施,至于彩灯的数量,仅无量义寺一个寺院中就有一千多盏,全部寺院加起来,则无法计算数量了。从正月十五至十七日,连续三夜燃灯,不设宵禁,任由全城百姓观看游玩。

元宵节除了观灯外,还有其他一些习俗。据《荆楚岁时记》记载:"正月十五日,作豆糜,加油膏其上,以祠门户。其夕迎紫姑,以卜将来蚕桑,并占众事。"具体做法是,"先以杨枝插于左右门上,随杨枝所指,仍以酒脯饮食及豆粥糕糜,插箸而祭之"[2]。《荆楚岁时记》记述的是长江流域中游的风俗,但扬州也属于长江流域,这些习俗也大致相差不大。此外,唐代元宵节期间,民间还兴起了拔河比赛,拔河游戏起源甚早。"古谓之牵钩,襄、汉风俗,常以正月望日为之。相传楚将伐吴,以为教战……古用篾缆,今民则以大麻绳,长四五十丈,两头分系小索数百条挂于胸前,分二朋,两向齐挽,当大緪之中立大旗为界,震鼓叫噪,使相牵引,以却者为胜,就者为输,名曰'拔河'。"[3]拔河之游戏为起源于长江流域的一种习俗,唐代扬州于元宵节亦有此活动项目。

(五)寒食、清明

唐代寒食、清明二节,因为时间相连,后来合而为一,据文献记载:"(开元)二十四年二月十一日敕:'寒食、清明,四日为假。'至大历十三年二月十五日,敕:'自今已后,寒食通清明休假五日。'至贞元六年三月九日,敕:'寒食、清明,宜准元日节,前后各给三日。'"[4]隋唐五代时期的扬州地区,与全国其他地区一样,寒食清明都是祭祀拜扫的节日。

关于扬州地区是否过寒食节,曾经存在争议,如宋人陈元靓曾说:"绍圣年来,江淮之南,寂无此风。闻二浙民俗,以养火蚕,亦于寒食日火云。"[5]清人

---

[1]〔日〕圆仁撰,顾承甫、何泉达点校:《入唐求法巡礼行记》卷一,上海古籍出版社1986年版,第27页。

[2]〔梁〕宗懔撰,〔隋〕杜公瞻注,姜彦稚辑校:《荆楚岁时记》,中华书局2018年版,第18—21页。

[3]〔唐〕封演撰,赵贞信校注:《封氏闻见记校注》卷六《拔河》,中华书局2005年版,第54页。

[4]〔宋〕王溥:《唐会要》卷八二"休假"条,中华书局1960年版,第1518页。

[5]〔宋〕陈元靓撰,许逸民点校:《岁时广记》卷一五《寒食上》"严火禁"条,中华书局2020年版,第297页。

杜澳亦在诗中说:"南人讳寒食,扬州俗犹剧。"[1]有人据此认为扬州地区不过寒食节。实际上,陈元靓说得很清楚,江淮之南不过寒食节,是从宋哲宗绍圣(1094—1098)以后才形成的风俗,而在隋唐五代时期扬州地区实际是过寒食节的,如日僧圆仁在扬州期间,就曾亲历寒食节,据其记述说:"(开成四年二月)十四、十五、十六日,此三个日是寒食日。此三日天下不出烟,总吃寒食。"[2]此外,唐诗也可以提供这方面的证据,如:"广陵寒食天,无露复无烟。暖日凝花柳,春风散管弦。园林多是宅,车马少于船。莫唤游人住,游人困不眠。"[3]可见,扬州是过寒食节的,不过诗中所描写的并非拜祭扫墓的情景,而是春风荡漾、游客如织的节日享乐景象。李中的《广陵寒食夜》则这样写道:"广陵寒食夜,豪贵足佳期。紫陌人归后,红楼月上时。绮罗香未歇,丝竹韵犹迟。明日踏青兴,输他轻薄儿。"[4]第二天就是清明踏青的日子,但是前一天晚上的寒食夜,却依然是偎香依翠、莺歌燕舞。从这两首唐诗所描写的情况来看,尽管寒食、清明是拜祭扫墓的时间,但是扬州地区却把它当成了歌舞升平、追求享乐的喜庆节日。

寒食节的节日习俗,主要包括禁火寒食、拜祭祖先、插柳踏青、秋千蹴鞠等项目。寒食节禁火,三天内不举火,只能吃事先做好的冷食,故谓之"寒食",禁火三天后,于清明节当天重举火做饭,称为"新火"。寒食节扫墓祭祖,在唐朝以前被称为"野祭",唐高宗龙朔二年(662)四月,曾因为很多人"寒食上墓,复为欢乐,坐对松槚,曾无戚容",而下诏书禁断,表明从国家层面开始关注到寒食拜扫的问题。唐玄宗开元二十年(732)四月,鉴于寒食拜扫"浸以成俗"的事实,下诏将寒食拜扫"编入礼典,永为常式",寒食拜扫从此成为官方所倡导的吉礼之一,后来唐朝政府还多次发布有关寒食拜扫问题的诏敕。[5]寒食节当天,家家都要出城扫墓,独在异乡的"远人"无坟可上,也要进

[1] 〔清〕杜澳:《湄湖吟》卷五《再过鼍社湖》,上海古籍出版社 2010 年版,第 296 页。

[2] 〔日〕圆仁撰,顾承甫、何泉达点校:《入唐求法巡礼行记》卷一,上海古籍出版社 1986 年版,第 31 页。

[3] 〔唐〕姚合著,吴河清校注:《姚合诗集校注·姚少监诗集》卷六《扬州春词三首·其一》,上海古籍出版社 2012 年版,第 311 页。

[4] 〔清〕彭定求等编:《全唐诗》卷七四九(李中)《广陵寒食夜》,中华书局 1960 年版,第 8533 页。

[5] 〔宋〕王溥:《唐会要》卷二三"寒食拜扫"条,中华书局 1960 年版,第 439—440 页。

行"水头祭"或"望乡拜",以示对已故先人的追悼之情,墓祭除了洒扫和祭奠之外,主要是为死者焚烧纸钱。唐政府对于寒食拜扫十分重视,如唐宪宗元和三年(808)正月曾下诏,京师官员寒食拜扫坟墓,京畿以内的人,可以假日中往还;唐穆宗长庆三年(823)、唐文宗大和三年(829)、大和八年(834)、开成四年(839)均曾下敕准许官员可以在寒食节请假扫墓,并为扫墓官员提供"公券"。[1]因此,有唐一代,举国上下都把寒食拜扫作为表达慎终追远、恪尽孝道的方式。那些漂流异乡的文人墨客,每当寒食节来临,总是抑制不住思乡的情绪而寄情诗文。寒食节插柳也是扬州地区的一个重要习俗,此风俗早在南北朝时期便已形成,据文献记载:"今人寒食节,家家折柳插门上,唯江、淮之间尤盛,无一家不插者。"[2]寒食节插柳于门,后来又进一步扩展为插柳于坟、插柳于灶台、插于瓶中敬献神佛、头戴柳或系于衣带等习俗,并形成"清明不戴柳,红颜成皓首"[3]民间谚语。由于寒食、清明二节相连,故唐人往往将此二节合而为一,作为全国祭扫和踏青的节俗,还有人改动白居易《寒食野望吟》诗云"乌啼鹊噪昏乔木,清明寒食谁家哭"[4],更加确切地表明唐人在扫墓习俗上,清明与寒食已经成为一体了。

（六）端午节

端午节,又称为端五节、端阳节、重午节、重五节、天中节、龙舟节,作为中国四大传统节日之一,端午节是一个集拜神祭祖、祈福辟邪、欢庆娱乐与享受美食为一体的民俗节日。端午节的由来,一说是由上古时代祭祖龙旗衍化而来,一说是起源于纪念战国时期楚国诗人屈原。隋唐五代时期扬州地区的端午节俗,内容丰富多彩,如吃粽子、赛龙舟、挂菖蒲艾叶、戴长命缕、斗百草等名目。

隋唐五代时期,吃粽子已经成为端午节的饮食习俗,唐诗中有大量端午食粽的描述,可以为证。因为端午本为源于南方的节俗,故制作粽子的主要

---

[1]〔宋〕王溥:《唐会要》卷二三"寒食拜扫"条,中华书局1960年版,第439—440页。

[2]〔宋〕陈元靓撰,许逸民点校:《岁时广记》卷一五《寒食上》"插柳枝"条,中华书局2020年版,第305页。

[3]〔明〕郭子章汇编,〔明〕顾造订校:《六语·谚语》卷七"西湖志"条,书目文献出版社1996年版,第41页。

[4]〔宋〕陈元靓撰,许逸民点校:《岁时广记》卷一五《寒食上》"改诗歌"条,中华书局2020年版,第307页。

食材为糯米,传到北方以后,因为北方盛产黍米,曾改用黍米制作,因为包成角状,称为"角黍"。到了隋唐时期,改用糯米作为食材,有时还会增加栗子、大枣等作为配料,用作包裹粽子的材料一般是苇叶或蒲叶,具有植物的特殊清香。除了食粽以外,后来又陆续出现饮菖蒲酒、吃五毒饼等饮食习俗。悬挂菖蒲艾叶也是端午的一个重要节俗,端午节当日,家家都要取艾叶、菖蒲捆成一束,插在门下或悬于门上,这是因为菖蒲为所谓天中五瑞之首,象征驱除不祥的宝剑,插在门口可以辟邪;艾草不仅是一种可以治病的药草,还具有招纳百福的功能,悬插在门口,可以辟邪纳福,《荆楚岁时记》就记载:"五月五日谓之浴兰节……采艾以为人形,悬门户上,以禳毒气。"[1]

　　隋唐五代时期端午节的一项大型娱乐活动,乃是"赛龙舟",亦即龙舟竞渡,龙舟竞渡源起于先秦时期南方地区水上战争,至南北朝以后成为全国性的端午节俗活动。扬州地区的龙舟竞渡,在全国都极有影响力,当时扬州所制造的龙舟已然成为其他各地争相抢购的物品,甚至朝廷在端午龙舟竞渡之际,也要从扬州征调龙舟。扬州端午龙舟竞渡,不仅声势浩大,而且同时伴以精妙的乐舞表演,更渲染出节日的喜庆气氛,据骆宾王《扬州看竞渡序》云:"夏日江干,驾言临眺。于是桂舟始泛,兰棹初游。鼓吹沸于江山,绮罗蔽于云日。便娟舞袖,向渌水以频低;飘扬歌声,得清风而更远。是以临波笑脸,艳出浦之轻莲;映渚蛾眉,丽穿波之半月。靓妆旧饰,此日增奇;弦管相催,兹辰特妙。能使洛川回雪,独美陈思;巫岭行云,专称宋玉。凡诸同好,请各赋诗云尔。"[2]桂舟兰棹写出了竞渡龙舟的制作精美,"鼓吹沸于江山,绮罗蔽于云日",则写出了龙舟竞渡壮阔的场面和浩大的声势,"便娟舞袖""飘扬歌声""笑脸""蛾眉""靓妆""弦管",都是对歌女舞姬载歌载舞场景的描写,扬州的端午龙舟竞渡,岂止只是一场龙舟竞渡的比赛呢? 同时还是一出大型文娱表演的盛会,唐代扬州人民的节日生活竟然是如此的丰富多彩! 显然,像这样的大型龙舟竞渡表演活动,不可能仅仅依靠民间自发的行动,而必然有官府的参与和主导。例如杜亚在主政扬州期间,就曾在端午节举行过一次大

---

　　[1]〔梁〕宗懔撰,〔隋〕杜公瞻注,姜彦稚辑校:《荆楚岁时记》,中华书局2018年版,第44—45页。
　　[2]〔唐〕骆宾王著,〔清〕陈熙晋笺注:《笺注骆临海集》卷九《扬州看竞渡序》,上海古籍出版社1985年版,第324—325页。

规模的龙舟竞渡比赛:"杜仆射亚在淮南,端午日,盛为竞渡之戏。诸州征伎乐,两县争胜负,彩楼看棚,照耀江水,数十年未之有也。凡扬州之客,无贤不肖尽得预焉。"[1]这是写淮南节度使杜亚在任期间,曾举办端午赛龙舟活动,下属江阳、江都两县的龙舟队互争胜负,当时两岸看客如堵,热闹场面是扬州几十年未曾见过的盛况。又如,唐敬宗宝历二年(826)五月初三,崔从为淮南节度使时,有人在瓜洲主持测试端午竞渡所用的龙舟,结果有三只龙舟在金山附近水域覆没,造成一百五十人溺死江中的悲剧。[2]可见这种准备用于端午节比赛使用的"竞渡船",体型比较庞大,可以容纳很多比赛选手,另外还可以知道的是,准备参加五月五日龙舟竞渡的人数比较多,因为仅此次测试所损失的船员就多达一百五十人。

戴长命缕,就是端午节清晨,大人在孩子的手腕、脚腕、脖子上拴系青、赤、黄、白、黑编成的五色彩线。此俗由来已久,古称辟兵缯、朱索等,如东汉应劭《风俗通》中有云:"午日,以五彩丝系臂,避鬼及兵,令人不病瘟,一名长命缕,一名辟兵缯。"戴在儿童手脚、脖项的五色彩线,将在端午节后的第一个雨天剪下扔到雨中,意思就是将所有疾病一起随雨水冲走。端午节戴长命缕,在唐代已成为普遍性的风尚,不仅大人要为孩子佩戴,大人自己也要佩戴。端午节此俗不仅流行于民间,宫廷达官贵人也是如此,甚至于皇帝还会在端午节赏赐宠臣五色彩线,得赏者无不引以为至高荣宠,而未获赏赐者则不免心生艳羡。至于端午节斗百草的习俗,则分为"文斗"和"武斗"两种。所谓"文斗"就是一方报花名,另一方报出另一个相应的花名,直到一方持续不下去认输,这才宣告结束;至于"武斗",则是双方互相撕扯草束,先扯断对方的草束就算是赢家。端午节斗百草,之所以成为唐代十分流行的游戏活动,是因为这种活动没有什么成本却又很有意思,还可以增长见识。

(七)重阳

因为九是最大的阳数,故农历九月初九称为重阳,又称重九。重阳节作为

[1]〔宋〕李昉等编:《太平广记》卷二七八《梦三》"王播"条引《逸史》,中华书局1961年版,第2204页。

[2]〔宋〕李昉等编:《太平广记》卷一五五《定数十》"崔从"条引《独异志》,中华书局1961年版,第1115页。

隋唐五代时期十分重要的岁时节俗,主要包括登高、插茱萸、赏菊花、饮菊花酒、吃重阳糕等名目。扬州地区也十分重视重阳节,节日活动大致与全国相同。

据《西京记》记载:"乐游园,汉宣帝所造。唐长安中,太平公主于原上置亭,游赏其地,四望宽敞。每三月上巳,九月重阳,士女游戏,就此祓禊登高。"[1]可见,节日登高起初并非重阳节专有的活动项目,三月初三的上巳节也有登高之俗。不过,到了隋唐五代时期,登高便已经成为重阳节的专属节俗活动了,如罗隐在《重九日广陵道中》写道:"秋山抱病何处登,前时韦曲今广陵。"[2]可见,扬州地区是有重阳登高的节俗的。佩插茱萸作为重阳节的一项重要习俗,最早见于汉代,据文献记载,东汉桓景随方士费长房学道术,费长房告诫他,九月初九当天让全家大小佩戴装有茱萸的绛色袋子,登高饮菊花酒,可以免除灾祸。重阳节登高、佩插茱萸、饮菊花酒等习俗据说因此而来。此外,古人还认为重阳节佩插茱萸,可以令人长寿,[3]故时至唐代,重阳佩插茱萸更是盛行,大诗人王维"遥知兄弟登高处,遍插茱萸少一人"[4]之句,便是最好的证明。扬州当时还有名为茱萸湾的地方,就与扬州地区重阳佩戴茱萸蔚然成风有些关系。

赏菊花、饮菊酒,也是自三国魏晋以来就已形成的节俗,重阳节必饮菊花酒,是因为菊花具有一定药效,饮后可以使人明目醒脑,如晋代葛洪在《抱朴子》曾记载,南阳山中人家饮用遍生菊花的甘谷水而延年益寿,唐人对此也有认识,唐诗"风俗尚九日,此情安可忘。菊花辟恶酒,汤饼茱萸香"[5]之句,便是明证。

（八）冬至

在中国古代,冬至一直就是全国性的大节日,上至皇帝百官,下至普通百

[1]〔明〕彭大翼:《山堂肆考》卷一〇《时令》"少陵作歌"条注引《西京记》,清文渊阁《四库全书》本。

[2]〔清〕彭定求等编:《全唐诗》卷六六四(罗隐)《重九日广陵道中》,中华书局 1960 年版,第 7605 页。

[3]〔唐〕徐坚等:《初学记》卷四《四时部下》"九月九日第十一"条引《西京杂记》,中华书局 1962 年版,第 80 页。

[4]〔唐〕王维撰,〔清〕赵殿成笺注:《王右丞集笺注》卷一四《九月九日忆山东兄弟》,上海古籍出版社 1984 年版,第 260 页。

[5]〔清〕彭定求等编:《全唐诗》卷一三二(李颀)《九月九日刘十八东堂集》,中华书局 1960 年版,第 1341 页。

姓,都十分重视冬至,隋唐五代时期亦然。从官方来说,冬至节的礼仪活动乃是国家大典,冬至作为"岁之常礼二十有二"中的第一个祭祀仪式,皇帝提前七天进行斋戒,并在冬至当日举行南郊祭天;在宣读郊天祭文之后,宣布"普天之下,大酺三日",并宣布大赦天下的诏令;接下来,皇帝要在大殿上接受文武百官和各国使节的朝拜,并举行大宴款待朝拜的人员等。从民间来说,冬至也是祭祀先祖、举家饮宴、走亲访友的节日,冬至节也因此成为人们凝聚亲情的好机会。《初学记》所云冬至"如正(按,正,即元日、元正之意)",以及民间"冬大如年"等说法,都是从冬至节备受官民重视的情况来说的。

隋唐五代时期的扬州地区,冬至节的习俗与全国大致相同,对于冬至十分重视,将冬至称为"大冬",冬至当日家家都要举行祭祖的仪式。冬至的前一天称为"小冬",因为冬至是白昼最短的日子,冬至过后,白昼就开始日渐变长,故冬至的夜晚也被称为"冬除"或"除夜"。冬至除夜也有彻夜不眠的习俗,这个做法与除夕夜的"守岁"有些相似,故也被称为"守冬"。隋唐五代时期扬州"守冬"的节日习俗,有史料为证,唐文宗开成三年(838),日僧圆仁在扬州就曾亲历了这个节俗,据圆仁记述云:

> (十一月)廿六日夜,人咸不睡,与本国正月庚申之夜同也。
>
> 廿七日,冬至之节,道俗各至礼贺。在俗者拜官,贺冬至节。见相公(按,指淮南节度使李德裕),即道:"运推移日南长至。伏惟相公尊体万福。"贵贱官品并百姓,皆相见拜贺。出家者相见拜贺,口叙冬至之辞,互相礼拜。俗人入寺亦有是礼。众僧对外国僧即道"今日冬至节,和尚万福。传灯不绝,早归本国,长为国师"云云。各相礼拜毕,更道严寒。或僧来云"冬至,和尚万福。学光三学,早归本乡,常为国师"云云。有多种语。此节总并与本国正月一日之节同也。俗家寺家各储肴膳,百味总集,随前人所乐,皆有贺节之辞。道俗同以三日为期,贺冬至节。此寺家亦设三日供,有种总集。[1]

---

[1] 〔日〕圆仁撰,顾承甫、何泉达点校:《入唐求法巡礼行记》卷一,上海古籍出版社1986年版,第21—22页。

从中可以了解唐代扬州冬至节的大致情况。冬至前一天晚上，"人咸不睡"，亦即通宵不眠，是为"守冬"。冬至节当天，无论道俗，见面时都要相互祝贺，庶民百姓还要拜见地方长官，向他们祝贺节日，特别是拜见扬州地区最高长官李德裕，祝贺词中还包含着冬至过后白昼变长的内容。冬至当日，出家的僧人也互相道贺节日，百姓到寺庙也有相互拜贺之礼仪。寺僧之间也相互祝贺，祝贺词皆离不开冬至这个话题。冬至放假三天，无论僧俗皆是如此，而且无论僧俗都准备好花样繁多的美食，因此，冬至节也是人们品尝各种美味佳肴的喜庆日子。圆仁在记述中说，冬至节与日本的"正月一日之节"相同，当时的日本"正月一日之节"，正与唐朝的"元日"亦即今之春节是一样的，所以，唐代"冬至如正"或"冬大如年"的说法，可谓不虚。

（九）腊日

腊日也是中国民间传统节日之一，是古代祭祀祖先、祭拜众神、庆祝丰收的节日，因为是在每年的最后一个月——腊月进行，故称腊日，腊本为祭礼名，岁末祭祀众神叫腊，故十二月也叫腊月。腊日的时间，起初并不固定，后来受到佛教的影响，而分化为腊八和辞灶两个环节。腊八即农历十二月初八，辞灶则为农历十二月二十三日。腊八的形成大约是在南朝时，据《荆楚岁时记》记述："十二月八日为腊日……村人并系细腰鼓、戴胡公头及作金刚力士以逐疫，沐浴转除罪障……其日并以豚酒祭灶神。"[1]据此可知，腊八节俗是混合了中外传统民俗而形成的，系细腰鼓、戴胡公头、以豚酒祭灶神，是中国旧有的习俗；作金刚力士以逐疫、沐浴转除罪障，则是受到佛教的影响而形成的节俗。腊日以豚酒祭祀灶神，后来从腊八节分化出来，改在农历腊月二十三日进行，并进一步丰富了节俗的内容，传说腊月二十三日是灶王爷上天向玉皇大帝汇报情况的日子，故当晚要举行送灶王仪式，祭祀贡品也不限于豚酒，还增加了糖瓜、糕点等祭品，与此同时，还要将灶王爷像并黄表纸一同在大门口焚烧。

隋唐五代时期的扬州，也流行腊八和辞灶之节俗。十二月初八，人们都要焚香沐浴，又因为十二月八日是唐敬宗的忌日，故而朝廷下诏规定，天下各

---

[1]〔梁〕宗懔撰,〔隋〕杜公瞻注,姜彦稚辑校:《荆楚岁时记》,中华书局2018年版,第71—73页。

州要在寺院道观设斋行香。唐文宗开成三年（838）十二月初八，日僧圆仁恰好住在扬州开元寺，他亲眼看见了淮南节度使李德裕在寺中设斋供养五百僧人，斋后又出钱"令涌汤浴诸寺众僧，三日为期"[1]。总之，腊日行祭作为中国传统节日之一，其节俗活动内容实际上并不限于本土传统习俗，还同时吸收融汇了佛教的一些习俗，从而展现出中外文化交汇的风貌。

隋唐五代时期扬州地区的人口，在不同时段有所变化，但总体上呈上升趋势。扬州地区自魏晋南北朝时期起，就是北方人口南迁的一处重要落脚点，隋唐时期仍然如此。中外移民的大量涌入，不仅直接增加扬州的人口总数，而且在一定程度上改变了扬州地区人口的结构，使得扬州成为一座海纳百川、融汇中西的国际化大都市，扬州地区的人文风貌、社会风俗都因此受到影响而发生了变化，从而呈现出融会中西、多元交汇的时代风貌。

早在隋朝，就不断有移民迁居扬州。隋炀帝即帝位以后曾三次下扬州，并较长时间居留于此，更是在进一步提升扬州政治地位的同时，促进了北方人口向扬州迁移的幅度，当时随行的北方官员中就有相当一部分人从此定居扬州，这在扬州地区所出土的一些墓志和传世文献的记载中都有记述。不过，造成更大规模北方民众南迁扬州的原因，却是唐玄宗天宝末年所爆发的安史之乱，动乱对北方黄河流域为中心的中原地区造成了巨大破坏，加速和加剧了北方人民向南方迁移的力度，扬州作为东南地区的中心城市，不仅社会秩序相对安定，而且经济发达，对北方移民具有极大的吸引力，因此，安史之乱以后相当长的时间里，扬州地区的人口呈现出不减反增的态势，正好与北方的重要城市如长安、洛阳等地的情况相反。"扬一益二"的繁盛情况，形成于唐代后期，其中最重要的指标，就是扬州的常住人口较诸以前有了较大增长，而在所增加的人口中，有很大一部分即来自于全国各地的移民。早在唐代前期，扬州就已经是"地总淮海，路兼岭蜀，侨旧相杂"的移民城市，而到了中后期，这种情况愈加突出，随着安史之乱爆发，中原地区兵连祸结，北方居民大规模往南方长江流域迁徙，由此造成中国历史上继西晋"永嘉南渡"后的又一次移民浪潮，扬州地当南北交通枢纽，自然成为北方流民南下的主要集散

---

[1]〔日〕圆仁撰，顾承甫、何泉达点校：《入唐求法巡礼行记》卷一，上海古籍出版社1986年版，第23—24页。

地,史言"当是时,中国新去乱,士多避处江淮间"。尤其需要指出的是,在唐代扬州的移民中,还有相当数量的域外移民,其中包括西域诸国、朝鲜半岛诸国、东南亚、南亚诸国等。中外移民大量涌入扬州,不仅带来了各地先进的生产技术与劳动力,成为城市繁荣的催化剂,也促成各方学术文化的交汇,并由此孕育出唐代扬州多元、开放的社会文化面貌,同时也使得扬州地区的社会习俗呈现出多样化的复杂面貌。

隋唐五代时期的扬州,社会风俗一方面具有同一时代社会风俗的普遍性、共同性的特征,另一方面也表现出自身独有的区域性特征。隋唐五代时期扬州的社会风俗沿袭传统的同时,而有所变化。隋唐五代时期的扬州,一方面延续了传统"重农抑商"社会理念,加上政府的大力倡导,因此扬州地区的农业继续得以发展,并达到了前所未有的发达程度,这是对历史传统的传承。另一方面,由于扬州又是当时全国的水陆交通枢纽,手工业、商业空前发展,因此,扬州又出现了"俗好商贾,不事农桑"的新风尚,从而形成扬州地区农、商并重的社会风俗。扬州为当时东南地区最为富庶的大都会,超强的经济实力和发达的城市商品经济,对于扬州地区的日常社会风俗产生了重要影响,同时又由于扬州是最为开放的国际化大都市,汇聚了全国各地乃至域外各色人等,从而使得扬州的社会风俗在继承传统的基础上,又融入新鲜的元素,不仅南北混杂,而且中外交融,从而形成传统与创新兼具、奢华与节俭并行的社会风俗。一方面在扬州的广大乡村,仍然沿袭着"土风浑厚"的优良历史传统,"不闻忿争之声,不见傲慢之容,雍雍穆穆"的局面随处可见;另一方面又形成了"俗好商贾,不事农桑"的新风尚,整个扬州城四处弥漫着"敛求贸易无虚日,积财宝巨亿"的铜臭气息,从而使得扬州变成以追求娱乐享受为时代风尚的消费型城市,"腰缠十万贯,骑鹤下扬州"正是对这种追求奢靡生活的时代风气的生动写照。

隋唐五代时期扬州的日常生活习俗,体现在衣食住行方面,可以概括为继承中华传统风格的基础上,也融入了一些异域的元素,直观反映出扬州作为国际化大都市的时代风貌。隋唐五代时期扬州人民的饮食以米、面为主食,同时还有种类繁多的副食为辅,扬州地区的副食种类多样化,其中荤食类中既有鸡、鸭、鹅、猪、牛、羊、狗等肉类，也有鱼、虾、蟹等水产品，素食类中既有瓜、豆、梨、桃等各种蔬菜水果，也有菱角、莲藕等水生植物，可谓丰富多彩。隋唐五代扬州的餐饮业发达，饮酒成风，并形成丰富的酒令文化；扬州不仅是江淮地区乃至全国的茶叶集散中心，也是茶文化从形成到成熟的中心文化区域，品茗啜茶已经成为扬州地区的日常生活习俗，扬州城内到处可见酒肆茶楼，并出现一些小本经营的流动性茶摊。隋唐五代时期扬州的衣着服饰，大致同于中原地区，而又体现出扬州的地方特色。夏衫冬袍，早春晚秋则或着襦袄，是当时扬州的常见着装，经济条件好的富贵之家，冬天则有裘衣锦袄，普通吏民则棉袍御寒。隋唐五代时期扬州的女装，继续因循上衣下裳之制，上衣一般为襦、袄、衫，下衣则为束裙，襦裙乃是唐代女性服饰的常见搭配，可见扬州女性服饰总体上与通行的襦裙制还是相符合的。隋唐五代时期的扬州妇女，喜好华美装饰，热衷于梳妆打扮，以致给后人留下了扬州"俗号浮华""俗尚奢靡"的印象，实际上这正从某一方面反映了那个时候扬州的富庶，可谓社会经济特别是商品经济高度发达的反映。

隋唐五代时期扬州地区的传统节日习俗，与中原地区大致相同，而又体现出一定的地域性特色，大致可以划分为岁时节日、纪念性节日和宗教性节日三类，在上述三种类型的节日习俗中，岁时节日习俗最为集中地反映了中国的传统农耕文明的发展进程，在某种意义上可谓认识和理解中国传统文化的最佳切入点。丰富多彩的节日习俗，作为扬州历史文化的重要组成部分，直观体现出隋唐五代时期扬州地区的社会风貌，这些节日习俗主要包括如下十种：除夕、元日、立春、元宵、寒食、清明、端午、重阳、冬至、腊日，在这些传统节俗中，既有浓厚的中华传统文化意涵，也融入了一些域外风情的元素，从而展现出中外文化交汇的风貌，成为扬州国际化大都市的一个最佳注脚。

主要参考文献

一、史料

司马迁.史记[M].裴骃,集解.司马贞,索隐.张守节,正义.北京:中华书局,1982.

班固.汉书[M].颜师古,注.北京:中华书局,1962.

陈寿.三国志[M].裴松之,注.北京:中华书局,1959.

房玄龄,等.晋书[M].北京:中华书局,1974.

沈约.宋书[M].北京:中华书局,1974.

萧子显.南齐书[M].北京:中华书局,1972.

姚思廉.梁书[M].北京:中华书局,1973.

姚思廉.陈书[M].北京:中华书局,1972.

魏收.魏书[M].北京:中华书局,1974.

李百药.北齐书[M].北京:中华书局,1972.

令狐德棻,等.周书[M].北京:中华书局,1971.

魏徵,令狐德棻.隋书[M].北京:中华书局,1973.

李延寿.南史[M].北京:中华书局,1975.

李延寿.北史[M].北京:中华书局,1974.

刘昫,等.旧唐书[M].北京:中华书局,1975.

欧阳修,宋祁.新唐书[M].北京:中华书局,1975.

薛居正,等.旧五代史[M].北京:中华书局,2015.

欧阳修.新五代史[M].徐无党,注.北京:中华书局,2015.

脱脱,等.宋史[M].北京:中华书局,1977.

司马光.资治通鉴[M].胡三省,音注."标点资治通鉴小组",校点.北京:

中华书局,1956.

李焘.续资治通鉴长编[M].北京:中华书局,2004.

房玄龄,等.晋书斠注[M].吴士鉴,刘承幹,注.北京:中华书局,2008.

杜佑.通典[M].王文锦,王永兴,刘俊文,徐庭云,谢方,点校.北京:中华书局,1988.

王溥.唐会要[M].北京:中华书局,1955.

李林甫,等.唐六典[M].陈仲夫,点校.北京:中华书局,1992.

长孙无忌,等.唐律疏议[M].刘俊文,点校.北京;中华书局,1983.

宋敏求.唐大诏令集[M].北京:中华书局,2008.

李希泌.唐大诏令集补编[M].上海:上海古籍出版社,2003.

林宝.元和姓纂(附四校记)[M].岑仲勉,校记.北京:中华书局,1994.

郑樵.通志[M].北京:中华书局,1987.

马端临.文献通考[M].北京:中华书局,2011.

徐松.宋会要辑稿[M].刘琳,刁忠民,舒大刚,等,校点.上海:上海古籍出版社,2014.

永瑢,等.四库全书总目[M].北京:中华书局,1965.

杨衒之.洛阳伽蓝记校注[M].范祥雍,校注.上海:上海古籍出版社,2011.

杜宝.大业杂记辑校[M].辛德勇,辑校.北京:中华书局,2020.

李吉甫.元和郡县图志[M].贺次君,点校.北京:中华书局,1983.

程大昌.雍录[M].黄永年,点校.北京:中华书局,2002.

徐松.唐两京城坊考[M].张穆,校补.方严,点校.北京:中华书局,1985.

义净.大唐西域求法高僧传校注[M].王邦维校注.北京:中华书局,1988.

乐史.太平寰宇记[M].王文楚,等,点校.北京:中华书局,2007.

王象之.舆地纪胜[M].赵一生,点校.杭州:浙江古籍出版社,2012.

王存.元丰九域志[M].王文楚,魏嵩山,点校.北京:中华书局,1984.

王应麟.通鉴地理通释[M].傅林祥,点校.北京:中华书局,2013.

朱怀幹.嘉靖惟扬志[M].盛仪,辑.扬州:广陵书社,2015.

顾祖禹.读史方舆纪要[M].贺次君,施和金,点校.北京:中华书局,2005.

黄之隽,等.江南通志[M]//景印文渊阁四库全书:第508册.台北:台湾商务印书馆,1983.

阿克当阿.〔嘉庆〕重修扬州府志[M].姚文田,等,纂.扬州:广陵书社,2015.

吴耆德,王养度.〔嘉庆〕瓜洲志[M].冯锦,常德,编辑.//扬州文库:第1辑第38册,广陵书社,2015.

刘文淇.扬州水道记[M].赵昌智,赵阳,点校.扬州:广陵书社,2011.

钱祥保,桂邦杰,等.民国江都县续志[M]//中国地方志集成·江苏府县志辑:第67辑.南京:凤凰出版社,2008.

真人元开.唐大和上东征传[M].汪向荣,校注.北京:中华书局,2000.

圆仁.入唐求法巡礼行记[M].顾承甫,何泉达,点校.上海:上海古籍出版社,1986.

慧超.往五天竺国传笺释[M].张毅,笺释.北京:中华书局,2000.

欧阳询.艺文类聚[M].汪绍楹,校.上海:上海古籍出版社,1999.

徐坚,等.初学记[M].北京:中华书局,1962.

李昉,等.太平御览[M].北京:中华书局,1960.

李昉,等.太平广记[M].北京:中华书局,1961.

王钦若,等.册府元龟[M].北京:中华书局,1960.

李昉,等.文苑英华[M].北京:中华书局,1966.

王应麟.玉海[M].扬州:广陵书社,2003.

彭大翼.山堂肆考[M].清文渊阁四库全书本.

姚汝能.安禄山事迹[M].曾贻芬,点校.北京:中华书局,2006.

赵元一.奉天录[M].夏婧,点校.北京:中华书局,2014.

李肇.唐国史补[M].上海:上海古籍出版社,1979.

刘餗.隋唐嘉话[M].程毅中,点校.北京:中华书局,1979.

封演.封氏闻见记校注[M].赵贞信,校注.北京:中华书局,2005.

刘肃.大唐新语[M].许德楠,李鼎霞,点校.北京:中华书局,1984.

韦绚.刘宾客嘉话录[M].明顾氏文房小说本.

段成式.酉阳杂俎[M].杜聪,校点.济南:齐鲁书社,2007.

李匡文.资暇集[M].吴企明,点校.北京:中华书局,2012.

王定保.唐摭言[M].黄寿成,点校.西安:三秦出版社,2011.

吴任臣.十国春秋[M].北京:中华书局,1983.

范摅.云溪友议校笺[M].唐雯,校笺.北京:中华书局,2017.

孙光宪.北梦琐言[M].贾二强,点校.北京:中华书局,2002.

王谠.唐语林校证[M].周勋初,校证.北京:中华书局,1987.

路振.九国志[M]//傅璇琮,等,主编.五代史书汇编.杭州:杭州出版社,2004.

佚名.五国故事[M]//傅璇琮,等,主编.五代史书汇编.杭州:杭州出版社,2004.

陈彭年.江南别录[M]//傅璇琮,等,主编.五代史书汇编.杭州:杭州出版社,2004.

马令.南唐书[M]//傅璇琮,等,主编.五代史书汇编.杭州:杭州出版社,2004.

史温.钓矶立谈[M]//傅璇琮,等,主编.五代史书汇编.杭州:杭州出版社,2004.

陆游.南唐书[M]//傅璇琮,等,主编.五代史书汇编.杭州:杭州出版社,2004.

佚名.扬州事迹[M]//陶敏,主编.全唐五代笔记:第4册.西安:三秦出版社,2012.

佚名.江南余载[M]//朱易安,傅璇琮,等,主编.全宋笔记:第1编第2册.郑州:大象出版社,2003.

郑文宝.南唐近事[M]//朱易安,傅璇琮,等,主编.全宋笔记:第1编第2册.郑州:大象出版社,2003.

郑文宝.江表志[M]//朱易安,傅璇琮,等,主编.全宋笔记:第1编第2册.郑州:大象出版社,2003.

沈括.新校正梦溪笔谈[M].胡道静,校注.北京:中华书局,1957.

叶梦得.避暑录话[M]//朱易安,傅璇琮,等,主编.全宋笔记:第2编第10册.郑州:大象出版社,2006.

洪迈.容斋随笔[M].上海:上海古籍出版社,1996.

吴淑.江淮异人录[M].上海:上海古籍出版社,2007.

钱俨.吴越备史·补遗[M]//景印文渊阁四库全书:第464册.台北:台湾商务印书馆,1983.

吴曾.能改斋漫录[M]//上海师范大学古籍整理研究所,编.全宋笔记:第5编第4册.郑州:大象出版社,2012.

道宣.续高僧传[M].郭绍林,点校.北京:中华书局,2014.

赞宁.宋高僧传[M].范祥雍,点校.北京:中华书局,1987.

释道宣.广弘明集[M].四部丛刊景明本.

释道世.法苑珠林[M].四部丛刊景明万历本.

释元康.肇论疏[M]//大正新修大藏经:第45册.台北:新文丰出版公司,1983.

志磐.佛祖统纪[M]//大正新修大藏经:第49册.台北:新文丰出版公司,1983.

仁全,治哲,睿道.慈觉大师在唐送进录[M]//大正新修大藏经:第55册.台北:新文丰出版公司,1983.

佚名.三洞珠囊[M]//道藏:第25册.北京:文物出版社.上海:上海书店.天津:天津古籍出版社,1988.

萧统.文选[M].李善注.上海:上海古籍出版社,1986.

郭茂倩.乐府诗集[M].聂世美,仓阳卿,校点.上海:上海古籍出版社,2016.

贾谊.贾谊集[M].上海:上海人民出版社,1976.

陆羽.茶经[M].宋百川学海本.

严可均.全上古三代秦汉三国六朝文·全隋文[M].北京:中华书局,1958.

彭定求,等.全唐诗[M].北京:中华书局,1960.

陈尚君.全唐诗补编·续拾[M].北京:中华书局,1992.

董诰,等.全唐文[M].北京:中华书局,1983.

吴钢.全唐文补遗[M].王享阳,等,点校.西安:三秦出版社,1997.

陈尚君.全唐文补编[M].北京:中华书局,2005.

曾枣庄,刘琳.全宋文[M].上海:上海辞书出版社,合肥:安徽教育出版社,2006.

骆宾王.笺注骆临海集[M].陈熙晋,笺注.上海:上海古籍出版社,1985.

韩愈.韩昌黎全集[M].北京:中国书店,1991.

白居易.白居易诗集校注[M].谢思炜,校注.北京:中华书局,2006.

刘禹锡.刘禹锡全集编年校注[M].陶敏,陶红雨,校注.北京:中华书局,2019.

元稹.元稹集[M].冀勤,点校.北京:中华书局,2015.

陆贽.陆贽集[M].刘泽民,点校.杭州:浙江古籍出版社,2013.

吴在庆.杜牧集系年校注[M].北京:中华书局,2008.

罗隐.罗隐集校注[M].潘慧惠,校注.杭州:浙江古籍出版社,1995.

张彦远.法书要录[M].范祥雍,点校.北京:人民美术出版社,1984.

崔致远.桂苑笔耕集校注[M].党银平,校注.北京:中华书局,2007.

胡仔.渔隐丛话前集[M]//景印文渊阁四库全书:第1480册.台北:台湾商务印书馆,1983.

王昶.金石萃编[M].北京:中国书店,1985.

赵明诚.宋本金石录[M].北京:中华书局,1991.

周绍良.唐代墓志汇编[M].上海:上海古籍出版社,1992.

周绍良,赵超.唐代墓志汇编续集[M].上海:上海古籍出版社,2001.

胡戟,荣新江.大唐西市博物馆藏墓志汇编[M].北京:北京大学出版社,2012.

吴炜.扬州唐、五代人物墓志录文资料[M].扬州博物馆油印本,1994.

李文才.隋唐五代扬州地区石刻文献集成[M].南京:凤凰出版社,2021.

罗振玉.鸣沙石室佚书正续编[M].北京:北京图书馆出版社,2004.

中国社会科学院历史研究所,中国敦煌吐鲁番学会敦煌古文献编辑委员会,英国国家图书馆,伦敦大学亚非学院.英藏敦煌文献(汉文佛经以外部份)[M].成都:四川人民出版社,1990.

中国科学院考古研究所.西安郊区隋唐墓[M].北京:科学出版社,1966.

陕西省文物管理委员会.陕西省出土铜镜[M].北京:文物出版社,1959.

陈佩芬.上海博物馆藏青铜镜[M].上海:上海书画出版社,1987.

二、专著

白寿彝,等.中国通史[M].上海:上海人民出版社,2013.

陈勇.唐代长江下游经济发展研究[M].上海:上海人民出版社,2006.

陈寅恪.唐代政治史述论稿[M].北京:生活·读书·新知三联书店,2001.

杜文玉.南唐史略[M].西安:陕西人民教育出版社,2001.

冬冰.流星王朝的遗辉:"隋炀帝与扬州"国际学术研讨会论文集[M].苏州:苏州大学出版社,2015.

严耕望.唐史研究丛稿[M].香港:新亚研究所,1969.

范文澜.中国通史简编[M].石家庄:河北教育出版社,2000.

葛剑雄,曹树基,吴松弟.简明中国移民史[M].福州:福建人民出版社,1993.

郭声波.中国行政区划通史:唐代卷[M].上海:复旦大学出版社,2017.

韩国磐.隋唐五代史纲:修订本[M].北京:人民出版社,1977.

胡耀飞.杨吴政权家族政治研究[M].新北:花木兰文化事业有限公司,2017.

胡耀飞.吴越国与吴越钱氏研究[M].北京:社会科学文献出版社,2020.

江苏省革命委员会水利局.江苏省近两千年洪涝旱潮灾害年表(附:江苏省地震年表),未刊本,1976.

孔祥星、刘一蔓.中国古代铜镜[M].北京:文物出版社,1984.

罗传栋.长江航运史(古代部分)[M].北京:人民交通出版社,1991.

李坦.扬州历代诗词[M].北京:人民文学出版社,1998.

李廷先.唐代扬州史考[M].南京:江苏古籍出版社,2002.

赖瑞和.唐代基层文官[M].北京:中华书局,2008.

李碧妍.危机与重构:唐帝国及其地方诸侯[M].北京:北京师范大学出版社,2014.

李晓杰.中国行政区划通史:五代十国卷[M].上海:复旦大学出版社,2017.

〔日〕木宫泰彦.日中文化交流史[M].胡锡年,译.北京:商务印书馆,1980.

牟发松.唐代长江中游的经济与社会[M].武汉:武汉大学出版社,1989.

潘镛.隋唐时期的运河和漕运[M].西安:三秦出版社,1987.

全汉昇.唐宋帝国与运河[M].北京:商务印书馆,1946.

卿希泰主编.中国道教史:修订本[M].成都:四川人民出版社,1996.

史念海.中国古都和文化[M].北京:中华书局,1996.

史念海.史念海全集[M].北京:人民出版社,2013.

汤用彤.隋唐佛教史稿[M].北京:北京大学出版社,2011.

王仲荦.敦煌石室地志残卷考释[M].北京:中华书局,2007.

王其祎,周晓薇.隋代墓志铭汇考[M].北京:线装书局,2007.

王虎华.扬州城池变迁[M].南京:南京师范大学出版社,2014.

吴平,吴建伟.鉴真年谱[M].扬州:广陵书社,2018.

〔美〕谢弗.唐代的外来文明[M].吴玉贵,译.北京:中国社会科学出版社,1995.

〔日〕小野勝年.入唐求法巡礼行记の研究[M].京都:法藏館,1989.

向达.唐代长安与西域文明[M].北京:商务印书馆,2015.

〔美〕薛爱华.撒马尔罕的金桃:唐代舶来品研究[M].吴玉贵,译.北京:社会科学出版社,2016.

谢明良.贸易陶瓷与文化史[M].北京:生活·读书·新知三联书店,2019.

杨志玖.隋唐五代史纲要[M].上海:上海人民出版社,1957.

严耕望.唐代交通图考[M].台北:台湾商务印书馆、学生书局、三民书局,1985.

邹逸麟.黄淮海平原历史地理[M].合肥:安徽教育出版社,1997.

朱玉龙.五代十国方镇年表[M].北京:中华书局,1997.

张秉伦,方兆本.淮河和长江中下游旱涝灾害年表与旱涝规律研究[M].合肥:安徽教育出版社,1998.

邹劲风.南唐国史[M].南京:南京大学出版社,2000.

周绍良.全唐文新编[M].长春:吉林文史出版社,2000.

张星烺.中西交通史料汇编[M].朱杰勤,校订.北京:中华书局,2003.

郑学檬.中国古代经济重心南移和唐宋江南经济研究[M].长沙:岳麓书社,2003.

朱祖德.唐代淮南道研究[M].新北:花木兰文化事业有限公司,2009.

中国社会科学院考古研究所,南京博物院,扬州市文物考古研究所.扬州城:1987~1998年考古发掘报告[M].北京:文物出版社,2010.

周阿根.五代墓志汇考[M].合肥:黄山书社,2011.

张文华.汉唐时期淮河流域历史地理研究[M].上海:上海三联书店,2013.

中国社会科学院考古研究所,南京博物院,扬州市文物考古研究所,洛阳市文物钻探管理办公室.扬州蜀岗古代城址考古勘探报告[M].北京:科学出版社,2014.

朱江.远逝的风帆:海上丝绸之路与扬州[M].南京:东南大学出版社,2014.

朱玉龙.吴王杨行密[M].合肥:安徽人民出版社,2017.

朱偰.大运河的变迁[M].南京:江苏人民出版社,2017.

钟军,朱昌春,蔡亮.隋唐运河故道地名考[M].北京:中国社会出版社,2018.

周运中．唐代航海史研究［M］．新北：花木兰文化事业有限公司,2020.

三、论文

卞孝萱．唐代扬州手工业与出土文物［J］．文物,1977（9）.

陈志一．江苏双季稻历史初探［J］．中国农史,1983（1）.

〔日〕池田温．论天宝后期唐朝、新罗与日本的关系［G］//唐研究论文选集．北京：中国社会科学出版社,1999.

陈彝秋．唐代扬州城坊乡里考略［J］．扬州大学学报：人文社会科学版,2000（2）.

陈双印．五代时期的扬州城考［J］．中国历史地理论丛,2005（3）.

陈勇．论唐代长江下游农田水利的修治及其特点［J］．上海大学学报：社会科学版,2006（2）.

陈葆真．南唐烈祖的个性与文艺活动［G］//李后主和他的时代：南唐艺术与历史．北京：北京大学出版社,2009.

程千帆．张若虚《春江花月夜》的被理解和被误解［G］//唐代进士行卷与文学·古诗考索．北京：商务印书馆,2017.

陈烨轩．高骈的野心：晚唐的朝廷、淮南节度使和扬州社会［J］．中华文史论丛,2020（4）.

杜瑜．扬州周围历史地理变迁对扬州兴盛的影响［G］//江苏省考古学会1983年考古论文选,未刊本.

顾风．扬州新出土两件唐代青花瓷碗残片［J］．文物,1985（10）.

顾风．隋江都罗城规模的蠡测［J］．东南文化,1988（6）.

顾风．略论扬州出土的波斯陶及其发现的意义［G］//中国古代陶瓷的外销．紫禁城出版社,1988.

顾风．唐代扬州与长沙窑兴衰关系新探［J］．东南文化,1993（5）.

郭声波,颜培华．唐朝淮南道行政区沿革［J］．暨南史学,2007（5）.

〔日〕菅谷文则．鉴真弟子安如宝与唐招提寺药师佛像的埋钱［J］．葛继勇,译．扬州大学学报,2009（4）.

葛继勇．扬州白塔寺与唐日佛教交流［J］．扬州大学学报,2009（4）.

龚国强.唐扬州佛寺刍议[C]//中国考古学会,等.扬州城考古学术研讨会论文集.北京:科学出版社,2016.

韩荣福,周长源.扬州两次出土唐代船形银铤[J].中国钱币,1984(4).

韩茂莉.唐宋之际扬州经济兴衰的地理背景[J].中国历史地理论丛,1987(1).

胡耀飞.扬州城信仰空间与杨吴政治[G]//王双怀,王宏海.西安唐代历史文化研究.西安:陕西人民出版社,2018.

江苏省文物工作队.扬州施桥发现了古代木船[J].文物,1961(6).

纪仲庆.扬州古城址变迁初探[J].文物,1979(9).

蒋忠义.扬州城考古工作简报[J].考古,1990(1).

蒋忠义.隋唐宋明扬州城的复原与研究[G]//中国社会科学院考古研究所.中国考古学论丛:中国社会科学院考古研究所建所40年纪念.北京:科学出版社,1993.

蒋忠义.唐代扬州河道与二十四桥考[G]//中国社会科学院考古研究所,《汉唐与边疆考古研究》编委会.汉唐与边疆考古研究:第一辑.北京:科学出版社,1994.

王勤金.唐代扬州二十四桥桥址考古勘探调查与研究[J].南方文物,1995(3).

〔韩〕金相范.唐代后期扬州的发展和外国人社会[J].台湾师大历史学报,2012(44).

罗宗真.扬州唐代古河道等的发现和有关问题的探讨[J].文物,1980(3).

罗宗真.扬州唐代寺庙遗址的发现和发掘[J].文物,1980(3).

扬州博物馆,李万才.扬州出土的唐代石造像[J].文物,1980(4).

李廷先.唐代扬州城区规模考辨[J].扬州大学学报:人文社会科学版,1984(3).

李天石.唐代江苏地区农业经济发展述论[J].南京师大学报:社会科学版,1991(3).

李则斌.扬州城东路出土五代金佛像[J].文物,1999(2).

李明.后周与南唐淮南之战述评[J].江西社会科学,2001（4）.

李菁.大运河：唐代饮茶之风的北渐之路[J].中国社会经济史研究,2003（3）.

李裕群.隋唐时代的扬州城[J].考古,2003（3）.

罗宗真.唐代扬州龙兴寺试考[G]//南京博物院.罗宗真文集：历史文化卷.文物出版社,2013.

刘刚.关于扬州五代墓葬的两个问题：以出土墓志、地券为中心[C]//中国考古学会,等.扬州城考古学术研讨会论文集.北京：科学出版社,2016.

李文才.《太平广记》所见唐代胡商：以扬州为中心[G]//赵昌智.扬州文化研究论丛：第十六辑.扬州：广陵书社,2016.

廖军令,沈毅敏.阿拉伯缝合船黑石号的复原和建造技术[G]//大唐宝船：黑石号沉船所见9—10世纪的航海、贸易与艺术.上海：上海书画出版社,2020.

牟发松.隋炀帝的南方文化情结：兼与唐太宗作比[J].文史哲,2018(4).

南京博物院.如皋发现的唐代木船[J].文物,1974（5）.

南京博物院,扬州博物馆,扬州师范学院发掘工作组.扬州唐城遗址1975年考古工作简报[J].文物,1977（9）.

尤振尧.扬州古城1978年调查发掘简报[J].文物,1979（9）.

南京博物院.扬州唐城手工业作坊遗址第二、三次发掘简报[J].文物,1980（3）.

南京博物院,等.江苏扬州市曹庄隋炀帝墓[J].考古,2017（4）.

张敏,朱超龙,牛志远.江苏扬州市秋实路五代至宋代墓葬的发掘[J].考古,2017（4）.

齐涛.唐代的九驿路[J].陕西师范大学学报：哲学社会科学版,1998（1）.

曲英杰.扬州古城考[J].中国史研究,2003（2）.

任广,程召辉.唐扬州城布局略论[J].洛阳考古,2013（3）.

〔日〕桑原骘藏.伊本所记中国贸易港[M]//〔日〕桑原骘藏.唐宋贸易港研究.杨炼,译.北京：商务印书馆,1935.

〔日〕山崎宏.晋王廣（煬帝）の四道場[J].東洋学報.32（3）,1950.

沈福伟.论唐代对外贸易的四大海港[J].海交史研究,1986（2）.

宿白.隋唐城址类型初探(提纲)[G]//北京大学考古系.纪念北京大学考古专业三十周年论文集(1952—1982).北京:文物出版社,1990.

史念海.隋唐时期运河和长江的水上交通及其沿岸的都会[J].中国历史地理论丛,1994（4）.

〔日〕山根直生.唐朝军政统治的终局与五代十国割据的开端[J].浙江大学学报:人文社会科学版,2004（3）.

宋靖.十国地方行政考[G]//任爽.十国典制考.北京:中华书局,2004.

〔日〕中村太一.遺唐使の道:大運河を中心に[J].専修大学東アジア世界史研究センター年報,2009（2）.

汪篯.宇文化及之杀炀帝及其失败[G]//唐长孺,等.汪篯隋唐史论稿.北京:中国社会科学出版社,1981.

王勤金,李久海.扬州发现的唐惠照寺残碑[J].文博通讯,1981（1）.

王朝中.唐代安史乱后漕粮年运量骤降原因初探[J].中国社会经济史研究,1984（3）.

吴炜,周长源.扬州教育学院内发现唐代遗迹和遗物[J].考古,1990（4）.

翁俊雄.唐代的州县等级制度[J].北京师范学院学报:社会科学版,1991（1）.

王勤金.扬州市区发现唐代大体量木构排水沟[J].扬州史志,1993（3、4）.

王勤金.江苏扬州市文化宫唐代建筑基址发掘简报[J].考古,1994（5）.

王勤金.扬州大东门街基建工地唐代排水沟等遗迹的发现和初步研究[J].考古与文物,1995（3）.

王永平,张朝富.隋炀帝的文化旨趣与江左佛、道文化的北传[J].江海学刊,2004（5）.

王永平.隋炀帝之文化趣味与江左文风、学风之北渐[J].学习与探索,2005（2）.

江玮平.唐末五代初长江流域下游的在地政治:淮、浙、江西区域的比较研究[D].台湾大学硕士学位论文,2007.

汪勃.扬州城遗址唐宋城砖铭文内容之研究[G]//扬州博物馆.江淮文化论丛.北京:文物出版社,2011.

汪勃.扬州城遗址唐宋城时期用砖规格之研究:兼及城砖烧制特征和包砖墙修砌技法等[G]//扬州博物馆.江淮文化论丛:第二辑.北京:文物出版社,2013.

汪勃.扬州城遗址蜀冈上城垣城濠蠡测:基于2011年扬州唐子城—宋堡城考古调查勘探的结果[G]//扬州博物馆.江淮文化论丛:第二辑.北京:文物出版社,2013.

汪勃.扬州出土汉至初唐砖[G]//扬州博物馆.江淮文化论丛:第三辑.北京:文物出版社,2014.

汪勃.扬州城的城门考古[J].大众考古,2015(11).

汪勃.扬州城的沿革发展及其城市文化[C]//宋建,陈杰."城市与文明"学术研讨会论文集.上海:上海古籍出版社,2016.

汪勃.扬州城遗址考古发掘与研究:1999~2015年[C]//中国考古学会,等.扬州城考古学术研讨会论文集.北京:科学出版社,2016.

魏旭、张敏.扬州梅岭公馆唐至明清运河故道发掘收获[G]//扬州博物馆.江淮文化论丛:第四辑.北京:文物出版社,2017.

汪勃,王睿,束家平,等.扬州蜀岗古代城址内三处道路遗迹发掘简报[J].中国国家博物馆馆刊,2018(9).

王永平.隋炀帝招揽江南之高僧与南朝佛学之北传:以《续高僧传》所载相关史实为中心的考察[J].扬州大学学报:人文社会科学版,2019(2).

汪勃.扬州唐罗城形制与运河的关系:兼谈隋唐淮南运河过扬州唐罗城段位置[J].中国国家博物馆馆刊,2019(2).

汪勃,王小迎.隋江都宫形制布局的探寻和发掘[J].东南文化,2019(4).

王旭,陈航杰.水情、工程与市镇:论唐宋时代的邵伯[J].浙江师范大学学报:社会科学版,2020(1).

夏鼐.唐苏谅妻马氏墓志跋[J].考古,1964(9).

谢元鲁.论"扬一益二"[G]//史念海.唐史论丛:第三辑.西安:陕西人民出版社,1987.

许辉.江苏境内唐宋运河的变迁及其历史作用[G]//范金民,胡阿祥.江南社会经济研究:六朝隋唐卷.北京:中国农业出版社,2006.

荀德麟.苏北的大运河与邮驿线路[J].淮阴工学院学报,2011(6).

徐忠文,徐仁雨,周长源.扬州唐城遗址出土长沙窑瓷器研究[C]//中国考古学会,等.扬州城考古学术研讨会论文集.北京:科学出版社,2016.

徐良玉.扬州唐代木桥遗址清理简报[J].文物,1980(3).

印志华,徐良玉.扬州"七八·二"工程工地唐代文化遗存清理记略[J].南京博物院集刊,1981(3).

颜亚玉.唐中后期淮南农业经济的发展[J].中国社会经济史研究,1984(4).

徐良玉,李久海,张容生.扬州发现一批唐代金首饰[J].文物,1986(5).

扬州博物馆.扬州近年发现唐墓[J].考古,1990(9).

印志华.从出土唐代墓志看扬州古代县、乡、里的设置[J].东南文化,2001年增刊.

俞扬.徐铉谪居泰州年月考[G]//赵昌智.扬州文化研究论丛:第二辑.扬州:广陵书社,2008.

严茹蕙.试论"化外人"与文化认同:以八世纪的渡唐日本人为例[J].兴大历史学报,2012(25).

余国江.六朝隋唐时期的扬州城与坊市[G]//中国地理学会历史地理专业委员会《历史地理》编辑委员会.历史地理:第三十一辑.上海:上海人民出版社,2015.

汪勃.唐扬州城的范围和唐罗城的兴建[G]//本书编委会.庆贺徐光冀先生八十华诞论文集.北京:科学出版社,2015.

夏晶,刘勤,曹骏.仪征晚唐五代时期砖瓦窑址的发现与扬州城筑城关系浅析[C]//中国考古学会,等.扬州城考古学术研讨会论文集.北京:科学出版社,2016.

余国江.南唐扬州筑城史事考述[G]杜文玉.唐史论丛:第三十一辑.西安:三秦出版社,2020.

朱江.扬州唐墓清理[J].考古通讯,1958(6).

朱江.从文物发现情况来看扬州古代的地理变迁[J].扬州师院学报：哲学社会科学版,1977（9）.

周欣,周长源.扬州出土的唐代铜镜[J].文物,1979（7）.

张南.扬州发现涉及山光寺位置的墓志[J].文物,1980（5）.

郑连第.唐宋船闸初探[J].水利学报,1981（2）.

朱江.扬州海外交通史略[J].海交史研究,1982（4）.

朱江.扬州古典园林浅谈[J].文物,1982（11）.

张泽咸.试论汉唐间的水稻生产[J].文史,1983（18）.

朱江.扬州出土的唐代阿拉伯文背水瓷壶[J].文物,1983（2）.

张连生.隋文帝并省州县说辨误[J].扬州师院学报：社会科学版,1984（3）.

周长源.扬州出土古代波斯釉陶器[J].考古,1985（2）.

周东平.唐代淮南地区工商业的发展和繁荣[J].中国社会经济史研究,1986（3）.

张芳.扬州五塘[J].中国农史,1987（1）.

张燕.唐代扬州漆器[J].南京艺术学院学报：美术与设计版,1988（1）.

诸祖煜.唐代扬州坊市制度及其嬗变[J].东南文化,1999（4）.

朱明松.扬州唐子城城墙遗址的保护现状与思考[J].东南文化,2005（2）.

张荣强.初唐时期的江淮漕运[J].中国社会科学院研究生院学报,2005（1）.

周长源,束家平,马富坤.铸镜广陵市,菱花匣中发：析扬州出土的唐代铜镜[J].艺术市场,2006（1）.

张春兰.唐五代时期的城市管理制度[G]杜文玉.唐史论丛：第十一辑.西安：三秦出版社,2009.

曾严奭.五代时期吴国徐温的死因之谜：兼论徐知诰与徐温的关系[J].修平人文社会学报,2010（14）.

张学锋.圆仁《入唐记》所见晚唐新罗移民在江苏地域的活动[J].淮阴师范学院学报,2011（3）.

周运中.杨吴、南唐政区地理考[G]杜文玉.唐史论丛:第十三辑.西安:三秦出版社,2011.

朱祖德.唐代扬州手工业析论[J].淡江史学,2012(24).

中国社会科学院考古研究所、南京博物院、扬州市文物考古研究所、扬州唐城考古工作队.江苏扬州城南门遗址发掘报告[J].考古学集刊,2013(19).

周能俊.唐代道教地理分布[D].南京大学博士学位论文,2013.

朱祖德.唐代扬州的商业贸易[J].史学汇刊,2013(30).

朱祖德.唐代淮南地区的交通运输[J].史学汇刊,2013(31).

朱祖德.唐代淮南地区农业发展析论[J].史学汇刊,2013(32).

朱喆.扬州古代工艺美术研究[D].苏州大学博士学位论文,2013.

邹逸麟.瓜洲小史[G]//罗卫东,范今朝.庆贺陈桥驿先生九十华诞学术论文集.杭州:浙江大学出版社,2014.

朱祖德.唐代淮南地区手工业的发展:并论对自然生态的影响[J].淡江史学,2014(26).

后 记

《扬州通史·隋唐五代卷》的编撰工作从 2017 年 11 月正式启动，到如今顺利定稿，即将付梓，倏忽之间已是四易寒暑，其间所经历的诸般酸甜苦辣，岂是三言两语可以道尽！在领受撰稿任务以后，即组织同仁谋划相关事宜，从文献资料的收集整理，到提纲目录的拟订编写，再到篇章文本的撰拟定稿，每个环节都经过了多次反复商讨之后，方才形成最终的工作方案。本书能够如期完成编撰任务，端赖诸位同仁的勤力同心与精诚合作，作为本卷主编，首先要向承担撰写任务的诸位同仁表示由衷的感谢！

《扬州通史·隋唐五代卷》能够顺利完成，还得益于扬州市委宣传部的精心组织和扬州地方文史专家的襄助，从起初的框架结构设计，到后来的章节目录厘定，再到后来的样稿审核，每一个环节都得到了专家们的鼓励、指导与认可，在此谨向他们致以真诚的感谢！本书的撰写工作还得到总主编王永平教授的关注和支持，王教授在初审中所提出的建议，以及外审专家所提出的修订意见，对于本书的修订和完善，都颇有裨益，在此谨向他们表示诚挚的谢意！

《扬州通史·隋唐五代卷》的撰稿人员为李文才、周鼎、王旭、胡耀飞，具体分工如下：李文才撰写第二章、第五章、第十章的第二节，同时负责全书的统稿工作；王旭撰写第一章、第六章、第七章；周鼎撰写第三章的第一至第四节、第八章、第九章、第十章的第一节；胡耀飞撰写第三章的第五节、第四章。博士生张林君、曹万青曾帮助做过一些资料搜集和文字校订的工作。扬州博物馆、扬州市文物考古研究所为本书提供了部分卷首图片,在此向他们表示衷心的感谢!

　　本书在写作过程中,对于学术界既有相关研究成果进行了参考和借鉴,努力保证引用资料、观点的客观准确,然囿于学识、水平、时限等主客观因素,其中粗疏错漏之处在所难免,敬请读者批评指正!

李文才

谨识于扬州大学瘦西湖校区

2021 年 11 月 12 日

跋

扬州已有 2500 多年的建城史，以其积淀深厚、光彩夺目的历史文化传统闻名于世，是国家首批公布的历史文化名城，近年来又获得联合国教科文组织等国际机构颁发的 "'联合国人居奖' 城市" "世界美食之都" 与中日韩三国文化部长会议共同命名的 "东亚文化之都" 等荣誉称号，成为世人向往的 "淮左名都" "竹西佳处"。

扬州市委、市政府高度重视扬州历史文化的深度挖掘和系统研究，2017年 9 月，正式启动《扬州通史》编纂工作，将其纳入市校合作的总体框架，委托扬州大学中国史学科开展研究与著述。同时组建了以市委、市政府、学校主要领导牵头的编纂委员会，聘任本人担任主编，明确市委宣传部负责项目的实施与管理，设立通史编纂工作办公室，以协调、处理相关具体事务。

项目启动后，我们拟定了《扬州通史》的基本构架与著述体例。在编纂起止时间上，明确自先秦至中华人民共和国成立前；各分卷的时段安排，主要根据各阶段地域社会历史演进的实际状况，确定全书分为六卷、共八册，即《先秦秦汉魏晋南北朝卷》《隋唐五代卷 (两册)》《宋代卷》《元明卷》《清代卷 (两册)》和《中华民国卷》。按照编委会有关编撰工作 "专业化" "规范化" 的要求，我们组建了编纂团队，聘请了扬州大学中国史学科相应专业方向的诸位教授主持各分卷编著，其成员则以本学科专任教师为主体，他们在相关专业方向或领域浸淫多年，具有较为丰厚、扎实的专业素养与学识。

编委会对通史编纂质量与进度有明确的预期与要求。为确保编纂工作的规范化及其质量要求，通史编纂工作办公室确定了主编负责、统筹的审理、鉴定等管理程序与把关环节：一是对各卷所拟纲目与各位作者提供的章节样稿进行审查；对整体语言表述、引文注释、各卷内部及各卷之间衔接的相关内容归属，作出明确指导与规范要求；对相关争议性、敏感性问题的表述，提出原则性指导意见。为此，市、校领导多次召集编纂工作推进会与交流会，进行专题研讨，解决编纂过程中的各类疑难问题。二是各分卷统稿和主编审稿，这是编纂团队内部的质量把关程序，经过这两个层次的审理与修改，基本达到规范与合格的要求。三是聘请校外具有地方通史编纂经历的著名学者进行审阅鉴定。

在编纂时间与出版方面，编委会明确《扬州通史》的编纂为期四年，2021 年交稿，以整体出版方式刊布。我们深知时间紧迫，压力甚大。就研究内容而言，通史编纂与个人的专题研究不同，它既是历时性的贯通研究，又是整体性的全面著述，不论编纂者的个人学术兴趣如何，也不论不同时段传世文献的留存多寡，必须遵循通史的体例要求，尽可能挖掘相关资料，撰述相关内容，揭示相关历史信息。几年来，有赖编纂团队齐心协力，克服困难，如期完成了编纂工作。

《扬州通史》作为市、校合作的重大学术文化工程，得到了扬州市委、市政府与扬州大学的高度重视和大力支持，历任扬州市委、市政府、扬州大学党政领导，对编纂工作给予关心、指导和帮助；扬州市委宣传部、扬州大学人文社科处，对项目的具体实施与推进付出了诸多辛劳。在此，我代表编纂团队，表示由衷的敬意与诚挚的感谢！

作为主编，我要真诚地感谢编纂团队的全体成员，尤其是一些青年后进，他们是生力军，承担了各卷相当篇幅的撰著任务，表现出乐于奉献的精神——他们教学、研究的压力非常大，要接受学校、学院的各种量化考核，评职晋级需要主持省部级以上项目和发表权威期刊论文，而参与通史编纂对此并无直接帮助。几年间，每次见面，我必催促他们加快撰写进度，保证编纂质量，感谢诸位的理解与支持。

　　我要真诚地感谢参与各审核鉴定环节并给予我们指导的市内外诸位方家学者。学术顾问赵昌智先生携同扬州文化研究会的田汉云、顾风、徐向明、朱福烓、王虎华、韦明铧、张连生、曹永森、吴献中、强学民、华德荣、束家平、薛炳宽、方晓伟、曾学文、孙叶锋、王冰、王争琪、王章涛、王资鑫、李保华、魏怡勤、伍野春、陈文和、顾寅森、蒋少华等诸位先生，参与各卷纲目与样稿的审阅与研讨。扬州市考古文博、档案、党史办、图书馆等部门，给我们提供了诸多帮助，特别是广陵书社承担该书出版，申请获得国家出版项目，配备专业精干的编辑队伍，细心审校，颇多助益！

　　编纂过程中，我们邀请了一些著名学者担任学术指导，中国社会科学院历史研究院的卜宪群，南京大学的陈谦平、范金民、李良玉、张学锋，南京师范大学的李天石、张进，苏州大学的王国平、臧知非等，他们或为编纂团队作辅导报告，或参与各卷的纲目审查与终审鉴定，或推荐申请国家出版项目。诸位先生有的担任国务院学位委员会历史学科评议组成员，有的担任全国性学会的领导，皆以学识渊博著称，且多有主持全国与地方通史编纂的经历，他们严谨的学风与热诚的情谊，给编撰者以极大的鞭策与激励。

　　就扬州学术史而言，这部地方通史的编纂与出版，是对既往扬州历史文化研究的阶段性总结，期望由此不断推动相关研究的深化与拓展，但愿我们的努力及其成果不负领导的要求与社会的期望。然而兹事体大，在这部多卷本通史即将出版之际，作为主编，我内心里虽曾有过"交卷"后片刻的轻松愉悦，但更多的则是忐忑不安。由于各种主客观因素的限制，其中一定存在着诸多不足甚至讹误。客观上，由于时间相对较紧，我们的撰述与审查难免有所疏忽；主观上，由于水平所限，在资料挖掘利用、论点阐述等方面，都可能存在遗漏与错讹。因此，我们真诚地希望得到方家同仁的批评指正，以利于今后不断修订完善。

　　孔子登高临河有浩叹，"逝者如斯夫，不舍昼夜"，这既有对人生的感悟，也有对社会历史的沉思。扬州的文明历史，生生不息，已历数千年，古代史上曾有过三个高峰期，或称之为"辉煌时代"，即汉代的"初盛期"、隋唐时代的"鼎盛期"和清代的"繁盛期"。当今的扬州，正处于现代化建设的快速发展时期，取得了诸多前所未有的业绩与成就；未来的扬州，必将在中华民族伟大复兴的历史征程中谱写出独具特色的扬州篇章！

王永平

2023 年 3 月